出土戰國文獻字詞集釋

曾憲通 陳偉武 主編

楊澤生 編撰

卷八

中華書局

卷八部首目録

卷　八

人　尺

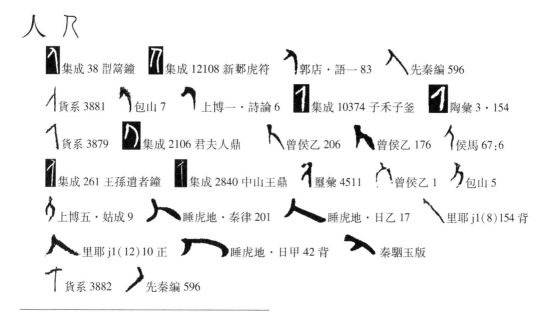

集成 38 䚄篙鐘　集成 12108 新郪虎符　郭店·語一 83　先秦編 596

貨系 3881　包山 7　上博一·詩論 6　集成 10374 子禾子釜　陶彙 3·154

貨系 3879　集成 2106 君夫人鼎　曾侯乙 206　曾侯乙 176　侯馬 67:6

集成 261 王孫遺者鐘　集成 2840 中山王鼎　璽彙 4511　曾侯乙 1　包山 5

上博五·姑成 9　睡虎地·秦律 201　睡虎地·日乙 17　里耶 j1(8)154 背

里耶 j1(12)10 正　睡虎地·日甲 42 背　秦駰玉版

貨系 3882　先秦編 596

○**强運開**(1935)　 ，容庚《金文編》云：“《説文》：，此籀文，象臂、脛之形；，古文奇字人也，象形；，瑞信也，象相合之形。此三字實爲一字。象側立之形，象人跽伏之形，則其筆迹小異者也。《説文》訓爲瑞信，故從之字説解均誤。”運開按，容説是也。人作父己卤作，人作父戊卤作，乃人之最古者。盂鼎作，般甗以作，散氏盤作，皆與鼓文同，亦古文也。《説文》以爲籀文，殆亦未深考也。

《石鼓釋文》癸鼓，頁 1—2

○**丁福保**(1938)　右布面文，右作，左作，江秋史訓爲文氏【錢略】。

《古錢大辭典》頁 1175，1982

○**汪慶正等**(1988)　(編按：《貨系》3879) 白人匕。

《中國歷代貨幣大系·先秦貨幣》頁 979

○**睡簡整理小組**(1990)　(編按：睡虎地·爲吏 6) 根(墾)田人(仞)邑

仞邑，使城邑人口充實。《吕氏春秋·勿躬》：“墾田大邑。”

《睡虎地秦墓竹簡》頁 170—171

○**張守中**（1994）　　人，通仞。

《睡虎地秦簡文字編》頁 125

○**王素芳**（1995）　【人·尖首刀】春秋中晚期青銅鑄幣。鑄行於燕國。面文
"⌐"，有倒書，"⌐"，釋人，形體稍有變化。

《中國錢幣大辭典·先秦編》頁 424

○**黃錫全**（1995）　　"人也"方足布考

戰國貨幣中有一種面文如下的平首方足布，見《辭典》26。

倪模《古今錢略》云：面文"右作⌐，左作⌐，江秋史訓爲文氏"。

此布右形⌐，與"貝也（地）"布的"也"字類同。"貝也"的也本作⌐，或訛
作⌐、⌐，過去或釋爲"文"或"丘"，近年有學者著文詳論釋爲"也"，讀爲"地"，
爲地名後綴字。其説甚是。上列布文左形應是"人"字，如尖足布"霍人"的人
即作⌐（《大系》1804）、⌐（《辭典》486）。因此，上列布文應釋爲"也人"。

先秦兩漢地名中不見有"也人、地人"或者"它人"，故布文當可讀爲"人
也（地）"。人與任古音相近。人、仁屬日母真部，壬、任屬日母侵部，爲雙聲
字。《史記·春申君列傳》："以臨仁、平丘。"《正義》："仁，一作任。"《書·皋
陶謨》"何畏乎巧言令色孔壬"。《史記·夏本紀》孔壬作佞人。孔者，甚也，
言甚佞。佞從仁聲，與壬通作。《書·舜典》"而難任人"。《史記·五帝本
紀》作"遠佞人"。人與仁本一字之分化，二字典籍互作習見。因此，布文"人
也"當即"任地"或"任"邑。"也（地）"屬地名後綴，如上舉布文"貝也（地）"
即貝或郥；懷又名"懷地"（《戰國策·魏策三》）。

東周地名"任"者有二：一在山東濟寧南，周國名，風姓，見《左傳》僖公二
十一年："任、宿、須句、顓臾，風姓也。"漢置任城縣，屬魯境。一在今河北任縣
東南，爲春秋晉地，漢置任縣。《左傳》襄公三十年："羽頡出奔晉，爲任大夫。"
杜注："任，晉縣，今屬廣平郡。"哀公四年十二月："國夏伐晉，取邢、任、欒、鄗、
逆畤、陰人、盂、壺口，會鮮虞，納荀寅于柏人。"杜注："八邑，晉地，欒在趙國平
棘縣西北。鄗即高邑縣也。路縣東有壺口關。"楊伯峻注："任，在今河北任縣
東南。"

山東濟寧之"任"，非方足布鑄行區域。"任地"當指春秋晉邑之任，戰國
屬趙。故方足布"人也"當即任地，爲趙幣。

《先秦貨幣研究》頁 94—95，2001；原載《華夏考古》1995-2

○**何琳儀**（1998）　　戰國文字承襲商周文字，在偏旁中或作千形，人、千亦一字
分化。（中略）

齊器“閈（關）人、車人、行人、事（使）人”，官名。

燕王戎人戈“戎人”，燕王之名，典籍失載。燕璽“封人”，官名。

趙尖足布“霍（霍）人、白（柏）人”，地名。人爲地名後綴。中山王鼎“人宔”，讀“人主”，君主。《老子》三十：“以道佐人主。”中山王器“人臣”，臣子，與“人主”相對而言。《荀子·王霸》：“人臣不忠，人主不公。”

包山簡“閈（關）人、里人”，官名。

柏人戈“柏人”，地名。人爲地名後綴。

《戰國古文字典》頁 1134

○**曾憲通、楊澤生、蕭毅**（2001）　“三人壹家”，這裏的“人”字寫作“入”字形，和睡虎地秦簡“人”字的多數寫法相同。（**中略**）

“人壹□□”，人指民、百姓，壹當皆、一律講，全句是説百姓一律如何如何。

《古文字與出土文獻叢考》頁 226，2005；原載《考古與文物》2001-1

△**按**　古文字“人”字象側立人形，字形簡單，但筆形或有變化，如清華簡《金縢》“人”字作✄，左筆作短豎；《保訓》3 號簡“昔旹（前）人连（傳）保（寶）”之“人”作✄，其字與同篇 4 號簡“小人”合文作✄之“人”近同，兩筆變化較大，整理者（清華大學出土文獻研究與保護中心編《清華大學藏戰國竹簡》[壹]234、261、144 頁，中西書局 2010 年）認爲前者“右筆穿出，當係筆誤”，比較戰國文字“人”字或作✄，其解説未必是，然釋“人”正確可從。

【人子】上博二·子羔7、9

○**裘錫圭**（2004）　將 7 號簡與 14 號簡拼合後，就可以完整地看到結束全篇的最後那段話了：

孔子曰：舜其可謂受命之民矣。舜，人子也，而叁天子事之。

“而”字在 14 號簡上端，筆畫稍有殘泐，原釋文未釋。細審其字形，實與 5 號、8 號兩簡的四個“而”字全同。

在這裏有必要説一下“人子、天子”這兩個詞語的含義。上引篇末語以二者對稱，9 號簡記子羔之問（“叁王者之作也，皆人子也，而其父賤而不足稱也與？ 抑亦誠天子也與？”），也以二者對稱。“人子”指凡人之子，“天子”指天帝之子。

《中國出土古文獻十講》頁 323—324，2004；
原載《上海博物館藏戰國楚竹書研究續編》

【人民】

○**劉樂賢**（1994）　（編按:睡虎地‧日甲 23 正貳)《周禮‧質人》：“掌成市之貨賄、人民、牛馬、兵器、珍異。”注：“人民，奴婢也。”

《睡虎地秦簡日書研究》頁 34

○**晏昌貴、鍾煒**（2002）　（編按:九店 56‧45)“人民”可有兩解，《周禮‧質人》：“掌成市之貨賄、人民、牛馬、兵器、珍異。”鄭玄注：“人民，奴婢也。”《周禮‧朝士》：“凡得獲貨賄人民六畜者。”鄭注：“人民謂刑人、奴隸、逃亡者。”孫詒讓《正義》：“即司厲所掌男入罪隸、女入舂稾者也。”又《周禮‧內宰》：“分其人民以居之。”鄭注：“人民，吏子弟。”《大司徒》：“掌建邦之土地之圖與其人民之數。”《小司徒》：“乃均土地以稽其人民。”《縣師》：“掌邦國都鄙稍甸郊里之地域，而辨其夫家、人民、田萊之數。”《遂人》：“以歲時稽其人民。”則均非奴婢可比。《日書》“人民”凡二見，此處“人民”與“土田”相連爲文，下文“宜人民、六擾”，“六擾”即六畜，則“人民”似爲奴婢。

《武漢大學學報》2002-4，頁 418

【人臣】睡虎地‧答問 5

○**睡簡整理小組**（1990）　人臣、人妾，私家的奴、婢。

《睡虎地秦墓竹簡》頁 94

【人邑】

○**睡簡整理小組**（1990）　（編按:睡虎地‧爲吏 6 叁“根[墾]田人[仞]邑”)仞邑，使城邑人口充實。《吕氏春秋‧勿躬》：“墾田大邑。”

《睡虎地秦墓竹簡》頁 171

【人程】睡虎地‧秦律 108

○**睡簡整理小組**（1990）　人程，即員程，《漢書‧尹翁歸傳》：“責以員程不得取代，不中程輒笞督。”注：“員，數也，計其人及日數爲功程。”楊樹達《漢書窺管》卷八：“員程謂定數之程課，如每日斫萆若干石之類。”秦簡《爲吏之道》也有“員程”。

《睡虎地秦墓竹簡》頁 45

【人愚】包山 198

○**吴鬱芳**（1996）　《包山楚簡》198：“鬼攻解於人禹。”《考釋》354 謂：“人禹可能指大禹。楚人自以爲老僮之後，當來自華夏，與禹有共同的先祖，故得祭祀大禹。”此説太牽强，而且大禹也不應稱“人禹”。拙見以爲“人禹”即人鬼，古時鬼、禺一字，前人皆有成説。《周禮‧春官》謂大宗伯職掌“天神、人鬼、地祇之禮"。此"人鬼"即《包山楚簡》中的"人禹"。所謂"鬼祭先祖",死去的先人皆可稱鬼,如《左傳·文公二年》謂"新鬼大,故鬼小",即指死去的僖公、閔公,《包山楚簡》中所攻解的"人禹",即指昭佗死去的先輩,如同"攻解於明祖、攻解於祖"。古人認爲死去的祖先亦可降災於後人,所以也將其作爲"攻解"的對象。

《考古與文物》1996-2,頁76—77

○**劉信芳**(2003)　整理小組注:"人禹可能指大禹。楚人自以爲老僮之後,當來自華夏,與禹有共同的先祖,故得祭祀大禹。"按:楚人不祀大禹,"人禹"應讀爲"人偶",人偶即木偶、土偶之類,蓋攻解本屬巫術,而古代巫師攻解多以土木偶以代鬼怪。《戰國策·齊策》:"今者臣來,有土偶人與桃梗相與語。"睡虎地秦簡《日書》簡867反:"人毋(無)古鬼昔(藉)其宫,是是(此是)丘鬼。取故丘之土,以爲偽人犬,置牆上,五步一人一犬,環其宫,鬼來,陽(揚)灰擊箕以桌(譟)之,則止。"所謂"偽人犬"即偶人偶犬。《日書》所述實爲當時民間攻解之術。

《包山楚簡解詁》頁213

【人貉】睡虎地·答問195

○**栗勁**(1984)　何謂"人貉"? 謂"人貉"者,其子入養主之謂也。不入養主,當收;雖不養主而入糧者,不收,畀其主。

　　原注:人貉,疑與《周禮》所載貉隸有關。孫貽(編按:"貽"當作"詒")讓《周禮正義》卷六十五曾指出"貉可兼狄",貉隸即來自我國北方少數民族的奴隸。

　　按:據《周禮·秋官》記載,除了貉隸之外,尚有夷隸、閩隸、蠻隸和罪隸。這些都屬國有奴隸,或直接役使於官府,或爲官府養畜、養鳥、養獸。簡文中的"人貉"不爲國家所有,而爲私人所有,與"人臣妾"或"人奴妾"有相似之處。但是,"人貉"本人已不再爲主人服役,當屬於被赦免的奴隸,只是其兒子繼續負有"養主"的義務。然而,這種"養主"的義務,也可以用"入糧"的形式來加以履行的。如果"人貉"及其子不履行"養主"義務,法律規定"當收",即"收孥"。不養主而以入糧代,則把他們繼續交給主人使役,以保護主人對他們人身的所有權。由此,我們可以推定:(一)"人貉"被赦免的同時,主人必然劃給一定數量可以耕種的土地令其耕種。否則"人貉"本人就無法維持生命,其子也無法交納一定數量的糧食。(二)"人貉"的兒子必須在有限的時間內爲主人服役,而不能將全部時間都爲主人服役。否則,他就無法進行耕種,也就無法向主人交納糧食。(三)向主人交納的糧只能是其收益的一部分,而不能是全部。否則，"人貉"及其子就無法生存。這種"人貉"的身份已經不完全是主人的奴隸，而是最初的隸農。

《吉林大學社會科學學報》1984-5，頁 96

○**睡簡整理小組**(1990)　人貉，疑與《周禮》所載貉隸有關。孫詒讓《周禮正義》卷六十五曾指出"貉可兼狄"，貉隸即來自我國北方少數民族的奴隸。

《睡虎地秦墓竹簡》頁 140

僮 僮

僮 曾侯乙 177　　僮 包山 3　　僮 包山 237　　僮 上博三·周易 1　　僮 上博三·周易 22

僮 郭店·老甲 37　　僮 上博三·周易 53　　僮 上博三·周易 53

○**荊門市博物館**(1998)　返也者，道僮(動)也。

《郭店楚墓竹簡》頁 113

○**何琳儀**(1998)　《説文》："僮，未冠也。从人，童聲。"

　　包山簡"少僮"，或作"少童"，讀"小僮"，少年。包山簡"老僮"，讀"老童"，楚之先祖。隨縣簡僮，讀幢。

《戰國古文字典》頁 367

【僮牛】

○**濮茅左**(2003)　(編按：上博三·周易 22"六四：僮[童]牛之桛[牿]")"僮"，通"童"。"僮牛"，牛犢。

《上海博物館藏戰國楚竹書》(三)頁 168

【僮車】

○**裘錫圭、李家浩**(1989)　(編按：曾侯乙 75)"王僮車"亦見於 120 號、177 號簡。"王僮車"猶 54 號簡的"王魚軒"，其意似是指出於"王"的"僮車"。"僮車"，疑讀爲"衝車"。"衝車"之"衝"或作"衝、轀"，與"僮"並从"童"聲。《説文·車部》："轀，陷陣車也。"《太平御覽》卷三三六引《春秋感精符》曰："齊晉並爭，吳楚更謀，不守諸侯之節，競行天子之事。作衡(衝)車，屬武將。輪有刃，衡著劍，以相振懼。"據此，衝車之輪有刃。墓內出土兩件帶雙刃的車軎，不知是不是簡文所説的"王僮車"上的車軎。

《曾侯乙墓》頁 519

【僮龙】

○濮茅左（2003）　（編按：上博三・周易 1“六五：僮［童］龙［蒙］，吉”）“僮”，通“童”。《周易・大畜》“童牛之牿”，《説文・告部》段玉裁注引“童”作“僮”。《左傳・成公十七年》“胥童”，《韓非子・内儲説下》作“胥僮”。今以“僮幼”字作“童”，“僮僕”字作“僮”。《象》曰：“‘童蒙之吉’，順以巽也。”

《上海博物館藏戰國楚竹書》（三）頁 137

【僮僕】

○濮茅左（2003）　（編按：上博三・周易 53）“僮僕”，讀爲“童僕”。

《上海博物館藏戰國楚竹書》（三）頁 208

△按　曾侯乙墓竹簡“僮車”讀爲“衝車”；上博簡“僮牛、僮龙、僮僕”分別讀爲“童牛、童蒙、童僕”。

保 保　保 保 保 承 休

集成 4649 陳侯因資敦　　包山 249　　上博三・彭祖 2　　包山 218

上博一・詩論 9　　新蔡甲三 219　　上博六・季桓 21　　陶彙 5・330

集成 4646 十四年陳侯午敦　　集成 4596 陳曼簠　　近出 60 王孫誥鐘

集成 4612 楚屈子赤目簠蓋（編按：此爲反書）

集成 2840 中山王鼎　　集成 4648 十四年陳侯午敦　　陶彙 9・9

望山 1・197　　郭店・老乙 15

○李學勤、李零（1979）　末行保字，寫法同於《説文》古文。

《考古學報》1979-2，頁 159

○商承祚（1982）　保是保非俘，俘之初字作孚，師袁簠：“毆孚我士女牛羊。”卯簠：“孚我家室用喪。”以及“孚貝、孚金”等等。

保字它器多作保，此作保，爲保之異體字，與俘有別。

《古文字研究》7，頁 61、70

○陳邦懷（1983）　（編按：大鼎“永定保之”）按，《説文・人部》保，古文作保。許説篆文保曰：“从人，采省聲；采，古文孚。”知古文保从孚聲。保、孚同在尤部。

《一得集》頁 141，1989；原載《天津社會科學》1983-1

○**睡簡整理小組**（1990）　即診嬰兒男女、生髮及保之狀

保，讀爲胞，胞衣。

《睡虎地秦墓竹簡》頁 161—162

○**高明、葛英會**（1991）　（編按：陶彙5・330、9・9）保。

《古陶文字徵》頁 21

○**荆門市博物館**（1998）　（編按：郭店・老乙 15—16"善烋者不兑［脱］"）烋，疑是"保"字簡寫。今本此字作"抱"，"保""抱"音義皆近。

《郭店楚墓竹簡》頁 120

○**何琳儀**（1998）　保，商代金文作𤔽（保鼎），从人形手臂抱持，从子，會人抱幼子之意。抱之初文。參《書・召誥》"夫知保抱攜持厥婦子"，正義"抱子攜妻"。保、抱連文，是其佐證。甲骨文作𤔽（乙七七八二），省簡人之手臂，从人从子，會意。爲與仔區别，西周金文作𤔽（保卣），子旁右下加一撇筆，代替初文之手臂。春秋金文作𤔽（司寇良父簋），對稱又加左下撇筆。戰國文字承襲金文。或因二撇筆加飾筆，遂演變从奴（孲），亦見抱持之意。或疊加人旁作𤔽，或省人旁作𤔽，或省𤔽爲𤔽。《説文》："𤔽，養也。从人，从采省。采，古文孚。𤔽，古文保。𤔽，古文保不省。"許慎以養釋保，乃抱之引申義。俘是抱的分化字，孚是俘之省。詳孚字。

陳侯午錞"保又"，即因𣄵錞"保有"。（中略）

信陽簡"□迻如𤔽，相保如𥫗"，讀"相化如蛤，相保如介"。意謂"如蜃屬之變化，如半竹之獨守"，即"智圓行方"（《淮南子・主術》）之意。天星觀、包山簡保，讀苞。《大戴禮・保傅》"成王處繈抱之中"，《賈子新書・胎教》抱作褓。《吕覽・直諫》"葆申"，《淮南子・説山》作"鮑申"。睡虎地簡《封診式・出子》："即診嬰兒男女生髮及保之狀。"保，讀胞（胞衣）。均其佐證。苞，蓍根。《詩・曹風・下泉》"浸彼苞蓍"，傳："苞，本也。"蓍草以根老爲佳，見《博物志》"蓍千歲而三百莖同本，以老故知吉凶"。天星觀"長保"，讀"長苞"，蓍草長根。徐賏尹鼎保，守。

秦陶保，姓氏。《周禮》保章氏，因官爲氏。見《通志・氏族略・以官爲氏》。

《戰國古文字典》頁 241

𤔽，保之古文。或釋俘。參保、孚二字。

中山王鼎𤔽，守。見保字。中山王方壺"𤔽用"，讀"寶用"。《易・繫辭》下"聖人之大寶曰位"，釋文："寶，孟作保。"《史記・周本紀》"展九鼎保

玉”，集解引徐廣曰“保一作寶”。均其佐證。“寶用”，兩周金文習見。《後漢書·寶憲傳》：“古鼎容五斗，其傍銘曰，仲山甫鼎，其萬年，子子孫孫永保用。”

《戰國古文字典》頁 241—242

匓，从保，缶爲疊加音符。保之繁文。見保字。

十年陳侯午錞“匓有”，讀“保有”。

《戰國古文字典》頁 242

（編按：陶彙 9·37 ）保。

《戰國古文字典》頁 1518

○湯餘惠等（2001）　（編按：郭店·老乙 15）伓。

《戰國文字編》頁 563

○馬承源（2001）　（編按：上博一·詩論 10“甘棠之保”）保　指《甘棠》的詩意。今本《詩·國風·召南·甘棠》鄭玄箋云：“召伯聽男女之訟，不重煩勞百姓，止舍小棠之下而聽斷焉。國人被其德，説其化，思其人，敬其樹。”而詩句則言“勿翦勿伐、勿翦勿敗、勿翦勿拜（拔）”，皆因召伯之德而爲。“保”是美召伯，讀爲“褒”。

（編按：上博一·詩論 18“因木苽之保”）今本作“報”。詩云：“投我以木瓜，報之以瓊琚。匪報也，永以爲好也。”下文有“報之以瓊瑶、報之以瓊玖”等句。是説投之者薄，報之者厚。

《上海博物館藏戰國楚竹書》（一）頁 140、148

○李守奎（2003）　（編按：望山 1·197 ）《説文》古文。

（編按：郭店·老乙 15 ）訛形。

《楚文字編》頁 488

○張光裕（2007）　（編按：上博六·用曰 8）自亓（其）又（有）保（寶）貨，盍又（有）保（寶）惪（德）

《晏子春秋·内篇雜下·田無宇勝欒氏高氏章》：“廉之謂公正，讓之謂保德，凡有血氣者，皆有爭心，怨利生孽，維義可以爲長存。”

《上海博物館藏戰國楚竹書》（六）頁 294—295

【保逾】包山 244

○劉信芳（2003）　或讀“逾”爲“愈”，謂病愈。按簡文謂病愈爲“瘥”，若此處讀"逾"爲"愈",義甚突兀。竊疑保逾應讀爲"苞臾",謂將置於俎豆之牲肉用苞茅扎束。《詩·召南·野有死麕》"白茅純束",毛《傳》:"純束猶包之也。"逾、臾古音同在侯部,喻紐,《説文》:"束縛捽抶爲臾。"

《包山楚簡解詁》頁 248

【保豕】

○**李零**(1993)　"寶家",可能即古書所説的"寶龜"(《書·大誥》《爾雅·釋魚》等)。望山簡和天星觀簡"寶家"亦作"寶室"("室"字亦从爪旁,據朱德熙先生説,二字音近相通)。"寶",簡文往往从宀从保,或寫作"保",似取諧音讀爲"保家",是一種吉語。

《中國典籍與文化論叢》1,頁 433

○**劉信芳**(2003)　保家:

簡 226、236 作"琛家",212 作"㻬家",字並讀爲"苞葭",《廣雅·釋詁》:"葆,本也。"王念孫《疏征(編按:當作"證")》:"葆、本一聲之轉,皆是叢生之名,葆猶苞也。《小雅·斯干篇》:如竹苞矣。毛《傳》云:苞,本也。"家與葭古音近可通,《説文》解"家"字从宀,豭省聲。《爾雅·釋草》:"葭,蘆也。"《詩·秦風·兼葭》毛《傳》:"葭,蘆也。"則"保家"是以叢生之蘆葦杆作占筮工具。或云讀爲"苞著",亦可通,《招魂》:"魂魂(編按:當作"魂魄")離散,汝筮予之。"王逸《章句》:"筮,卜問也,著曰筮。"古代占筮用著定卦位和卦象,據卦位、卦象以説吉凶。簡文占筮工具有"央著"(201)、"丞惠"(209)、"長惻"(216)、"彤笿"(223)、"共命"(228)等,"著"是其通名。

江陵王家臺秦墓曾出土有"著"之實物,發掘簡報稱爲"算籌",計 60 支,外形細長,斷面呈圓形,一端爲骨製,另一端爲竹製,竹製的一端用絲線纏繞,外塗紅漆,長 62.5,直徑 0.4 釐米。出土時置於一竹笥,竹笥長 67.5,直徑 5.6 釐米(《江陵王家臺十五號秦墓》,《文物》1995 年 1 期)。

《包山楚簡解詁》頁 210

○**賈連敏**(2003)　☐已(以)陵尹懌之大保(寶)豕爲君貞。

《新蔡葛陵楚墓》頁 195

△**按**　宋華强(《新蔡葛陵楚簡初探》378 頁,武漢大學出版社 2010 年)認爲李零所説有道理,第一,《尚書·大誥》有"大寶龜",與葛陵簡"大保(寶)豕"的修飾詞相同;第二,"大寶豕"屬於陵尹懌,屬於陵尹懌的占卜工具還有"髊(髆)髀",即肩胛骨,占卜工具中龜、骨是一類,説明"豕"有可能也是卜具;第三,包山簡中貞人許吉既用駁黿(234、247),又用"保(寶)豕"(218),而每個

貞人習用卜具還是筮具有一定的固定性,説明"豖"可能是卜具。所以"豖"是
卜龜的可能性是存在的。

○**陳抗**(1980)　鼎銘中另有一尸字,不少同志讀爲仁。我認爲尸是夷字異體。
全(編按:當作"金")文中夷字一般作屍,作尸者初見,然文獻典籍中不乏其例。《漢
書·高帝紀》、《樊噲傳》之司馬尸及《地理志》之尸江,顔師古均以爲古夷字。
鼎銘"克順克卑,亡不率尸"之尸亦爲古夷字。夷者平也。其義如《尚書》之"無
偏無陂,遵王之義",傳曰:"偏,不平;陂,不正。言當循先王之正義以治民。"

《中山大學研究生學刊》(文科版)1980-1,頁 120

○**李家浩**(1987)　《十六金符齋印存》10 頁著録一枚"仁士"印,"仁士"可能
是前引"信士"印的異文。《十鐘山房印舉》3·6 著録兩枚"審訨"印。訨應當
分析爲從"言"從"仁"聲,即"信"字的異體。"審信"爲古人常語,如《墨子·尚
同中》"古者聖王之爲刑政賞譽也,甚明察以審信"。《申鑒·政體》"明賞必罰,
審信慎令"。據此,表一:16、17 的"忠仁、中仁"二印似亦應當讀爲"忠信"。

在這裏需要説明一下,"仁"可能是由"人"分化出來的一個字。古文字中
的"仁"寫作從"人"從兩短橫,這兩短橫是表示區別於"人"字而仍因"人"字
以爲聲的標記。後來這兩短橫訛作"二",遂成爲現在的"仁"。表一:12(編按:
指《璽彙》258·2688 ⟦印⟧)印文"身"字的右側加有兩短橫,與"仁"字結構相同,這兩
短橫也有可能是表示區別於"身"字而仍因"身"字以爲聲的標記。此字是否
就是"仁"字的另一種寫法,有待進一步研究。

《北京大學學報》1987-2,頁 12

○**何琳儀**(1998)　仁,從人,＝、丷、丶爲分化符號。人亦聲。人、仁一字分化,
仁、尸亦一字分化,參尸字。《説文》:"仁,親也。從人從二。仁,古文仁,從千、

心。尼,古文仁,或从尸。"

戰國文字仁,參《論語・顏淵》"樊遲問（編按:"問"後脫"仁"字）子曰,愛人"。

《戰國古文字典》頁 1135

○李守奎（2003）　尼,《説文》古文。忈,仁字異體。忎,《説文》古文。息,仁字異體。

《楚文字編》頁 488

△按　"仁"爲"人"的分化字,或加二、ゝ等分化符號作亻二、亻ゝ、亻ゝ等形,"人"旁或作"尸"形而形成"尼"這種異體,《清華大學藏戰國竹簡》（壹）中《耆夜》簡 3 作𠨞,與睡虎地簡《爲吏》36 號相近;或加"心"旁作"忈","人"旁或繁化作"千"形,或换作"身"聲。用作姓氏之"仁"何琳儀讀作"尸",劉傑（《戰國文字所見姓氏整理及疏證》31 頁,中山大學 2009 年博士學位論文）認爲可如字讀,古有仁氏,《姓氏尋源》:"文王之後有虞仁氏,仁姓出於虞仁。"

【仁士】

○王輝（2001）　五十、仁士

"仁士"殆"忠仁士"之省。此爲兩面印,另一面有陽文▨▨"季相如"3 字。

《四川大學考古專業創建四十周年暨馮漢驥教授百年誕辰紀念文集》頁 309

【仁陽】

○湖南省文物考古研究所、湘西土家族苗族自治州文物處（2003）　2 正:卅三年三月辛未朔戊戌,司空騰敢言之:陽陵仁陽士五（伍）不狄有貲錢八百卅六。不狄戍洞庭郡,不智（知）何縣署。

仁陽,鄉里名。

《中國歷史文物》2003-1,頁 16

企　𠤷

龍崗 120

○陳振裕、劉信芳（1993）　（編按:龍崗 120"及斬人疇企貲一甲"）疇爲田溝,企與疇對舉成文,當指田埂。《説文》:"企,舉踵（編按:當作"踵"）也。"段玉裁注:"企或作跂。"《方言》卷一:"跂,登也。"知簡文"企"爲田中較高之處。

《睡虎地秦簡文字編》頁 207

○**劉信芳、梁柱**(1997)　《説文》:"企,舉踵(編按:當作"踵")也。"段注:"企或作跂。"《方言》卷一:"跂,登也。"是知簡文"企"爲田中較高可登之處,猶今言田埂。

《雲夢龍崗秦簡》頁 41

○**何琳儀**(1998)　企,甲骨文作𠈌(前 5・27・7)。从人从止,會舉踵之意。《説文》:"企,舉踵也。从人,止聲。企,古文企,从足。"企、止聲韻均不合。

睡虎地簡企(編按:睡虎地簡無"企"字,其標引"睡虎 207 疇企"實據陳振裕、劉信芳《睡虎地秦簡文字編》207 頁引龍崗秦簡而誤),不詳。

《戰國古文字典》頁 744

○**中國文物研究所、湖北省文物考古研究所**(2001)　"企",通"畦"。上古音"企"是溪母支部字,"畦"是匣母支部字,聲近韻同。李家浩説,疇畦,疑訓爲田界,即田塍。《文選》卷六左太冲《魏都賦》"均田畫疇",李善《注》:"疇者,界也,埒畔際也。"玄應《一切經音義》卷十七引《倉頡篇》:"畦,埒也。"《集韻》齊韻:"畦,田起塯埒也。"《韓非子・外儲説左上》:"庸客致力而疾耘耕者,盡巧而正畦陌者,非愛主人也。"

《龍崗秦簡》頁 112

△**按**　龍崗秦簡"企"以音近讀爲"畦","疇畦"意爲田界、田塍。

仕 𠈌

集成 11049 仕斤徒戈　　集成 11986 得工仕鏃

○**杜宇、孫敬明**(1992)　計斤戈"切斤陡戈"(《三代吉金文存》20.7.1)。舊不識"切"字,黃盛璋先生釋之,以爲切、計通假,"故切斤即計斤,可以無疑"(《試論三晉兵器的國別和年代及其相關問題》,《考古學報》1974 年第 1 期)。《左傳》襄公廿四年:"齊崔杼伐莒,侵介根。"杜注:"介根,莒邑,今城陽黔陬縣東北,計基城是也。"此本莒都,春秋中晚已歸齊所有。在今山東膠縣西之三里河村附近,城址尚存,遺迹甚多。

《管子學刊》1992-2,頁 93

○**何琳儀**(1998)　仕,从人,士聲。右人左士者,與《汗簡》上一・四士作𡉲吻合。上人下士者,與《説文》"胷,食所遺也。从肉,仕聲。《易》曰:噬乾胏。胏,揚雄説胏从弟"所从仕吻合。《説文》:"仕,學也。从人从士。"

仕斤徒戈 “仕斤”,地名。

《戰國古文字典》頁 103

佩 㑗

㑗 睡虎地·日甲 146 正貳

○**何琳儀**(1998)　佩,金文作㑗(頌簋)。从人从巾,凡聲。佩,並紐;凡,明紐。並、明均屬脣音,佩爲凡之準聲首。秦國文字承襲金文。《説文》:“㑗,大帶佩也。从人从凡从巾。佩必有巾,巾謂之飾。”

睡虎地簡佩,見《説文》。

《戰國古文字典》頁 122

△按　睡虎地秦簡《日書》甲 146 “庚寅生子,女爲賈,男好衣佩而貴” 之 “佩” 指佩飾。

傑 㑘

㑘 上博二·容成 35　　　桀 包山 132 反　　　㑘 上博二·容成 40　　　㑘 璽彙 3501

㑘 上博四·曹沫 65

○**劉彬徽、彭浩、胡雅麗、劉祖信**(1991)　集。

《包山楚簡》頁 27

○**何琳儀**(1998)　㑘,从人,柞聲。疑柞之繁文。

楚器㑘,讀柞,姓氏。柞卜邑,是柞以邑爲氏。見《路史》。

《戰國古文字典》頁 579

朱,从止从木,會門檻止人之意。梱之初文。《説文》:“梱,木㮹也。从木,困聲。” “困,故廬也。从木在口中。朱,古文困。”

㑘,从人,朱聲。疑個之異文。《景祐集字》:“㑘,無個誠貌。” “個誠”,亦作 “悃誠”。《説文》:“悃,悃愊也。从心,困聲。”

楚璽㑘,人名。

《戰國古文字典》頁 1323

○**李零**(2002)　傑(桀)。

《上海博物館藏戰國楚竹書》(二)頁 277

○**李守奎**（2003）　桀字。

《楚文字編》頁 499

△按　"傸、桀"應是"傑"之異體。包山簡"桀"和《璽彙》3501、2256"傸"皆用作人名。《上博二·容成》35"傑不述亓（其）先王之道"的"傑"即夏桀。

伋 伋

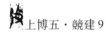上博五·競建 9

○**陳佩芬**（2005）　"隰"字在本篇有三種不同寫法，第一簡作"級"，第二簡與第五簡作"汲"，第九簡作"伋"。《左傳·昭公十二年》"昔我先王熊繹與呂級"，杜預注："齊太公之子丁公。級音急，本亦作伋。"《集韻》："伋伋，或作汲。"三字皆从及得聲。"及"與"㬜"同屬緝韻，可通。

《上海博物館藏戰國楚竹書》（五）頁 166

△按　上博簡"伋僆"即古文獻之"隰朋"，春秋時齊國人。

仲 仲

珍秦 40　　璽彙 3379

○**羅福頤等**（1981）　（編按：璽彙 3379）仲

（編按：璽彙 2686 ♦、4508 ✚、2709 ⬛）不从人，與散盤仲字同。

《古璽文編》頁 207

○**何琳儀**（1998）　《説文》："仲，中也。从人从中，中亦聲。"

古璽仲，人名。

《戰國古文字典》頁 273

△按　古璽印"仲"字所从"人"旁因爲印面布局需要而皆偏居一角。《璽彙》3379"善仲"之"仲"用作人名。

伊 伊 𢎘 伔

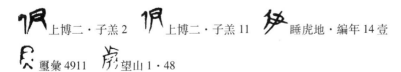上博二·子羔 2　　上博二·子羔 11　　睡虎地·編年 14 壹

璽彙 4911　　望山 1·48

○**睡簡整理小組**(1990) （編按:睡虎地·編年14壹）十四年,伊闕〈關〉。

《睡虎地秦墓竹簡》頁 4

○**何琳儀**(1998) 《説文》:"伊,殷聖人阿衡伊（編按:"伊"爲"尹"字誤）治天下者。從人從尹。𣱄,古文伊,從古文死。"尹亦聲。伊、尹爲脂諄對轉。

晉璽伊,讀尹,《説文》:"尹,治也。"

《戰國古文字典》頁 1336

伬,從人,死聲。伊之異文。《説文》:"𣱄,古文伊,從古文死。"

望山簡伬,不詳。

《戰國古文字典》頁 1276

○**季旭昇**(2003) （編按:上博二·子羔2）伊堯:抑堯,意爲"或是堯"。原考釋以"伊堯"爲人名,即"堯",劉樂賢《容小札》:"整理者將'伊堯'當作堯的名號是正確的,但説'"伊堯"之稱爲初見'則不確。《潛夫論·五德志》:'後嗣慶都,與龍合婚,生伊堯。'"陳劍先生《編連二》則以爲"伊"當讀爲"抑","或"也,"伊,古音爲影母脂部開口三等,抑爲影母質部開口三等,兩字音近可通"。按:後説更順暢,"伊"讀爲"抑",做連詞用,表選擇,文獻多見。

觀於伊而得之:這是關於禹誕生的傳説,伊,不詳。《史記·夏本紀》正義:"揚雄《蜀王本紀》云:'禹本汶山郡廣柔縣人也,生於石紐。'《括地志》云:'茂州汶川縣石紐山,在縣七十三里。'《華陽國志》云:'今夷人共營其地方百里,不敢居牧,至今猶不敢放六畜。'"

《〈上海博物館藏戰國楚竹書(二)〉讀本》頁 32、36

△**按** 望山簡1·48"伬"字朱德熙、裘錫圭、李家浩(《望山楚簡》72 頁)釋作"死",《楚文字編》254 頁亦收録於"死"字條下,此依《説文》古文作爲"伊"之異文。《清華大學藏戰國竹簡》(叁)中《良臣》簡2"伊"作𠆩,比《上博二·子羔》的寫法有所簡省。《子羔》簡2"伊堯之德則甚明歟"之"伊"讀爲"抑",作連詞,表選擇;《子羔》11"觀於伊而得之"之"伊"當用作代詞。古璽"明上𠃵(伊)下"之"伊"何琳儀讀爲尹治之"尹",當可從。

【伊闕】睡虎地·編年 13

○**睡簡整理小組**(1990) 伊闕,山名,即今河南洛陽龍門。

《睡虎地秦墓竹簡》頁 8

倩 倩 袁

倩 上博五·君子 7　　袁 璽彙 2533

○**何琳儀**（1998）　《説文》：“倩，人美字也。从人，青聲。”

古璽倩，讀蒨，姓氏。見《姓苑》。或説“倩昌”，複姓，疑讀“青陽”。

《戰國古文字典》頁 821

○**張光裕**（2005）　身毋鞍（偃）、毋倩（靜）

身宜正直，故云“毋偃毋靜”。

《上海博物館藏戰國楚竹書》（五）258—259

△按　上博簡“身毋鞍（偃）、毋倩”之“倩”應讀作“傾”，參看蘇建洲《“君子爲禮”簡七字詞考釋二則》（復旦大學出土文獻與古文字研究中心網站 2009年 11 月 26 日），范麗梅《楚簡文字零釋》（復旦大學出土文獻與古文字研究中心網站 2010 年 7 月 21 日）。古璽“倩”當用作姓氏。

佁 佁

佁 郭店·五行 32　　佁 上博六·競公 11　　佁 珍秦 70

○**荊門市博物館**（1998）　佁，讀作“容”。

《郭店楚墓竹簡》頁 153

○**湯餘惠等**（2001）　佁。

《戰國文字編》頁 551

○**濮茅左**（2007）　（編按：上博六·競公 11“元左右相佁自善曰”）“佁”，讀爲“公”。

《上海博物館藏戰國楚竹書》（六）頁 187

△按　“佁”可視爲“頌貌”之“頌”的異體，今通行字作“容”。郭店簡“顏色佁伀（貌）”和上博簡“左右相佁”之“佁”皆用作“容”。

倓 倓

璽彙 3616

○**羅福頤等**（1981）　曾伯簠燮作䨒,所从與此同。

《古璽文編》頁 208

○**何琳儀**（1998）　《説文》:“倓,安也。从人,炎聲。讀若談。㑇,倓或从剡。”

　　楚璽倓,《後漢書·南蠻傳》“殺人者,得以倓錢贖死”,注:“何承天曰,倓,蠻夷贖罪貨也。”集解:“惠棟曰,字書皆作賧。錢大昕曰,《説文》無賧字,當以倓爲正。”

《戰國古文字典》頁 1441

△**按**　楚璽“倓鈢”之“倓”,當用作姓或名字,具體用法不詳。

偉　偉

郭璽彙 4044

○**何琳儀**（1998）　（編按:璽彙 4044）陽城偉。

《戰國古文字典》頁 1554

△**按**　璽文“陽城偉”之“偉”當爲人名。

佖　佖

佖郭店·語四 10　　**佖**上博四·曹沫 34　　**佖**上博五·鮑叔 5

○**裘錫圭**（1998）　“佖婦禺夫”當讀爲“匹婦愚夫”。

《郭店楚墓竹簡》頁 218

○**李守奎**（2003）　讀爲匹夫之匹。

《楚文字編》頁 488

○**李零**（2004）　（編按:上博四·曹沫 34“佖夫暴婦”）疑讀“匹夫寡婦”。

《上海博物館藏戰國楚竹書》（四）頁 265

○**陳佩芬**（2005）　（編按:上博五·鮑叔 5“含[今]豐[豎]逆[刁]佖夫而欲”）“佖”,《説文·人部》:“佖,威儀也。”

《上海博物館藏戰國楚竹書》（五）頁 187

△**按**　《説文》人部:“佖,威儀也。从人,必聲。《詩》曰:‘威儀佖佖。’”故郭店簡“佖婦禺夫”和上博簡“佖夫暴婦、佖夫不智”之“佖”皆爲匹夫之“匹”的

借字。

侔

陶彙3·302

○**何琳儀**（1998）　《説文》：“侔，具也。从人，孨聲。讀若汝南涔水。《虞書》曰：方鳩偋功。”

　　齊陶侔，人名。

《戰國古文字典》頁1023

○**吴振武、于闐儀、劉爽**（2004）　（7）中獲陽王侔（室藏編號：1-516）：

　　泥質灰陶。殘片係陶缶之口沿。陶文印戳，陰文。舊未著録，但有同文者，見《陶彙》3.302和3.303。《陶彙》3.302和3.303皆是“中獲陽王侔”與另一印戳陶文“主豆”（量名）並列，本片則無他印並列。“中”字原横書（向右旋轉90度），頗出人意表，以致《陶匯》的編者誤以爲是“西”字。“中獲陽”即中獲陽里。“王侔”是陶工名。陶工名出姓氏者亦罕見。又，“侔”字所從的“人”旁居全印之中，或許本來是個“人”字，全文應釋爲“中獲陽人……”。

《史學集刊》2004-4，頁95

△**按**　陶文“侔”爲陶工名字。當然，陶文行款特殊，即“侔”字所從的“人”旁居全印之中，因此應釋爲“人孨”二字的可能性也不能完全排除。

僓

陶彙5·14

○**高明、葛英會**（1991）　僓。

《古陶文字徵》頁23

○**何琳儀**（1998）　《説文》：“僓，嫺也。从人，貴聲。一曰，長兒。”

　　秦陶僓，人名。

《戰國古文字典》頁1192

△**按**　《陶彙》5·14“咸亭涇里僓器”之“僓”爲人名。

僑　僑

璽彙 0308　　上博五・弟子 1

───────────────────────────

○**羅福頤等**（1981）　僑。

《古璽文編》頁 208

○**何琳儀**（1998）　《説文》：“僑，高也。从人，喬聲。”

燕璽僑，待考。

《戰國古文字典》頁 294

△**按**　上博簡“胥陵季子僑而弗受”之“僑”當客居異地講。《廣韻》宵韻：“僑，寄也，客也。”《韓非子・亡徵》：“羈旅僑士。”陳奇猷集釋：“謂外國來寄寓者。”古璽“頁壯左軒僑”之“僑”當用作人名。

侗　侗

璽彙 2806　　璽彙 2010　　璽彙 1270

───────────────────────────

○**羅福頤等**（1981）　侗。

《古璽文編》頁 208

○**何琳儀**（1998）　《説文》：“侗，大皃。从人，同聲。《詩》曰：神罔時侗。”

戰國文字侗，人名。

《戰國古文字典》頁 420

△**按**　《清華大學藏戰國竹簡》（壹）中《皇門》簡 11“侗”字作。古璽“侗”字从人，同聲，“同”旁豎筆或與“人”旁豎筆公用。《璽彙》2010“郵侗”和 2806“□侗”的“侗”皆用作人名。

倞　倞

包山 120

───────────────────────────

○**何琳儀**（1993）　邦（120）

首字原篆作，應釋“倞”。左从“京”，《璽彙》0279 作，均可與三體石經“京”作互證（何琳儀《戰國文字通論》55）。簡文“倞”應讀“京”，姓氏。

《路史》“老子後有京氏”。

《江漢考古》1993-4,頁 58

○**何琳儀**(1998) 《説文》:“倞,彊也。从人,京聲。”

包山簡倞,讀諒。《禮記·郊特牲》“枋之爲倞也”,注“倞或爲諒”是其佐證。諒爲姓氏。《戰國策·趙策》有“諒毅”。

《戰國古文字典》頁 640

○**湯餘惠等**(2001) 倞。

《戰國文字編》頁 562

△**按** 包山簡 120 號“昜城公羕睪命倞邦解句”之“倞”用作姓氏,但是否應讀爲“京”或“諒”還有待研究。

倨 

睡虎地·爲吏 38 叁

○**睡簡整理小組**(1990) 倨驕毋(無)人。

《睡虎地秦墓竹簡》頁 170

○**張守中**(1994) 倨,《説文》所無。

《睡虎地秦簡文字編》頁 129

△**按** “倨”,《説文》人部:“倨,不遜也。从人,居聲。”並非《説文》所無(參看楊澤生《〈説文〉難查的若干表現——從幾部古文字工具書誤標“説文所無”談起》,《中山人文學術論叢》6 輯 535 頁,澳門出版社 2005 年)。簡文“倨”即用其本義。

傪 

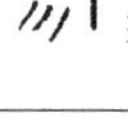集成 10362 戱傪分量

○**何琳儀**(1998) 《説文》:“傪,好皃。从人,參聲。”

戱傪量傪,疑人名。

《戰國古文字典》頁 1420

伓 

郭店·忠信 3 上博二·子羔 10 郭店·忠信 3

郭店·老甲1　郭店·緇衣25　郭店·窮達14
上博二·從乙3　望山1·183　新蔡甲三238
新蔡乙三22　天星觀　郭店·語二13　上博五·競建3
上博一·緇衣13"不伓"合文

○**中大楚簡整理小組**（1977）　伓，《玉篇》："貧悲切，與佫同。"又釋佫爲"不可也"。

《戰國楚簡研究》3，頁 39

○**荊門市博物館**（1998）　(編按：郭店·老甲1)民利百伓（倍）。

(編按：郭店·忠信3)不伓（背）死也。

《郭店楚墓竹簡》頁 111、163

○**何琳儀**（1998）　《説文》："伓，有力也。从人，丕聲。《詩》曰：以車伓伓。"
望山簡伓，文殘不明。

《戰國古文字典》頁 118

○**顔世鉉**（2000）　《窮達以時》簡 14："善伓，己也。""伓"字《郭簡》未有解釋。按，此字當讀作"否"，即不善之意，《淮南子·繆稱》："人無能作也，有能爲也；有能爲也，而無能成也。人之爲，天成之。終身爲善，非天不行；終身爲不善，非天不亡。故善否，我也；禍福，非我也。故君子順其在己者而已矣。性者，所受於天也；命者，所遭於時也。有其材，不遇其世，天也。"此段内容與《窮達以時》密切相關，對照來看，簡文"善伓，己也"猶"善否，我也"。其意謂：人爲善或爲惡，完全取決於自己。《孟子·告子上》載孟子養身之道，曰："所以考其善不善者，豈有他哉？於己取之而已矣。體有貴賤，有大小。無以小害大，無以賤害貴。養其小者爲小人，養其大者爲大人。"趙注："然欲考其所養之善否者，惟在反之於身，以審其輕重而已矣。"養身之善與不善，也是由自己所決定。

《江漢考古》2000-1，頁 39

○**陳佩芬**（2001）　"伓"字下有合文符，爲"不伓"兩字合書。今本作"不倍"。

《上海博物館藏戰國楚竹書》（一）頁 189

○**馬承源**（2002）　(編按：上博二·子羔10"畫於伓而生")讀爲"劃於背而生"。(中略)
"伓"，讀作"倍"(編按："倍"當爲"背"之誤字)。《莊子·養生主》："是遁天倍情，忘其所受。"陸德明釋文:倍,"本又作背"。《管子·法法》"倍法而治",劉績補注:"倍,古背字同。"《郭店楚墓竹簡·忠信之道》:"信人不伓(背)。君子如此,古(故)不𡉈(皇、枉)生,不伓(背)死也。"禹母生禹有坼背、坼胸之説,甚至有坼脅説。

《上海博物館藏戰國楚竹書》(二)頁 194

○張光裕(2002)　思(懼)則伓(背)

　　"伓",讀爲"背"。

《上海博物館藏戰國楚竹書》(二)頁 235

○季旭昇(2003)　伓:讀爲背。字從人,不聲。先秦没有"丕"字,"丕"字都假借"不"字爲之。原考釋直接隸定作"伓",並謂伓讀作倍,即古背字,《郭店·忠信之道》"信人不伓(背)"。其説可從。"倍"字小篆作𠊓,其右上所從其實就是"不"形。

《〈上海博物館藏戰國楚竹書(二)〉讀本》頁 38

○賈連敏(2003)　☐伓(背)、膺疾　甲一 13。

　　已(以)合於伓(背)　甲三 233、190。

　　☐貞:既伓(背)、膺疾　甲三 238。

《新蔡葛陵楚墓》頁 187、196

○李守奎(2003)　《集韻·脂韻》:"伓或作伓。"

《楚文字編》頁 489

○濮茅左(2003)　丌(其)伓(背)

　　"伓",與"伓"同。《集韻》:"伓,眾也,一曰大力。或作伓。"或讀爲"背"。

《上海博物館藏戰國楚竹書》(三)頁 200、201

○陳佩芬(2005)　"伓",讀爲"倍"。《管子·法法》"倍法而治",劉績補注:"倍,古背字同。"《上海博物館藏戰國楚竹書(一)·紂衣》"倍(編按:"倍"應作"信")以結之,則民不伓",今本《禮記·緇衣》"不伓"作"不倍"。《正字通》:"倍,俗亦作背。"《集韻》:"背,違也。"

　　"伓",讀作"倍",與"背"字同。《管子·法法》"倍法而治",劉績補注:"倍,古背字同。"《上海博物館藏戰國楚行(編按:"行"爲"竹"之誤)書(一)·紂衣》"信以結之,則民不伓",今本"不伓"作"不倍"。《正字通》:"倍,俗亦作背。"(中略)"敦堪背願",意爲違背天道的意願。

《上海博物館藏戰國楚竹書》(五)頁 170、186

○**李守奎、曲冰、孫偉龍**（2007）　　帛本作"北"，今本作"背"。《集韻·脂韻》："伓，或作伾。"楚之"伓"可能是"背"字異體，而與《説文》之"伾"無涉。

《上海博物館藏戰國楚竹書（一—五）文字編》頁 398

△**按**　　望山簡、上博簡、新蔡簡之"伓"或"伾"多用作"背"，可見楚以"伓、伾"爲"背"字異體。《競建》簡 3"不出三年，醔（狄）人之伓者七百里"之"伓"，陳劍（《談談〈上博（五）〉的竹簡分篇、拼合與編聯問題》，簡帛網 2006 年 2 月 19日，後收入《戰國竹書論集》170 頁，上海古籍出版社 2013 年）讀作"服"。

倗 倗 偒 朋 僵 儞 屍 屖 倗

包山 173　　包山 260　　璽彙 3720　　上博五·競建 10　　郭店·緇衣 45

近出 313 楚叔之孫倗鼎　　近出 1036 倗之浴缶　　集成 261 王孫遺者鐘

上博五·三德 17　　集成 428 冄鉦鍼　　上博三·周易 14

陶彙 3·968　　陶彙 3·969

郭店·六德 28　　郭店·六德 30　　郭店·語一 87

○**曾憲通**（1997）　　至於朋貝之𩰍與倗友之𩰍何以都變爲朋？ 新出土的竹簡文字爲我們提供了可靠的線索，揭示如下：

金文朋貝之朋作𩰍，新出包山楚簡作𩰍（簡 242 緅字所從），其草率寫法則作𩰍（簡 173 偒字所從）。倗友之倗金文作𩰍，包山楚簡寫作𩰍（見簡 219緅字），而睡虎地秦簡《日書》則寫作𩰍。可見楚簡和秦簡時期，朋與倗寫法雖略有差異，而實際應用已相混不別了。到了漢隸，朋、倗便合流爲朋了。如熹平石經"朋玉"字作𩰍，尹宙碑"交倗會友"字亦作朋，整齊之則爲朋，楷化便成爲雙月的"朋"字了。

《古文字與出土文獻叢考》頁 19，2005，原載《中國語言學報》8

○**何琳儀**（1998）　　《説文》："倗，輔也。从人，朋聲。讀若陪位。"

齊陶倗，讀朋，姓氏。齊大夫隰朋之後。見《姓苑》。

楚璽倗，讀朋，姓氏，見上。包山簡"倗几"，讀"憑几"或"凭几"。《國策·韓策》一"韓朋"，《史記·田敬仲完世家》作"韓憑"，漢帛書作"韓倗"。《漢書·周緤傳》"鄘城侯"，注："《楚漢春秋》作憑城侯。"均其佐證。《書·顧命》："憑玉几。"《説文》："凭，依几也。从几从任。《周書》：凭玉几。讀若憑

（編按：大小徐本皆作"馮"）。"

《戰國古文字典》頁 157

○黃文傑（2000）　甲骨文、金文"朋"字常見，都作兩串"貝"相連的形狀：
珏、珏。王國維曾著《説珏朋》一文，據甲骨文、金文論證"珏朋本一字"，並謂
"古制貝玉皆五枚爲一系，合二系爲一珏，若一朋"。郭沫若又著《釋朋》，認爲
"朋"本爲頸飾，以三或二之貝玉爲一系，連二系以成，左右對稱，不必一定是
十枚；在殷周之際，"朋"由頸飾演化爲貨幣，成爲計量單位，乃固定十貝爲一
朋。王、郭兩氏之説互爲補充，已爲多數學者所接受。

甲骨文、金文也常見"倗"字。甲骨文从人作、諸形，用作人名。金文
也多从人作，結構與甲骨文基本相同，但有的"人"形已有變化。如：

（1）倗仲鼎　　爰伯簋　　杜伯盨　　（2）格伯簋　　倗友鐘

（3）倗尊　　王孫鐘　　（4）倗史車鑾　　（5）窒弔簋

（6）倗伯簋　　（7）嘉賓鐘

"倗"字从人朋聲（或認爲是會意字，像人著頸飾之形），所从"人"或其
變體都是以把"朋"左上右包圍爲特徵，除常見的形（例1）外，大體還有
ʔ、ʔ、ʔ、ʔ、ʔ；ʔ；ʔ；ʔ等6種變體（例2—7）。ʔ也見於南疆鉦"珊"字所从，
ʔ已訛變爲"广"了。金文之"倗"除用作人名如"倗生、倗伯、倗仲"等外，
大都用作"倗友"字，如"用饗倗友"（趞曹鼎）、"及我倗友"（王孫鐘），"眔
多倗友"（衛鼎），"于好倗友"（杜伯盨），"用樂嘉賓父兄大夫倗友"（嘉
賓鐘）。

總之，商代後期甲骨文，西周、春秋金文"朋、倗"兩字形義區分甚爲明顯，
"朋"爲象形字，義表頸飾，又表貨幣計量單位；"倗"爲形聲字，甲骨文用作人
名，金文則大都用來表朋友之義。

甲骨文、金文"朋""倗"的形義基本上是清楚的。但有一個問題疑而未
解：爲什麼金文表"朋友"義之"倗"均从"人"，而傳世典籍"朋友"之"朋"卻不
从"人"，均作雙月之"朋"呢？雙月"朋"與甲骨、金文"倗友"之"倗"和"朋
貝"之"朋"究竟是什麼關係？陳煒湛老師曾指出："雙月爲朋的道理誰也講不
清……碰上這個雙月朋又只好乾瞪眼了：它與'朋友、朋黨'有什麼關係?! 恐
怕瞪眼瞪十年也無濟於事，依然無法'明其意義'。"羅振玉、容庚等老輩古文
字學家限於資料，一般均以爲後世朋友字乃假甲骨、金文朋貝字爲之。羅振
玉謂："後世友朋字皆假朋貝字爲之。"容庚先生曰："倗，《説文》：'輔也。从
人朋聲。'金文以爲倗友之倗，經典通作朋貝之朋而專字廢。"當代學者由於論

述的目的或角度不同,對這一問題也未作深入的探討。

　　七八十年代以來大量戰國秦漢簡帛的出土,爲解決這一問題提供了條件。包山楚簡、郭店楚簡、睡虎地秦簡等有不少"朋"以及从"朋"之字,歸納起來大概有如下 9 種寫法:

　（1）▯ "黄俚"(人名)之"俚"所从,包山 173

　（2）▯ "俚(朋)友"之"俚"所从,《六德》30　　　▯ "觀細"(人名)之"細"所从,包山 242
　　　　▯ "鄲鄔"(地名)之"鄲"所从,包山 190　　▯ "俚(朋)友"之"俚"所从,《六德》28

　（3）▯ "俚(朋)友"之"俚"所从,《緇衣》45

　（4）▯ "郹鄔"(地名)之"郹"所从,包山 172　　▯ "郹鄔"(地名)之"郹"所从,包山 165
　　　　▯ "紫黄紡之細"之"細"所从,《曾墓》竹簡 5

　（5）▯ "紫繧(細)"之"繧"所从,天星觀簡遣策　　▯ "朋友"之"朋",《日書》甲種 65 背面
　　　　▯ "俐(棚)牏"之"俐"所从,《秦律》125　　　▯ "畢巒岑崩"之"崩"所从,《倉頡篇》C026
　　　　▯ "與天子崩同占"之"崩"所从,《天文》3.2

　（6）▯ "俚(憑)几"之"俚"所从,包山 260　　　▯ "繧(細)瑞"之"繧"所从,包山 219
　　　　▯ "珊"(人名)所从,包山 74

　（7）▯ "山陵玥(崩)"之"玥"所从,《縱橫》199

　（8）▯ "西南得朋,東北亡朋"之"朋",《周易》3 上

　（9）▯ "朋友"之"朋",《語叢一》87

以上諸形大體可分爲兩類。（1）—（3）與甲骨、金文"朋"字形近;（2）多把（1）四短橫連爲兩長橫,有的上部加一橫是飾筆;（3）是（1）的省略之形。（4）—（9）形都是以字的外圍作▯或▯爲特徵。（4）是在（1）的基礎上加▯形,顯然是來自金文佣尊、王孫鐘等形的;（5）是在（2）之▯的基礎上加▯;（6）是在（5）上加一飾筆。（7）（8）是（5）形的進一步變化,中間▯的上橫畫與外圍▯的上橫畫借筆,已見雙月之雛形。（9）的構形比較特殊,上部變爲▯,去掉四短橫,把▯下移,則與（6）形近,四短橫可視爲飾筆。戰國秦漢簡帛之"朋",或作爲"朋友"字,或作爲人名、地名以及其他意義用字的偏旁,它們可用▯,更多的是用▯或▯等形,不像甲骨、金文"朋貝"字與"佣友"字寫法區分明顯。戰國璽文和陶文"朋"的寫法與簡帛文基本相同,如"俚"字所从,璽文作▯(《古璽彙編》3720),陶文則作▯(《古陶文彙編》3.968)。

　　我們認爲上述例（5）即▯是由金文从"人"之"佣"演變爲後世雙月"朋"的關鍵性形體。甲骨、金文"佣"所从"人"旁均伏蓋於"朋"之上,與一般字

"人"旁寫在一邊是不完全相同的。于省吾先生把這些字隸作匐,分析爲从朋勹聲,可能也有考慮到這些字"人"旁的特殊位置。這些字"人"旁及其變體,如杜伯盨所从之𠂉,佣伯簋所从之𠃌,窋弔簋所从之𠂆,幾乎或已經把"朋"之左上右三面包圍了。簡帛之𠕋就是由這些金文演變來的。以杜伯盨之𠕋和佣伯簋之𠕋爲例,蓋𠃌(佣伯簋所从)變作𠃌,𠦝(杜伯盨所从)變作𠦝;𠕋再變爲𠕋(《周易》3 上)、𠕋("交朋會友"之"朋",尹宙碑)、𠕋("朋徒潺湲"之"朋",繁陽令楊君碑),後者已是从雙月的"朋"字了。由是觀之,傳世典籍"朋友"之"朋"本非从雙"月",乃是由金文"佣友"之"佣"演變而來的,並非假借金文"朋貝"之"朋"。

《古文字研究》22,頁 278—280

○**李零**(2005)　佣(凭)可(何)新(親)才(哉)。

《上海博物館藏戰國楚竹書》(五)頁 300

【俚几】_{包山 260}

※ 【俚几】 包山 260

○**劉信芳**(2003)　俚几:

讀爲"凭几",《説文》:"凭,依几也。"簡文"几、丩牀、瑟"同記於一簡,出土實物中,"丩牀"出於該墓西室,牀下有瑟柱十枚(《包山楚墓》第 93 頁,圖 53);"瑟"出於北室,同出瑟柱一枚,"拱形足几"一件,墓中之瑟出土時疊壓於"拱形足几"之上(《包山楚墓》第 94 頁,圖 54)。據此可知簡文所記"凭几"即此"拱形足几"。據報告所述,"拱形足几"由面、足、足座三部分組成。面板長方形,一側弧線內凹,一側突弧形,兩端厚,中閒薄。面板兩端各鑿三個長方形卯眼,榫卯接三足;兩側足上部弧外鼓,三足下端榫卯接拱形足座。通體髹黑漆。長 80.6、寬 22.4、通高 33.6 釐米。類似器物亦出土於信陽長臺關一號墓、望山二號墓,形狀大同小異。

《包山楚簡解詁》頁 275

○**李守奎**(2003)　(編按:佣之鎎鼎等)　匐　佣。

《楚文字編》頁 489

○**陳佩芬**(2005)　"俚",讀爲"朋",戰國文字下多加土,如"陳"作"陸"。

《上海博物館藏戰國楚竹書》(五)頁 166

○**李守奎、曲冰、孫偉龍**(2007)　(編按:上博五·三德 17"匐")"勹(伏)、朋"雙音符。

《上海博物館藏戰國楚竹書(一—五)文字編》頁 391

△**按**　甲骨文、金文"朋"字象以繩貫貝分爲兩組之形,而"佣"字所謂的"人"

旁作 **乛**、**乛**等形,其實應該看作"勹"即"伏"的初文。古音"伏"屬並母職部,"朋"屬並母蒸部,它們聲母相同,韻部有對轉關係。因此所从的"勹"可以看作聲旁。《楚文字編》將相關的字隸作**匓**而釋爲"佣"是可取的。黃文傑說傳世典籍"朋友"之"朋"本非从雙"月",而是由金文"佣友"之"佣"演變而來的,甚是。李守奎等將上博五《三德》此字隸作"匓",謂"'勹(伏)、朋'雙音符",可從。

儆 儆

璽彙 0883

○**何琳儀**(1998)　儆。

《戰國古文字典》頁 1541

△**按**　《説文》人部:"儆,戒也。从人,敬聲。《春秋傳》曰:'儆宮。'"《璽彙》0883"長儆"之"儆"用作人名。

僾 僾 僾

包山 117

○**何琳儀**(1998)　包山簡僾,人名。

《戰國古文字典》頁 1197

○**湯餘惠等**(2001)　[僾]僾。

《戰國文字編》頁 552

○**李守奎**(2003)　《説文》悉之古文作僾,僾即僾的異體。僾从悉聲。

《楚文字編》頁 489

△**按**　《説文》人部:"僾,仿佛也。从人,愛聲。《詩》曰:'僾而不見。'"包山簡 117 號"安陵公僾爲株昜貣邨異之金五益"之"僾(僾)"用作人名。

仿 仿

仿 包山 161　　仿 包山 182　　仿 包山 149　　仿 包山 73

仿 包山 100　　仿 郭店·窮達 14　　仿 包山 100

○徐少華(1996)　簡73：十月壬辰之日，仿命賢受期……

按"仿命"即仿令，爲楚仿縣之令，類似之例如"坪陵命(令)"(簡184)、"復命(令)"(簡189)、"迅命(令)"(簡194)等，"令"是楚縣内所置的主要官吏之一。

楚"仿"縣何在，簡文整理者亦未説明，我認爲應是古房國故地，仿、房音同義通，可以互用。

房爲西周古國，春秋中晚期逐漸爲楚所併。其地望，《左傳》昭公十三年杜預注："汝南有吳防縣，即防國。"按防、房古通，防國即房國，杜預《左傳注》作"防"，而《春秋釋例》作"房"亦可爲證。《漢書》卷二八上《地理志》汝南郡"吳房"縣顏師古注引孟康説："本房子國，楚靈王遷房於楚。"《後漢書·郡國志二》汝南郡"吳房"縣下劉昭補注，以及《晉書》卷一四《地理志上》汝南郡"吳房"縣下原注均作此説。漢晉吳房縣，北魏時改爲遂寧縣，隋大業初仍爲吳房縣(參閲《隋書》卷三〇《地理志》汝南郡"吳房"縣原注；《元和郡縣志》卷九《蔡州》吳房縣)，唐元和十二年(公元817年)因平淮西節度使吳元濟之叛而改曰遂平(參閲《太平寰宇記》卷一一《蔡州》遂平縣)，歷宋、元、明、清至今未變。唐宋以來，絶大多數志書都説當時的吳房(或遂平)縣爲古房國(參閲《通典·州郡七》古荆河州汝南郡吳房縣；《讀史方輿紀要》卷五〇《河南五》汝寧府遂平縣"吳房城"條；《大清一統志》卷二一六汝寧府古迹"吳房故城"條)，説明房國應在今河南遂平縣城一帶。

據《史記》卷四八《陳涉世家》記載，秦二世元年(公元前209年)陳勝、吳廣於大澤鄉起義後不久，"以上蔡人房君蔡賜爲上柱國"，裴駰《集解》引《漢書音義》説："房君，官號也。"司馬貞《索隱》説："房，邑也。爵之於房，號曰房君。"張守節《正義》則進一步指實："豫州吳房縣，本房子國，是所封也。"陳勝舉義不久即有"房君"之封，説明秦代於房國故地置有"房"縣，"房君"當是陳勝起義後於房地所設的封君。簡文所載戰國中期的楚房縣應即此，秦房邑、陳勝之"房君"當沿楚房縣而來。

又《史記》卷七《項羽本紀》和《漢書》卷一六《高惠高后文功臣表第四》載郎中楊武等因追殺項羽有功，漢高祖八年(公元前199年)"封楊武爲吳防侯"，《索隱》曰："《地理志》縣名，屬汝南，故房子國。"由此可見，漢初即改楚秦之房縣、房邑爲吳房。其原由，按照三國人孟康之説，因春秋晚期曾於故房地封吳夫概王"故曰吳房"(參閲《漢書》卷二八上《地理志》汝南郡"吳房"縣顏注引孟康曰)，其後歷漢、晉、隋，直到唐代後期才改爲"遂平"縣。

《中國歷史地理論叢》1996-4，頁96—98

○**何琳儀**（1998） 《説文》：“仿，相似也。从人，方聲。㑃，籀文仿从丙。”
包山簡七三仿，地名。

《戰國古文字典》頁 714

○**荊門市博物館**（1998） （編按：郭店·窮達 14）䚓（譽）䢼（毀）才（在）仿（旁）。

《郭店楚墓竹簡》頁 145

○**劉信芳**（2003） 仿令：職官名。从簡文内容分析，應是徵收貢賦的職官，簡
100 有“走仿”，182 省稱爲“仿”，皆是徵稅官的屬官。《周禮·夏官·職方
氏》：“制其貢，各以其所有。”鄭玄《注》“職方氏”云：“職，主也，主四方之職貢
者。”徐少華釋“仿”爲地名“房”，古房國在今河南遂平縣城一帶（《包山楚簡
釋地八則》，《中國歷史地理論叢》1996 年 4 期）。此亦爲一説。

《包山楚簡解詁》頁 72

△**按** 包山簡 73 號“仿敏（令）嬰（賢）受期”、100 號“郑敔之邾邑人走仿”等
之“仿”當從徐少華説用作地名，爲古房國故地，應在今河南遂平縣城一帶。
郭店簡《窮達以時》14 號“仿”讀作“旁”。

佗 佗 旎

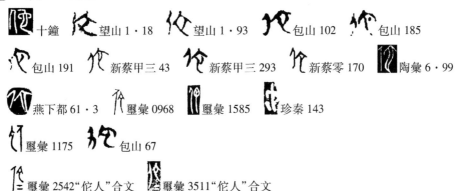

○**羅福頤等**（1981） 佗。

《古璽文編》頁 208

○**高明、葛英會**（1991） 佗。

《古陶文字徵》頁 20

【佗人】璽彙 2542、3511

△**按** 《説文》人部：“佗，負何也。从人，它聲。”古璽“佗（他）人”用作人名。
望山簡 1·18“䜌（許）佗以小……”和 1·93“䜌（許）佗占之曰吉”，包山簡
102 號“郎佗”和 185 號“苛佗”、191 號“五佗”，新蔡簡甲三 43 和零 170“黃

佗"、甲三 293"鐘佗"以及陶璽之"佗"皆用作人名。古璽"佗人"用作人名。包山簡 67 號"𰣺"當爲"佗"字異體(參看李守奎、賈連翔、馬楠《包山楚墓文字全編》341 頁,上海古籍出版社 2012 年)。

何

集成 11329 王何戈　集成 11351 十六年喜令戈　十鐘　璽彙 2198

璽彙 2547　陶彙 3・431　陶彙 3・340　上博五・鮑叔 7　璽彙 2985

○**羅福頤等**(1981)　何。

《古璽文編》頁 208

○**高明、葛英會**(1991)　何。

《古陶文字徵》頁 20

○**何琳儀**(1998)　《説文》:"何,儋也。从人,可聲。"

　　晉璽何,姓氏。周成王弟唐叔虞裔孫韓王安,爲秦所滅,子孫分散。江淮間音,以韓爲何,遂爲何氏。見《元和姓纂》。王何戈何,趙惠文王何。見《史記・趙世家》。

《戰國古文字典》頁 852

△**按**　"何"字从人,可聲;"可"旁或加短橫於上,其所从之"口"或作"○"形。王何戈"王何立事"、十六年喜令戈"冶何"、《璽彙》2198"亢何"、2985"善何"以及陶文之"何"皆用作人名;《璽彙》2547"何復"之"何"用作姓氏。

【何馬】

○**饒宗頤**(1957)　右馬,見簡 6。《左傳》昭二十七年:"左司馬沈尹戌帥都君子與王馬之屬以濟師。"杜注:"王馬之屬,王之養馬官屬校人也。"右馬殆校人之官。

《金匱論古綜合刊》1,頁 65

○**李學勤**(1956)　何馬。

《文物參考資料》1956-1,頁 48

儋 僑 佮

秦印　集成 11550 十三年少府矛　包山 147

○**劉彬徽、彭浩、胡雅麗、劉祖信**（1991）　　儋,儋。

《包山楚簡》頁 50

○**何琳儀**（1998）　　《説文》:"儋,何也。从人,詹聲。"

包山簡儋,見《漢書·貨殖傳》"漿千儋",注:"孟康曰,儋,罌也。"師古曰:"儋,人儋之也,一儋兩罌。"或作"擔"。《集韻》:"擔,《説文》何也。或从手。"

《戰國古文字典》頁 1456

○**劉信芳**（2003）　　《漢書·貨殖傳》:"漿千儋。"孟康《注》:"儋,罌也。"師古《注》:"儋,人儋之也,一儋兩罌。"《史記·貨殖列傳》作"甀",《索引》:"石罌受一石,故云:儋,石也。"字又作"擔",見鄂君啟節、王命龍節。字亦屢見於九店簡,如 56-2:"敔秭之十擔一擔。"

《包山楚簡解詁》頁 149

△**按**　十三年少府矛"工儋"之"儋"爲人名。包山簡 147 號"二儋"之"儋"用作量詞,即後來的"擔";鄂君啟節、王命龍節均作"擔"。

供 㑊 佺

璽彙 5483

○**羅福頤等**（1981）　　供。

《古璽文編》頁 208

○**何琳儀**（1998）　　佺,从人,荃聲。疑供之繁文。《説文》:"供,設也。从人,共聲。"

晉璽佺,不詳。

《戰國古文字典》頁 417—418

△**按**　古印單字璽"佺"當爲"供"字繁體,用法待考。

備 備

　備 集成 2840 中山王鼎　　備 天星觀　　備 望山 1·109　　備 郭店·緇衣 41

　備 楚帛書　　備 上博一·緇衣 9　　備 郭店·成之 7　　備 新蔡甲一 11

　備 新蔡乙一 13　　備 新蔡乙四 43　　備 郭店·成之 5　　備 郭店·成之 3

　備 郭店·老乙 1　　備 上博六·季桓 7　　備 上博六·季桓 19　　備 上博四·曹沫 52

　　郭店·語一 94　　　郭店·語三 54　　　璽彙 2562（編按：反文）

　　睡虎地·秦律 29　　　睡虎地·秦律 175　　　睡虎地·效律 8

○于豪亮（1979）　“備恳（信）”之恳（信）讀爲㴲（同爲眞部字），㴲今書作陣，《左傳·莊公十一年》：“皆陣曰戰。”古作戰必列陣，故“備恳（信）”即備戰。

《考古學報》1979-2，頁 176

○趙誠（1979）　備，《説文》“慎也”，王筠《説文句讀》“所謂戒備也”。

《古文字研究》1，頁 259

○李家浩（1980）　（編按：楚帛書）隹敬隹備，天像是惻

“備”字舊釋爲“傢”，不可信。今從朱德熙先生説，改釋爲“備”。

《古文字研究》3，頁 161、164

○商承祚（1982）　備，《説文》省人作葡。

《古文字研究》7，頁 60

○李學勤（1982）　“□敬惟備，天象是則。”江陵望山楚簡有“備玉一環”，即服玉一環，“備”字寫法與帛書一致。中山王鼎“備”字可參看。

《湖南考古輯刊》1，頁 69—71

○何琳儀（1984）　備、畐音近可通。《禮記·祭統》“福者，備也”（《廣雅·釋詁》《説文繫傳》）。《方言》七㯟，《集韻》作穮。備、副義亦相涵。《左傳》哀公十五年“寡君使蓋備使”注“猶副也”。《廣韻》至韻“備，副也”。然則本銘“備恳”可讀“副信”。《禮記·檀弓》“不誠於伯高”，注“禮所以副忠信也”。《漢書·禮樂志》“正人足以副其誠”，注“副，稱也”。本銘的“備恳”讀“副信”與《檀弓》注合，亦即《禮樂志》“副誠”。“修教副信”謂“修飭政教，符合於信”。

《史學集刊》1984-3，頁 6

○李零（1985）　備，舊多釋爲傢，朱德熙釋爲備（李家浩《戰國邙布考》引用其説，《古文字研究》第三輯 160—164 頁）。今按此字右半與業（參甲 2-8）顯然不同，業字下半是从永。我初疑此字爲彔，以楚簡綠字如長沙仰天湖竹簡作𦀟、信陽長臺關竹簡作𦀚，右半寫法與此非常相似。但此字現在看來恐怕不是彔，而應按朱説釋爲備。備字見於中山王嚳鼎作𢒰，與此相似，江陵望山一號墓竹簡有“大水𦀪玉”一詞，𦀪字也應是備字。

《長沙子彈庫戰國楚帛書研究》頁 61

○**何琳儀**(1986)　備,原篆作“”。舊釋“永、襄”,均非。朱德熙釋“備”(引李家浩《戰國㓩布考》,載《古文字研究》第三輯)。按,“備”中山王鼎作“”,望山簡作“”,均與帛書合。《説文》:“備,慎也。”

《江漢考古》1986-1,頁57

○**朱德熙**(1986)　帛書A4—5行云:

千又百歲,日月夋生。九州不坪(平),山陵𡸗。

江陵望山一號墓54號簡云:

……𨔵禱玉一環,后土、司命各一少(小)環。大水玉一環……

又109號簡:

聖逗王、𢘋王各玉一環……

又28號簡:

𨒢(歸)玉一環柬大王……

信陽2-07號簡:

一素緙帶,又(有)□鉤,黄金與白金之舄(錯)。其……

望山54號簡當釋葡,葡字本象矢箙之形。齊侯壺備字作,所从之葡,尚存古意。戰國時期這個字訛變得很厲害。上端變得象羊字頭,下端近似女字。正始石經《春秋·文公元年》服字作,實即葡字,假借爲服,字形與上引帛書與竹簡近似。不同的是簡帛葡字兩側各加兩點作爲飾筆,這兩種寫法之閒的關係可以從下引子備璋戟備字的字形上看出來:

三代19·35

上引簡文的葡玉、備玉、𦅻玉、𤩪玉並當讀爲“佩玉”。《左傳·哀公二年》:“大命不敢請,佩玉不敢愛。”《禮記·玉藻》:“凡帶必有佩玉,唯喪否。”𤩪大概是佩玉之佩的專字,𦅻大概是𤩪的異體。齊侯壺銘文云:

于上天子用璧玉備一嗣(另一器無“一嗣”二字)。于大無嗣(司)折(誓),于大嗣(司)命用璧,兩壺八鼎。于南宫子用璧二備玉二嗣,鼓鐘一銉(肆)。

郭沫若謂:

“用璧玉備一嗣”,以下文“用璧二備,玉二嗣”例之,當有奪誤,蓋本作“璧□備,玉一嗣”也。“備”者,王國維云假爲“珏”。(《兩周金文辭大系》212頁下)

按備與珏古音迥别,無由通假,而且説璧可以論珏,也没有根據,王説不可信。其實這裏的兩個備字,跟上引簡文一樣,都是佩的假借字,過去不知道這一點,所以把斷句弄錯了。我們認爲"于上天子用璧玉備一嗣"句當讀爲"于上天子用璧,玉備一嗣","于南宮子用璧二備玉二嗣"句當讀爲"于南宮子用璧二,佩玉二嗣"。或言玉佩,或言佩玉,指的是同樣的東西,所以都用嗣爲量詞。璧跟佩玉不同,不用量詞,所以只説"璧二"就行了。"于上天子用璧",實際上是説"用璧一",跟"于大無嗣折,于大嗣命用璧"句文例正同,字句並無奪誤。

　　齊侯壺銘和望山簡文都記於神祇用玉的事,所祭諸神中都有司命。不同的是齊侯壺銘佩玉論嗣,而望山簡論環。

　　備字又見於帛書 B9—10 行:

　　　帝曰:繇之哉! 毋弗或敬。佳(惟)天乍(作)福,神則各(格)之;佳(惟)天乍(作)夭(妖),神則惠之。□敬(儆)佳(惟)𤷎,天象是側(則)。敬當讀爲儆戒之儆,與備字文義正相協(《後漢書・東平憲王蒼傳》注"儆,備也")。此外,備字和下句側字都是之部字,兩句正好叶韻。

　　現在我們回來討論帛書"山陵備峽"一句的讀法。此處備字疑當讀爲崩。備、崩雙聲,備是之部字,崩是蒸部字。備讀爲崩是陰陽對轉。《説文》郙下云:"右扶風鄠鄉。從邑,崩聲。沛城父有郙鄉。讀若陪。"陪也是之部字。備讀爲崩與郙。讀若陪同例。峽字從血從矢,帛書兩見,字不識。不過血與益作爲偏旁常常相通。例如武威漢簡《儀禮》甲、乙本《服傳》溢字皆作洫。臨沂銀雀山漢墓竹簡《孫子・形》"勝兵如以鎰稱銖,敗兵如以銖稱鎰",鎰皆寫作洫。原本《玉篇》水部"洫,餘質反,毛詩假以溢我",又"溢,《聲類》亦洫字也"。此外《衡方碑》"謚以旌德",謚字亦寫作謐。這些字所從的血大概都是益字的簡化。頗疑帛書峽字所從的血也是益字。益與也都是支部字,峽有可能是弛字的假借。把備峽讀爲崩弛,與帛書上下文文義相當協調。《漢書・劉向傳》"山陵崩弛",又《新序・雜事二》"山陵崩弛"。可見"山陵崩弛"是古人常語。

《朱德熙古文字論集》頁 203—205;《古文字研究》19,頁 290—292;
原爲中國古文字研究會第六屆年會論文,1986

○**睡簡整理小組**(1990)　(編按:睡虎地・秦律 23"其不備,出者負之")不備,不足數。

　　禾、芻稾積索(索)出日,上贏不備縣廷。

　　譯文:一積穀物、芻稾出盡的時候,應向縣廷上報多餘或不足之數。

《睡虎地秦墓竹簡》頁 26、27

○**饒宗頤**(1993)　𤷎字,據朱德熙釋備,備,盡也。此言洪水已平,九州無橫流之患,陵谷盡安謐也。

《楚地出土文獻三種研究》頁 243

○饒宗頤(1993)　"☐敬隹儀(備)",儀字,李學勤、朱德熙均釋備,可從。中山王鼎備作𠵈。朱云:敬當讀爲儆戒之儆,與備文義相協。《後漢書·東平王(編按:"東平王"當作"東平憲王")蒼傳》李注:"儆,備也。"備與下句惻同爲之部字,兩句叶韻。

《楚地出土文獻三種研究》頁 264

○曾憲通(1993)　　𠵈山陵備𡱝　甲五·九　　　𠵈　☐敬隹備　乙一〇·二四

　　此字舊釋爲儀,但帛書另有㑒字作𠵈,與此字右旁不類,總是疑問。朱德熙先生釋爲備字。葡字本象矢箙之形,齊侯壺備字作𠵈,所從之葡,尚存古意。戰國時期上端變得像羊頭,下端變得近似女字。如子備璋戟備字作𠵈,葡字兩側各加兩點作爲飾筆。這就從形體的演變上講清了楚國簡帛文中葡字作𠵈的構形。中山𡱝鼎備字作𠵈,再次證明葡字下端增飾之説。朱先生指出:帛文"山陵備𡱝"之備讀爲崩,"☐敬隹備"之備與敬讀爲儆文義相協,而江陵望山楚簡的備玉,則應讀爲佩玉。

《長沙楚帛書文字編》頁 90

○朱德熙、裘錫圭、李家浩(1995)　備(佩)。

《望山楚簡》頁 73、77、79

　　望山二號墓五〇號簡有"一革縐(帶),備(佩)",即一套附於革帶的佩玉。

《望山楚簡》頁 96

○劉信芳(1996)　備　《廣雅·釋詁》:"備,具也。"《方言》卷十二:"備,咸也。"《國語·楚語下》:"夫神,以精明臨民者也,故求備物,不求豐大。"是云祀神之禮,備品物即可,無需特別豐盛。

《中國文字》新 21,頁 95

○施謝捷(1998)　(編按:璽彙 2562)備。

《容庚先生百年誕辰紀年文集》頁 648

○何琳儀(1998)　《説文》:"備,慎也。从人,葡聲。𠵈,古文備。"齊系文字𠵈由𠵈訛變,即人形類化爲𠀤形(足趾上移),則似从女。參三體石經《文公》服作𠵈,《説文》古文𠵈。

　　中山王鼎"備愻",讀"服信"。《管子·正》:"致政其民,服信以聽。"注:"服,用也。謂用誠信聽理於人。"

楚簡"備玉",讀"佩玉"。見菩字。帛書"備㳊",讀"備仄"。《方言》十二："備,咸也。"隨縣簡備,見《廣雅·釋詁三》:"備,具也。"

睡虎地簡備,完備。

《戰國古文字典》頁 125

○**唐友波**(2000)　備大二斗,塚(重)十二益九鈃　備字从人从葡,"葡"之下部正處一鑄造疤陷,然於其陷底仍刻有筆畫,字作茰形。

葡,《說文》:"具也。"備(備),《廣雅·釋詁》:"具也。"中山王鼎"備信"即"具信"之義。齊侯壺之"備",及楚簡"葡"(包括从亻、糸、玉旁諸字)多用作"佩玉"之"佩",是爲借字。備訓爲具,具乃齊備、完備之義,引申爲滿、足。《國語·楚語上》"四封不備一同",韋昭注:"備,滿也。"《荀子·王制》"上察於天,下錯於地,塞備天地之閒",即用爲滿足之義。文獻所謂"備載、備盛",可爲本銘備字用法的參考。

"備大"還可以讀作"腹大"。文獻及古文字材料中,"備"與"復"多有通用,而"復"又與"腹"通。如《儀禮·特牲饋食禮》"尸備答拜焉",鄭玄注:"古文備爲復。"《老子》六十四章"復衆人之所過",敦煌唐寫本"復"作"備"。《詩·蓼莪》"出入腹我",《藝文類聚》卷二十、《初學記》卷十七均引作"復"。《禮記·月令》"水澤腹堅',《吕氏春秋·季冬紀》作"復"。侯馬盟書"判其腹心"語,其"腹"字還多有作"復、夏、㣠"諸形者。

《上海博物館集刊》8,頁 156

○**陳佩芬**(2001)　(編按:上博一·緇衣9)備　通"服"。《韓詩外傳》卷八"於是黄帝乃服黄衣",《説苑·辯物》引文"服"作"備"。郭店簡作"備",今本作"服"。"衣備不改",郭店本釋"攺"爲"改","改"从攴,己聲,與"攺"音不同。今本作"衣服不貳"。

(編按:上博一·緇衣21)備　與"服"通。《説文通訓定聲》:"備,叚借爲服。"

《上海博物館藏戰國楚竹書》(一)頁 184、196

○**陳松長**(2002)　"備"字从弓从菩,當是備的異體字。備猶服也,服猶用也。中山王鼎銘文"備恚",讀"服信",《管子·正》:"致政其明,服信以聽。"注:"服,用也,謂用誠信聽理於人。"又《望山楚簡》"備玉"讀"佩玉"。《晏子春秋·内篇·雜上》"庶人不佩",《荀子·勸學》佩作服,是其佐證。可見,所謂的"四堯是備",意即用於四堯,也就是爲四方所用之意。

《古文字研究》24,頁 270;《文物》2002-10,頁 79

○**季旭昇**（2003）　本簡的“備”讀爲“服”，二字上古音聲韻畢同，古籍通用，見高亨、董治安先生《古字通假會典》440 頁。從古文字來看，“備”所從的聲符“葡”即“箙”字初文，可證二字同音。

《〈上海博物館藏戰國楚竹書（二）〉讀本》頁 10

○**濮茅左**（2007）　（編按：上博六·季桓 7）衣備此中　“衣備”，同“衣服”，常服。

（編按：上博六·季桓 24）□勿備矣　“備”，通“服”。“服”，順從，服從。《尚書·武成》：“萬姓悦服。”

《上海博物館藏戰國楚竹書》（六）頁 206、222

△**按**　“備”字右旁變化多端，多用爲“佩”或“服”。望山簡 2·50“一革帶，備（佩）”，劉國勝（《楚喪葬簡牘集釋》110 頁，科學出版社 2011 年）謂“即一套附於革帶的佩玉”；《璽彙》2562“備鉨”即“佩璽”。

【備玉】

○**何琳儀**（1998）　籈天星：歸佩玉　備玉，讀“佩玉”。

《戰國古文字典》頁 1479

○**賈連敏**（2003）　歸備（佩）玉於二天子，各二璧。（甲一:4）

　　　　瑿禱備（佩）玉，各畀璜。（甲三:137）

　　　　瑿禱於卲（昭）王、獻（獻）惠王、峟（文）君各一備（佩）玉。（乙三:21、33）

　　　　☑備（佩）玉。（乙三:44、45）

《新蔡葛陵楚墓》頁 187、192、202、205

△**按**　佩玉之“佩”又或作“葡、繡、璠”，參看卷一“珮玉”條。

【備名】

○**陳佩芬**（2007）　“備”，《説文通訓定聲》：“備，叚借爲服。”“服名”，《尚書·微子之命》：“往敷乃訓，慎乃服名。”孔安國傳：“慎汝祖服名數。”祖服與名數謂天子所賜之爵禄與服飾。

《上海博物館藏戰國楚竹書》（六）頁 261

【備衇】

○**劉信芳**（1996）　備衇　“備”或釋“漾”，或釋“備”，釋“備”是也。包山簡二三一“繡聝”，繡作“繺”，二一九“緸璠”，璠作“璨”，二一三“備玉”，備作“傃”，知帛書“傃”爲備字無疑。《方言》卷十二：“備，咸也。”郭璞注：“咸，皆也。”“衇”字諸家均以爲从“血”得聲，誤也。按《説文》血部文十五，重三，除“血”字外，餘均非从“血”聲。朱駿聲《通訓定聲》所録从“血”聲者，僅“衁、卹、衃、恤、洫”五字,其中“卹”字破許説爲例。如是知“峡”應从“矢”聲,依《説文》之例釋之,謂傾矢而血出也。《説文》:“矢,傾頭也。”夭、矢古本同誼,《左傳》《國語》注多釋“夭”爲短折。所謂“山陵備峡”(矢)即山陵盡傾矢,《天問》:“康回馮怒,墜何故以東南傾?九州安錯,川谷何洿?”王逸章句:“康回,共工名也。”《淮南子·天文》:“共工與顓頊爭爲帝,怒而觸不周之山,天柱折,地維絶,天傾西北,故日月星辰移焉,地不滿東南,故水潦塵埃歸焉。”與帛書所言正相類似。

《中國文字》新21,頁79—80

○**李零**(2000)　“山陵備峡”,朱文讀爲“山陵崩弛”,以爲備崩爲之、蒸二部對轉字,峡从血,血與益作爲偏旁常常通用,字實从益聲,益屬支部,可借讀爲弛,並引《漢書·劉向傳》《新序·雜事二》“山陵崩弛”爲證。這是富於啓發性的。但《史記·天官書》有相似文例,作“山崩及徙,川塞谿垐”之語(《漢書·天文志》“徙”作“陁”),徐廣曰:“土雍曰垐。”孟康曰:“垐,崩也。”蘇林曰:“伏,流也。”(《漢書》如淳注:“垐,填塞不通也。”)是指山陵崩壞,滑坡,川流和谿谷壅塞不通,也就是今之所謂泥石流。按備是並母之部字,垐是並母職部字,屬陰、入對轉(馬王堆帛書《養生方》“茯苓”作“備參”);峡从益,是支部或錫部字,徙是心母支部字,亦屬同部。而陁與弛是歌部字,與从益聲之字不同部。則此句讀爲“山陵垐徙”也許更合適。

《古文字研究》20,頁171

【備璧】

○**賈連敏**(2003)　罌檮一備(佩)璧。(甲一:11)

罌檮各一備(佩)璧。(乙一:13)

《新蔡葛陵楚墓》頁187、202

位 陀 竘

位 包山224　位 包山225　庄 郭店·老丙10　竘 郭店·緇衣25

集成9735中山王方壺

○**李零**(1993)　所記占卜,開頭結尾各有兩次禱祠。開頭兩次是在楚正月(冬夕)癸丑(簡205—206),是由卲吉泹祭,祈求邵氏之祖邵王(即昭王)和墓

主的四世祖考"致命"(賜福)。結尾兩次是在楚十月(爨月)丙辰(簡 224、225),是由臧敢洍祭,祈求墓主的祖父司馬子音和親屬東陵連囂子發"致命"(賜命)。

《中國典籍與文化論叢》1,頁 427

○**何琳儀**(1998)　位,从人从立,會人立中庭右右(編按:"右右"應作"左右")之意。立亦聲。位,匣紐;立,來紐。匣、來爲複輔音,位爲立之準聲。西周金文"即位"作"即立",是其證。《説文》:"位,列中庭之左右謂之位。从人、立。"

包山簡位,中庭左右。

《戰國古文字典》頁 1180

○**荊門市博物館**(1998)　則以悆(哀)悲位(莅)之。

共(恭)以位(莅)之。

《郭店楚墓竹簡》頁 121、130

○**李家浩**(2001)　包山楚墓竹簡整理小組的有關考釋説:(中略)

（289）祉,讀如位。《周禮·春官·肆師》"凡師甸用牲於社宗,則爲位",孫詒讓云:"位與'辨方正位'同。"(中略)

其實,包山楚墓竹簡整理小組對"位"的考釋是對的,簡文的"爲位",就是《周禮·春官·肆師》"凡師甸用牲於社宗,則爲位"的"爲位",鑒於李零對"爲位"的錯誤理解,有必要在此對"爲位"作一些説明。

"爲位"除了見於《周禮·春官》的"肆師"職外,還見於"小宗伯"職:

成葬而祭墓,爲位。凡王之會同、軍旅、甸役之禱祠,肄儀爲位……凡天地之大戎(編按:"戎"爲"裁"之筆誤),類社稷宗廟,則爲位。

鄭玄在"成葬而祭墓,爲位"之下注説:

位,壇位也。先祖形體托於此地,祀其神以安之。

孫詒讓疏説:

云"位,壇位也"者,謂封土爲壇,以設神位及主祭之位也。凡《經》云"爲位"者,不在宮廟,則爲壇位,此及下文"禱祠、肄儀"等是也。在宮廟則唯几、筵、坐、立、拜、獻之位,下文"類宗廟"及《射人》云"祭侯則爲位"是也。

"小宗伯"職説禱祠要"爲位"。205、206 號和 224、225 號四簡記的正是禱祠,"卲吉爲位""臧敢爲位"之"爲位",無疑就是"小宗伯"等職所説的"爲位"。

據孫詒讓所説,"爲位"包括設神位和主祭者之位。

類似包山祭禱簡用法的"爲位"之"位",還見於天星觀楚墓卜筮簡:

(5)享祭惠公於邬之位,特豢饋之(原注:滕壬生《楚系簡帛文字編》660 頁,湖北教育出版社 1995 年)。

此處的"位"應該是指神位。

《簡帛研究二〇〇一》頁 27—29

△按 "位"字从人从立,或从立,胃聲,參看卷十"謂"字條。包山簡 224、225 "臧(臧)敢爲位"之"位"不能讀爲"涖",陳斯鵬(《楚系簡帛中字形與音義關係研究》71 頁,中國社會科學出版社 2011 年)謂特指神位。清華簡《耆夜》簡 2"周公叔旦爲宝,辛公誣繤(甲)爲立"之"立"讀爲"位"。"爲位"到底應如何解釋,待考。郭店簡《老子》丙 10 號"則以态(哀)悲位之"及《緇衣》25 號"共(恭)以位之"之"位"讀作"莅"。

侔 侔

陶彙 3・705

○何琳儀(1998) 《説文》:"侔,齊等也。从人,牟聲。"

齊陶侔,人名。

《戰國古文字典》頁 259

△按 齊國陶文"□夒圜里人侔"之"侔"爲陶工名字。

偕 偕

偕睡虎地・秦律 92 偕睡虎地・答問 5 偕睡虎地・答問 12

○睡簡整理小組(1990) 偕。

《睡虎地秦墓竹簡》頁 41、94、96

○何琳儀(1998) 《説文》:"偕,俱也。从人,皆聲。"

(編按:陶彙 3・5 ▇)齊陶偕,俱。

《戰國古文字典》頁 1183

△按 "偕"字从人,皆聲,本義爲"俱"。睡虎地秦簡《秦律十八種》92"已稟

衣,有餘褐十以上,輸大内,與計偕",《法律答問》5"把錢偕邦亡"、12"已去而偕得"之"偕"皆用本義。

俱 俱

秦印

○**湯餘惠等**(2001)　俱。

《戰國文字編》頁 554

△**按**　《説文》人部:"俱,偕也。从人,具聲。"秦印"俱"當用作人名。

傅 傅

傅睡虎地・秦律 53　　傅睡虎地・秦律 119　　傅睡虎地・雜抄 33　　傅睡虎地・日甲 154 背

鐵雲

○**睡簡整理小組**(1990)　(編按:睡虎地・編年 8"今元年,喜傅")傅,傅籍,男子成年時的登記手續,《漢書・高帝紀》注:"傅,著也。言著名籍,給公家徭役也。"據簡文,本年喜十七周歲。漢制傅籍在二十或二十三歲。

(編按:秦律 53"小隸臣妾以八月傅爲大隸臣妾")小隸臣妾成年,在八月登記爲大隸臣妾。

(編按:秦律 119"縣所葆禁苑之傅山、遠山")傅,《考工記・廬人》注:"近也。"

(編按:日甲 1 背"……此大敗日,取妻,不終;蓋屋,燔;行,傅;毋可有爲,日衝")傅,疑讀爲痡,《詩・卷耳》正義引孫炎云:"人疲不能行之病。"

(編按:日甲 154 背"毋以子、丑傅户")傅户,疑指傅籍。

《睡虎地秦墓竹簡》頁 9、33、48、209、227

○**劉樂賢**(1994)　(編按:睡虎地・日甲 1 背)傅疑讀爲縛,與《日書》中常見的殻(繫)義同。

(編按:睡虎地・日甲 55 背 3"三月食之若傅之,而非人也,必枯骨也")傅疑讀爲醐,《廣雅・釋詁四》:"醐,飲也。"

《睡虎地秦簡日書研究》頁 206、248

【傅律】

○**睡簡整理小組**（1990）　（編按：睡虎地·雜抄33）傅律，關於傅籍的法律。

《睡虎地秦墓竹簡》頁 87

【傅陽】

○**徐少華**（1997）　簡26：八月壬申之日，酈陽大正鄧生鈜受期，八月癸巳之日不將酈陽邑大夫以廷，升門又敗；簡193：辛巳，酈邑人秀偏、樂□。

這是有關酈陽臣民糾紛案的兩條記載，"酈邑"當是酈陽邑之簡稱，其地望應在淮北泗沂地區，即春秋之偪陽國，漢晉傅陽縣所在，故址在今山東棗莊市南、臺兒莊西北一帶。

按酈、傅均从"甫"得聲，古音同義通，可以互用。又傅、偪古音相近，常互爲用，《左傳》之偪陽，《穀梁傳》作"傅陽"，漢晉時於其地置傅陽縣，即爲明證。

有關古偪陽國的歷史地理，我們曾結合文獻記載和銅器銘文作過綜合分析，其爲古祝融八姓之一的妘姓宗支所立，西周時當在今陝西朝邑縣西北的"輔氏城"，西周滅亡後東遷淮北泗沂地區。據《左傳》記載，魯襄公十年（公元前563年），偪陽爲晉荀偃、士匄所率的諸侯之師所伐滅，並將其部分族嗣遷於晉境。然從出土文物和包山、望山楚簡的有關記載來看，戰國早中期偪陽國似仍存在，我們推測當是晉滅偪陽之後，又爲楚人所復立的緣故，只是將其地域由原來的泗沂之間西遷到故蔡國境內，即文獻所載的故上蔡之郥亭、郥鄉一帶。

晉及諸侯之師滅偪陽之後，其故地的歸屬情況，記載不明，從當時的形勢分析，當爲齊魯所據有，其地入楚當在公元前447年楚滅蔡取州來之後，"東侵，廣地至泗上"至前431年"北伐滅莒"期間。簡文稱"傅陽"，與《穀梁傳》及漢晉記載相一致，由此可見，傅陽乃偪陽國之正稱，"偪陽"是《左傳》所用的同音假借字，在這一問題上，《穀梁傳》的記載更近於史實。（編按：徐氏原文排印錯漏較多，此據商務印書館2010年出版徐著《荊楚歷史地理與考古探研》第242—243頁補正）

《武漢大學學報》1997-4，頁107

△**按**　《說文》人部："傅，相也。从人，專聲。"睡虎地秦簡"喜傅""傅爲大隸臣妾""毋以子、丑傅户"之"傅"皆意爲傅籍；"縣所葆禁苑之傅山、遠山"之"傅"意爲"近"；《日書》甲背1"行，傅"之"傅"及55背叁"三月食之若傅之"

之"傅"待考。

備 嘸

集成 2840 中山王鼎

△按　《説文》:"備,輔也,讀若撫。"

【備嘸】

○**李學勤、李零**(1979)　鼎銘第十六行傅嘸,嘸即姆(嬤)字,《説文》借爲侮字古文。傅是男師,姆是女師。《公羊傳》襄三十年"不見傅母",母字《釋文》云"本又作姆",注:"禮,后夫人必有傅母,所以輔正其行、衛其身也。選老大夫爲傅,選老大夫妻爲母。"由本銘可知幼君也有傅姆負責保育。

《考古學報》1979-2,頁 155

○**于豪亮**(1979)　備嘸讀爲傅母。《詩・南山》箋:"葛屨五兩,喻文姜與姪娣及傅姆同處。"

《考古學報》1979-2,頁 172

○**張政烺**(1979)　隹(惟)備(傅)嘸(姆)氏(是)坐(從)。《禮記・曾子問》:"古者男子外有傅,内有慈母,君命所使教子也。"鄭玄注:"此指謂國君之子也。"

《古文字研究》1,頁 225

○**商承祚**(1982)　備嘸,《説文》備:"輔也,讀若撫。"以嘸爲古文侮字,二者皆非本銘之意。傅,下從个,即又字之變。嘸,即保姆。古代宮中教養王子的外傅爲男,内傅爲女。《禮記・内則》:"十年出就外傅,居宿於外。"《西京雜記》卷一:"趙王如意年幼未能親外傅,戚姬使舊趙王内傅趙嫗傅之。"未到十歲雖就外傅,但不外宿。夜宿内傅——保姆。銘文的"唯備嘸是從"即此意。

《古文字研究》7,頁 50

○**湯餘惠**(1993)　備嘸,即傅姆,古代王室貴族的啟蒙老師,男曰傅,女曰姆。《公羊傳・襄公三十年》:"婦人夜出,不見傅母(姆)不下堂。"

《戰國銘文選》頁 34

○**何琳儀**(1998)　《説文》:"備,輔也。從人,甫聲。"

中山王鼎"備嘸",讀"傅母"。《穀梁・襄三十年》:"婦人之義,傅母不在,宵不下堂。"

《戰國古文字典》頁 595

△按　“俌傅”可讀爲“傅母”或“傅姆”。

倚 倚

包山 78　包山 184　包山 125 反　包山 135

璽彙 1232　璽彙 3878　秦印文字彙編，頁 157　璽彙 0651

○羅福頤等（1981）　倚。

《古璽文編》頁 209

○施謝捷（1998）　（編按：《璽彙》0641、0651）倚。

《容庚先生百年誕辰紀念文集》頁 645

○何琳儀（1998）　《説文》：“倚，依也。从人，奇聲。”
　　戰國文字倚，人名。

《戰國古文字典》頁 850

○劉信芳（2003）　倚，偏倚。《荀子・解蔽》：“倚其所私以觀異術。”楊倞
《注》：“偏倚也。”《禮記・中庸》：“夫焉有所倚。”鄭玄《注》：“安有所倚，言無
所偏倚也。”

《包山楚簡解詁》頁 131

△按　包山簡和古璽中的“倚”皆用作人名。

依 依

曾侯乙 146　香續二 23　睡虎地・秦律 198　睡虎地・日甲 19 背伍

上博五・君子 1　郭店・尊德 32

○睡簡整理小組（1990）　（編按：睡虎地・秦律 198“節［即］新爲吏舍，毋依臧［藏］府、書府”）
依，靠近。

（編按：睡虎地・日甲 19 背 5“依道爲小内，不宜子”）依，傍。

《睡虎地秦墓竹簡》頁 64、211

○何琳儀（1998）　《説文》：“依，倚也。从人，衣聲。”
　　隨縣簡依，人名。

《戰國古文字典》頁 1170

△按　"依"字從人，衣聲，"衣"旁或作"卒"形。睡虎地秦簡"依"意爲靠近、依傍。曾侯乙墓竹簡"依騏爲右驂"之"依"是否爲人名，待考。

佴 佴

佴 璽彙 3561　　　佴 璽彙 0590　　　佴 璽彙 3665

○**羅福頤等**（1981）　佴。

《古璽文編》頁 209

○**何琳儀**（1998）　《説文》："佴，伀也。從人，耳聲。"
　　齊璽佴，人名。

《戰國古文字典》頁 75

△按　"佴"字從人，耳聲，"耳"旁右邊豎畫上有點或短橫飾筆。齊璽"佴"用作人名。

侍 侍

侍 璽彙 5266　　侍 睡虎地・封診 61　　侍 陶文編，頁 59　　侍 陶録 3・238・1

侍 陶録 3・238・5

○**金祥恆**（1965）　侍，待也。從人、待。

《匋文編》頁 60

○**羅福頤等**（1981）　侍。

《古璽文編》頁 209

○**睡簡整理小組**（1990）　侍（待）令。

《睡虎地秦墓竹簡》頁 157

○**何琳儀**（1998）　《説文》："侍，承也。從人，寺聲。"
　　古璽侍，人名。

《戰國古文字典》頁 44

△按　"侍"字從人，寺聲，所從"人"旁陶文置於左下角，或反寫。所從"寺"旁上部作"之"，"之"或反寫；下部或作"又"，或加飾筆作"寸"。"侍"字陶、璽皆以單字出現，當用作人名；睡虎地秦簡則讀作"待"。

付 𠫔

𠫔包山 39　　𠫔包山 91　　𠫔陶録 3・237・4　　𠫔陶彙 3・975

𠫔陶彙 3・977　　𠫔陶彙 3・976　　𠫔陶録 3・237・3　　𠫔陶録 3・237・1

𠫔睡虎地・封診 11

○**高明、葛英會**（1991）　付。

《古陶文字徵》頁 18

○**睡簡整理小組**（1990）　（編按：睡虎地・封診 11"即以甲封付某等"）當即將所封交付某等。

《睡虎地秦墓竹簡》頁 149

○**何琳儀**（1998）　付，金文作𠫔（鬲攸比鼎）。从又从人，會以手持物與人之意。戰國文字承襲金文。《説文》："𠫔，與也。从寸持物對人。"

　　包山簡"付塦"，讀"扶予"。《淮南子・人間》"俞跗"，《群書治要》作"俞夫"。《爾雅・釋草》："莞，苻蘺。"《説文》"苻蘺"作"夫蘺"。均付、夫相通之證。《詩・鄘風・干旄》"何以予之"，《論衡・率性》引予作與。《詩・周頌・小毖》"莫予荓蜂"，《潛夫論・慎微》引予作與。均予、與相通之證。"扶予"，扶予山附近之關名。《水經・溴水注》："《山海經》曰，朝歌之山潕水出焉，東南流注於滎。經書扶予者，其山之異名乎？"在今河南泌陽西北。

《戰國古文字典》頁 391

○**李守奎**（2003）　《正字通・人部》："仅同付，《説文》以爲奴之古文。"

《楚文字編》頁 491

【付塦】

○**徐少華**（1997）　簡 34：八月辛巳之日，付與之關敔公周童耳受期，已丑之日不將付與之關人周敨、周采以廷，升門又敗；簡 39：八月己丑之日，付與之關敔公周童耳受期，九月戊申之日不將周敨、周采以廷，升門又敗；簡 91：九月戊申之日……周應訟付與之關人周采、周敨……

　　以上三條簡文爲同一件民事糾紛案前後兩次審理的記録。付與，簡文整理者無釋，而將"關敔公"三字連續（編按：當作"讀"），説是"守關官吏"。此説不確。"付與之關"四字應連讀，爲戰國中期楚境一處關隘之名；"敔公"應是

“付與之關”所在的楚敔縣之縣公，“周童耳”爲其名，是處理這一民事糾紛的地方行政官員。

付與之關，應即《戰國策·秦策三》“謂魏冉曰楚破”章所載“楚苞九夷，又方千里，南有符離之塞，此（編按：當作“北”）有甘魚之口”的“符離之塞”，付、符古本一字，“與”字古音在喻紐魚部，“離”在來組歌部，喻來爲準雙聲，歌魚二部可通轉，兩字古音十分相近，可相互假借；關、塞均指關隘險塞之地，語意相通。《策》文之“符離之塞”，南宋人鮑彪注認爲即漢代沛郡之符離縣，清人張琦《戰國策釋地》亦作此説，並以今本《策》文之“南、此（編按：當作“北”）”二字爲“上下互易”所致，值得信從。據《史記·陳涉世家》（卷四十八），陳勝等於大澤鄉舉義後，“乃令符離人葛嬰將兵徇蘄以東”，則秦代已有符離縣，漢承秦制，沿用不改。

秦漢符離縣的地望，《大明一統志》與《讀史方輿紀要》均説在明清之江南宿州（即今安徽宿州市）北二十五里，《大清一統志》説即清代宿州所在，結合相關文獻記載分析，兩説均爲可疑。清代宿州爲唐元和四年以來的宿州、唐代後期至元代符離縣所在，與秦漢符離縣無關；而明清宿州以此（編按：當作“北”）二十五里的故符離縣（即今宿州北之符離集），是唐前期符離縣治，據《括地志》《太平寰宇記》以及《舊唐書·地理志》諸書記載，唐前期的符離縣所治亦非秦漢符離縣舊址，而是秦漢竹縣故城，爲貞觀元年所移治。至於秦漢符離縣故城，據《水經·睢水注》（卷二十四）的記載：“睢水又東南逕竹縣故城南……又東逕符離縣故城北，漢武帝元狩四年，封路博德爲侯國，王莽之符合也。”其相對方位應在竹縣故城東南不遠，清人楊守敬的《水經注疏》、今人譚其驤先生主編的《中國歷史地圖集》並將秦漢符離縣定於今安徽宿州市東北不遠處，是正確的。簡文所載的“付與之關”、《策》文所載的“符離之塞”應在此附近，出土文物與文獻記載正好相證。

另據《讀史方輿紀要》和《大清一統志》記載：“（宿）州北五十里有離山，產符離草，《爾雅》所謂莞也，漢以此名縣，亦謂之茅山。”離山在清宿州北五十里，即秦漢符離縣西北三四十里，符離縣由此而得名，當與古“符離之塞（關）”有密切的聯繫。

《武漢大學學報》1997-4，頁105—106

○**史傑鵬**（1998）　包山簡中有一個關名叫“付炘（編按：當作“塈”）之關”，見於下面《受期》和《疋獄》簡：

（一）八月辛巳之日，邟烑（編按：原簡作“塈”）之關敔公周童耳受期，己丑之

日不將郋曑之關人周奪、周琭以廷,阤門有敗。　泛忻識之。　　34

　　(二)八月乙丑之日,付曑之關敢公周童耳受期,九月戊申之日不將周奪、周琭以廷,阤門有敗。　正疋忻識之。　　39

　　(三)九月戊申之日,偌大勤六令周霖之人周雁訟付㲿(編按:當作"曑")之關人周琭、周奪,謂葬於其土,琭、奪與雁成,唯鰥之妻葬焉。　疋忻識之,郚從爲。　　91

　　因爲"付炘(編按:應作"曑";後文逕自改正不再加按)之關"是地名,所以(一)簡的"付"從"邑"。爲了稱説方便,本(編按:似漏一"文"字)一般按照簡文(二)(三)的寫法作"付曑之關"。"付曑之關"這個地名,《包山楚簡》未加以説明。何琳儀先生認爲"郋曑、付曑""均讀'扶予'","《水經·灅水注》(引者按:《灅水注》當作《潕水注》):'《山海經》曰,朝歌之山潕水出焉,東南流注於滎。經書扶予者,其山之異名乎?'在今河南泌陽西北七十里潕水發源處"。

　　我們認爲何先生的説法是有問題的。《水經注·潕水經》:"潕水出潕陰縣西北扶予山,東過其縣南。"此潕陰縣當即《漢書·地理志》南陽郡下轄的舞陰縣,在今河南泌陽西北,戰國時期位於楚國北部,離郢都甚遠。(一)(二)兩簡限定"付曑之關敢公周童耳"期會時閒是 8 天和 19 天。至少在 8 天之内從舞陰趕到郢都期會是有些倉促的。關於這一點可以從包山 23 號簡得到證明。此簡中有地名"邻",當爲在漢代與舞陰縣同郡的陰縣。23 號簡限定期會日期爲 44 天,和上(一)(二)兩簡的 8 天和 19 天比較,時閒上相應要多 30 多天和 20 多天。於此可見,何先生的説法不大可信。

　　我們懷疑"付曑之關"有兩種可能性。一種是"付曑"即文獻中的"柏舉",一種是"付曑之關"即文獻中的"無假之關"。

　　先説第一種可能性,"付、柏"二字古音相近。上古音"付"字屬幫母侯部,"柏"字屬幫母鐸部,兩字聲母相同,韻部主要元音相近,當可通假(原注:包山簡中本身就有僅僅聲母相同而通假的例子。如 22 號簡中的"𤓷瑞"其人,24 號簡中寫作"𤓷逗",30 號簡中寫作"𤓷偁"。"逗",端母侯部字,"偁、瑞"所從得聲的"耑",端母元部字。元、侯二部並不相近。《説文·玉部》:"瑞,從玉從耑。"段玉裁注:"耑亦聲。"簡中瑞、偁互通,可證段説是正確的)。《周禮·天官·小宰》"四曰聽稱責以傅別",鄭玄注:"傅別,故書作'傅辯',鄭大夫讀爲'符別'。"《老子》"是以大丈夫居其厚而不居其薄",馬王堆漢墓帛書《老子》甲本"薄"作"泊"。從"付"聲之字與從"尃"聲之字可以相通,而從"尃"聲之字又與從"白"聲之字可以相通,那麼,從"白"聲之字與從"付"聲之字也應該可以相通。"曑"與"舉"皆從"興"(編按:當作"與")得聲。所以,我們懷疑簡文的"付鄝"即古書中的"柏舉"。

"柏舉"這個地名見於《左傳·定公四年》。我們先看看有關内容：

十一月庚午，二師陳于柏舉。闔廬之弟夫概王……以其屬五千先擊子常之卒。子常之卒奔，楚師亂，吳師大敗之。子常奔鄭，史皇以其乘廣死。吳從楚師，及清發。

杜預對"柏舉"只注了"楚地"，没有其它解釋。《水經注》卷三十五《江水注》中也提到了"柏舉"：

（江水）又東逕上磧北，山名也……北岸烽火洲，即舉洲也。北對舉口……舉水出龜頭山……又東南歷赤亭下，又謂之赤亭水，又分爲二水，南流注于江，謂之舉口，南對舉洲。《春秋左傳·定公四年》"吳、楚陳于柏舉"，京相璠曰："漢東地矣。"

《水經注》認爲"柏舉"和"舉水"有關，而且據其意，似乎認爲"柏舉"在舉水匯入長江不遠的地方。但是，清代顧祖禹《讀史方輿紀要》卷七十六黄州府麻城縣"龜峰山"條下説：

又（麻城）縣東北三十里有柏子山，《春秋·定公四年》"吳楚陳于柏舉"，蓋合柏山、舉水而名。

顧氏則認爲"柏舉"應在麻城附近。不過，兩相比較，我們還是懷疑《水經注》的説法更可靠。"柏舉"應當在舉水流入長江處的舉口附近，跟柏子山不一定有關係。

無論"柏舉"是在舉口附近，還是在靠北的麻城附近，都是地理位置上很重要的地方，這裏是天下輻湊之區，兵家必爭之地。對楚國而言，控守這裏，可以扼住敵人西進的咽喉，楚國在這裏設立關卡不是没有可能的。就以麻城所屬的黄州爲例。《元和郡縣志》卷二十七"黄州"下云：

戰國時屬楚，秦屬南郡，二漢爲江夏郡西陵縣地，魏爲重鎮。文帝黄初中，吳先揚言欲敗於江北，豫州刺史滿寵度其必襲西陽，遂先爲之備。權聞之，尋亦退還。

可見守住這附近的地方，東面之敵就無由西進。

我們前面講過，在上引（一）（二）簡文中，"郙鄝之關敔公周童耳"到郢都期會的時間是 8 天和 19 天，而《左傳·定公四年》經文説："冬十月一日庚午，蔡侯以吳人及楚人戰于柏舉。楚師敗績，楚囊瓦出奔鄭，庚辰，吳入郢。"從這段文章中可以推出，吳師從柏舉到郢都中間花了 10 天時間，比簡文（一）"郙鄝之關敔公周童耳"到郢都期會限日 8 天只多 2 天，雖然吳師追奔很快，但畢

竟“五戰及郢”，其中耽擱了時間也是自然的。這些情況都説明把“付巽”讀爲
“柏舉”是合理的。

　　現在説第二種可能性。“付巽”與“無假”古音相近。上古音“付”屬幫母
侯部，“無”屬明母魚部。幫、明二母都是脣音，侯、魚二部字音關係密切，可以
通用。《詩・小雅・蓼莪》“拊我畜我”，《後漢書・梁竦傳》引“拊”作“撫”。
《説文・手部》“撫，揗也”，段玉裁注：“古作拊揗，今作撫揗，古今字也。”此是
其例。“巽、假”都是魚部字。二字聲母也近。“巽”屬餘母，“假”屬見母。在
形聲字裏，餘、見二母的字有互諧的例子。如從“與”得聲的“舉”就是見母字。
所以，“付巽之關”可以讀爲“無假之關”。

　　《史記・越王句踐世家》記齊威王使人説越王曰：

　　　楚三大夫張九軍，北圍曲沃、於中，以至無假之關者三千七百里，景翠
　　之軍北聚魯、齊、南陽，分有大此者乎？……復讎、龐、長沙，楚之粟也；竟澤
　　陵，楚之材也。越窺兵通無假之關，此四邑者不上貢事郢矣……

張守節《正義》：

　　　按：無假之關當在江南長沙之西北也。言從曲沃、於中西至漢中，巴、
　　巫、黔中千餘里，皆備秦晉也。

譚其驤先生主編的《中國歷史地圖》把“無假之關”定在長沙市北汨羅江入湘
水口處。此地跟郢都的距離，比起上面所説的“柏舉”在舉口或麻城跟郢都的
距離都近。從簡文限定期會日子來説，把“付巽之關”讀爲“無假之關”也是合
理的。

　　以上是我們對簡文“付巽之關”有兩種可能性的意見。從“付巽之關”之
“巽”跟“柏舉”之“舉”都從“與”聲來看，似乎把“付巽”定爲“柏舉”比較合
理。若從“付巽之關”與“無假之關”的構詞形式完全相同來看，似乎把“付巽
之關”定爲“無假之關”更合理。兩相比較，也許第二種可能比第一種可能
更大。

《陝西歷史博物館館刊》5，頁 138—140

△**按**　“付”字從又從人，會以手持物與人之意。所從“人”旁或反寫並置於左
邊；所從之“又”旁睡虎地秦簡繁化作“寸”形，爲後來寫法所本。包山簡“付
巽之關”如史傑鵬所説有兩種可能性：一種是“付巽”即文獻中的“柏舉”，一
種是“付巽之關”即文獻中的“無假之關”，其中第二種可能更大。

侸 侸

望山 2・57　　包山 42

○**劉彬徽、彭浩、胡雅麗、劉祖信**（1991）　侸,讀作鬪。

《包山楚簡》頁 43

○**何琳儀**（1998）　《説文》:"侸,立也。从人,豆聲。讀若樹。"

包山簡侸,疑讀鬪。

《戰國古文字典》頁 369

○**劉信芳**（2003）　整理小組注:"侸,讀作'鬪'。"按:字應讀爲"豎"。《左傳》成公十六年:"穀陽豎獻飲於子反。"杜預《注》:"穀陽,子反内豎。"《淮南子·人間》作"豎陽穀",高誘《注》:"豎,小使也,陽穀其名。"《周禮·天官·内豎》鄭玄《注》:"豎,未官者之官名。"

《包山楚簡解詁》頁 52

【侸縷】
○**劉信芳**（1998）　"侸"後一字原簡尚可辨是"縷"字,"侸縷"讀如"短屨"（另考）。望 2・49 釋文:"一緅□。"注云:"此字左从'糸'。右下从'女',右上不清,有可能也是'縷'（屨）字。"

《簡帛研究》3,頁 39

△**按**　"侸"字从人,豆聲,包山簡"九月戊戌之日不謹公孫輲之侸之死"之"侸"當讀"鬪"或"豎"有待進一步研究。望山簡"侸縷"劉信芳讀作"短屨",可從;劉國勝（《楚喪葬簡牘集釋》112 頁,科學出版社 2011 年）指出信陽遣策"2-02 號簡記有'一兩誈縷（屨）'。'侸屨'與'誈屨'當是同一個詞",甚是。

伾 俚

信陽 2・21　　包山 237

○**中大楚簡整理小組**（1977）　任。

《戰國楚簡研究》2,頁 28

○**劉雨**（1986）　　伲。

《信陽楚墓》頁 130

○**何琳儀**（1998）　《説文》：“伳，安也。从人，坐聲。”
信陽簡伳，讀“坐”。包山簡伳，山名。參峬字。

《戰國古文字典》頁 881

○**朱德熙、裘錫圭、李家浩**（1995）　（編按：信陽 2・21）釋作“伳（坐）”。

《望山楚簡》頁 89

△**按**　　“伳”字从人，坐聲，“坐”寫作“卩、土”相連形。《説文》：“伳，安也。”信陽簡“伳”讀作“坐”。包山簡“伳山一秥”之“伳”爲山名。

伍 伍

伍 睡虎地・雜抄 36　　**伍** 睡虎地・雜抄 37　　**伍** 睡虎地・答問 96

伍 璽彙 0135

○**睡簡整理小組**（1990）　（編按：雜抄 36）敦（屯）長、什伍智（知）弗告，貲一甲；稟伍二甲。

《睡虎地秦墓竹簡》頁 88

【伍人】

○**睡簡整理小組**（1990）　（編按：睡虎地・雜抄 33、37）伍人，《漢書・尹賞傳》注：“五家爲伍，伍人者，各其同伍之人也。”《史記・商君列傳》：“令民爲什伍，而相牧司連坐。”伍人亦即四鄰，見《法律答問》“何謂四鄰”條。

《睡虎地秦墓竹簡》頁 87

○**中國文物研究所、湖北省文物研究所**（2001）　（編按：龍崗 21）苑律論之：伍人弗言者，與同瀁（法）。

伍人，古代軍隊以五人爲伍，户籍以五户爲伍，編在同伍的人叫伍人。伍伍作保，相互監督，一人有罪，伍人連坐。《漢書・尹賞傳》：“乃部户曹掾史，與鄉吏、亭長、里正、父老、伍人……”顏《注》：“五家爲伍，伍人者，各其同伍之人也。”《史記・商君列傳》：“令民爲什伍，而相牧司連坐。”又，睡虎地秦簡《法律答問》：“可（何）謂‘四鄰’？‘四鄰’即伍人謂殹（也）。”

《龍崗秦簡》頁 80

【伍官】

○**何琳儀**（1998）　《説文》：“伍，相參伍也。从人从五。”

　　楚璽“伍官”，疑即“伍長”。《管子·立制》：“十家爲什，五家爲伍。什伍皆有長焉。”楚璽伍，姓氏。芈姓，楚大夫伍參之後也。見《通志·氏族略·以名爲氏》。

　　　　　　　　　　　　　　　　　　　　　《戰國古文字典》頁 506

△按　“伍”字从人从五，五亦聲。睡虎地秦簡“伍人”指編在同伍的人；楚璽“伍官之鉨”之“伍官”應爲編伍之長官。

什 什

什 集成 11341 四年咎奴薔令戈　　什 睡虎地·雜抄 36

○**何琳儀**（1998）　《説文》：“什，相什保也。从人、十，十亦聲。”

　　四年咎奴戈什，姓氏。什伍，軍之行列，或掌軍者以此爲氏。見《姓氏考略》。

　　　　　　　　　　　　　　　　　　　　《戰國古文字典》頁 1377

【什伍】

○**睡簡整理小組**（1990）　（編按：睡虎地·雜抄 36“敦［屯］長、什伍智［知］弗告”）秦軍中有什伍的編制，五人爲伍，十人爲什，《商君書·境内》：“其戰也，五人束簿爲伍……五人一屯長，百人一將。”《尉繚子·束伍令》曾詳述什伍的制度，可以參看。此處“什伍”，從下文另有“伍”看，應指同什的人而言。

　　　　　　　　　　　　　　　　　　　《睡虎地秦墓竹簡》頁 88

△按　“什”字从人从十，十亦聲。四年咎奴戈“什”用作姓氏，“什伍”爲秦軍編制，十人爲什、五人爲伍。

佰 佰

佰 睡虎地·爲吏 14 叁　　佰 睡虎地·答問 64

○**睡簡整理小組**（1990）　（編按：睡虎地·答問 64“‘封’即田千佰”）千佰，即阡陌。

　　（編按：爲吏 14）千（阡）佰（陌）津橋。

　　　　　　　　　　　　　　　　　　《睡虎地秦墓竹簡》頁 108、170

○張守中(1994)　(編按:睡虎地·爲吏14)通陌　千佰津橋。

《睡虎地秦簡文字編》頁126

△按　《説文》人部:"佰,相什伯也。从人、百。"睡虎地秦簡"佰"讀作"陌"。

佸　偌

睡虎地·日甲34正　璽彙1503

○羅福頤等(1981)　(編按:璽彙1503)佸。

《古璽文編》頁220

○睡簡整理小組(1990)　佸,即佸字,《詩·君子于役》:"牛羊下佸。"韓詩云:"佸,至也。"此字或釋爲偌,讀爲依。

《睡虎地秦墓竹簡》頁186

○趙平安(2000)　《古璽文字徵》附録八六的𢼸,應釋舌,附録三二的佸、偌應釋爲佸,偌當釋爲适。都用爲人名。

《華學》4,頁10

○湯餘惠等(2001)　佸。

《戰國文字編》頁565

△按　《説文》人部:"佸,會也。从人,昏聲。《詩》曰:' 曷其有佸。'一曰:佸佸,力皃。"睡虎地秦簡"佸時以戰,命胃(謂)三勝"之"佸"當指時段。《璽彙》1503"畋佸"之"佸"用作名字。

敓　敓　兊　娧

文博1987-2,頁53 六年鄭相鈹　集成11338 三年□令戈　石鼓文·馬薦

郭店·六德38　郭店·老甲15　郭店·唐虞17　九店56·35

上博三·周易24　上博四·曹沫3　上博五·季庚19

郭店·老乙4　上博一·詩論16　上博四·内豊9

上博四·采風2　包山140

郭店·緇衣1　郭店·老甲15　郭店·老丙7　上博五·三德8

上博四·逸詩·交交1　　上博四·逸詩·交交3

○**馬敘倫**(1935)　《説文》：“敚，妙也。从人从攴，豈省聲。”徐鉉以爲豈从敚省，敚不應从豈省，疑从耑省。耑者，物初生之題。王煦以爲敚从人，敄省聲。倫謂妙也者，當爲杪也。此耑字義也。𢾭爲敚之轉注字，从攴，𠂤聲。𠂤字耑生敦作■，昔人釋■爲耑，是也。耑生疑即微生。敚之轉注字爲𢾭者，敚音疑紐，敄音微紐，微疑皆鼻音帶音次濁音也。敄从豈得聲，豈古音如幾。《史記·黥布傳》“而王幾是乎?”徐廣曰：“幾，一作豈。”《説文》：“豈，還師振旅樂也。”“𧯴，訖事之樂也。”“訖事之樂”，即“還師振旅樂也”。𧯴爲豈之轉注字，从豈，幾聲。並其證。幾音見紐，耑音端紐，見端皆舌音，又同爲破裂不帶音不吐氣清音，故敚或从耑聲作𢾭。《禮記·樂記》：“端如貫珠。”《史記·樂書》引端作殷，殷端形聲稍遠，殷𢾭形近，端𢾭音近，則殷爲𢾭之訛。亦可爲𢾭从𠂤聲之證。𠂤爲耑之異文，耑爲物生之題。即微妙之微本字，特音轉耳。

《石鼓文疏記》

○**黃盛璋**(1987)　“使”下一字當是“微”字初文，與甲文、扶風莊白窖藏微家族銅器、侯馬盟書、石鼓文諸“微”字基本相同。

《文博》1987-2，頁54

○**劉樂賢**(1996)　5.敚(媚)於人

第35號簡：

……生子，男必敚於人。

整理者讀敚爲美。古代敚或从敚得聲的字常與美、媚等字通用，從文例看，本簡敚字似宜讀爲媚。馬王堆出土《雜禁方》第2至3簡：“欲微貴人，塗(塗)門左右方五尺。”整理組注釋：“微，讀爲媚，取悅。”第7簡：“取兩雌佳尾，燔冶，自飲之，微矣。”裘錫圭先生指出，此簡微字也應讀爲媚。與本簡句式相同的例子也見於古書，《山海經·中山經·姑媱山》：“又東二百里，曰姑媱之山。帝女死焉，其名曰女尸，化爲䔄草，其葉胥成，其華黃，其實如菟丘，服之媚於人。”《博物志》卷三：“右詹山草，帝女所化，其葉茂鬱，其華黃，實如豆，服者媚於人。”(四庫本)

《華學》2，頁62—63

○**劉信芳**(1997)　九店簡35：“生子，男必敚於人。”敚假作美。《詩·小雅·角弓》：“君子有徽猷。”毛傳：“徽，美也。”徽从敚聲。“敚”字秦簡作“嬴”，

《説文》解羸字“从貝,𣎆聲”,𣎆㪰古音同在微部(羸古多假作累,羸从𣎆聲)。段玉裁、朱駿聲等皆謂“羸”非从“𣎆”聲,今據九店簡,知許慎之説不誤。

《第三屆國際中國古文字學研討會論文集》頁519—520

○**荊門市博物館**(1998)　㪰、敚,皆讀爲“美”。《汗簡》引《尚書》“美”字从“女”从“㪰”,簡文“美”字另有作“岂”者,是“㪰”的省形。

(**編按**:郭店·六德38)君子不帝(啻)明虐(乎)民㪰(微)而已。

《郭店楚墓竹簡》頁115、188

○**何琳儀**(1998)　侯馬324　㪰(程訂:迷㪰)　石鼓馬薦　㪰㪰雉□

岂,甲骨文作(合集二八三三),象人戴羽毛飾物之形。(美)、(岂)僅正面側面之别,實乃一字之變。二字均屬明紐脂部,音義兼通。《集韻》:“媺,通作美。”《周禮·地官·師氏》“掌以媺詔王”,疏:“媺,美也。”《説文》:“媄,色好也。从女,美聲。”段注:“《周禮》作媺,蓋其古文。”美、岂一字分化,《説文》有美無岂,岂見㪰之偏旁。

㪰,甲骨文作(京都二一四〇)。从攴,岂聲。典籍通作微。《詩·邶風·柏舟》“胡迭而微”,傳:“微,謂虧傷也。”金文作(牆盤),戰國文字承襲金文。《説文》:“㪰,妙也。从人从攴,豈省聲。”

石鼓“㪰㪰”,讀“微微”。《文選·張衡〈南都賦〉》“清廟肅以微微”,注:“幽靜皃。”

《戰國古文字典》頁1305

○**李家浩**(2000)　(**編按**:九店56·13上)“㪰”即“微”字所从的聲旁。此建除名,秦簡《日書》楚除甲種作“媺”(《睡虎地秦墓竹簡》釋文誤釋爲“羸”),乙種作“羸”。“㪰、媺”古音相近,可以通用。例如:《儀禮·少牢饋食禮》“眉壽萬年”,鄭玄注:“古文……‘眉’爲‘微’。”《左傳》莊公二十八年《經》“冬,築郿”,《公羊傳》《穀梁傳》“郿”皆作“微”。秦簡文字“羸”作、,“媺”作、(《睡虎地秦簡文字編》95、96、186頁),二字字形有相似之處,乙種的“羸”當是“媺”字之誤。

(**編按**:九店56·35)“生子,男必㪰於人”,秦簡《日書》甲種楚除夬光日占辭作“以生子,男女必美”,乙種楚除成、決光之日占辭作“生子,美”。“㪰、美”音近古通。《六韜·武韜·發啟》:“大兵無創、與鬼神通,微哉!微哉!”銀雀山漢墓竹簡《六韜》“微哉”作“美才”(《銀雀山漢墓竹簡[壹]》113頁)。《周禮·地官·大司徒》“以本俗六安萬民:一曰媺宫室……”鄭玄注:“美,善也。”孫詒讓《周禮正義》說：“經作‘嬍’、注作‘美’者，亦經用古字、注用今字之例也。《廣韻》五旨云：‘美、嬍同。’錢大昕云：‘嬍，古美字。’”“微、嬍”二字皆從“敚”得聲，本簡的“敚”當從秦簡讀爲“美”。

《九店楚簡》頁 67、96

○李守奎（2003）　（編按：郭店·老乙 4）岜　讀美。

《楚文字編》頁 492

△按　《老子》乙 4“岜與亞（惡），相去可（何）若”的“岜”上部作羽毛形，象人戴羽毛飾物之形，爲“美”字異體；其上部或有訛變，包山簡 140 號此字整理者釋爲“先”，疑爲“失”字之誤；陳劍（《上博（三）·仲弓）賸義》，《簡帛》3 輯 80—82 頁，上海古籍出版社 2008 年）改釋爲“岜（枚）”，驗之文例，確不可易。“岜”或加“女”旁作“媺”或“敚”，見卷十二“媺”字條，《老子》甲 15“天下皆智（知）敚之爲敚也”的“敚”應從整理者讀作“美”，郭店簡《六德》38“君子不帝（啻）明虖（乎）民敚而已”的“敚”讀作“微”；九店簡“敚”讀作“媚”。

傆 傆 傄

貨系 1807　　貨系 1808　　先秦編 242　　錢典 83　　聚珍 233

○何琳儀（1998）　傄，從人，备聲。疑傆之異文。《説文》：“傆，黠也。從人，原聲。”

趙方足布“平傄”，或作“平备”，均讀“平原”，地名。

《戰國古文字典》頁 1014

○吳良寶（2006）　傄。

《先秦貨幣文字編》頁 140

△按　“傄”即“傆”字，貨幣文字“平傄”即“平原”，地名。

作 佧 俊

睡虎地·秦律 49　　睡虎地·爲吏 24 伍　　睡虎地·爲吏 29 叁

睡虎地·日甲 2　　睡虎地·日甲 156 正　　睡虎地·日乙 6

睡虎地·日乙 120

信陽 2·2　　包山 12　　包山 131　　郭店·老甲 17

上博五·君子 1　　　上博五·三德 11　　　上博五·鬼神 7

九店 56·31　　　九店 56·32　　　九店 56·45

○**睡簡整理小組**（1990）　（編按：睡虎地·秦律 49“小城旦、隸臣作者、未能作者”）作，勞作，如《漢書·司馬相如傳》：“發巴蜀廣漢卒，作者數萬人，治道二歲。”

《睡虎地秦墓竹簡》頁 32

○**劉彬徽、彭浩、胡雅麗、劉祖信**（1991）　至作，致胙。致，送詣。胙，《説文》：“祭福肉也。”《周禮·天官·膳夫》“凡祭祀之致福者”，鄭注：“致福謂諸臣祭祀進其餘肉，歸胙於天子。”此事説明東周向楚王行臣禮。

《包山楚簡》頁 40—41

○**何琳儀**（1998）　俊，从人，㲃聲。疑作之繁文。《説文》：“作，起也。从人，乍聲。”
　　包山簡俊，讀胙。

《戰國古文字典》頁 578

【作邑】

○**晏昌貴、鍾煒**（2002）　（編按：九店 56·45）“作邑”屢見於《詩》《書》，《詩·大雅·文王有聲》：“文王受命，有此武功，既伐于崇，作邑于豐。”《尚書·康誥》：“周公初基，作新大邑于東國洛，四方民大和會。”《多士》：“今朕作大邑于兹洛，予惟四方罔攸賓。”“作邑”是指營國。整句簡文是説修建城垣，圈定疆界，營建都邑的屋舍的方位吉凶。

《武漢大學學報》2002-4，頁 418

【俊事】

○**李家浩**（2000）　（編按：九店 56·25）“作”多寫作 狨。按“人、尸”二字在戰國文字中字形相近，作爲偏旁往往混用不别，所以簡文“作”將“人”旁寫作“尸”字形。右旁“夋”見於楚王酓肰瑚和包山楚墓二二五號簡等楚國文字。這種寫法的“作”還見於包山楚墓二二四等號簡。

《九店楚簡》頁 78—79

【作務】睡虎地·秦律 97

○**睡簡整理小組**（1990）　作務，《墨子·非儒下》：“惰於作務。”《漢書·尹賞傳》：“無市籍商販作務。”王先謙《補注》引周壽昌云：“作務，作業工技之流。”即從事於手工業。

《睡虎地秦墓竹簡》頁 43

○**中國文物研究所、湖北省文物研究所**（2001）　作務，做工，勞動。《墨子·非儒下》：“惰於作務。”《漢書·尹賞傳》：“無市籍商販作務。”王先謙《補注》引周壽昌曰：“作務，作業工技之流。”

《龍崗秦簡》頁 75

△**按**　“作”字楚文字多作“徫”，从人，复聲，“人”旁九店簡寫作“尸”字形；睡虎地秦簡作从人，乍聲。包山簡“至作、歸作”之“作”皆讀作“胙”。

假　假

龍崗 26

○**王輝**（1990）　此戈 1983 年出於内蒙古烏蘭察布盟清水河縣賈浪村，《文物》1987 年 8 期《内蒙古清水河縣拐子上古城發現秦兵器》一文釋文：“三年相邦吕郡尉守高工□丞申工地。”無法卒讀。黃盛璋《新出秦兵器刻銘新探》一文改釋“尉”爲“假”字，並補“不韋”二字及郡守之名“憲”。黃氏舉《史記·秦本紀》“十六年九月發卒受地韓南陽假守騰”，《史記·趙世家》“假將大將武襄君”爲例，説戰國職官有並非真除，僅爲假（代理）者。黃氏云：“由於秦始皇三年上郡守位缺，僅有代理之守，故上加相邦吕不韋監造，四年矛則僅有相邦吕不韋，或四年上郡連假守也没有，這是目前唯一可能的解釋……上郡兵器以相邦爲監造僅爲暫時，實則監造皆爲掛名，不關實際鑄造。在郡守暫缺時，以相邦掛名監造，合乎情理。”其説殆是。

《秦銅器銘文編年集釋》頁 84

○**中國文物研究所、湖北省文物研究所**（2001）　（編按：龍崗 4）假人符傳，借用他人的符傳。

　　（編按：龍崗 26“没入其販假殹［也］”）假，出借。

　　（編按：龍崗 155“黔首錢假其田已［?］□□□者”）假，租賃。

《龍崗秦簡》頁 72、81、125

△**按**　《説文》人部：“假，非真也。从人，叚聲。一曰：至也。《虞書》曰：‘假於上下。’”龍崗秦簡 24 號“僞假入縣”、26 號“没入其販假殹（也），錢財它物於縣、道官”的“假”也可能用其本義。

借 傦

傦 璽彙 2805

○ **何琳儀**（1998） 《説文》：“借，假也。从人，昔聲。”

古璽借，讀籍，姓氏。即籍氏，鄭大夫。見《萬姓統譜》。

《戰國古文字典》頁 586

○ **湯餘惠等**（2001） 借。

《戰國文字編》頁 556

△按 “借”字从人，昔聲，《璽彙》2805“韓借”之“借”用作人名。

侵 傷 戠

傷 龍崗 121

戠 包山 273 戠 包山牘 1 戠 楚帛書 戠 上博三・周易 13

【侵食】

○ **中國文物研究所、湖北省文物研究所**（2001） （編按：侵食道、千〔阡〕、邸〔陌〕）大意：侵蝕道路、田閒阡陌。

《龍崗秦簡》頁 112

△按 “侵”字楚系文字从“戈”作“戠”，參看卷十二“戠”字條。

債 債

債 包山 52 債 包山 64 債 包山 152 債 包山 174

債 上博五・鬼神 7 債 上博六・用曰 9

債 璽彙 3661

○ **劉彬徽、彭浩、胡雅麗、劉祖信**（1991） 賈。

《包山楚簡》頁 20、圖版 166

○ **李學勤**（1992） 整理者已指出，簡文有關於土地制度的珍貴記載。現拈取涉及土地買賣的一個案例，相信會引起大家的興趣。

　　這裏要講的是《包山楚簡》第 151、152 兩支,屬於墓北室所出的文書類簡。簡上墨書文字相當清晰,沒有缺損漫漶之處。下列釋文爲便於排印,儘量使用通行字體,沒有依照嚴格的隸定方式:

　　　　左馭(中略)歕食田,妨於賁,骨價之;左馭游辰骨賈之,又五節。(中略)簡文中有些地方需要逐一説明。(中略)

　　"價"字見《周禮》,即今鬻字,意思是賣,可參看《説文繫傳》。

　　　　　　　　　　　《綴古集》頁 152—153,1998;原載《中國文物報》1992-3-22

○**何琳儀**(1993)　　應隸定"價"。从"人"从"貝","旹"聲。此類省簡又見55、152、174,均人名。从"賁"得聲字有"牘"240、"牘"247,均讀"擘"。

　　　　　　　　　　　　　　　　　　　　　　《江漢考古》1993-4,頁 56

○**陳秉新、李立芳**(1998)　　簡文有以下三字

　　　　　　　　　　　賹　牘　牘

第一字見簡 52、56、64、174,均用爲人名,又見簡 152,用作動詞,釋文及字表均隸作價。第二字見簡 247,釋文隸作牘,第三字見簡 239,釋文及字表隸作牘,考釋 473 謂从旹聲,讀如擘,引《呂氏春秋》舊注訓病。

　　今按:釋文對前兩字的隸定不確,對第三字的讀解亦於文義難適。下面分別討論。

　　第一字又見趙鼎,各家隸作"價",鼎銘云:"厚趙又(有)價於灢公。"孫詒讓據金文歸字或作歸(不鼕簋)、追字或作徟(陳肪簋),認爲價字从人从貝,从歸省,當爲遺之異文。郭沫若云:"價疑饋字,从人从貝,旹聲,旹乃自之繁文。"二説以郭説爲勝。《説文》食部:"饋,餉也。"《廣雅・釋詁三》:"饋,遺也。"餉爲進食於人,引申而爲一般的贈送、給予,古籍或假歸爲饋。價在趙鼎銘中用爲被動義,是説厚趙受到灢公的贈予。簡 52、55、64、174 價爲人名,簡152"歕飤田妨於賁(價),骨價之,左馭遊晨,骨貯之又(有)五箇"。考釋釋賹爲價,讀爲得,釋箇爲斷,讀爲段,訓貯爲積(見考釋 284—286 條)。這一段頗難讀,釋文和考釋多有可商之地。文中的妨是病的異體(詳見下文),價讀爲歸,這裏是使動用法,《詩・匏有苦葉》:"士如歸妻,待冰未泮。"鄭箋:"歸妻,使之來歸於己也。"簡文"骨歸之",意即"骨使之(指歕的食田)歸屬於己"。貯讀爲予,左馭遊晨,是前置賓語。箇是簰(見《述異記》)的古文,簡文借爲廛,《周禮・地官・遂人》:"夫一廛,田百畝。"簰、廛端定旁紐,元部疊韻,例可通假。簡文大意是:番歕展轉繼承的食田,由於爲債所苦而無法繼續經營下

去,骨便把款的食田收歸己有(骨大概是債權人,簡文未作交代),之後,骨又把其中的五廛之田(約五百畝)給予了左馭遊晨。整篇簡文記録的是一宗關於食田所有權訴訟案的審理結果。對於左馭番戌的食田應否由其族人繼承的問題,王士之後郙賞訴諸左司馬逌,審理的結果是承認了番款對繼承番戌食田的所有權。正如彭浩先生正確地指出的那樣,這個案例證明,"至少在包山二號墓墓主邵佗所處的時代是不實行'禄臣再世而收地'的做法"的。

《江漢考古》1998-2,頁 76

○**何琳儀**(1998)　(編按:璽彙 3661)儥。

《戰國古文字典》頁 1524

○**趙平安**(2001)　新出郭店楚簡《窮達以時》有這樣一段文字:

白(百)里退遑(饋)五羊,爲敀斆牛,斁(釋)板桎而爲朝(朝)卿,堣(遇)秦穆。　第七簡

原注云:"白里退,各書作百里傒(或作奚)。遑,从'沓'聲,唐蘭釋作'饋'(《論周昭王時代的青銅器銘刻》,《古文字研究》第二輯)。"裘(錫圭)按:"各書多言百里奚以五羊之皮賣(平按:此字與卖的繁體不同字,讀 yù,或體作賣、賣、賫等形。爲求行文統一,下面凡涉及此字時都寫作賣)身,'五羊'上二字疑當與'賣'義有關。疑第二字从'辵''畜'聲,即'遭'字,讀爲'賣',通'鬻'。第一字从'旦'聲,似可讀爲'轉'。《淮南子・脩務》:'百里奚轉鬻。'"

整理者隸作遑的那個字原作□,裘先生通過與古書對照確定其與"賣"義有關,進而把它隸定作"遖",認爲"即'遭'字,讀爲'賣',通'鬻'",揆度文義,應當是正確的。從文字學的角度看,裘先生説的基礎是把"沓'當作"畜",因此,要證實裘説有三個問題必須解決:1.在古文字資料中,有一系列與"沓'相關的字,對這些字如何作出合理的解釋? 2."沓"即"畜"構形上的理據是什麼? 3."沓"和□(西周金文中賣或从此)是一種什麼樣的關係?

先來看古文字中與"沓"有關的一些字的用法。

(1)隹(唯)王來各(格)成周年,厚趠又□于讆公。趠用乍(作)氒(厥)文考父辛寶隮(尊)齍,其子子孫永寶。□。　厚趠鼎(《三代》4・16・2)

(2)隹(唯)王卅又三年,王窺(親)遹省東或(國)、南或(國)。正月既生霸戊午,王步自宗周。二月既望癸卯,王入各(格)成周。二月既死霸壬寅,王□(往)東。三月方死霸,王至于范,分行……

晉侯蘇鐘(《上海博物館集刊》第七期)

例(1)和(2)中从"沓"的字結構相同,依據裘説,可以隸作儥。例(1)中的儥

同“覯”，徐鍇《説文解字繫傳·人部》：“價，見也。”段玉裁注：“價訓見，即今之覯字也，《釋詁》曰：‘覯，見也。’按：經傳今皆作覯，覯行而價廢矣。”先秦文獻覯常用爲“見”義，如《易·困》：“入于幽谷，三歲不覯。”《春秋》莊公二十四年：“八月丁丑，夫人姜氏入。戊寅，大夫宗婦覯，用幣。”《左傳》襄公五年：“穆叔覯鄫太子于晉。”“于”，表示被動的介詞。“彗公”，舊多釋爲溓公，李學勤先生新近撰文予以駁正。他認爲所謂溓上部應隸作彗，下從涉聲，彗公就是祭公謀父。“厚趠又價于彗公”就是厚趠又被彗公接見。事情非常榮耀，所以厚趠作鼎紀念。例（2）中的價讀爲續，價、續聲符相同，可以通用。鐘銘載周王親省東國南國，從宗周出發，到成周，然後到山東，一路東進。“王價往東”就是“王繼續往東”的意思。

（3）吳戜駿弟史軍馬，弗ナ（左），用乍（作）父戊寶隣彝。

銚蓋（《文物》1972 年 7 期）

例（3）中從“肯”的字可隸作“遺”，讀爲價。《玉篇·人部》：“價，買也。”《周禮·地官·司市》：“以量度成賈而徵價。”鄭玄注：“價，買也。物有定賈則買者來也。”桂馥《説文解字義證·人部》：“價，此如酤字，亦買賣無定訓也。”“左”，不當，錯誤。《左傳》昭公四年：“叔孫未乘路，葬焉用之？且冢卿無路，介卿以葬，不亦左乎？”銚銘是説戜駿弟史（一名一字）買馬，沒有出現什麼差錯，因作器以爲紀念。戜駿所作器還有一件簋，簋銘表明他曾從周昭王南征楚荆，看來，戜駿買馬很可能是受周王的指派。

（4）左馭番戍飤田於邔彧（域）酪邑，城田一素畔萄。戍死，其子番步後之；步死無子，其弟番齸後之；齸死無子，左尹士命其從父之弟番欵後之。欵飤田，疠（病）於賣（債），骨𩩲之。左馭遊脣骨賈之，又（有）五□。

包山 151—152 簡

（5）□客監尼迟楚之歲（歲），㝬月乙卯之日，下鄝（蔡）救里人舍闕告下鄝（蔡）犯執事人易城公羕罝。闕言胃（謂）䣄倅竊馬於于鄝（蔡），遂𧷴之于易城。

包山 120 簡

例（4）中未隸之字，李學勤先生已隸作價，他説：“‘價’字見《周禮》，即今鬻字，意思是賣，可參看《説文繫傳》。‘賈’字《説文》云：‘市也。’《左傳》桓公十年注：‘買也。’兩個‘骨’字都以音近讀爲‘訖’，《逸周書·皇門》注：‘既也。’訖鬻是已經賣了。訖賈是已經買了。”例（5）的用法和例（4）相同。“䣄竊馬於下鄝（蔡），遂價之於易城”，是説䣄倅從下鄝偷了人家的馬，到陽城賣了。這兩個價所從ㄆ是肯的變體。（中略）

　　從上面的疏釋可以看出，以裘説爲基礎，古文字資料中的相關文例都可以得到比較合理的解釋。

　　在包山楚簡“文書類”中有幾支格式相同、内容相關的簡：

　　（10）九月甲晨（辰）之日，郢異之司敗番詎受期，戊申之日不遲郢異之大帀（師）郢𧀼以廷，阩門又（有）敗。泹碨。

46 簡

　　（11）九月己酉之日，郢異司敗番豫受期，癸丑之日不遲郢異之大帀（師）𧀼以廷，阩門又（有）敗。泹𧀼。

52 簡

　　（12）九月癸丑之日，郢異之司敗番逗受，癸亥之日不遲大帀（師）𧀼以廷，阩門又（有）敗。泹垠。

55 簡

　　（13）十月乙亥之日，郢異之司敗番覎受期，戊寅之日不遲郢異之大帀（師）郢𧀼。泹垠。

64 簡

其中未隸定的字都用爲人名，有學者把它們視爲一個字，隸作儥，是正確的。這組簡中儥字的不同寫法正好展示了𧀼字演進的邏輯過程：

$$ 🄰 \longrightarrow 🄱 \longrightarrow 🄲 $$

秦西漢簡帛文字的𧀼常作🄱（如睡虎地秦簡 13·61 贖所从），與上述戰國文字的寫法一脈相承。在秦漢出土文字資料中，從未見過🄳之類的寫法，可見《説文》小篆構形系統中𧀼的寫法不合漢字演進序列，是後人改造的結果。

　　在上面所舉的例子裏，𧀼都是作爲合體字的偏旁出現的。但從甲骨文看，它早先是一個獨立使用的單字。

　　（14）更……王……勿🄲……辛……

可惜因文辭殘泐，已無法考究它的具體用法了。

　　從形音兩方面綜合考慮，“𧀼”極有可能是“藚”的本字。《説文·艸部》：“藚，水舄也。從艸，賣聲。《詩》曰：‘言采其藚。’”藚是極常見的多年生沼澤植物，又名蕍、蕮、牛脣（《爾雅》）、水舃菜（《救荒本草》）、水澤、耳澤，現在通行的名字是澤瀉。主要分布於黑龍江、吉林、遼寧、河北、河南、山東、陝西、江蘇、浙江、福建、江西、四川、貴州、雲南、新疆等地，自古以來就有多個品種。《重修政和經史證類備用本草》卷六介紹澤瀉時，附有三個圖，現將其中兩幅複印如下：

圖一　　　　　　圖二

兩圖中的澤瀉都畫着花,實際上,澤瀉的花只到了特定的季節才開,是不常有的。如果把圖一中的花去掉,畫三片葉子兩塊根莖,所畫出的圖形便與𦥑相似。把圖二中的花去掉,只畫三片葉子一塊根莖,所畫出的圖形便和𥿇 𦥑 𧶠所從𦥑 𦥑 𦥑相似(圖二中的根莖很像人或動物的眼睛)。

𦥑 𦥑見於西周中期的曶鼎(《三代》4・45・1),過去一般隸作賣,讀爲贖,"我既賣女五夫""賣茲五夫"即"我既贖汝五夫""贖茲五夫"。𧶠見於君夫簋(《三代》8・47・2),一般隸作價,讀爲續,"價求乃友"即"續求乃友"。曶鼎中的賣和君夫簋的價所從正是"𤔔"的一種異體。

對於象形字來説,由於所像對象内部的具體差異,造字時取象不同産生兩種以上的寫法是很正常的事情。就發展趨勢而言,這類異體在文字完善的過程中會漸漸歸於統一,但是,對這個統一過程的長期性絶不能低估。"𤔔"的兩個異體到西周中期仍然存在,這特別值得引起我們重視。大家知道,在早期古文字(如甲骨文、商代金文)中,有相當數量的象形字還不能識讀,"𤔔"字現象對我們識讀這些字或許會有啟發作用。

《中國文字研究》2,頁78—84

○劉釗(2002)　上面提到李學勤先生的文章的最重要之處,是成功地釋出了"價"字。這使得這兩條簡文可以順暢讀通,又凸顯了簡文内容的重要。

《説文・人部》:"價,賣也。"段玉裁在《説文解字注》中指出"價"即"今之鬻字"。《玉篇・鬲部》:"鬻,鬻賣也。"價字古音在定紐屋部,鬻字在章紐覺部,兩字皆爲舌音,韻皆爲入聲,韻尾相同。屋、覺二紐在《詩經》中亦有合韻的例子。《説文》認爲"價"字所從的"賣"字本從"睦"字古文"𤔔"得聲,而"睦"字古音就在覺部。可見"價、鬻"兩字音義皆近,顯然是一對同源詞或是一個詞的不同寫法。

"價"字還見於包山楚簡120號簡:

郏倅繄馬于下蔡師,價之於易城。

上引李學勤先生文中未提及此句簡文中的"價"字,但是受李先生文中的啟發,已有學者將其釋爲"價",這是非常正確的。(中略)

以上我們分析了包山楚簡和郭店楚簡中的三個已識的"價"和"邁"字,其形體寫法如下:

1. 𧵒　　2. 𧵒　　3. 邁

另外包山楚簡中還有 5 個用於人名的"價"字,其中 4 個是指一個叫鄙價的人,一個是指叫黃價的人。這 5 個價字以往不被大家注意,只有陳偉先生在其《包山楚簡初探》一書的釋文中將其隸定作"價"。其形體寫法如下:

4. 𧵒　　5. 𧵒　　6. 𧵒　　7. 𧵒　　8. 𧵒

按《説文》的結構分析,"價"字所从的"畜"是"睦"字的古文,本應从"目",上引 7 所从的"畜"就是从"目"作的。3 和 8 的"畜"所从的"目"寫成了豎立的形狀。4、5 的"畜"所从的"目"中閒省去了一筆,1、2、6 的"畜"所从的"目"變成了橫置或豎置的"自"。這種形體非常重要,是我們辯(編按:當作"辨")識其他尚未釋出的"價"字及相關諸字的關鍵環節。《古璽彙編》3661 號楚名私璽有一個字寫作"𧵒",以往不識,這個字與上引的 1、2 形體相同,也應該是"價"字。

《中國文字》新 28,頁 124—128

○曹錦炎(2005)　　"價",構形也見於包山楚簡。《説文》:"價,賣也。""索價",捆綁買賣。

《上海博物館藏戰國楚竹書》(五)頁 326

△按　《説文》人部:"價,賣也。从人,賣聲。"包山簡"價"即價,或用作"鬻",意思是賣,或用作人名;《璽彙》3661"産價"之"價"用作人名。至於"價(價)"所从右上角的"旹",裘錫圭認爲訛變自甲骨文的"旹"字:

> 我認爲用爲"賣"字聲旁、後來訛變爲"旹"的"旹",就是甲骨文的"旹"字。結合其字形與"賣"的字音來看,象"止"(趾)在"自"上的"旹"似應是《詩經》"無踰我牆"(《鄭風·將仲子》)、"終踰絶險"(《小雅·正月》)之"踰"的表意初文。前引《合集》18255 的"旹",在"止"與"自"之閒尚留有一些空隙,所表示的超踰、踰越之意更顯。

而上博簡"發揚繄價"之"價",他"懷疑'繄價'當讀爲'騰踰',是'騰達超踰'的意思"(《説从"旹"聲的从"貝"與从"辵"之字》,《文史》2012 年 3 期 1—27 頁)。

候 候

十鐘　候睡虎地·答問 203

○**睡簡整理小組**（1990）　者（諸）候（侯）客節（即）來使入秦。

《睡虎地秦墓竹簡》頁 142

○**張守中**（1994）　候，通侯。

《睡虎地秦簡文字編》頁 127

【候王】

○**劉樂賢**（1994）　（編按：日甲 32 正）侯王一詞，《老子》中凡數見，如“侯王得一以爲天下正”，又“是以侯王自謂孤寡不穀”。指戰國時各國之王。

《睡虎地秦簡日書研究》頁 56

△**按**　《説文》人部：“俟（候），伺望也。从人，矦聲。”古璽“候”用作人名；睡虎地秦簡“者候、候王”之“候”皆讀作“侯”。

償 償

償龍崗 101

○**湯餘惠等**（2001）　償。

《戰國文字編》頁 556

○**中國文物研究所、湖北省文物研究所**（2001）　（編按：龍崗 101“馬、牛殺之及亡之，當償而諄”）償，賠償。

　　（編按：龍崗 162“稼償主”）償，賠償。

《龍崗秦簡》頁 106、127

△**按**　《説文》人部：“償，還也。从人，賞聲。”龍崗秦簡 101 號“當償而諄”和 162 號“稼償主”之“償”皆用本義。

僅 僅

璽彙 3690

○**吳振武**(1983)　3690 僅□齋鉨·僅□□鉨。

《古文字學論集》(初編)頁 518

△**按**　《説文》人部:“僅,材能也。从人,堇聲。”《鉨彙》3690 此字收於《古鉨文編》附録三三(431 頁),吳振武所釋可從。鉨文“僅”用作姓氏。

代 伐

伐石鼓文·吳人　　伐陶彙 7·8　　代睡虎地·秦律 79　　代睡虎地·日乙 42 貳

代信陽 1·6　　伐包山 61　　伐上博五·季庚 14

○**强運開**(1935)　《説文》:“伐,擊也。从人持戈。一曰:敗也。亦斫也。”鼓文作伐,正象立戈形,第七鼓鮮字亦係从戈,與此正同。丁佛言《古籀補補》以爲代之古文,似誤。然以筆畫論,右旁从弋固可讀爲代字也。

《石鼓釋文》癸鼓,頁 4

○**睡簡整理小組**(1990)　(編按:秦律 79)令其官嗇夫及吏主者代賞(償)之。

《睡虎地秦墓竹簡》頁 38

○**周偉洲**(1997)　代馬丞印　馮雲鵬等撰《金石索》五録《印萃》有“睢陵馬丞”印,《查氏藏印》有“虢縣馬丞”印等。此乃西漢中央在縣一級地區設置特種屬官,專知馬政者。封泥“代馬丞印”,當爲秦代中央在代郡(治今山西蔚縣北)所置專知馬政屬官之佐吏(丞)之印。

《西北大學學報》1997-1,頁 31

○**何琳儀**(1998)　《説文》:“代,更也。从人,弋聲。”

　　司馬成公權代,姓氏。古代君爲趙襄子所滅,以代爲氏。見《萬姓統譜》。

　　信陽簡代,時代。包山簡“代陽”,讀“弋陽”,地名。見《漢書·地理志》汝南郡。在今河南潢川西。

　　秦陶代,地名。《戰國策·秦策》:“北有胡貉代馬之用。”在今河北蔚縣東北。

《戰國古文字典》頁 69

【代市】

○**吳振武、于潤儀、劉爽**(2004)　四、秦陶文(1 件)

　　(16)代市(室藏編號:1-523):

　　泥質灰陶,器形不明。陶文印戳,陰文。舊未見著録,但有同文者,見《陶彙》7.7 和 7.8。"代"指代縣,在今河北蔚縣東北。代市就是代縣所屬的市。裘錫圭先生曾對這類市印陶文作過相當深入的研究,按照他的意見,陶器上加蓋市印,就是表示市吏監造或經過市吏檢查的意思。

《史學集刊》2004-4,頁 96—97

【代易】包山 61

○**劉信芳**(2003)　代易:

　　"代"讀爲"弋",《漢書·地理志》汝南郡有弋陽縣,師古《注》引應劭曰:"弋山在西北,故黃國,今黃城是也。"《水經注·淮水》:"柴水又東逕黃城西,故弋陽縣也。"其地在今河南潢川縣西。《璽彙》0002"邟昜君鉨",0276"邟昜邦粟鉨",皆爲楚璽。

《包山楚簡解詁》頁 63

△按　"代"字,從人,弋聲;弋旁或在斜筆上加飾筆,與"戈"相混。睡虎地秦簡《秦律》79"令其官嗇夫及吏主者代賞(償)之"之"代"用其本義。信陽楚簡"三代"之"代"意爲時代、年代;包山簡"代陽"讀爲"弋陽",地名。

儀 𠉛

侯馬 200:21

○**山西省文物工作委員會**(1976)　宗盟類參盟人名。

《侯馬盟書》頁 360

○**何琳儀**(1998)　《説文》:"儀,度也。從人,義聲。"

　　侯馬盟書儀,人名。

《戰國古文字典》頁 857

便 𠊳 伎

睡虎地·語書 1　　陶彙 5·365　　秦陶 491

上博四·曹沫 18　　上博四·曹沫 35

○**睡簡整理小組**(1990)　(編按:睡虎地·日甲 48 背)以若(箬)便(鞭)豰(擊)之。

《睡虎地秦墓竹簡》頁 215

○**張守中**(1994)　　通鞭。

《睡虎地秦簡文字編》頁 127

○**何琳儀**(1998)　　便,從人從更,會改易求安之意。更亦聲。更從丙聲。便,並紐;丙,幫紐。幫、並均屬脣音,便爲丙之準聲首。《説文》:"便,安也。人有不便更之。從人、更。"或説便,從人,金聲。參金字。

秦陶便,地名。

《戰國古文字典》頁 1063

○**李守奎、曲冰、孫偉龍**(2007)　　俀。

《上海博物館藏戰國楚竹書(一—五)文字編》頁 394

【便俾】

○**李零**(2004)　(編按:曹沫 35"便俾")同上第十八簡"便迶",亦讀"便嬖"。

《上海博物館藏戰國楚竹書》(四)頁 266

【便迶】

○**李零**(2004)　(編按:曹沫 18)"迶"從卑,與"嬖"同爲幫母支部字,可通假。"便嬖",受寵愛者。《説文·女部》:"嬖,便嬖,愛也。"

《上海博物館藏戰國楚竹書》(四)頁 254

△**按**　"便"字左旁從人,右旁或從更,或從下從又;本義爲安。睡虎地秦簡《語書》1"或不便於民"的"便"用本義,《日書》甲 48 背"以若(箬)便骰(擊)之"的"便"讀"鞭"。《秦陶》491"闌陵居貲便里不更牙"的"便"用作地名。

任 仸

○**羅福頤等**(1981)　(編按:璽彙 2559)任。

《古璽文編》頁 210

○**睡簡整理小組**(1990)　(編按:睡虎地·答問 145)任,保舉,見《秦律雜抄》"任廢官者爲吏"條注[一]。《史記·范睢列傳》:"秦之法,任人而所任不善者,各以其罪罪之。”

《睡虎地秦墓竹簡》頁 127

○何琳儀(1998)　《説文》:“任,保也。从人,壬聲。”

　　晉璽任,姓氏。任爲風姓之國,實爲太昊之後,今濟州任城即其地。見《通志·氏族略·以國爲氏》。

　　　楚璽任,姓氏。

　　　秦陶任,姓氏。

《戰國古文字典》頁 1409

○李朝遠(2004)　任,聽憑。“憐而任”與文獻“行之如由己”意相近。

《上海博物館藏戰國楚竹書》(四)頁 225

△按　睡虎地秦簡《秦律》125“及大車轅不勝任”和 196“有不從令而亡、有敗、失火,官吏有重罪,大嗇夫、丞任之”之“任”皆當用本義。

僖 僖　僖

香續一 78

○湯餘惠等(2001)　僖。

《戰國文字編》頁 568

△按　此字从憙从人,當是“僖”的異體。“憙”可以看作“喜”的異體或“憙”的省體。《説文》人部:“僖,樂也。从人,喜聲。”

僉 僉

睡虎地·封診 27

○睡簡整理小組(1990)　山僉(險)不能出身山中。

《睡虎地秦墓竹簡》頁 152

○張守中(1994)　通“險”。

《睡虎地秦簡文字編》頁 127

△按　《説文》人部:“僉,約也。从人,僉聲。”睡虎地秦簡“僉”讀作“險”。

俗 俗

集成 2766 徐贅尹鼎　璽彙 5664　睡虎地·語書 1　睡虎地·語書 3

○**睡簡整理小組**(1990)　　(編按:爲吏12)寬俗(容)忠信。

《睡虎地秦墓竹簡》頁167

○**張守中**(1994)　通"容"。

《睡虎地秦簡文字編》頁127

○**何琳儀**(1998)　《説文》:"俗,習也。从人,谷聲。从人,谷聲。"(編按:衍"从人,谷聲")

　　燕璽俗,讀谷,姓氏。

　　徐郊尹鼎俗,風俗。

《戰國古文字典》頁346

○**劉釗**(1996)　按"俗""容"兩字雖音上可通,但在早期典籍中少見"寬容"一詞。"俗"在此應讀作"裕"。"俗""裕"皆从"谷"聲,故可相通。"寬裕"一詞多見於典籍。"寬裕"是儒家提倡的臣子所應具備的一種美德。《禮記·内則》:"異爲孺子室於宫中,擇於諸母與可者,必求其寬裕慈惠,温良恭敬,慎而寡言者……"《禮記·中庸》:"寬裕温柔,是以有容也。"《禮記·儒行》:"温良者,仁之本也;敬慎者,仁之地也;寬裕者,仁之作也。"又《禮記·儒行》:"儒有博學而不窮,篤行而不倦,幽居而不淫,上通而不困,禮之以和爲貴,忠信之美,優游之法,舉賢而容衆,毁方而瓦合,其寬裕有如此者。"句中前言"忠信",後謂"寬裕",與上引秦簡文"寬俗(裕)忠信"正相合。秦簡"爲吏之道"是爲初學做吏者提供的以識字課本爲形式的行爲規範,這與《禮記·儒行》篇歷述儒者行爲的内容很接近。

《簡帛研究》2,頁110—111

△**按**　徐郊尹鼎"吕津涂俗"和睡虎地秦簡《語書》1"古者,民各有鄉俗",3"去其淫避(僻),除其惡俗",3"鄉俗淫失(泆)之民不止",5"私好、鄉俗之心不變"的"俗"皆用作風俗。《爲吏》12"俗"應讀作"裕"。

俾 傻

詛楚文　　上博四·曹沫25　　上博四·曹沫35　　包山263

上博二·容成3　　陶彙6·152　　秦代印風146

○**郭沫若**(1947)　禮傻介老

　　"禮傻"字原作傻,舊多釋傳或釋使,均非是。按即叟之異文。禮叟與介老爲對,猶言國老與庶老。

《郭沫若全集·考古編》9,頁 297—298、312

○**何琳儀**(1989)　詛楚文:"唯是秦邦之嬴衆敝賦,鞴輸棧輿,禮僂介老,將之以自救殹(也)。"

"僂",舊釋"傳、使、傁"等,均非是。

按,"僂"應隸定爲"俾"。"卑",甲骨文作"𤰼"(《前編》二·八·四"䭫"字偏旁),金文作"𤰼、𤰼"(《金文》〇四七〇)。其字从"田"从"支"。詛楚文"俾"旁亦从"田"从"支"。不過二者共用"丨"形而已。六國文字"卑"稍有訛變,如"𤰼"(《中山》三一)、"𤰼"(《中山》八三)、"𤰼"(《侯馬》三一二)等。但《侯馬》也確有从"田"从"支"的"𤰼、𤰼",也有从"田"从"又"的"𤰼、𤰼"。後者可與三體石經《無逸》"𤰼"互證,且與詛楚文形體最近。依此類推,《璽彙》三六七七"𤰼"亦應釋"卑",古姓氏,見《風俗通》。

金文"卑"多讀"俾",詛楚文"俾"則讀"卑"。"禮俾"乃"卑禮"之倒文,《史記·魏世家》"卑禮厚幣,以招賢者"亦作"卑體",《漢書·兒寬傳》:"卑體下士,務在於得人心。"詛楚文"禮卑介老"猶言"以禮待介老"。

《戰國文字通論》頁 250

○**何琳儀**(1998)　《説文》:"俾,益也。一曰,俾,門侍人。从人,卑聲。"

包山簡俾,讀婢。《廣雅·釋詁》:"婢,短也。"

詛楚文俾,讀卑,謙卑。"禮俾","卑禮"之倒文。《史記·魏世家》:"卑禮厚幣。"

《戰國古文字典》頁 772

○**李零**(2004)　(編按:曹沫 25)俾(裨)夫_(大夫)。

(編按:曹沫 35)便俾(嬖)。

《上海博物館藏戰國楚竹書》(四)頁 259、265—266

【俾敊】

○**蘇建洲**(2003)　俾敊:即"卑末",指出身地位低下者。李零先生以爲待考。何琳儀先生《滬二》分析爲左从"市",右从"攵",可讀"末"。《儀禮·士喪禮》"賵末",注"今文末爲旆也",是其佐證。

《〈上海博物館藏戰國楚竹書(二)〉讀本》頁 116

○**裘錫圭**(2004)　(一)釋"蔽芾"

《容成氏》説,在尊盧氏、赫胥氏等上古帝王有天下之時,對人民之有殘疾

或體態異常者,都能根據他們的特點給予合適的工作。此篇在列舉了"瘖聾
執燭,梧戉鼓瑟"等多項措施之後,接着説:

　　　凡民俾敉才,教而誨之,飲而食之,思役百官而月請之。(原注:3 號簡,圖版
見《上博[二]》95 頁,釋文及考釋見 252—253 頁。)

此篇整理者李零先生注釋此句説:

　　　俾敉　待考。

　　　思役百官而月請之　願其聽用於百官而月月請謁之。(同上 253 頁)

陳偉先生曾在《包山楚簡初探》中指出,包山楚簡中的一些"思"字,用法與
"命"相當,似乎與古書中某些訓"願"的"思"字近似,"爲表示祈使的動詞"。
孟蓬生先生在《上博竹書(二)字詞札記》的"思"字條中,舉出《容成氏》篇中
"思民不惑"(19 號簡)、"思民道之"(44)、"思民不疾"(49)三例,下按語説:

　　　據三簡文義歸納,"思"當讀爲"使"。古音思爲心母之部,使爲山母
之部。心山古音每相通,今人多以爲當合爲一音。如生與姓、辛與莘、相
與霜等皆是。

其説可從。楚簡中此類"思"字似皆可讀爲"使",上引《容成氏》"思役百官而
月請之"之"思",亦屬此類而爲孟文所漏舉。"月請之",似應指讓"役百官"
的民之"俾敉者"按月向官府請求工作或請求廩食,即《周禮》所謂"稍食"。

　　　"俾敉",何琳儀先生認爲"當讀'卑末',指出身地位低下者"。"卑末",
《後漢書·欒巴傳》等皆用來指地位低下的吏。"凡民俾敉者",其性質當與上
文所言的那些殘疾者或體態異常者相近。讀"俾敉"爲"卑末"似與文義不合。

　　　我以爲"俾敉"應讀爲"蔽芾","俾"從"卑"聲。"卑"和從"卑"聲之字,
古或與"蔽"通。《史記·淮陰侯列傳》"從閒道萆山而望趙軍",《集解》引如
淳注:"萆音蔽,依山自覆蔽。"《列子·楊朱》"卑宮室",殷敬順《釋文》"卑"作
"蔽"。"敉"當爲從"市"聲之字,"芾"亦從"市"聲,二字自亦可通。

　　　《説文·六下·宋部》"宋"字《段注》説:

　　　按《玉篇》"宋"作"市",引《毛傳》"蔽市,小皃"(引者按:"此《詩·
召南·甘棠》毛傳文,今本"市"作"芾")。玉裁謂《毛詩》"蔽市"字恐是
用蔽膝之"市"字。經傳"韍"(引者按:"韍""市"爲一字)多作"芾"作
"茀",可證。(引者按:《召南·甘棠》"蔽芾甘棠",《韓詩外傳》卷一引作
"蔽茀甘棠"。)

　　　段玉裁的意見是對的。實際上不但不見於《説文》的"芾"字原來並不從
"宋",就是見於《説文》的那些從"宋"聲之字,原來也都應該是從"市"聲的。

這些字,隸楷一般都寫作从“市”。這並非隸楷改變了篆書字形,而是隸楷承襲了戰國和秦漢時代實際使用的字形。如“旆”字在戰國早期的曾侯乙墓竹簡中就寫作从“市”(**原注**:參看拙文《談談隨縣曾侯乙墓的文字資料》,拙著《古文字論集》408頁、416頁注5,中華書局1992年。何琳儀《戰國古文字典》認爲信陽簡有“柿”字,即《説文》的“梳”,見下册951頁,中華書局1998年。),“沛”“肺”等字在漢代簡牘金石文字中也都寫作从“市”,可證。《論文》(**編按**:當作《説文》)从“朩”聲之字的篆形可能是有問題的(除“𣏟”“麻”一系字外,《説文》認爲以“朩”爲意符的“南”“索”“孛”“𠂔”等字,從古文字看也都不是从“朩”的,另詳他文)。所以我們把簡文的“敝”讀爲“蔽芾”之“芾”,是不會有問題的。

《詩·召南·甘棠》“蔽芾甘棠”,毛傳:“蔽芾,小貌。”《詩·小雅·我行其野》“我行其野,蔽芾其樗”,鄭箋:“樗之蔽芾始生,謂仲春之時嫁取之月。”始生者必小,此“蔽芾”之義與《甘棠》略同。簡文所説的“凡民蔽芾者”,當指雖已成年但身材顯著比一般人矮小者。

張家山西漢早期墓所出《二年律令》的《傅律》中,有如下一條:

當傅,高不盈六尺二寸以下,及天烏者,以爲罷癃。(《二年律令》363號簡,上引《張家山漢墓筆下(**編按**:“筆下”爲“竹”之誤植)簡》[二四七號墓]37、182頁)

《漢書·高帝紀上》“蕭何發關中老弱未傅者悉詣軍”句顔注所引如淳注引《漢律》(引者按:當即《傅律》),也有“高不滿六尺二寸以下爲罷癃”語(如淳此注也見引於《史記·項羽本紀》集解)。人民達到服徭役兵役年齡時向公家登記稱爲“傅”。秦漢時一尺約當今市尺七寸左右,六尺二寸合今四尺三寸多一點。“當傅”者如果身高不到四尺三寸,顯然無法正常服役,所以把他們當作“罷癃”,即有廢疾者對待。簡文的“凡民蔽芾者”,大體上應與《漢律》所説的“高不盈六尺二寸以下”者相當(如淳所引《漢律》可能因避漢惠帝諱改“不盈”爲“不滿”)。簡文説“教而誨之,飲而食之,使役百官而月請之”,當是教育這些人,使有一些工作能力,來爲官府服力所能及的雜役,以獲得廩食維持生活的意思。這在古代當然也可以算是一項惠政。

《古文字研究》25,頁314—316

○**白於藍**(2005) 上海博物館藏竹簡《容成氏》篇中有這樣一段:

墟遲是(氏)之有天下也,皆不受(授)亓(其)子而受(授)臤(賢)。亓(其)德酉(鰌)清,而上愛【簡1】下,而一亓(其)志,而寢亓(其)兵,而官亓(其)材。於是乎喑聾執燭,相戉鼓瑟,跛躃守門,敊(侏)需(儒)爲矢,長者穌宅,僂者坎數,癭【簡1】者煮鹽,厄亘者漁澤,□棄不□。凡民俾敧者,教而誨之,飲而飤(食)之,思役百官而月青(請)之。古(故)當是時也,亡(無)并□【簡3】

關於簡文中“俾敧”一詞,此篇整理者注釋云“待考”,並對“思役百官而月青(請)之”注釋云:“願其聽用於百官而月月請謁之。”何琳儀先生認爲“俾敧”當讀作“卑末”,指出身地位低下者。但就何文所引《後漢書·欒巴傳》的材料來看,“卑末”實指地位低下的吏,與簡文云“凡民……者”不合,裘錫圭先生已指出其說之非,認爲“凡民俾敧者”之“性質當與上文所言的那些殘疾者或體態異常者相近”,指出“俾敧”當讀作“蔽芾”,“當指雖已成年但身材顯著比一般人矮小者”,並引張家山漢簡《二年律令》的《傅律》之“當傅,高不盈六尺二寸以下,及天烏者,以爲罷癃(《二年律令》簡363)”爲證。

但我們認爲裘先生之說也可商榷。首先,從這段話的整體文義上來看,“俾敧”這種人恐不宜理解爲是“其性質當與上文所言的那些殘疾者或體態異常者相近”的人,而應當理解爲與簡文前面所言之殘疾人群並列的另一種人群。對於八種殘疾者,簡文是側重於“用”,使其人盡其用,各守其職;而對於“俾敧”者,簡文則側重於“教誨”,“教而誨之,飲而食之,思役百官而月青(請)之”是專門針對這種人所實施的教化方式。其次,簡文前已云“羖(侏)需(儒)爲矢”,“侏儒”已經是身材矮小者,則此處再說“俾敧”是指身材矮小的人,顯然是不合適的。再次,裘文中引到《詩·召南·甘棠》“蔽芾甘棠”,毛傳:“蔽芾,小貌。”《詩·小雅·我行其野》:“我行其野,蔽芾其樗。”鄭箋:“樗之蔽芾始生,謂仲春之時嫁娶之月。”但這些材料充其量只能是說明“蔽芾”具有小的含義,並不能證明即相當於漢簡中之“罷癃”。

儘管如此,裘先生文中提到的漢簡之“罷癃”,則是一條十分重要的線索。我們以爲簡文“俾敧”之“俾”正應當讀爲“罷”。“俾”從“卑”聲,典籍中從“卑”聲之字與“罷”及從“罷”聲之字多可相通。《說文》:“䫾,別也。從冎,卑聲。讀若罷。”《周禮·夏官·司弓矢》:“恆矢、庳矢,用諸散射。”鄭玄注:“鄭司農云:‘庳矢,讀爲人罷短之罷。’”《後漢書·馬融傳》:“然後擺牲班禽,淤賜犒功。”李賢注:“《廣雅》曰:‘捭,開也。’《字書》:‘擺亦捭字也,音捕買反。’”即其例。

至於“敧”字,原篆作“”,當釋爲“敝”。(中略)

“罷敝”一詞習見於文獻,指疲勞困敝。《左傳》昭公三年:“庶民罷敝,而宮室滋侈。”即其例。又見“罷弊、罷獘”等詞，與“罷敝”同義。《國語·吳語》：“既罷弊其民，而天奪之食。”《漢書·匈奴下》：“吏士罷弊。”賈誼《過秦論》：“兵革不休，士民罷弊。”《史記·范雎蔡澤列傳》：“諸侯見齊之罷獘，君臣之不和也，興兵而伐齊，大破之。”均其例。但這種詞義和用例均與簡文不符，故當另求其義。

　　據文獻記載，對民之無行乏德者可稱之爲“罷”或“罷士”。如《國語·齊語》：“罷士無伍，罷女無家。”韋昭注：“罷，病也。無行曰罷。”《管子·小匡篇》：“罷士無伍，罷女無家。”尹知章注：“罷，謂乏於德義者。”均其例。又，《荀子·非相篇》：“君子賢而能容罷，知而能容愚。”《荀子·王霸篇》：“無國而不有賢士，無國而不有罷士。”《荀子·王制篇》：“賢能不待次而舉，罷不能不待須而廢。”《説苑·君道篇》：“賢者進以顯榮，罷者退而勞力。”均以“罷”與”賢”相對爲文。

　　這種“罷”或“罷士”，在《周禮》中被稱作“罷民”。《周禮·秋官·大司寇》：“以圜土聚教罷民，凡害人者，寘之圜土而施職事焉，以明刑恥之。其能改者，反於中國，不齒三年；其不能改而出圜土者，殺……以嘉石平罷民，凡萬民之有罪過而未麗於法，而害於州里者，桎梏而坐諸嘉石，役諸司空。重罪旬有三日坐，期役；其次九日坐，九月役；其次七日坐，七月役；其次五日坐，五月役；其下罪三日坐，三月役。使州里任之，則宥而舍之。”鄭玄注：“嘉石，文石也。樹之外朝門左。平，成也。成之使善。有罪過，謂邪惡之人所罪過者也。麗，附也。未附於法，未著於法也。木在足曰桎，在手曰梏。役諸司空，坐日訖，使給百工之役也。役月訖，使其州里之人任之，乃赦之。宥，寬也。”《周禮·秋官·司圜》：“司圜掌收教罷民，凡害人者，弗使冠飾而加明刑焉，任之以事而收教之。能改者，上罪三年而舍，中罪二年而舍，下罪一年而舍。其不能改而出圜土者，殺。雖出，三年不齒。凡圜土之刑人也不虧體，其罰人也不虧財。”鄭玄注：“弗使冠飾者，著墨幪，若古之象刑與？舍，釋之也。鄭司農云：‘罷民，謂惡人不從化，爲百姓所患苦，而未入五刑者也，故曰凡害人者。不使冠飾，任之以事，若今時罰作矣。’”

　　《周禮》這兩段文字講述的是國家對“罷民”的教育管理政策。而上引鄭注中“役諸司空，坐日訖，使給百工之役也。役月訖，使其州里之人任之，乃赦之”與簡文“思役百官而月青（請）之”在文義上是十分接近的。簡文“思”字，有不少學者已指出當讀作“使”，則與鄭注之“使”字相當。簡文“役”與鄭注之“役”相同。簡文“百官”亦與鄭注之“百工”相當。《書·堯典》：“允釐百工，庶績咸熙。”僞孔《傳》：“工，官。”《漢書·律曆志》引作：“允釐百官，衆功皆美。"《管子·輕重·巨乘馬》:"謂遠近之縣里邑百官。"馬非百《管子輕重篇新詮》:"百官即百工。《尚書·堯典》'允釐百工',《史記·五帝本紀》作'信飭百官',即其證。"《史記·夏本紀》:"乃歌曰:'股肱喜哉,元首起哉,百工熙哉!'"裴駰集解引孔安國曰:"股肱之臣喜樂盡忠,君之治功乃起,百官之業乃廣。"又,郭沫若《奴隸制時代》:"古代重要的工商業,都和農業一樣,是官家經營的……故殷周的百工就是百官,《考工記》三六工也都是官,使一些國家官吏管轄着各項生產工藝品的奴隸以從事生產。"簡文"月青(請)"與鄭注之"月訖(謁)"亦相當。可見將簡文之"俾"讀作"罷",義指"罷民",與《周禮》及鄭注若合符節。

　　簡文"俾(罷)"既指"罷民",但與"敝"字合爲"罷敝"一詞該如何解釋,我們以爲這有兩種可能。第一種可能是"罷敝"與"罷"同義。《周禮·秋官·大司寇》:"以圜土聚教罷民。"鄭玄注:"圜土,獄城也。聚罷民其中,困苦以教之爲善也。民不愍作勞,有似於罷。"賈公彦疏:"云'教之'者,正謂夜入圜土,晝則役之司空,困苦則歸善。鄭云'困苦以教之爲善'。云'民不愍作勞,有似於罷'者,罷謂困極罷弊,此圜土被囚而役,是不愍強作勞之民,有似罷弊之人也。"若按賈疏的理解,則"罷民"之"罷"的本義就是"困極罷弊","罷民"之名稱的由來,也正是因爲其本爲"不愍強作勞之民,有似罷弊之人也"。若此,則簡文"凡民罷敝者"仍當就是指"罷民"。第二種可能是考慮到"罷敝"一詞在典籍中十分常見,但尚未見有用來專指"罷民"者,故我們以爲"敝"在此或可讀爲"憋"。《廣雅·釋詁三》:"憋,惡也。"王念孫疏證:"憋者,《方言》:'憋,惡也。'郭璞注云:'憋憵,急性也。'《列子·力命篇》云:'嘽咺憋憋。'《後漢書·董卓傳》:'敝腸狗態。'李賢注云:'言心腸敝惡也。《續漢書》敝作憋。'漢司隸校尉楊孟文《石門頌》云:'惡蟲弊狩。''弊狩'與'憋獸'同……是凡言憋者,皆惡之義也。《周官·司弓矢》:'句者謂之獒弓。'鄭注云:'獒,猶惡也。'徐邈音'扶滅反'。獒與憋聲義亦同,故《大司寇》'以邦成獒之也',故書獒爲憋矣。"《方言》卷一〇:"憋,惡也。"錢繹箋疏:"《廣雅·釋詁三》:'憋,惡也。''憋'與'弊'通……又通作'敝'。"《周禮·地官·司救》:"司救掌萬民之衺惡過失而誅讓之,以禮防禁而救之。凡民之有邪惡者,三讓三罰,三罰而士加明刑,恥諸嘉石,役諸司空。其有過失者,三讓而罰,三罰而歸於圜土。"鄭玄注:"邪惡,謂侮慢長老、語言無忌而未麗於罪者。過失,亦由邪惡酗醟好訟,若抽拔兵器,誤以行傷害人麗於罪者。誅,誅責也。古者重刑,且責怒之,未即罪也。"賈公彦疏:"衺惡謂坐嘉石之罷民,不入圜土者。過失謂不坐嘉石,入圜土者也……云'救之'者,皆使困苦而令改惡從善,是救之也。"可見,所謂"罷民"也就是"褻惡"之民。若此,則簡文"凡民俾(罷)敝(憋)者"也可以理解爲民之罷惡者,亦當是指"罷民"。

【俾笿】

○劉信芳(1992)　"一瘽笿;二俾笿;一跰笿;二芙砦"(263號簡)

原釋"瘽"爲"寢","寢席即臥席"。釋"跰","象跪坐時雙膝拄地狀。跰席即跪坐所用之席"。這些都是正確的。惟釋"俾笿"云:"俾,借作篾。俾席即篾席。馬王堆一號漢墓遣策稱作'辟席'。"此釋恐爲不妥,謂"俾"爲"篾"之借,不知何據。俾、篾二字古韻相去甚遠,古書中亦未見通假實例。

　　按"俾笿"應即卑拜之席。其説有二:一、古人行拜禮用席,拜者與答拜者皆跪於席上,《禮記·曲禮上》:"主人跪正席,客跪撫席而辭。"所謂跪即行拜禮。俾爲卑之借,謂卑拜也。《韓非子·解老》:"禮者所以貌情也……故疾趨卑拜以明之。"其二,古用席之數,隨尊卑而有不同,《儀禮·鄉飲酒》:"席於賓東,公三重,大夫再重。"賈公彦疏:"一領即爲一重,再重三重猶二領三領也。"包山楚墓墓主爲大夫,所用寢席一;跰席一;惟"俾笿"之數爲二(芙席僅存疑),於禮制正合。

　　釋"俾笿"爲卑拜之席,應無疑問。《詩經·公劉》:"俾筵俾几。"筵即席。惟此"俾"之義爲"使",見鄭箋,似與卑拜之席無涉。馬王堆M1遣策287有"辟席",誤釋作"薛",通蔑。此"包"簡所以致誤。

○劉信芳(2003)　俾:

　　馬王堆一號漢墓遣策287有"辟席",俾、辟一音之轉。信陽簡2–23:"六籲筵。""籲"字從竹,闢聲,"籲筵"亦"辟席"之類。考辟席之得名,乃遮蔽或禦風塵用席,取之置地,則可兼作坐席。《説文》:"幦,鬣布也。從巾辟聲。《周禮》曰:駹車犬(引者按,"犬"當作"大")幦。"今本《周禮·春官·巾車》"幦"作"禩"。《廣雅·釋器》:"覆笭謂之幦。"王念孫《疏證》:"幦字或作幭、簚、禩,其義並同。幦之言幎也,幎,覆也。"《春秋公羊傳》昭公二十五年:"以幦爲席,以鞌爲几。"蓋取車幦爲坐席。

△按　"俾"字從人,卑聲,本義爲益。詛楚文的"俾"讀作"卑"。陶璽"俾"當用作人名。包山簡"俾笿"即馬王堆一號漢墓遣策中的"辟席"。

倪 倪

倪  上博五・競建9

【倪市】

○陳佩芬（2005）　“倪廷”，即“郳廷”。“廷”字爲下簡首字。“倪”，東周國名，即小邾。《通志・氏族略・以國爲氏》：“倪氏即郳氏也，避仇改爲倪。”《左傳・莊公五年》“郳犁來來朝，名，未王命也”，杜預注：“未受爵命爲諸侯……其後數從齊桓，以尊周室，王命以爲小邾子。”孔穎達疏：“郳者，附庸之國……郳之上世出於邾國。《世本》云：‘邾顏居邾，肥徙郳。’宋仲子注云：‘邾顏別封小子肥於郳，爲小邾子。則顏是邾君，肥始封郳。’《譜》云：‘小邾，邾俠之後也。夷父顏有功於周，其子友別封爲附庸，居郳。曾孫犁來，始見《春秋》，附從齊桓，以尊周室，命爲小邾子，穆公之孫，惠公以下，春秋後六世，而楚滅之。’”地望在今山東滕縣境。

《上海博物館藏戰國楚竹書》（五）頁176

○趙平安（2007）　倪後一字作，字頭部分和廷差別很大，不可能是廷字。它和浙江省博物館藏印（圖二）右下角一字，以及安徽省臨泉縣博物館所藏陶罐上的印文（圖三）第一字相仿佛，可以看作是同一個字的不同寫法。

圖二
《古璽彙編》5602號

圖三
《古文字研究》
22輯179頁

這兩枚都是楚式風格印。前一印右下角一字吳振武先生釋爲市，《戰國文字編》收錄。後一印第一字韓自强、韓朝先生釋爲市，《楚文字編》從之。而《鄂君啟車節》、包山簡191號等處“市”的寫法與印文一路，我認爲各家的處理是適當的。關於市字的形體解釋，可參看裘錫圭先生《戰國文字中的“市”》一文。看來，把“倪”下一字釋爲市是不會有多大問題的。

“擁華倗子馳於倪市”，可以結合《說苑・尊賢》中的一段話來理解：

或曰：將謂桓公仁義乎？殺兄而立，非仁義也。將謂桓公恭儉乎？與婦人同輿馳於邑中，非恭儉也。將謂桓公清潔乎？閨門之內無可嫁者，非清潔也。此三者，亡國失君之行也。然而桓公兼有之。以得管仲、隰朋，九合諸侯，一匡天下，畢朝周室，爲五霸長，以其得賢佐也。失管仲、隰朋，任豎刁、易牙,身死不葬,蟲流出户。一人之身榮辱俱施者,何者? 其所任異也。由此觀之,則任佐急矣。

當中"與婦人同輿馳於邑中",歷代注家皆未注釋,盧元駿先生今譯爲"他同婦人坐一輛車子在都邑中奔馳",是正確的譯法。這一句與簡文"擁華倗子馳於倪市"相當,是指齊桓公的同一事迹。關於《説苑》,曾鞏説:"向采傳記百家所載行事之迹,以爲此書。"其中史事,皆有所憑據。近年出土的簡帛資料,又不止一次地證明了這一點。過去有人説"閨門之内無可嫁者"不足信,向宗魯先生已舉出許多證據辯駁其非。"倪市"爲倪邑之市,古代邑中往往有市,是大家所熟知的。(中略)

　　至此,簡文大意基本明了,原來是説齊桓公擁美女乘車疾驅於郳市。《説苑》提到這件事時,説疾驅於"邑中",這種差别屬於廣義的異文,可以幫助我們理解學術史上的一宗懸案。《説文解字·邑部》:"郳,齊地。从邑,兒聲。《春秋傳》曰:'齊高厚定郳田。'"《説文解字注》:"《左傳·襄六年》:'齊侯滅萊,遷萊於郳。高厚、崔杼定其田。'杜云:'遷萊子於郳國。'《正義》云:'郳即小邾。小邾附屬於齊,故滅萊國而遷其君於小邾。'按《世本》云:'邾顔居邾,肥徙郳。'宋仲子注:'邾顔别封小子肥於郳,爲小邾子。'《左傳》曰:'魯擊柝聞於邾。'小邾者,邾所别封,則其地亦在邾魯,不當爲齊地。今鄒縣有故邾城,滕縣東南有郳城,皆魯地。且郳之稱小邾久矣,不應又忽呼爲郳也。許意郳是齊地,非小邾國。凡地名同實異者不可枚數。如許書,邾非鄒國,是其例也。據《傳》云'遷萊於郳。高厚、崔杼定其田',蓋定其與萊君之田,以郳田與之也。"齊國郳的地望問題至今懸而未決,楊伯峻曾感歎"惜郳地今已無可考"。《説苑》稱"郳"爲"邑",簡文郳自當爲齊邑,可以證明《説文》對郳的解釋是有根據的。《考古》1983 年第 2 期發表的郳右屈戈,傳出土於山東臨沂縣西鄉,離小邾國所居的郳地較遠,其中的郳很可能屬於齊邑,和《説文》所釋的郳相當。《説苑》和《説文解字》都是漢代人的作品,它們作出相同的判斷,絶對不會是偶然的現象。想來它們會有更早的文獻依據,就是如《競建内之》第9 至 10 號簡之類。

《出土文獻研究》8,頁 10—12

△按　《説文》人部:"倪,俾也。从人,兒聲。"上博簡"倪市"即倪地之市,倪地在今山東滕縣境。

使 倳

隻 陶彙5·384　　倳 睡虎地·雜抄42　　使 睡虎地·秦律109

使 詛楚文　　使 睡虎地·答問180　　使 上博一·緇衣12

○**睡簡整理小組**（1990）　（編按：秦律48"妾未使而衣食公"）居延漢簡中未成年男女多標明使或未使。未使最高年齡是六歲，如"子未使女解事年六"，"子未使女足年六"；使最低年齡是七歲，如"子使男望年七"。使，役使，七歲以上兒童可以受使作一定的工作。未使，其年齡不滿七歲。

　　（編按：秦律109"小隸臣妾可使者五人當工一人"）可使，據居延漢簡指七歲以上兒童，參上《倉律》"妾未使而衣食公"條注［一］。

《睡虎地秦墓竹簡》頁32、46

○**高明、葛英會**（1991）　（編按：陶彙5·384）使。

《古陶文字徵》頁21

○**何琳儀**（1998）　倳，从人，事聲。《玉篇》："倳，置也。"

　　秦器倳，讀使。

《戰國古文字典》頁109

○**陳佩芬**（2001）　（編按：上博一·緇衣12）向（卿）使（士）

　　向使　郭店簡作"卿事"，今本作"卿士"。

《上海博物館藏戰國楚竹書》（一）頁187—188

△**按**　"史、吏、事"乃一字分化，秦簡和秦陶"倳"可以直接釋作"使"。詛楚文"使其宗祝"和秦陶"周天子使卿大夫"之"使"意爲派使。上博簡《緇衣》12號"卿使"之"使"用作"士"。

伶 陯 倫

倫 集成11555 卅二年鄭令矛　　向 近出1196 六年襄城令戈　　倫 集成11565 廿三年司寇矛

伶 集成11661 三年鈹　　倫 集成11551 九年鄭令矛　　倫 吉大8

○**孫敬明、蘇兆慶**（1990）　倫即命亦即令，新鄭所出兵器銘中"令"多作此形。

《文物》1990-7，頁39

○**王人聰**（1997）　　伶爲命之繁體，古命、令一字。

《第三屆國際中國古文字學研討會論文集》頁 416

○**何琳儀**（1998）　　《説文》："伶，弄臣（編按："臣"字衍）也。从人，令聲。"

卅二年鄭令矛伶，讀令，官署之長。

《戰國古文字典》頁 1148

伶，从人，命聲。疑伶之繁文。《説文》："伶，弄臣（編按："臣"字衍）也。从人，令聲。"

晉器伶，讀令，官署之長。

《戰國古文字典》頁 1147

○**湯餘惠等**（2001）伶。

《戰國文字編》頁 565

△**按**　　"伶"爲"伶"的繁體，《説文》："伶，弄也。从人，令聲。"兵器銘文"伶"或"伶"皆讀作"令"，爲官署之長。兵器"伶"爲"令長"義之專用字，與訓"弄也"之字同形。

傳　傳

包山 120　　睡虎地·秦律 46　　睡虎地·秦律 89　　睡虎地·語書 8

璽彙 0583

○**黃錫全**（1986）　　另外，古璽（《彙編》0583），《文編》列入附録三二。此字與中山王壺𦨞字偏旁類似；上多一橫，與茍字作（《彙編》二二五七）、（齊忎鼎）類同，應當釋爲傳。

《古文字研究》15，頁 136

○**睡簡整理小組**（1990）　　（編按：語書 8 "以次傳"）以次傳，指本文書在郡中各縣、道依次傳送。漢簡多云"以次傳"，見《流沙墜簡》烽燧類。

（編按：秦律 45 "毋以傳貣（貸）縣"）傳（音轉），符傳，通行憑證。

（編按：答問 57 "今咸陽發僞傳"）傳（音轉），通行憑證。《漢書·文帝紀》注引張晏云："傳，信也，若今過所也。"《古今注》："凡傳皆以木爲之，長五寸，書符信於上，又以一板封之，皆封以御史印章，所以爲信也，如今之過所也。"

《睡虎地秦墓竹簡》頁 15、31、107

○**劉彬徽、彭浩、胡雅麗、劉祖信**（1991） （編按：包山120“小人命爲晉以傳之”）傳，借作轉。《禮記·内則》“枕几不傳”，注：“移也。”

《包山楚簡》頁 47

○**何琳儀**（1998） 《説文》：“傳，遽也。从人，專聲。”

包山簡傳，見《漢書·劉屈氂傳》“以姦傳朱安世”，注：“逮捕也。”

《戰國古文字典》頁 1025

○**中國文物研究所、湖北省文物研究所**（2001） （編按：龍崗2“竇出入及毋［無］符傳而闌入門者”）傳，音 zhuàn。符傳，通過關卡用的憑證。

（編按：龍崗7“□□傳書縣、道官”）傳書，傳送公文書。睡虎地秦簡《秦律十八種·行書》：“行傳書、受書，必書其起及到日月夙莫（暮），以輒相報殹（也）。”一説，依簡一〇文例，“取傳書鄉部稗官”，“傳”，釋爲符傳亦通。

《龍崗秦簡》頁 70、73

○**劉信芳**（2003） （編按：包山120“小人命爲晉以傳之”“傳郊得之”）傳：捕也。《漢書·劉屈氂傳》：“以姦傳朱安世。”師古《注》：“傳，逮捕也。”《後漢書·順帝紀》：“亡徒當傳，勿傳。”章懷太子《注》：“徒因逃亡當傳捕者，放之勿捕。”

《包山楚簡解詁》頁 111

【傳車】

○**睡簡整理小組**（1990） （編按：秦律89“傳車、大車輪，葆繕參邪，可殹［也］”）傳車，《漢書·高帝紀》注：“傳者，若今之驛，古者以車，謂之傳車。”

《睡虎地秦墓竹簡》頁 41

○**何琳儀**（1998） 睡虎地簡“傳車”，驛車。《淮南子·道應訓》：“具傳車，署邊吏。”

《戰國古文字典》頁 1025

【傳食】

○**睡簡整理小組**（1990） （編按：秦律46“月食者已致稟而公使有傳食”）傳食，由沿途驛站供給膳食。

《睡虎地秦墓竹簡》頁 31

△按 “傳”字从人，專聲，“專”旁有不同寫法。古璽“王傳”之“傳”用作人名。包山簡“傳”意爲逮捕。秦簡“傳”可解作傳送、符傳；“傳車”指驛車，“傳食”指由沿途驛站提供膳食。

倌 倌

包山 175　　包山 15　　包山 15 反　　包山 16

包山 157　　璽彙 3580

○**羅福頤等**（1981）　（編按:《璽彙》3580）倌。

《古璽文編》頁 210

○**劉彬徽、彭浩、胡雅麗、劉祖信**（1991）　倌。

《包山楚簡》頁 17—18、29、30

○**何琳儀**（1998）　《説文》:"倌,小臣也。从人从官。《詩》曰:命彼倌人。"官亦聲。

楚器倌,讀官。《集韻》:"官,或作倌。"包山簡"倌人",或作"官人"。見官字。

《戰國古文字典》頁 1073

○**劉信芳**（2003）　倌:即簡 15 反之"倌人"。

《包山楚簡解詁》頁 25

△**按**　"倌"字从人从官,官亦聲。包山簡"倌"和楚璽"女倌"之"倌"讀作"官"。

徐 倏

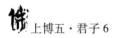

上博五·君子 6

○**張光裕**（2005）　毋欽毋去,聖（聽）之僖倏。

《上海博物館藏戰國楚竹書》（五）頁 257

△**按**　《説文》:"徐,緩也。从人,余聲。"上博簡"徐"字具體含義待考。

伹 伹

璽彙 0003

○羅福頤等(1981)　　但。

《古璽文編》頁210

○何琳儀(1998)　《説文》:"但,拙也。从人,且聲。"

　　楚璽"但室",讀"作室"。《詩・大雅・蕩》"侯作侯祝",釋文"作本或作
詛"。《説文》:"殂,古文作殀。"是其佐證。《漢書・王莽傳》下"燒作室門",
注:"程大昌曰,未央宫西北織室、暴室之類。黄圖謂爲尚方工作之所者也。"
楚璽有"戠(織)室、尃(暴)室、但(作)室",與程説吻合。

《戰國古文字典》頁570

△按　"但"字从人,且聲,"且"旁下部長横下有襯筆。《璽彙》0003"垠坪君
但室鉨"之"但"可讀爲"作"。

倍　佫

詛楚文

○何琳儀(1998)　倍,从人,否聲。《集韻》:"佫,不可也。"佫即倍。《正字
通》:"佫,佫字之訛。《六書故》倍作佫,舊本訛作佫。不可也。"《廣韻》:"佫,
普乃切。""倍,薄亥切。"聲韻吻合。《説文》:"倍,反也。从人,音聲。"許慎誤
以否聲爲音聲。

　　詛楚文佫,讀背。《詩・大雅・蕩》:"無背無側。"《韓詩外傳》五引背作
佫。《禮記・經解》:"而佫死忘生者衆矣。"《漢書・禮樂志》引倍作背。均其
佐證。"佫盟"即"背盟"。《左・襄十八》:"棄好背盟,陵虐神主。"

《戰國古文字典》頁118

△按　"倍"字从人,否聲。詛楚文"而兼倍十八世之詛盟"之"倍"讀作"背"。

偏　偏

金符307

○湯餘惠等(2001)　偏。

《戰國文字編》頁559

△按　《説文》人部:"偏,頗也。从人,扁聲。"璽印"偏"用作人名。

倀　倄

新收 1322 苛會匜　　　包山 163　　　郭店·緇衣 6　　　上博四·柬大 19

郭店·性自 7　　　上博四·曹沫 36　　　九店 56·38　　　楚帛書

璽彙 3756　　　璽彙 2556

○**商承祚**（1964）　　倀爲長幼之長的異文，在兄弟行居長，故加人旁意符，說明其字非長短之長。鷹羌鐘："入長城。"玉佩銘："明則長。"古鈢"長均、長逾"等皆从土作垠（有以爲从"立"者），"狂"義之訓，"虎倀"之讀，皆爲後起。

《商承祚文集》頁 361，2004；原載《文物》1964-9

○**許學仁**（1983）　　倀，《説文》（八上）訓"狂"，與繒書詁訓義隔。繒書："倀曰青撑。"商氏述略云："倀爲長幼之長的異文，在兄弟行居長，故加人旁意符，說明其字非長短之長。鷹羌鐘：'入長城。'玉佩銘：'明則長。'古璽'長均、長逾'等皆从土作垠。'狂'義之訓，'虎倀'之讀，皆爲後起。"按：商説釋"長"是也，然謂加人旁以別長短之長，則又未盡。山東臨沂銀雀山出土竹簡《孫子兵法·十陣》簡文曰：

火陳者，所以拔也；水陳者，所以倀固也。

倀即長，乃恆久之義，表時間之長短。長短字亦有作倀者，於此可見一斑。

《中國文字》新 7 期，頁 124—125

○**何琳儀**（1986）　　"倀"，見《説文》"倀，狂也；一曰，仆也"。商謂"倀爲長幼之長的異文"。

《江漢考古》1986-2，頁 81

○**曾憲通**（1993）　　錫永先生説："倀爲長幼之長的異文，在兄弟行居長，故加人旁意符，說明其字非長短之長。鷹羌鐘：'入長城。'玉佩銘：'明則長。'古璽'長均、長逾'等皆从土作垠。'狂'義之訓，'虎倀'之讀，皆爲後起。"商先生的意思是：長幼之長作倀，从人从長會意；長短之長作垠，从土（實从立）从長。但江陵楚簡長字作㐱或㐱，作㐱者乃倀字，如倀睘、倀矛等，義爲長短之長。又銀雀山漢簡《孫臏兵法·十陳》有"水陣者，所以倀固也"。倀在此爲永久之義，表時間之長短。可見从人之倀，亦有用作長短者。再如中山王壺："退與

（一九七簡）

諸侯齒長於逌同。"齒長是按年齒序列以別長幼,可見从立之長亦有用作長幼的。因此,把帛文之"長"看作假借字似比會意字更爲合理。

《長沙楚帛書文字編》頁 64—65

○**何琳儀**(1998)　《説文》:"長,狂也。一曰,仆也。从人,長聲。"

廿年鄭令戈長,讀長,姓氏。見長字。

楚器長。帛書長,讀長,年長。

《戰國古文字典》頁 685

○**李立芳**(2000)　第二字"長",从人从辛,"辛"乃長字訛變。

"長"字甲骨文作:

〔字形〕一期 6057　　　〔字形〕三期林 2.267　　　〔字形〕五期前 2.8.3

金文作:〔字形〕　長鼎

陶文作:〔字形〕《陶彙》4.140

本銘"長"字所从"辛"省筆更甚。故當隸爲"長"字。

包山 2.163 有:〔字形〕(長跨),二十年鄭令戈有:〔字形〕(長阪),《璽彙》3756 亦有:〔字形〕(長妝)。《戰國古文字典》所釋云"二十年鄭令戈長,讀長,姓氏""楚器長,同",知本銘"長"亦當爲姓氏。

《古文字研究》22,頁 110

○**陳偉**(2003)　張(字本作"長"),指牛體態的長大舒展。《詩・魯頌・駉》"駉駉牡馬,在坰之野",毛傳:"駉駉,良馬腹幹肥張也。"孔疏:"肥張者,充而張大,故其色駉駉然。"雁,從李家浩先生釋。伸,伸展,與"張"義近。

《郭店竹書別釋》頁 181

○**陳偉武**(2003)　長:"長"字見於包山簡 2.163 和天星觀卜筮簡。《説文》:"長,狂也。""長"字亦見於楚帛書:"長曰青榦。"商承祚先生云:"長爲長幼之長的異文,在兄弟行居長,故加人旁意符,説明其字非長短之長……'狂'義之訓,'虎長'之讀,皆爲後起。"曾憲通師指出,楚簡和漢簡均有用"長"爲長短之長,且有以"長"表長幼之長,故"把帛文之'長'看作假借字似比會意字更爲合理"。今按,或許最初"長"字確如商老所説,是長幼之長的專用字,後來才轉作他用。九店楚簡 56.25 號:"生子,無悌(弟),女(如)又(有)悌(弟),必死。"李家浩先生考釋説:"'無悌',秦簡《日書》甲種楚除結日占辭作'毋弟'。'悌'从'人'从'弟'聲,當是兄弟之'弟'的專字。""長"與"悌"可視爲一對反義字。

《華學》6,頁 101

○李天虹（2003）　倀，顏世鉉（D）：當讀爲"張"，訓爲"大"。陳偉（B）讀與顏同，謂指牛體態的長大舒展。

　　按：倀讀"長"或"張"於文義没有本質區别。長，大也。《荀子·勸學》："神莫大於化道，福莫長於無禍。"《吕氏春秋·本味》："長澤之卵。"高誘注："長澤，大澤。"

《郭店竹簡〈性自命出〉研究》頁 141

○李零（2004）　（編按：曹沫 18"所已爲倀［長］也"）猶言"所以爲上也"。

　　（編按：曹沫 25"凡又［有］司衙［率］倀［長］"）倀　即"長"，疑伍長、什長、卒長之類。

　　（編按：曹沫 35"毋倀［長］於父跬［兄］"）倀　讀"長"，指凌駕。

　　（編按：曹沫 36"吏［使］倀［長］百人"）倀百人　讀"長百人"。"長百人"者爲卒長。

《上海博物館藏戰國楚竹書》（四）頁 254、259、266

【倀子】

○李家浩（2000）　（編按：九店 56·36）"倀子吉"，秦簡《日書》甲種楚除秀日占辭"倀"作"生"。"倀子"又見於本墓竹簡三八號下欄和四六號。長沙楚帛書甲篇講包戲之四子説："倀子曰青榦，二曰未四畨，三曰翏黄難，四曰□墨榦。""倀"也用爲長幼之"長"，與簡文同。

《九店楚簡》頁 99

○濮茅左（2004）　（編按：上博四·東大 19）倀子牂（將）正

　　《説文·人部》："倀，狂也，从人，長聲。"《玉篇》："倀，失道兒。"

《上海博物館藏戰國楚竹書》（四）頁 212

△按　"倀"字从人从長，長亦聲。楚文字"倀"爲長幼之長的專用字。《璽彙》2556、3756"倀"字《古璽文編》收於附録七七（520 頁），用作姓氏；戰國文字"人、弓"二旁形近，每相訛混，此爲"張"之訛的可能性也存在。

佃　佃

集成 11551 九年鄭令矛　　璽彙 2542　　璽彙 2543
璽彙 2541

○**羅福頤等**（1981） 佃。

《古璽文編》頁 210

○**何琳儀**（1998） 《説文》：“佃，中也。从人，田聲。《春秋傳》曰，乘中佃一轅車。”田旁下之＝、−爲裝飾部件。

晉璽佃，姓氏，疑讀田。見田字。

《戰國古文字典》頁 1123

△**按** “佃”字从人，田聲，“田”旁下加一横或二横飾筆。晉璽“佃”用作姓氏，當讀爲“田”。

佻 佻

（ ）上博五・爲禮 5

△**按** 《説文》：“佻，愉也。从人，兆聲。《詩》曰：‘視民不佻。’”上博五《君子爲禮》“凡色毋悤（憂）毋佻”之“佻”即用《説文》本義。

僻 僻

包山 258

【僻脩】
○**劉彬徽、彭浩、胡雅麗、劉祖信**（1991） 僻脬，脬也作腴，讀如鷗鸚。《方言》八“雞，陳、楚、宋、魏之閒謂之鷗鸚”。又，《廣雅・釋鳥》：“鷗鸚，鶻鸚也。”朱駿聲云：“野鳧其大者曰鶻鸚。”似朱説爲是。

《包山楚簡》頁 61

○**劉信芳**（2003） “脩”字從李家浩釋。林清源讀“僻脩”爲“腤脩”（《楚國文字構形演變研究》143 頁，臺灣東海大學 1997 年博士論文）。按“腤”乃牛百葉，“脩”乃干肉。牛百葉似不宜乾製。疑“僻脩”讀爲“貔脩”。《説文》釋“貔”爲“豹屬”，《爾雅・釋獸》釋爲“白狐”。包 262 另有“狐”字作“貁”，如是則“僻脩”以理解爲乾製豹肉爲宜。

《包山楚簡解詁》頁 267

○**何琳儀**（1998） 《説文》：“僻，避也。一曰，從旁牽也。从人，辟聲。”

包山簡“僻腴”，讀“鷗鸚”。《方言》八：“雞，陳楚陳（**編按**：此“陳”爲“宋”之誤）

魏之閒謂之鵬鴃。”

《戰國古文字典》頁 775

△按　“僻”字从人，辟聲。“僻脩”或可讀作“蠹蛸”。作爲聲旁，“辟”和“卑”音近可通，《古字通假會典》478—480 頁“卑與辟、卑與譬、睤與辟、捭與擘、裨與辟、椑與辟、稗與薜、革與薜”，有大量“辟”和“卑”以及以它們爲聲旁的字相通的例子；出土簡牘文字中也有大量的相關例子（參看白於藍《簡牘帛書通假字字典》118 頁，福建人民出版社 2008 年；白於藍《戰國秦漢簡帛古書通假字彙纂》266—267 頁，福建人民出版社 2012 年）。从“攸”聲的字與从“肖”聲的字也可以相通，如《詩·豳風·鴟鴞》：“予尾翛翛。”正義：“消消，定本作翛翛也。”參《古字通假會典》740 頁。《説文》蚰部：“蠹，蠹蛸也。从蚰，卑聲。蜱（蜱），蠹或从虫。”《説文》虫部：“蛸，蠹蛸，堂蜋子。从虫，肖聲。”“蠹蛸”又作“螵蛸”。

僞 僞

睡虎地·答問 55　　 睡虎地·效律 34　　 睡虎地·秦律 174

睡虎地·雜抄 32　　 睡虎地·日甲 30 背壹

△按　《説文》人部：“僞，詐也。从人，爲聲。”睡虎地秦簡《秦律》174 和《效律》34“群它物當負賞（償）而僞出之”、《雜抄》32“敢爲酢（詐）僞者”之“僞”皆當用本義。《日書》甲 30 背“以爲僞人犬”之“僞”意爲“假”。

佝 佝

上博三·周易 34　　 上博五·季庚 11　　 陶彙 3·480

陶文編，頁 60　　 陶文編，頁 60

○**金祥恆**（1965）　佝，瞀（編按：《説文》大徐本作“務”，小徐本作“瞀”）也，从人，句聲。苦候切。

《匋文編》頁 60

○**何琳儀**（1998）　《説文》：“佝，務也。从人，句聲。”
　　齊陶佝，人名。

《戰國古文字典》頁 341

○濮茅左（2003） “佝”，讀爲“媾”。《集韻》：“佝，或作傋。”聲符同，可通借。

《上海博物館藏戰國楚竹書》（三）頁 182

○濮茅左（2005） “佝”，《説文》：“佝，務也。从人，句聲。”又《集韻》：“佝，憨愚也。或从人。”句意讀法待考。

《上海博物館藏戰國楚竹書》（五）頁 219

△按 “佝”字从人，句聲。《上博三·周易》簡 34“昏佝”讀“婚媾”，《上博五·季庚》簡 11“佝”字待考。古陶文“佝”用作人名。

侮 㑑 侮

集成 2840 中山王鼎

○張政烺（1979） 隹（惟）傅（傅）侮（姆）氏（是）迚（從）。

《古文字研究》1，頁 225

○趙誠（1979） 隹（唯）傅侮（姆）氏（是） 丛（從）。

《古文字研究》1，頁 254

○何琳儀（1998） 侮，从人，母聲。侮之省文。《説文》：“侮，傷也。从人，每聲。侮，古文从母。”

中山王鼎“傅侮”，讀“傅母”。見傅字。

《戰國古文字典》頁 128

△按 “母、每”皆之部字，“侮”和“侮”可看作是聲旁不同的異體，故古文“侮”不一定要看作“侮”的省體。“侮、姆”皆“母”之孳乳字。中山王鼎“傅侮”的“侮”也可能是見於《左傳》《儀禮》《禮記》等書，意爲“女師”的“姆”字的異體。

傷 㑃 傷 㑃

㑃 睡虎地·爲吏 29 貳　　㑃 睡虎地·日乙 230　　㑃 睡虎地·答問 202

㑃 包山 25　　㑃 璽彙 0337

○睡簡整理小組（1990） （編按：答問 202“節［即］亡玉若人貿傷［易］之”）貿易，更換，《漢書·李尋傳》：“高下貿易。”

（編按：爲吏 30“道傷〔易〕車利”）易，《淮南子·兵略》：“平地也。”道易，道路平坦。

（編按：日乙 230“亥入官，傷〔傷〕去”）傷，讀爲遏。遏去，遠去。

《睡虎地秦墓竹簡》頁 142、173、251

○張守中（1994） （編按：答問 202）傷，通易。

《睡虎地秦簡文字編》頁 128

○何琳儀（1998） （編按：包山 25“秀偒”）偒，从人，昜聲。疑傷之異體。《説文》：“傷，輕也。从人，易聲。一曰，交傷。”

包山簡偒，人名。

《戰國古文字典》頁 757

○李守奎（2003） 倅。

《楚文字編》頁 496

【傷指】

○睡簡整理小組（1990） （編按：爲吏 29“則民傷指”）傷，輕慢，參看《法律答問》“論獄何謂不直”條注〔三〕。傷指，對其指示不予重視。

《睡虎地秦墓竹簡》頁 169

△按 《璽彙》0337“傷膚”爲反文，此“傷”字和包山 25“傷”字《楚文字編》496 頁隸定作“倅”。《説文》辵部：“逖，遠也。从辵，狄聲。遏，古文逖。”“傷”爲“傷”的訛字，整理者將《日書》“傷〈傷〉去”之“傷”讀作“遏”，可從。楚簡表示輕視之“傷”作“惕”。

償 憤

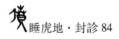
睡虎地·封診 84

○睡簡整理小組（1990） 償（音奮），摔倒。

《睡虎地秦墓竹簡》頁 162

△按 《説文》人部：“償，僵也。从人，賁聲。”睡虎地秦簡《封診式》84：“甲與丙相捽，丙償庰甲。”“償”的確切含義待考。

仆 仆

仆 侯馬 340∶1　　仆 包山 261

[字形]郭店・語二 39　　[字形]郭店・語二 47

○袁國華(1993)　　(編按:包山 261)釋"伬"

　　"伬"字見"包山楚簡"第 261 簡,《釋文》及《字表》皆隸作"仉"。"几""包山楚簡"作[字形]260,與"𠂤"並非一字。疑"𠂤"字與中山王兆域圖的[字形]字;以及《古璽彙編》編號 3278 有一方"[字形]悬"印的[字形]同是"尺"字,而"伬"或從"人"作"伬"。簡 265 句云:"二□坴伬。""伬"字的意義,可從"坴"字推知。

　　"坴"字又見 1.郳交君器銅豆;2.《楚文物展覽圖錄》68 所録湖南長沙出土的一件鐵足銅鼎;3.楚蟻鼻錢。郳交君器銅豆之一盤外底銘文内容作:"郢郊(?)廥所告貽十𨺙四𨺙坴朱。次襄貽三朱二坴朱四□。"《楚文物展覽圖錄》68 所録湖南出土的一件鐵足銅鼎,鼎銘刻在蓋内外以及器内,三處同作"𢊍坴刃"。楚蟻鼻錢作"坴朱"。過去的研究對於"坴"字的意義,還没得到一個共同的看法,然而"坴"字的後一字"朱、刃"等幾乎没有學者不認爲是"計量單位"的。雖然"坴"字有用作人名之例,而此與簡文無涉,故不必深究。這裏要説明的是"伬"字的性質,由以上各例得知與"坴"字相配的後一字皆爲"計量單位",因此將"伬"字定爲"計量單位"是没有問題的,疑"伬"字義同"尺",或爲"尺"字異體。

　　　　　　　　　　　　《第二届國際中國古文字學研討會論文集》頁 428—429

○何琳儀(1998)　《説文》:"仆,頓也。从人,卜聲。"

　　侯馬盟書仆,不詳。

　　　　　　　　　　　　　　　　　　　　　　《戰國古文字典》頁 394

　　(編按:包山 261)伬。

　　　　　　　　　　　　　　　　　　　　　　《戰國古文字典》頁 1518

○李零(1999)　　(編按:滕壬生《楚系簡帛文字編》669 頁"仉")按:應釋"仆"。

　　　　　　　　　　　　　　　　　　　　　　《出土文獻研究》5,頁 148

○劉釗(2000)　　(編按:語二 39)北。

　　　　　　　　　　　　　　　《郭店楚簡國際學術研討會論文集》頁 89

○李天虹(2000)　《語叢二》四七號簡云:

　　　　智(知)命者亡[字形]。

最後一字整理者未釋。今按該字很可能就是"北",唯左右偏旁互換而已。《語叢三》六四(上)—六五(上)號簡云:"亡(毋)𡥉(意),亡(毋)古(固),亡(毋)

義(我),亡(毋)必。"裴錫圭先生已指出此即《論語‧子罕》所載孔子之"四毋"。《郭店》二一四:[一三]"亡👹"當即"四毋"之一的"毋必"。又《語叢二》二九(編按:當作"三九")號簡有"👹"字,整理者亦缺釋,可能是"扎"的壞字。

《郭店楚簡國際學術研討會論文集》頁 96

○陳斯鵬(2000)　　一　釋"仆"

　　郭簡《語叢》二簡 39、47 兩次出現一未釋字,其形如下:A.👹整理小組照摹原形,未作任何説明。今按,字從人從卜,應是"仆"字,右旁從卜應不成問題,左旁從人則不一定可以很快拿定主意,因爲楚文字中單字"人"都作👹形,取左向勢,作偏旁也絕大多數如是作。其實,人旁也有第二筆取右向勢作👹的,如:

　　　復(作):👹包 12　👹郭簡《老子》甲 17　　息(憂):👹包 217　　僻:👹包 258

A 左旁所從與上列諸字人旁寫法基本一致,只是第二筆右引略長。又郭簡《老子》甲簡 18 有"僕"字作👹,包山楚簡"僕"字也常見類似寫法,當分析爲從人從臣業省聲,所從人(第二筆與"臣"合用)則與 A 左旁完全相同。又《璽彙》1461 有字作👹,舊釋"畝",吳振武先生改隸爲"👹",裴大泉先生認爲"👹"乃"僕"之異體。字又見《璽彙》2262、2500、3527、5512 等,所從人旁情形與上舉楚簡"僕"字全同,寫法也與 A 左旁毫無二致。因此,從字形上看,將 A 釋爲"仆"是合適的。

　　《説文》:"仆,頓也。"段注:"引申爲前覆之辭。"在簡文中,"仆"用以喻指遭受挫敗。《語叢》二簡 39 云:"凡仆,又(有)不行者也。"謂凡遭受挫敗,則説明其做法有行不通的地方。又簡 47 云:"智(知)命者亡仆。""知命"猶言"知天命",孔子自謂"五十而知天命"是也。簡文謂知天命者則可立於不敗之地。《論語‧堯曰》:"不知命,無以爲君子也。"從反面立論,同樣可以看出儒家對"知命"的重視。

《華學》4,頁 79

○湯餘惠等(2001)　　(編按:包山 261)仡。

《戰國文字編》頁 565

○李零(2002)　　(一二)"👹"(4:1 章:簡 39)。

　　"👹",原書不釋,舊作疑爲"咎"字的省變。按此字似從匕從才,與"咎"字差距較大,這裏仍按原形摹寫。

《郭店楚簡校讀記》(增訂本)頁 173

○劉信芳（2003）　（編按:包山261）仇:字從人,九聲,九乃**所從,字見於《説文》:“讀若殊。”字義未詳。或釋爲“伲”（袁國華《包山楚簡研究》）,或釋爲“仆”（李零《讀〈楚系簡帛文字編〉》,《出土文獻研究》第五輯）,均與字形不合。

《包山楚簡解詁》頁279

○李守奎（2003）　（編按:包山261）仆。

《楚文字編》頁495

△按　《語叢二》簡39、47“仆”字所從的乚即象人仆倒之形,其右上當是“卜”的變形。《説文》走部:“赴,趨也。从走,仆省聲。”孔廣居云:“卜聲可也。”一般學者也都認爲《説文》説“赴”字“仆省聲”不可信。但仆倒和赴趨往往相關,新出東漢李君碑“此石遭水頓赴”（《文物》2012年9期）,以“赴”爲“仆”,可見《説文》的分析是合理的。

偃 偃　偃 侒

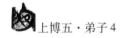

偃 睡虎地·封診56　　偃 陶彙9·69　　偃 吉大156

偃 望山2·23　　　偃 天星觀

偃 上博五·弟子4

○睡簡整理小組（1990）　（編按:睡虎地·封診56“男子死[屍]在某室南首,正偃”）偃,仰身。

《睡虎地秦墓竹簡》頁157

○高明、葛英會（1991）　（編按:陶彙9·69）偃。

《古陶文字徵》頁23

○朱德熙、裘錫圭、李家浩（1995）　信陽二二三號簡有“一筵（寢）簟”,“簟、偃”當是一物。二字皆從“晏”聲。“晏”與“筵”古音相近,疑“簟、偃”均當讀爲“筵”。《説文》:“筵,竹席也。”簡文“笑偃”疑當讀爲《周禮·春官·司几筵》“設莞筵紛純”之“莞筵”。

《望山楚簡》頁126—127

○何琳儀（1998）　《説文》:“偃,僵也。从人,匽聲。”
　　古陶偃,人名。

《戰國古文字典》頁972

《説文》:“侒,僵也。从人,晏聲。”

望山簡偯,見篗字。

《戰國古文字典》頁 970

○**李家浩**(1999)　　(編按:望山 2·23)"偯"字還見於該墓 48 號簡,我們曾經指出此字應該讀爲"筵"。此簡的"偯"字不應該例外,也應該讀爲"筵"。

《著名中年語言學家自選集·李家浩卷》頁 123,2002;
原載《語言學論叢》22

○**李守奎**(2003)　　偯。

《楚文字編》頁 498

△**按**　　上博簡此字釋"侒"是劉雲的意見。他説(《釋〈弟子問〉中"偃"字的一種異體》,復旦大學出土文獻與古文字研究中心網站 2009 年 7 月 13 日):

　　《上海博物館藏戰國楚竹書(五)》所録《弟子問》4 號簡中,有一個形體頗爲奇特的字█,爲便於稱引,下文用 A 指代此字。A 所在的語句是(用通行字寫出):

　　　子歎曰:"烏! 莫我知也夫!"子游曰:"有地之謂也乎?"子曰:"A……"對於 A,陳劍先生曾有過總結性的論述:

　　　　　季旭昇先生已指出其右半是"安"字。左上部分字形近於"我"字的左面部分或豎寫的"爪"形,季先生認爲是"彳"旁。今按子游即言偃,此字顯然正當以從"安"聲而讀爲"偃"。"偃"係孔子回答子游問題而先呼其名,與《上博(五)·君子爲禮》簡 2"夫子曰:'回,……'"等相類。

　　　季先生認爲 A 的右半是"安"字,無疑是正確的,陳先生認爲 A 應讀爲"偃",無疑也是正確的。但由於 A 左半部分的怪異,大家對其結構的分析還無一致意見。

　　　我們認爲 A 從人,安聲,應爲"偃"字的異體字。A 由於右部所從"安"字"宀"旁的左邊一撇太長了,與左上部人旁相交了,這樣就使 A 的左上部看起來十分像"我"字的左面部分或豎寫的"爪"形。不過若與真正的"我"字的左面部分和豎寫的"爪"形做個比較,我們可以看出來,它們其實還是有區別的。

　　　在我們所討論的《弟子問》4 號簡中就有一個"我"字█,我們可以清楚地看出來,"我"字左面部分中閒的筆畫,與其上下兩筆是十分協調的,而 A 左上部中閒的筆畫,與其上下兩筆筆勢有所不同,而與其右上部"宀"旁的左邊一撇,筆勢相當吻合。豎寫的"爪"形與 A 的左上部也是有區別的。楚簡中"與"字的上半部分从兩個豎寫的"爪"形,如《孔子詩論》4 號簡中的"與"字 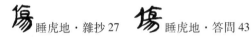。我們可以看出 A 的左上部,與豎寫的"爪"形的區別,正如 A 的左上部與"我"字的左面部分的區別。

其實,像 A 這樣由於右部的一撇太長,而與左部筆畫相交的現象,在古文字中並不罕見,如《郭店楚墓竹簡・太一生水》6 號簡中的"於"字 𢀳,就是一個很好的例子。

傷 傷　剔 剔 戕

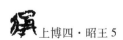

○ **何琳儀**(1998)　戕,从戈,易聲。

包山簡戕,讀傷。

《戰國古文字典》頁 670

○ **張光裕**(2002)　"戕"即"傷"。

《上海博物館藏戰國楚竹書》(二) 頁 232

△ **按**　"傷"字或从人,或从刀、刃或戈,皆一字異體。睡虎地簡《雜抄》27"傷乘輿馬",《答問》43"甲告乙盜牛若賊傷人,今乙不盜牛、不傷人,問甲可(何)論?"以及《答問》134"甲告乙賊傷人,問乙賊殺人,非傷殹(也)"之"傷"皆用作傷害義。

俑 俑

○ **陳佩芬**(2004)　因命(令)至俑毀室

"至俑",當是人名或職官名,因其能受王命之故。

《上海博物館藏戰國楚竹書》(四)頁 186

○張繼凌(2007) 袁國華先生(昭王字詞)以爲"至"通"致",給予之意,"俑"爲"偶人、木俑"。即信陽楚簡"纍僮"、望山楚簡"亡僮"。

《〈上海博物館藏戰國楚竹書(四)〉讀本》頁 60

△按 《説文》:"俑,痛也。从人,甬聲。"上博簡"俑"意爲偶人、木俑。

伏 伏

伏 睡虎地·日乙 147　　　　竹 曾侯乙衣箱

△按 "伏"从人从犬,意爲伺人。清華簡"伏"字作伐(筮法 47)。睡虎地秦簡《日乙》147"癸不可祠人伏,伏者以死"當用本義。漆書"伏女"當讀"婺女",廿八星宿之一。

【伏女】

○何琳儀(1998) 伏,金文作伐(史伏尊)。从人从犬,會犬伺人之意。戰國文字犬旁省作大形,參金文獙作獙,獻作獻。《説文》:"伏,司(伺)也。从人从犬。"

廿八宿漆書"伏女",讀"婺女",廿八星宿之一。見《吕覽·有始》。

《戰國古文字典》頁 126

○裘錫圭(1979) 漆盒上女宿的名稱如果確可釋爲"伐女"的話,也許是由女娺(魃)而得名的。

《古文字論集》頁 413,1992;原載《文物》1979-7

係 係

係 集成 11331 二十二年臨汾守戈　　係 上博三·周易 16　　係 秦陶 618　　係 秦陶 615

係 十鐘　　係 上博五·三德 16　　係 陶彙 5·474　　係 集粹

係 陶彙 5·475　　係 陶彙 5·473　　係 秦陶 258

○江西省博物館、遂川縣文化館(1978) 按秦銘文體例,"工"字前面的字也有指地名,如刻銘"蜀西工"的秦戈(《小校經閣金文拓本》卷十),因此,"係"可能是地名,惜字的左半部已殘泐,疑是"系"字。

《考古》1978-1,頁 66

○**裘錫圭**(1981) 廿二年,臨汾守曋,庫係工歍造。(《考古》1978年1期65頁)

“係”就是秦律“居資贖責(債)毄(係)城旦舂者”“人奴妾毄城旦舂”(87頁)、“所弗問而久毄之”(84頁)等律文裏的“毄”。這是秦的庫使用罪犯刑徒一類勞動力的確證。(**編按**:李家浩先生與江村治樹先生都認爲此戈銘的“庫”是庫嗇夫或其他庫吏的省稱,係爲人名。此處原來對戈銘的解釋恐不確。)

《古代文史研究新探》頁465,1992,原載《雲夢秦簡研究》

○**羅福頤等**(1981) 係从人从系,《説文》古文系作,从爪、絲,璽文省一糸。

《古璽文編》頁211

○**高明、葛英會**(1991) 係。

《古陶文字徵》頁21

○**何琳儀**(1998) 《説文》:“係,絜束也。从人从系,系亦聲。”

睡虎地簡“係頸”,以繩繫頸。《漢書·高帝紀》:“秦王子嬰,素車白馬,係頸以組。”

《戰國古文字典》頁776—777

△**按** “係”字多作从人从系,人、系左右位置可變換;或作从人从糸,“糸”旁可加“爪”形。

伐  

詛楚文 詛楚文 侯馬185:7 郭店·太一9 楚帛書

上博一·詩論8 上博二·容成38 上博五·姑成7 上博五·三德14

上博三·周易13 睡虎地·秦律4 睡虎地·答問84 睡虎地·日乙128

貨系454 鐵雲212 貨系455 侯馬179:15

上博五·鮑叔8

○**丁福保**(1938) 伐 見第六五二—六五五圖

古有勳勞曰勳伐,往往勒銘於鐘鼎,此或亦紀功者歟?【《錢匯》】

《古錢大辭典》頁1258,1982

○**黄盛璋**(1980) “命”下一字略有殘泐,審視和趙相邦春平侯監造的兵器銘刻中“邦左校”的“校”字作“”很相像。兵器中或作“”,但也有一件作“佼”(《商周金文録遺》602),所以我在《試論三晉兵器的國别和年代及其相

關問題》中確定即“校”字。權銘中的“校”緊接在監造者之下和下庫工師之上，和上述趙兵器校在監造者春平侯下及（左庫）工師長蕣之上，完全一樣。比較兵器銘刻，故確定其字是“校”字。

《中國歷史博物館館刊》1980-2，頁 104

○**睡簡整理小組**（1990）　（編按：答問 84“士五［伍］甲鬭，拔劍伐”）伐，《說文》小徐本：“亦斫也。”

《睡虎地秦墓竹簡》頁 113

○**黃盛璋**（1991）　傳世相邦春平侯監造兵器已見著録者有元年、二年、三年、四年、八年、十五年、十七年等件，非鈹即矛，而以鈹占多數，其中十七年據我在《試論三晉兵器的國別和年代及其相關問題》一文所收，凡八器，僅一件爲矛，其餘皆短劍即鈹，有四件皆刻“大攻尹韓崩”，其中有一器的“伐”字作“伇”，另一器作“**伐**”，以致我誤釋爲“佼”（校）。“器”字僅在最後論“鑄造制度與鑄地問題”中一度釋“器”，但未敢確認其餘諸異體的“器”字，加以“伐”字未能認出，誤爲“佼”，又引申爲將校字，從而有關解釋皆誤。此文在國內外多被引用，作爲劃分我國三晉兵器之參考、依據，三晉有左、右校的錯誤考釋，也曾影響一些研究者跟着我誤解，今據兩器目驗，明確爲“伐器”而非“校器”，“伐”字從人從戈（有時從彳）細審仍不難辨出，“器”字從四“口”，中閒從犬即“犬”字，其爲“器”字明確無疑。對於拙文前説之錯誤，深感不安，特在此鄭重指出，予以改正。（中略）

伐器意爲攻伐之器，即兵器，但趙兵器銘刻中之伐器則爲製造兵器之專門機構，伐器下有工師與冶名，可以確證這一點。三晉兵器大多爲庫造，庫設有工師與冶，工師不止一人，冶當然更多，但確數皆不詳，唯趙春平侯十七年監造兵器及十八年平國君監造兵器爲伐器工師主造，伐器爲鑄造兵器機構，工師也不止一人，這也是和庫一樣，唯伐器作爲鑄造兵器機構，僅於趙兵器銘文中見之，因而具有重要價值，值得進一步研究。（中略）

十七年春平侯監造兵器我前文所引八件，其中六件短劍即鈹皆爲邦左伐器工師長蕣主造，僅一件爲邦右伐器工師主造，而一件矛則爲邦左庫工師長蕣主造，充分證明邦左、右伐器即是邦左、右庫，邦左伐器工師至少可有兩人。多倫多安大略博物館藏十七年春平侯鈹，邦左伐器工師就不是長蕣。邦左、右庫又名邦左、右伐器僅見於趙，三晉兵器多由庫造，唯趙用伐器，韓、魏均未見。這也可作爲三晉趙兵器分國的一個證據。

《考古》1991-1，頁 59、62—63

○**張琰**（1983）　關於乙式,至少有以下幾點值得懷疑:（**中略**）

第三,伐字,《三晉》釋佼,讀爲校,（**中略**）但僅從此字的字形來分析,就可以認定絕非佼(校)字。況且,所謂"校"這種制度,也從未見之於任何先秦典籍。事實上,上乙式這種名稱,是將甲式的"庫"字,改成其他三晉兵器銘文中常見的"邦司寇"或"司寇"的寇字而造成的。試比較韓魏兵器銘中的寇字與乙式銘中的伐字構形(圖三),便不難發現它們之間的淵源關係。退一步講,即使我們承認"伐"字爲"寇"字之省體,但邦左寇、邦右寇這種名稱,也絕不見於其他三晉兵器銘文。（**中略**）

根據這幾點分析,我們認爲,屬乙式兵器的銘文,僞刻的可能性是極大的。

　　　　　　　　　　　　　　　　　　　　　　《古文字論集》1,頁 58

○**劉敬揚**（1984）　春秋時期晉區域內曾鑄行過一種面文爲"伐"字的平肩弧足空首布,丁福保所編《古錢大辭典》錄有四品,其字形分別爲:

　　　　俴、伐、斯、戕　《古錢大辭典》上編 70 頁

舊釋"伐",作紀功勒銘於幣上解。《錢匯》謂:"古有勳勞曰勳伐,往往勒銘於鐘鼎,此或亦紀功者歟。"

近讀李家浩同志所作《戰國𨟖布考》(《古文字研究》第三輯 160—165頁)一文,頗受啟發。我以爲,"𨟖"字如可能是"邙"字,那"伐"字更可能是"代"字,爲春秋時期小國名,爰述管見,謬誤之處,自料難免,敬請方家斧正。

一、戈、弋古本一字,爲戈之象形。（**中略**）

二、古文字中偏旁爲戈的字,往往既可从戈,也可从弋。（**中略**）

三、代、伐二字可以互用,在古文字中也不乏其例。（**中略**）

四、空首布文伐,應釋讀作代,爲國名,即春秋時期代國。

　　　　　　　　　　　　　　　《中國錢幣》1984-3,頁 12—13 轉 32

○**蔡運章、韓維亞**（1985）　但是,在今山東境內從未有出土空首布的報導。同時,齊國是鑄行刀幣的地區,魯國是鑄行貝幣的地區,邾國的鑄幣雖然尚不清楚,但肯定不是鑄行鏟幣的。因此,目前錢幣學界大多數學者都不贊成這種説法。《春秋代布考》進一步采用"代、伐二字可以互用"的辦法,把"伐"字平肩弧足空首布定爲"代國所鑄",同樣是不足憑信的。如前所述,平肩弧足空首布是東周王畿內的鑄幣。但是春秋戰國時期周王畿的疆域狹小,如果説這種錢文絕大多數都是鑄造地名,在區區小周的範圍內,有一二百個城邑都

來鑄造錢幣,這是難以理解的。因此我們認爲這種錢文絕大多數不是鑄造地名,它們很可能屬於吉語,“伐”字便是其中的一例。

　　《左傳·莊公二十八年》載“且旌君伐”,杜予(編按:當作“預”)注:“伐,功也。”《國語·周語》“吾有三伐”,韋昭注:“代(編按:當作“伐”),功也。”《尚書·大禹謨》“汝維不伐”,孔傳:“自功曰伐。”《論語·公冶長》“願無伐善”,皇疏:“有善而自稱曰伐。”《荀子·臣道篇》“功伐足以成國之大利”,楊倞注:“戰功曰伐。”《漢書·項籍傳》集注引張宴(編按:當作“晏”)曰:“積功伐曰(編按:“伐曰”當作“曰伐”)。”《小爾雅·廣詁》:“伐,美也。”關於空首布錢文中的吉語問題,詳見拙稿《空首布再探》(待刊),這裏不再贅述。由此可見,我們把平肩弧足空首布錢文中的“伐”字釋爲吉語,是較爲妥當的。

　　綜上所述,我們認爲《春秋代布考》既缺乏文獻依據,又沒有地下出土實物佐證,僅憑“代、伐二字可以互用”,就把“伐”字平肩弧足空首布定爲“代國所鑄”,是難以令人信服的。根據這種貨幣的出土地域來看,它當是春秋戰國時期周王畿内的鑄幣。“伐”字在這種貨幣上的含義,不是鑄造地名,很可能屬於吉語。

《中國錢幣》1985-2,頁 23

○蔡運章、陳娟(1995)　【伐·平肩空首布】春秋中晚期青銅鑄幣。鑄行於周王畿。屬大型空首布。面文“伐”,形體稍異。背無文。1974 年以來河南臨汝、孟津等地有出土。一般通長 9—9.6、身長 5.6—6、肩寬 4.9—5、足寬 5—5.1 釐米,重 25—31.5 克(帶銎内範泥者重 29.1—35.5 克)。罕見。

《中國錢幣大辭典·先秦編》頁 109

○陳佩芬(2005)　戔齊　讀爲“戜齊”,即“伐齊”。“戜、伐”同屬月部,可通。《說文·人部》:“伐,擊也。从人持戈。”

《上海博物館藏戰國楚竹書》(五)頁 190

○曹錦炎(2007)　“伐”,殺伐,《說文》:“伐,擊也。”《詩·大雅·皇矣》:“是伐是肆,是絕是忽。”鄭玄箋:“伐,謂擊刺之。”

《上海博物館藏戰國楚竹書》(六)頁 318

【伐木】

○馬承源(2001)　(編按:上博一·詩論 8“伐木”)《詩·小雅·鹿鳴之什·伐木》篇名。

《上海博物館藏戰國楚竹書》(一)頁 137

【伐器】

○**何琳儀**（1989）　趙國春平侯劍傳世品甚多，其中往往有一固定辭例：

邦左伐　〇《周金》六・八〇・三　　　邦左伐　〇《録遺》六〇〇

邦左伐　〇《三晉》圖二・二　　　邦左伐　〇《三晉》圖二・四

邦左伐　〇《三晉》圖二・六　　　邦左伐　〇《録遺》六〇二

邦左□　〇《三晉》圖三　　（中略）邦右伐　〇《三晉》圖二・五

以上劍銘第三字，《周金》釋“伐”，甚確。《三晉》釋“佼”讀“校”，非是。

（中略）《楚辭・天問》“爭遺（編按：當作“遣”）伐器，何以行之”，注：“伐器，攻伐之器也。”“伐”訓“擊刺”（《書・牧誓》傳），故“伐器”自應是“攻伐之器”。

　　　　　　　　　　　　　　　　　　《戰國文字通論》頁 253—254

○**李學勤**（1993）　邦左、右伐器係機構名。1989 年出版的何琳儀《戰國文字通論》指出“伐器”一詞見於《楚辭・天問》，注云：“伐器，攻伐之器也。”按攻伐之器就是兵器，所以邦左、右伐器是專司製造兵器的機構，設有工師。

　　　　　　　　　　　《四海尋珍》頁 96，1998；原載《文物天地》1993-5

○**吳振武**（1997）　趙鈹中的“伐”字，顯然相當於齊戟中的“造”；所謂“邦左〔右〕伐器”，實應讀作“邦左〔右〕—伐—器”，是“邦左〔右〕庫治器”的意思。

　　　　　　　　　　　　　　　　　　　　《訓詁論叢》3，頁 800

○**何琳儀**（1998）　伐，甲骨文作〇（前七・十五・四）。从戈从人，會以戈擊人之意。金文作〇（大保簋）。戰國文字承襲金文。侯馬盟書伐所从人旁加橫畫爲飾。《説文》（編按：原書漏此書名）：“伐，擊也。从人持戈。一曰敗也。”

趙兵“伐器”，見《楚辭・天問》“爭遣伐器”，注：“伐器，攻伐之器也。”引申爲藏兵器之武庫名。

帛書、能原鎛伐，征伐。

詛楚文“伐威”，讀“伐滅”。《漢書・張良傳》：“伐滅六國。”

　　　　　　　　　　　　　　　　　　　　《戰國古文字典》頁 955

○**吳振武**（2002）　關於這句話，舊多有誤解。筆者曾在《趙鈹銘文“伐器”解》一文中指出，鈹銘“伐器”之“伐”當訓治，“邦左（或右）伐器”實際上就是邦左（或右）庫治器的意思。今觀兩件相邦建信君鈹稱“邦右庫䜌”，正可爲我們的説法添一佐證。同時也爲《説文》訓“䜌”爲治，找到了一個具體用例。

　　　　　　　　　　　　　　　　　　　　　《揖芬集》頁 306

△**按**　“伐”字从戈从人，詛楚文人、戈一體，猶存砍頭之意；戰國文字多作人、戈分開之形。睡虎地秦簡《秦律》4“毋敢伐材木山林”和《日乙》128“伐尌

（樹）木”之“伐”皆用本義。兵器銘文“伐器”爲攻伐之器。

但 㫖 仴

㫖 集成 12041 寺工獻車書

仴 包山 96　　㡀 上博六·用曰 20

○陳曉捷（1996）　“㫖（但?）樂”（圖二，11）。“日”下似有一橫，則或當釋爲

“但樂”，當爲陶工名。但爲姓，漢有西域都尉但欽、濟陽太守
但巴。

　　　　　　　　　　　　　　　　　　　　《考古與文物》1996-4，頁 4

○何琳儀（1998）　《説文》：“但，裼也。从人，旦聲。”

　　包山簡但，或作旦，姓氏。見旦字。又但亦姓氏。漢有西域都護但飲、濟
陽太守但巴。見《通志·氏族略》。

　　　　　　　　　　　　　　　　　　　　《戰國古文字典》頁 1020

○湯餘惠等（2001）　但。

　　　　　　　　　　　　　　　　　　　　《戰國文字編》頁 561

傴 傴

傴 陶彙 3·668

○何琳儀（1998）　《説文》：“傴，僂也。从人，區聲。”

　　齊陶傴，人名。

　　　　　　　　　　　　　　　　　　　　《戰國古文字典》頁 349

△按　陶文此字用作人名，其爲“驅”字古文“歐”省文的可能性也不能排除。

僂 僂

僂 睡虎地·爲吏 22 貳　　僂 睡虎地·日甲 70 背

○睡簡整理小組（1990）　（編按：爲吏 22 貳“四曰受令不僂”）僂，鞠躬，表示恭敬。
《左傳》昭公七年：“一命而僂。”

　　　　　　　　　　　　　　　　　　　　《睡虎地秦墓竹簡》頁 169

△**按**　《説文》人部："僂，尪也。从人，婁聲。周公韤僂，或言背僂。"睡虎地秦簡《爲吏》22"四曰受令不僂"之"僂"意爲鞠躬。

○**許學仁**(1983)　𰀀繒書乙2・33;丙2・22　與《説文》篆文合。《説文》(八上)："𨒪，災也。从人、各。各者，相違也。"金文或作𨒪。

"咎"於古籍訓爲"病"(《爾雅・釋詁》)、"過"(《書・洪範》"其作汝用咎"孔疏)、"罪"(《周書・文酌》"除戎咎醜"注)、"殃"(《吕覽・侈樂篇》"棄寶者必離其咎"注)。繒書丙篇云："北征銜有咎。"蓋謂"有殃、有災"也。亦即契文中之"有𡆥"。

乙篇"咎天步□"，饒氏疏證讀"咎"爲"晷"，引《釋名・釋天》云："晷，規也，如規畫也。"以應禹規天步於帝之傳説。

《中國文字》新7,頁125

○**高明**(1985)　咎乃晷字之省，即古代測日影定時刻的儀器，稱作"日晷"。"晷天步"，猶言規測天體之運行。《後漢書・張衡傳》："察三辰於上，迹禍福乎下，經緯歷數，然後天步有常。"

《古文字研究》12,頁377

○**睡簡整理小組**(1990)　(編按:日甲83背"其咎在渡衕")咎，災。

《睡虎地秦墓竹簡》頁221

○**饒宗頤**（1993）　咎可讀爲“晷”。《釋名·釋天》：“晷，規也，如規畫也。”

《楚地出土文獻三種研究》頁 237

○**劉信芳**（1996）　咎讀如“晷”，本古代測日影以定曆法的工具，引申爲規畫。《周禮·地官·大司徒》：“以土圭之灋測土深，正日景以求地中，日南則景短，多暑，日北則景長，多寒，日東則景夕，多風，日西則景朝，多陰。日至之景尺有五寸，謂之地中，天地之所合也。然則百物阜安，乃建王國焉，制其畿方千里，而封樹之。”《釋名·釋天》：“晷，規也，如規畫也。”《漢書·律曆志》：“乃定東西，立晷儀，下漏刻，以追二十八宿相距於四方，舉終以定朔晦分至，躔離弦望。”

《中國文字》新 21，頁 74

○**何琳儀**（1998）　咎，甲骨文作𣎆（乙一六〇八）。从人从攵，會意。或增口爲飾作𣎆（乙一五三二），遂演變爲从人从各，各亦聲。（咎，溪紐；各，見紐；均屬牙音。）戰國文字承襲甲骨文。《説文》：“咎，災也。从人从各。各者，相違也。”

魏器“咎奴”，讀“咎如”，地名。《左·僖二十三年》：“狄人伐廧、咎如。”在今河南安陽西南。“咎奴”或讀“高奴”。《周禮·地官·大司徒》：“其植物宜膏物。”注：“膏當爲櫜，字之誤也。”是其佐證。《漢書·地理志》上郡“高奴”，在今陝西延安。

楚璽咎，姓氏。咎氏宴飲，毋有禮。見《穆天子傳》。楚簡、帛書丙篇咎，災。帛書乙篇咎，見《尚書大傳》“用咎于下”注“咎猶極也”。

《戰國古文字典》頁 179—180

（編按：璽彙 3531）咎。

《戰國古文字典》頁 1514

（編按：璽彙 0049 𠈹、珍秦 3 𠈹、十一年皋落戈 𠈹）佫，从人，各聲。佫之異文。《集韻》：“佫，至也。或作佫。”

晉璽佫，疑讀洛，地名。十一年佫荅戈“佫荅”，讀“皋落”，地名。（中略）《左·閔二年》：“晉侯使太子申生伐東山皋落氏。”在今山西垣曲東南。

《戰國古文字典》頁 485

○**馬承源**（2002）　（編按：子羔 12“遊於玄咎之内”）串咎，地名，史籍未載。

《上海博物館藏戰國楚竹書》（二）頁 197

○**李守奎**（2003）　（編按：郭店·老甲 38）舀（咎），人旁訛作刃。

《楚文字編》頁 496

△**按**　所謂“串咎”實爲“玄咎”，參看白於藍《釋“玄咎”》（簡帛研究網 2003

年1月19日）。

【咎比】

○馬承源（2004） 咎比 曲目。詞義爲虎皮。“咎”讀爲“皋”，同音通假。《左傳·莊公十年》：夏六月，“齊師、宋師次于郎。公子偃……自雩門竊出，蒙皋比而先犯之”。杜預注：“皋比，虎皮。”《禮記·樂記》：“倒載干戈，包之以虎皮，將帥之士，使爲諸侯，名之曰建櫜。”鄭玄注：“兵甲之衣曰櫜。”“櫜、咎”通用。

《上海博物館藏戰國楚竹書》（四）頁169

【咎奴】

○孫貫文（1963） （二）咎奴布

原文作咎如布，未附拓片。據錢譜，咎奴作 𢓡、𢓡、𢓡、𢓡 等，舊釋咎如，當從清翁樹培釋咎奴，咎字省口，據《説文》咎字从人、各。

咎奴即高奴，《漢書·地理志》《後漢書·郡國志》並以高奴屬上郡。據《史記·秦本紀》，惠文王十年魏納上郡十五縣與秦，則此布鑄地應屬魏。

又咎奴一名見於戰國兵器者，有以下諸例：

1.四年 𢓡𢓡 菁命 𢓡𢓡 帯 𢓡 疾 𢓡 問戟（《三代》二〇·二五·二）；

2.廿五年上郡守庶造高奴工帀竈丞申工薪詘戟（《周漢遺室[編按：當作“室”]》）。

據戰國之貨幣及兵器銘文，知高奴戰國時作咎奴，秦作高奴。又以奴名地者，除高奴外，尚有雍奴、狐奴、盧奴等，並見於兩漢書地志中。至於奴字之涵義，據《水經·㳚水注》云：“水不流曰奴。”

《考古》1963-10，頁564

○黃盛璋（1974） （12）戈 四年咎奴曹命（令）壯罌、工帀（師）口疾、治問。《三代》20.25.2

戈銘奴字明顯从女从又。咎奴亦見方足布幣，1957年北京朝陽門外呼家樓出土有此幣（《考古》1962年5期254頁），1969年作者在北京郊區古城村古城遺址也找到一枚，足證此幣確流行於北方。舊釋咎如，以爲就是春秋狄所伐的咎如，或廧咎如，其地在太原附近，但戰國不見，翁樹培釋爲咎奴，今據戈銘，可以確定是“奴”字而不是“如”字，釋爲咎奴是正確的。古咎、高、皋同音，《史記集解》説：“咎音高。”又皋陶古或作咎繇，可證。所以咎奴就是高奴。秦高奴屬上郡，秦惠文王十年魏納上郡十五縣與秦，秦上郡既來自魏，所以咎奴應是魏地。上郡入秦以後，曾成爲秦鑄造兵器的中心，出土秦兵器除由相邦監造,鑄地皆在内史外,其次是由上郡守監造,上郡所造兵器,上郡戈工師多屬高奴(或簡稱高),足證高奴又是上郡主要鑄造兵器之地,其基礎自來自魏。秦兵器中高奴不作処奴,如廿五年上郡戈銘中"高奴工師",那麼処奴應是魏國的寫法,此戈應是入秦以前所造。

《考古學報》1974-1,頁 31

○**陳平**(1987)　見【高奴】條。

《中國考古學論集》頁 316

○**何琳儀**(1994)　三、"処奴"(1715),讀"処如"。《左傳·僖公二十三年》:"狄人伐廧、処如。"在今河南安陽西南。或讀"高奴",見《項羽本紀》:"王上郡,都高奴。"隸《地理志》上郡,在今陝西延安,亦屬魏。

《古幣叢考》(增訂本)頁 212,2002;原載《人文雜志》1994-6

○**黄錫全**(1998)　2.処奴

《大系》1715—1722 號著録之布作下列形:

舊多釋爲処(処)。但或主"廧処如"説,或主"高奴"説。主廧処如説者,又或定爲魏,或定爲趙。所定地點也不同。主高奴説者,以爲廧処如就是高奴。如朱活《古錢新探》釋爲"処奴(高奴)",認爲在山西太原附近,屬魏。《先秦編》認爲処奴即高奴,春秋屬晉,戰國屬趙,其地在今陝西延慶東。《大系》只云"有釋地名高奴,戰國趙地,今山西省太原市附近"。

　　這裏要弄清兩個問題,一是幣文"処(処)奴"究竟是高奴還是廧処如;二是高奴、廧処如究竟歸屬哪一國。

　　今按,高奴與廧処如不是一地。秦置高奴縣,屬上郡(《漢書·地理志》)。上郡原本屬魏,秦惠文王十年(前 328 年)"魏納上郡十五縣"(《史記·秦本紀》)。秦昭王三年(前 304 年)置上郡,治膚施縣(《水經·河水注》)。是秦稱高奴,至遲在公元前 304 年,有秦高奴戈、高奴權爲證,高奴作"**高奴**",不作"処奴"。其地在今陝西延安市城東延河東岸。"廧処如"見《左傳》僖公二十三年,"狄人伐廧処如"。又見成公三年,"晉郤克、衛孫良夫代廧処如"。杜預注:"廧処如,赤狄之別種也。"據《讀史方輿紀要》卷一,廧処如約在今山西省太原市一帶。或以爲在河南安陽市西南。

　　方足布"処(処)奴"之"奴"與"廧処如"之"如"雖音近可通。但書寫不同。布文又無"廧"(《穀梁傳》作牆,《公羊傳》作"將",或斷爲"廧、処如")

字。故布文恐非"廥咎如"。

出上青銅器中有"咎奴"者,見於下列 2 器:

(1)四年咎奴戈(《三代》20:25)　　(2)咎奴壺

"咎奴"2 字分別作如左之形。"咎"字均从"口"作。壺銘"人"形移至左,與古璽文咎作（《古璽彙編》0049）同。或將銅戈定爲魏器,或將銅壺推定爲趙器。

咎、高、皋音近可通。如"皋陶"或作"咎繇"(《漢書·百官公卿表·序》等),橐或作膏等。因此,布文及銅戈、銅壺之"处如、咎奴",當讀爲"高奴"。咎奴本魏地,入秦後改作"高奴"。過去堅持銅戈及方足布屬於魏"高奴"的意見應是正確的。高奴屬魏,應在秦惠文王十年(前 328 年)之前,其地在今陝西延安市東。所以,我們將這類布定爲魏幣。

《先秦貨幣研究》頁 122—123,2001;原載《中國錢幣論文集》3

○陶正剛、趙滿芳、范宏、郭紅、張玲:(2004)　11.处奴　共 3 枚(圖二,4)(編按:"4"當作"5")可釋爲咎奴,咎與高通。高奴位於陝西延安地區。《括地志·延州·膚施》:"延州州城即漢高奴縣,近延州、綏州、銀州,本春秋時白狄所居,七國屬魏,後入秦。"(《括地志輯校》43—44 頁,中華書局 1980 年版)咎奴幣是魏國貨幣。

5 圖二

《文物世界》2004-1,頁 30

【咎郎】

○李家浩(1991)　《古璽彙編》著録的 0049 號印,今藏上海博物館,見《上海博物館藏印選》第 3 頁。現將其原印揭示於下:

印文左邊"左司馬"三字很容易辨認,而右邊二字卻比較難認,需要研究。爲印刷方便,下面提到這兩個字時,分別以拉丁字母 a、b 代表。

《上海博物館藏印選》《古璽彙編》等釋 a 爲"佫"。"佫"見於《玉篇》人部、《廣韻》鐸韻,注云"人姓"。又見於《集韻》鐸韻和陌韻,陌韻是作爲"佫"字的或體,所以強運開《説文古籀三補》又將 a 釋爲"佫"。還有人認爲 a 是"佑"字之訛。按"亻"旁與"彳"旁形近,在古代常常互訛,作爲"佫"字或體的"佫",實際上是"佫"的訛誤,與訓爲"人姓"的"佫"並非一字;a 所从的"各"旁與《古璽文編》243 頁"貉"等字所从的"各"旁相同,説 a 是"佑"之訛,證據不够充分,難以使人信服。所以,從表面上看將 a 釋爲"佫"要比釋爲"佫"或"佑"合理得多。不過根據古代文字書寫特點,還可以提出另一種合理的釋文。

戰國璽印文字和《説文》篆文“咎”作如下之形：

　　　　䚹《璽文》211頁　　　䚹《説文》人部

咎從“人”從“各”。衆所周知,古文字的偏旁位置不十分固定,左右偏旁位置可以互易。現舉幾個古璽文字作爲例子：

　　　佲 劋 信《璽文》51頁　　　狴 豣 狂《璽文》249頁

　　　㲀 㴗 沇《璽文》274頁　　　縌 䋏 絑《璽文》309頁

所以a也可能是將“咎”字所從的“人”旁移到“各”旁左邊的一種寫法。

根據以上所説,a既可以釋爲“佫”,也可以釋爲“咎”,那麽到底哪種釋文是對的呢？ 要回答這個問題,還得等它下面的b釋出之後才能確定。（中略）

現在已確定0049號印的b是“郎”,那麽就可以由此確定a應當釋爲“咎”而不應當釋爲“佫”,理由是文獻中有跟“咎郎”相當的地名,而没有跟“佫郎”相當的地名。

《漢書·地理志》西河郡屬縣有皋狼,其地位於今天山西省離石縣西北,戰國時是趙國的一個城邑。《戰國策·趙策一》説：

　　知伯……又使人之趙請蔡、皋狼之地,趙襄子弗與。

此事亦見於《魏策一》和《韓非子·十過》,不過《魏策一》“皋狼”之“狼”作“梁”。“狼、梁”音近古通。《史記·趙世家》記趙武靈王十九年春,武靈王對樓緩説：

　　我先王因世之變,以長南藩之地,屬阻漳、滏之險,立長城,又取藺、郭　　狼,敗林人於荏,而功未遂。

前人指出《趙策一》等之“蔡”即此“藺”字之誤,此“郭狼”即“皋狼”,“皋、郭”爲一聲之轉。這些意見都是可取的。古代“咎、皋”二字同屬幽部,聲母亦近,可以通用。例如《大戴禮記·五帝德》“皋陶作士”之“皋陶”,《漢書·百官公卿表·序》等作“咎繇”;《考工記·韗人》“爲皋鼓”之“皋鼓”,《後漢書·馬融傳》作“咎鼓”,《爾雅·釋木》“狄,臧槔”,陸德明《釋文》引樊光本“槔”作“楢”。“郎、狼”二字皆從“良”聲,也可以通用。例如《史記·建元以來王子侯者年表》所記魯共王之子劉騎封地“郁狼”,《左傳》隱公元年杜預注作“郁郎”。上引幣文“郎皋”即“狼皋”,也是“郎、狼”二字通用的例子。因此,印文的“咎郎”應當讀爲“皋狼”,“皋狼左司馬”即趙國皋狼這個地方左司馬所用的印。

【𠵲落】

○**蔡運章、楊海欽**（1991）　　佫落太命：此戈監造者的官職。佫，《金文編》所無，其構形與戰國印文佫字相同，當是佫字。佫，爲佫字別體。《集韻》："佫，或作佫。"可以爲證。佫、皋古音同屬見紐，可以通假。《方言》卷一："假、佫，至也。邠唐冀兗之閒曰假，或曰佫。"《漢書・高帝紀上》集注引鄭氏曰："夏，音假借之假。"是佫可通作夏。《爾雅・釋木》："櫾，苦茶。"《釋文》："櫾與楬同。"是夏可通作賈。《論語・子罕》："求善賈而沽諸。"《漢石經》"沽"作"賈"，是賈可通作沽。沽、姑皆从古音，可以通用。《漢書・地理志》九江郡有橐皋縣，孟康曰："音拓姑。"是姑可通作皋。凡此皆爲佫、皋音近可通之證。（中略）

　　皋落，古地名，戰國屬韓。《國語・晉語》載：獻公"十七年冬，公使太子伐東山。里克諫曰：'臣聞皋落氏將戰，君其釋申生也。'"韋昭注："東山，皋落氏。"《左傳・閔公二年》："晉侯使太子申生伐東山皋落氏。"楊伯俊（編按：當作"峻"）注："東山皋落氏，赤狄別種，今山西省垣曲縣東南有皋落鎮，當即故皋落氏地。山西省昔陽縣東南七十里亦有皋落鎮，《寰宇記》謂此即東山皋落氏之地，恐不確。"故"皋落"當在今山西垣曲縣東南皋落鎮。

《考古》1991-5，頁 413—414

○**李家浩**（1993）　　𠵲落　　此二字是地名。"落"上一字亦見於《古璽彙編》0049 號印，从"人"从"各"，舊有"佫、佫、佑"等不同釋法。蔡、楊二氏從第一種釋法，並認爲"佫落"即《左傳》閔公二年"晉侯使太子申生伐東山皋落氏"之"皋落"，其地在今山西垣曲縣東南皋落鎮，戰國時屬韓。按蔡、楊二氏認爲戈銘地名之字即"東山皋落氏"之"皋落"是對的，但"落'上一字的釋文卻是錯誤的。我們曾經寫過一篇小文，對《古璽彙編》0049 號印進行了考釋，認爲舊釋爲"佫"的字是"𠵲"字的異體。《説文》説"𠵲"从"人"从"各"，古文字多將"人"旁寫在"各"旁的右邊。按古代文字的偏旁位置不十分固定，左右偏旁位置可以互易。例如古璽文字的"信"，就有將"人"旁寫在"言"旁的左邊和右邊兩種。印文"𠵲"就是將"人"旁寫在"各"旁的左邊的一種寫法。"𠵲""皋"音近古通。例如《書・皋陶謨》之"皋陶"，《説文》等引作"𠵲繇"；《考工記・韗人》所記的"皋鼓"，《後漢書・馬融傳》所錄《廣成頌》作"𠵲鼓"。因此，0049 號印"𠵲郎左司馬"之"𠵲郎"，應該讀爲《戰國策・趙策一》"知伯……又使人之趙請蔡、皋狼之地"之"皋狼"。戈銘"落"上一字與印文"𠵲"字寫法相同，顯然也應該是"𠵲"字的異體，在此也應該讀爲"皋"。所以我們説蔡、楊二氏認爲戈銘地名之字即“東山皋落氏”之“皋落”是對的,但“落”上一字的釋文卻是錯誤的。

《考古》1993-8,頁 758

○劉釗(2005)　　“佫”爲“咎”的異體,即將“咎”字所从的“人”旁移到左邊的一種寫法。這種偏旁左右不别、隨意移位的現象在戰國文字中很常見。《古璽彙編》0049 號官璽“咎(皋)郎(狼)左司馬”璽中的“咎”字就是把“人”旁寫在左邊的,同此上皋落戈的“佫”字寫法相同(李家浩《戰國官印考釋[兩篇]》,《文物研究》1991 年第 7 期)。“咎茖”應讀作“皋落”。古音“咎”在群紐幽部,“皋”在見紐幽部,韻部相同,聲爲一系,故可相通。《書·皋陶謨》的“皋陶”,《楚辭·離騷》作“咎繇”;《周禮·地官·鼓人》的“藅鼓”之“藅”,《説文·鼓部》引作“皋”,都是典籍中“咎、皋”相通的例證。(中略)“皋落”即見於《左傳·閔公二年》“晉侯使太子申生伐東山皋落氏”的“皋落”。《水經注·河水》:“清水出清廉山之西嶺……東流逕皋落城北。”楊守敬疏:“《通典》,垣縣有古皋落城,《元和志》,城在垣縣西北六十里。唐垣縣即今垣曲縣治。”楊伯峻的《春秋左傳注》認爲其地在今山西垣曲縣東南的皋落鎮。“皋落”戰國時屬韓。

《考古》2005-6,頁 95

【咎赴】

○李零(2002)　　(編按:上博二·容成 29“咎[皋]赴[陶]”)旮咎,即“皋陶”,簡文有三種寫法,上文作“咎赴(或赴)”,這裏作“旮咎”,下文作“旮秀”。按:簡文上字“咎、旮”是群母幽部字,下字“赴(或赴)”疑是“堯”字的異體,爲疑母宵部字,“秀”是心母幽部字。古書“皋陶”亦作“咎繇”,“咎”字同於簡文上字的第一種寫法,“繇”字的讀音也與“堯”字相近(爲喻母宵部字)。簡文無“皋、陶”二字,但“皋”是見母幽部字,“陶”是喻母幽部字,也是讀音相近的字。

《上海博物館藏戰國楚竹書》(二)頁 273、276

○蘇建洲(2003)　　咎赴:“咎”,群紐幽部;“皋”,見紐幽部,聲近(編按:當作“韻”)皆近,故得通假。“赴”,何琳儀先生《滬二》:“《考釋》隸定爲‘左吉右土’,殊誤。按:△之筆畫清楚,从‘土’从‘匋’,乃‘陶’之異文。‘咎陶’當讀‘皋陶’。”建洲按:何説似誤。簡 29 第一個“陶”(△1),李零先生隸作“赴”,可從,左下的“口”形可能是飾符。而“土、口”共用一筆,换言之,字从三“土”。《上博(二)》頁 276 即隸作从三“土”。至於下一個“陶”字(△2),李零先生隸作“赴”,左旁从“吉”與《包山》238、《九店》56.21 相比對似乎有理。但參照上下二字,△2 與 △1 的左上形體相同,則 △2 應該理解爲从二“土”从“口”,隸作"垚",不過,這些"土"形寫得和"士"形非常接近。另外,亦可參《魯邦大旱》簡 3 的"圭"字。其次,李零先生以爲這些寫法是"堯"的異體,見《上博(二)》頁 276—277。但古文字的"堯",其"卩"或"人"旁不見省略,《陶徵》57 字形從三"土",何琳儀先生以爲真僞待考(《戰典》299)。其次"陶",餘紐幽部;"堯",疑紐宵部,韻部旁轉音近,但聲紐未見證據可通。《會典》742、798 頁亦未見相通之例。是以△1 與△2 理解爲"土"的繁構即可,"土",透紐魚部與"陶"(餘幽),聲紐同爲舌頭音,韻部旁轉音近。至於簡 34 作"旮咎、旮秀"均爲"皋陶"的一聲之轉。

《〈上海博物館藏戰國楚竹書(二)〉讀本》頁 146—147

△按　睡虎地秦簡《日甲》83 背"其咎在渡衡"和《日甲》6 正貳"毋(無)咎"、4 背"父母有咎"之"咎"皆當災講。

倠 倠

 璽彙 2510　　　璽彙 2807　　　璽彙 2832

○**湯餘惠**(1986)　燕私名璽有以下各字:

　　　a　（2807）　　（2832）　　（2510）　　　b(中略)

上引各字右旁是相同的,疑爲"隹"之省變。古璽脽字從隹作（《璽》1745），與此形近;金文或作（〔豈〕季良父壺難字所從），當即其形所從出。燕文字字體方正,筆勢多取方折,故作如上各形;倘若此考不誤,那麼例 a 可釋爲"倠"。《説文》:"倠,仳倠,醜也。"

《古文字研究》15,頁 53

○**何琳儀**(1998)　《説文》:"倠,仳倠,醜面。從人,隹聲。"
　　戰國文字倠,人名。

《戰國古文字典》頁 1205

○**湯餘惠等**(2001)　倠。

《戰國文字編》頁 568

△按　"倠"字從人,隹聲,"隹"有變形;古璽用作人名。

像 像

　像 楚帛書

○**嚴一萍**（1967）　金文師湯父鼎象作🐘，與此近。商氏亦釋像。《説文》："像，象也，从人从象。"段玉裁改作"似也"。《説文繫傳》："尚書曰崇德象賢，乃審厥象，本皆作此，作象字假借也。《楚辭》曰：像設君室，靜閑安似而設之也。又韓子曰：象南方之大獸，中國人不識，但見其畫，故言圖寫似之爲象。"段玉裁曰："雖韓非曰人希見生象也，而案及圖以想其生，故諸人之所以意想者，皆謂之象。然韓非以前，或只有象字，無像字。韓非以後，小篆既作像，則許斷不以象釋似，復以象釋像矣。"徐灝箋曰："古無像字，假象爲之，韓非之言，足證周秦閒尚無像字，此漢世所作也。"今繒書有之，諸家所疑周秦閒無像字者，誤矣。按象爲本字，孳乳爲像。段氏據《韻會》所引改《説文》"象也"之訓爲"似也"，可從也。

《中國文字》26，頁 28

○**曾憲通**（1993）　《説文》："像，象也。从人从象。"段玉裁注以爲古或只有象字，無像字。後小篆既作像，則許斷不以象釋似，復以象釋像。因改"象也"爲"似也"。徐灝亦斷言"像"字爲漢世所作。今以帛書證之，知戰國時已有像字，但帛文像字仍讀爲象。

《長沙楚帛書文字編》頁 95

△**按**　《説文》："像，象也。从人、象，象亦聲。讀若養。"帛書"天像是側""像"讀作"象"。

倦 憈　侟 恙

上博二·從甲 12　　　新蔡甲三 235-1

上博一·詩論 4　　　上博一·性情 31　　　上博三·中弓 17　　　上博四·相邦 1

○**張光裕**（2002）　"侟"即"倦"。郭店簡亦有"倦"字，作"朕"，《唐虞之道》第二十六簡："四枳（肢）朕（倦）陸（惰）。""不倦"，即"無倦"，猶言"不息"。

《上海博物館藏戰國楚竹書》（二）頁 225

△**按**　《説文》："倦，罷也。从人，卷聲。""倦"或作"恙"，參看卷十"恙"字條。上博簡"章（敦）行不侟（倦）"之"倦"即倦怠、疲倦義。新蔡簡甲三 235-1"齸（鹽）侟以長剌☒"和甲三 267"[鹽]侟占之曰"之"侟"皆用作人名。

弔 弔

集成 2782 哀成叔鼎　　集成 4596 陳曼簠　　集成 4190 陳賦簠蓋　　近出 348 以鄧鼎

上博五・鮑叔 9　　上博六・用曰 20　　璽彙 3370　　璽彙 2549

○**羅福頤等**（1981）　（編按：《璽彙》3370）弔，與弔尊弔字同。

《古璽文編》頁 211

○**吳振武**（1983）　2549 傷□・□□。

《古文字學論集》（初編）頁 508

○**吳振武**（1998）　古璽姓氏字中有一個從“人”的怪字，見於下引各璽（皆陽文）：

（1）　《璽彙》3428　　　　　　　（2）　同上 3350（摹刻本）

（3）　羅振玉《凝清室所藏周秦璽印》　（4）　《璽彙》2549

這個字在（1）（2）中跟“大”字組成合文（皆有合文符號）；在（3）中看上去應跟“中”字連讀；在（4）中則作爲姓氏字單獨使用。

　　（1）（2）中的合文《璽彙》缺釋（都只畫一個方框，誤入“姓名私璽”類），《璽文》列於附錄（557 頁第 6 欄、567 頁第 2 欄）。（3）因《璽彙》漏收，故璽上三字皆不見於《璽文》。（4）中的這個字，《補補》（8・3 上）、《璽彙》、《璽文》（210 頁）均釋爲“傷”。

　　按比較此字在各璽中的寫法，可以肯定它不是一個從“易”的字。根據字形和用法，我們認爲這個字應該是“弔”字的變體。下面試將古文字中已知的“弔”跟此字作一比較，同時列出字形上比較接近的“弓”字旁作參照：

弔								
	1	2	3	4	5	6	7	8
弓								
		9			10	11		12 13 14

　　1、2、3：兩周金文（《金文編》572 頁）；4：侯馬盟書（《侯馬盟書》148 頁 185：3）；5：戰國璽印（《魏石經室古璽印景》“□弔”）；6：同上（本篇［3］）；7：同上（本篇［1］）；8：同上（本篇［4］）；9：兩周金文（《金文編》895—897 頁）；10：戰國璽印（《璽彙》3248）；11：同上（《璽彙》2110）；12：同上（《璽彙》3923）；13：同上（《璽彙》2204、0153）；14：同上（《璽彙》2193、0336）

從這張表上我們不難看出，“弓”字所從的“人”旁和舊說象矰繳之形的那個偏旁本是結合在一起的。但在東周時期，這兩個偏旁時有分離的趨勢。這裏所討論的璽文“弔”字跟其他已識“弔”字的最大不同就是兩個偏旁寫得完全脫開了。這種現象在古文字形體演變中並不是孤立的。戰國時期“射”字由原先“弓、矢”兩旁連寫的形式變爲分寫式——“㢟”，便是一例。不過這裏所討論的璽文“弔”字跟其他“弔”字相比還都多出一筆，這是很奇怪的。我們猜想這一筆大概是一種區別符號，爲的是將“弔”字所從的那個象贈（編按：當作“繒”）繳形的偏旁跟“它”旁區別開來。因爲在戰國文字中，這兩個偏旁變得實在太相似了（戰國璽印文字中還另有從“人”的“佗”字）。這就好比戰國人爲了區別“月、肉”這兩個極易相混的形近偏旁，常常在“月”旁的空隙處加上一筆以示區別。特別值得注意的是，“月”旁多加一筆的情況多見於三晉文字，而出（編按：當作“從”）本篇所考“弔”字的那四枚璽印從風格上看，顯然也是三晉系的。那麼，用多加一筆的方法來區別形近偏旁，或許是三晉文字的一種習慣。至於（4）中的“弔”字在筆勢上有點特別，可能還跟此璽璽面作圓形有關係。

字形既明，再看它在璽文中的讀法。

在先秦古文字中，“弔”字多用作“叔”，這是大家所熟知的。上引四璽中用作姓氏字的“弔”字顯然也應讀作“叔”。（1）和（2）中的“大弔”氏即“大叔”氏；（3）中的“弔中”氏即“叔中”氏；（4）中的“弔”氏即“叔”氏。這三個姓氏在漢印中皆出現過。其中“大叔”氏見《漢徵》3.17 上、《漢徵補》3.6 上；“叔中”氏見羅振玉《赫連泉館古印續存》（1916 年）“叔中賢·叔中卿”兩面印；“叔”氏見《姓氏徵》卷下 28 頁上。可見都是古姓氏。

這三個姓氏在文獻中也皆可考。

關於“大叔”氏，舊說認爲有兩個來源。《通志·氏族略四》“以次爲氏（親附）”類下謂：“太叔氏（引者按：大、太古通），姬姓，衛文公之子太叔儀之後也。漢有尚書太叔雄。”陳廷煒《姓氏考略》則謂：“鄭莊公之弟段封於京，謂之京城太叔，其後以爲氏。”

漢印中所見的“叔中”氏，舊以爲即古書中的“叔仲”氏（《姓氏徵》卷下 14 頁上）。根據戰國秦漢文字資料中“中、仲”二字在用法上區別不甚嚴格的情況來看，“叔中”氏即“叔仲”氏的可能性應該是有的。《通志·氏族略四》“以次爲氏（親附）”類下謂：“叔仲氏，姬姓，魯公子牙之後也。公孫茲生得臣、彭生，得臣爲叔孫氏，彭生爲叔仲氏。《史記》叔仲會，魯人，仲尼弟子。”

“叔”氏的來源則比較多。《通志・氏族略六》“同名異實”下謂：“叔氏有四，魯叔牙之後、魯文公之子叔肸之後、八凱叔達之後、晉叔向之後，並以叔爲氏。”

《出土文獻研究》3，頁 79—81

○**何琳儀**（1998）　弔，甲骨文作🔣（前五・一七・二）。从人从虫，會意不明。西周金文作🔣（叔倉父盨）。春秋金文作🔣（曾大保盆），易虫爲它（虫、它均象蛇形）。戰國文字承襲西周金文。或作🔣，則遠承西周金文🔣（叔簠）。以矛形易人形，其意不明。《説文》：“弔，問終也。古之葬者，厚衣之以薪。从人持弓，會毆禽。”

古文字弔，均讀叔。叔，透紐幽部，弔，端紐宵部。端、透均屬舌音，幽、宵旁轉。《左・哀十二年》“旻天不弔”，《周禮・春官・大祝》注弔作淑，是其佐證。戰國文字弔多讀“伯叔”之叔。

燕璽弔，讀叔，姓氏。八凱弔達後，見《元和姓纂》。

侯馬盟書“弔父”，讀“叔父”。《爾雅・釋親》：“父之昆弟，先生爲世父，後生爲叔父。”

叔孫戟“弔孫”，讀“叔孫”，複姓。以族系爲氏。魯公子叔牙之後。叔牙與慶父同母，慶父試（**編按**：當作“弑”）閔公，故叔牙有罪，飲鴆而死，遂立公孫茲爲叔孫氏，亦曰叔仲氏，即叔氏也。見《通志・氏族略》。

《戰國古文字典》頁 307—308

○**李守奎**（2003）　弔。

《楚文字編》頁 496

○**陳佩芬**（2005）　鞄（鮑）昏（叔）酋（牙）。

《上海博物館藏戰國楚竹書》（五）頁 191

○**張光裕**（2007）　（編按：上博六・用曰 16）龔（恭）弔（淑）已成。

《上海博物館藏戰國楚竹書》（六）頁 302

【弔中】

△**按**　見上引吳振武（1998）。

【弔梁】

○**吳振武**（1998）　《集成》第十七册 11344 號戈銘文如下：

八（?）年，盲命（令）戶轄，左庫工帀（師）弔梁□（按：此字上部漫漶不清，下从“奴”），冶□。（中略）

銘中工師的姓氏很有意思，需要討論。“弔”字原作 。亦見於下引三晉私璽：

a. （《璽彙》319·3428）　　　b. （同上 313·3350，摹刻本）

c. （羅振玉《凝清室所藏周秦璽印》，1923 年）　　d. （《璽彙》246·2549）

舊皆不識。筆者曾在一篇題爲《古璽姓氏考（複姓十五篇）》的待刊稿中考定爲“弔”字，並將上揭私璽中的姓氏分別讀作“大叔”（a、b）、“叔中”（c）和“叔”（d）。這三個姓氏在漢代私印中也都出現過。今從戈銘看，“工帀（師）弔梁□”中的“弔梁”，很可能就是舊姓氏書中著録過的複姓“叔梁”。不過過去有些姓氏書（如宋邵思《姓解》）在探究這一姓氏的來源時，跟孔子的父親叔梁紇相比附，恐不可信。一般認爲，“叔梁紇”中的“叔梁”是孔父的字而不是姓氏（參宋鄧名世《古今姓氏書辯證》卷三十五入聲屋“叔梁”氏條、清王引之《經義述聞》卷二十二《春秋名字解詁上》“魯孔紇字叔梁”條）。所以又有一些姓氏書改變説法，如明陳士元《姓觿》卷九入聲屋下引《千家姓》謂叔梁氏是“魯郡族”。我們認爲，不管“叔梁”氏的來源怎樣，戈銘或許可以證明這一姓氏在古代是確實存在的。

《容庚先生百年誕辰紀念文集》頁 555—556

【弔孫】

○ **黃盛璋**（1992）　（2）叔孫戈：“叔孫戕戈。”（胡）　　　　　《三代》19.37.1

自稱“戕戈”即“誅戈”，爲此戈特有，齊兵器無此稱。據山東博物館王恩田同志見告：山東近亦出叔孫戈，則此“叔孫”當即魯之叔孫氏。

《古文字研究》19，頁 50

△按　上博簡“鞄（鮑）弔（叔）舌（牙）”之“弔”用作人名。關於“叔孫”氏，《通志·氏族略五·以族系爲氏》云：“叔孫，魯公子叔牙之後。叔牙與慶父同母，慶父弒閔公，故叔牙有罪，飲鴆而死，遂立公孫茲爲叔孫氏，亦曰叔仲氏，即叔氏也。”

倜 倜

天星觀

○ **何琳儀**（1998）　倜，从人，周聲。《説文新附》：“倜，倜儻不羈也。从人从周。未詳。”

天星觀簡個,讀彫。

《戰國古文字典》頁 182

伺 伺

集成 11358 羕陵公戈

【伺罭】

○**尤仁德**(1996)　伺罭是丘陲公私名,該戈的監造人,惜於史籍無考。

《考古與文物》1996-4,頁 37

○**黃盛璋**(1998)　其下二字,過去全錯解爲羕陵公之名,今由襄城公戈銘對比,可確定爲官職名,一如楚境尹,而是羕陵公之屬官。“伺”字楚國文字多用爲“笥”或“司”,楚簡中有職官“伺×”以表司掌之事。故加人旁。直至敦煌願文“司命司録(禄)”仍有寫作“伺”的,如斯 6886《金光明經寫經後題記願文》。楚有司馬、司敗、司直等。“伺”下一字表所司之事,其字上從“屮”,下從“衣”,中爲“四”即“目”,當是“罭”即“圜”,“袁、園、罭、圜”古皆同音,黃錫全已懷疑此字可能爲“罭”字,但仍以“伺罭”爲人名(參見《湖北出土商周文字輯證》第 40 頁)。按《周禮·秋官》“大司寇·序官”有“司圜”,鄭玄注云:“圜即圜土也,圜土謂獄城也,今獄城圜。”司馬遷《報任安書》:“幽於圜牆之中。”圜牆即獄牆。《釋名·釋宮室》:“圜土即築土,表牆其形圜也。”今此字於“罭”上加“屮”或即表土築。總之,司圜即司獄之官,今證實楚也有此官。至於《周禮》中的“司圜”則爲戰國中原諸國的職官,按秦利用刑徒鬼薪、城旦、隸臣等罪犯製造兵器等,司圜正管刑徒,此戈爲司獄之官主造,亦必利用了刑徒。羕陵公戈銘中,直接製造之人稱冶,巳毋爲其名,當即爲司圜所管的刑徒、罪犯。此戈銘格式很重要,羕陵公爲監造者,司圜爲主造者,巳毋爲製造者,分爲三級,當是受三晉兵器製造制度的影響。這是楚兵器銘文中唯一記製造工匠之名的。

《考古》1998-3,頁 66—67

卬

卬郭店·忠信 5

○**黄德寬、徐在國**（1998）　忠 5 有字作🔣，原書隸作“仰”，注釋⑪：“仰，從‘卩’聲，讀作‘節’。裘按：此釋可疑，待考。”（164 頁）我們認爲此字應隸作“伲”。語三 45“𡉚（犯）”字所從的“巳’作“🔣”可證。簡文“天也伲天墜（地）也者，忠信之謂此”。疑“伲”字應讀爲“範”。義爲法。《爾雅·釋詁上》：“範，常也……法也。”玄應《一切經音義》卷二“《通俗文》‘規模曰範’”。《易·繫辭上》：“（聖人）範圍天地之化而不過。”孔穎達疏：“範謂模範。”

　　　　　　　《吉林大學古籍整理研究所建所十五周年紀念文集》頁 104—105

○**周鳳五**（1998）　巽天地也者：《郭簡》原句讀有誤，將此句屬上讀，作“天也節天地也者”，茲改正。巽，簡文作🔣。《郭簡》隸定作仰，讀爲節，裘錫圭以爲“此釋可疑，待考”。按，裘疑甚是。此字左旁從人，右旁從𢀓，爲𢀓之半體。𢀓即巽字，曾侯乙編鐘銘文屢見，字作🔣（“坪皇之巽”）、🔣（“濁新鐘之巽反”），上從㠭，下從丌，同於《説文》篆體。但“濁文王之巽”則作🔣，上下筆畫連貫。簡文右旁爲巽之省形，字作傪，即巽字，讀爲順。本篇以忠信之道的不期不奪類比天地，從而推論忠信乃是人類順天地之道所産生的德行，故曰：“順天地也者，忠信之謂此。”另外，《唐虞之道》簡 11：“🔣乎脂膚血氣之情，養性命之正。”簡首一字筆畫不明晰，《郭簡》以爲字從“卩”，釋作“節”。按，此字疑亦從巽，讀爲順，“順乎脂膚血氣之情，養性命之正”是聖人全生之道，故下文承以“安命而弗夭，養生而弗傷”也。

　　　　　　　《中國文字》新 24，頁 125—126；又《中國哲學》21，頁 141

○**李零**（1999）　“似天地也者”，第一字，整理者以爲從人從卩，裘按謂此釋可疑。按從文義看，此字似爲“似”字。

　　　　　　　　　　　　　　　　　《道家文化研究》17，頁 502

○**袁國華**（1999）　“邜”字見《忠信之道》簡 5，字形作：🔣

　　原書注云：“仰，從卩聲，讀作‘節’。”

　　唯裘錫圭先生按語云：“此釋可疑，待考。”

　　故字或釋做“伲”讀同“範”；或釋做“巽”讀同“順”，迄無定論。華按：雖然裘錫圭先生的懷疑是有道理的，但該文將“🔣”字釋做“卩”卻是正確的。楚簡“卩”字除多書作：🔣、🔣等形外，亦有作“🔣”的，如郭店竹簡“節”字字形作🔣，該字所從之“卩”作“🔣”，與“🔣”完全相同，可證。然而此字左旁不從人，乃與“人”字極似的“刀”字，故字可隸定作“邜”，應即省略“口”旁的“卲”字。

“卲”字楚簡屢見，多从“刀”从“口”从“卩”，讀同“昭”，如包山楚簡簡2·200
楚“卲（昭）王”之“卲”作🔶，即是其例。“卲”字，《説文解字》云：“高也。从
卩，召聲。”

“召”字，《説文解字》云：“評也。从口，刀聲。”

既然“卲”字乃以“刀”爲聲，故字从不从“口”，於卲字的音義，似無太大
影響。如《緇衣》簡11云：

章志以卲（昭）百姓。

“卲”（昭）字字形乃从“卩”从“昭”省，作🔶，此外，郭店竹簡讀同“欲”字的
“愒”，字形作🔶，亦有省略“口”旁作“忩”的，字形作🔶，合而觀之，若“卯”
字乃从“卩”“刀”聲不誤，則當與“卲”同字，讀同昭。

《忠信之道》簡5云：

【大忠不奪，大信不期。不奪而足養者，地也；不期】而可蟄者，天也。
卯（昭）天地也者，忠信之謂也。

“昭”有“著見”義。《詩·大雅·文王》有“昭于天”句，《傳》云：“昭，見
也。”而《箋》則將“見”解釋爲“著見”，可證。因此，“卯（昭）天地，忠信之謂
也”兩句，可以翻譯爲“顯明於天地（之間）的，就是忠信的意思”。

《中國文字》新25，頁162—164

○劉桓（2001）　仰（節）當讀爲即。裴學海《古書虛字集釋》指出“即”的一種
用法是“‘即’猶‘故’也。申事之詞也”。舉例有賈子《過秦篇》中：“今秦南面
而王天下，是上有天子也。即元元之民，冀得安其性命，莫不虛心而仰上。”句
型基本相同，仰（節）字當屬下句。

《簡帛研究二○○一》頁63

○陳劍（2002）　以上諸説，共同的弱點是都不能很好地把簡文真正講通。就
字形而言，此字右半所从的“🔶”，除去末筆爲飾筆，餘下的部分上端作填實形，
跟常見的“卩”旁有顯著區別。上舉諸説，除黃德寬、徐在國兩先生的意見（下
文簡稱“黃説”）外，都是建立在將🔶字右半分析爲“卩”的基礎上的，這從字形
看便不太可信。

黃説將此字隸定作“卩”，在字形方面確實極爲有據。楚文字中常見的作
偏旁的“巴”，跟此字右半“🔶”形除去末筆後餘下的部分（即所謂上端填實的
“卩”形，下文用“△”代表），可以説完全相同。將“卩”字讀爲“範”解釋爲
“法”，從聲韻訓詁上看也很直接。所以此説似乎很容易取信於人。不過，仔

細推敲,也還存在兩方面的問題。(中略)

其實,除了黄説注意到的"巳",戰國文字中跟"△"形幾乎全同的,還有同樣常見的"肥"字的右半。略舉數例即可看出這一點:

＄ 包山楚簡 203

＄ 包山楚簡 250

＄ 望山 M1 楚簡 116

所以,＄字的釋讀也完全可以跟"肥"字聯繫起來重新考慮。

《説文》分析"肥"字爲"從肉從卩"會意,徐鉉等曰"肉不可過多,故從卩",顯然頗爲迂曲。"肥"字在戰國文字中右旁所從上端填實,跟"卩"不同,一直到馬王堆漢墓帛書仍多如此。後代隸楷"肥"字及其異體"肌"的右半作"巴"形或"巳"形,也體現出跟"卩"不同的演變軌跡。將"＄"跟"肥"字結合起來考慮,它們所從的"人"和"肉"都是極常見的意符,剩下的"△",按照我們對古文字結構的一般認識,分别分析爲聲符顯然是最直接的。

"＄"跟"肥"字聲符相同,而"肥"常常通"配"。"＄"字在簡文中,也正應當讀爲"配"。"肥"與"配"相通,如《説文·户部》有"屝"字,又有"屝"字,段玉裁指出"屝"字"蓋即屝之或體耳。《玉篇》有屝無屝,可證"。在出土文獻中,"配"這個詞常常用"肥"字來表示。例如:馬王堆漢墓帛書《老子甲本卷後古佚書·九主》"以肥(配)天地";《老子乙本卷前古佚書·十大經·立命》"唯余一人□乃肥(配)天";今本《老子》第六十八章"是謂配天",馬王堆帛書《老子》乙本"配"作"肥";《周易·豐·初九》"遇其配主",馬王堆帛書《周易》"配"作"肥";《儀禮·少牢饋食禮》"以某妃配某氏",武威漢簡《儀禮·少牢》作"以某肥肥某是";以及後文要舉到的《周易·繫辭上》"廣大配天地"等四句中的"配"字,馬王堆帛書《周易·繫辭》四"配"字皆作"肥",等等。

簡文云"忠信""＄天地",古書中"配天地"一類的話習見。例如:

《周易·繫辭上》:"夫乾,其靜也專,其動也直,是以大生焉。夫坤,其靜也翕,其動也辟,是以廣生焉。廣大配天地,變通配四時,陰陽之義配日月,易簡之善配至德。"

《管子·形勢》:"能予而無取者,天地之配也。"又《形勢解》:"天生四時,地生萬財,以養萬物,而無取焉;明主配天地者也,教民以時,勸之以耕織,以厚民養,而不伐其功,不私其利;故曰:'能予而無取者,天地之配也。'"

《莊子·天道》:"天不産而萬物化,地不長而萬物育,帝王無爲而天下功。故曰莫神於天,莫富於地,莫大於帝王。故曰帝王之德配天地。"

　　《禮記·中庸》:"博厚,所以載物也;高明,所以覆物也;悠久,所以成物也。博厚配地,高明配天,悠久無疆。"

又前文已舉的馬王堆帛書《老子甲本卷後古佚書·九主》"以肥(配)天地",亦其例。配,匹也,合也,乃古書常訓。《周易·文言》:"夫大人者,與天地合其德,與日月合其明,與四時合其序,與鬼神合其吉凶。"所謂"與天地合其德",亦即其德"配天地"也。簡文"配天地也者,忠信之謂此",意謂"忠信"之爲"德",可與"天地"之德相配相合。

　　下面我們對"配、肥"及相關的"妃、圮"等字作一些文字學上的分析。通過以下分析,能進一步堅定我們對將簡文 **𨾱** 字釋讀爲"配"的信心。

　　"配、妃、圮"三字,在《説文》小篆中都是寫作从"己"的。它們的上古音都十分接近,"配、妃"相通古書習見,"圮"字《説文》或體作"醳",大徐本分析爲"从手从非,配省聲"(原注:小徐本作"从手,配省,非聲"。從後文的分析可以看出,實際情況可能應當是"从手,配省聲,非亦聲")。它們所从的"己"形應當有一個統一的解釋。《説文》都分析爲从"己"得聲,但這幾個字的讀音跟"己"相差得實在太遠,所以段玉裁認爲"配"字中"己非聲也。當本是妃省聲,故叚爲妃字",而"妃"字則爲"會意字,以女儷己也",解釋得很牽強。

　　"妃、圮"不見於古文字,"配"字在殷墟甲骨文和西周金文中,則確定無疑是从"卩"的。但值得注意的是,在春秋晚期金文中,"配"字已有將所从的"卩"寫作上端填實形的,跟其它字中常見的"卩"旁明顯不同。例如:

　　　　　　拍敦(《殷周金文集成》9.4644)　　　　配兒鉤鑼(《殷周金文集成》2.427.1)

古文字裏从"卩"的字,在隸楷中一般也是寫作从"卩"的,"卩"旁沒有多大變化。但"配"字在隸楷中寫作从"己"或从"巳",跟大多數从"卩"的字不同,所謂"己"形或"巳"形正是來源於這類"卩"形上端填實的寫法。

　　上舉兩形"配"字的右半,跟我們上文討論的"**𨾱**"和"肥"字右半所从的"△"形非常接近。同時,"配"跟"肥、妃"等字的上古音正好也十分接近。前文所舉"肥、配"相通的大量例證,以及"妃"有或體作"娿"(見於《集韻·微韻》芳微切"霏"小韻),均可證明它們的密切關係。由此看來,"**𨾱**"和"肥"中的"△"形、"妃"和"圮"中的"己"形,都應該來源於"配"字的右半(原注:"妃"字跟"配、肥"字一樣,在隸楷中也常常寫作从"巳"形)。進一步講,它們都有可能就是从"配"省得聲的,《説文》小篆"配、妃"和"圮"中的"己"都應是"△"形的訛體。

至於"肥"字,《説文》小篆从"卪",似乎跟早期古文字的"配"字从"卪"正好相合。但前文已經指出,在隸楷中"肥"字及其異體"肌"的右半作"巴"形或"㠯"形,跟普通从"卪"的字不同,應該也是由"△"形演變而成的。《説文》"肥"字篆形所从的"卪",實際上也應該看作"△"形的訛體,而跟早期古文字"配"字所从的"卪"並没有直接的形體繼承關係。

"△"形《説文》小篆訛作"己",還見於"㙸"字。《説文·非部》:"㙸,別也。从非,己聲。"朱駿聲《説文通訓定聲》認爲"此字當隸己部。从己,非聲";段玉裁注則删去"聲"字,認爲當分析爲"會意,非亦聲"。按《廣韻·尾韻》敷尾切"斐"小韻:"㙸,鳥如梟也。《説文》別也。"《至韻》平祕切"備"小韻:"㙸,鳥如梟。"而《微韻》符非切"肥"小韻:"㙸,蠹㙸,鳥名,如梟,人面一足。冬見夏蟄,著其毛令人不畏雷。出《山海經》。"又《集韻·至韻》必至切"畀"小韻:"㙸,別也。一曰蠹㙸,鳥名。"可見㙸、㙸爲一字異體。楷書"㙸"下半所从的"巴"形(與"巴"字無關),跟"肥"字右半所从相同,顯然也應當就來源於"△"形。非、肥、配、㙸讀音並相近,"非"聲字與"肥"聲字古多相通,可參看高亨、董治安《古字通假會典》598頁"腓與肥、腓與蓜"等條。又望山二號墓楚簡"翡翠"之"翡"作"翢",亦其證。"㙸"應當跟"薈、刉、铦"等字類似,也是雙聲字。看來,"配"字省去"酉"後餘下的部分,亦即我們所討論的"△",由於常常用作聲符,大概在當時人心目中,也就有了跟"配"相同或相近的讀音,而不必都聯繫"配"字理解爲"配省聲"了。

從文字學上看,簡文"𠤎"字當分析爲从"人"从"配"省聲,或者直接分析爲从"△"聲,它應該就是"配偶"之"配"的專字。在西周金文中,"匹配、配偶"等義本來都用"配"字表示,但"配"字从"酉",其意符與意義不密合,所以在戰國文字中又新造出了从"人"的"𠤎"字。至於从"女"的"妃"字,則又是"女性配偶"這一意義的專字,其出現時閒應該就更晚了。

我們把"肥、妃、圯"等字所从的"△"分析爲"配"字之省,但"配"字本身"从酉从卪",其字形如何解釋也還是一個難以解決的問題。裘錫圭先生告訴我,他久已懷疑,殷墟甲骨文中的"如"字及其異體"妿、侅",就應當釋爲"妃"。這些字在甲骨文中的主要用例如下:

　　1.戊寅卜,又匕(妣)庚五如十牢。不用。　　(《合集》32171)

　　2.□貞,其□十牢又□二如匕(妣)□用牛一。　　(《合集》21651)

　　3.丁巳卜,其尞于河牢,沉妿。　　(《合集》32161)

　　4.王其又母戊一妿,此受又(佑)。

　　二郊。　（《合集》27040）

　5.其曶郊。　（《合集》32162）

　6.弜佞。　（《合集》32166）

　7.甲申貞,其佞。　（《合集》34095）

這些字舊多釋爲"嬖",顯然不可信。它們都是指祭祀用的某種犧牲,裘先生認爲,從字形看,就是指一男一女"一對"人牲,"一對"義跟"妃、配"的"匹配、配偶"義有密切聯繫。相應地,"配"字本身就應該分析爲"从酉从如（妃）省聲",我們所討論的"肥、妃"等字的聲符也是來源於"如（妃）"字。裘先生此説如果合於事實,則"配"字以及相關諸字的字形結構就更加清楚了。

《國際簡帛研究通訊》2卷6期

○陳偉（2003）　"天地"前一字,原釋文隸寫作"仰",讀爲"節",並在注釋中説:"仰,从'卩'聲,讀作'節'。"裘錫圭先生按云:"此釋可疑,待考。"其後研究者提出多種意見。如周鳳五先生釋爲"巽",讀爲"順";黃德寬、徐在國先生讀爲"範",訓爲"法";趙建偉先生釋爲"即",通"則",訓爲效法;李零先生疑爲"似"。此字與《唐虞之道》篇11號簡中的首字類似。原釋文的隸寫似不誤,但應釋爲"妃",讀爲"配",義爲匹配、耦合。《唐虞之道》11號簡中的類似之字,亦可釋爲"妃",讀爲"配",相關一句讀作"配乎脂膚血氣之情",可與此參證。"配天地"在傳世古書中多見。如《莊子·天道》説:"帝王之德配天地。"《禮記·經解》説:"天子者,與天地參。故德配天地,兼利萬物,與日月並明,明照四海而不遺微小。"《管子·形勢解》説:"天生四時,地生萬財,以養萬物而無取焉。明主配天地者也,教民以時,勸之以耕織,以厚民養,而不伐其功,不私其利。"可以比照。

《郭店竹書別釋》頁80—81

△按　此字整理者釋"仰"（節）,裘錫圭説"此釋可疑,待考"。此後眾説紛紜,或釋"仳"（範）,或釋"僎"（順）,或釋"叩"（昭）,或釋"仰"（即）,或釋"配",或釋"似"。在諸説中,以陳劍釋作"配偶"之"配"爲是。

仟

仟　包山44　仟　包山71　仟　包山191　仟　磚瓦廠M370·1

【仔尹】

○**何琳儀**（1993）　△原篆作，應釋仔。"仔尹"可讀"芋尹"。《史記·楚世家》"芋尹申無宇之子申亥曰，吾父再犯王命"，正義："芋尹，種芋之尹也。"《左·昭十三》誤作"芊尹"。釋文："芊，于付反，徐又音羽。"古音猶存。至於《七國考》《通志·氏族略》誤作"芊尹"，則失之彌遠。"仔"又見"审昜之仔門人軋慶"[71]，爲地名。

《江漢考古》1993-4，頁 56

○**何琳儀**（1998）　仔，從人，于聲。

　　包山簡仔尹，讀"芋尹"，楚官名。《史記·楚世家》"芋尹申無宇之子申亥"，正義："芋尹，種芋之尹也。"所謂"種芋"乃望文生義。

《戰國古文字典》頁 457

○**湯餘惠等**（2001）　仔。

《戰國文字編》頁 562

○**李守奎**（2003）　仔。

《楚文字編》頁 497

△**按**　"仔"字從人，于聲。"仔尹"可讀"芋尹"，但是否是種芋之尹，待考。

仕

璽彙 1463

○**羅福頤等**（1981）　仕。

《古璽彙編》頁 156；《古璽文編》頁 207

○**何琳儀**（1998）　仕，從人，土聲。
　　齊璽仕，人名。

《戰國古文字典》頁 528

△**按**　"仕"字從人，土聲，古璽"陳仕"之"仕"用作人名。

仗

睡虎地·秦律 147

○**睡簡整理小組**（1990）　（編按：秦律 147"仗城旦勿將司"）仗，疑讀爲杖。老人持杖,故古時稱老人爲杖者。《論語・鄉黨》:"杖者出。"孔注:"杖者,老人也。"此處仗城旦因年老,故不必將司。

　　譯文:老年的城旦不必監管。

《睡虎地秦墓竹簡》頁 54

△按　"仗"字從人,丈聲。睡虎地秦簡"仗城旦勿將司"之"仗"讀作杖"。

奴

包山 122　　　　包山 123　　　　陶彙 6・195

△按　"奴"字從人,女聲,爲"奴"字異體。包山簡"奴"讀作"孥",《陶彙》"奴"用作人名,參看卷十二女部"奴"字條。

佢　眉

個 郭店・唐虞 16

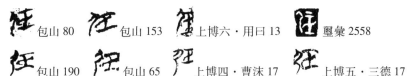
包山 80　　　　包山 153　　　　上博六・用曰 13　　　　璽彙 2558

包山 190　　　　包山 65　　　　上博四・曹沫 17　　　　上博五・三德 17

○羅福頤等(1981)　　任。

《古璽文編》頁 210

○湯餘惠等(2001)　　佢。

《戰國文字編》頁 563

○李守奎(2003)　　(編按:包山 190)眉　疑爲居字異體。

《楚文字編》頁 498

【佢疆】

○劉彬徽、彭浩、胡雅麗、劉祖信(1991)　　(編按:包山 153"佢疆")佢,讀如距,字亦作岠,《廣雅・釋詁一》:"岠,至也。"

《包山楚簡》頁 51

○何琳儀(1993)　　△原篆作汪,應釋"弡",其"弓"旁訛作"人"形,緣"疆"訛作璽 153 而類化。檢《玉篇》:"弡,疆勇也。""弡疆"應讀"距疆"。《莊子・漁父》"距陸而至",釋文:"距,至也。"

《江漢考古》1993-4,頁 61

○**湯餘惠**（1993）　　佢疆，154 簡皆作"執疆"，注 288："佢，讀爲岠，訓爲至。"今按兩簡的内容都是記載土地四至，與某人至疆，語意欠通。疑"佢"即《集韻》上"傑"的古文，"佢疆、執疆"猶言"際疆、接疆"，都是今語交界的意思。

《考古與文物》1993-2，頁 73

○**李零**（1994）　　簡文"巨"字或指渠[按：巨，原从人旁]，而"執"字含義不詳。

《王玉哲先生八十壽辰紀念文集》頁 103

○**劉樂賢**（1997）　　釋包山楚簡的"岠疆、執疆"

《包山楚簡》第 153、154 號講舍田，講田地的四至，是研究楚國土地制度的重要資料。其釋文爲：

　　□□之田，南與郊君岠疆，東與陵君岠疆，北與鄥邑岠疆，西與鄀君岠疆。

（中略）大家對這兩條簡文的大意的理解基本一致，但對"岠疆、執疆"的理解卻有些分歧。

（中略）"岠"字原作㣇形，從包山楚簡的書寫特點看，釋佢或岠都有可能。佢字不見於字書，岠見於《玉篇》，釋岠似更合適一些。不過，這大概是一個從巨得聲的字，釋爲佢或岠，都不會影響我們對文意的理解。現在要考慮的是，岠疆、執疆到底是什麼意思。在這個問題上，李零先生的意見值得注意。他在總結包山楚簡的有關案例時説：

　　上述案件涉及財産問題，用"舍"表示給予，"贖（鬻）"表示賣，"賈"表示買。講田産易手，講地界四至。這些内容可以同西周金文的描述做對比。如智鼎提到用匹馬束絲"贖（鬻）"五夫，裘衛等器講舍田、賈田和地界四至。大簋講王以睽里轉賜大，散氏盤和鬲攸从鼎講盟誓，都與這裏所述有相似之處。

受此啟發，我們將簡文對田地四至的描述和西周金文的相關内容做了比較，發現五祀衛鼎銘文和簡文所載相近。五祀衛鼎的有關内容是：

　　……迺舍寓（宇）于厥邑，厥逆（朔）疆眔厲田，厥東疆眔散田，厥南疆眔政父田，厥西疆眔厲田。

包山楚簡説舍田，金文説舍宇，田、宇都指土地田宅。睡虎地秦簡所載魏户律説："自今以來，叚（假）門逆呂（旅）、贅壻後父，勿令爲户，勿鼠（予）田宇。"睡虎地秦簡《日書》乙種："午失火，田宇多。"田宇連言，皆指田地居處。簡文用疆字表示田界，金文也用疆字表示田界。疆即畺，《説文解字》："畺，界也。"《禮記·曲禮下》："大夫私行，出疆必請，反必有獻。"孔疏："疆，界也。"

包山楚簡和金文的不同之處,是在描述土地的四至時使用了不同的句式。我們認爲,這兩種句式所表達的意思是相同的。下面不妨把金文的句式改换成楚簡的句式,以利比較:

逆(朔)與厲田眔疆,東與散田眔疆,南與散田眔政父田眔疆,西與厲田眔疆。

金文的"朔",指北方;眔即及,是"至"的意思。將金文和楚簡比較,可知簡文的"弡"和"執",應與金文的"眔"相當,也應是"至"的意思。上文已經提到,有人讀弡爲岠或距,以爲是"至"的意思。看來,這一意見是正確的。

執疆的執字,應以音近讀爲"至"。執爲緝部章紐字,至爲質部章紐字。執和至的古音雖然有些距離,但从執得聲的墊、摯、贄、鷙等皆質部章紐字,和至的讀音極近。古書中執或從執得聲的字,常可和至或从至得聲的字相通。如《詩·周南·關雎》鄭箋:"執之言至也。"《説文解字》:"墊,讀若至。"《書·西伯戡黎》:"大命不摯。"《史記·殷本紀》引作"大命胡不至"。《周禮·考工記·函人》鄭注:"摯之言致。"《周禮·考工記·弓人》鄭注:"摯之言至也。"這樣,執疆也是至疆的意思。

總之,楚簡中的弡疆、執疆應分别讀爲岠(或距)疆、至疆,都是至疆的意思。至疆,即今語到界之意。需要指出的是,簡文"南與郙君弡(或執)疆"云云,並不是説南與郙君其人至疆,而是説南與郙君之田至疆。

《第三届國際中國古文字學研討會論文》頁613—617

○**陳秉新**(1998) 簡190有弡字,釋文、字表隸定爲屖,無説。按:當隸定爲弡,《玉篇·弓部》:"弡,巨勿切(今讀jué),彊勇。"《字彙·弓部》:"弡,弓彊勇。"簡文用爲人名。

《南方文物》1998-3,頁59

○**陳偉**(2003) 拒,原作"佢",原釋文讀爲"居",李零先生讀爲"處"。似可讀爲"拒",爲至、到的意思。包山簡第153號記啻苴之田的四至説:"南與彔君佢疆,東與陵君佢疆,北與鄝昜佢疆,西與鄱君佢疆。"整理小組注釋説:"佢,讀如岠,字亦作岠。《廣雅·釋詁一》:'岠,至也。'"内容類似的包山簡第154號將"佢疆"寫作"執疆"。執,當讀爲"摯",亦爲至、到之義。由此可驗證包山簡整理小組對"佢"字的釋讀。在用作至、到一類意義上的从"巨"之字,通作"拒"或"距"。今取"拒"字。

《郭店竹書别釋》頁69—70

○**劉信芳**(2003) 攼:簡153作"弡",字从巨聲,文獻多作"矩"。巨爲測量工

具,《説文》:“巨,規巨也。”“歫田”猶言量田,測量所至,以之爲疆界,《漢書·
敘傳下》:“疆土踰矩。”簡文既述因“歫田”而引起訴訟,則是借量田爲名侵占
他人田界,與“畷田”類似,參簡 77 注。

　　歫:整理小組隸作“伬”,按字從弓,不從人,“歫”即規矩之矩的異體字,矩
本爲丈量工具,引申爲至,通作距。《尚書·益稷》:“予決九州(編按:當作“川”),
距四海,濬畎澮,距川。”孔氏《傳》:“距,至也。”《疏》:“距者,相抵之名,故爲
至也。”“距疆”猶言接壤,簡 154 作“執疆”,執、接音近義通,《詩·周頌·執
競》毛《傳》:“執,持也。”《廣雅·釋詁》:“接,持也。”從執得聲之“蟄”又作
“踅”,知執疆即接疆,今所謂接壤。

《包山楚簡解詁》頁 95、158

○張光裕(2007)　　(編按:上博六·用曰 13)“歫”,《玉篇》:“疆勇也。”

《上海博物館藏戰國楚竹書》(六)頁 300

△按　　如劉樂賢所説,包山楚簡此字“釋伬或歫都有可能”,這裏暫從整理者
釋作“伬”。“伬”讀作“距”或“岠、拒、距”皆可。《璽彙》2558“伬利”之“伬”
用作姓氏。

佯

佯 包山 5　　佯 包山 67

○劉彬徽、彭浩、胡雅麗、劉祖信(1991)　　(編按:包山 5)忹大敏(令)。
　　(編按:包山 67)大佯尹。

《包山楚簡》頁 17、21

○何琳儀(1993)　　△,原篆作佯,又見 25。應釋“佯”。《正字通》:“佯與丯
同。”“丯”旁參見“邦”作䢍 7,“毛”旁則作䋀 269、276、277,䋀 179、262。

《江漢考古》1993-4,頁 61

○何琳儀(1998)　　佯,從人,丯聲。《正字通》:“佯,與丯同。”
　　包山簡“佯尹”,官名。

《戰國古文字典》頁 432

○湯餘惠等(2001)　　(編按:包山 5、67)佯。

《戰國文字編》頁 562

○**劉信芳**（2003）　（編按：包山5）仛：

讀爲“頓”，《左傳》僖公二十三年：“楚成得臣帥師伐陳，討其貳於宋也。遂取焦、夷，城頓而還。”杜預《注》：“頓，國，今汝陰南頓縣。”簡文“仛”與“邠”（汾）連帶提及，二地相去未遠，“汾”在今河南許昌，“頓”在今河南項城，項城縣西南有南頓故城，於地望正合。或釋“仛”爲“佯”，按簡67另有“佯”字，字形略有差異。

《包山楚簡解詁》頁12

○**李守奎**（2003）　佯，見《廣韻·鍾韻》。

《楚文字編》頁497

△**按**　“佯”字从人，丰聲，“丰”旁與“屯、毛”皆有別。“佯”在包山簡中含義待考。

仵

陶彙6·18

―――――――――――――――――――――

○**陳偉武**（1995）　《陶彙》6·18作𢓜，未釋，《文字徵》第364頁入於附録。今按，首字不識，次字疑即仵字，《説文》所無。《玉篇》：“仵，偶敵也。”戰國文字人符每加飾筆，或點或短橫不拘，如《古璽彙編》中信字或作𣪊1954，又作𢼔5509，侯馬盟書伐字作𢓜。午字金文作𠂤（農卣）、𠂤（陳侯午錞），與陶文仵字所从相近。

《中山大學學報》1995-1，頁127

○**何琳儀**（1998）　𢓜陶彙六·一八

仵，从人，午聲。《玉篇》：“仵，偶敵也。”

晉陶仵，姓氏。楚公族有仵氏。見《路史》。

《戰國古文字典》頁509

○**徐在國**（2002）　三晉陶文有如下一字：S　𢓜陶彙6·18

《陶彙》缺釋。《陶徵》放入附録（364頁），《陶字》從之。或釋爲“□仵”。

按：我們懷疑此字應釋爲“敬”。戰國文字“敬”字或作：

𦥑璽彙5029　　𣪊同上5001　　𢼔同上4248

𣪊同上5045　　𣪊同上5016

並从“苟”从“攴”。“苟”又从𦥑、𦥑、𦥑，从𠂤、𠂤、𠂤（人）。S所从的“𦥑”，與𡉚、𡉚形體相近；所从的"𠂤"，陳偉武先生認爲是"人"，甚確。"𠂤"與《璽彙》5029"敬"字所从的"𠂉"形同。"𡉚"與"𠂤"應釋爲"苟"，只是"人"旁放到右邊，位置發生了移動。我們注意到古璽中"敬"字所从各偏旁位置有移動的現象，像上舉第三形即是如此。S 所从的"𠂤"與"午"形近，但在這裏似乎是"攴"旁的訛變，上舉"敬"字第四、五形所从的"攴"作𠂤、𠂤可爲證明。

　　如上所述，S 似應釋"敬"。與古璽單字"敬"性質相同，屬吉語璽。

《古文字研究》23，頁 117

仸

仸 近出 1235 守相信平君鈹

○**吳振武**（1997）　我們知道，戰國銘刻中的"人"旁常常作𠂉形，如趙鈹屢見的"邦左（或右）伐器"之"伐"所从的"人"旁即多如此作（**原注**：如《考古》1991 年第 1 期頁 58 圖一十七年相邦春平侯鈹。按這樣寫法的"人"旁如契刻時筆畫銜接不好，往往被研究者誤認爲"彳"旁）。本銘中"仸"字所从的"人"旁也同樣如此作（**原注**：仸字見於《玉篇》《廣韻》等書）。

《第三屆國際中國古文字學研討會論文集》頁 402

△**按**　"仸"字所从"人"旁作𠂉形，上部斜畫可看作飾筆或襯筆，就如古文字特別是戰國文字常見橫畫上增加短橫一樣。十六年守相信平君鈹"韓仸"之"仸"用作人名。

仮

仮 睡虎地·日乙 22 壹

○**睡簡整理小組**（1990）　生子年不可遠行，遠行不仮（返）。

《睡虎地秦墓竹簡》頁 231

○**張守中**（1994）　仮，通返。遠行不仮。

《睡虎地秦簡文字編》頁 129

○**湯餘惠等**（2001）　仮。

《戰國文字編》頁 568

△**按**　"仮"字从人，反聲。睡虎地秦簡"仮"讀爲"返"。

佟

 郭店・五行 32

○**荊門市博物館**(1998) （編按:郭店・五行 32"顔色侊［容］佟［貌］"）侊,讀作"容"。佟,从"爻"聲,讀作"貌"。

《郭店楚墓竹簡》頁 153

○**李守奎**(2003) 佟,讀貌。

《楚文字編》頁 497

△**按** "佟"字从人,爻聲,也可以看作"貌"的異體。

伣

 文物 1980-8,頁 17

○**尤仁德、田鳳嶺**(1980) 璽文伣字,从人从欠,即伣字。《説文解字》:"欠,張口气悟也。象气从人上出之形。"按伣字之灵,正象人張口出氣形,與《説文解字》所訓相合。（中略）《集韻》:"伣同欠。"

《文物》1980-8,頁 17

○**何琳儀**(1998) 伣,从人,欠聲。欠之繁文。《集韻》:"伣,同欠。"

古璽伣,人名。

《戰國古文字典》頁 1453

仅

 上博五・競建 4

△**按** "仅"字从人,父聲。

【**仅鳶**】

○**陳佩芬**(2005) （編按:上博五・競建 4"高宗命仅鳶"）"仅鳶"即"傅説",爲商代高宗賢相,初隱於傅巖,傅巖有澗水壞道,説故爲胥靡版築以供食。高宗夢説,求得之,與語,果賢,乃作《説命》三篇,號曰傅説,舉以爲相,國大治。

《上海博物館藏戰國楚竹書》(五)頁 171

伖

璽彙 5391

○何琳儀（1998）　伖。

《戰國古文字典》頁 1513

△按　"伖"字從人，殳聲，可看作服從的"服"的異體。《璽彙》"伖"爲單字
璽，性質不明。

伽

○陳佩芬（2005）　（編按：上博五·鮑叔 3"女耇伽之昌敬"）"伽"讀爲"加"，增加。此
句大意爲如果要增加祭品以表示敬重。

《上海博物館藏戰國楚竹書》（五）頁 184—185

估

○羅福頤等（1981）　（編按：璽彙 3495）帛生居。

《古璽彙編》頁 325

○何琳儀（1998）　估，從人，古聲。《玉篇》："估，估價也。"
　（編按：望山 2·5；見"居"字條）望山簡"估枭"，器皿，待考。

《戰國古文字典》頁 471

△按　"估"字從人，古聲。古璽"估"用作人名。

佐

　　　

　　　

○睡簡整理小組（1990）　（編按：答問 157"部佐匿者［諸］民田，者［諸］弗智［知］，當論不

當?")部佐,鄉部之佐,漢代稱鄉佐,《續漢書・百官志》:"又有鄉佐,屬鄉,主民,收賦税。"

《睡虎地秦墓竹簡》頁 130

○**高明、葛英會**(1991) （編按:《陶彙》5・384）佐,《説文》所無,《正韻》:"佐,輔也,貳也。"

《古陶文字徵》頁 19

○**黄留珠**(1997) 2.補充訂正《百官表》的缺誤。

　　《百官表》雖基本正確,但缺誤也不少,前人已多有補正,而新發現的秦封泥在這方面的功用尤爲突出。因限於篇幅,這裏僅舉兩則較典型的實例以資説明。

　　例一:對《百官表》"少府"條的補正。（中略）③"佐弋丞印"(48)封泥,證明《表》文"左弋"之"左"應爲簡寫之誤,《史記・秦始皇本紀》作"佐弋"是對的。

《西北大學學報》1997-1,頁 24

○**何琳儀**(1998) 佐,從人,左聲。《集韻》:"佐,輔也。"

　　秦陶"大田佐",官名。

《戰國古文字典》頁 877

○**湯餘惠等**(2001) 佐。

《戰國文字編》頁 563

△按 "佐"字從人,左聲,本義爲輔助。

佑

陶彙3・481　陶彙3・170　璽彙0053　璽彙0361　璽彙2748　陶彙3・171

○**羅福頤等**(1981) 《説文》所無,《玉篇》:"佑,助也。"

《古璽文編》頁 211

○**高明、葛英會**(1991) 《説文》所無,《玉篇》:"佑,助也。"

《古陶文字徵》頁 19

○**何琳儀**(1998) 佑,從人,右聲。《廣雅・釋詁》:"佑,助也。"

　　燕璽佑,讀右,疑地名後綴,如"隴右"。

《戰國古文字典》頁 11

○**湯餘惠等**（2001）　佑。

《戰國文字編》頁 563

△**按**　"佑"字從人,右聲,本義爲佑助。陶文"王佑、□□里佑"之"佑"皆用作人名。

侃

集成 4695 鄴陵君王子申豆　　上博四·内豊 4

○**何琳儀**（1998）　侃,從人,兄聲。疑兄之繁文。

鄴陵君豆"父侃",讀"父兄"。

《戰國古文字典》頁 622

○**李守奎**（2003）　兄字異體,兄部重見。

《楚文字編》頁 498

○**李朝遠**（2004）　古（故）爲人侃（兄）者,言人之侃（兄）之不能慈（慈）俤（弟）者,不與言人之俤（弟）不能承（承）侃（兄）者;古（故）爲人俤（弟）者,言人之俤（弟）之不能承（承）侃（兄）。

《上海博物館藏戰國楚竹書》（四）頁 223

△**按**　"侃"字從人從兄,兄亦聲。鄴陵君豆"父侃"和上博簡"人侃"之"侃"皆"兄"之繁文。

伵

陶彙 3·1090

○**高明、葛英會**（1991）　《説文》所無,《集韻》同伵。

《古陶文字徵》頁 24

○**何琳儀**（1998）　伵,從人,四聲。伵之異文。《集韻》:"伵,靜也。或作伵。"

齊陶伵,人名。

《戰國古文字典》頁 1285

△**按**　"伵"字可能是個從人四聲的字,與《集韻》"伵"字或體未必有關。陶文"伵"用作人名。

侳

璽彙 1337   璽彙 2793

燕下都 158·1

○**羅福頤等**(1981)　(編按:璽彙 1337、2820、4103)姓
璽文从人,與齊侯鎛同。

《古璽文編》頁 289

○**吳振武**(1983)　(編按:《璽彙》2793)□侳·□侳(姓)。

《古文字學論集》(初編)頁 510

○**何琳儀**(1998)　侳,从人,生聲。
燕璽、古璽侳,人名。

《戰國古文字典》頁 824

○**湯餘惠等**(2001)　侳,同姓。

《戰國文字編》頁 564

△按　"侳"字从人从生,生亦聲,爲"姓"字異體。璽彙 1337"衛侳"、2793"□侳"等之"侳"皆用作人名。

佤

湖南 24   上博三·周易 33   上博三·周易 33

○**湖南省博物館**(1991)　旦仳妃(藏)。

《湖南省博物館藏古璽印集》頁 5

○**何琳儀**(1998)　佤,从人,瓜聲。《集韻》:"佤,佤邪,離絶兒。"
古璽佤,人名。

《戰國古文字典》頁 480

(編按:璽彙 2323)佤

《戰國古文字典》頁 1528

○**濮茅左**(2003)　椺(睠)佤(孤)
"佤",亦通"乖"。《集韻》"佤,乖","不正也,或作華","佤邪離絶貌"。或讀爲"孤"。

《上海博物館藏戰國楚竹書》(三)頁 181

△按　"佤"字从人,瓜聲。所謂"旦仟"實應釋爲"皂佤",爲複姓"純狐"。

免

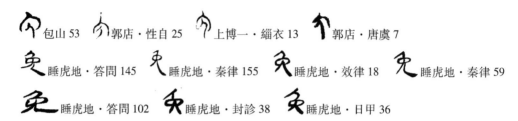

包山 53　　　郭店·性自 25　　　上博一·緇衣 13　　　郭店·唐虞 7

睡虎地·答問 145　　　睡虎地·秦律 155　　　睡虎地·效律 18　　　睡虎地·秦律 59

睡虎地·答問 102　　　睡虎地·封診 38　　　睡虎地·日甲 36

○**睡簡整理小組**(1990)　(**編按**:秦律 59"免隸臣妾、隸臣妾垣及爲它事與垣等者")免,疑即達到免老年齡。《漢舊儀》:"秦制二十爵,男子賜爵一級以上,有罪以減,年五十六免。無爵爲士伍,年六十乃免老。"隸臣妾也有免老的規定,見下。

(**編按**:封診 38"甲未賞[嘗]身免丙")身免,因某種原因親自解除其奴隸身份。《漢書·景武昭宣元成功臣表》載,蒲侯蘇夷吾,"鴻嘉三年,坐婢自贖爲民,後略以爲婢,免"。可參考。

《睡虎地秦墓竹簡》頁 34、154

○**荊門市博物館**(1998)　(**編按**:郭店·唐虞 7)孝,悬(仁)之免(冕)也。

免,包山楚簡中亦多見此字。在本句中,"免"借作"冕"。

(**編按**:郭店·性自 25)則免(勉)女(如)也。

免,簡文與三體石經古文"免"字同。

《郭店楚墓竹簡》頁 157、159、180、183

○**湯餘惠等**(2001)　免。

《戰國文字編》頁 568

○**陳佩芬**(2001)　(**編按**:上博一·緇衣 13"齊之己[以]型[刑],則民又[有]免心")《史記·樂書》"免席而請",張守節正義:"免猶避也。"郭店簡作𡥀。今本作"遜"。"遜"與"免"義近。

《上海博物館藏戰國楚竹書》(一)頁 189

【免老】

○**睡簡整理小組**(1990)　(**編按**:睡虎地·答問 103"免老告人以爲不孝")免老,六十歲以上老人。

《睡虎地秦墓竹簡》頁 117

△按　"免"字象人戴冠冕形,本義爲冕。郭店簡《唐虞之道》"孝,仁之免也","免"用本義;郭店簡《性自命出》"則免如也","免"讀作"勉"。睡虎地秦簡"免"意爲免除,上博簡《緇衣》"免心"之"免"意爲避、遯。包山簡"秀免"用作人名。

促

仰天湖 10

○**中大楚簡整理小組**(1977)　促。

《戰國楚簡研究》4,頁 8

【促羅】

○**郭若愚**(1994)　促爲疋字,通疏。《詩・大雅・召旻》:"彼疏斯粺。"箋:"疏,麤也,謂糲米也。"《禮記・禮器》:"犧尊疏布鼏。"疏:"疏,麤也。鼏,覆也。謂以麤布爲巾以覆尊也。"《禮記・喪大記》:"士疏食水飲。"孔疏:"疏,麤也。食,飯也。"《禮記・玉藻》:"客歠主人辭以疏。"注:"疏之言麤也。"按麤字今作粗。繻,即羅。仰天湖竹簡繁簡兩體均見者有"絥"之與"疋"、"繻"之與"組",及此"繻"之與"羅"等。《楚辭・招魂》:"羅幬張些。"注:"羅,綺屬也。"《釋名・釋采帛》:"羅,文羅疎也。""促繻之繛"謂以粗疏之綺所製之帶也。

《戰國楚簡文字編》頁 124—125

○**何琳儀**(1998)　促,從人,疋聲。疑偦之省文。《集韻》:"偦,疏也。"

　　仰天湖簡"促羅",讀"疏羅"。《釋名・釋采帛》:"羅,文疏羅也。"《管子・問》"大夫疏器甲兵",注:"疏,謂飾畫也。"

《戰國古文字典》頁 581

△按　"促"字從人,疋聲。簡文"促羅"讀作"疏羅",可從。《釋名》版本不同,似以何琳儀所引爲是。

仳

郭店・老乙 14

○**荆門市博物館**(1998)　大攷(巧)若仳(拙)。

《郭店楚墓竹簡》頁 118

○**湯餘惠等**(2001)　仳。

《戰國文字編》頁 563

○**李守奎**(2003)　《集韻·術韻》:"黜之或體。"簡文中讀屈。

《楚文字編》頁 497

△**按**　"仳"字从人,出聲,郭店簡用作"拙"。《説文》:"仳,拙也。从人,且聲。""仳"也可能本爲巧拙之"拙"而造,未必與"黜"有關。

佊

包山 163

○**何琳儀**(1998)　佊,从人,皮聲。《集韻》:"佊,《埤倉》邪也。"
　　包山簡佊,人名。

《戰國古文字典》頁 885

○**湯餘惠等**(2001)　佊。

《戰國文字編》頁 563

○**李守奎**(2003)　見《廣雅·釋詁三》。

《楚文字編》頁 497

△**按**　"佊"字从人,皮聲,包山簡用作人名。

佣

曾侯乙 212

○**裘錫圭、李家浩**(1989)　佣所□□六夫

　　從下文"柏奚二夫""桐奚一夫"看,"佣"當讀爲"俑"。《孟子·梁惠王上》"仲尼曰:始作俑者,其無後乎。爲其象人而用之也",趙岐注:"俑,偶人也。用之送死。"如此,以下二簡記的當是隨葬的俑。墓内僅出土一件木俑,可能簡文所記的俑埋在墓外陪葬坑内。

《曾侯乙墓》頁 530

○**何琳儀**(1998)　佣,从人,用聲。

隨縣簡佣,讀俑。《孟子・梁惠王》上"始作俑者,其無後乎。爲其象人而佣之也"注:"俑,偶人也。用之送死。"

《戰國古文字典》頁 422

○李守奎(2003)　佣。

《楚文字編》頁 497

△按　"佣"字从人,用聲,曾侯乙墓竹簡讀作"俑"。

㥜

包山 136　 包山 137　 包山 155

○劉彬徽、彭浩、胡雅麗、劉祖信(1991)　㥜。

《包山楚簡》頁 26、28

○袁國華(1993)　釋"㥜"

"㥜"見"包山楚簡"第 136 簡。《字表》隸定作"㥜","目"包山楚簡作 台 37,亦即"以"字;另外亦从"目"的"官"字,或作 台 5、或作 台 121,與"㥜"所从的"㔾"近似而稍有分別。"㥜"字《釋文》釋爲"㥜"是對的。西周金文,"官"字作 台 匍簋、台 師㷞父鼎;"宣"字作 台 虢季子白盤,而戰國文字"官"字作 台 平安君鼎、台 大梁鼎;"宣"字作 台 曾子仲宣鼎、台 石鼓文,由兩字的演化情形來看,西周金文的分別相當明顯,到了戰國文字則有的字形已露混同之勢。西周金文,"官""宣"二字的最大差別,是"㔾"的直畫出頭,"㔾"的直畫不出頭,因此要隸定"㥜"字時候,便要考慮此一大筆畫上的特徵。既然"㥜"字所从的"㔾"字不出頭,則"㔾"釋作"亘"的可信度便較高。

此外,由簡 131 至簡 139 的一件殺人事件的内容看,被告"㥜卯"的"㥜"字,除作 㥜 136 外,亦寫作 台 135 反,也寫作 㫄 182 與 㫄 134,同指一人,既然"㥜"字音同"趄"與"宣",則字所从之音亦應作"亘",方有諧聲的條件。因此,從字形與字音兩方面看,"㥜"字應隸定作"㥜",古屬心紐元韻,與"宣"音同。

《第二屆國際中國古文字學研討會論文集》頁 430—431

○何琳儀(1998)　㥜,从人,亘聲。

包山簡㥜,人名。

《戰國古文字典》頁 1051

△按　“恒”字从人,亘聲。包山簡 136、137“恒卯”用作姓氏。

佢

璽彙 3326

○羅福頤等(1981)　□臣。

　　　　　　　　　　　　　　　　　　　《古璽彙編》頁 311

○湯餘惠等(2001)　佢。

　　　　　　　　　　　　　　　　　　　《戰國文字編》頁 564

△按　“佢”字从人,臣聲,人、臣共用竪筆。《玉篇》人部:“佢,佢臣也。”《集韻》諫韻:“宦,或作佢,亦省。”古璽“佢”用作人名。“佢”爲“臣”字繁體的可能性也不能排除。

倈

璽彙 0195

○何琳儀(1998)　戠倈左敀。

　　　　　　　　　　　　　　　　　　　《戰國古文字典》頁 1540

△按　“倈”字从人,朿聲,古璽“戠倈”應爲地名。

侑

侯馬 1:40

○山西省文物工作委員會(1976)　敢不侑闢其腹心以事其宗。

　　　　　　　　　　　　　　　　　　　《侯馬盟書》頁 315

○何琳儀(1998)　侑,从人,有聲。“姷”之異文。《説文》:“姷,耦也。从女,有聲。讀若祐。侑,姷或从人。”

　　　侯馬盟書侑,讀姷。

　　　　　　　　　　　　　　　　　　　《戰國古文字典》頁 12

△按　“侑”字从人,有聲,在《説文》中是“姷”字異體。盟書“侑”或可讀作“醢”。

佺　全

集成 158 屬羌鐘

包山 170

○**劉節**(1931)　佺鐘作佺,从人从至,《説文》所無。佺即騶吾,《詩》所謂騶虞也。《海内北經》:"林氏之國有珍獸,大若虎,五采畢具,尾長於身,名曰騶吾。"郭璞曰:"大傳謂之佺獸。"(《太平御覽》八百九十引作怪獸,乃淺人不解字義妄改)佺、騶,實雙聲字也。《説文》:"虞即騶虞。"晉有虞虢二邑,其後又有鮮虞。鮮虞,即羌虞。《詩・皇矣》"度其鮮原",亦即羌原。《書大傳》:"西方者,鮮方也。"足證虞實戎羌之民。《左傳・襄公四年》:"魏絳曰:戎,禽獸也。獲戎失華,無乃不可乎!"晉人謂之騶虞者,實與驪戎同,皆以禽獸之名稱異族也。戎氏善養馬,故御馬者謂之騶從,其官曰騶虞。《左傳・成公十八年》:"晉悼公即位,程鄭爲乘馬御。六騶屬焉。使訓群騶知禮。"騶,即佺。群騶,即武佺。孔武有力,故曰:"武佺恃力。"晉人與戎羌交涉最多,《左傳・襄公十四年》戎人答范宣子曰:"自是以來! 晉之百役,與我諸戎相繼於時。"諸戎,即驪,騶之屬。

　　　　《古史考存》頁 91—92,1958;原載《國立北平圖書館館刊》5 卷 6 號

○**唐蘭**(1932)　佺,《説文》所無。《廣雅・釋詁》:"堅也。"按當與《説文》之鋈字義同。"鋈,忿戾也",或作怪,《廣雅・釋詁》:"很也。"皆勇很之意也。

　　《唐蘭先生金文論集》頁 3—4,1995;原載《國立北平圖書館館集》6 卷 1 號

○**徐中舒**(1932)　佺與致同,至也。武致,武之至也。武之至曰武致,工之至曰工致,堅之至曰堅致,精之至曰精致,皆成語也。

　　　　《徐中舒歷史論文選輯》頁 215,1998;原載史語所排印本

○**湯餘惠**(1993)　佺,堅定。

《戰國銘文選》頁 11

○**何琳儀**(1998)　佺,从人,至聲。《廣韻》:"佺,堅也。"

　　包山簡"佺命",讀"致命"。見至字。

《戰國古文字典》頁 1086

○**湯餘惠等**(2001)　佺。

《戰國文字編》頁 564

○**李守奎**（2003）　圣　《玉篇》人部有侄字。

《楚文字編》頁 498

△**按**　“侄”字从人，至聲，或作上下重疊形。包山簡“侄命”可讀“致命”；屬羌鐘“侄”字到底如何解釋仍有待研究。

蚰

新蔡甲三 251

○**賈連敏**（2003）　蚰。

《新蔡葛陵楚墓》頁 196

△**按**　“蚰”字从人从虫。葛陵簡“亓（其）國（域）之寢蚰麕苜☐”之“蚰”待考。

缶

陶彙 3・778

○**何琳儀**（1998）　缶。

《戰國古文字典》頁 1518

△**按**　“缶”字當从人，缶聲。《陶彙》3・778“缶俖”之“缶”似用作姓氏，待考。

佯

璽彙 2726

○**羅福頤等**（1981）　《說文》所無。《玉篇》：“佯，詐也。”《博雅》云：“弱也。”

《古璽文編》頁 212

○**何琳儀**（1998）　佯，从人，羊聲。《廣韻》：“佯，詐也。”
　　晉璽佯，人名。

《戰國古文字典》頁 672

○**湯餘惠等**（2001）　佯。

《戰國文字編》頁 564

△按 "佯"字从人,羊聲,《璽彙》2726 祝佯之"佯"用作人名。

俉

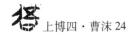
上博四·曹沫 24

○**李零**(2004) （編按:上博四·曹沫 24"車閒容俉▄[伍,伍]閒容兵"）讀"伍",古代軍隊編制的最低一級,由五人而編成。

《上海博物館藏戰國楚竹書》(四) 頁 258

△按 "俉"字从人,吾聲,上博簡讀作編伍之"伍"。

侚

集成 9640 東周左官壺　度量衡附 8 金村銅鈁　集成 9590 廚宮左官方壺

○**黃盛璋**(1981) （四）關於左侚、右侚:

"侚"字舊不能識,或誤釋爲"飲"字,其實此字乃"官曹"之"曹"字,官吏辦事之處稱曹,分曹辦理官務,各曹之官,後亦稱爲某曹,古既有左官、右官,即有左、右曹,爲左、右官辦公居住之處,東周銘刻中之左、右侚,正與左、右官相應,此字乃秦漢文字體系以外的東周文特有的寫法,拙著《試論戰國秦漢銘刻中"侚、酉、茜"及其相關問題》已有詳細論證,文繁不録,今僅述其結論如上。"侚(編按:當作"禮")公左、右官、公朱左、右官","公"爲"宫"字,"自"爲"官"字之簡寫,而左、右侚(曹)即左、右官辦事之處,銘文前後彼此皆相符合。討論至此,全皆落實。從而可以互證,皆能站得住腳。

《中原文物》1981-4,頁 46

○**黃盛璋**(1983) 侚不但分左侚、右侚,還有左內侚、右內侚。內指宫內,內外之分,就是爲區別宫庭與一般政府官府,所以外侚不見,僅見內侚,稱內因宫內特殊或特設,一般政府的曹都在外。但侚皆分左右,它和官府的關係及其功能、性質,就更加明白了。

"侚"從人旁而"酉"爲聲旁,"酉"古音屬幽部以母字,幽部字中與之音近並且可與"侚"字各條吻合,銘文全皆豁然貫通的,就是"曹"字,形、音、義都能落實,論證如下:

（一）"曹"甲文作"棘"(後上 15),"棘"(前 2·55)加"曰"應爲後起。初

僅有棘,加曰爲轌。以後演變又有轌、轊、曺、曺等,現在的"曹"字乃是從轌形簡併而成,《説文》:"轌,獄兩曹也,从棘在廷東也,从曰治事者也。"曹爲官吏治事之閒,官分左右,故曹亦分左右,以方位分則曰東西。段玉裁解爲被告之兩造,從二東下文明有"治事者",故知其非是。《説文》東部"棘、曹"從此,此字原甲文原爲"曹"字初文。棘之音義許慎已經不明。而東从木,或爲兩楝字相對,會意而非形聲。上述各條與"㑃"皆合,㑃屬於官府之下,它分左右,又分内外,下並没有領屬機構,只有官府中官吏治事二曹才能講通。

　　(二)曹古音與西同部,从"曹"之字可从"酉"作,今舉"糟"字爲例:(1)《説文》"糟,从米,轌聲,轌,籀文从西";(2)《一切經音義》卷三"糟,籀文作醩同";(3)《周禮・酒正》"三曰糟",注:"糟音聲與醮相似……記之各異耳。"《儀禮・士冠禮》"重醴清糟",《釋文》:"糟,劉本作醮。"(4)據下文(三)(四)兩節所考,"酉府"壺與江陵漢墓遺册均以"酉"爲"糟"。由於"轌"筆畫繁多,書寫較難,轌省併爲"曹"。正由於此,爲取簡便,早期皆以酉代轌,看來很早就已成書寫習慣,社會通行,人所皆知,至少戰國已是如此,以上所引"糟"字从"酉"諸體,大抵皆秦文字系統以外,秦始皇統一文字後遣爲異體(編按:原文如此,當有誤)。其中"醮"字,尚見《漢簡》成因簡便,幸存至隋唐。金村器銘以"㑃"代曹,理正與上無異,曹爲官吏所居。所以另加個人旁,並符合當時社會:一方面與"酉"字區别,另一方面表示爲人所居處之處,它符合當時字音對應與字形替换之習慣,因此能够理解。

　　(三)官"曹"之"曹",漢初尚用"糟"字,見於右糟鍾:

　　　十五年大官容八斗,重一鈞,第五百四十二,右糟。

　　　今元年右糟第三百一十,重一鈞容八斗。　　　　　　《漢金文録》2.5

稱"十五年"與"元年"不用年號,必在漢武帝建立年號即建元以前,有十五年者只有漢文帝,文帝前元十六年後,改爲後元,此十五年應爲文帝前元十五年(公元前 165 年),今元年則爲後元元年(前 163 年)。右糟即右曹,《史記・殷本紀》"曹圉",《索隱》引《係(編按:當作"系")本》作"糟圉",也假"糟"爲"曹","右糟"在大官後,即大官右曹,滿城漢中山墓出土大官鍾,大官後也有"糟"字,銘云:

　　　楚大官糟容一石□並重二鈞八斤十兩

　　　第一　　　　　　　　　　　　　　　(《河北省出土文物選集》212)

此"糟"亦即"曹",不僅有上大官右糟可證,同出器銘還有"中山内府、長信尚裕、長樂飲官、常山食官"等,皆用器之處之官府。所以糟亦必表大官辦事官

府之曹,官曹之"曹"不僅用"糟",並且有改从"人"旁,所見有西粝鐘:

西粝:容一鈞廿四斤,百一十九,今一鈞廿六斤,重五十七斤

《漢金文録》220

"粝"舊不能識,其實也當是"糟"字,由於左旁所从之曹當時還寫作轡,過於繁複,簡寫从"人",看來和"佪"字加人旁,同一取義,西粝即西曹,曹分左右,也可以用方位取名東西,《漢書・丙吉傳》:"西曹主吏白欲斥之。""東曹案邊長史。"時丙吉爲丞相,漢時王公皆有東西曹。"曹"除秦篆"轡"字外,上引諸例,皆簡从"酉",而尤以"酒"字流行最長,社會通行已久,而又與"佪"形、音皆近。以"酉"代"轡",當時已經明用,唯一創造在於加"人"於"酉"以示官曹之意,聲與"曹"同,而義則由"人"顯出,於形、音、義都有著落、來源。

金村器銘的"佪",全部皆與"曹"字吻合。茲結合上述"佪"字各項條件,闡明如下:

(一)官府設曹,主要是因官分左右、分工管理,其辦事之處當然亦分左右,即曹。所屬官吏聚處於一曹,職權管轄、機構隸屬、事情分工與處理等等,當然即依曹而分,最初僅以表地,後亦表官。金村器銘的"佪"正分左、右,並與職官左、右相應。東周左官佪壺乃左官左佪之略,連文可省,分開則不能省,故兩徵公(宮)左官壺,左佪與左官相應,但"左"字不省,徵公(宮)右官右佪雖未見,但徵公(宮)右官鼎見《尊古齋金石集》,而徵公(宮)左、右私官皆有。必有右佪,有待發現驗證。

(二)曹上隸於府,其下又有管屬機構與人員。金村器銘之左導工、右導工正是屬於中府左佪與右佪,左、右亦相對應。左導工有治,管隸左佪管轄。凡此皆與"曹"的條件完全吻合。

(三)徵公(宮)左官就是徵公(宮)左私官。朱德熙、裘錫全(編按:當作"圭")同志考證私官爲皇后飤(食)官。我們已進一步論證:私官掌中宮各事,包括皇后、太后飲食起居及各種私事,另有飤官,兩官並非一職,但私官確爲中宮(皇后、太后之宮)之官。漢代稱中宮私官或中私官,其治事之處亦稱中私府,有中私府鍾(《漢金》2.5)可證,下當設曹治事。此秦漢之制,當來自戰國,徵公(宮)有左、右私官,左官左佪,即左私官所居之曹,右私官當亦如是。至於左右內佪,當設於宮內,可能即屬於徵公。漢有內朝外朝,內佪也可能屬於內朝。傳世有王後(編按:當作"后")左相室鼎(詳後)。當皆爲後宮中官吏辦事之曹。

"佪"字確定爲"曹"字後,進一步應解決國別和年代問題。(中略)金村八

墓最後一王墓當爲赧王墓,廿九年爲赧王年號。其餘有"佲"字諸器。當亦屬赧王時代或其前不遠,因往後,周王室器物就不能葬於金村了。

《古文字研究》10,頁 227—231

○**李學勤**(1982)　"佲"字舊釋"飲",但壺銘或云"左佲",或云"右内佲",讀"飲"不很通順。查商周"酒"字多作"酉",此字從"人""酉"聲,疑即"酒"字。左右酒或左右内酒,是《周禮》酒正、酒人之類酒官,方壺係其貯酒用的器具。

《新出青銅器研究》頁 304,1990;
原載《四川大學學報叢刊 10・古文字研究論文集》

○**何琳儀**(1998)　佲,從人,酉聲。佋之省文。《廣韻》:"佋,侍也。"

　　周金佲,讀佋,近侍小官。或讀曹。《禮記・内則》"稻粱清糟",《周禮・天官・酒正》注引糟作藫。是其佐證。曹,官曹。

《戰國古文字典》頁 211

○**湯餘惠等**(2001)　佲。

《戰國文字編》頁 564

△**按**　"佲"字從人,酉聲,廿九年左官壺"左自佲"和左内佲壺"左内佲"等之"佲"當以讀作"曹"爲是。

侄

陶彙 3・912

○**何琳儀**(1998)　侄,從人,𡉈聲。《廣韻》:"侄,急也。"

　　齊陶侄,人名。

《戰國古文字典》頁 785

△**按**　"侄"字從人,𡉈聲,陶文用作人名。

俁

璽彙 5687

○**何琳儀**(1998)　俁,從人,吴聲。

　　齊璽俁,人名。

《戰國古文字典》頁 925

△按　"俣"字从人,吴聲。《璽彙》5687"公孫俣"之"俣"用作人名。

佶

佶 包山 16　　俉 包山 170　　佶 上博二・容成 31　　[圖] 集成 02480 鑄客鼎

[圖] 璽彙 2550　　佶 集成 11251 陳𥅏戟

○**湯餘惠**(1983)　銘文第三字舊釋爲"偖",誤。細審此篆的右旁應是"告",戰國楚文字的"告"或作:

告 鄦陵君銅豆之一,𠭇字所从　　告 郊並果戈,𠭇字所从　　告 鄦陵君銅鑑,𠭇字所从

構形都跟此篆告旁相近,可以爲證。戰國楚文字的"告"的寫法頗像後世隸書的𦱀(者),所以前人誤以此篆右旁从"者"是不足爲怪的,但隸書者字下方从"甘"不从"口",此殆兩者之大別。更何況如釋爲"偖"銘文則難以讀通。我們認爲這個字應是"佶",《集韻》:"佶,同嚳。"《史記・五帝本紀》正義引《帝王紀》"佶母無聞焉",以佶爲帝嚳字,由此推之;佶字肯定是从人,告聲。"佶、嚳"同諧告聲故得通假。"佶",銘文讀爲"造"。

《古文字論集》1,頁 62

○**黃盛璋**(1988)　第二行開首報導釋爲"之造"二字,凡多"之"行字時代皆較早,但細察摹本仍爲"造"字。

《文博》1988-6,頁 45

○**李仲操**(1989)　第二行頭一字殘畫作"𧗵",所占字距約當第一行"廿六"兩字的距離。故有人釋"之造"二字。但細審字形,似覺釋爲造字,則筆畫略可齊備。總之,無論釋"造"或"之造",均不影響文意,更不影響戈的時代。

《文博》1989-1,頁 51

○**何琳儀**(1998)　佶,从人,告聲。嚳之異文。《集韻》:"嚳,或作佶。"《管子・侈靡》"佶堯之時",注:"佶,帝佶也。"

晉璽佶,姓氏。疑讀郜或告。告氏,文王之後,與郜同。見《路史》。

腏鼎佶,讀造。楚器"佶賸",讀"造府"。包山簡"新佶",讀"新造",官名。包山簡"佶室",讀"造室",疑與"造府"相似。

《戰國古文字典》頁 171

(編按:鑄客鼎)《說文》:"伸,不屈也(編按:當作"屈伸")。从人,申聲。"

鑄客爲集腏鼎伸,讀胂。《説文》:"胂,夾脊肉也。从肉,申聲。"

《戰國古文字典》頁 1119

○**湯餘惠等**(2001)　　佶。

《戰國文字編》頁 564

○**李零**(2002)　(編按:上博二·容成氏"方爲三佶")"佶"疑讀爲"調"。上文是講十二律,這裏似乎是説以十二律分屬四方,每方各爲三調,即下文所述。

《上海博物館藏戰國楚竹書》(二)頁 275

○**李守奎**(2003)　　佶,見《玉篇·人部》。

《楚文字編》頁 498

○**蘇建洲**(2003)　　佶:《玉篇·人部》:"佶,或嚳字。"《史記·五帝本紀》"帝嚳",《正義》引《帝王世紀》"佶"作"嚳"。但簡文的"佶"顯然不作如此用法,不知是否與甲骨文的"某告"有關? 黃錫全先生以爲"告"有"示"義。二告、小告之告似爲"示"義(黃錫全先生《"告"、"吉"辨》,《古文字論叢》26—27頁)。而《史記·殷本紀》"作《帝誥》",《索隱》:"誥一作佶。"所以"誥、佶"可通。"誥"正有"示"義,如《尚書·序》"雅誥奧義",《釋文》:"誥,示也。"可與黃氏之説對應。

《〈上海博物館藏戰國楚竹書(二)〉讀本》頁 157

○**王輝**(2004)　　《容成氏》簡 30—32:"舜乃欲會天地之氣而聽用之。乃立𩂃(質)以爲樂正。𩂃(質)既受命,作爲六律……方爲三佶。救(求)聲之紀:東方爲三佶,西方爲三佶,南方爲三佶,北方爲三佶。以匰於溪谷,濟於廣川,高山登,蓁林入焉以行正。"

　　救字從徐在國釋。佶疑讀爲造。《呂氏春秋·古樂》列舉了周文王、武王、成王所作古樂之後,總結説:"故樂之所由來者尚矣,非獨爲一世之所造也。"又《音初》:"(孔甲)乃作爲《破斧之歌》,實始爲東音。(壁山氏之女)實始作爲南音。(整甲)徙宅西河,猶思故處,實始作爲西音……有義氏有二佚女……實始作爲北音。"造、作義近,"作爲"四方音,即造四方之音。

《古文字研究》25,頁 319—320

【佶辻尹】

○**何琳儀**(1999)　　"佶迅尹",《包山楚簡》16 作"新佶迅尹"。"佶迅"讀"篦訊",疑楚國司法之職官。留俟後考。

《安徽史學》1999-4,頁 16

【佶斫】

○**劉信芳**（2003）　佶斫：

又見簡 187，疑是職官名，讀"造斫"。《爾雅・釋器》："斫斸謂之定。"《説文》："斫，斫斸，所以斫也。"

《包山楚簡解詁》頁 196

【佶陵君】

○**劉信芳**（2003）　楚國封君，疑其封地在召陵，佶字從人告聲，讀爲"召"，召、告古音近義通，《離騷》："詔西皇使涉予。"王逸《章句》："詔，告也。"《禮記・檀弓下》："不以詔。"鄭玄《注》："詔，告也。"朱駿聲《説文通訓定聲》"詔"字注云："《周禮》諸職凡言詔者。皆下告上之辭……《周禮》職各注皆以告訓詔。此以正字釋借字也。"其説極是，《春秋》僖公四年："楚屈完來盟于師，盟于召陵。"杜預《注》："召陵，穎（編按：當作"潁"）川召陵縣也。"《水經注・穎（編按：當作"潁"）水》："東南逕召陵縣故城南。《春秋左傳》僖公四年，齊桓公師于召陵，責楚貢不入，即此處也。"楊守敬《疏》："在今偃城縣東四十五里。"

《包山楚簡解詁》頁 174—175

【佶楮】

○**劉信芳**（2003）　讀爲"造楮"。《説文》："堵，垣也，五版爲堵。"古時築城用板，故字或從木作。"造楮"應是負責築城的官署。

《包山楚簡解詁》頁 152

【佶暖】

○**劉信芳**（2003）　官署名。簡文中以"佶"爲名之一系職官至爲複雜，謹録如次：

新佶：簡 16、15 反"新佶辻尹"，149"新佶一邑"，174"新佶辻"。曾 150"新賠（造）尹"，174"新賠（造）人"。傳世楚國兵器有"郆之新郜（造）戈"（《商周金文録遺》560）。"新佶（造）"是官署名，其職官有新佶辻尹、新佶辻、新賠尹等。頌簋銘文云："監司新造賈用宮御。"知西周時已有"新造"。

佶：簡 149"佶楮一邑"，該"造楮"是楚國徵收"關金"（即關税）的對象。以"佶"爲名之職官有：簡 146"佶辻六令"，166、179、185、186"佶辻"，169、178"佶大辻"，172"大佶辻"。

佶戡：簡 91"佶大戡"，167"佶戡"，180"宀佶戡"，參簡 3 注。

佶笑笑公：簡 99。

佶儵：簡 166。

佫斫：簡 169、187。

佫庲：簡 189。

凡此以“佫”爲名之官府、職官爲楚官之一大系，多於史無徵。“佫”讀“造”應無問題，諸官應是周官冬官司空之屬。

《包山楚簡解詁》頁 54—55

【佫賡】

○**羅福頤等**（1981）　（編按：《璽彙》“姓名私璽”2550）□賡。

《古璽彙編》頁 246

○**吳振武**（1983）　（編按：《璽彙》2550）**𬤊**賡·佫（造）賡（府）。

《古文字學論集》（初編）頁 508

○**郝本性**（1987）　壽縣曾出土一枚戰國銅璽，上有陰文的“佫𬤊”二字（徐乃昌《安徽通志·金石古物考稿》卷十六 34 頁著録）。另有一戟，其出土地不詳，上有銘文爲“陞（陳）𣅏戈= （之歲合文）佫賡之戟”（于省吾《商周金文録遺》578 頁）。此戟府字上部稍殘泐。上述府前面的佫字與佫字，舊均不識。此字從人從告爲佫，即造字的變體。造字的變體甚多。《説文》載造字的古文作艁，有羊角戈、郑大司馬戟、滕侯耆戈上的造字證明從舟從告，確爲造字。頌鼎和頌簋造字又作𥨥，邦造鼎作䢍，戨戈作造，秦子戈作𥦰；宋公差戈、不易戈及古陶文造字又作賠；新鄭出土韓國銅兵器的造字作散；曹公子戈、陳𠨖戈造作錯，造字從人作佫，應是楚國一種特定的寫法。但佫字的告上把屮寫成屰，卻是齊、杞、邾、莒、薛、鑄、魯等山東諸國文字的習慣寫法。在那裏凡從耂偏旁的字，往往寫作耂，如壽字寫作𡻕（齊侯壺）、孝字作𡥈（陳侯午錞）、老字作𦒍（夆叔匜）。因爲山東部分地方在戰國時曾歸楚國統轄，考烈王七年（公元前 256 年），楚曾滅魯，山東的特定文字寫法，或許是出自魯國工人之手筆。此戟的歲字爲楚國文字寫法。楚王畲朏諸器銘和鄂君啟節的歲都如此，是從月的。而與山東齊國的“某某立事歲”的歲字不同。並且據楚鎬銘“秦客王子齊之歲”的文例，此戟應爲楚戟。

《三代吉金文存》卷三 12 頁上，著録一脰鼎（舊稱**脀**所鼎）。該鼎銘文爲“脰所佫（造）□鼎，中𥝩（廩）”。此鼎的出土地不詳，然而從其形制與銘文可斷定爲楚器。脰字與楚王畲忑鐈鼎上的脰字寫法相同。𥝩爲膴字（説詳拙文《壽縣楚器集脰諸銘考釋》，《古文字研究》第十輯 208 頁），中膴，可讀作中廩，表明該鼎的置用場所。而銘文的造字作佫，從文例與字形均可證此字爲造字的變體。

　　造府銅璽出土於壽縣,造府又多見於楚器銘文,而且時代均爲戰國晚期。壽縣在當時是楚國最後一個國都所在地,可見造府也必定是楚國國都中的一個重要的機構。

　　《三代吉金文存》卷三 12 頁上還著録一造府鼎(舊稱之左鼎),《商周彝器通考》下册圖 102 曾著録其圖象。它與膡鼎造形相同,雖不詳其出土地,也可以肯定爲楚器。其銘文爲"偌贋(府)之右㕚(冶)□盛"。第一字雖已殘剩下半部,依其字迹,仍可以斷定爲偌,即造。最後爲冶人名字。不過,值得注意的是造府下有冶鑄機構,而且至少有二個,既有右冶,當有左冶。由此可見造府下面設有左、右冶,負責鑄造之事。

《楚文化研究論集》1,頁 316—318

○**王輝**(1987)　　楚又有造府。上海博物館藏一印,印文"釣贋之鉩",首字湯餘惠先生釋㪔(造)。造府之㪔又作偌,《商周金文録遺》578 著録一戟,銘:"陳旺(旺)戠(之歲)。偌(偌或釋寺)贋之戠(戟)。"造府可能是職掌製造與貯藏的機構。(中略)

　　更值得注意的是楚有偌府。偌(㪔同)爲製造之意。五年吕不韋戈銘:"五年相邦吕不韋造。"造乃監造。文獻記載秦爵名有上造、少上造、大上造,大上造出土器物銘文又作大良造。上與良同義,良造即善於製造。造字戰國文字形體很多,或從戈作戜(高密戈),或從貝作賘(宋公欒戈),或從金作鋯(曹公子戈),然皆爲製造義。楚器郙陵君鑒銘文:"郙陵君王子申,攸(修)鎀(兹)㪔金監(鑒)。"

《中國考古學研究論集》頁 348、353

△**按**　《説文》辵部:"造,就也。從辵,告聲。譚長説:造,上士也。艁,古文造從舟。""偌"可讀作"造",也可以看作古文"艁"的異體,"艁"從"舟"從製造對象著眼,而"偌"從"人"是從製造主體著眼。或説"偌"爲官署,疑讀爲曹(李守奎、賈連翔、馬楠《包山楚簡文字全編》347 頁,上海古籍出版社 2012 年)。

偌　偍

偌　上博六·季桓 8

偍　上博六·季桓 7

○**濮茅左**（2007） （**編按**：上博六·季桓 7“觀俘不求”）“俘”，《玉篇》：“俘，火交切，大皃。”

（**編按**：上博六·季桓 8）敎（親）又（有）易俖（佼）也　“俖”，从“口”或可省，同“佼”字。从“爻”與从“交”通，如《集韻》：“較，或从爻。”《集韻》：“佼，庸人之敏，謂之佼。”（**中略**）“佼”，或讀爲“教”。疑而賜教，導愚引惑，爲庸人之敏，非仁人之教。

《上海博物館藏戰國楚竹書》（六）頁 206、207

俤

包山 227 九店 56·25 上博二·民之 1 上博二·昔者 1
上博二·昔者 1 上博四·逸詩·交交 1 上博四·内豊 4 上博四·内豊 10

○**何琳儀**（1998） 俤，从人，弟聲。

包山簡“兄俤”，讀“兄弟”。

《戰國古文字典》頁 1241

○**李家浩**（1999） （**編按**：九店 56·25“生子，無俤，如有俤，必死”）“無俤”，秦簡《日書》甲種楚除結日占辭作“毋弟”。“俤”从“人”从“弟”聲，當是兄弟之“弟”的專字。包山楚墓竹簡二二七號：“嬰禱兄（兄）俤（弟）無後者：卲良、卲乘、卲䣕（貉）公各冢豕、酉（酒）飤（食），蒿之。”此“俤”字也用爲兄弟之“弟”。“女又俤”，秦簡《日書》甲種楚除結日占辭作“有弟”，其上無“女（如）”字。

《九店楚簡》頁 79

○**湯餘惠等**（2001） 俤。

《戰國文字編》頁 564

○**濮茅左**（2002） 《詒》曰：“幾俤君子，民之父母。”

“俤”，《説文》所無，讀爲“弟”。《包山楚簡》“兄俤無後者”（第二十七簡），“兄俤”讀爲“兄弟”。《禮記·孔子閒居》鄭玄注：“弟，本又作悌。”“幾俤”，同“豈弟、凱弟、愷弟、愷悌”等。《詩》本作“豈弟”，《左傳·僖公十二年》所引《詩》即作“愷悌”。凱者喜，樂之所由生；悌者順，禮之所由生，愷悌出於君子之德性。

《上海博物館藏戰國楚竹書》（二）頁 155

○**陳佩芬**（2002） （**編按**：上博二·昔者 1）君之母俤（弟）是相

國君之母弟爲太子入宮朝君的佑導。

《上海博物館藏戰國楚竹書》(二)頁 242

○**李守奎**(2003) 俤,兄弟之弟。

《楚文字編》頁 499

○**馬承源**(2004) 戲俤君子

"戲"疑"剴"之或體。"戲俤",通作"愷悌"或"豈弟"。《詩》中數見"豈弟君子"。《小雅·南有嘉魚之什·湛露》:"其桐其椅,其實離離。豈弟君子,莫不令儀。"《甫田之什·青蠅》:"營營青蠅,止于樊。豈弟君子,無信讒言。"《大雅·文王之什·旱麓》:"豈弟君子,干禄豈弟","豈弟君子,福禄攸降","豈弟君子,遐不作人","豈弟君子,神所勞矣","豈弟君子,求福不回"。在《詩》中,"豈弟"常用作對君子的美稱:豈,樂;弟,易:即和樂平易的君子。《爾雅·釋言》"愷悌",郭璞注:"詩曰齊子愷悌。"《詩·齊風·載驅》作"齊子豈弟"。同一辭有"戲俤、豈弟、愷悌"等不盡相同的寫法。

《上海博物館藏戰國楚竹書》(四)頁 174

△**按** "俤"字從人從弟,弟亦聲,楚簡"俤"爲兄弟之"弟"的專字。

俍 臭

郭店·尊德 21

○**裘錫圭**(1998) 羕心於子俍

此句疑讀爲"養心於子諒"。《禮記·樂記》:"致樂以治心,則易直子諒之心油然生矣。易直子諒之心生則樂,樂則安,安則久,久則天,天則神。"其文亦見《禮記·祭義》。子諒,《韓詩外傳》作"慈良",《禮記·喪服四制》亦有"慈良"。

《郭店楚墓竹簡》頁 175

○**湯餘惠等**(2001) 俍。

《戰國文字編》頁 564

○**李守奎**(2003) 臭

《廣韻·蕩韻》有俍字。

《楚文字編》頁 499

△**按** "俍"字從人,良聲,簡文"子俍"當讀作"慈良"。

佽

璽彙 0331

○**何琳儀**（1998）　佽。

《戰國古文字典》頁 1555

△按　"佽"字从人，尾聲，《璽彙》0331"姊佽鈇"之"佽"或可讀作"妹"。

俚

集成 10297 郊陵君鑑　　俚包山 35

○**吳振武**（1982）　甲骨文兄字作𠙶，象形。金文兄字既作𠙶又作𣎆，如《王孫鐘》等器"用樂嘉賓父𣎆（兄）"即作𣎆。作者是在𠙶上加注音符"生"。在戰國文字中"生"字作爲音符可代"兄"，新出的楚《郊陲君》三器中，豆銘"以會父兄"之兄作𪾢，鑑銘"以會父兄"之兄作𪾢，是其證（《文物》1980 年 8 期）。

《吉林大學研究生論文集刊》1982-1，頁 51

○**何琳儀**（1998）　俚，从人，坒聲。徍之省文。《正字通》："俚，徍字之訛。"《説文》："徍，遠行也。从人，狂聲。"

郊陵君器俚，讀兄。參𨜩字。包山簡俚，疑讀狂，姓氏。宋後有狂氏。見《路史》。

《戰國古文字典》頁 632

○**湯餘惠等**（2001）　俚。

《戰國文字編》頁 566

○**李守奎**（2003）　郊陵君鑑之俚與倪異文，當是兄字異體。

《楚文字編》頁 498

△按　郊陵君鑑"吕會父俚"之"俚"爲"兄"字異體；包山簡"俚得"之"俚"用作姓氏。

佝

佝上博五·鮑叔 2　　佝上博五·鮑叔 2

○陳佩芬（2005） 迥佝者 “佝”，《説文·人部》：“佝瞀也，从人，句聲。”段玉裁注：“其義皆謂愚蒙也。”《集韻》：“僂，僂佝，短醜。”“迥佝”，疑爲“佝僂”，一作“痀僂”，骨軟症，主要症狀是雞胸、駝背等，終身患之。

《上海博物館藏戰國楚竹書》（五）頁 184

○李守奎、曲冰、孫偉龍（2007） 佀。

《上海博物館藏戰國楚竹書（一—五）文字編》頁 400

△按 “佀”字从人，厶、司雙聲符。“佀”也可以隸作“佀”。簡文用法待考。

偖

 上博五·鮑叔 6 陶彙 4·153 璽彙 3552

○羅福頤等（1981） 附録 21 合“巒偖”爲一字。

《古璽文編》頁 407

○高明、葛英會（1991） 偖，《説文》所無，《字彙》義同撦。

《古陶文字徵》頁 23

○湯餘惠（1993） 𢒋 113 𢒋 227 原皆釋“者”，確不可易。字下訛增橫畫，爲楚文字所獨有。《古璽彙編》3552 著録一鈕白文印：

“巒”下一字該書未釋，丁佛言《補補》釋“敬”，謂“字從敬省”（卷八第 1 頁），現在看來當是从者省，省去右邊的一筆，猶如簡文甲字作 𤵣 218、尚字作 𤶅 198，字可釋爲“偖”。

《考古與文物》1993-2，頁 71

○施謝捷（1998） （編按：璽彙 3552）巒偖（敬）桯·巒偖（欒書）桯。

《容庚先生百年誕辰紀念文集》頁 650

○何琳儀（1998） 偖，从人，者聲。撦之異文。《正字通》：“撦，省作偖，訛文。”《廣韻》：“撦，裂開。”

戰國文字偖，人名。

《戰國古文字典》頁 517

○湯餘惠等（2001） 偖。

《戰國文字編》頁 565

○陳佩芬（2005） “偖”，“撦”之訛字，“撦”省作“偖”，《集韻》：“偖（編按：當作“撦”），裂也。”

《上海博物館藏戰國楚竹書》（五）頁 188

△按　“偖”字从人,者聲,古璽“䌛偖”、陶文“事偖”之“偖”用作人名。

促

璽彙 3705

○何琳儀(1998)　促,从人,取聲。《集韻》:“促,促也。”
　　齊璽促,不詳。

　　　　　　　　　　　　　　　　　　　　　　　《戰國古文字典》頁 386

△按　“促”字从人,取聲,《璽彙》3705“促駁□鉨”之“促”當用作姓氏。

侚

上博五·三德 1　　　　上博三·周易 37

○李零(2005)　玄望齊侚　“侚”讀爲“宿”。“齊宿”,《孟子·公孫丑下》:“弟子齊宿而後敢言。”《史記·秦本紀》:“於是繆公虜晉君以歸,令於國:‘齊宿,吾將以晉君祠上帝。’”“齊”通“齋”,是恭敬之義。“宿”通“素”,是預先之義。兩字連讀是預爲齋戒之義。參看《孟子》趙岐注和清焦循《孟子正義》的解釋。

　　　　　　　　　　　　　　　　　《上海博物館藏戰國楚竹書》(五)頁 288

△按　“侚”字从人从因,會住宿之意,爲“宿”字異體,重見卷七“宿”字條。

倕

倕陶彙4·1　　　倕陶彙4·17

○高明、葛英會(1991)　《説文》所無,《玉篇》:“倕,重也。”

　　　　　　　　　　　　　　　　　　　　　　　《古陶文字徵》頁 22

○何琳儀(1992)　燕國文字倕習見字,在《陶彙》計有六式:
　　　a. 倕　4.16　　b. 倕　4.12　　c. 倕　4.2
　　　d. 倕　4.6　　e. 倕　4.3　　f. 倕　4.7
　　比較 a、b、c、d 四式,其右上方加點,或加短橫,或無點,可見點或短橫僅是裝飾筆畫。比較 a 與 c、d、e 各式,可見豎筆上短橫可有可無,也是裝飾筆畫。

e式右旁筆畫錯位,應屬訛變。f式無"人"旁,該文"湯"無"水"旁,似均脫筆。然則此字右旁本應作"秂",參金文"鳌"、漢印"萊"等字所從"來"旁("犁"或從"來"聲):

秂 芮伯壺　　　崇《漢徵》補遺 1.5

這類收縮筆畫的現象,筆者曾有論述。舊釋"秂"爲"來",可信。至於"倈"偶而作"來"也與典籍吻合。檢《詩·大雅·常武》"徐方既來",《漢書·景武昭宣元成功臣表》引"來"作"倈",注:"倈,古來字。"

《陶彙》有關"倈"的資料如下:

左陶尹舊疋器瑞,左陶來易,叚國,左陶工敢。4.7

左陶尹舊疋器瑞,左陶倈湯,叚國,左陶工□。4.31

左陶尹舊□□□,左陶倈……4.25

左陶尹舊疋器瑞,倈湯,叚國。4.21

廿二年正月,左陶尹,左陶倈湯,叚國,左陶工敢。4.1

廿二年□月,左陶尹,左陶倈湯,叚國。4.14

廿□年三月,左□□,左陶倈湯,叚國。4.17

□二年十一月,左陶尹,□陶倈湯,叚國。4.30

左陶倈湯,叚國。4.27

廿一年八月,右陶尹,倈疾,叚貧,右陶工湯。4.2

廿一年八月,右□□,倈疾,叚□。4.12

廿一年……倈疾,叚貧。4.4

十六年四月,右陶尹,倈敢,叚貧,右陶工徒。4.6

□六年四月,右陶尹,倈敢,叚貧,右陶工徒。4.9

十八年十二月,右陶尹,倈敢,叚貧。4.3

十九年二月,右陶尹,倈敢,叚貧。4.31

十七年八月,右陶尹,倈看,叚貧。4.15

十七年十月,左陶尹,左陶倈甾,叚室。4.16

廿二年八月,……倈……4.5

來疢。3.830

從中不難看出,"倈"和"叚"是兩級職官,隸屬於"尹"。"叚",原篆作"战",或讀"廄"。近或改讀"軌",可從。檢《國語·齊語》"管子於是制國,五家爲軌,軌爲之長,十軌爲里,里有司",《管子·小匡》"五家爲軌,軌有長,十軌爲里,里有司"。在齊國陶文中"里"確實在"叚"(軌)前:

華門陳棱參左里叚毫豆。3.7

王孫陳棱再左里叚毫區。3.12

王孫□這左里叚毫釜。3.16

疤都陳得再左里叚毫區。3.26

昌檐陳固南左里叚毫區。3.27

昌檐陳固北左里叚毫區。3.38

平門内□貪左里叚毫區。3.34

閨陳貪參立事左里叚毫區。3.35

凡此與上引文獻"十軌爲里"的兩級行政單位吻合,但也有"里"在"叚"後者。

王卒左叚,城陽櫨里土。3.498

王卒左叚,城陽櫨里圶。3.500

王卒左叚,昌里攴。3.506

這類"王卒叚"可能是直接隸屬王室的"軌",地位較高並帶有軍事性質,故在"里"前。

燕國典章制度深受齊國影響,齊國陶文有"里、軌"制度,燕國也應有之。上揭燕陶文"叚"前的"俠"或"來",疑即"里"。"來、里"雙聲疊韻,典籍每多通假。《書·湯誓》"予其大賚汝",《史記·殷本紀》作"予其大里女"。《詩·周頌·思文》"貽我來牟",《漢書·劉向傳》引"來"作"釐"。《左·昭廿四年》"杞伯郁釐卒",《釋文》"釐"作"藜"。《汗簡》引《古尚書》"貍"作"狹"等,均其確證。

燕國陶文"俠"即齊國陶文"里",可能方言所致。齊、燕陶文均有"里、軌"制度,這無疑是研究戰國鄉里制度的絕好資料。

《考古與文物》1992-4,頁 79—80

○**湯餘惠**(1992)　　倕,從人,垂聲,當讀爲"佐"。燕陶中的"陶倕"或省稱"倕",通常次於陶尹之後,應是陶尹的佐官。

《戰國銘文選》頁 101—102

○**何琳儀**(1998)　　俠,從人,來聲。來之繁文。《詩·大雅·常武》:"徐方既來。"《漢書·景武昭宣元成功臣表》引來作俠。注:"俠,古來字。"《集韻》引《說文》作徠,則爲俠之異文。古文字人與彳旁有時互作。

燕陶俠,均讀里,見來字。

《戰國古文字典》頁 79

○**吳振武、于闓儀、劉爽**(2004)　　二、燕陶文(1 件)

（14）二十一年二月右陶尹/佐疾拍賀（室藏編
號：1-520）：

14

泥質灰陶。殘片係陶罐之領部連腹部。陶文印戳，
陰文。“二十一年……”一戳完整，“佐疾……”一戳殘去
大半。舊未見著録，但同類的燕陶文卻多見，如《陶彙》4.
1—4.6、4.11、4.12、4.14、4.15、4.17、4.19、4.30、4.32 等。本
片“佐疾……”一戳即據《陶彙》4.2 和 4.4 復原。這一類
燕陶文，往往是用三枚長條形印章聯戳，以標識陶器的監造者和製造者。據三
枚聯戳式，可知燕國陶器從監造者到製造者，約分四級，即：（一）左/右陶尹
（“尹”字原從“肉”從“尹”）；（二）左/右陶佐（原注：省稱“佐”，“佐”字原從“人”從“差”
省）；（三）［左/右陶］拍（原注：“左/右陶”字樣涉上“左/右陶佐”而省，“拍”字原從反文旁從
“白”）；（四）左/右陶工（原注：“工”字原作“攻”）。其中“陶尹”和“陶工”，在文字釋讀
方面無大問題；“陶佐”和“拍”，則無一致意見。參照陳劍先生近時對金文“述”
字的考釋意見，燕陶文中所謂“佐”字，也許應釋爲“仇”。疑“仇”和“拍”都是陶
尹所屬的製陶技師。仇古訓匹，“陶仇”大概是負責器與膊相應（原注：即《周禮·瓬
人》所説的“器中膊”）的技師。“拍”似指拍泥爲坯，“［陶］拍”大概是製作器坯的技師。
本片僅存兩印，缺“右陶攻（工）×”一印。據李學勤先生研究，這類記月的燕陶文，
都是燕王喜時的東西（原注：公元前 254 年—公元前 222 年）。這一類陶文，陶尹的名字都是
不出現的。“疾”和“賀”，則分別是陶佐（原注：或釋“仇”）和拍的名字。

《史學集刊》2004-4，頁 96

△按　“俫”字從人，來聲，陶文“俫”該如何讀，還有待進一步研究。

倮

璽彙 3755

○何琳儀（1998）　倮，從人，果聲。果實部分重疊屬繁化。《集韻》：“倮，肉袒
也。”《正字通》：“倮、裸、臝並同。”
　　齊璽倮，人名。

《戰國古文字典》頁 847

倗

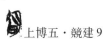
上博五·競建 9

○陳佩芬（2005）　　“倗子”，讀爲“明子”，即“明天子”，明德聖君。《公羊傳·莊公四年》：“古者有明天子，則紀侯必誅。”《漢書·嚴安傳》：“逢明天子，人人自以爲更生。”

《上海博物館藏戰國楚竹書》（五）頁 175—176

△按　“倗”字從人，明聲。簡文“倗子”爲齊桓公擁於市的對象，與“明天子”無關。

傌

包山 101

○湯餘惠等（2001）　　傌。

《戰國文字編》頁 565

○李守奎（2003）　　傌，見《集韻·馬韻》。

《楚文字編》頁 499

△按　“傌”字從人，咼聲。包山簡 101 號“宋傌”之“傌”爲人名。

徙

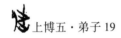上博五·弟子 19

○張光裕（2005）　　徙（止）。

《上海博物館藏戰國楚竹書》（五）頁 278

○李守奎、曲冰、孫偉龍（2007）　　徙，讀爲待。

《上海博物館藏戰國楚竹書（一—五）文字編》頁 400

△按　此字右上角爲“屮（之）”非“止”，故李守奎等隸定作“徙”可從。簡文“巨白玉徙虘子”之“徙”如何讀待考。

伭

集成 2840 中山王鼎　　　　　璽彙 2561

○朱德熙、裘錫圭（1979）　　“伭”字又見 69 行“越人修教備伭”句。疑此字從“人”得聲，兩處皆讀爲“信”。

《朱德熙古文字論集》頁 103，1995；原載《文物》1979-1

○**李學勤、李零**（1979）　鼎銘第卅四、六九兩行都有恁字。正始石經保字古文作㑞，周代青銅器銘文很多是同樣寫的。這個恁字从㑞省聲。"非恁與忠"即"非孚與忠"，孚義爲信。

《考古學報》1979-2，頁 158

○**于豪亮**（1979）　信字古或从人从心作，此恁字當亦信字。

"備恁（信）"之恁（信）讀爲敶（同爲真部字），敶今書作陣，《左傳·莊公十一年》："皆陣曰戰。"古作戰必列陣，故"備恁（信）"即備戰。

《考古學報》1979-2，頁 173、176

○**張政烺**（1979）　信，原作🈀，又見下文"雫人餰敦備信"，按古文从口之字亦或从心，故知是信字異體。

《古文字研究》1，頁 226

○**趙誠**（1979）　恁从壬聲，佞从仁聲（大徐本改爲从女信省，誤，見《校録》《段注》），音近可通。又《爾雅》以佞訓任、壬，徐灝曰："任謂任事也。人有巧慧材能則能任事，故任訓爲佞……謂佞爲美也。"（見《説文解字注箋》第二十四卷）皆可證恁可釋爲佞，即徐灝所説的"巧慧材能"。

恁，借爲忍；音近而通。《廣雅·釋言》："忍，耐也。"

《古文字研究》1，頁 257、259

○**徐中舒、伍士謙**（1979）　恁，同任。《詩·邶風》："仲氏任只。"鄭箋："以恩相信任曰任。"《周禮·大司徒》："大司徒之職……二曰六行：孝、友、睦、婣、任、恤。"注："任，信於友道。"

《中國史研究》1979-4，頁 90

○**陳抗**（1980）　《中山王鼎》銘文中有"非恁與忠，其誰能之"和"越人修教備恁，五年復吳"兩句，對句中"恁"字的釋讀，分歧較大。一説"疑此字从人得聲，讀爲信"，一説"信字古或从人从心作，此恁字當亦信字"。"恁"字見《説文》，從結構看，應是从心任聲之字；"任"字又从人壬聲。從任得聲的還有一"賃"字，鼎與方壺銘中曾多次出現。如鼎銘之"匤賃之邦""使知社稷之賃"，方壺銘之"受賃佐邦""譌賃之邦"。值得注意的是園（<small>編按：當作"圓"</small>）壺銘中有"冡貢之邦"，語意與"匤賃之邦""譌賃之邦"相類而字作"貢"。可見"賃""貢"的基本聲符都是"壬"。因此"恁"字亦不應从人得聲。"信字古或从人从心作"之説，目前尚無銘文資料爲證，只能説是一種猜想。第三種説法認爲，"正始石經及金文之保或作㑞，此字从㑞省聲，釋爲孚。孚義爲信"。然而鼎與方壺銘中原有"保"字作㑞，鼎銘曰"子子孫孫，永定㑞之”，方壺銘中曰“子之子、孫之孫永保用亡疆”。這兩句都是全（編按：當作“金”）文恆語，係之釋保，已無疑義。保字的這種寫法不見於他器，而爲中山國所慣用，然而據此卻可證明中山王器銘中的“㤲”不應是从俘省聲之字。字體結構各國自有特點，這是我們考釋銘文時所不應忽視的。以上三説分析的角度雖然不同，最終都釋“㤲”爲“信”。但方壺銘中原有信字，且亦與忠字連文，字作誩，銘曰“余智其忠誩也而讙賃之邦”，誩字各家都釋“信”。因此釋“㤲”爲“信”是不妥的。我認爲中山王器銘中的“㤲”當假爲“仁”。“㤲”於金文中罕見，僅《王孫鐘》銘曰“餘㤲訇心，延□餘德”。鐘銘之㤲字或釋爲柔，或釋爲念。柔、念之訓均見典籍，然以之釋中山王器銘，則不合。“非㤲與忠”句中㤲與忠連文，都屬於道德範疇。而通審全銘，中山國君奉行的“敬順天德”“臣宗之義”“舉賢使能”及所謂“辭禮敬則賢人至，寵愛深則賢人親，籍斂中則庶民附”等，明顯地受到儒家思想的影響，銘中提出“仁”的概念是完全可能的。從音讀看，仁、㤲雙聲，同爲古陽聲字，音近可通。故，“非㤲與忠，其誰能之”是對相邦賙之仁德與忠心的讚揚。此與前文所言“有厥忠臣賙，克順克卑……”等語一脈相承。“越人修教備㤲，五年復吴”亦與《史記》所載越王句踐“折節下賢人，厚遇賓客，振貧弔死，與百姓同其勞”的事迹相符。即以解釋《王孫鐘》解之“餘㤲訇心，延□餘德”亦無礙。所以我認爲中山王器銘之“㤲”當釋讀爲“仁”。

　　　　　　　　　　　　　　《中山大學研究生學刊》（文科版）1980-1，頁 121 轉 120

○商承祚（1982）　　㤲爲任，作誠篤解。

　　㤲意爲思、爲念，“雩人修教備㤲”，謂越人修治内政，訓練軍事，有必勝的信念。

　　　　　　　　　　　　　　　　　　　　　《古文字研究》7，頁 54、60

○何琳儀（1984）　　🗚，朱德熙、裘錫圭隸定爲㤲，釋信，甚確。今試補充説明。

　　首先必須指出，🗚與🗚（王孫鐘）、🗚（古鉩）、🗚（《説文》饪古文）皆非一字。賃，大鼎、方壺均作🗚，圓壺作🗚，其所从“🗚”確爲“壬”字，而與本銘“🗚”迥乎不同。“🗚”應隸定爲玉，試比較下列玉字即可知：

🗚古鉩　　🗚信陽楚簡　　🗚古鉩　　🗚中山王鼎　　🗚江陵楚簡　　🗚汗簡　　🗚説文古文　　🗚玉篇

　　㤲，从心从玉从人，人亦聲，是會意兼形聲字。其从心从人易於理解，然而何以从玉呢？按，古人每析玉爲信。《公羊傳》哀公六年載齊陳乞之遣陽生，

“與之玉節而走之”,注“節,信也。析玉與陽生,留其半爲後,當迎之合以爲信,防稱矯也”。推而廣之,大多數玉器都可以用做信物。《周禮·春官·典瑞》注:“瑞,符信也。”《説文》“瑞,以玉爲信也”,段注“瑞爲圭璧璋琮之總稱。自璧至珇十五字皆瑞也,故總言之”。《國語·晉語》記載晉文公“沈璧以質”,注“因沈璧以自誓爲信”。類似的記載,典籍屢見不鮮。十幾年前出土的侯馬盟書,很多就是書寫在玉片上的信誓之物,這更是人所盡知的考古實證。戰國文字𤨒同樣也是古人“以玉爲信”的文字參證。

西周㲀叔鼎的𤨒是否信字,待考。晚周則出現了許多信字的異體,除“从言从人,人亦聲”的𧵑外,尚有𤨒、𤫡、𤫡、𤫡、𤫡、𤫡、𤫡、𤫡等。它們的基本含義,其實都是“人言爲信”的不同翻版而已。如“人心爲信”“心言爲信”云云。而最值得注意的莫過於本銘从“玉”的𤨒。《左傳》襄公九年“信者,言之瑞也”具體而微地透露出信與言、玉之閒的線索。𤨒字出現於戰國,這表明“信”做爲一種道德觀念,已由“求諸内心”淪喪爲“求諸外物”了。這種“抽繹玉之屬性賦以哲學思想而道德化”的造字方法,或許也是“飾僞萌生”時代人們精神世界的折光反映吧?

另外,《書·吕刑》“罔中于信”與本銘“非𤨒與忠”辭例暗合(罔、非均否定詞,中讀忠,于通與),也是𤨒應讀信的參證。

《史學集刊》1984-3,頁 5—6

○**湯餘惠**(1993)　　𤨒,信字異體,字从玉从㣺。𧵑,古文信,古璽作𤫡、𤫡(《古璽文編》三·三),从人、心,此器增附玉旁。

《戰國銘文选》頁 35

○**湯餘惠等**(2001)　　𤨒。

《戰國文字編》頁 567

△**按**　　此字諸家所説大體有“信、孚、任、仁”四類,當以釋“信”爲是。“𤨒”應爲“信”字異體。

偪

詛楚文

○郭沫若（1982）　　偪與逼通，告巫咸文作倍，亦係通假，（中略）然讀爲掊亦可。

《郭沫若全集・考古編》9，頁 310

○何琳儀（1998）　　偪，从人，畐聲。《方言》六：“偪，滿也。腹滿曰偪。”

詛楚文偪，讀“逼”。《集韻》：“逼，迫也。或作偪。”

《戰國古文字典》頁 126

△按　　“以偪徧邊競”即“以偪吾邊境”，“偪”字高新賀《詛楚文疏證》（中山大學 2010 年碩士學位論文）認爲：“或不必破讀，直接訓爲‘逼迫’，《戰國策・趙策四》：‘天下皆偪秦以事王。’鮑彪注：‘偪者，侵迫也。’”

借

借　璽彙 2545

○羅福頤等（1981）　　借。

《古璽文編》頁 212

○吳振武（1983）　　2545 借肯・借□。

《古文字學論集》（初編）頁 507

○施謝捷（1998）　　2545 借（借–借）□・劃（荆）□。

《容庚先生百年誕辰紀念文集》頁 648

○何琳儀（1998）　　《説文》：“借，叚也。从人，昔聲。”

古璽借，讀籍，姓氏。即籍氏，鄭大夫。見《萬姓統譜》。

《戰國古文字典》頁 586

△按　　璽文此字用作姓氏，具體應讀爲何字，待考。

傑

傑　上博二・容成 42

○李零（2001）　　丗=（三十）又（有）一傑（世）。

《上海博物館藏戰國楚竹書》（二）頁 283

○蘇建洲（2003）　　右旁乇看从“桀”，但仔細觀察上面从三直筆，如同《上博（二）・子羔》簡 8“磔”作磔，與“桀”並不相同。

《上海博物館藏戰國楚竹書（二）讀本》頁 171

△按　"傑"字从人，枼聲，上博簡用作"世"。

偞

近出 1119 鑄偞戈

○**何琳儀**（1998）　偞，从人，頁（首）聲。《玉篇》："偞，姓也。"

　　齊陶、楚璽偞，姓氏，見《玉篇》。

《戰國古文字典》頁 196

△按　鑄偞戈之"偞"當用作人名。

偯

偯上博五・競建 2

△按　簡文"昔高宗祭，又（有）鸇（雉）皂（雛）於偯"，"偯"字整理者未作釋寫，此從季旭昇（《上博五芻議》上，簡帛網 2006 年 2 月 18 日）隸定。陳劍（《談談〈上博〔五〕〉的竹簡分篇、拼合與編聯問題》，簡帛網 2006 年 2 月 19 日）讀作"彝"，說"楚文字'弓'旁與'人'旁常相混，此字即'彊'字異體。吳王光鑑正用'彊'爲彝器之'彝'"。"偯"字以"夷"爲基本聲符，夷、彝古通，故簡文"偯"讀彝器之"彝"。參看卷十二弓部"彊"字條。

偝

偝信陽 1・4

○**中大楚簡整理小組**（1977）　偝，讀爲脫，如芥毋脫，謂如關節之不相脫。

《戰國楚簡研究》2，頁 12

○**劉雨**（1986）　偝（它）。

《信陽楚墓》頁 125

○**何琳儀**（1998）　偝，从日，佗聲。疑昳之繁文。《玉篇》："昳，同晼，日昳也。"

　　信陽簡"毋偝"，讀"無它"。

《戰國古文字典》頁 864

○**湯餘惠等**（2001）　偮。

《戰國文字編》頁 566

○**李守奎**（2003）　偮。

《楚文字編》頁 499

△**按**　"偮"字在簡文中的讀法待考。

傷

集成 2303 襄公鼎　 上博六・天甲 12　 上博六・天乙 11　 璽彙 0276

○**羅福頤等**（1981）　（編按：璽彙 2652）瘍。

《古璽文編》頁 191

○**何琳儀**（1998）　傷，从人，易聲。《玉篇》："傷，直也。"又蕩之異文。《法言・淵騫》"藺相如劓而不傷"，注："傷，古蕩字。"

　　晉璽傷，讀蕩，姓氏。出子姓，宋桓公御説生公子蕩，其孫以王父字爲氏。見《姓考》。

《戰國古文字典》頁 662

○**曹錦炎**（2007）　"傷"，讀爲"禓"，"傷、禓"均从易得聲，可通。《説文》："禓，道上祭。"《急就篇》："謁禓塞禱鬼神寵。"顏師古注："禓，道上之祭也。"

《上海博物館藏戰國楚竹書》（六）頁 331

△**按**　"傷"字从人，易聲。《璽彙》0276"傷邦楀鉨"之"傷"用作姓氏，但是否讀爲"蕩"，待考。上博簡《天子建州》"古（故）見傷（禓）而爲之晢（祈）"，曹錦炎將"傷"讀作"禓"可從。

偠

包山 30　 璽彙 1586

○**羅福頤等**（1981）　《説文》所無。《玉篇》："偠，人名。"

《古璽文編》頁 211

○**何琳儀**（1998）　偠，从人，尙聲。《廣韻》："偠，伆偠。"《字彙》："偠，伆偠，小也。"

　　楚器偁,人名。

《戰國古文字典》頁 1027

○**湯餘惠等**(2001)　偁。

《戰國文字編》頁 566

○**李守奎**(2003)　偁,見《廣韻・桓韻》。

《楚文字編》頁 499

△**按**　"偁"字从人,尚聲。包山簡"偁"和古璽"偁"皆用作人名。

復

侯馬 1:93　　侯馬 77:12

○**何琳儀**(1998)　復,从人,复聲。《字義總略》:"復,除也。史復今年田租之半。今通作復。"戰國文字人、彳二旁易混。

　　侯馬盟書復,讀腹。見腹字。

《戰國古文字典》頁 251

△**按**　"復"字从人,复聲。人、彳二旁易混,侯馬盟書"復"也可能是"復"字訛體,參看卷二"復"字條。"敢不闢其復心"之"復"用作"腹"。

偵

錢典 775　　錢典 776　　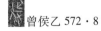錢典 788

○**何琳儀**(1998)　偵,从人,負聲。《禮記・樂記》"禮樂偵天地之情",注:"偵,猶依象也。"

　　周空首布偵,讀負,地名。見鄆字。

《戰國古文字典》頁 122

傑

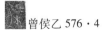曾侯乙 572・2　　曾侯乙 572・6　　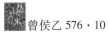曾侯乙 572・8

曾侯乙 576・4　　曾侯乙 576・7　　曾侯乙 576・10

○**裘錫圭、李家浩**(1989)　傸。

《曾侯乙墓》頁 540、541

○**何琳儀**(1998)　傸,从人,栔聲。栔,从木,勾聲。疑楬之異文。見楬字。
曾器"傸鐘",讀"夾鐘"。《説文》:"楬讀若癀。"是其佐證。《吕覽·仲春》:"律中夾鐘。"

《戰國古文字典》頁 904—905

倌

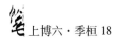　包山 184　　璽彙 3383

○**何琳儀**(1998)　倌,从人,官聲。
古璽倌。姓氏。

《戰國古文字典》頁 621

○**湯餘惠等**(2001)　倌。

《戰國文字編》頁 565

○**李守奎**(2003)　倌。

《楚文字編》頁 499

△**按**　"倌"字从人,官聲。"倌"字包山簡用作人名,璽印用作姓氏。

僾

　上博六·季桓 18

○**濮茅左**(2007)　不菩(對)不僾　"僾",《集韻》:"僾,或作悠、譩、噫。"哭的餘聲曲折悠長。《孝經·喪親第十八》:"孝子之喪親也,哭不僾。"又亦"應答"意。

《上海博物館藏戰國楚竹書》(六)頁 217

傌

璽彙 3509

○**何琳儀**(1998)　傌,从人,馬聲。罵之異文。《正字通》:"罵,同傌。"《説文》:"罵,詈也。从网,馬聲。"

楚璽傦,人名。

《戰國古文字典》頁 608

傦

包山 90　包山 166　包山 171　包山 193

○劉彬徽、彭浩、胡雅麗、劉祖信(1991)　傦,簡文作,《汗簡》鬲字作,與簡文所从之相似。

《包山楚簡》頁 45

○何琳儀(1998)　傦,从人,鬲聲。

包山簡傦,人名。

《戰國古文字典》頁 763—764

○湯餘惠等(2001)　傦。

《戰國文字編》頁 566

○李守奎(2003)　傦。

《楚文字編》頁 499

○劉信芳(2003)　(編按:包山 90)傦:

字从人,鬲聲,讀爲"隸",《周禮・秋官・司隸》鄭玄《注》:"隸,給勞辱之役者。"《周禮・夏官・隸僕》:"掌五寢之掃除糞灑之事。""爲隸於鄩",即在鄩地服勞役。

《包山楚簡解詁》頁 87

△按　"傦"字从人,鬲聲。包山簡 171 號"隋傦"、193"秀傦"之"傦"用作人名,90 號"爲傦於鄩"、166 號"傦司敗"之"傦"待考。

佸

璽彙 0523　　璽彙 3799

○湯餘惠等(2001)　佸。

《戰國文字編》頁 565

△按　"佸"字右旁上部的"×"當是"五"的古文,下部的是"齒"的古文。《楚系簡帛文字編》(增訂本)所錄"齒"作、(193 頁),"牙"字作、(194

頁),"梳"字作(547 頁),"豻"字作🐾、🐾(848—849 頁),"貓"字作🐾、🐾
(849—850 頁),"貍"字作🐾、🐾(850 頁),"豹"字作🐾、🐾(868 頁),"斯"字作
🐾、🐾(1174 頁),所從的"臼"形都當"齒"字來用(參看楊澤生《上博簡〈凡物
流形〉中的"一"字試解》,《古文字論壇》1 輯 148—149 頁,中山大學出版社
2015 年)。"唔"或是"齬"字異體,《説文》齒部:"齬,齒不相值也。從齒,吾
聲。"《璽彙》0523"王唔"、3799"司馬唔"之"唔"皆用作人名。

倠

包山 165

○劉彬徽、彭浩、胡雅麗、劉祖信(1991)　倠。

《包山楚簡》頁 29

○湯餘惠等(2001)　倠。

《戰國文字編》頁 566

△按　包山簡"奠倠"之"倠"用作人名。

僭

僭 上博五・君子 6

△按　"僭"字從人,晉聲。簡文"聖之僭俆"之"僭"意義待考。

傒　傒

傒 上博五・三德 9　傒 新蔡甲三 379　傒 璽彙 2912　傒 璽彙 3255

○何琳儀(1998)　傒,從人,奚聲。《廣雅・釋詁》二:"傒,危也。"《廣韻》:
"傒,東北夷名。"
　　晉璽傒,人名。

《戰國古文字典》頁 777

○賈連敏(2003)　(編按:新蔡甲三 379)☐述,☐於傒豎一☐。

《新蔡葛陵楚墓》頁 200

【傒子】

○**李零**（2005） 傒子是胃（謂）忘神 "傒子"不詳。

《上海博物館藏戰國楚竹書》（五）頁 294

△**按** "傒"字从人，奚省聲，是"傒"的簡體。古璽"傒"用作人名。葛陵簡"傒"字宋華强直接釋作"傒"（《新蔡葛陵楚簡初探》448 頁，武漢大學出版社2010 年），可從。

傢

 包山 120   包山 123

○**何琳儀**（1998） 傢，从人，拳聲。

包山簡傢，人名。

《戰國古文字典》頁 1004

○**湯餘惠等**（2001） 傢。

《戰國文字編》頁 566

○**李守奎**（2003） 傢。

《楚文字編》頁 500

△**按** "傢"字从人，拳聲。包山簡二"傢"字皆用作人名。

僋

僋璽彙 0834

○**羅福頤**（1981） 僋。

《古璽文編》頁 212

△**按** 璽文"僋"字用作人名。

傈

傈上博一·性情 37

○**濮茅左**（2001） 又亣爲人之很₌女也

“佷”字下有重文符號。佷佷,似可讀爲“惛惛”,專默精誠。《荀子·勸學》:“是故無冥冥之志者,無昭昭之明;無惛惛之事者,無赫赫之功。”

佷,《郭店楚墓竹簡·性自命出》作“迎”。

《上海博物館藏戰國楚竹書》(一)頁 272

○李天虹(2002)　《性情論》三七號簡釋文有一個“佷”字,原文作 A:

A　𢓊

二二號簡“民”字作“𣱵”,與 A 右旁形體相同,可證整理者的釋文確實有據。楚簡“民”字又或作:

𣱵九店 M56:46　𣱵郭《忠》2　𣱵郭《成》7　𣱵《性情論》二三

A 右旁和它們是同一類的寫法。但是除“民”字外,楚簡“𡭴”字的寫法與 A 之右旁也很一致。如郭店簡《成之聞之》篇 5、9 號簡兩出“𡭴”字,裘錫圭先生釋爲“𡭴”,指出“𡭴”古有“薦”音,“薦、荐”古通,“𡭴”於簡文當讀作“存”。“𡭴”又見於《語叢四》9 號簡、上海簡書《緇衣》五號簡,分別作“𡭴”和“𡭴”,在文中也讀作“存”。A 之右旁與《成之聞之》中“𡭴”字的形體基本相同,《緇衣》裏的“𡭴”與九店簡中的“民”又非常近似。因此,對 A 的隸定還要充分考慮字形之外的因素。

《性自命出》與 A 相當之字作“迎”。古音即、𡭴同爲精母,韻部亦近;而民古屬明母,與即、德相隔較遠。那麼結合字音來看,似乎應該 A 隸定爲“儕”。A 與迎爲通假字,二者在簡文中用作何義待考。

《郭店竹簡〈性自命出〉研究》頁 261

○徐在國(2004)　馬承源先生主編的《上海博物館藏戰國楚竹書(一)·性情論》第三七簡有如下一字:A 𢓊,原書隸作“佷”。我們曾懷疑此字右旁與《郭店楚墓竹簡·成之聞之》第九簡中的“𡭴”字形近,應隸作“儕”。李天虹先生亦有同釋。李零先生說:“佷,原書釋文很正確,參看簡 22 民字的寫法。此字郭店本从辵,聲旁寫法較怪,學者多以爲是‘即’字,現在看來很可能是民字(筆畫有點走形)。”

按:此字右旁不是“民”,也不是“𡭴”,而是“㭉”字。戰國文字中“㭉”字(或“㭉”旁)作:

晉:B1 𣏾《中國歷代貨幣大系》1·4055　　B2 𣏾《古璽彙編》0324

齊:C1 𣏾《古陶文彙編》3·625　　　　　　C2 𣏾《古璽彙編》0157

楚:D1 𣏾天星觀楚簡　　　　　　　　　　D2 𣏾同上“郗”所从

D3 ![字形]信陽 2·02"郤"所从　　　D4 ![字形]包山 253"郤"所从

D5 ![字形]隨縣簡 64"郤"所从

秦：E1 ![字形]上郡守戈"漆"所从　　　E2 ![字形]雲夢秦簡"鬃"所从

上引諸形當源於"![字形]"（曾伯黍臣"霖"所从，《金文編》1250 頁）形，从"木"（或"禾"）及象徵刻在漆樹上的出漆口子或漆汁的短畫構成。出漆口子有的刻在漆樹的兩側，有的刻在一側，有的刻在樹幹中閒，短畫有四道、三道、二道或一道，但短畫的傾斜方向不同。將 A 與 B—E 比較，不難發現 A 字右旁與 D1、D3 形體相近，應是"柒"。A 字應隸作"倈"。此字不見於後世字書，依"六書"分析，當是从"人""柒"聲的形聲字，疑爲"膝"字異體。

《郭店楚墓竹簡·性自命出》第四四簡與"倈"相對的字作：F ![字形]，原書隸作"迊"，是正確的。此字應分析爲从"辵""即"聲。古音"柒"屬清紐質部，"即"屬精紐質部，二字聲紐均屬精系，韻部相同，例可通假。典籍中次、即相通。《書·康誥》："義刑義殺勿庸以次。"《荀子·宥坐》《孔子家語·始誅》並引"次"作"即"。柒、軟相通。《周禮·春官·巾車》："然襖鬃飾。"鄭注："故書鬃爲軟，杜子春云：'軟讀爲柒垸之柒（軟，柒車也，从車次聲）。'"可爲"即""柒"通假之旁證。因此"倈、迊"二字的關係當屬通假。

《郭店楚墓竹簡·性自命出》第四四簡簡文爲："又（有）其爲人之迊迊女（如）也，不又（有）夫束束之心則采。"關於"迊迊"，李零先生説："節節，原从辵从即，應即《大戴禮·四代》之'節節然'。"劉昕嵐先生在李説的基礎上進一步做出解釋，他説："'節節如'，即適度有節之義。王聘珍《大戴禮記解詁》注'節節然'曰'《釋名》云節，有限節也'。《墨子·辭過》：'風雨節而五穀孰，衣服節而肌膚和。'《禮記·文王世子》：'其有不安節，則内豎以告文王。'俞樾《平議》：'節之言適也……其有不安節者，其有不安適也。'"二説可從。

上博簡《性情論》三七簡"又（有）其爲人之倈倈女（如）也"之"倈倈"亦應讀爲"節節"。

《新出土文獻與古代文明研究》頁 155—156

△按　"倈"字从人，柒聲，徐在國疑爲"膝"字異體，簡文"其爲人之倈倈女（如）也"之"倈倈"讀爲"節節"，可從。

徳

集成 12110 鄂君啟車節　集成 261 王孫遺者鐘　包山 84　![字形]包山 85

○**郭沫若**（1958）　“女馬,女牛,女㥁,屯十台堂一車”:三“女”字均讀爲如,㥁與牛馬爲類,當假爲特（字亦作牲）,此處殆言牡馬。

《文物參考資料》1958-4,頁 5

○**殷滌非、羅長銘**（1958）　㥁,舊釋德。王孫鐘有德字,又另有㥁字,可見不是一個字,這個字當讀爲值,是當差的意思。

《文物參考資料》1958-4,頁 10

○**夏淥**（1983）　三、古代奴隸名稱的“臺”

《左傳·昭公七年》:“（楚子）及即位,爲章臺之宫,納亡人以實之。無宇之閽入焉。無宇執之,有司弗與……執而謁諸王。王將飲酒,無宇辭曰:‘……天有十日,人有十等,下所以事上,上所以共神也。故王臣公,公臣大夫,大夫臣士,士臣皂,皂臣輿,輿臣隸,隸臣僚,僚臣僕,僕臣台（本作臺或儓）馬有圉,牛有牧,以待百事……”臺和圉、牧,是楚國奴隸的最低等級。

《揚子方言》:“臺（编按:當作“儓”）,農夫之醜稱也。南楚凡罵庸賤謂之田臺。”《正字通》:“臺,本作儓。”《説文》缺佚,只有“佁”訓癡騃,从人台聲,實是古代奴隸主階級以奴隸爲愚昧的階級意識的反映。《後漢書·濟南王康傳》“輿馬臺隸”注:“臺隸,賤職。”《法苑珠林》:“賤中之賤謂臺奴,與豎子等,即服役於僕者也。”這個最低等級的奴隸名稱“臺”,在甲骨文、金文中都是存在的,前輩大師未及論述,今試補遺如下,我們就從著名的楚國文物《鄂君啟節》的金文“㥁”談起。

車節銘文有:“如馬、如牛、如㥁,屯（聚）十以當一車,如擔徒屯二十擔以當一車,以毁（歸）於五十乘之中。”郭沫若同志釋㥁（编按:郭原文作“㥁”）:“與牛馬爲類,當假爲特（字亦作牲）,此處殆言牡馬。”于省吾教授和郭老意見一致。這句話依“㥁”讀“特”,用語體翻譯可以寫作“如果是馬,如果是牛,如果是公馬,就合十匹當一車貨物”。“馬”變成了只指母馬,不包括公馬,排列順序又是母馬、牛、公馬,牛夾在母馬、公馬之間,馬分公母,牛又不分,德既讀特,特的本義是特牛,公牛,爲什麽又是公馬而不是公牛呢? 實在費解和令人生疑。

從漢字的結構原理看,“㥁”是从人,惪聲的字,人是意符,惪是聲符,分明是人類,不得爲牛馬,從語言排列看,“如馬,如牛,如㥁”,“㥁”與牛馬爲類,只能説明這種人類,是被當作牛馬牲口一類的,甚至比牛馬還不如的“會説話的工具”,是奴隸主意識中的奴隸。按照“㥁”字的聲類求之,當是古代最低等級奴隸名稱的“儓”或“臺”（本文中省作台）。

郭老復釋馬、牛、特（牡馬）爲馱載貨物的畜力,但銘文本身並無明顯證據,我們讀作"如馬、如牛、如臺"是指牛、馬、奴隸作爲販運的商品,奴隸、牛、馬成群結隊趕了用擔徒和車乘一起陸路販運,十匹牛馬或十個臺隸,就當一車貨物的定額,擔徒二十挑當一車貨物,車子一乘算一乘,一共總數(限額)是五十乘。

"㥯"(臺)是商品,楚國王親國戚的大貴族鄂君啟是個販賣奴隸牟利的大人物,是《鄂君啟節》銘文本身能加以説明的。舟節銘文有:"如載馬、牛、羊以出入關,則徵於太府,毋徵於關。"鄂君啟的商隊,水路既可以牛馬爲商品,陸路當然也可以販運牛馬,只要有利可圖。不同的是水路用船裝載,陸路驅趕步行,十匹牲口的價值,約當一車貨物的價值,以上銘文推知,商隊只要出示金節,沿途關卡不得徵税,統一向中央的太府繳納。銘文中"牛馬"既可確定是商品,和"馬牛"排列一起的"㥯"(臺)當然也可以作販運的商品。

我們根據《鄂君啟節》的銘文,古漢字的結構原理,和字書、文獻中"儓"爲奴隸名稱作依據,釋"㥯"爲"儓"意爲奴隸,必然會牽連到楚國歷史,戰國時代的楚懷王六年(公元前323年)頒發金節,經商的通行證時,楚國的社會性質,是封建社會,還是奴隸社會? 是封建社會,爲什麼還有販運奴隸的現象呢?

中國古代社會分期的問題,無疑是中國歷史的重大科研問題,過去有過熱烈的討論,我自己的水準和研究資料都不足以參加討論,我還是覺得郭老説得好:"奴隸制和封建制的分期,我變動過幾次,最後定春秋戰國之交……中國這麼大,地方這麼廣,社會發展當然不平衡。從春秋戰國時期各國來説……秦國和魯國相比,前後相差近二百年(公元前537—前350年)。"魯國比秦國早了近二百年從奴隸社會進入封建社會,楚國爲什麼不能以地理條件更爲特殊,晚上若干年呢? 另外,郭老也説得對,不能僅僅因爲存在奴隸買賣的現象,就判斷爲奴隸制社會。他引證過《居延汗簡》(編按:"汗"當作"漢")中有"小奴二人,值三萬,大婢一人,二萬"的例子,説明雖有奴婢買賣,但奴婢一般並不從事生產,只從事家内的役使,所以漢代也不能因爲奴婢存在,定爲奴隸社會。

江陵紀南城鳳凰山八號漢墓的竹簡遺册,奴婢除作家務的以外,也確有從事"操枻(鋤)""操鍤""操累"和划船、造作的大奴、大婢名單,爲數不少,漢代文景之世,地處南方的楚國,即使進入了封建制社會,奴隸從事生產的現象依然存在,戰國時的楚國社會性質,自有深入研究的必要。

金文奴隸名稱的"㥯",《叔德簋》:"王錫叔德臣嬻十人。"又《嬻奚鼎》:"楮仲賞厥嬻奚逐毛兩。"陳夢家先生釋嬻,即《左・昭七年》的"是無陪台也"。

奴隸名稱的"臺"在甲骨文中有没有呢? 甲骨文有🔣、🔣、🔣、🔣、🔣等字,從卜辭文例的内容知道它們原是一字繁簡異體,字形本從止,代表人腳,下面帶腳鐐、桎梏的形狀,🖐省作🖐、🖐,卜辭"宦鰲鉨鈦自爻圍"的同一句話,鈦字用作代表奴隷的"台",《後》2·41·1作🖐,《燕》124作🖐,《説文》:"鈦,鐵鉗也,從金,大聲。"又:"鉗,以鐵有所劫束也,從金,甘聲。"《廣韻》:"鈦,以鎖加足。"《增韻》:"在頸曰鉗,在足曰鈦。"《史記·平準書》:"敢私鑄鐵器、煮鹽者,鈦左趾。"注:"鈦,踏足鉗也。"

"鈦"的甲骨文形體,從止,下有桎梏形,我們列舉有關文例時,分别以其通假的字代表它,以減少刻字的數目。

(一)鈦,通作隸,訓及:

"辛亥卜古貞:追,不隸(及)?"(外15)、"般其隸羌? 貞:般亡不若,不隸羌? 龍其隸? 龍亡不若,不隸羌? 貞:隸羌不其……?"(合135)、"貞:旬亡禍? 旬遂壬申……隸(及)火(禍),娃子凶。甲……"(續4·28·3)、"乙酉卜:其宜父甲禳,在茲隸(及)成?"(佚891)、"……王觀曰:不宿若,茲卜其隸于甲灌咸許,🖐唯甲追"(乙3472)、"貞:隸(及)子香于斋"(金417)。

(二)鈦,通作逮,訓捕、訓追:

"貞:逮羌不其得?"(前4·50·8)、"多臣逮羌?"(粹1169)、"逮不其得?"(乙5448)、"貞:呼婦逮(追)其有得? 貞:呼婦逮亡得?"(合515)、"乙丑卜賓貞:州臣有逮自官得?"(粹262)、"貞:逮自念得?"(金402)、"癸卯卜寺貞:旬亡禍? 甲辰大驟風,之月朔乙巳,逮羌五人,五月在〔享〕"(菁5)、"……王觀曰:有祟。八日庚子,戈逮羌……人,施右獄二人……"(叕26)、"逮羌十人"(林2·13·2)

(三)鈦,通殆,訓危:

"癸未卜獻貞:旬亡禍? 王觀曰:殆。乃茲有祟,六日戊子,子彈凶。一月"(菁3)、"……王觀曰:唯丐活,惠殆,不殆"(零72)、"貞:于羌甲禦,克殆?"(合109)、"壬子卜古貞:妣己克殆?"(零12)、"不殆"(珠107)、"告殆"(乙540)、"允殆"(乙8523)。

(四)鈦,通台,訓賤隸:

"呼師般取臺自享?"(存1·186)、"貞:尖其致臺?"(前4·17·3)、"呼尖取臺……見……?"(掇2·49)、"辛卯步賓貞:致子速臺,不凶? 六月。"(甲3510)、"其幸臺自……?"(乙6710)、"甲午卜寺貞:敓致臺于冉?"(乙6966)、"貞:其矢(訓陳)臺……? 貞:不矢臺?"(合158)、"貞:牛矢侢臺?"(乙6399)、"刖臺"(前6·20·1)、"旬亡禍? ……[宦]鰲鉨臺自爻獄六人,八月”(燕124)、“……(月)朔己未,宦鼈匔合自爻獄六人,八月”(後2·41·1)、“癸丑卜寺貞:旬亡禍? 王觀曰:有祟,有夢。甲寅,允有來警,左告曰:有臺匔自温十人又二”(菁5)。

古代奴隸名稱的“臺”,《説文》本作“臺”訓“觀,四方而高者”是高臺、臺地的“臺”,古籍中用爲賤隸,是假借,或加人旁,構成新的形聲字,金文或加女旁,金文《鄂君啟節》作“㥁”,從讀音和含意上溯甲骨文,知道用爲奴隸的“欽”字,本來是從止帶桎梏的象形表意字,從帶腳鐐的人,引申爲賤隸的名稱,它們的音義來源就比較清楚了。

本文爲了緬懷郭沫若同志對古代奴隸社會史研究的重大貢獻,感激他對自己的諄諄教誨,冒昧補充了卜辭中“扁”“罜”作奴隸名稱的用法,“牙”代表夏族奴隸名稱,金文、甲骨文作爲奴隸名稱的“臺”字,都是未及請教郭老的,希海内外師友有以教我。

《古文字奴隸名稱補遺》,《武漢大學學報》1983-3,頁78—80

○**湯餘惠**(1993)　㥁,字不識。銘文與馬、牛並提,當屬同類,可馱運貨物者。

《戰國銘文選》頁49

○**何琳儀**(1998)　㥁,從人,悳聲。疑值之繁文。《説文》:“值,措也。從人,直聲。”

鄂君車節㥁,讀犆或特。《集韻》:“特或作犆。”《廣雅·釋獸》:“獸四歲爲特。”泛指大牲畜。

廿一年相邦冉戈“壞㥁”,地名。

《戰國古文字典》頁68

○**湯餘惠等**(2001)　㥁。

《戰國文字編》頁567

○**李守奎**(2003)　㥁。

《楚文字編》頁500

△**按**　“㥁”字從人,悳聲,鄂君啟節讀作表示最低等級奴隸名稱的“僮”或“臺”,包山簡用作人名。

偝

陶彙3·1292　　陶彙3·1293

△按　“傪”爲“陟”字古文,重見卷十四“陟”字條。

倗

睡虎地·秦律 125

○睡簡整理小組(1990)　縣、都官用貞(楨)、栽爲倗(棚)牏
　　棚牏(音於),編聯起來的木板。

　　　　　　　　　　　　　　　　　　　　　《睡虎地秦墓竹簡》頁 49

○張守中(1994)　倗,《説文》所無,通“棚”。

　　　　　　　　　　　　　　　　　　　　《睡虎地秦簡文字編》頁 130

○湯餘惠等(2001)　倗。

　　　　　　　　　　　　　　　　　　　　　　《戰國文字編》頁 567

△按　“倗”字从人,崩聲,睡虎地簡“倗”讀爲“棚”。

儥

楚帛書　　　璽彙 1615

○嚴一萍(1967)　魚人　合文。古璽魚作▨▨,與繒書近。商氏隸定作
“儥＝”。按當是“魚人”合文。王國維曰:“《周禮·天官》獻人,釋文本或作
敆,獻敆同字,知虛魚亦同字矣。”按獻人疏:“《禮運》注引獻並作漁。”《淮
南·時則訓》:“季夏之月,乃命漁人伐蛟取鼉登龜取黿。”高注:“漁人,掌魚官
也。漁讀相語之語。”是魚人即獻人,漁人矣。

　　　　　　　　　　　　　　　　　　　　　　《中國文字》26,頁 2

○羅福頤等(1981)　彊。

　　　　　　　　　　　　　　　　　　　　　　《古璽彙編》頁 168

○何琳儀(1986)　“儥儥”,讀“魚魚”或“吾吾”。《國語·晉語》二“暇豫之
吾吾,不如鳥鳥”,注:“吾讀如魚。吾吾,不敢自親之皃也。”所謂“不敢自
親”,乃錐魯無知之皃。這與《列子·黃帝篇》載華胥氏之民“不知親己,不知
疏物,故無愛憎”適可互證。嚴引《淮南子·時則訓》“漁人”爲證。釋“儥＝”
爲“魚人”合文,亦可備一解。伏羲“結繩爲網以漁”,見《潛夫論·五德志》。

　　　　　　　　　　　　　　　　　　　　《江漢考古》1986-2,頁 78

○**饒宗頤**（1993） 儵₌重言。以膚之即吳例之,疑讀爲人俣俣。《詩》"碩人俣俣"傳:"容貌大也。"《集韻》俣或作僵。《孟子・萬章》"圉圉焉",注:"圉圉,魚在水羸劣皃。"儵殆僵之本字。

《楚地出土文獻三種研究》頁 234

○**何琳儀**（1998） 儵,从人,魚聲。

帛書"儵₌",讀"吾吾",錐魯無知之貌。《國語・晉語》二"暇豫之吾吾不如烏（編按:當作"鳥"）烏",注:"吾,讀如魚。吾吾,不敢自親之皃也。"

《戰國古文字典》頁 501—502

○**湯餘惠等**（2001） 儵。

《戰國文字編》頁 567

○**李守奎**（2003） 儵。

《楚文字編》頁 500

△**按** "儵"字从人,魚聲。古璽"儵"用作人名;楚帛書該如何讀,待考。

儝

包山 188

○**何琳儀**（1998） 儝,从人,羕聲。

包山簡"儝遊",讀"養游"或"養由",複姓。楚大夫養由基之後。見《元和姓纂》。《左・昭十六》"養由基",《後漢書・班固傳》作"養游基"。

《戰國古文字典》頁 676

○**湯餘惠等**（2001） 儝。

《戰國文字編》頁 566

○**李守奎**（2003） 儝,見《集韻・漾韻》。

《楚文字編》頁 500

△**按** "儝"字从人,羕聲,包山簡"儝遊"用作姓氏。

倝

集成 2840 中山王鼎　　集成 9735 中山王方壺

○**于豪亮**（1979） 倝讀爲帝,《周禮・瞽矇》:"諷誦詩,世奠繫。"注:"故書奠爲帝……杜子春云：帝讀爲定，其字爲奠，書亦或爲奠。"此僪亦當讀爲奠。"克僪大邦"，能够奠定大國的基礎。

"以明闢（辟）光僪（帝）瞀（曹）"，僪（辟），君。《詩・韓奕》："丕顯其光。"箋："光，榮也。"僪讀爲帝，《爾雅・釋詁》："帝，君也。"

《考古學報》1979-2，頁 174、179

○**張政烺**（1979）　僪，從人，商聲，敵之異體，在此讀爲適。

《古文字研究》1，頁 215

○**趙誠**（1979）　僪，借爲適。僪、適均從商聲，可通。

《古文字研究》1，頁 250

○**商承祚**（1982）　僪，用作敵。壺十五行則用爲適。

僪，從人，啻聲，《集韻》有此字，讀摘，非此意。僪當爲啻之或作。師酉簋："嗣（司）乃且（祖）啻（適）官。"古啻、適通用。《戰國策・秦二第四》："疑臣者不適（啻）三人。"以適爲之。

《古文字研究》7，頁 57、66

○**何琳儀**（1998）　僪，從人，啻聲。《集韻》："僪，無憚也。"

中山王鼎僪，讀敵。《爾雅・釋詁》："敵，匹也。"中山王方壺"僪曹"，讀"適遭"。適，猶正。

《戰國古文字典》頁 748

○**湯餘惠等**（2001）　僪。

《戰國文字編》頁 568

【僪瞀】
○**張克忠**（1979）　"僪瞀"，僪與王譻鼎"克僪（敵）大邦"的敵字相同；（中略）"敵曹"，敵輩。

《故宮博物院院刊》1979-1，頁 45

△**按**　"僪"字從人，商聲，張政烺把"僪"看作"敵"之異體，可從。

僵

○**羅福頤等**（1981）　豎。

《古璽彙編》頁 285

○**何琳儀**(1998)　侸，从人，豎省聲。豎之繁文。《集韻》：“俓同豎，神名。或从人。”

晉璽侸，人名。

《戰國古文字典》頁 370

△**按**　“侸”字从人，壴聲，“壴”又以“豆”爲聲，或爲“豎”字繁文。古璽“侸”用作人名。

絤

璽彙 1683

○**吳振武**(1983)　1683 奇𢱢·奇絤。

《古文字學論集》(初編)頁 500

○**何琳儀**(1998)　絤，从人，絲聲。

晉璽絤，人名。

《戰國古文字典》頁 1036

○**湯餘惠等**(2001)　絤。

《戰國文字編》頁 567

△**按**　“絤”即“儑”，或即“孿”之異體，古璽“奇絤”之“絤”用作人名。

僼

上博一·緇衣 5

○**陳佩芬**(2001)　从人，豊聲。《說文》所無，郭店簡及今本皆作“體”。

《上海博物館藏戰國楚竹書》(一)頁 179

○**李守奎、曲冰、孫偉龍**(2007)　僼，當爲“體”之異體。

《上海博物館藏戰國楚竹書(一—五)文字編》頁 401

△**按**　此“僼”字从人，豊聲，爲“體”之異體。參看卷四“體”字條。

儥

仰天湖 13

○**郭若愚**(1986)　　《汗簡》："_{〔字〕}，蜀。林罕集綴王庶子碑以爲獨字。"儔當爲獨之別體。《詩・小雅・正月》："念我獨兮，憂心惸惸。"箋："此賢者孤特自傷也。"又"哀此惸獨"傳："獨，單也。"疏："此單獨之民，窮而無告，爲上夭杶，將致困病，故甚可哀也。""儔箈"即獨席，謂單席也，蓋供一人坐者。《周禮・春官・司几筵》："掌五几五席之名物。"注："五席：莞、藻、次、蒲、熊。"疏："五席：莞、繅、次、蒲、熊者亦數出下文，仍有葦、萑席不入數者。"這些席均有純緣。

《戰國楚簡文字編》頁 117，1994；原載《上海博物館集刊》3

○**李家浩**(1993)　　1953 年湖南長沙仰天湖二十五號楚墓出土竹簡四十三枚，本文要討論的是其中的第十三號簡。該簡僅七字，現釋寫於下：

一純緓席，一儔席。　　　　　　《考報》1957 年 2 期圖版伍・13

"緓"字原文右半稍有殘泐，從殘畫看，跟二十四號簡"緓組"之"緓"顯然是同一個字，舊釋爲"綏"，非是。饒宗頤在考釋二十四號簡"緓"字時說："按緓當爲纓字。《汗簡》纓字作_{〔字〕}，出朱育《集字》，此省羽。"

從"緓"字在楚簡中的用法和戰國文字從"旻"之字的識讀來看，饒說甚是。不過"緓"不一定是朱育《集字》"纓"字那種形體的省寫，而可能是"纓"字的異體。根據一般古文字結構規律，"緓"字應該分析爲從"旻"聲。《說文》說"纓"從"嬰"聲。上古音"旻"屬元部，"嬰"屬耕部，耕、元二部字音關係密切，可以通用。《左傳》僖公元年《經》"公敗邾師于偃"，《公羊傳》"偃"作"纓"，即其例。王子嬰次爐銘文的"嬰"字和戰國文字的"嬰"字，原文寫作從"旻"，即以"旻"爲聲符，也是很好的例子。所以從"嬰"得聲的"纓"，可以寫作從"旻"得聲的"緓"。

"席"字原文作"箈"，從"竹"從"石"聲。此種寫法的"席"字還見於十一號簡和其他楚簡，饒宗頤釋爲"席"，也是十分正確的。"席"字本從"石"得聲。因席多用竹筬編織而成，故字或寫作從"竹"。爲印刷方便，本文所引楚簡中的"箈"字，皆徑寫作"席"。

"儔"字見於《玉篇》人部。原文說："儔，時束切。儔倲，頭動貌。"其讀音與"蜀"相同。

根據以上所說，十三號簡的文字並不難認識，而且也知道它所記的内容是席。但是，"純緓、儔"在此是什麼意思，卻有點費解。先讓我們看看下面兩個人的解釋。

郭若愚將"緓"誤釋爲"綏"。他說"綏"通"緌"，"'純緌'謂席緣有緌下垂也”。“‘𥛧’當爲‘獨’之别體”。“‘𥛧筘’即獨席,謂單席也,蓋供一人坐者”。

何琳儀説“𥛧”假借爲“蜀”,“蜀席,蜀地之席”。

根據郭氏的説法,“純緌席”似乎可以理解爲“緣有纓飾的席”。縱觀楚簡所記器物上附屬之物,都是在器物名字之後,而不是在器物名字之前。這裏以席爲例:

(1)一紫錦之席,黄裏,大□之純。

《考報》1957 年 2 期圖版肆·11

(2)一鈔(纅)席,羋綿(緩)之純。

《信陽》圖版一二一·2-08

(3)一白氈,錦純。一縞席,緑裏,錦純。

《包山》圖版一一三·262

(4)一寢席,二俾(蓆)席,一跪席,二莞席,皆又(有)绣。

《包山》圖版一一三·263

可見將“純緌席”解釋爲“緣有纓飾的席”,是有問題的。

郭氏對“𥛧席”的解釋也是有問題的。雖然“獨”有“單”義,但是古人所説的“單席”是對“重席”而言的,是指一層席,而不是指一人坐的席。這種意義的“單”,不能説成“獨”。何氏對“𥛧席”的意見,單就“一𥛧席”這句話本身來説,似乎要比郭氏的説法合理,但是跟上文“一純緌席”結合起來看,卻是錯誤的。

衆所周知,“純”字除了用作當“緣邊”講外,還用作集體量詞。《儀禮·鄉射禮》説:“二算爲純……一算爲奇……若右勝,則曰右賢於左;若左勝,則曰左賢於右。以純數告。若有奇者,亦曰奇。”鄭玄注:“假如右勝,告曰:右賢於左若干純若干奇。”

這裏與“純”相對的是“奇”。“奇”是個體量詞。值得注意的是,簡文以“一純”與“一𥛧”對言。在古代“蜀”或“獨”,或用作個體量詞。《方言》卷十二説:“蜀,一也。南楚謂之蜀。”郭璞注:“蜀,獨也。”

看來以“蜀”或“獨”爲個體量詞還是南楚的方言。《史記·貨殖列傳》説:“衡山、九江、江南、豫章、長沙,是南楚也。”長沙仰天湖在古代正在南楚的範圍之内。因此,我們認爲“一純”之“純”是集體量詞,“一𥛧”之“𥛧”應該讀爲“蜀”或“獨”,是個體量詞,而“緌席”則是一種席的名稱。

前面説饒氏將“緌”釋爲“纓”是對的,是就這個字字形結構和在楚簡中大多數用法來説的,但是將仰天湖十三號簡的"綬"字也釋讀爲"纓",於文義不適。因此該簡的"綬"字可能不是"纓"字的異體,而是作爲另一個字來用的。楚簡中常常見到一種席,字寫作从"妟"聲。例如:

(5)一寢莞,一寢篓,屯結芒之純。

《信陽》圖版一二六·2-023

(6)二簣莞,靈光之純,丹綊之繝(襠)。二莞偄,靈光之純,丹綊之繝(襠)。

《文物》1966 年 5 期 52 頁圖二四、圖版伍

(7)一縞席,緑裏,錦純。二篓席,錦純。

《包山》圖版一一三·262

(5)(6)分别記有兩種席,一種是"莞",另一種在(5)寫作"篓",在(6)寫作"偄"。(7)也是記有兩種席,一種是"縞席",另一種是"篓席"。"篓"和"偄"都从"妟"得聲。我們曾經指出,"妟"和"筵"古音同屬元部,二字聲母亦近,疑"篓"和"偄"都應該讀爲"筵"。《周禮·春官·序官》"司几筵"鄭玄注:"筵亦席也。鋪陳曰筵,籍之曰席。然其言之筵席通矣。"賈公彦疏:"設筵之法,先設者皆言筵,後加者爲席,故其職云'設莞筵紛純,加繅席畫純'。"

簡文所記的"寢篓、莞偄、篓席"當是先設之席,在下面,"寢莞、簣莞、縞席"當是後加之席,在上面。上揭仰天湖十三號簡記的也是兩種席。據前人研究,重席在下,單席在上。"一純綬席"之"綬席"當是先設之席,"一偄席"之"席"當是後加之席。"綬"也是一個从"妟"得聲的字。仰天湖十三號簡的"綬"和"篓、偄"二字顯然是同一個詞,因涉上文"純"而寫作从"糸",與"纓"字的異體似無關係。因此,"綬席"即(7)"篓席"的異文,也應該讀爲"筵席"。江陵鳳凰山一六八號漢墓遣册有"延席一",記的也是這種席。

在楚簡和古書中,常常會見到"數詞+量詞+名詞"的句式。例如:

一兩緣瘴縷(屨),一兩絲瘴縷(屨),一兩漆鞮(緹)縷(屨),一兩詎縷(屨),一兩綊縷(屨)。　《信陽》圖版一一九·2—02

一雙璜,一雙虎(琥)。　《文物》1965 年 5 期 52 頁圖二四、圖版陸

一乘羊(祥)車。　《包山》圖版一一九·275

如有一介臣,斷斷猗無他技。　《書·秦誓》

其獄一踦腓(菲)、一踦屨而當死。　《管子·侈靡》

"一純筵席,一蜀席"與這些句式相同,可見我們對簡文的釋讀是合理的。

像仰天湖十三號簡那樣以"純"爲集體量詞和"蜀"爲個體量詞的形式，可以追溯到殷代的甲骨刻辭。殷墟出土的肩胛骨骨臼處，往往有如下的刻辭：

帚杞示七屯又一乀。　《合集》6·17525

古示十屯又一丿，賓。　《合集》6·17581

利示三屯又一丿，賓。　《合集》6·17612

示五屯又一乀，亙。　《合集》6·17663

"屯"字是由于省吾先生釋出的，現已得到大多數古文字學家的贊同。但是"乀"或"丿"是什麽字，長期以來卻是一個謎。郭沫若曾釋爲《説文》訓爲"流也"的"乁"。按郭説有一定的道理，不過我們認爲更有可能是"亅"或"乚"字。

"亅、乚"二字見於《説文》卷十二，原文説："亅，鉤逆者謂之亅。象形……讀若橜。""乚，鉤識也。從反亅。讀若捕鳥罬。"

據大徐本注音，"亅"音衢月切，"乚"音居月切，二字韻母相同，只是聲母略有不同。前者讀音的聲母屬群母，後者讀音的聲母屬見母，見、群二母都是舌（編按：當作"牙"）音，發音部位相同。古代文字書寫比較隨便，正反不別，上揭甲骨刻辭"乀"或寫作"丿"就是很好的例子。"亅"和"乚"在古代早期文字中顯然是同一個字，後來分化爲兩個字，於是將其中之一的聲母略加改變，以示區別。《説文》説"戉"字從"戈"，從"乚"聲。據古文字資料，"戉"是"鉞"字的象形初文，所謂的"乚"是象徵鉞刃的部分。上古音"乚、戉"都是見系月部字，讀音十分相近，"乚"可能是截取"戉"字象徵鉞刃的部分而成。若此，"戉"字對"乚"字來説，其所從象徵鉞刃的部分也就相應的聲符化了。按古文字"戉"或作如下之形：

钱史牆盤　《總集》8·6792

戉虢季子白盤　《金文編》830頁

戉曾侯戟"郕"字偏旁　《曾侯》上274頁圖一六四

戉包山竹簡"郕"字偏旁　《包山》圖版三·5

這些"戉"字所從象徵鉞刃的部分，跟甲骨刻辭"乀"相同或相近，疑《説文》的"亅"和"乚"就是由甲骨刻辭"丿"和"乀"演變而成。

甲骨刻辭的"屯、乚（丿）"二字是肩胛骨的量詞，"屯"是指肩胛骨一對，"乚（丿）"是指肩胛骨一塊。"屯"應該讀爲"二算爲純"之"純"，這是大家都知道的，而"乚"或"丿"，我們認爲應該讀爲"一算爲奇"之"奇"。"奇"有兩種讀音。

一種是“奇耦”之“奇”,音居宜切;一種是“奇特”之“奇”,音渠羈切。前者的聲母屬見母,後者的聲母屬群母,正好跟“レ、」”二字的聲母相對應。上古音“奇”的韻母屬歌部,“レ、」”二字的韻母屬月部,歌、月二部正好是陰入對轉。所以,甲骨刻辭的“レ”或“」”可以讀爲“一算爲奇”之“奇”。

補正:

江陵高臺十八號漢墓 35 丁木牘所記隨葬物中,有一行文字説:

漆杯二雙一奇。《文物》1993 年 8 期 17 頁圖一一四·4,圖版貳·3

“二雙一奇”記數形式,與本文所説殷墟肩胛骨骨臼刻辭“三屯又一」”等記數形式相似,可供參考。

《著名中年語言學家自選集·李家浩卷》頁 212—221,1998;

原載《中國典籍與文化論叢》1,頁 450—455

○朱德熙、裘錫圭、李家浩(1995)　“僱”,疑當讀爲“蓐”。

《江陵望山沙冢楚墓》頁 297

○何琳儀(1998)　僱,从人,蜀聲。《廣韻》:“僱,僱倰,短醜貌。”《切韻》:“僱,僱倰,動兒,又短兒。”

仰天湖簡“僱筈”,讀“僱席”,短席。

《戰國古文字典》頁 377

○湯餘惠等(2001)　僱。

《戰國文字編》頁 567

○李守奎(2003)　僱。

《楚文字編》頁 500

△按　“僱”字从人,蜀聲。劉國勝《楚喪葬簡牘集釋》(125 頁)認爲“‘僱’讀爲‘蓐’蓋是。此處‘僱席’應即曹家崗 6 號簡所記的‘觸席’,可讀爲‘褥席’。《釋名·釋牀帳》:‘褥,辱也,人所坐褻辱也。’‘褥席’應屬坐席之類,與信陽遣册所記的‘一錦坐茵’、包山遣册所記的‘坐席’大概是同類物”。

儞

陶彙 4·47

○高明、葛英會(1991)　《説文》所無,《類篇》“儞與你同”。

《古陶文字徵》頁 24

○**何琳儀**（1998）　儞，从人，爾聲。上加厶疑爲疊加音符。你之繁文。《類篇》："儞，與你同。"《正字通》："你，汝也。俗作你。"

燕陶儞，人名。

《戰國古文字典》頁 1253

厶儞，人名。

《戰國古文字典》頁 1498

○**湯餘惠等**（2001）　儞。

《戰國文字編》頁 567

△**按**　"儞"字从人，爾聲，陶文此字右上角陳斯鵬認爲是"日"，爲增加的聲符；何琳儀認爲是"厶"聲的可能性也不能排除。

隹

上博五·競建 9

○**陳佩芬**（2005）　進芋（華）倗（明）子。

《上海博物館藏戰國楚竹書》（五）頁 175

○**趙平安**（2007）　《上海博物館藏戰國楚竹書（五）·競建内之》第 9 至 10 號簡是隰朋和鮑叔牙批評齊桓公的話，當中有"進芋倗子以馳於倪廷"一句。整理者釋"芋"爲"華"，釋"倪"爲"郳"，都是可取的見解。但把"芋"前一字釋爲"進"，"倪"後一字釋爲"廷"，認爲"進華""指有進取心且有才華"，"倗子""即'明天子'，明德聖君"，"倪廷"即"郳廷"，則非是。

"芋"前一字原作隹，與楚文字"進"寫法明顯不類。下面是《楚文字編》所收"進"的字樣（圖一），通過比較，便可一目了然。《楚文字編》未録上博藏戰國楚竹書的資料。從已發表的《上海博物館藏戰國楚竹書》（一）至（五）看，"進"字情形與《楚文字編》相似。"芋"前一字右上爲"隹"，右下爲"呂"形，兩部分比較緊湊，"呂"上"口"與"隹"共用筆畫。"呂"的用筆，和郭店《緇衣》第 13 簡"狂"所從相同。此字右邊實際上與《上海博物館藏戰國楚竹書（五）·三德》第 10 號簡"毋雍川"之"雍"一致。《三德》篇"雍"作雍，左邊從水，繼承了甲骨文繁式寫法和西周金文寫法。考慮到甲骨文繁式"雍"水旁作⟨，上舉字左邊可以看作是水形的裂變。如果著眼於西周以來"雍"中水形的複雜寫法，也可以把它看作是水形的省變。由於雍字甲骨文和戰國文字（包括上博簡在內）裏有一種簡式从隹从吕，而戰國文字癰从簡式雍作聲符，所以上舉字也可以分析爲从人，雍聲。但相對而言，第一種可能性較大。要之，不管如何分析，這個字與雍有關，是可以肯定的。繁體擁从雍得聲，古書中雍、擁通用，簡文雍可以讀爲擁。

《出土文獻研究》8，頁 9—10

僀

璽彙 2560

○**何琳儀**（1998）　僀，从人，魯聲。疑僷之省文。見僷字。

楚璽僀，人名。

《戰國古文字典》頁 504

㷙

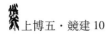上博五·競建 10

○**陳佩芬**（2005）　㸯而㷙　讀爲"告而僯"。"㸯"，从爻，告聲，字書未見。"㷙"，讀爲"僯"。《集韻》："僯，慚恥也。"《戰國策·齊策》："使管仲終窮抑，幽囚而不出，慚恥而不見，窮年沒壽，不免爲辱人賤行矣。"

《上海博物館藏戰國楚竹書》（五）頁 177

△按　簡文"㷙"字待考。

㒞

包山 141　　**包山 143**　　**包山 166**　　**包山 193**

○**何琳儀**（1998）　㒞

㒞，从人，鬲聲。

包山簡㒞，或作鬲，地名。

《戰國古文字典》頁 1278

○湯餘惠等（2001）　儶。

《戰國文字編》頁 568

○李守奎（2003）　儶。

《楚文字編》頁 500

△按　"儶"用作地名,待考。

懐

上博六·天甲 9　　上博六·天乙 8

○曹錦炎（2007）　褱（懷）民則已（以）惪（德）　"褱",讀爲"懷","褱、懷"字均從褱得聲,可通。《説文》:"懷,念思也。"引申爲安撫,《禮記·中庸》:"懷諸侯,則天下畏之。"（中略）"懷民",見《荀子·成相》:"武王誅之,吕尚招麾殷民懷。"亦見《文選》張衡《東京賦》:"慕天乙之弛罟,因教祝以懷民。"

《上海博物館藏戰國楚竹書》（六）頁 326

儱

上博二·從甲 12

○陳美蘭（2003）　唯殜不儱:即"唯世不識",意謂:即使世人不識得。張光裕先生考釋（225 頁）謂"殜"即"世",可從。

儱,李鋭先生《初札》疑从"戠",讀爲"識"。周鳳五先生《從甲》也主張"儱"左旁从人,右旁上从臼、下从戠,乃"識"字的異構,讀爲"雖世不識",意謂"君子敦行不倦,持善不厭,一般人雖不知道,但必定有人瞭解他"。後來學者多贊成將"儱"字釋爲"識",但是關於"儱"字的形構,則各有詮釋,上引周文認爲該字所从"臼"字乃聲符,徐在國先生《雜考》、何琳儀先生《滬二》、黄錫全先生《札記二》皆以爲"臼"形乃戰國文字的"齒"字,作聲符用,"臼（齒）、戠"同屬"儱（識）"聲符。

美蘭按:"臼"字上古音爲群紐幽部,"臼（齒）"爲昌紐之部,"儱（識）"爲章紐職部,"臼（齒）、儱（識）"聲紐相近,韻部爲陰入對轉,故從"齒"聲之説可從。

《〈上海博物館藏戰國楚竹書（二）〉讀本》頁 83

△按　"唯殢不儠"即"唯世不識","儠"爲"識"字異體,所从的"臼(齒)"除了可能充當聲符,也可能充當意符,猶如戰國文字"斯"字可加"臼(齒)"旁(參看《楚文字編》808 頁)作聲符或意符。

儹

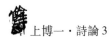

上博一・詩論 3

○馬承源(2001)　儹(觀)。

《上海博物館藏戰國楚竹書》(一)頁 129

△按　簡文"儹"當爲"觀"字異體。

毕　𥝫　矣

矣 郭店・語二 50　　𥝫 郭店・唐虞 18　　矣 郭店・語三 62

矣 集成 12105 鷹節　　矣 集成 12091 馬節

○李家浩(1998)　傳遽鷹節共有兩件,都作鷹形,但大小、形態略有不同。大的一件作正面立鷹之形,近首尾中閒處各有一穿孔,正面有銘文十一字(圖一)。小的一件作側面蹲鷹之形,正面有銘文七字。爲了便於區別,將大的一件稱作甲,將小的一件稱作乙。

圖一　　　　　圖二

1946 年唐蘭先生的《王命傳考》,1972 年朱德熙先生和裘錫圭先生的《遽馹考》,都曾對這兩件鷹節銘文中的個別文字作過考釋。(中略)

　　先把甲、乙兩鷹節的銘文釋寫於下,釋文不加標點:

　　　　傳虞帚戊矣舟右㞷不句酋　　　鷹節甲

　　　　虞帚戊矣舟㞷不　　　　　　　鷹節乙

　　將兩節銘文對照,就會發現乙節的銘文不全:"虞"前少一"傳"字,"舟"後少一"右"字,"不"後少"句酋"二字。這是因爲乙節較小,容納不下這麼多字,而有意省略的。由於此種情況,下面根據甲節銘文進行討論。(中略)

　　第五字也見於騎傳馬節:

　　　　騎傳,比矣(圖二)。

　　原文作如下之形:

A1　羡鷹節甲　　A2　羡鷹節乙　　A3　屎馬節

古文字"大、夫、矢"三字形近,作爲偏旁往往混用不別。例如古文字"侯、智"二字,既有寫作从"矢"的,又有寫作从"大"的和从"夫"的。A1、A2 的下半作"夫"字形,A3 的下半作"矢"字形,即屬於此種情況。A3 的上半是 A1、A2 的上半的變體,可以通過古文字"欠、乑、斗"的訛變情況得到證明。

欠　〈史次鼎"次"字所从　《金文編》622 頁　　〈多次尊"次"字所从　同上

〈〉璽文"餡"字所从　《古璽文編》112.4018　　〈〉中山侯鉞"忱"字所从《金文編》875 頁

乑　〈大鼎　《金文編》818 頁　　〈大鼎　《金文編》

斗　〈眉廚鼎《金文編》928 頁　　〈晉陽半尖足布"年"字所从　《古幣文編》85 頁

舊認爲 A1、A2 與 A3 是兩個不同的字,將 A1、A2 釋爲"燕"或"寅",將 A3 釋爲"侯"或"狄",皆不可信。

《汗簡》卷中之一尸部所收"矢"字,古文作"屎":〈〉　《義雲切韻》
《爾雅·釋詁》:"矢,陳也。"陸德明《釋文》"矢"作"屎",也是"矢"通作"屎",與《汗簡》所引《義雲切韻》相同。"屎"从"尸"从"矢"聲,故"矢、屎"二字可以通用。節銘 A3 與《義雲切韻》"屎"字十分相似,似可將 A 釋爲"屎"。不過將 A 釋爲"屎"有一個問題,即"屎"是一個形聲字,根據一般古文字形體變化規律,"屎"字可以寫作 A3 之形,但無論如何不能寫作 A1、A2 之形。因此,對於 A 的釋讀還需要重新考慮。

我們認爲節銘 A 是"矣"字。"矣"即"兒、疑"二字所从的聲旁,其在古文字中作下列諸形:

B1　〈父乙爵　《金文編》1057 頁　　　　B2　〈伯疑父"凝"字所从　同上 989 頁

B3　〈璽文"肄"字所从　《古璽文編》69.5120　　B4　〈小篆"疑"字所从　《説文》子部

B1、B2 像人站立張口回顧之形,B3、B4 將 B1、B2 所从的"大"訛變作"矢"字形。上面說過,古文字"大、夫、矢"三字形近,作爲偏旁往往混用不別。節銘 A1、A2 與 B1 形近,A3 與 B4 形近,唯 A1、A2 將"大"寫作"夫",A3 將向左張之口的下邊筆畫向左下曳作古文字"尸"字之形。值得注意的是,古文字"欠、矣"都像人張口之形,不同之處只是"欠"作側面人之形,"矣"作正面人之形。B1、B4 的向左張之口變作 A3 的"尸"字之形,與上揭古文字"欠"第一、二體變作第三、四體的情況相同。所以我們認爲節銘 A 是"矣"字。

上面曾經指出,節銘 A3 與《義雲切韻》"矢"字古文"屎"十分相似。這是值得注意的一個現象。《説文》於"妷"字下説："矤，古文矢字。""妷"與"矢"不論是字音還是字形，都相隔甚遠，《説文》爲什麼會説古文以"矤"爲"矢"呢？過去《説文》學家都不得其解，現在由於節銘"矤"字的識出，這個問題就好解釋了。大概在《説文》所説的古文中，"矤"字的寫法像 A3 那樣，與"戻"字同形，而古文"戻"又有像上引《義雲切韻》等那樣與"矢"相通的情況，所以《説文》説"矤，古文矢字"。《説文》裏還有一些類似這種情況的字。例如《説文》於"丂"字下説"丂，古文以爲于"；於"且"字下説古文"且""又以爲几"。這是因爲古文"丂"與"于"、"且"與"几"同形或形近的原故。從這一點來説，也可以證明將 A 釋爲"矤"是合理的。

　　鷹節的"矤"字和馬節的"矤"字用法相同，細繹文義，應該是一種機構的名字，其性質當跟傳遞有關。在古代驛傳機構中，有一種叫作"郵"的。《説文》邑部："郵，境上行書舍。"《漢書·薛宣傳》"橋梁郵亭不修"，顏師古注："郵，行書之舍，亦如今之驛及行道館舍也。"上古音"疑、郵"都是之部字。二字聲母亦近。"疑"屬疑母，"郵"屬匣母，疑、匣二母在形聲字中有互諧的情況。例如："爲"屬匣母，而從"爲"得聲的"僞、譌"屬疑母；"月"屬疑母，而從"月"得聲的"蚏"，屬匣母。疑節銘的"矤"應該讀爲"郵"，"比郵、帚戊郵"，猶《史記·白起傳》的"杜郵"、《漢書·淮南厲王長傳》的"邛郵"，"比、帚戊"應該是地名。

《著名中年語言學家自選集·李家浩卷》頁 82—88, 1998;
原載《海上論叢》2

○**何琳儀**(1998)　　戻，從尸，矢聲。《爾雅·釋詁》："戻，陳也。"釋文："戻，本作矢。"

　　馬節"比戻"，讀"比矢"，喻傳騎之速。

《戰國古文字典》頁 1217

○**劉樂賢**(2002)　　(編按:郭店·唐虞 18)一《唐虞之道》第一八號簡:

　　年不弋，君民而不喬(驕)，卒王天下而不矤。

　　簡中的"矤"字，寫法與郭店簡其他"矤"或從"矤"之字略有差別，學者或將其視爲疑、肆等字的原始聲符，在簡文中直接讀作"疑"。此説也有道理。按，矤與疑的右部(古文字中可單獨成字)寫法較爲接近，二者在郭店簡中存在相混的可能。好在二者讀音相近(矤是之部匣紐，疑是之部疑紐)，故無論采用哪種釋法都不影響對簡文的通讀。現在的問題是，該字在簡文中到底是什麼意思？

根據我們對簡文的理解,讀"疑"之説似乎有些問題。按照這種讀法,"卒王天下而不矣(疑)"似乎是説,"君民"者最終統治天下是無疑的。我們體會,簡文的意思好像不是這樣的。這段文字寫在第一八號簡的開頭,其前面的文字已不可考,這給我們理解上述簡文造成一定障礙。好在它後面的文字十分完整,兹將第一八至一九號簡的相關文字抄録如下:

> 年不弋,君民而不喬(驕),卒王天下而不矣。方才(在)下立(位),不以匹夫爲輕;及其又(有)天下也,不以天下爲重。

仔細體會,這一整段文字是説古代聖王能以平常之心看待治理天下之事。其大意,與第一五至一六號簡講舜的文字基本一致:

> 夫古者舜居於草茅之中而不憂,升爲天子而不喬(驕)。

從這一角度理解,上論簡文的"卒王天下而不矣",仍應是講古代聖王在"王天下"後的心態。或許,這裏的"矣"讀"喜"更爲合適一些。從古音看,矣是之部匣紐,喜是之部曉紐,二者讀音接近,可以通假。在郭店簡中,"喜"或從"喜"得聲的字常可讀爲"矣",説明矣、喜二字確實具有通假關係。從文例看,前句説"君民而不驕",後句説"卒王天下而不喜",文義正相銜接,兩句都是説明後文"不以天下爲重"的。

《古籍整理研究學刊》2002-5,頁7

○**李鋭**(2003)　(編按:郭店·唐虞18)《唐虞之道》簡18:不矣

原釋文讀爲"不疑",劉樂賢先生認爲:這裏的"矣"讀"喜"更爲合適一些。

按:簡文字形作"矣",實即"疑"字初文而有筆畫共用,近《古幣文編》297頁"矣"字(何琳儀先生即收入"疑"字初文下)。可隸定爲"矣",宜讀爲"肆"。《集韻·至韻》指出肆同肄,"肄",《説文》從聿(書)作"肄",段玉裁《説文解字注》改爲從"隶",是。段玉裁認爲肄從矣聲,則"矣"當可讀爲"肆"。《玉篇·長部》:"肆,放也,恣也。"《禮記·表記》:"子曰:'君子莊敬日强,安肆日偷。'"鄭注:"肆,猶放恣也。""肆"與"驕"正相對應。

《華學》6,頁89

○**陳劍**(2003)　郭店簡中有如下一字:

矣《語叢二》簡50

原誤釋爲"矣"。李家浩先生指出,此字乃是疑惑之"疑"的表意初文"矣"字的省寫,省去了"矣"字下半由"大"訛變來的"矢"形的左右兩筆(編按:李家浩《郭

店楚簡文字考釋三篇》之第一篇《郭店楚墓竹簡中的"夨"字及从"夨"之字》,未刊稿)

又有如下兩字:

《語叢一》簡 110　　　《語叢一》簡 50

第一形左半與上舉《語叢二》簡 50"夨"相同,第二形左半亦其變體。原整理者誤將此兩形左半隸定爲"矢",後來不少研究者如徐在國、陳斯鵬、李守奎、李家浩等都已正確指出其左半實从"夨",字當分別隸定爲"頪"和"艴";前引《説文》"色"字古文""形,即本於"頪"形;"艴"字則應係在"色"字基礎上加注聲符"夨"而成。它們在簡文中毫無疑問都是作爲"色"字來用的,"頪"字从"頁",跟《語叢一》簡 47"又(有)容又(有)頤(色)"的"頤(色)"字从"頁"一樣,都應該是爲"容色、顔色(即臉色)"的"色"所造的專字。

從讀音上看,"疑"跟"色"古音相近,可以相通。(中略)所以,郭店簡文字的"色"或以"疑"之表意初文"夨"爲聲符,實屬正常。

《第四屆國際中國古文字學研討會論文集》頁 376—377

○**羅婷婷**(2004)　(編按:郭店·唐虞 18)《唐虞之道》第一號簡(編按:當爲一八號簡):

年代(編按:原簡文無"代"字)不弋,君民而不喬,卒王天下而不夨。

劉樂賢《讀郭店簡儒家文獻札記》:"簡中的'夨'字,寫法與郭店簡其他'矢'或从'矢'之字略有差別,學者或將其視爲疑、肆等的原始聲符,在簡文中直接讀作'疑'。"趙平安先生就直接讀作"疑"。

劉樂賢先生又説:"根據我們對簡文的理解,讀'疑'之説似乎有些問題。按照這種讀法,'卒王天下而不夨(疑)'似乎是説,'君民'者最終統治天下是無疑的。我們體會,簡文的意思好像不是這樣的……'卒王天下而不夨',仍應是講古代聖王在'王天下'後的心態。或許,這裏的'夨'讀'喜'更爲合適一些。"

劉先生的意見是對的,"夨"讀"喜"也文從意順,不爲不可。我以爲"夨"讀作"怡"更好,"夨、怡"並从"以"得聲,古音夨之部匣紐,怡之部喻紐,怡、喜義近。《國語·周語下》:"晉國有憂,未嘗不戚;有慶,未嘗不怡。"戚、怡對文見義。

《古漢語研究》2004-2,頁 8

△**按**　鷹節"夨"爲"毕"字初文的變體,馬節"戾"又是"夨"的進一步訛變,李家浩所釋可從。

真 <眞>

真<眞>睡虎地・答問 49　　真<眞>古陶文字徵,頁 169　　真<眞>古陶文字徵,頁 169

真<眞>曾侯乙 122　　真<眞>上博六・用曰 3　　真<眞>上博六・用曰 5　　真<眞>貨系 341　　真<眞>先秦編 137

真<眞>先秦編 137　　真<眞>貨系 339　　真<眞>貨系 342　　真<眞>貨系 347

○鄭家相(1942)　(眞)真<眞>

右布文曰真,在左。按真爲顛省,即顛軡,見僖三年,在今山西平陸縣東北三十里。以上各布應列於晉。

《泉幣》11,頁 35

○裘錫圭、李家浩(1989)　"填",原文作真<填>,从"土"从"真"<眞>。簡文甲冑之"甲"的單位量詞即从真<眞>作真、真、真等形。按"真"字金文作真,或作真(《金文編》575 頁)。"貝、鼎"二字形近,在古文字中作爲偏旁時往往混用,故金文"真"或寫作从"鼎"。又有加"丌"旁作真者(《金文編》575 頁),漢印文字作真(《漢印文字徵》8・10 下),所从"貝"旁省作"目"。貨幣文字中有一個从"貞"的真字(《先秦貨幣文編》37 頁,原書誤釋爲"貞"),亦見於蚰匕銘文顛字(《金文編》626 頁,原書釋爲"頂")左旁。古代"貞、真"二字形音俱近。"貞"的聲母屬端母,"真"的聲母屬照母三等,上古音照母三等與端母近。"貞"的韻母屬耕部,"真"的韻母屬真部,真耕二部字音關係密切。如《楚辭・離騷》以"名、均"爲韻,又《卜居》以"耕、名、身、生、真"爲韻,又《遠遊》以"榮、人、征"爲韻。"名、耕、生、榮、征"屬耕部,"均、身、真、人"屬真部。上引金文真所从的●,即"丁"字。在古文字中常見在文字上加注聲符的現象,疑真字所从的"丁",即加注的聲符。"丁"屬耕部。因此,上引貨幣文字當釋爲"真",蚰匕之字當釋爲"顛"。真與上引"真"字形近,亦應當釋爲"真"。從金文"真"字的"丌"旁或有或無來看,真<填>應當釋爲"填"。"填"與"珥"連文,疑當讀爲"瑱"。簡文的"珥瑱"與車器記在一起,當是車飾。64 號簡有"紫組珥",與馬器記在一起,當是馬飾。此跟古書訓"珥、瑱"爲耳飾者異。

簡文"真"是"甲"的量詞,或疑當讀爲"領",但字音未能密切,待考。

《曾侯乙墓》頁 512、518

○**睡簡整理小組**（1990）　（編按：答問49"且行真罪"）真，《淮南子・俶真》注："實也。"真罪，指本人實際盜竊的一百錢。

（編按：答問113"君臣真戎君長"）真，指純屬少數民族血統。

《睡虎地秦墓竹簡》頁 105、120

○**何琳儀**（1998）　眞，西周金文作🔲（季真鬲），从鼎，🔲聲。珍之初文（鼎爲珍寶之器）。《説文》："珍，寶也。从玉，㐱聲。"或作🔲（伯真甗），易鼎爲貝。參貞、則、敗等字本从鼎。貝下丁爲疊加音符（真、🔲、丁均舌音）。或作🔲（真盤），下加丌由🔲省作一而演變。參奠、其等字下所从一、🔲、丌。春秋金文作🔲（真敖簋）、🔲（芮子鼎），其貝又訛作目形（晚周文字習見）。戰國文字承襲兩周金文。🔲演變爲🔲、🔲、🔲、🔲、🔲、🔲等形，丌或有或無。齊系文字作🔲、🔲，晉系文字作🔲、🔲，楚系文字作🔲、🔲，秦系文字作🔲、🔲，均呈地域特點。《説文》："🔲，僊人變形而登天也。从匕从目从乚。八，所乘載也。🔲，古文眞。"古文與齊系文字有關，其演變序列爲🔲、🔲、🔲（《古文四聲韻》上平三十）、🔲（同上）、🔲（《説文》）、🔲（《汗簡》中一・四二）。至於《古文四聲韻》🔲上從止形，顯然與楚系文字有關。又🔲形亦可參齊國庚壺貝作🔲。

隨縣簡真，讀領。《國語・周語》上"回禄信於聆隧"，《説苑・辨物》引聆作亭。亭从丁聲，金文真或亦从丁聲。是其旁證。《韓非子・初見秦》："不用一領甲。"

秦箴言璽"真心"，善心。《後漢書・竇融傳》："欲設閒離之説，惑亂真心。"

《戰國古文字典》頁 1115

○**李守奎**（2003）　在簡文中讀真或鼎，與貞卜之貞形體有別，疑即真之省形。

《楚文字編》頁 501

○**張光裕**（2007）　（編按：上博六・用曰3）良人鼎安（焉）。

（編按：上博六・用曰3）九惠是鼎（貞）。

《上海博物館藏戰國楚竹書》（六）頁 288、290

△按　曾侯乙墓竹簡 61 號"二真吳甲"、122 號"二真楚甲"、123 號"一真吳甲"、136 號"三真楚甲"之"真"意爲"領"。

化 🔲

🔲集成 11322 七年俞氏戈　🔲郭店・老甲 6　🔲陶彙 3・87

北陶彙 3·260　北陶彙 3·463　北货系 456

○**高明、葛英會**(1991)　化。

《古陶文字徵》頁 32

○**何琳儀**(1998)　甲骨文作化(佚存二二一五),從一正人,從一倒人,會生死變化之意。春秋金文作化(中子化盤)。戰國文字承襲春秋金文。《說文》:"化,教行也。從匕從人,匕亦聲。""匕,變也。從到人。"匕疑化之省文,兹删匕聲首而立化聲首。

齊陶化,人名。

《戰國古文字典》頁 835

仇　七年侖氏戈

仂,從人,力聲。《正字通》:"仂,數之餘也。通作扐。"

七年侖氏戈仂,人名。

《戰國古文字典》頁 85

○**中國社會科學院考古研究所**(2001)　七年侖氏令韓化工師榮屍冶謀

《殷周金文集成釋文》6,頁 512

○**湯餘惠等**(2001)　化。

《戰國文字編》頁 569

△按　七年侖氏戈"工"前之字當以釋"化"爲是。

匕 𠤎 枇

近出 99 斷鐘　望山 2·47　望山 2·56　集成 980 魚鼎匕

信陽 2·27　天星觀

○**朱德熙、裘錫圭**(1973)　信陽 227 號簡云:……一錟枇,一□,一□□一絲刀……

枇就是《說文》"匕,所以用匕取飯,一名柶"的匕。此字魚鼎匕(《三代》18·30)寫作匕,古籍或作匕(《儀禮·士昏禮》"匕俎从設"),或作枇(《儀禮·士喪禮》"乃枇載"),或作朼(《禮記·雜記上》"朼以桑",《釋文》:"朼音匕,本亦作枇,音同。")。

《朱德熙古文字論集》頁 62,1995;原載《考古學報》1973-1

○**中大楚簡整理小組**(1977) 匕即今之飯匙,出土物中有長直柄銅勺一、曲杯銅勺一,殆即簡文所稱“二金勺”。

《戰國楚簡研究》3,頁45

○**趙世綱**(1991) “𠤎(比)者(諸)礨(囂)磒(聖)”

“𠤎”,M10:73號黝鎛寫作“𠤎”,M10:74號黝鎛寫作“𠤎”,其餘各鎛、鐘均寫作“攺”。𠤎爲匕,同比。攺,从比从攴,可能還是比字。(中略)

“𠤎(比)者(諸)礨(囂)磒(聖)”,意思是説這套編鐘,可以與特磬的聲音相媲美。

《淅川下寺春秋楚墓》頁364

○**朱德熙、裘錫圭、李家浩**(1995) 三(四)金匕

此墓出四件銅製“鏟狀勺”(頭一二一),當即簡文所謂“四金匕”。勺多用於挹取液體。此種“鏟狀勺”不適於挹取液體,過去多稱爲勺是不妥當的。《雙劍誃古器物圖録》把壽縣出土的兩件“鏟狀勺”稱爲“匕”(上册三八、三九),實具卓識。

《望山楚簡》頁125

○**何琳儀**(1998) 匕,甲骨文作𠤎(乙三七二九反)。象曲柄勺之形。西周金文作𠤎(戈妣辛鼎),春秋金文作𠤎(曾伯父鐳)。戰國文字承襲兩周金文。《説文》:“𠤎,相與比敘也。从反人。匕亦所以用比取飯。一名柶。”

楚燕尾布匕,讀幣。見比字。楚簡匕,勺。見《説文》。《詩·小雅·大東》“有捄棘匕”,傳:“所以載鼎實。”

《戰國古文字典》頁1286

杫,从木,匕聲。匕之繁文。《正字通》:“杫,俗匕字。”

信陽簡杫,讀匕。

《戰國古文字典》頁1287

○**李家浩**(1998) 《方言》卷六:“器破而未離謂之璺,南楚之间谓之攺。”鐘銘的“攺”當非此義。張文説:“攺字據坺作扶、敽作播、斀作擴、散作措之例,應即後世的批字。《廣雅·釋詁三》:‘批,擊也。’”此説可從。“礨磬”是打擊樂器。漢語名詞化標記的“者”,具有轉指和自指的功能。“批者”是轉指,指打擊的樂器,也就是它所修飾的“礨磬”。

《北大中文研究》頁250

○**陳偉武**(2003) 杫:字从木,匕聲。見於天星觀簡和信陽簡。爲“匕”之專字。

鈚:字从金,匕聲。見於天星觀簡和仰天湖簡。亦爲"匕"之專字。

《華學》6,頁 100

△按　"匕"字本象曲柄勺之形,或繁化作"朼",簡文用其本義;戲鐘之"匕",應從李家浩讀作"批"。

頃 傾

頃 睡虎地・秦律 2　　頃 睡虎地・答問 64　　頃 陶彙 5・136

○**睡簡整理小組**(1990)　(編按:秦律 2"亦颛言其頃數")頃,土地面積單位,《玉篇》:"田百畝爲頃。"《新唐書・突厥傳》引杜佑云:"周制步百爲畝,畝百給一夫。商鞅佐秦,以爲地利不盡,更以二百四十步爲畝,百畝給一夫。"

《睡虎地秦墓竹簡》頁 20

○**何琳儀**(1998)　《説文》:"傾,頭不正也。从匕从頁。"或疑頃,从頁从曲,會人衰曲不正之意。曲亦聲。頃、曲均屬溪紐,頃爲曲之準聲首。

青川牘頃,見《玉篇》"頃,田百畝也"。

《戰國古文字典》頁 790

○**高明、葛英會**(1991)　頃。

《古陶文字徵》頁 263

△按　睡虎地秦簡"頃"用作量詞,陶彙 5・136"咸如邑頃"之"頃"用作人名。

𦠄 𦜝 𡿧

 睡虎地・封診 57

○**睡簡整理小組**(1990)　腦,簡文寫作𡿧,長沙馬王堆三號漢墓帛書《五十二病方》作𡿦,《説文》作𦜝,《玉篇》云:"亦作腦。"《考工記》腦字作劅,《墨子・雜守》作劀,都是帛書寫法的訛變,參看孫詒讓《周禮正義》卷八十六。

《睡虎地秦墓竹簡》頁 157

○**何琳儀**(1998)　𦜝,構形不明。後世加刀爲𦜝加音符。《周禮・考工記・弓人》:"夫角之本,蹙於劅,而休於氣。"釋文:"劅,本作腦。"秦簡𡿧下訛作山形。《廣韻》:"腦或从𡿧。"可資參證。《説文》:"𦜝,頭髓也。从匕,匕相匕著也,巛象髮,囟象𦜝形。"小篆訛變甚巨,左从刀則與《周禮》古文劅、《漢印》腦

（四·一六）吻合。

　　睡虎地簡屮匘，讀腦。

《戰國古文字典》頁 315

△**按**　簡文“屮”用作腦，但其構形待考。

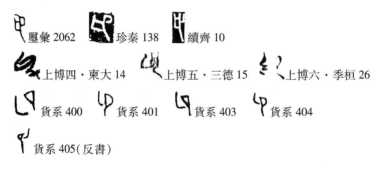

印 𝙥

　　卩 璽彙 2062　　　珍秦 138　　　續齊 10

　　　 上博四·柬大 14　　　 上博五·三德 15　　　 上博六·季桓 26

　　　 貨系 400　　　 貨系 401　　　 貨系 403　　　 貨系 404

　　　 貨系 405（反書）

○**何琳儀**（1998）　印，從卩從匕，會意不明。《説文》：“𝙥，望欲有所庶及也。從匕從卩。《詩》曰:高山𝙥止。”

　　戰國文字印，人名。

《戰國古文字典》頁 649

○**濮茅左**（2004）　“印”，通“仰”。《説文·匕部》：“印，望也。欲有所庶及也，從匕從卩。《詩》曰:‘高山印止。’”又《人部》：“仰，舉也。”段玉裁注:“與印音同義近，古印、仰多互用。”《集韻》：“仰，或省文。”《楚辭·九辯》：“印明月而太息兮。”《漢隸字源》：“《孔廟禮器碑》‘歉印師鏡’，《華山廟碑》‘日月星辰所昭仰也’，《詩·大雅·雲漢》‘瞻印昊天’，《史記·殷本紀》‘印而射之’，《西漢刑法志》‘爲下所印’，皆讀作‘仰’。”

《上海博物館藏戰國楚竹書》（四）頁 207

○**吳良寶**（2006）　《中國歷代貨幣大系·先秦貨幣》第 400—405 號著録的平肩空首布幣，其面文作下引各形（第五形爲反書）：

　　　 400　　 401　　 403　　 404　　 405

原書未釋。這個字右邊的偏旁是屈膝彎腰的人形，可隸定爲“卩”，左邊則不知所從。這就是以往不能釋讀的癥結所在。（**中略**）

　　上海博物館藏戰國楚簡《柬大王泊旱》中有“王印天□而泣”的話，其中的“印’字作下揭之形：

　　　 第十四號簡

這個"印"字的寫法有些特別。"印"字爲"抑"字初文,甲骨文中"印"與"印"實爲一字分化的關係。林義光《文源》云:"印、抑雙聲對轉,當即抑之古文,象爪在人上,抑按之。"(卷六第23頁)羅振玉也説:"予意許書印、抑二字,古爲一字。"(《增訂殷墟書契考釋》中54頁下)甲骨、金文中的"印(印)"都作"以手抑人而使之跽"之形,到了戰國楚簡文字中,"印(印)"字所從的手形、人形都有所簡化,與早期寫法有相當的變化。

根據這個新資料,楚簡中有幾個與之相關的字就可以重作釋讀。包山楚簡譴(編按:當作"遣")策第260號簡中有一個舊被釋爲"丩"的字:

　　　《包山楚簡》圖版一一二·260　　　　《包山楚簡》圖版八一·179

與上博簡"印"字相比,只是最後一筆有無裝飾性短橫的區別,可見二者應是一字。包山第179號簡中原被釋爲"訆"的字,現在看來也應改釋爲"訋"。望山楚簡中以往被釋爲"枊"的字也應改釋爲"柳":

　　　《望山楚簡》M2.2

包山簡文云:"一偄几;一丩牀,有策。"整理者認爲:"丩,讀如收。《禮記·玉藻》'勤者有事則收牀',注:'謂收斂積聚也。'收牀即可以折疊收斂之牀。西室中的一件木牀便是可折疊的。"釋"丩"的意見被研究者及此後出版的工具書所接受。今按,將簡文"丩"讀爲"收"、認爲"丩牀"即可以折疊的牀,表面上看似乎説得過去。但是"收"有"折疊"之義,在古籍中是找不到用例的。簡文中"丩"是用來修飾、説明"牀"的。細看簡文原篆,與戰國文字中常見的"丩"字或偏旁稍有區別。因此,已有的釋"丩(收)"、訓爲"折疊"或"輈"等意見都是有問題的。包山、望山簡文所指何物,待考。

上引戰國楚簡中的"印"字將所從的手形簡化成一彎筆,提示我們本文所引的空首布文字左邊所從的筆畫也可能是手形的簡化,如此則可以釋幣文爲"印(印)"字。和上博簡"印"字相比,只是幣文所從的人形沒有簡化,而楚簡文字進一步省減而已。這一點已爲最新公布的上博楚簡資料所證實。

上海博物館藏楚簡資料《三德》有"印天事君"的話,其中"印"字作下引之形:

　　　第15號簡

這個"印"字的寫法就只是將手形簡化,與上引貨幣文字完全相同。因此,將《貨幣大系》第400—405號的空首布文字釋爲"印"已毫無疑問。

《中國錢幣》2006-2,頁9—10

○濮茅左（2007）　（編按：上博六・季桓26"卬[仰]天而懸[歎]曰"）"卬"，"仰"省文。《集韻》："仰、卬，語兩切。《説文》'舉也'。或省。"《六書故》："仰，古通作卬。"

《上海博物館藏戰國楚竹書》（六）頁224

△按　戰國文字"卬"似从匚或乚（曲）从卪，會上仰之意，當是"仰"的初文，簡文即用作"仰"，璽文用作人名。

卓 

天星觀　天星觀　天星觀　天星觀　郭店・殘22

○何琳儀（1998）　卓，金文作（卓林父簋），構形不明。或説从昜，刀聲。戰國文字刀形反作，且加横筆爲飾。或取其對稱作，遂失其初形。《説文》："，高也。早匕爲𣅀，匕卪爲卬，皆同義。，古文𣅀。"

天星觀簡"卓公"，讀"悼公"。

《戰國古文字典》頁308

艮 

上博三・周易48　上博三・周易49　上博三・周易49

睡虎地・封診53　睡虎地・日甲47正叁　睡虎地・日甲49正叁

○何琳儀（1998）　艮，甲骨文作（菁一〇・九）。見之反文。見、艮均屬見紐，艮爲見之準聲首。見爲前視，艮爲後視。《易・艮》："艮其背，不獲其身，行其庭，不見其人。"艮與見對文見義。金文作（智鼎限作）、（鬲比盨限作）。戰國文字承襲金文。《説文》："，很也。从匕、目。匕目猶目相匕不相下也。《易》曰：艮其限。匕目爲𥃩，七目爲眞也。"

睡虎地簡"艮本"，讀"根本"。兩眼閒鼻梁根部。

《戰國古文字典》頁1319

○濮茅左（2003）　"艮"，《説文・匕部》："艮，很也。从匕、目。匕目猶目相匕，不相下也。《易》曰：'艮其限。'匕目爲艮，七目爲眞。"徐鍇按："《周易》：艮，止也。此會意。"目相匕，交往止，故"艮"有"止"意，又有"艱難"意。"艮"，卦名，《周易》第五十二卦，艮下艮上。《彖》曰："《艮》，止也。時止則

止,時行則行,動靜不失其時,其道光明。'艮其止',止其所也。"《象》曰:"兼山,《艮》;君子以思不出其位。"

《上海博物館藏戰國楚竹書》(三)頁 201

【艮山】

○**睡簡整理小組**(1990) （編按:睡虎地・日甲 47 正叁"所胃[謂]艮山,禹之離日也"、日甲 49 正叁"□與枳[支]刾艮山之胃[謂]離日"）艮山,《周易・説卦》:"艮爲山。"

《睡虎地秦墓竹簡》頁 190

【艮本】

○**睡簡整理小組**(1990) （編按:睡虎地・封診 53"丙毋[無]麋[眉],艮本絶,鼻腔壞"）

艮,疑讀爲根。根本,疑即山根,醫書中對兩眼間鼻梁的名稱。一説,根本絶指眉毛的斷絶,不能再長。

《睡虎地秦墓竹簡》頁 156

戡

集成 1508 私官戡鼎

○**何琳儀**(1998)　戡,从匕,甚聲。

私官戡鼎戡,人名。

《戰國古文字典》頁 1406

△**按**　"戡"所从之"匕"和"斟"所从之"斗"皆量具,"戡"或即"斟"之異體。《説文》斗部:"斟,勺也。从斗,甚聲。"

从 从

从郭店・忠信 5

○**何琳儀**(1998)　从,甲骨文作从(後上二七・二)。从二人,會相從之意。金文作从(从鼎)。戰國文字承襲商周文字。《説文》:"从,相聽也。从二人。"

梁十九年亡智鼎从,讀從,隨從。

《戰國古文字典》頁 429

△**按**　"从"字从二人,會跟從之意,郭店簡《忠信之道》5 號"口𧉚(惠)而實弗从"之"从"意爲聽從、跟從。

從 訓 𨑃

集成 4688 上官豆　　　天星觀　　　郭店・尊德 36　　　包山 132 反　　　郭店・唐虞 15

新蔡乙四 110、117　　　睡虎地・答問 116　　　睡虎地・語書 7　　　睡虎地・編年 53 壹

古陶文字徵，頁 99　　　上博四・内豊 10　　　璽彙 0996　　　璽彙 1299　　　璽彙 4340

郭店・六德 8　　　楚帛書　　　上博五・姑成 6　　　上博二・從甲 5

睡虎地・秦律 180

包山 138 反　　　集成 2840 中山王鼎　　　上博一・性情 20　　　璽彙 2929

璽彙 3040　　　璽彙 2345　　　璽彙 0942　　　璽彙 0877　　　璽彙 0453

集成 10478 中山兆域圖　　　上博四・内豊 6　　　上博四・内豊 8

侯馬 16:9　　　侯馬 16:38　　　侯馬 1:18　　　侯馬 200:54

○徐中舒、伍士謙（1979）　　𨑃，即從之省文，謂從坐其父母之罪。

《中國史研究》1979-4，頁 95

○羅福頤等（1981）　　從。

《古璽文編》頁 213

○商承祚（1982）　　從作𨑃，與作𨑃彝卣同。

《古文字研究》7，頁 50

○睡簡整理小組（1990）　　(編按：睡虎地・封診 57)皆從(縱)頭北(背)。

《睡虎地秦墓竹簡》頁 157

○劉彬徽、彭浩、胡雅麗、劉祖信（1991）　　(編按：包山 138 反"𨑃父兄弟")𨑃，讀如從。《爾雅・釋親》："兄之弟之子相謂爲從父晜弟。"

《包山楚簡》頁 49

○高明、葛英會（1991）　　從。

《古陶文字徵》頁 99

○何琳儀（1998）　　《說文》："從，隨行也。从辵、从，从亦聲。"从或省作人，辵或省作止。从、從一字分化。

　　侯馬盟書、中山王器從，順從。兆域圖從，自或隨從(隨葬)。

楚簡從,自。包山簡"從父",見《爾雅·釋親》"兄之弟之子相謂爲從父
晜弟"。帛書從,見《廣雅·釋詁》一"從,形也"。

詛楚文從,隨從。

《戰國古文字典》頁 429—430

○**中國文物研究所、湖北省文物研究所**(2001)　(編按:龍崗 15"從皇帝而行")從,
隨從。

《龍崗秦簡》頁 77

○**沈培**(2003)　奠(鄭)甕(衞)之樂,則非其聖(聽)而從之也　性自 27

把"非其聲"的含義弄清楚以後,就可以知道句中的"從"當讀爲"縱"。
把"從"讀爲"縱"最早是李學勤提出來的,可惜李文沒有解釋它的意思。上引
廖名春說雖然也讀"從"爲"縱",但解釋"從之"即縱欲,指不"居節、犯節",這
大概不可信。其實,"縱之"即"縱聲",指放縱聲音。古人論樂,很重視"樂"
之"和"和"有節"的特點,他們反對的就是"流"和"淫"。《禮記·樂記》:"使
其聲足樂而不流。"鄭注:"流,謂淫放也。"孔疏:"'使其聲足樂而不流'者,言先
王制其《雅》《頌》之聲,作之有節,使人愛樂,不至流逸放蕩也。"像這樣的論述
在古書中很常見,這裏就不多舉例了。由此可見,在《性自命出》的作者看來,
賚、武、韶、夏之樂與鄭衞之樂的主要差別就是前者樂而不流,後者放縱無度。

《第四屆國際中國古文字學研討會論文集》頁 228

【迒正】

○**濮茅左**(2001)　(編按:性情論 25"上交近事君,下交旻[得]衆近迒[從]正[政]")《周易·
屯》:"以貴下賤,大得民也。"句意與"下交得衆近從政"句近。

《上海博物館藏戰國楚竹書》(一)頁 256

【從正】

○**李朝遠**(2003)　(編按:上博三·仲弓 12"戁[難]爲從正")"從正",趨從正道。《易·
隨》:"《象》曰:'官有渝,從正吉也。'"孔穎達疏:"所執官守正,能隨時渝變以見
貞正。"或以爲"從正"爲"從政",似亦不可,然則,"從"與前一"爲"字義重複。

《上海博物館藏戰國楚竹書》(三)頁 272

【從迹】

○**睡簡整理小組**(1990)　(編按:睡虎地·封診 1"治獄,能以書從迹其言")從迹,追查,見
《漢書·淮南王安傳》:"王使人上書告相,事下廷尉治,從迹連王。"注:"從,
讀爲蹤。"

《睡虎地秦墓竹簡》頁 147

并　幷　昔

幷 望山 2·2　　幷 上博二·容成 26　　幷 上博四·曹沫 4　　幷 睡虎地·答問 12

幷 陶彙 5·387　　幷 秦陶 1570　　幷 集成 2840 中山王鼎　　幷 璽彙 1925　　幷 璽彙 1924

幷 璽彙 1589

昔 上博一·性情 8

○**羅福頤等**（1981）　（編按：璽彙 1924、1925）并。

《古璽文編》頁 213

○**高明、葛英會**（1991）　并。

《古陶文字徵》頁 91

○**張守中**（1994）　并。

《睡虎地秦簡文字編》頁 130

○**何琳儀**（1998）　并,甲骨文作幷（戩三三·一四）。从从,=表示併列。或作幷（後下三〇·三）,=省作一。戰國文字承襲甲骨文。《説文》:"幷,相從也。从从,开聲。一曰,从持二爲并。"

　　燕璽并,姓氏。見《萬姓統譜》。

　　中山王鼎并,見《廣雅·釋言》:"并,兼也。"《戰國策·魏策》:"魏并中山。"

　　望山簡并,讀艵。《説文》:"艵,縹也。从色,并聲。"

　　始皇詔方升并,與兼同義。《漢書·藝文志》"并爲《倉頡篇》",注:"并,合也。"

《戰國古文字典》頁 832

○**濮茅左**（2001）　（編按：上博一·性情 8"昔生於"）並,《郭店楚墓竹簡·性自命出》作"皆"。

《上海博物館藏戰國楚竹書》(一)頁 232

○**李零**（2002）　（編按：上博二·容成 26）并,合併。

《上海博物館藏戰國楚竹書》(二)頁 270

○**李零**（2004）　（編按：上博四·曹沫 4）并兼人,指兼併敵國。

《上海博物館藏戰國楚竹書》(四)頁 246

【并櫺】

○朱德熙、裘錫圭、李家浩（1995） （編按：望山2·2）“并”似當讀爲屏蔽之
“屏”。櫺即欄杆的孔格。古書又有“轠”字，亦作“軨”，專指車上的欄杆，是
“櫺”的分化字。屏櫺疑即漢代人所謂的屏星，是車前屏蔽之物。《後漢
書·輿服志》劉昭注引《謝承書》：“州別駕從事車前，舊有屏星，如刺史車曲
翳儀式。”又引《説文》（或謂是《通俗文》之誤）：“車當謂之屏星。”《廣雅·
釋器》作“箅星”。

《望山楚簡》頁116

△按 《上博一·性情》簡8的“昔”字爲“皆”字誤寫的可能性也不能排除。

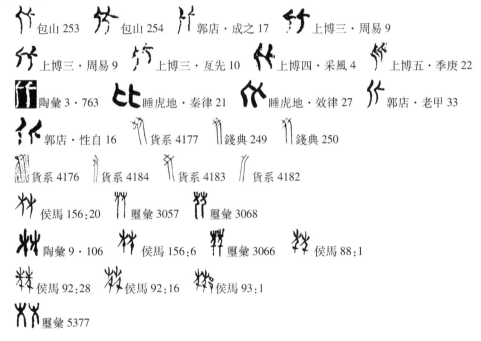

○山西省文物工作委員會（1976） 芘。

《侯馬盟書》頁338

○何琳儀（1986） （編按：璽彙5377、《貨》附305）比。

《古文字研究》15，頁124、125

○李家浩（1989） 《古璽彙編》四八六·五三七七

此字當從二“虞”并列。《左傳·隱公元年》杜預注“以手理自然成字”，
孔穎達疏：“石經古文虞作氽。”“氽”亦見於《汗簡》，疑是由上引古璽文字一
類寫法訛變而成。在漢字中，有兩個相同偏旁組成的字，它的讀音往往跟它

所从的偏旁相同。如"比"从"匕",它的讀音跟"匕"相同。"虞王"之"虞"跟"夶"的語音關係,猶"匕"跟"比"的語音關係。

《古文字研究》17,頁144

○**睡簡整理小組**(1990)　(編按:睡虎地·答問2)比,秦漢法律習語,意思是同例可以比附。

《睡虎地秦墓竹簡》頁94

○**高明、葛英會**(1991)　(編按:陶彙3·763、9·106)比。

《古陶文字徵》頁138

○**何琳儀**(1998)　比,甲骨文作𠓥(乙五〇七五)。从二匕,會相并之意。匕亦聲。金文作𠓥(班簋)。戰國文字承襲商周文字。或反向作𠓥,加二斜筆以示與从字的區別,古文𠓥即其形變。或作𠓥,斜筆向上彎曲,與《汗簡》𠓥(中一·四二)基本吻合。《説文》:"𠓥,密也。二人爲从,反从爲比。𠓥,古文比。"

　　齊陶比,姓氏。商裔比干之後。見《世本》。

　　馬節"比屎",讀"比矢",喻騎傳如矢之速。

　　楚燕尾布比,讀幣。《方言》十一"蚍蜉",注:"亦呼蟞浮。"是其佐證。《史記·吳王濞傳》"亂天下幣",集解:"幣,錢也。"包山簡比,讀匕。見匕字。亦作杚。見杚字。

　　睡虎地秦簡"比黎",讀"比列"。《墨子·天志》下"比列其舟車之卒"。

《戰國古文字典》頁1287

　　(編按:璽彙4224 𠓥)比

《戰國古文字典》頁1556

○**徐在國**(2000)　《太原晉國趙卿墓》M251:657號銅戟銘文如下:

　　比城之棗(?造)戟(圖七)

　　原書釋文爲"桃城作晢戟"。

　　按:戈銘首字作𠓥,釋"桃",誤。此字多次見於侯馬盟書,均用作姓氏。又見於古璽,亦用作姓氏。舊多不釋或誤釋。劉釗先生改釋爲"比",他說:"古璽及盟書之'比',皆應讀爲姓氏之'比'。比爲地名,在今山東淄博一帶,姓比乃以封地爲氏。《史記》載殷有比干,可證古有比氏。"其說可從。比城,地名,待考。

《古文字研究》22,頁119

○**濮茅左**(2001)　(編按:上博一·性情9"聖人比亓[其]頪[類]而侖[論]會之")比,並列、排列。《禮記·經解》:"屬辭比事,《春秋》教也。"孔穎達疏:"比次褒貶之事,是比事也。”《説文・敘》:“會意者,比類合誼。”比類,連綴、排比同類事物,方以類聚,歸納綜合其義。

《上海博物館藏戰國楚竹書》(一) 頁 233

○**陳偉**(2003)　14 號簡寫道:“下之事上也,不從其所以命,而從其所行。”“從”,傳世本同。而上博本作“比”。

　　上博本整理者將“比”字直接釋爲“從”,不確。此字“辵”旁之外的部分,作二“匕”。其中左邊的“匕”形體較大,且下部彎曲;右邊的“匕”則顯得較小,故不易辨認。恐當釋爲“比”。比有比照、仿效的意思。《詩・大雅・皇矣》:“王此大邦,克順克比。”毛傳云:“慈和偏服曰順,擇善而從曰比。”毛亨之語出於《左傳》昭公二十八年。《左傳》杜預注:“比方善事,使相從也。”由此可知“比”與“從”辭義相通,故可換用。

《郭店竹書別釋》頁 36—37

○**李守奎**(2003)　(編按:貨系 4176、4179、4181、4182、4184)比,皆讀幣。

《楚文字編》頁 503

○**劉信芳**(2003)　信陽簡 2-01 作“飢”、2-027 作“朼”,字並讀爲“匕”。出土實物有木柄銅匕六件,標本 2:10,匕寬 14.9 釐米,通長 144 釐米,匕重 0.37公斤。

《包山楚簡解詁》頁 254

○**吳良寶**(2003)　太原晉國趙卿墓 M251 出土一件銅戟,胡部刻有銘文五字。陶正剛先生將戟銘釋爲“娍城作晢戟”,並説“字形同於侯馬盟誓遺址盟書類156:19 片上的字,可釋讀爲娍,即先。娍氏是侯馬盟書中宗盟類、委質類被詛咒的人名姓氏……春秋時期,晉隰叔初封於先,故以地名爲氏”,銘文的“含意是先城作了一件鋒利明亮的武器戟”。

　　從戟銘的拓本及書中所附的字形摹本來看,上述釋文顯然是有問題的。戟銘第一字也見於侯馬盟書、古璽文字中。劉釗先生將盟書及古璽中該字改釋爲“比”,並認爲:“古璽及盟書之‘比’,皆應讀爲姓氏之‘比’。比爲地名,在今山東淄博一帶,姓比乃以封地爲氏。《史記》載殷有比干。可證古有比氏”。《汗簡》卷中之一引“比”字與此形同,可證其説有據。徐在國先生已據此將上引戟銘改釋爲“比城之棗(? 造)戟”,並引用“宜乘之造戟”進行類比。不過,劉文所説的見於《古璽彙編》5377 號的璽印文字,形體上與盟書、戟銘的寫法有別,應從李家浩先生釋爲“虞”。

　　“比城”的地望,由於文獻中没有記載,徐文没能作進一步説明。劉文所説的山東淄博一帶,也與戟銘有相當的距離,當非一地。不過,考古出土的資料爲解決這一問題提供了有利的線索。

1982 年元月底,在山西翼城縣南梁古城遺址上曾采集到一件殘戈範,殘長 14、寬 11.5 釐米;僅存戈的内部。内的尾端鑲嵌一塊長 4、寬 1.5 釐米的字範板,字爲凸起的反書陽文,陶正剛先生原釋爲"三十年秋,嗇夫口",並認爲應該是秦代鑄造的戈。後來,又改釋爲"三十年……嗇夫……"。從注[6]文中所附的圖九照片看,第三字與上引戟銘、盟書中的地名或姓氏字完全相同,也應該釋爲"比"。這種格式的銘文,應是三晉兵器的文字,在已發現的兵器中還可以舉出見於《殷周金文集成》17·11324 的"二十五年陽春嗇夫戈"等例子。

從戈範的大小及文字的位置安排來看,左邊一行"比"字之後不會再有其他字,因此戈銘中的地名就是"比"。從上引辭例上可以判斷,"陽春、比"均應爲地名,即嗇夫任職所在地的城邑名。戈範出土於翼城縣,一般地説,這裏就是戈的鑄造地,"比"地也應當在此,而不會是別的城邑。

今山西翼城縣,戰國時期位於韓、魏兩國交界處。戈範上有"三十年",符合此紀年範圍的國君有魏文侯、魏惠王、韓昭侯等,"魏安釐王、韓桓惠王的三十年時,韓、魏已基本上丟失了在今山西省的領土,更不會在翼城鑄造兵器,故未計入"。魏文侯處於戰國初期,目前還没有發現可以確認的魏文侯時代的紀年兵器,因此這件"三十年"戈範的年代只能屬於戰國中期(魏惠王、韓昭侯的三十年分別爲公元前 340 年、前 333 年)。

這二件器物的鑄造地點均屬於晉國的疆域範圍,"比城戟"屬於春秋晚期,"三十年比嗇夫戈"在戰國中期,時代相距也不很遠。因此,我們認爲翼城縣出土殘戈範中的"比"與太原出土戟銘中的"比城"很可能爲一地,如果上述推測不誤,就爲研究晉國歷史地理增添了一份不見於文獻的新資料。

《第四屆國際中國古文字學研討會論文集》頁 167—169

○濮茅左(2003) "比",《周易》第八卦,坤下坎上。馬王堆漢墓帛書《易之義》:"《比》者,得鮮也。"《彖》曰:"《比》,吉也;比,輔也,下順從也。"《象》曰:"地上有水,《比》;先王以建萬國,親諸侯。"《雜卦》:"比,樂。"

《上海博物館藏戰國楚竹書》(三)頁 148

【比黎】

○睡簡整理小組(1990)　(編按:睡虎地·秦律21"入禾倉,萬石一積而比黎之爲户")比黎,或作芘莉、芘籬,藜芘。《集韻》:"莉,草名,一曰芘莉,織荊障。"

《睡虎地秦墓竹簡》頁 26

北 ㄅ

ㄅ 郭店・語二 37　　ㄅ 上博一・詩論 26　　ㄅ 新蔡甲一 11　　ㄅ 新蔡甲三 129

ㄅ 楚帛書　　ㄅ 望山 1・117　　ㄅ 包山 154　　ㄅ 九店 56・50

ㄅ 上博三・周易 24　　ㄅ 睡虎地・封診 79　　ㄅ 陶彙 5・175　　ㄅ 璽彙 0339

ㄅ 璽彙 3998　　ㄅ 陶彙 3・664　　ㄅ 陶彙 3・666　　ㄅ 貨系 2477

ㄅ 先秦編 247　　ㄅ 三晉 114　　ㄅ 貨系 1593

ㄅ 集成 11618 越王劍　　ㄅ 集成 11703 越王劍

ㄅ 九店 56・87

ㄅ 東亞錢志 4・74"北九門"合文　　ㄅ 陶彙 3・752"北坪"合文

ㄅ 璽彙 3274"北宮"合文

○ **强運開**(1935)　　《説文》:"北,乖也,从二人相背。"段注云:"乖者,戻也。此於其形得其義也。軍奔曰北,其引申之義也,謂背而走也。韋昭注《國語》曰:'北者,古之背字。'又引申之爲北方。《尚書大傳》《白虎通》《漢曆律志》皆言'北方,伏方也,陽氣在下,萬物伏藏'。亦乖之義也。"

《石鼓釋文》

○ **羅福頤等**(1981)　　(編按:璽彙 0339、3998)北。

《古璽文編》頁 214

○ **睡簡整理小組**(1990)　　(編按:答問 174)北,《三國志・虞翻傳》注:"古別字。"此處指將其子自家中分出。

《睡虎地秦墓竹簡》頁 134

○ **高明、葛英會**(1991)　　北。

《古陶文字徵》頁 32—33

○ **黃盛璋**(1993)　　ㄅ(北),《小校》已釋爲"北",正確。齊臨淄故城出陶文"北里×","北"皆如此作,見《古陶文彙編》3.659—3.664 諸"北"字。(中略)

　　"北"字作ㄅ,與臨淄出土齊陶文"北里×"的"北"全同。

《第二屆國際中國古文字學研討會論文集續編》頁 271、274

○陳松長（1997）　5.釋"行"

此字見於第87簡，簡文如下：

☐☐☐㠯（以）西行行☐

整理着（編按：當作"者"）對此字存疑，故照録而未隸定4。其實，從上下文意推斷，此處只能是"北"字，例如第89簡："☐不可㠯（以）西南行☐。""行"字之前只能是方位詞。而"北"字之所以訛成此形，應該是書手因后面的"行"字影響筆誤而致，故其字形左邊多出一畫，像"行"字一邊，右邊則作"北"字寫，因不得塗改而訛成這個怪字。參照第89簡，這支殘簡似可補釋爲："☐不可㠯（以）西北行☐。"

《第三屆國際中國古文字學研討會論文集》頁551—552

○何琳儀（1998）　北，甲骨文作（粹三六六），从一正人，从一反人，會相背之意。背之初文。《集韻》："背，違也。"金文作（師虎簋）。戰國文字承襲商周文字，或加飾筆作。《説文》："，乖也。从二人相背。"戰國文字北均引申爲方位。

燕陶"左北坪"，與"右北坪"（見"北坪"合文）相對而言，即"北平"，地名。見《漢書·地理志》中山國，在今河北滿城北。

周方足布"北尋"，讀"北鄩"，地名。《水經·洛水注》："今鞏洛北有尋谷水，東入洛，謂之下鄩，故有上鄩、下鄩之名，亦謂之北鄩，於是有南鄩、北鄩之稱矣。"在今河南偃師東北。晉璽"北陸垍"，讀"北陸官"，星官。《爾雅·釋天》："北陸，虛也。"《左·昭四》："日在北陸而藏冰。"注："陸，道也。謂夏十二月日在虛危。"趙尖足布"北茲"，疑即"茲"。趙方足布"北笁"，疑即"箕"。均地名。趙三孔布"北九門"，即"九門"，地名。《史記·趙世家》武靈王"十七年，王出九門"。在今河北蒿城西北。魏方足布"北屈"，地名，見《漢書·地理志》河東郡，在今山西吉縣東北。

望山簡"北方"，見《史記·天官書》："北方，水，太陰之精，主冬。"帛書"北征"，見《楚辭·九歌·湘君》："駕飛龍兮北征。"注："征，行也。"

秦陶"北宫"，見《周禮·天官·内宰》"王之北宫"注："北宫，后之六宫。"諸侯後宫亦稱"北宫"。《左·襄十》："殺子馬四、子國、子耳，劫鄭伯以如北宫。"

古璽"北孚"，讀"北郛"。《國語·周語》："焚其北郛焉而過之。"注："郛，郭也。"

《戰國古文字典》頁119—121

○李家浩（1999）　"化"當是"北"字的筆誤，左半作"亻"，蓋涉下文"行"所致。

《九店楚簡》頁134

【北九门】

○**鄭家相**（1958）　右布面文北九門，背文十二朱，僅見小者一種，應有大者。《史記・趙世家》："惠文王二十八年，罷城九門大城。"正義："恆州九門縣城也。"《漢志》："常山郡有九門縣，今在正定府藁城縣西北二十五里。"此布文曰北九門者，因九門在北也，其鑄時當在入秦後。

《中國古代貨幣發展史》頁 146

○**裘錫圭**（1978）　7 北九門

　　三孔布面文有作"北九門"的（《東亞》4・74）。《發展史》認爲北九門就是見於《史記・趙世家》的九門（146 頁），可信。

　　《趙世家》"（武靈王）十七年，王出九門"，《正義》："本戰國時趙邑，《戰國策》云：本有宮室而居，趙武靈王改爲九門。"又"（惠文王）二十八年……罷城北九門大城"，《正義》："恆州九門縣城。"後一條《趙世家》文稱"北九門"，與幣文同。據《漢書・地理志》，九門爲常山郡屬縣，其地在今河北省藁城縣西北。

《古文字論集》頁 436，1992；原載《北京大學學報》1978-2

○**梁曉景**（1995）　【北九門・三孔平首布】戰國晚期青銅鑄幣。鑄行於趙國，流通於三晉等地。屬小型布。"北九門"，古地名，戰國屬趙。面文"北九門"合文。背部鑄"十二朱"，背首穿孔上有數字"一、三"等。《史記・趙世家》趙惠文王二十八年（公元前 271 年），"罷城北九門大城"。《漢書・地理志》常山郡有九門縣，在今河北藁城西北。一般通長 4.8—5.3、面寬 2.6—2.7 釐米，重 7.5 克左右。極罕見。

《中國錢幣大辭典・先秦編》頁 376

○**郭若愚**（2001）　（七）𩫏

　　三孔布十二銖布。此幣文字爲"北九門"三字，自右向左讀。但北九門究竟在何處？見解不一。《史記》："（趙武靈王）十七年（前 309 年）王出九門，爲野臺以望齊、中山之境。"《集解》："（九門）徐廣曰在常山。"《正義》："本戰國時趙邑，《戰國策》云：本有宮室而居，趙武靈王改爲九門。"《集解》："（野臺）徐廣曰野一作望。"《正義》："《括地志》云：野臺一名義臺，在定州樂縣西南六十三里。"

　　從這些記載研究，趙武靈王出九門，爲野臺以望齊、中山之境。野臺又作望臺，又名義臺。這是一個瞭望臺，地點在定州樂縣西南，並不在"九門"。這裏的"王出九門"我認爲"九門"不是地名，是趙武靈王的宮室。也就是《正義》引《戰國策》“本有宮室而居,趙武靈王改爲九門”的“九門”。這九門是趙武靈王的宮室,趙武靈王效天子之儀改宮爲九門。這句“王出九門爲野臺以望齊、中山之境”,是説趙武靈王離開了自己的宮室(他的宮室,應該在邯鄲),到定州樂縣造了一個瞭望臺,去瞭望齊和中山之境。《禮記·月令·季春之月》:“田獵置罘羅罔畢翳餧獸之藥,毋出九門。”注:“天子九門者,路門也、應門也、雉門也、庫門也、皋門也、城門也、近郊門也、遠郊門也、關門也。”這裏的“毋出九門”和“王出九門”的“九門”都是指王的宮室,不是地名。趙武靈王在定州造的瞭望臺,也只是暫時的措施,他在齊和中山的邊境造一個瞭望臺,這是極爲秘密的行動,不能爲時過久,是可以理解的。那麽三孔布幣文的“北九門”是在何處呢?《集解》説得很清楚:“在常山。”《史記·趙世家》:(惠文王)二十八年(前 271 年)罷城北九門大城,《正義》:“恆州九門縣城。”恆州屬常山郡,其地在今河北藁城縣西北九門村。

《先秦鑄幣文字考釋和辨僞》頁 28

【北丌】

【北笄】

○丁福保(1938)　　丌北　　見第六二、第六三圖

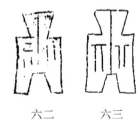

六二　　　　六三

篆小異。《吉金録》云:“《地理志》祝其屬東海郡,《禹貢》羽山在其南,故曰北。”愚意丌陽、丌北乃南北二邑,互見丌陽布注。【《錢匯》】

尚齡按,此布右曰北,左曰丌,《地理志》祝其屬東海郡,《禹貢》羽山在其南,故曰北。【《所見録》】

右小布面文二字曰北丌,或作左讀。按,丌,《説文》:“下基也,讀若箕。”典、奠、畀、巽等字從此。曰北丌,地名未詳。或以爲假聲爲冀字之省,亦未可定。【《文字考》】

右布面文,右作仸,左作丌,或訓爲邢邱二字,邢邱亦晉地。《春秋》宣六年傳杜注:“邢邱,今河內平皋縣。”《漢志》平皋屬河內郡,應劭曰“平皋縣有邢邱”是也,晉因之,今平皋故城在懷慶府東南七十里。【《錢略》】

介箕　　見第六四圖

右布面文右作介,左作箕,似介箕二字。【《錢略》】

《古錢大辭典》頁 1179,1982

○鄭家相(1958)　　箕仸仸　　亓仸仸　　丌仸仸　　文曰箕北,前布鑄於箕之南,曰箕陽,此布鑄於箕之北,曰箕北。注見箕陽,此布文一從竹,則明明爲箕字,二

上增畫作亓，爲假筆从竹，三爲箕省竹，與箕陽布文同。

《中國古代貨幣發展史》頁 101

○**石永士**（1995） 【北亓·平襠方足平首布】戰國晚期青銅鑄幣。鑄行於趙國，流通於燕。屬小型布。面文"北亓"，形體稍異。背無文。"北亓"，即北箕，古地名，春秋晉地，戰國屬趙，在今山西太谷境内。1963 年以來山西陽高、河北易縣燕下都遺址有出土。一般通長 4.4、身長 3、肩寬 2.5、足寬 2.7 釐米，重 4.7 克。較罕見。

《中國錢幣大辭典·先秦編》頁 246

○**何琳儀**（1994） 一、"北笄"（1604），讀"北箕"，疑與"箕"有關。《左傳·僖公三十三年》："晉人敗北狄於箕。"在今山西太谷東。或以爲在今山西蒲縣東北，一度屬魏。

二、"北丌"（1605），讀"北箕"，參上條。（中略）

五、"鄿"（2220），"邶祁"合文，讀"北箕"。參上"北笄"條。

《古幣叢考》（增訂本）頁 210，2002；原載《人文雜志》1994–6

【北子】

○**朱德熙、裘錫圭、李家浩**（1995） （編按：望山 1·115—118、125）北子亦見一一六號、一一七號、一一八號諸簡，一一七號簡稱爲"王之北子"。

《望山楚簡》頁 101

△**按** 對於楚簡"北子"，宋華强《由楚簡"北子""北宗"説到甲骨金文"丁宗"、"啻宗"》（《簡帛》4 輯 123—134 頁，上海古籍出版社 2009 年）認爲即"別子"。今摘録於下：

望山卜筮祭禱簡所記神靈有"北子"：

(1)☑册於東宅公、社、北子、行☑☑☑（望山簡 115）

(2)☑☑陵君肥冢、酒食。舉禱北子肥豢、酒食。速瘥，賽之。（望山簡 116）

(3)☑北子冢豕、酒食☑（望山簡 118）

又有"王之北子"：

(4)王之北子各冢豕、酒食，薦之。思☑☑於宫室☑☑（望山簡 117）

又有"北宗"：

(5)☑□舉禱北宗一環。舉禱迻一殺。社□其古胳☑（望山簡 125）

"北宗"也見於天星觀簡和葛陵簡：

(6)☑舉禱北宗一環☑（天星觀簡）

(7)☑北宗☑（葛陵簡零 107）

(8)☒北宗各一□☒（葛陵簡零476）

另外,望山、葛陵卜筮祭禱簡中還有一些神靈名殘存一個"北"字,可能也是"北子"或"北宗":

(9)舉禱北☒（望山簡126）

(9)☒續一巳。或以郚魋求其祟,有祟於犬、北☒（葛陵簡甲三110）

(10)☒三楚先、地主、二天子、郚山、北☒（葛陵簡乙四26）

(11)☒[祝]融、穴熊。就禱北☒（葛陵簡零254、162）

關於望山簡"北子"和"北宗",商承祚先生早已指出是"禱的對象"或"神名"。天星觀簡和葛陵簡的"北宗",晏昌貴先生曾經推測可能是指北斗星神。友人曹建敦先生幾年前曾經對我談到,他懷疑"北子、北宗"當讀爲"別子、別宗",但是一直沒有見到他對此觀點加以詳細討論。後來我們受到李學勤先生對金文"北子"研究的啟發,認爲把楚簡"北子、北宗"讀爲"別子、別宗"的看法是有可能成立的。(中略)

《説文》:"北,乖也。从二人相背。"李先生把"北"釋爲"別",其訓詁方面的證據是《舜典》"分北三苗"鄭玄注"北,猶別也"。高田忠周先生曾經據此認爲"別"是"北"字本義,然而又説"'北'字亦有分別之義",則似又以"分別"爲"北"的引申義。郭錫良先生主編的《古代漢語》認爲:"'二人相背'就是二人相背離,所以北又引申爲分別的意思。"其下亦引《舜典》鄭玄注爲據。我們認爲把"分別"看做"北"的引申義的觀點應該是正確的,這和古書常用"北"表示敗亡之"敗"是同樣的道理。

不過,《虞翻傳》裴注還引到《奏鄭玄解〈尚書〉違失事目》云:"北,古'別'字。又訓北,言'北猶別也'。若此之類,誠可怪也。"上文説過,"北"引申而有"別"義,鄭玄説"北猶別也"是有道理的。虞翻説"北"是"古'別'字",與鄭玄不同,可能和《説文》的"仈"字有關。一些學者認爲,《舜典》"分北三苗"、鄭注"北,猶別也"之"北",都是《説文》"仈"字的訛誤。按,《説文》:"仈,分也。从重八。八,別也。亦聲。《孝經説》曰:'故上下有別。'"又"乖"字从"仈",注云"古文別"。學者早已指出,這個"仈"和訓爲"分"的"仈"是同一個字。"別"字在傳抄古文中還有如下寫法:仈、㳇、仈、仈、㳇、仈、仈,顯然都是《説文》的"仈"字。如果"分北三苗""北,猶別也"之"北"本是"仈"字,那麼把古文字材料中的"北"釋爲"別"就失去了根據。

然而也有學者認爲"乖"字所从之"仈"應該是"北"的訛誤,我們認爲這種看法可能是正確的。戰國楚簡文字"北"字作 仈 仈 仈 等形,左右上下兩筆寫開一些,就成"穴"形了,容易被人誤認爲是另外一個字。

漢字發展過程中有"同義换讀"的現象,如"俛"字本來讀若"免"音,但是因爲與"俯"同義,後來就有了"俯"的讀音。很可能表示"別"義的"北"字逐漸有了"別"字的讀音,加上形體上的因素,於是被當做是不同於"北"的另外一個字了。這樣就有了《説文》裏訓爲"分"的"穴"字,以及其他字書中諸多作爲古文"別"字的"穴"字。

根據上面的論述,我們認爲望山簡、葛陵簡"北子、北宗"是可以讀爲"別子、別宗"的。

【北方】

△**按** 《容成氏》簡21"北方之羿(旗)以鳥"、簡31"北方爲三借","北方"爲方位名稱。

【北白舟】

○**馬承源**(2001) 北白舟 即今本《詩·國風·邶風》篇名之《柏舟》,"白"讀"柏"。因《柏舟》有同名,另一在《鄘風》,此《北柏舟》特爲標其地域爲"邶"以示與《鄘風》之《柏舟》有所區別。

《上海博物館藏戰國楚竹書》(一)頁156

【北司】

○**袁仲一**(1987) (7)北司

北司陶文印記,本書共收録二十四件。其中始皇陵出土二十二件,林光宮遺址二件。印文有北司和北昜兩種。北昜印文只發現一件,餘下的均爲北司印文。北昜的昜爲人名,北是北司的簡稱。

《秦代陶文》頁43

○**陳曉捷**(1996) "北司"(圖一,7)。類似陶文在阿房宫和魚池遺址都曾出土。北司不見於文獻,"很可能是少府屬官"。

《考古與文物》1996-4,頁2

○**王望生**(2000) 3 4 5 (圖一)

"北司"(圖一,3—5)。在秦始皇陵園和阿房宫遺址以前出土過。北司文獻無載,可能是少府屬官。

《考古與文物》2000-1,頁7

【北門】

○**蘇建洲**(2003) 北門:可能指北向之門。《詩·邶風·北門》:"出自北門,憂心殷殷。"

《〈上海博物館藏戰國楚竹書(二)〉讀本》頁 169

【北坪】

○**何琳儀**（1992）　北平

　　《陶彙》3.752 著録一件山東所出陶文：右🈺巨

　　第一、三字參照其它燕國文字寫法，毫無疑義。第二字應釋"北平"合文，除上引陶文"合文"外，還可參考燕"北宮"複姓合文：

　　　　　　🈳《璽彙》3274　　🈴《考古》65.11.568

至於"北平"所從"平"，參考下列燕國文字

　　　　　　🈺《璽彙》0013　　🈺《古幣》115

從文字風格特點分析，該陶文無疑是燕器。

　　"右北平"，見《史記・匈奴列傳》"燕亦築長城，自造陽至襄平，置上谷、漁陽、右北平、遼西、遼東以拒胡"。在今河北東北部，也包括遼寧和内蒙一角。

《考古與文物》1992-4，頁 79

○**何琳儀**（1998）　　🈺，讀"北平"。"右北平"，地名。見《漢書・地理志》右北平郡。在今遼寧凌源西。

《戰國古文字典》頁 1479

【北屈】

○**丁福保**（1938）　北屈　（見第八九—九二圖）

八九　　　　　　九〇　　　　　　九一　　　　　　九二

　　北屈，一、二篆異，三減筆，《左傳・莊二十八年》："公使夷吾居屈，又蒲與二屈，君之疆也。"注："二當作北。"而《路史・國名紀》："隰之吉鄉，北有古屈城，北屈也。"注："晉二屈，是二字，並非誤筆。"【《錢録》】

　　小布面文二字曰"北屈"。

　　按《説文》屈作🈺，從尾從出，與此略同。《左昭二十八年傳》："蒲與二屈，君之疆也。"杜注："二當作北。《班志》北屈、蒲子俱屬河東郡。"【《文字考》】

　　右布面文爲"北屈"二字。北屈，晉地。《春秋》昭二十八年《傳》"二屈"

杜注:“二屈,今平陽北屈縣,或云二當作北。”高士奇曰:“戰國屬魏,漢置北屈縣,屬河東郡,應劭曰:‘有南故加北。’臣瓚曰‘汲郡古文,翟章救鄭,次於南屈’是也。北屈,晉屬平陽郡,元改吉州。今北屈廢縣,在吉州治東北二十五里。”【《錢略》】

尚齡按,此布右曰北,左曰屈,《左傳·莊二十八年》:“公使夷吾居屈。”又“蒲與二屈,君之疆也”杜注:“二當爲北。”【《所見錄》】

北屈,汲郡古文曰:翟章救鄭,次於南屈。《七國輿地考》不言北屈所在,《左氏傳》曰:“蒲與二屈,君之疆也。”既有二屈,自應有南北矣。又公使重耳居蒲城,夷吾居屈,不析言南北,而以一人統之,是相去並非繚遠也。【《遺篋錄》】

先秦文字得來稀,破壞形聲與古違,北屈伸頭蒲掉尾,一條汝水界斜飛。

古幣一品,文曰𡿨𡿨𥮉𡿨,即厲鶚《先秦貨幣記》所云北屈是也。《左傳·莊公二十八年》“蒲與二屈”注:“二屈,今平陽北屈縣,或云二當爲北。”以幣文證之,知二屈確爲北屈之誤。末一字人不識,余以爲是作字。【葉氏《古泉雜詠》注】

《古錢大辭典》頁 1183—1184,1982

《水經·河水注》:“東出羊求川,西逕北屈縣故城。南城則夸吾所奔邑也。汲郡古文曰:‘翟章救鄭,次于南屈。’應劭曰:‘有南故加北。”

《古錢大辭典》頁 2155,1982

○鄭家相(1943)　(北屈)　　　　　　　按右布文曰北屈,篆各異,四下省,五傳形,《左傳·莊二十八年》,公使夷吾居屈,又蒲與二屈君之疆也,或云二當作北,今平陽府吉州東北二十一里有北屈故城,戰國屬趙。

《泉幣》20,頁 29

○鄭家相(1958)　文曰北屈,《左傳·莊二十八年》:“公使夷吾居屈。”又:“蒲與二屈,君之疆也。”今平陽府吉州東北二十一里有北屈故城,戰國屬趙。

《中國古代貨幣發展史》頁 101

○湯餘惠(1986)　“北屈”省作“北尾”(《古大》91)。

《古文字研究》15,頁 10

○何琳儀(1994)　八、“北屈”(1593),見《地理志》河東郡。在今山西吉縣北。

《古幣叢考》(增訂本)頁 207,2002;原載《人文雜志》1994−6

○**梁曉景**（1995）　【北屈·平襠方足平首布】戰國晚期青銅鑄幣。鑄行於趙國，流通於三晉及燕等地。屬小型布。面文“北屈”，形體多變。背多平素，或模鑄有數字。“北屈”，古地名，春秋屬晉，戰國屬趙。《左傳·莊公二十八年》：“夷吾居屈。”《僖公四年》：“夷吾奔屈。”在今山西石樓縣。一説在今山西吉縣東北。1956 年以來山西芮城、陽高、祁縣、朔縣、屯留，内蒙古土默特左旗、赤峰，北京，河北易縣燕下都、靈壽，河南鄭州、新鄭等地屢有出土。一般通長 4.4—5.1、身長 3.1、肩寬 2.5—2.6、足寬 2.7—2.8 釐米，重 5.5—9.1 克，多重 6 克。

《中國錢幣大辭典·先秦編》頁 246—247

【北南西行】

○**何琳儀**（1993）　“北南西行。”“北”指中原各國，“南”指越國。“西”指楚國。

　　句吳王劍銘“用塚乂江之台，北南西行”。姑發晉反劍銘“余處江之陽，至于南行西行”。二銘文意相仿，皆以吳國爲出發點，其開拓疆土之雄心躍然筆端。然而二銘口吻亦略有不同。姑發晉反劍器主是尚未即王位之太子諸樊，其時吳國似只能“南行西行”，近與越國、楚國爭雄；而句吳王劍器主“北南西行”問鼎中原，其氣概似又勝一籌。故句吳王劍略晚於姑發晉反劍，王名則不敢臆斷。

《第二届國際中國古文字學研討會論文集》頁 252

○**陳偉武**（1996）　1983 年在山東沂水出土的一把工虜王劍（《集成》11665），有銘文四行十六字，李學勤先生如此釋讀：“工虜王乍（作）元巳（祀）用，囗乂江之台，北南西行。”李先生認爲：“‘乂’，訓爲治、理。‘台’，讀爲‘涘’。‘乂江之涘’，意思是平定長江兩岸，反映出吳王的雄心。”同時指出此劍銘文與工虜太子姑發劍銘文（《集成》11718）最相似。姑發劍銘云：“工虜大子姑發晉反，自乍（作）元用。才（在）行之先，目（以）用目（以）蒦（獲），莫敢敔（御）余。余處江之陽，至於南行西行。”對照之下，我們懷疑工虜王劍銘當釋爲：“工虜王乍（作）元巳（祀）用［劍］，乂江之台（以）北，南西行。”工虜季子劍、吳季子之子逞之劍均有“元用劍”語，故原缺釋之字擬補爲“劍”。“台”是目（以）的孳乳字，金文中每用爲“以”。山南水北曰“陽”，“乂江之台（以）北”與“處江之陽”意思一致。“江北”可説成“江之北”，而作“江之以北”，似嫌辭費。不過，類似的語法結構在古漢語中是存在的，楊伯峻先生認爲，這種“之”字加在實體詞（名詞或代詞）和介詞之間，是用“之”字把介賓結構同主語或賓語結合。工虘王劍銘屬於“之”字使介賓結構同賓語結合一類。“南西行”爲“南行西行”的簡縮語,指［一直到］長江的南邊和西邊。工虘王劍銘是散文,文筆樸素,句式長短不拘;吳太子姑發劍則爲韻文,鋪彩摛華,句式整飭。此亦姑發劍較工虘王劍後出之證。

《華學》2,頁 81—82

【北面】

○**李零**（2001） （編按:上博二・容成 14“子堯南面,舜北面”）北面,北面稱臣。

《上海博物館藏戰國楚竹書》（二）頁 261

【北風】

○**馬承源**（2001） 今本《詩・邶風》之《北風》同此篇名。

《上海博物館藏戰國楚竹書》（一）頁 158

【北茲】

○**何琳儀**（1991） 十五、“北茲”（1027）,疑即上文之“茲氏”,或“茲”。“茲”即“北茲”,猶如“宅陽”一名“北宅”（《史記・穰侯列傳》正義引《竹書紀年》）。

《古幣叢考》（增訂本）頁 114,2002;原載《陝西金融・錢幣專輯》16

○**石永士**（1995） 【北茲釿・尖足平首布】戰國中晚期青銅鑄幣。鑄行於趙國,流通於燕地。屬小型布。多爲弧襠。面文“北茲釿”,形體多變。“北茲”二字合文。背平素,或鑄有數字。“北茲”,古地名,戰國屬趙。《戰國策・魏策四》:“謂茲公不知此兩者,又不知茲公者也。”在今山西汾陽。“釿”是貨幣單位。1963 年以來山西陽高、原平,河北易縣燕下都遺（編按:當作“遺”）址等地有出土。一般通長 5.1—5.7、身長 3.7—4.2、肩寬 2.5—2.7、足寬 2.8—3.1 釐米,重 5.4—6.5 克。

北茲釿・尖足平首布

1.河北易縣出土　重 6.2 克

2.面文字形

3.背文字形

《中國錢幣大辭典・先秦編》頁 325—326

【北宮】

○吴振武（1989）　九　北宮　

此璽著録於《古璽彙編》（三二七四）。璽中諸字《古璽文編》列於附録（473 頁第六欄）。

今按，應釋爲“北宮”二字合文。上部㕞即“北”。東周金文“丘”字所从之“北”既作㕞，又作㕞（《金文編》461 頁），古陶“丘”字所从之“北”既作㕞，又作㕞（《季木藏匋》三九下及七六上），皆其確證。古璽“丘”字或作㕞（《古璽彙編》三二二九“梁丘”，梁丘，春秋宋邑，戰國時屬魏）、㕞（《賓虹草堂鉢印釋文》“虔丘㕞”，虔丘，複姓），所从“北”旁亦與此字同。此璽中的“北宮”是複姓。《通志·氏族略》“以地爲氏（所居附）”條下謂：“北宮氏，衛之公族也。《左傳》有北宮奢，《漢書》有北宮伯子，晉有西河太守北宮協，前涼有護軍北宮萌。”漢印中有“北宮晏印”（《漢印文字徵》八·十一），可爲其證。《古璽彙編》將此璽列入姓名私璽類不確，應改歸複姓私璽類。

《古文字研究》17，頁 275—276

○湯餘惠（1993）　北宮毫，工師名。北宮爲複姓，《姓纂》：“出自姬姓，衛成公曾孫括，世爲衛卿，別以所居爲北宮氏。”

《戰國銘文選》頁 63

○田静、史黨社（1997）　見【南宮】條。

○何琳儀（1998）　（編按：璽彙 3274“北宮受”）北宮。複姓。出自姬姓，衛成公曾孫括，世爲上卿，別以所居爲北宮氏。見《元和姓纂》。

《戰國古文字典》頁 1479

【北庫】

○王輝（1990）　北庫當是咸陽庫名，鋪首爲北庫所用，而非由北庫製造。既有北庫，我們推測可能還應有東、西、南庫。從形制看，鋪首時代應爲戰國晚期。

《秦銅器銘文編年集釋》頁 164

【北埜人】

○馬承源（2004）　（編按：上博四·曲目 4）北埜人　曲目。“北”，疑爲地名，即邶。

《上海博物館藏戰國楚竹書》（四）頁 168

【北尋】

○何琳儀（1996）　北尋

　　方若《古化全稿》、朱活《古錢新典》49 著録一品罕見的方足布,銘文二字(圖 3),《新探》64 釋"北竹"。

　　檢《文編》47"北"與上揭方足布右字吻合,不成問題。至於左字釋"竹",則毫無根據。中山國圓壺"竹"字作↑↑形,上方不連接,整體也不豎立。何況地名中並無"北竹",故舊釋非是。

圖 3

　　按,第二字應釋"尋"。甲骨文"尋"本作形,象"伸兩臂與杖齊長"(唐蘭《天壤閣甲骨文存》四二片甲,珂羅版影印本)。或變形作形,或加"口"爲飾作形,或省簡手指作形,或加音符("簟"字初文)作形。晚周銅器銘文中還出現一類不加丨或形的"尋":

　　　　　　齊侯鎛　　　　　　甚六鐘

上揭方足布銘文中的即屬這類"尋"字。《説文》所謂"度人之兩臂爲尋",恰與這類"尋"字伸兩臂形吻合。兹列"尋"字形體演變如次:

　　　　前編 2·26·3→勁簋　　　　　佚存 577→五祀衛鼎"帥"旁

　　　　粹編 853→仲俌父鼎　　　　　屯南 78→吳王光劍"戡"旁

　　齊侯鎛"鄩"旁→北尋方足布　　類纂 2233→秦漢 209→衡方碑→漢徵 3·20

至於小篆"潯",則是在"尋"旁又加一音符"彡"而已。

　　值得注意的是,西周金文"帥"均從"尋"旁作:

　　　　　　五祀衛鼎　　　　　井人妾鐘

或據此釋甲骨文"尋"字爲"帥"(于省吾《甲骨文字釋林》208—283 頁,中華書局 1979 年),這是一種誤解。"帥"從"巾"從"",單獨的""並不是"帥"。其實"帥"是從"巾"、""聲的形聲字。""爲"尋"之變體,詳見上文。帥,所律切,心紐;尋,徐林切,邪紐。心、邪中古音均屬齒音,發音頗近。上古音邪紐多入舌音定紐,不過齒音"帥"亦可讀舌音。《説文》:"帥,佩巾也。從巾,𠂤聲。帨,帥或從兑聲。"《五音集韻》:"帥,舒芮切,同帨,亦佩巾也。"其中讀"舒芮切"的"帨"正屬舌音。凡此可證"帥、尋"聲紐甚近。"帥"從""(尋)"得聲,蓋以雙聲諧聲。如果將《説文》"𠂤"聲改爲"尋"聲,音理亦完全吻合。看來許慎以"帥"爲形聲字並非没有道理。

　　方足布銘文"北尋"即"北鄩",見《水經·洛水注》:"鄩水又東南,於訾城西北東入洛水。故京相璠曰:今鞏洛渡北有鄩谷水,東入洛,謂之下鄩,故有上鄩、下鄩之名,亦謂之北鄩,於是有南鄩、北鄩之稱矣。又有鄩城,蓋周大夫鄩肸之舊邑。"所謂"北鄩"即"上鄩",在今河南偃師東北,戰國應屬東周國。

《文編》283 著録方足布銘文二字作🔲🔲,應釋"尋尾",疑與"尋口"有關。《左傳・昭公十二年》:"次於潁尾。"其"潁尾"又名"潁口",可資參證。《史記・張儀傳》:"下兵三川,塞什谷之口。"集解:"徐廣曰:什,一作尋,成皋鞏縣有尋口。"索隱:"一本作尋谷。尋、什聲近,故其名惑也。"方足布"尋尾"如果是"尋口"或"尋谷",也應是東周國地名。

　　　　　《古幣叢考》(增訂本)頁 73—76,2002;原載《舟山錢幣》1996-2

○**黃錫全**(1996)　"北尋、尾尋"方足布考

朱活《古錢新典》下 49 頁著録 1 枚平肩方足小布,面文作"🔲🔲"。朱華《三晉貨幣》129 頁著録 1 枚平首方足小布,面文作"🔲🔲"。如右圖。前一枚朱活先生釋爲"北竹"。後一枚朱華先生闕而未釋。二布面文"🔲"寫法相同,無疑是一字。其形與竹作🔲、🔲者不同,而與甲骨金文中的下列之字偏旁類同:

　　　　　🔲🔲🔲🔲🔲🔲🔲甲骨文　🔲輪鎛　🔲尋仲盤匜

唐蘭先生釋上列諸字爲尋或鄩等;並認爲卜辭偏旁之🔲象伸兩臂之形,古八尺爲尋,"舒肘知尋";作🔲形者,是伸兩臂與杖齊長,爲尋丈之尋;作🔲者,是席長八尺,故伸臂與之等長,丨、🔲後來演變从丨,🔲形稍變,故《説文》正篆變作🔲,"度人之兩臂爲尋,八尺也"。布文之形與甲骨文今形相同,依唐氏之釋,則"爲尋之本字"。尋作爲地名即鄩。

"尋"前一字,作🔲者,釋"北"是;作"🔲"者,應是"尾"形省變。如从尾之屈,信陽長臺關編鐘作🔲,那客銅量作🔲,包山楚簡作🔲(190 號);古璽尾作🔲(《璽彙》3941),漢印作🔲(《漢印文字徵》),"北尾(屈省)"方足布文作🔲(《古錢大辭典》圖九一)等。

"鄩"爲春秋周邑,在今河南鞏縣西南。《左傳》昭公二十三年:"二師圍郊,郊、鄩潰。"杜注:"鞏縣西南有地,名鄩中。"《水經注》:"鄩城,蓋周大夫鄩肸之舊邑。"

鄩之得名因於鄩水。北鄩、尾鄩當是鄩水一線的不同地點。鄩水在河南偃師縣東北,鞏縣西南。《史記・張儀傳》:"下兵三川,塞什谷之口。"《集解》

引徐廣曰:什,"一作'尋'。成皋鞏縣有尋口。"《索隱》:"一本作'尋谷',尋、什聲相近,故其名惑也。"《正義》引《括地志》云:"溫泉水即尋。源出洛州鞏縣西南四十里。"《後漢書·郡國志》:"鞏有尋谷水。"《水經·洛水注》:"洛水又北逕偃師城東,東北歷鄩中,水南謂之南鄩,中水之南鄩,亦曰上鄩也……鄩水又東南,於訾城西北東入洛水。故京相璠曰:今鞏洛渡北有鄩谷水,東入洛,謂之下鄩,故有上鄩、下鄩之名,亦謂之北鄩,於是有南鄩、北鄩之稱矣。"由此可知,上鄩即南鄩,在洛水南;下鄩即北鄩,在洛水北。"鄩中"即鄩城,當在鄩水中游。則"尾鄩"當在鄩水之尾,爲鄩水下游某一地點。"北鄩、尾鄩"之布,戰國應屬周,或者屬韓。

《先秦貨幣研究》頁 103—104,2001;原載《陝西金融·錢幣專輯》24

【北寑】

○李光軍、宋蕊(1983) 《史記·秦始皇本紀》載:秦康公、共公、景公居雍高寑,桓公居雍太寑,因此,"北寑"亦應爲秦國某代國君居住之所,該壺應是北寑使用器物。(中略)雍爲商鞅變法前秦的國都,而陵寑之制自秦始皇始,故"北寑"只能是秦雍城宮殿之"寑",而非陵園之"寑"。該壺當時(編按:當作"是")秦商鞅變法前之器物。

《考古與文物》1983-6,頁 4—5

○王輝(1987) "北寑"之"寑"同寢。《十鐘山房印舉》有"秦寑左田上"印,"秦寑"即"太寑",《史記·秦始皇本紀》附《秦紀》記秦桓公居雍太寑。《秦紀》又記雍有高寑、受寑。寑既可爲生人所居之宮室,也可指帝王陵墓上的正殿。既然文獻多記秦公居某寑,則此"北寑"似亦某代秦公所居之處。"北寑"之"北"指方位,秦早期居"西垂",以後居汧渭之會及平陽,德公之後北遷居雍,雍對平陽而言在北,故鳳翔之秦公陵園稱北園,鳳翔出土的一件陶缶刻銘"北園呂氏缶容十斗",《詩經·秦風·駟驖》:"遊於北園,四馬既閑。"準此,鳳翔的宮寑也可稱"北寑",北寑應包太寑、高寑、受寑在內,而非某寑之專名。所謂"北寑、北園"的稱呼也是在秦都離開雍之後很久才有的。《駟驖》據《詩譜》說是贊"美襄公"的,但既稱馬爲驖,必在鐵器大量使用的戰國晚期,北園呂氏缶可能晚到漢初,則"北寑"是戰國末年的稱呼,也可理解。《史記·秦始皇本紀》記秦王政九年嫪毐之亂後,太后居雍,説明其時雍之宮寑仍在使用。

《人文雜志》1987-3,頁 83

○王輝(1990) "北寑"之"寑"同寢。《十鐘山房印舉》有"秦上寑左田"印,趙超説泰上寑即始皇之父太上皇莊襄王陵園之寑。《史記·秦始皇本紀》附《秦紀》記秦桓公居雍太寑,而雍又有高寑、受寑。寑既可爲生人所居之宮室,也可指帝王陵墓上的正殿。"北寑"當爲北園之寑。鳳翔出土之陶缶刻銘"北園吕氏缶容十斗"者,《詩·秦風·駟驖》:"遊於北園,四馬既閑。"北園相對於東園而言,指鳳翔之秦公陵園。鳳翔南指揮秦景公大墓出土石磬殘銘提到"䰙(申)用無疆,□寑龔雍""□□百姓,□□寑宮"。我在拙文《論秦景公》(《史學月刊》1989年3期)推斷這批殘磬是秦景公四年(前573年)景公舉行冠禮時所作。古天子、諸侯冠禮行於祖廟,故磬銘"寑、宮寑"與《詩·小雅·巧言》"奕奕寑廟"、師遽方彝"王在周康寑"之寑同義,指祖廟而言,但"北寑"指陵園之寑則似無疑問。

《秦銅器銘文編年集釋》頁76

○**李光軍、宋蕊**(1993)　"二年寺工師壺"和"雍工敀壺"的腹部銘文中,均鐫刻有"北寑"二字。我們在《咸陽博物館收藏的兩件帶銘銅壺》一文中,認爲"北寑"爲某秦公居住之所。王輝同志認爲"雍對平陽而言在北,故鳳翔之秦公陵園稱北園","北寑"當爲秦公陵園之寑。現在看來,我們的看法有失當之處,而王文的看法也有值得商榷的地方,所以對"北寑"有重新討論的必要。(中略)可知宮就是室,室就是宮,也就是寑,六宮就是六寑。據此,兩壺銘文中的"北寑"又可稱爲"北宮、北室",即爲王后所居宮室之稱。王后宮室爲何稱"北寑"？明王應電《周禮·內外篇》解釋最爲得要,他説:"曰內宮對王宮爲外而言,曰北宮對王宮爲南而言……其言六宮者乃后所立,六宮擬於六官者。"很顯然,後宮在王宮之北,故其既可稱爲內宮、六宮;又可稱爲北宮,或稱北寑。(中略)"北寑"既是後宮,那麼,是秦都雍的後宮？還是秦都咸陽的後宮？我們在《咸陽博物館收藏的兩件帶銘銅壺》一文中,根據"雍工敀壺"刻銘有"雍"字,就認爲"北寑"是秦都雍的宮寑,這顯然是失當的,因爲壺銘"雍工敀"(雍工師敀的簡稱)只能説明該壺爲雍之造器官署的工師所主造,並不能説明該壺就是雍地所置用,所以以此來作爲"北寑"是秦都雍王宮寑的根據是不能成立的。現在看來,"北寑"很可能就是秦都在咸陽的宮寑。這是因爲,第一,從出土地點來看,該二壺是在離秦都咸陽宮殿建築遺址不遠的塔兒坡出土的。第二,雖然秦遷都咸陽後,雍之秦宮寑還在使用,但秦王及其后妃常居之宮寑在咸陽,則是毫無疑義的。

《考古與文物》1993-4,頁100—101

○湯餘惠(1993)　北寢,即北寢。寢,宮名。

《戰國銘文選》頁 27

冀 翼

考古與文物 1996-4,頁 3 　　珍秦 52 　　新收 2003 五十年詔事戈

○陳曉捷(1996)　2.官營徭役性製陶作坊類

　　"冀稊、冀□"(圖一,8、9)。冀,地名,其地有二

8　　9

圖一

處。春秋時有冀國。《左傳・僖公二年》:"荀息曰:
'冀爲不道。'"杜預注:"冀,國名。平陽皮氏縣東北有
冀亭。"《水經注》:"汾水又逕冀亭南。昔臼季使過冀野,見郤缺耨,其妻饁之,
相敬如賓。言之文公,命之爲卿,復與之冀。"冀亭在今山西河津市東北。又
秦有冀縣。《史記・秦本紀》:"(秦武公)十年伐冀戎,初縣之。"集解應劭
曰:"冀縣,屬天水郡。"其地在今甘肅平涼西。那麼此處之"冀"爲何處? 以
前出土的官營徭役性製陶作坊類陶文中,陶工來源地有臨晉、杜、好畤、新
城、宜陽、藍田、美陽、烏氏、頻陽、安邑、西、汧、戲、鄜陽、枸邑、下邽、楊、楊
民、蒲反、芷陽、高陽、延陵等地,其中可確知爲縣的占絕大多數。由此可知
此類陶文中地名絕大多數爲縣。則"冀稊"之"冀"應爲秦武公伐冀戎後所
設之冀縣。"稊"爲陶工名。

《考古與文物》1996-4,頁 2

○王輝、程學華(1999)　三十三年詔事戈、北京揀選三年詔事鼎僅刻"詔事"
這一製造機構,不刻其工師名;五年相邦呂不韋戈、三原揀選的八年相邦呂不
韋戈刻監造者"相邦呂不韋",也刻造器機構"詔事"及其工師"圖",管理小吏
"丞戠",以及冶"工乘"、置用處"屬邦"。此戈銘不刻監造者相邦(昭王五十
年相邦應爲范雎,亦即張禄),而刻"詔事宕、丞穆、工中"及置用地"冀",介於
以上兩種類型的刻銘之閒。

　　"冀"字金文作"冀"(《金文編》579 頁),《説文》篆作"冀",《漢印文字徵》
8.11"冀丹支"作"冀"、"冀便世"作"冀"。此銘"冀"字雖隸體,但可見中豎直
貫而下,與金文及漢印一體同;《説文》篆體不承自秦篆,而承自漢印別體,不
能據爲典正。

　　臨潼劉寨村秦遺址出土陶文有"冀稊"(詳後),冀爲秦縣名,地在今甘肅

甘谷縣南,漢屬天水郡,秦當屬隴西郡。天水郡武帝元鼎三年置,乃分秦隴西郡地置也。

　　周時小國亦有冀。《左傳・僖公二年》:"(晉獻公)乃使荀息假道於虞,曰:'冀爲不道,入自顛軨,伐鄍三門。冀之既病,亦唯君故。'"杜預注:"冀,國名,平陽皮氏縣東北有冀亭。"冀,戰國時爲魏地,至秦惠文君初元九年,秦"渡河取汾陰、皮氏",後冀所在之皮氏時屬秦,時屬魏,至昭王二十年以後,則一直屬秦。此冀乃秦皮氏縣下一要鎮,在今河津縣西,地近禹門口,形勢險要。不過秦戈多置用於縣,故戈銘冀當指隴西之冀,而不大會指皮氏縣之冀亭。

《秦文字集證》頁 55—56

○**湯餘惠等**(2001)　　冀。

《戰國文字編》頁 571

△**按**　《説文》北部:"冀,北方州也。从北,異聲。"陶文"冀"用作人名。

抌

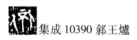集成 10390 郐王爐

○**浙江省文物管理委員會、浙江省文物考古所、紹興地區文化局、紹興市文管會**(1984)　　抌。

《文物》1984-1,頁 16

○**陳秉新**(1991)　　二行第三字篆作抌,从北从不,當是倍字古文。《説文》:"倍,反也。从人,咅聲。"林義光《文源》謂咅與否同字。于省吾先生肯定林説,並考證甲骨文㕻、㕻、㕻、㕻四字即剖、掊、焙、倍的初文,从不即从否、从咅。不字是芣的初文,本無否定義。北是背的初文。抌字从北,取其背反之義,从北,取其聲。古音不與倍幫並旁紐,之部疊韻。因此,抌即倍之初文。《詛楚文・亞駝》的倍字作㕻(元刻本),《古文四聲韻》引《古老子》倍字作㕻。即由此形演化,㕻簡化作㕻,㕻增繁作㕻。這樣,倍字爲何訓反,不僅從字音上,而且又從字形上得到了説明。順帶説一句,甲骨文㕻字是否即是倍字,似乎還可以研究。

　　準上所述,則此器作器人即是徐王元子抌(倍)。這樣,在徐王室世系上又增一有名可考者。

《東南文化》1991-2,頁 149

△按　此字所从"北"和"不"皆可看作意符或聲符,當是有違背義的"背"或"倍"的異體,"㐤"用作人名。

𣂳

𣂳 信陽 2・26

○中大楚簡整理小組(1977)　𣂳。

《戰國楚簡研究》2,頁 27

○郭若愚(1994)　𣂳,笠蓋也。

《戰國楚簡文字編》,頁 97

○劉雨(1986)　𣂳。

《信陽楚墓》頁 130

○商承祚(1995)　𣂳。

《戰國楚竹簡彙編》頁 32

○何琳儀(1998)　信陽簡𣂳,文殘不詳。

《戰國古文字典》頁 140

○劉國勝(2003)　"𣂳"。

《楚喪葬簡牘集釋》頁 24

△按　此字劉國勝(《楚喪葬簡牘集釋》16 頁,科學出版社 2011 年)"疑讀爲'升',訓載"。

丘 𠀆 坴 兵 㕚

𠀆 官印 0036　　𠀆 璽彙 4010　　𠀆 睡虎地・封診 32　　𠀆 集成 10374 子禾子釜

𠀆 陶彙 3・632　　𠀆 包山 90　　𠀆 包山 90　　𠀆 上博一・詩論 21

𠀆 新蔡甲三 408　　𠀆 上博五・季庚 18　　𠀆 上博六・競公 9

𠀆 上博二・容成 13　　𠀆 上博六・競公 1　　𠀆 璽彙 4014

𠀆 璽彙 4012　　𠀆 璽彙 4013　　𠀆 陶彙 3・676　　𠀆 包山 237

𠀆 上博五・季庚 9　　𠀆 璽彙 1476　　𠀆 陶彙 3・987

𠀆 集成 11313 九年戈令雍戈　　𠀆 集成 11301 二十三年□丘戈　　𠀆 璽彙 3229　　𠀆 陶彙 3・941

集成 12112 鄂君啟車節　　　守丘石刻　　　集成 10478 中山兆域圖

上博四·采風 2　　　璽彙 3307　　　璽彙 0324　　　璽彙 5369

近出 1200 廿七年安陽令戈　　　璽彙 3301

○顧廷龍（1936）　　，《説文》所無，疑即丘之異文。《説文》丘古文从土。

《古匋文香録》卷 8，頁 1

○鄭家相（1958）　　文曰丘。按丘爲古時地名之通稱，以此刀出土地點證之，當屬牡丘。見僖十五年。《彙纂》：“今東昌府聊城縣東北七十里，有牡丘城。”其地春秋初期亦屬於郭，後併於齊。

　　　　文亦曰丘，一正一倒。按此爲丘字古體，將上下筆分作並列。甲骨文丘作，正與此同，惟此省下畫耳。

　　　　文曰丘。《説文》：“丘，土之高也。从北从一，一，地也。”此文上爲北，下爲一，嘗見甲骨文，正與此同。蓋丘字含有吉利之義，古人不僅名地，且嘗名人，如孔丘、左丘明是也。齊刀背文，亦屬記號，著此丘字，殆取吉利之義歟。參見尖首刀。

《中國古代貨幣發展史》頁 70、73、155

○朱德熙、裘錫圭（1972）　　簡文第六字或釋作从心从丘之字，似可信。《説文·丘部》“丘”字古文作，戰國陶文有如下一字：

　　　　　　《古匋文香録》8·1 下

《香録》疑即丘之異文，與簡文此字上半相同。忌智屢與上文新智屢對舉，忌似可讀作舊。丘、舊古音都屬之部，聲亦相近，所以忌有可能假借爲舊。

《朱德熙古文字論集》頁 38，1995；原載《考古學報》1972–1

○羅福頤等（1981）　　（3229 ）箕。

《古璽彙編》頁 303

○吳振武（1983）　　3229　梁箕·梁丘。

　　　3301　□·□□丘。

《古文字學論集》（初編）頁 513、514

○李家浩（1992）　　《璽彙》著録的 0324 號印，朱文四字，原書僅釋出了第二字“丘”，其他三字都作爲不認識的字而缺釋。近年來有幾篇文章論及此印，雖

然都作了釋文,但釋文有誤。所以對 0324 號印有重新討論的必要。

現將原印揭示於下:(中略)

印文第二字《璽彙》釋爲"丘",甚是。戰國文字"丘"字大致有以下幾種寫法:

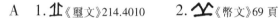

A　　1. 𠀆《璽文》214.4010　　　2. 𠄟《幣文》69 頁

B　　1. 𡉚《説文》卷八丘部　　　2. 𡉸《貨幣》225・550

C　　1. 𡊈《璽文》474・3229　　　2. 𠀎《璽文》547・33

D　　1. 𡊫《璽文》214・3307　　　2. 𠀎《幣文》68 頁

A 是正體,現在的楷書"丘"就是由此演變而成的;B、C、D 是繁體。B1 是在"丘"上加注意符"土",C1 是在"丘"上加注聲符"丌",D1 是糅合 B1、C1 兩種寫法而成,在"丘"上既加注意符"土",又加注聲符"丌"。B2、C2、D2 分別是 B1、C1、D1 的簡寫。B2 中閒一横是"丘"與"土"的公用筆畫,C2、D2 中閒一横是"丘"與"丌"的公用筆畫。0324 號印文"丘"屬於 D1 的寫法,不同之處只是"土"旁的一豎穿過"丌"與上面的"丘"相連而已。

印文第三字是《説文》"廩"字正篆"㐭"的變體,吳振武《戰國"㐭(廩)"字考察》已有論述,可以參看。

印文第四字從"广"從"育"從"刃"。此字的異體在《璽彙》2226、3327 號二印作"韌",長沙楚銅量作"削"。戰國文字往往把"刀"旁寫作"刃",所以"廟"和"韌"也可以釋寫作"廟"和"削"。"廟、削"二字都不見於字書,丁佛言將"削"釋爲"龍",恐怕不可信。

根據以上所説,0324 號印應該釋寫作"黍丘㐭(廩)廟"。

"黍丘"是地名,見於《左傳》哀公七年:"曹伯……乃背晉而奸宋。宋人伐之,晉人不救,築五邑於其郊,曰:黍丘、揖丘、大城、鍾、邘。"杜預注:"梁國下邑縣西南有黍丘亭。"

杜預是晉朝人。晉時的下邑縣在今河南夏邑西南。沈欽韓《春秋左氏傳地名補注》説:

　　曹是小國,既云築邑於郊,必不得遠至梁國之下邑(今歸德府夏邑縣)……《彙纂》及顧棟高《表》亦依仍之,而虛指其所在,恐誤後人也。

楊伯峻《春秋左傳注》説:

　　沈説甚是。且此時曹都在今山東定陶縣,宋都在今河南商丘縣,夏邑又在商丘之東南九十餘里,曹不得而有之。

看來杜預對黍丘的地理位置的説法是有問題的。儘管如此,但是有一點是可以肯定的,那就是黍丘在春秋末年屬於曹國的郊邑。公元前 487 年,宋滅曹,其地應該歸宋所有。公元前 286 年,齊湣王聯合魏、楚伐宋,遂滅宋而三分其地,黍丘不是歸齊所有,就是歸魏所有。緊接着燕將樂毅帥五國之兵伐齊,魏攻取了被齊占領的大部分宋地,如果説齊湣王滅宋時黍丘歸齊所有,至少這時黍丘應該歸魏所有了。曹滅亡之後,黍丘數易其主,那麼印文的“黍丘”究竟屬於哪一個國家呢? 戰國文字中的“亯”字的寫法很富有地方特點,根據印文“亯”字的形體,似乎可以幫助我們對於“黍丘”所屬國別的推定提供一點線索。

上文提到的吳振武先生的那篇文章,對戰國時期的“亯”字進行了分國考察。從吳氏考察的情況看,0324 號印“亯”字既不同於齊國的寫法,也不同於燕、趙、韓和楚的寫法,而跟下面《璽彙》2226、3327 號兩印“亯”字的寫法相同或相近:

　　　晶(參)鄲亯剆。(《璽彙》219‧2226)

　　　亯剆。(《璽彙》311‧3327)

此外,跟下面《璽彙》0004 號和《璽徵》附 7 兩印“郚”字所從“亯”旁的寫法也很相近:

　　　郚襄君。(《璽彙》1‧0004)

　　　郚采捐危(尉)。(《璽徵》附 7)

前面説過,《璽彙》2226、3327 號兩印的“剆”與 0324 號印的“廁”是同一個字的異體,因此,這三枚印應該屬於同一個國家。這些印文中的地名,除 0004 號印外,其他的都不可考。0004 號印的“襄”字與戰國襄城布的“襄”字寫法相同。古代“亯”與“林”、“襄”與“鄉”,音近可通。疑“郚襄”應該讀爲“林鄉”。林鄉位於今河南新鄭東北,戰國時屬魏。《史記‧魏世家》:“從林鄉軍以至於今。”若此説不誤,0324 號印可能是黍丘屬於魏時製造的了。當然,這是假定 0324 號印的年代在公元前 286 年齊湣王滅宋之後,而黍丘又屬於魏來説的。如果 0324 號印的年代在公元前 286 年之前,那麼就應該是宋國之物了。我們認爲後一種可能性較大。

　　《出土文獻研究》6,頁 16—19;1992 年中國古文字學會第九屆年會論文

○**李家浩**(1993)　　(編按:貴將軍虎節 𥬇)“丘”字原文寫法與《説文》“丘”字古文

相似,从"丘"从"丌"从"土"。

《中國歷史博物館館刊》1993-2,頁 51

○**黃錫全**(1993)　　　🝊　丘,《説文》古文作🝊。

《先秦貨幣研究》頁 352

○**陳偉武**(1995)　　1.丘(一)《文字徵》第 56 頁"坐"字下:"� 3.987,獨字。"
今按,《説文》"坐"字古文作𠇑,與此異,此當釋丘。《陶文編》8.61 録《鐵雲藏
陶》49.3、115.4 作此形,正是釋丘。

　　2.丘(二)《文字徵》第 16 頁"亳"字下和第 191 頁"羌"字釋《陶彙》6.122
爲"羌亳",所謂羌字作🝊,實應釋爲丘,且該印陶當自右而左讀作"亳丘"。
最早釋爲"亳丘"的是鄭傑祥先生,牛濟普先生然其説,並進一步作了周詳論
證。《陶彙》釋文亦作"亳丘",《文字徵》反誤。

　　3.《文字徵》第 326 頁附録:"𠇑 3.941。"今按,魏國兵器銘文有"戈(𧶘)𠇑"
(《三代吉金文存》20.22)、"邨(頓)𠇑"(《考古》73.3),黃盛璋先生釋𠇑爲丌
(丘)。那麼上引陶文也當釋爲丌(丘),丌是聲符。

《中山大學學報》1995-1,頁 122

○**李天虹**(1995)　　坣　《説文》:"坣,古文从土。"三體石經古文作坣。

　　按:丘字甲骨文作𢌖(佚下 33)、𢌖(前 24·3),象兩山丘形。金文變作
𠇗(商丘弔匜)。戰國文字始見从丌聲者,(丘:溪母;丌:見母,均之部)如𠇑
(彙 3229),又或增土旁作坣(鄂君啟節)。丘丌兩個偏旁借筆作𡈽(古幣 68),
與石經古文相似。疑今本《説文》古文作坣,是在傳抄過程中訛脱了丌旁之
"八"。

《江漢考古》1995-2,頁 77

○**何琳儀**(1998)　　丘,甲骨文作𢌖(粹九一八),象二山丘之形。春秋金文
作𠇗(商丘叔匜),其上訛變似北形。戰國文字承襲商周文字。或作坣、𡈽,加
短橫爲飾,《説文》:"�,土之高也,非人所爲也。从北从一。一,地也。人居
在丘南,故从北。中邦之居,在崐崘東南。一曰,四方高中央下爲丘。象形。
坣,古文,从土。"

　　齊器"丘間、荁丘、丘齊",地名。齊璽"水丘",複姓。齊陶"丘里",鄉里
單位。《莊子·則陽》:"少知問太公調曰,何謂丘里之言。太公調曰,丘里
者,合丁姓百名,以爲風俗也。"釋文:"四井爲邑,四邑爲丘,五家爲鄰,五鄰
爲里。"

　　商丘鏃"商丘",地名。

包山簡"繁丘",地名。

稟丘戈"稟丘",地名。

《戰國古文字典》頁 35

坵,從土,丘聲。丘之繁文。《正字通》:"坵,俗丘字。"

牙坵罍小器"牙坵",地名。

《戰國古文字典》頁 35—36

异,從丘,丌爲疊加聲符。丘之繁文。

魏兵异,讀丘,地名後綴。

《戰國古文字典》頁 36

塀,從土,异聲。疑坵之繁文。即丘之繁文。參三體石經《僖公》丘作𡎺。

齊陶塀,讀邱,姓氏。見邱字。

晉璽"虔塀",複姓。魏璽"杂塀、句塀",地名。塀讀丘,地名後綴。

鄂君啟節"易塀",地名。

《戰國古文字典》頁 36—37

丘。

𝖬𝖬貨系二七七七刀　　𝖬二八四〇　　𝖠陶彙三·六三五　　𝕀三·六三九。

《戰國古文字典》頁 1510

○濮茅左(2003)　　丌(其)丘　　丘,骯骰不平之地。

《上海博物館藏戰國楚竹書》(三)頁 210—211

○賈連敏(2004)　　(二)地名

這批祭禱文書涉及不少地名。有些特點值得注意。

1.地名後綴多相同。常見的有"丘、虚、父、溪、寺"等。

(1)丘

"丘"字,在這類簡文中出現較多,共 19 見。有三種稱法:

(甲)稱"某丘"。如:蔓丘(零:317),菫丘(乙四:94;甲三:346-2、384),蒚丘(甲三:418),蕲丘(甲三:390)、茅丘(甲三:378)、縣(桑)丘(甲三:357;甲三:325-1)、上粟(桑)丘(甲三:400)、某丘(甲三:367;甲三:403)、"剴丘"(甲三:403)、**(編按:此處有脫文)**等。其中"喪丘、某丘、菫丘"等重複出現。

(乙)單稱"丘"。如:"□已(以)牛,丘已(以)□(零:383)"

(丙)稱"某之丘"。如:"□□於□之丘□(零:374)"。

由此可以看出,"丘"應是一個有着統一內涵的獨立稱謂,而不是普通的地名用字。丘在文獻中有丘陵、廢墟、陵墓、地域區劃等義項,從簡文看,這些

“丘”應指丘陵,因丘陵之上多生草木,所以簡文中“丘”前之字多从草从木。文獻記載,古人祭山川丘陵。如:《儀禮・覲禮》:“禮山川丘陵於西門外,祭天燔柴,祭山丘陵升。”《禮記・祭法》:“山林川谷丘陵能出雲,爲風雨,見怪物,皆曰神。有天下者祭百神,諸侯在其地則祭之。”邑中亦有“丘”,《釋名・釋丘》:“宗丘,邑中所宗也。”

《華夏考古》2004-3,頁93—94

【丘齊】

○ **高明**(1992)　4.丘齊衢

丘齊衢也是臨淄城内的一個行政區,從現有資料考察,有4個里生產陶器。即:

(1)丘齊衢匋里 ✦(《彙編》3.627)、丘齊衢匋里 ✦(《彙編》3.628)、丘齊衢匋里 ✦(《彙編》3.629)、丘齊匋里民(《彙編》3.635)、丘齊匋里安(《彙編》3.639)、丘齊匋里王通(《彙編》3.633)、丘齊匋里王陞(《彙編》3.641)、丘齊匋里王 ✦(《彙編》3.633)、丘齊匋里王 ✦(《彙編》3.637)、丘齊匋里王 ✦(《彙編》3.630)、丘齊匋里王頜(《彙編》3.640)、丘齊匋里衣衆(《彙編》3.636)。

“丘齊”即“丘齊衢”之省稱,匋里之匋字,則與一般寫法不同,乃从火从缶,寫作“✦”。

(2)丘齊平里王聞(《彙編》3.624)。

(3)丘齊衢漆彫里得(《彙編》3.626)。

(4)丘齊辛里王右(《彙編》3.613)、丘齊辛里止 ✦(《彙編》3.617)、丘齊辛里公孫綯(《彙編》3.623)、丘齊辛里公孫 ✦(《彙編》3.621)、丘齊辛里郊大 ✦(《彙編》3.620)、丘齊辛里王 ✦ 丝☐(《彙編》3.622)、丘齊辛里達 ✦ ✦(《彙編》3.614)。

(5)丘齊辛匋左里敀亳區(《彙編》3.619)。

丘齊衢也有兩種不同性質的製陶業,像“閭里、辛里、平里、漆彫里的製陶業,皆爲民間經營的作坊,最後一件陶文全詞當作“丘齊衢辛匋里左里敀亳區”,文中省略了衢和里二字,“左里敀”是管理官府製陶業的官吏,區是齊國官定量器中之一種名稱,“亳區”過去有人誤釋爲“亭區”,不對。亳與亭是兩個字,二者從不相混。齊陶文所見,除“亳區”外,另有“亳豆、亳釜”等。《左傳》昭公三年載:“齊舊四量,豆區釜鍾。”正與陶文相符。亳字在此作動詞,假爲敷,亳、敷古音相同,《左傳》襄公四年“亳社災”,杜注“亳社殷之社”,《公羊傳》作“蒲社災”;《荀子・議兵篇》謂“古者湯以薄”;足證亳、蒲、敷古皆通用。敷有布施、頒發之義,"丘齊辛匋左里敀亳區";文意説明此區陶器是由丘齊衝辛匋里左里敀監造與頒發的。齊國量器標準統由國家制定,並由官府陶業製造,個別量器雖由民閒作坊生產,必須由官吏監造,並加蓋官印,以示驗證。

《高明論著選集》頁 259

△按　新蔡簡"丘"字賈連敏認爲都應指丘陵,宋華强認爲部分"丘"是居民組織單位,他説(《新蔡葛陵楚簡初探》333—335 頁,武漢大學出版社 2010 年):

> 葛陵簡中有兩種"丘"。一種是"刉於某丘"或"某丘一牲"之"丘",賈連敏指出這種"丘"和"阜、虚、溪"等"因其特別的地理環境而成爲古人祭禱用牲的常在場所"。另外一組"丘"見於下揭一組簡文:
>
> ☑大邑以牛;中邑以豢;小[邑]☑(甲三 275)
>
> ☑以牛;丘以☑(零 383)
>
> ☑再以豢,其臞☑(甲三 264)
>
> 這種"丘"既與大邑、中邑、小邑並列,應該和邑一樣,是一種基層居民組織單位。《左傳》僖公十五年"敗于宗丘",杜預注云:"丘,邑也。"是丘與邑同類。《周禮·地官·小司徒》云:"九夫爲井,四井爲邑,四邑爲丘。"其他古書也多有"四邑爲丘"之語。可知丘比一般的邑要大。古代祭祀是大事,自貴族以至平民都有貢納犧牲的義務。如《禮記·月令》云:"季冬……乃命同姓之邦,共寢廟之芻豢。命宰歷卿大夫至於庶民土田之數,而賦犧牲,以共山林名川之祀。"又《曲禮下》"犧賦爲次"下孔穎達疏云:"祭祀,賦斂邑民供出牲牢,故曰'犧賦'。"而庶民的貢納正是以邑、丘等爲單位的,如《周禮·地官·小司徒》云:"乃經土地而井牧其田野,九夫爲井,四井爲邑,四邑爲丘,四丘爲甸,四甸爲縣,四縣爲都,以任地事而令貢賦,凡稅斂之事。乃分地域……凡小祭祀,奉牛牲,羞其肆。"所以"大邑以牛""中邑以豢""小邑[以☑]""丘以☑"正是説明不同級別的居民組織應該貢納何種祭牲。祭禱文書簡中祭里、社多用豢、𤞤、豕、豬等豕牲,與中邑、小邑相當。用牛牲之例如"獻二社一牛一☑"(甲三 354)、"☑社一牛☑"(43),應該是大邑或丘所屬之社。《孫子·作戰》"丘牛大車",曹操注:"丘牛,謂丘邑之牛。"蓋按照當時規定,丘一級的大邑應該爲軍事出一牛。上引簡文言"大邑一牛",與《作戰》一丘所出相同,正與丘是大邑相合。此爲祭祀,彼是軍事,重要性相同,故其所出相同。

《左傳》隱公十一年："鄭伯使卒出豭,行出犬雞,以詛射潁考叔者。" 簡文"大邑以牛""中邑以豢""小邑[以□]""丘以□",與《左傳》"卒出 豭""行出犬雞"句式相同。卒、行是軍隊編民單位,邑、丘是地方編民單 位。"卒出豭""行出犬雞"即卒以一豭、行以一犬或一雞,對射潁考叔者 進行詛咒;"大邑以牛""中邑以豢""小邑[以□]""丘以□",即大邑出一 牛,中邑出一豢,小邑和丘也各出相應級別的一牲,爲平夜君成禱病於社 稷。還有句式類似而省略動詞的例子,如秦惠文王禱病玉版銘文"三人 一家""人一家",李家浩説:"'三人一家'似是三人供一'家'的意思。"可 信。凡此可以進一步説明"丘以□"之"丘"應該是居民組織單位名。

關於秦漢以下基層居民組織的構成情況,古書中透露不多,出土簡 牘爲此提供了大量第一手資料。"秦漢簡牘凡言及鄉以下地名者,基本 上都是以'里'爲最小之行政單位"。而根據長沙走馬樓出土的吳簡,三 國時期吳國的基層居民組織既有"丘",又有"里","丘"的數量遠多於 "里",而"丘"名、"里"名又有部分重合之例。學者關於當時"丘、里"的 關係還有不同看法,但是多認爲"丘"是吳國主要的基層居民組織。吳國 疆土多是戰國楚國故地,多水澤丘陵,其基層居民組織都有"丘"這一級, 大概不是偶然的。另外,學者還指出"丘"是出賦單位,這和上引古書及 葛陵簡的記載是相合的。

虛

上博三・亙先 1　　上博三・亙先 2　　上博三・亙先 10　　新蔡甲三 250

睡虎地・日乙 89 叁　　睡虎地・日乙 41 貳　　睡虎地・日甲 59 正叁

睡虎地・日甲 58 正壹

龍崗 129　　郭店・老甲 23　　郭店・老甲 24　　九店 56・47

上博五・三德 10　　上博五・三德 20　　曾侯乙衣箱　　安徽博物館藏古璽

璽彙 5559

○**羅福頤等**（1981）　（編按:璽彙 5559）虛。

○**何琳儀**（1998）　《説文》：“虛，大丘也。崐崘丘謂之崐崘虛。古者九夫爲井，四井爲邑，四邑爲丘，丘謂之虛。从丘，虍聲。”

廿八宿漆書虛，廿八星宿之一。見《呂覽·有始》。

《戰國古文字典》頁 446—447

○**何琳儀**（2002）　安徽省博物館館藏一方楚璽，據云 1964 年由合肥市食品公司轉售。印面長寬各 2.4cm，壇紐，白文四字：

大虛之鉨
圖 5

第二字下从“丘”作 **坴** 形，中閒增一短橫爲飾。相同的寫法參見《璽彙》0277、3508、3757，《陶彙》3.43 等，均爲齊器。這方楚璽的文字風格接受北方齊魯的影響，大概與楚國晚期東遷淮水流域有關。該璽“虛”所从“虎”頭過於簡略，但若與下列楚系文字“虎”頭相互比較，仍不難看出“虎”頭省變的序列：

坓 璽彙 5559→ **坓** 郭店·成四→ **坓** 郭店·老乙 7→ **坔** 安博古璽

因此，該璽“虛”字的隸定，似乎不成問題。

“大虛”，應讀“太虛”。宋玉《小言賦》：“超於太虛之域。”《文選·孫綽〈遊天台山賦〉》：“太虛遼廓而無閡，運自然之妙有。”李善注曰：“太虛，謂天也。”楚璽“大虛之鉨”疑是掌管天文機構的璽印。“大虛”猶如楚文字資料中的“大府”（郘大府量）、“大廄”（《璽匯》5590）、“大殿”（隨縣 13）等，可補文獻之闕。

《南京師範大學文學院學報》2002-1，頁 167—168

○**陳偉**（1998）　(編按：九店 56·47)虛、井，皆有聚落之意。

《人文論叢》頁 419

○**中國文物研究所、湖北省文物研究所**（2001）　(編按：龍崗 129“人及虛租希〔稀〕程者，耐城旦春”)虛，不實。虛租，收繳田租有虛數。

《龍崗秦簡》頁 116

○**晏昌貴、鍾煒**（2002）　“虛”訓爲“空”，《廣雅·釋詁三》：“虛。空也。”《淮南子·氾論訓》：“若循虛而出入，則亦無能履也。”

《武漢大學學報》2002-4，頁 419

○**賈連敏**（2004）　“虛”，在這批簡文中 7 見，多爲殘辭。稱謂完整者有：“鄩思虛”（甲三：353）、“王虛”（甲三：250）、“舊虛”（甲三：350），“其舊虛”（零304）。這些地方似乎不是一般的地名，尤其是其中的“舊虛”，有的前面加“其”稱“其舊虛”，更有特指。我們認爲這些“虛”應讀爲“墟”，即舊址。虛，讀爲墟,文獻多見。又稱"丘墟",如《漢書・賈誼列傳》:"凡十三歲,社稷爲虛。"師古曰:"虛,讀曰墟,謂丘墟。"簡文中的"郢思虛"應指"郢思"之舊址。"舊虛、其舊虛",應特指某舊址。此外,還有一枚簡文值得注意,簡文曰:"……□虛,盡割以九䝁,禱以九……"(甲三:282)。"虛"前一字不清楚,但其用牲數量之多,表明其不同尋常。

《華夏考古》2004-3,頁94

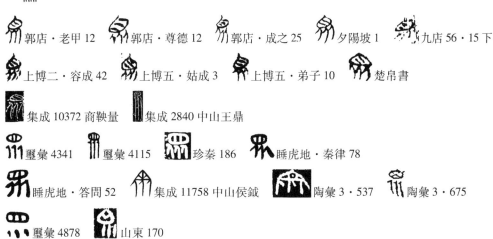

○**强運開**(1935)　　趙古則作從,並按云:"此字一作師,或又作衆。"潘迪作衆,楊升庵作師。《日下舊聞考》以爲師字。吳東發以爲嚳字。張德容云:按此上半泐甚,僅見下半數筆,殊未可肍定。吳說尤無影響。此據安本橅入,定爲衆字無疑。

《石鼓釋文》丙鼓,頁2

○**顧廷龍**(1936)　　衆。

《古匋文𦠆録》卷8,頁1

○**羅福頤等**(1981)　　衆。

《古璽文編》頁214

○**湯餘惠**(1993)　　衆,齊大夫名。秦瓦書有"卿大夫辰",語例相同,可以互證。

《戰國銘文選》頁25

○**何琳儀**(1998)　　衆,甲骨文作𤓐(甲二二九一)。从日从伀,會意不明。金文作𤓐(師旟鼎),其上演變爲目形。戰國文字承襲金文。《説文》:"𤓐,多也。

從似、目,衆意。”“𧖟,衆立也。從三人。讀若欽崟。”

盟書“衆人”,見《詩·周頌·臣工》“命我衆人,庤乃錢鎛”。

《戰國古文字典》頁 274

○曹錦炎(2007) “衆”,衆人,許多人,《論語·衛靈公》:“衆惡之,必察也;衆好之,必察也。”

《上海博物館藏戰國楚竹書》(六)頁 328

△按 戰國文字“衆”字上部多作“目”形,而“目”形變化多端。

聚 𦕈 聚

𦕈 郭店·六德 4　　𦕈 望山 1·38　　𦕈 望山 1·39　　𦕈 楚帛書　　𦕈 睡虎地·爲吏 2 肆

𦕈 璽彙 2844　　𦕈 上博六·天甲 10　　𦕈 九店 56·28　　𦕈 九店 56·45

𦕈 郭店·性自 53　　𦕈 上博六·季桓 26

𦕈 集粹　　聚 睡虎地·日乙 132

○中大楚簡整理小組(1977) 聚,假爲驟。歌,假爲欷,聚歌,急驟氣欷。

《戰國楚簡研究》3,頁 29

○羅福頤等(1981) 聚。

《古璽文編》頁 214

○饒宗頤(1985) 聚字,帛書作𦕈,上從取,下爲从,宜釋“聚”。從與似同意。《淮南子·時則訓》:“季夏之月,不可以合諸侯、起土功;動罪興兵,必有天殃。”語略同。

《楚帛書》頁 85

○朱德熙、裘錫圭、李家浩(1995) “聚”當讀爲“驟”。《小爾雅·廣言》:“驟,數也。”“驟歌”與一七號簡“善欷”意近。

《望山楚簡》頁 94

○何琳儀(1998) 望山簡聚,讀驟,疾。帛書“聚衆”,招聚衆人。《莊子·盜跖》:“聚衆率兵。”

《戰國古文字典》頁 386

○濮茅左(2004) 不穀瘇甚疠(病)聚(驟)

“聚”通“骤”，爲病急疾。

《上海博物館藏戰國楚竹書》（四）頁 202

○**李零**（2005） 聚敂民肯（**編按**：當作“肯”）

“聚敂”讀“驟奪”，頻繁地奪取。

《上海博物館藏戰國楚竹書》（五）頁 299

【聚得】

○**李家浩**（2000） （**編按**：九店 56・45）土田聚（驟）导（得）。

“驟得”，多次得到。《楚辭・九歌・湘夫人》“時不可兮驟得”，王逸注：“驟，數。”

《九店楚簡》頁 51、113

○**晏昌貴、鍾煒**（2002） 宜人民，土田聚（驟）得。“聚得”，原報告讀作“驟得”，意爲多次得到。《楚辭・九歌・湘夫人》：“時不可兮驟得，聊逍遥兮容與。”王逸注：“驟，數。”（第 113 頁）今按：“驟得”亦可理解爲快速得到。“驟”有迅疾之義，段玉裁《説文注》馬部“驟”字條：“《左傳》言驟，《詩》《書》言屢，《論語》言屢，亦言亟，其意一也。亟之本義，敏疾也。”驟“又引申爲凡迫促之意”。又，“數”亦有“速”義，二者可通假，《禮記・曾子問》：“不知其已之遲數。”鄭玄注：“數讀爲速。”

《武漢大學學報》2002-4，頁 418

【聚衆】

○**李學勤**（1987） 聚衆，可參看秦簡《日書》甲種“以祭，最衆，必亂者”。

《湖南考古輯刊》4，頁 111

○**劉信芳**（1996） 聚衆 秦簡《日書》七三四：“以祭最衆，必亂者。”又八一○反：“卯會衆，其後必有子將弟也，死有外喪。”“最衆、會衆”亦即聚衆。

《中國文字》新 21，頁 104

○**曹錦炎**（2007） “聚衆”，見於長沙子彈庫出土的《楚帛書》丙篇：“可以聚衆，會諸侯。”也見於九店楚簡《日書》：“不利以祭祀、聚衆”；“以祭、大事、聚衆，必或亂之。”

《上海博物館藏戰國楚竹書》（六）頁 328

△**按** 郭店簡《性自命出》53 號此字《楚文字編》隸定作“聚”。《璽彙》2844 “馬聚”之“聚”用作人名。

㦲

㦲 上博二·魯邦2

【㦲民】

○**馬承源**（2002） 㦲民

"㦲"，从石从仫，字書所無，文獻中从石得聲字常與从庶得聲字通假，如《説文·手部》："拓，或从庶。"《吕氏春秋·用衆》："善學者若齊王之食雞也，必食其跖，數千而後足。"高誘注："跖讀如拓摭之摭。"同書《重言》"有執蹠痡而上視者"，《説苑·權謀》"蹠痡"作"柘杵"。《孟子·滕文公下》"盜跖"，《淮南子·主術》高誘注作"盜蹠"。《史記·司馬相如列傳》"諸蔗猼且"，《漢書·司馬相如傳》"蔗"作"柘"。字以石爲聲符，以仫爲意符。《説文·广部》："庶，屋下衆也。"此字亦以仫爲意符，可讀爲庶民之"庶"，當爲"庶"之古文異體。"庶民"，乃與公室相對而言的衆民。《左傳·昭公三年》："雖吾公室，今亦季世也。戎馬不駕，卿無軍行，公乘無人，卒列無長。庶民罷敝，而宫室滋侈。"

《上海博物館藏戰國楚竹書》（二）頁 205—206

○**陳嘉凌**（2003） 㦲：即"庶"，"庶人"的"庶"的專字。馬承源先生謂"字形从石从仫……文獻中从石得聲的字常與从庶得聲字通假，如《説文·手部》：'拓，或从庶。'……字以石爲聲符，以仫爲意符。《説文·广部》：'庶，屋下衆也。'此字以仫爲意符，可讀爲庶民之'庶'，當爲'庶'之古文異體。'庶民'，乃與公室相對而言的衆民。"（《上博（二）》205 頁）嘉凌按：與下部簡文"民"字合看，"庶民"爲古代常見辭語，馬説可從，楚系簡帛"庶"字从石从"火"作㬵（《包山》2.258），或省略石下"口"形作㬵（《郭店·成之聞之》簡 16）。本簡字形特别，从仫、庶省聲，應是爲庶民義的"庶"字所造的專用字。

《〈上海博物館藏戰國楚竹書(二)〉讀本》頁 44

△**按** 庶，本从火，石聲，"㦲"爲"庶衆"之"庶"的專用字。《爾雅·釋詁下》："庶，衆也。"

壬 㑷

壬 璽彙3884　㑷 璽彙4136　㑷 璽彙5692　㑷 貨系270

○**何琳儀**(1998)　壬,甲骨文作🔺(後下三九·一)。从土从人,會人立土上有挺立之意。挺之初文。《集韻》:"挺,一曰,直也。"人亦聲。壬,透紐;人,泥紐。壬爲人之準聲首。西周金文作🔺(克鼎聖作🔺),春秋金文作🔺(曾伯霝匜聖作🔺)。戰國文字承襲兩周金文。《説文》:"🔺,善也。从人、士。士,事也。一曰,象物出地挺生也。"《説文》之�、聖、呈、廷均从壬聲。驗之古文字則各有來源,本不从壬。晚周文字演化而从壬,屬聲化(亦有不从壬者)茲將上揭舊以爲壬之準聲首者(㽦、聖、呈、廷),建爲獨立聲首。

　　燕璽壬,人名。

《戰國古文字典》頁 800

△**按**　璽印"壬"皆用作人名。

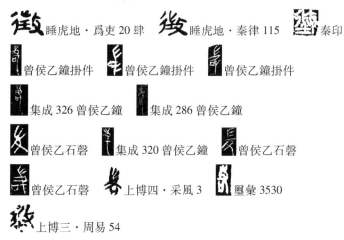

徵 嶶　哜 散

徵 睡虎地·爲吏 20 肆　　後 睡虎地·秦律 115　　🔲 秦印

🔲 曾侯乙鐘掛件　　🔲 曾侯乙鐘掛件　　🔲 曾侯乙鐘掛件

🔲 集成 326 曾侯乙鐘　　🔲 集成 286 曾侯乙鐘

🔲 曾侯乙石磬　　🔲 集成 320 曾侯乙鐘　　🔲 曾侯乙石磬

🔲 曾侯乙石磬　　🔲 上博四·采風 3　　🔲 璽彙 3530

🔲 上博三·周易 54

○**裘錫圭**(1979)　鐘磬銘文把五音之一的"徵"寫作🔺·🔺·🔺·🔺·🔺等形,與《説文》"徵"字古文🔺可以互證,又一次證明《説文》古文可以憑信。

《文物》1979-7,頁 31

○**裘錫圭、李家浩**(1981)　階名"徵"在鐘磬銘文中主要有以下一些寫法:

🔺 🔺 🔺 🔺

爲了印刷方便,一律直接釋作"徵"。《説文·壬部》"徵"字古文作:

🔺

左半與銘文此字大體相合。古文字加不加"口"旁往往無別,所以這個字也有加"口"和不加"口"兩體。

《音樂研究》1981-1,頁 17

○吳振武（1983）　（編按：璽彙 3530 ▨）达達・峇（叟）達。

《古文字學論集》（初編）頁 516

○睡簡整理小組（1990）　（編按：秦律 115）御中發徵，指地方官吏爲朝廷徵用徭役。

《睡虎地秦墓竹簡》頁 47

○何琳儀（1998）　峇，金文作▨（牆盤），疑从刀（刀背有腓子爲飾），斜筆表示刀刃所創。指事。峇與刃造字法相通，懲之初文。《詩・魯頌・閟宮》："荊舒是懲。"箋："懲，艾也。"《禮記・表記》："以怨報怨，則民有所懲。"注："懲，謂創艾。"戰國文字訛變甚距（編按：當作"鉅"），或加ㅂ爲謹之異文，與徵之古文所从▨基本吻合。峇《說文》失載，唯見於偏旁，許慎以爲从微省，殊誤。岂下从人形，呈下从刀形，參岂字。

晉璽峇，讀徵，姓氏，理徵之後。見《萬姓統譜》。

曾器峇，讀徵，音階名。

《戰國古文字典》頁 140

徵，从彳从攴，呈聲。秦文字▨旁疑由▨旁聲變爲从壬而成。徵，端紐；壬，透紐。端、透均屬舌音。《說文》："▨，召也。从微省。壬爲徵行於微而文達者即徵之。▨，古文徵。"

睡虎地簡徵，驗證。見諆字 d。

《戰國古文字典》頁 141

○李守奎（1998）　四　▨曾侯乙編鐘　▨曾侯乙編磬　▨曾侯乙編鐘（中略）

第四組是"徵"字的古文"呈"字。

《吉林大學古籍整理研究所建所十五周年紀念文集》頁 81—82

○濮茅左（2003）　（上博三・周易 54）"拯"，《類篇》："《說文》：'上舉也。'引《易》：'抍馬壯，吉。'或作承、撜、拯、丞。"

《上海博物館藏戰國楚竹書》（三）頁 210

○馬承源（2004）　（編按：上博四・采風 3）本簡書有"訐峇（徵）、峇（徵）和"兩個樂調分類聲名和九個曲目。

《上海博物館藏戰國楚竹書》（四）頁 167

○李守奎、曲冰、孫偉龍（2007）　（編按：上博三・周易 54）敉　徵　《說文》古文作▨。"敉"帛本作"撜"，今本作"拯"。

《上海博物館藏戰國楚竹書（一—五）文字編》頁 406

望 睥　望 睉 睓 亓

睥 睡虎地·日乙118　　　睅 睡虎地·日甲68背壹

睥 郭店·語二33

睓 郭店·緇衣3　　睓 上博五·季庚4

亓 上博一·緇衣2

○ **何琳儀**(1998)　望，甲骨文作睅(甲三一二二)。从臣从壬，會人立土上舉目之意。金文作睅(保卣)，或作睅(望簋)。後者从月，會舉目望月之意，戰國文字承襲金文。《説文》：“望，月滿與日相望以朝君也。从月从臣从壬。壬，朝廷也。睥，古文望省。”

九年戈丘令戈“高望”，地名。

《戰國古文字典》頁725

○ **荊門市博物館**(1998)　睓，从“視”省，“亡”聲，讀作“望”。

《郭店楚墓竹簡》頁132

○ **陳佩芬**(2001)　亓，从介，亡聲。《説文》所無。(中略)郭店簡作“睓而智”，今本作“望而知”。

《上海博物館藏戰國楚竹書》(一)頁176

○ **趙平安**(2002)　《緇衣》二：“子曰：爲上可亓而智也，爲下可槓而齒也。”亓，整理者隸作“齐”，認爲“从介，亡聲。《説文》所無”。我們認爲這個字主體爲亓，)(爲飾筆。望本作睅(《後》上31.9)，象人張望之形，後加月作睅(《師望鼎》)，省簡爲睥(《休盤》)。亓的主體部分與《休盤》“望”所从相同，應是“望”的母字或古形，兩邊加羨畫)(，與古文字关相似。

郭店簡《緇衣》“齐”作“睓”，从見、从古文望，是古文“望”的纍增字。今本《緇衣》作“望”。足見把亓釋爲古文“望”很合適。

《上海博物館藏戰國楚竹書研究》頁440

○ **徐在國、黄德寬**(2002)　按：“齐”字簡文作亓，似應分析爲从“人”“亡”聲，“人”左右所从的兩撇可看作是飾筆。《郭店·緇衣》3與之相對的字作睓。郭店簡“望”字或作睥、睥(《郭店楚簡文字編》174頁)，並从“人”“亡”聲。“亓”字可隸作“夭”，釋爲“望”。而今本《禮記·緇衣》正作“望”。

《古籍整理研究學刊》2002-2，頁1

○**楊澤生**（2002）　所謂"从介，亡聲"的"望"字

《緇衣》2 號簡"爲上可望而知也"，其中"望"字从"亡"从"人"，"人"旁外有"八"字形，寫法比較特別，整理者隸定作从"亡"从"介"，説"从介，亡聲"。李零先生説其"下所从或是立人之變，不一定是'介'字"。"介"字見於甲骨文和楚簡，都是"人"大而"八"小，而此字把"人"寫在"八"中，"八"大而"人"小，因此，李先生説它不一定是"介"字是很對的。但説"或是立人之變"則没有根據。我們懷疑所从的"八"是意符，表示"八方"。《逸周書·武寤》："王赫奮烈，八方咸發。"《漢書·司馬相如傳下》："是以六合之内，八方之外，浸潯衍溢。"顔師古注："四方四維謂之八方也。"而"望"有眺望四方，向四面八方張望的意思，如《楚辭·九歌·河伯》："登崑崙兮四望，心飛揚兮浩蕩。"宋徐照《過鄱陽湖》："四望疑無地，孤舟若在天。"所以簡文"望"字以"八"爲意符是可以理解的。至於"人"上面的"亡"是由甲骨文、金文"望"字所从表示"豎眼"的"臣"字形音化而來，這是研習古文字者都知道的。

《江漢考古》2002-3，頁 78

○**陳偉武**（2002）　䀠：字見郭店簡《緇衣》3，此爲"望"之專字，表張望義，故从"見"。有別於"望"表朔望从月得義。

《華學》6，頁 101

○**濮茅左**（2005）　民䀠亓道而備安　"䀠"，从見，望聲，字書所無，疑"看望"之"望"形聲字。

《上海博物館藏戰國楚竹書》（五）頁 207

△**按**　郭店《緇衣》此字从"視"古文、从"壬"，"亡"聲，意爲看望、張望。簡文"爲上可䀠（望）而智（知）也"之"望"即用此義。睡虎地秦簡《日書》甲 68 背壹"以望指日日始出而食之"、乙 118"凡月望，不可以取婦、家（嫁）女、入畜生"之"望"均指月望。

上博一《緇衣》之"亾（望）"也可另作解釋。《古文四聲韻》28 上引崔希裕《纂古》"芳"字作𣴎，與簡文"望"字相近；比較下列兩個从"亡"之字的寫法：

芒：𦭒璽彙 2248　　荒：𦯃中山王壺

可知其上部爲"亡"，下部从"人"从"八"，當是借"望"爲"芳"。簡文"望"字各家如字讀，"可望而知"就是可以望見而知道。我們懷疑讀作"方"也通。"方"有比擬、比方之義。《禮記·檀弓上》："服勤至死，方喪三年。"孔穎達《疏》："方，謂比方也。有比方父喪禮以喪君。"即像對待父親的喪禮那樣對待

君的喪禮。漢仲長統《昌言·論理亂》："暴風疾霆,不足以方其怒;陽春時雨,不足以喻其澤。""可方而知"就是可以比方而知道。"可方而知"比"可望而知"更加易知,這樣"君"則不會"長勞"(參看楊澤生《戰國竹書研究》150—151 頁,中山大學出版社 2009 年)。

又施謝捷(《説上博簡〈緇衣〉中用爲"望(望)"、"湯"的字》,《華學》11 輯 6—9 頁,中山大學出版社 2014 年)釋"宍"爲"疒",認爲是"宂"的異體,可參看。

坒 坓

坒 信陽 2·10　　坓 璽彙 0252　　坒 陶彙 9·77　　坒 上博六·季桓 17

○中大楚簡整理小組(1977)　坒。

《戰國楚簡研究》2,頁 20

○羅福頤等(1981)　坒。

《古璽文編》頁 215

○劉雨(1986)　2-010:"一小鐶坒";"一青□□之璷坒"

"坒"可隸定作"坒",實即《説文》之"坒"字,《説文》"坒"之古文作"坓",即簡文"坒"之訛變。而"坒"在簡文中又爲"桱"之省,《説文》:"桱,桯也。"又"桯,牀前几";《廣雅·釋器》:"桯,几也。"這説明"坒、桱、桯"都是"几"一類的東西。"小鐶坒"即裝有小鐶的"几"。"璷坒"即鑲有璷飾的"几"。出土物中有各種各樣的"几",可證。

《信陽楚墓》頁 134

○高明、葛英會(1991)　坒。

《古陶文字徵》頁 149

○商承祚(1995)　坒。

《戰國楚竹簡彙編》頁 22

○何琳儀(1998)　坒,從爪,壬聲。坒,定紐;壬,透紐。透、定均屬舌音,坒爲壬之準聲首。《説文》:"坒,近求也。從爪、壬。壬,徼幸也。"

信陽簡坒,疑讀鑑。《禮記·樂記》"姦聲以濫",《史記·樂書》濫作淫。是其佐證。《詩·邶風·柏舟》"我心匪鑑",傳:"鑑,所以察形也。"鑑亦作鏡。

《戰國古文字典》頁 1406—1407

○**劉國勝**（2005）　簡文“坙”，可能即是“坙”字，與“至”字形近混用，也可能是“巠”字的訛寫。上博《緇衣》4 號簡“民淫”，郭店《緇衣》寫作“民涇”。坙，《說文》謂“从爪、壬”。至，《說文》謂“从壬省聲”。楚文字中的“至”，有的下部从“壬”得聲不省，合《說文》“至”字古文。簡文“坙”在此當釋作“至”，讀爲直徑之“徑”。《漢書·食貨志》：“貨泉徑一寸。”

《楚喪葬簡牘集釋》頁 48

○**濮茅左**（2007）　興、道、學爯（稱）、言

“爯”，《玉篇》：“爯，舉也。又尺證切，與稱同。”“稱”，贊揚，發揚宣導，稱述所志。《楚辭·離騷》：“好蔽美而稱惡。”

《上海博物館藏戰國楚竹書》（六）頁 215、216

△**按**　信陽簡遣策 10 號“坙二夯（寸）”、“坙四夯（寸）簡（間）夯（寸）”之“坙”皆應從劉國勝讀爲直徑之“徑”。陶彙 9·77“喬坙”之“坙”用作人名。

坒

坒郭店·語二 3

○**荊門市博物館**（1998）　坒（望）。

《郭店楚墓竹簡》頁 203

○**何琳儀**（2002）　　釋　兢

郭店簡《語叢》2.3 和 1.93 兩條簡文如下：

A 生於敬，恥生於 B。　　仁義爲之 C。

其中原篆分別作：A 坒　B 坒　C 坒

《釋文注釋》隸定 A 爲“坒”，釋“望”；隸定 B 爲从“心”从“坒”，亦釋“望”。或釋 A 爲“枉”，讀“狂”。《釋文注釋》隸定 C 爲“桿”，未予解釋。或釋 C 爲“枉”，訓“邪曲”。或釋 C 爲“桸”，通“臬”，訓“法度”。

上揭三字都有一共同的偏旁，以上學者或放在一起討論，無疑是十分正確的。然而其隸定則有可商。

下面列舉諸家所涉及相關郭店楚簡文字如次：

坒：坒郭店《語叢》1.1；　　往：往郭店《語叢》4.2；

毀：毀郭店《語叢》1.108　兒：兒郭店《語叢》4.27

其中“坒”所从“亡”旁，“往”所从“之”旁，“毀”所从“臼”旁，“兒”所从“臼”

旁,與上揭三篆同屬一批竹簡資料。細審各自形體判然有別,其間似無切合之點。三篆形體詭異,在現有古文字資料中恐怕很難找到可以比照者,大概只能在傳抄古文中尋覓。

檢《古文四聲韻》下平二十八引《古老子》"兢"作:〔古文字形〕

此字與上揭 A 字比較,僅增一弧筆而已。其實這一弧筆也是可以解釋的。自西周以來,"兢"作下例各形:

〔字形〕禹比盨　　　　〔字形〕七年相邦呂不韋戟　　　〔字形〕小篆

以上"兢"字上方為三橫筆或三斜筆,而郭店簡 A、B 這一部位為二曲筆,無疑應屬簡化。至於 A、B 與 C 之間的遞變關係,應屬"收縮筆畫"現象。"〔字形〕"是周秦文字,"〔字形〕"是六國文字。儘管兩者間的演變關係尚缺少中間環節,然而據《古文四聲韻》隸定郭店簡"〔字形〕"為"兢"應該是有根據的。

郭店簡 A 之"兢"當訓"恐懼"。《詩·大雅·雲漢》"兢兢業業",傳:"兢兢,恐也。"《爾雅·釋訓》:"兢兢,戒也。"凡此皆由《說文》"兢,敬也"所引申。其中以"敬"訓"兢",恰好與郭店簡"兢生於敬"可以互證。先秦以後,這類詞彙甚多,諸如"兢栗、兢悚、兢恪、兢戒、兢畏、兢悸、兢業、兢懼、兢慚"等等,均可由"兢"之義訓而推求。簡文"兢生於敬",可參讀《新(編按:當作"說")苑·反質》:"君子服善則益恭,細人服善則益倨;我以自備,恐有細人之心也。"

郭店簡 B 從"心"從"兢",應是"兢"之繁文。同文求異,所謂"避複"者也。《論語·學而》"恭近於禮,遠恥辱也"可以為郭店簡"恥生於敬"作注("恭"與"敬"對文見義)。

《語叢》2.3 簡文"兢生於敬,恥生於兢",大意謂"兢戒由恭敬而生,羞恥由兢戒而生"。郭店簡 C 從"木"從"兢",字書所無,疑是"柦"之異文。檢《老子》七十六章"木強則共",馬王堆漢墓帛書甲本"共"作"恆",乙本作"兢",乙本注"兢,甲本作恆,疑讀為柦,兢是假借字"是其佐證。《說文》:"柦,竟也。從木,恆聲。〔字形〕,古文柦。"

郭店簡 C 應讀"恆"。《說文》:"恆,常也。"

《語叢》1.93 簡文"仁義為之柦(恆)",大意謂"以仁義為典常"。這應是漢代"五常"之濫觴,參讀《漢書·董仲舒傳》:"夫仁誼(義)禮智信,五常之道。"《白虎通·性情》:"五常者何? 謂仁義禮智信也。"

《古籍整理研究學刊》2002-5,頁 2—3

△按　《語叢二》此字蘇建洲(《〈郭店·語叢〉簡 3"襄"字考》,復旦大學出土文獻與古文字研究中心網 2010 年 3 月 7 日)釋作"襄",趙平安(《郭店簡〈語叢二〉第三簡補釋》)釋作"睘",皆讀作溫良恭儉讓的"讓",可從。考慮到其右上兩斜筆爲飾筆,故隸作"呈";《語叢一》93 號簡从"呈"的字可隸作"桯"。

𡸫

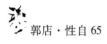
郭店·性自 65

△按　即"𡸫"字,詳見卷六屮(之)部"𡸫"字條。

虐

集成 9710 曾姬無卹壺　　　上博五·姑成 5　　　郭店·成之 4　　　上博一·緇衣 23
信陽 1·12　　　信陽 1·14　　　上博一·詩論 21
璽彙 3056　　　璽彙 3411　　　璽彙 3433

○**中大楚簡整理小組**(1977)　　(編按:信 1·12)虐,亦見第十四簡,殆是人名。

《戰國楚簡研究》2,頁 2

○**黃盛璋**(1989)　　(編按:曾姬無卹壺)"望"字意同想念,乃作器者假想死者在地下孤獨,故作此宗彝,以爲祭器,並爲子孫後人祭祀求福,供職王室,永保官位,即西周金文中常見的"眈在位"或"眈臣天子"之意。

《出土文獻研究續集》頁 114

○**李家浩**(1990)　　(編按:曾姬無卹壺)"虐"字從唐蘭先生釋,舊或釋爲"望",不可信。此字亦見於信陽楚簡和古璽,前者用爲人名,後者跟"丘"或"分"組成複姓。(中略)據以上所說,"虐斿茲漾陵蒿閒之無匹"應當讀爲"鎮撫茲漾陵郊閒之無匹"。古文獻中常見鎮撫百姓之類的話。

《文史》33,頁 11—14

○**李零**(1992)　　(編按:曾姬無卹壺)虐,據唐蘭先生釋(不是虐字),或釋望,不確,估計在銘文中是作謂語動詞,大概是哀憐、恤問、賑濟一類意思。

《古文字研究》19,頁 143

○**連劭名**(1996)　　(編按:曾姬無卹壺)"虐",舊釋均不取。字是"虐"字異體,即戰國文字中的"吾"字。从虍、从壬(編按:當作"壬")。

○連劭名(1997)　　(編按:曾姬無卹壺)"虘",舊釋有多種説法,均不取。今按:此字是"鹵"字異體,即戰國文字中的"吾"字。从虍从壬。《説文》云:"壬,善也。"《老子·道經》云:"上善若水。"魚爲水物,《説文》又云:"聽,聆也,从耳悳,壬聲。"《尚書·洪範》"五事"其四爲"聽",配北方水,《洪範五行傳》云:"次四事曰聽,聽之不聰,是謂不謀,厥咎急,厥罰常寒,厥極貧,時則有鼓妖,時則有魚孽,時則有耳痾,時則有黑眚黑祥維火沴水。"

因此,這個"吾"字的形體中以"壬"代"魚"是來源於陰陽數術的影響。類似現象在楚國文字中並非僅此一例,另外的典型字例是"恆、聞"等字中,以"夕卜"代換"月",《詩經·天保》云:"如月之恆。"古代卜"遠日"的占卜稱爲"夕卜",恆、遠義近。

信陽楚簡中有:

……而居天下,虘聞周公……(1-012)

……虘哉,不智也夫!周[公]曰:易,夫戔人剛恃而撲於型。(1-014+1-02)

上二例中,前者讀爲"吾",後者讀爲"悟"。(中略)

《吕氏春秋·貴卒》云:"趙氏攻中山,中山之人多力者曰吾丘鴆,衣鐵甲,操鐵杖以戰。"

《曾姬壺》銘文中的"虘安",當讀爲"虞安",《白虎通·號》云:"虞者,樂也。"《廣雅·釋詁一》:"虞,安也。"《公羊傳·文公二年》云:"虞主用桑。"何注:"虞,猶安神也。"

○何琳儀(1998)　　虘,从虍,壬聲。晉璽"虘丘",複姓。楚璽虘,疑讀誠。《春秋·僖元》:"八月,公會齊侯、宋公、鄭伯、邾人于檉。"《公羊》檉作朾。是其佐證。《孟子·公孫丑》上:"子誠齊人也。"注:"誠,實也。"信陽簡"虘戈",參《論語·子路》:"誠哉是言也。"

○荆門市博物館(1998)　　(編按:郭店·老甲21)虘,从"虍"聲,讀作"吾",在本批簡文中屢見。信陽楚簡"虘(吾)聞周公"之"吾"也作此形。

○**李零**（1999）　　句中此字均讀爲表示第一人稱的"吾"字。

○**黄德寬**（2002）　（編按：曾姬無卹壺）首先解釋的是■字。此字劉節釋"望"，楊樹達、郭沫若從之，《商周青銅器銘文選·四》亦從之，並釋"望"爲望祭。唐蘭釋"虖"，李家浩從之，並疑此字從"壬"聲，在銘文中讀爲"鎮"。劉信芳認爲"按字應從壬（他鼎切）（引者按：當作壬），虍聲，字讀如'吾'。字又見於郭店簡《老子》，蒙荆門市博物館崔仁義先生見告。余初以爲字從壬聲，讀如'朕'，然辭例既多，知該字應是從虍聲"。李零初認爲此字"在銘文中是作謂語動詞，大概是哀憐、恤問、賑濟一類意思"。後又隸作"虖"，讀爲"撫"，作謂語動詞。

此字亦見於信陽楚簡 1-012、1-014，《古璽彙編》3056、3411、3433 中，舊皆不得確解。在新出郭店楚簡中，此字共出現 14 次，有 11 例讀爲"吾"，3 例讀爲"乎"。可見此字在戰國文字中多讀爲"吾"。驗之於信陽簡及古璽，亦皆文從字順。如信陽 1-012"■（吾）聞周公"；1-014"■（吾）幾（豈）不智（知）才（哉）"；《古璽彙編》3056"■■"、3433"■■"均讀爲"吾丘"，複姓。3411"■■"，讀"分吾"，複姓。

此字用法已基本明了，但形體如何分析，卻頗爲棘手。古文字中有一種構形現象，或許對此字形體分析有所幫助。

湯餘惠曾指出：古文字中，寫在下面的人旁，有時變作■，如：

古文字中存在的這種構形現象，使我們有理由懷疑■字所從的"■"當由"■"演變而來，擬測其演變過程爲：■—■—■。如果此推測不誤，則此字應釋爲"虖"。此字在古文字中讀爲"吾"或"乎"，均屬於假借。古音"虖"屬曉紐魚部，"吾"屬疑紐魚部，二字聲紐均屬喉音，韻部相同，故可通假。壺銘"虖"亦讀爲"吾"，乃第一人稱代詞。金文中常見"虘"字。用作第一人稱代詞，字從虍又加魚聲，"魚、吾"古音聲韻俱同，"虖"用作"吾"，與"虘"用作"吾"同理。

○**董琨**（2002）　（編按：郭店·老甲）甲 21—22："字之曰道，虖（吾）强爲之名曰大。"整理者注："～，從'虍'聲，讀作'吾'，在本批簡文中屢見。信陽楚簡'（吾）聞周公'之'吾'也作此形。"而有人認爲："此字的形構，上爲虎頭下爲壬，在六書屬形聲當無疑義，只是從何得聲，令人難以決定。"（陳高志《讀〈郭店楚墓竹簡〉札記》，《中國哲學》第 21 輯，遼寧教育出版社 2000 年）

按：金文多以"虞"爲"吾"，～，從虍，魚聲，王國維曰："古魚、吾同音。"古代典籍及寫本也常見"假魚爲吾"（參見《金文編》757—758 頁），蓋二字上古音皆屬疑母魚部，故爲同音。而"虍"亦爲單字，《説文》五上："虎文也，象形。"《廣韻》荒烏切，古屬曉母魚部。由於上古疑母、曉母皆屬牙音，爲旁紐，故"～"可與"吾"相通。可見"～"在"虞"中爲形符，在"虚"中則可爲聲符；將"～"讀作"吾"，是可以的。

《古文字研究》24，頁 385—386

△按　"虚"字從壬，虍聲，在戰國文字材料中多讀爲"吾"或"乎"，參見卷二口部"吾"字條。

【虞丘】壐彙 3056 等

○吳振武（1983）　3056　　虞丘瑿・虞丘瑿（地）。

3433　　金丘瘦・虞丘瘦。

《古文字學論集》（初編）頁 511、515

○魏宜輝、申憲（1999）　 [印] 《彙》3433

此壐著録於《古壐彙編》（3433），第一字未釋，寫作：□丘瘦。

今按："瘦"應爲"瘦"字。此字上部所從爲" "而非"白"。中山王嚳鼎銘文中的"克"就寫作：

《彙》未釋之字"金"實際上是"虚"。"金"所從之" "即"虍"部，虍部在古壐文字中的寫法很多，變化也很大。

[字形]《彙》3831　　[字形]《彙》1738　　[字形]《彙》2107　　[字形]《彙》3433

從以上一組從虍的古壐文字比較來看，很明顯" "是"虍"的一種簡體形式，大致變化如下：

[字形]— [字形]— [字形]— [字形]

" "即"虚"字，在《彙》3433 中，"虞丘"當爲複姓，應讀作：吾丘。"虞"從虍從壬，從現有的古文字材料來看，此字多從虍得聲。郭店楚墓所出竹簡簡文中"虚"字多被借爲"吾"或"乎"。例如，《老子甲》篇第 21—22 號簡文有："……

虘(吾)劈(强)爲之名曰大……"考釋者注:"虘,从虍聲,讀作'吾'。"信陽楚
簡中"虘"亦被借代"吾":"……虘(吾)聞周公……"故《彙》3433
可讀作:吾丘疣。《彙》3056"虘丘疁"亦應讀作"吾丘疁"。

《彙》3056

　　　　古有吾丘氏。《通志·氏族略》"吾邱氏"條云:"其音魚,即
虞邱氏也。"並以虞丘爲晉邑。《廣韻》丘字注謂虞丘爲複姓。
《左傳·襄公十六年》:"虞丘書爲乘馬御。"《漢書》中有吾丘壽王
(卷六四上)、吾丘遵(卷九七下)。

《彙》4010

　　　　"吾丘"在古璽文字中亦有直接寫作本字而未借用"虘丘"
的例子,見《彙》4010:吾丘卿。"丘"字的寫法亦不同於《彙》
3433、3056 的"𡊏"。這種差異可能是由於分屬於不同的文字區
域而形成的,《彙》3433、3056 從字體上看應屬於三晉系統,而《彙》4010 則
似爲齊璽。

《東南文化》1999-3,頁 98—99

𡊏

𡊏 郭店·窮達 14

○ **荊門市博物館**(1998)　𡊏(毀)。

《郭店楚墓竹簡》頁 145

○ **李守奎**(2003)　讀毀。

《楚文字編》頁 506

△按　參見卷十三土部"毀"字條。

重　重　𡊏

集成 10372 商鞅方升　　璽彙 4064　　睡虎地·效律 60　　睡虎地·答問 93

貨系 4071　　先秦編 609　　璽彙 2247　　璽彙 0558　　璽彙 3493

郭店·成之 10　　郭店·唐虞 19

上博四·曹沫 30　　上博四·曹沫 45　　郭店·老甲 5　　郭店·緇衣 44

新蔡乙三 52　　新蔡乙三 62　　新蔡乙四 135　　新蔡乙四 142

郭店·成之 18　　郭店·尊德 29　　上博五·季庚 18　　郭店·成之 39

上博一·緇衣 22　　　上博三·中弓 8　　　上博三·亙先 4　　　望山 2·6

○**鄭家相**（1958）　文曰重一兩十二銖,及重一兩十四銖,皆右旋讀,紀銖兩不紀地。或曰銖字作珠,珠上有一畫,應釋十三珠。予曰銖字一畫,不與二字相連貫。即銖字之金頭,非珠也。

《中國古代貨幣發展史》頁 188

○**羅福頤等**（1981）　重。

《古璽文編》頁 215

○**黄盛璋**（1989）　此鍾乃戰國魏器,自銘爲"重"即"鍾"。據此,則"安邑下邑（編按:此"邑"當作"官"）重"、春成侯鍾"夅重",均即"鍾"字,有人認爲"安邑下官重"當記有"重量",懷疑它没有刻完,並讀春成侯鍾之"重"爲重量字,現在可以證實均屬誤解,而春成侯鍾"重"字下一字"勽"確爲"重"字,上文兩器我的釋讀正確無誤。

《古文字研究》17,頁 61

○**睡簡整理小組**（1990）　誤自重殹（也）,減罪一等睡虎地·效律60

重,疑讀爲踵,踪迹。誤自踵,意爲會計者自己查出錯誤。

《睡虎地秦墓竹簡》頁 76

○**陶正剛**（1994）　第十一字可釋爲"董"。在《侯馬盟書》中重通郵,即董字。

《文物》1994-4,頁 85

○**黄錫全**（1998）　"重以黄釿"布考

此布屬小型平襠布。通高 11.7、肩距 4.5、足距 5.4、肩尖與足尖距 7.8 釐米,重 28.96 克（帶泥）。面有 4 字,從右至左書。我們曾經試釋爲"重目（以）黄釿"或"章目（以）黄釿"。現進一步闡述如下:

此布面文是目前所知多字尖足空首布中最清楚者,彌足珍貴。4 字中的後兩字爲"黄釿",没有疑問,關鍵是前兩字。

第一字作"重",當初我們懷疑有 3 種可能:一是釋爲犉（犢）,二是釋爲章,三是釋爲重。古文字中此三字分别作下列形（或偏旁）:

犢 犉 犉 犉 犉 犉 犉 犉 犉《古璽文編》373、472、486、464、418、409 頁

章 章 章 章 章 章《金文編》153、154 頁　　章 石鼓文　　章 章 包山楚簡 77、101 號

重 重 重 田《金文編》582 頁　　重 鄆 侯馬盟書　　鄆 鄆 古璽文編

陳 陳 陳 陳 陳 陳 古璽文編 342 頁

鐘(鍾) 鐘 鐘 鐘 鐘 鐘 鐘 鐘《金文編》916、917 頁

東 東　東《金文編》404 頁　　　東 包山楚簡 141 號　　　東 郭店楚簡太一生水簡 13 號

如釋韋,其形未見省從"○"者,而且上一斜畫"十"不見衝出作"十";"牛"雖可省,但也未見省從"十"形。如釋章,但章上一畫從不見作斜筆,中閒一般多作田,豎筆下端多向左彎曲。"重"本象人負重身背橐囊形,簡省作東,其下左右兩筆"小"變作直筆"十"。除東、鐘字所從似有類似情況外,還有下列"小"變作"十"形之例:

剌 大簋　 戈鼎、簋　 單伯鐘　 大鼎

缶 毛公厝鼎　 散盤　休　無其簋　 季受尊

樂 邾公釛鐘　齊鞄氏鐘　姑□句鑃　無 鄀其簋

因此,東當是東、東省變之形,似可釋爲重。幣文第二字作己,與金文己(者姛尊)、己(者女觥)、己(小臣逨簋)等形類同,釋"目(以)"似無疑問。

春秋晉地有董無重,重可能就是董。《周禮・春官・大祝》:"四曰振動。"鄭注:"鄭大夫云:'動讀爲董,書亦或爲董。'"《左傳・文公六年》晉"改蒐於董"。杜注:"河東汾陰縣有董亭。"即今山西萬榮縣榮河鎮東。《左傳・宣公十二年》廚子怒曰:"非子之術而蒲之愛,董澤之蒲,可勝既乎?"杜注:"董澤,澤名,河東聞喜縣東北有董池陂。"酈道元《水經注・涑水》以爲董即董澤,在今山西聞喜縣東北 40 里。楊守敬《水經注疏》據《續漢志》認爲杜注"汾陰爲臨汾之誤","黃澤、董亭爲一地"。董與董澤是一地還是兩地,姑存二説。即便二地,相距並不太遠,很可能地名有變遷,本爲一地,後分爲二。復旦大學歷史地理研究所編《中國歷史地名辭典》依從杜注,主張董邑"在今山西萬榮縣西南",董澤"在今山西聞喜縣東北"。幣文"重以",疑當讀爲"董澤"。中古音"以"和澤、繹、嶧等均爲以母,上古音"以"爲喻母之部,澤和繹等爲定母鐸部,從"以(己)"得聲的"台"屬透母之部,怠、駘等屬定母之部。董澤,或名董池、董泊。幣文之"重(董)以(澤)",應指山西聞喜東北。

"重以黃鈃'之黃,讀爲衡,義爲當,是董澤所鑄當鈃的貨幣,即一鈃布。如"重以"非地名,則此布有可能是國家頒行的權衡輕重的標準布。有關問題,還有待更多材料的證實。

　　　　《先秦貨幣研究》頁 33—34,2001;原載《内蒙古金融研究》1998 增刊
○**何琳儀**(1998)　重,西周金文作東(井侯簋)。從人從東,會人負囊橐承重

之意。東亦聲。春秋金文作🔳(外卒鐸),加土旁繁化。戰國文字承襲春秋金文。或作🔳人旁不顯(多見燕系文字),或作🔳省土旁。楚系文字土上加斜筆爲飾(參童字),遂似壬形,其上亦類化从壬形。《説文》:"🔳,厚也。从壬、東聲。"

燕璽重,姓氏。南正重之後。見《姓譜》。

春成侯鍾、朝歌壺重,讀鍾。《左・昭三年》"釜十則鍾",注:"鍾,六斛四斗。"汝陽戟重,姓氏。安邑下官鍾重,讀鍾。《説文》:"鍾,酒器也。"中山雜器重,貴重。《儀禮・少儀》"不訾重器",注:"重,猶寶也。"

商鞅方升"重泉",地名。《史記・秦本紀》:"壍洛城、重泉。"在今陝西浦城南。秦錢重,重量。

《戰國古文字典》頁 364—365

(編按:璽彙 0321 🔳)重。

《戰國古文字典》頁 1523

○**何琳儀**(2000)　"重",姓氏。又見《璽彙》3196、3197、3493。南正重之後,見《姓譜》。

《文史》2000-1,頁 33

○**濮茅左**(2001)　厔　疑"厚"之異體。郭店簡作"厚",今本作"重"。

《上海博物館藏戰國楚竹書》(一)頁 198

○**陳偉**(2003)　5 號簡寫道:"罪莫重乎甚欲,咎莫僉乎欲得,禍莫大乎不知足。"

"重",原釋爲"厚",劉信芳先生釋爲"重"。此字上从"石"。下部所從與同篇 6 號簡"人宝(主)"的"宝"以及 10 號簡"孰能庀以迬者"的"迬"字所从的"主"相同,而與从"毛"(見於《老子》甲 4 號簡、《緇衣》2 號簡等)、从"干"(見於《語叢》82 號簡)的"厚"字有別。《老子》甲 10 號簡"孰能庀以迬者",裘錫圭先生按云:"'迬'帛書本作'重',今本作'動'。'主'與'重'上古音聲母相近,韻部陰陽對轉。""迬"當是以"辶"爲義符,以"主"爲聲符,是"運動"之"動"的異構。《老子》甲 2 號簡的這個字可看作以"石"爲義符,以"主"爲聲符,當是"輕重"之"重"的異構。此字在郭店簡中還見於《緇衣》44 號簡及《成之聞之》18、39 號簡,釋文皆釋爲"厚"。改釋爲"重"之後,《緇衣》44 號簡一句讀作"輕絶貧賤而重絶富貴",適與今本一致;《成之聞之》18 號簡一句讀作"民必因此重也",39 號簡一句讀作"文王之刑莫重焉",均意義顯豁,不煩先釋爲"厚"、再訓爲"重"。同時,在《緇衣》及《成之聞之》中同時存在从"毛"的"厚"字,也加强此字應當釋爲"重"的證據。

《郭店竹書別釋》頁 18

○李守奎(2003)　　　𡎚　从主省聲。从石省。

《楚文字編》頁 506

○李朝遠(2003)　　(編按:上博三·中弓 8)民安舊而𡉺𡎚　"𡉺",即楚簡中常見的"宔"字。古文字中从厂从宀,一也。"𡉺",多相當於"冢",讀爲柱用切之"重",音近相通。

《上海博物館藏戰國楚竹書》(三)頁 269

○李零(2003)　　𡉺(濁)氣(氣)生墬(地),清氣(氣)生天

　　"𡉺",所从"主"與楚簡宔(用作"主")所从相同,這裏讀爲"濁"("濁"是定母屋部字,"主"是章母侯部字,讀音相近)。"墬"讀"地"(編按:"墬"當作"埅")。

《上海博物館藏戰國楚竹書》(三)頁 291—292

○李零(2004)　　(編按:上博四·曹沫 45)𥥍(厚)

　　(編按:上博四·曹沫 54)貹　从貝,主聲(舊釋"賥",應糾正),乃楚"重"字(同《楚郧陵君豆》的"重"字)。"主"是章母侯部字,"重"是章母東部字,讀音相近。

《上海博物館藏戰國楚竹書》(四)頁 273、279

○濮茅左(2005)　　(編按:上博五·季庚 18)子之言也已砫　"砫",讀爲"主"。"主",專行。《韓非子·内儲説》:"貴而主斷。"或讀爲"重"。"砫、重"雙聲可通。本簡"砫"字形與《郭店楚墓竹簡·緇衣》作"𡊫"(第四十四簡),應是同字。《上海博物館藏戰國楚竹書(一)·紂衣》作省形"𠂤"(第二十二簡),或釋"厚"。

《上海博物館藏戰國楚竹書》(五)頁 227

【重光】睡虎地·日甲 32 正

○劉樂賢(1994)　　古稱日冕或日珥等現象爲重日,以爲是瑞應。重光,重日之光。《漢書·兒寬傳》:"癸亥宗祀,日宣重光。"注:"李奇曰:太平之世,日抱重光,謂日有重日也。"

《睡虎地秦簡日書研究》頁 56

○王子今(2003)　　今按:《史記·曆書》:"昭陽作鄂四年。"司馬貞《索隱》:"昭陽,辛也,《爾雅》作'重光'。"《爾雅·釋天》:"(太歲)在辛曰'重光'。"

"在癸曰昭陽。"《淮南子·天文》:"酉。在辛曰重光。掩茂之歲,歲小饑,有兵,蠶不登,麥不爲,菽昌,民食七升。""子。在癸曰昭陽。赤奮若之歲,歲有小兵,早水,蠶不出,稻疾,菽不爲,麥昌,民食一升。"錢塘《淮南天文訓補注》以爲錯簡,應爲:"亥。在癸曰昭陽。困敦之歲,歲大霧起,大水出,蠶稻麥昌,民食三斗。"《史記·龜策列傳》褚少孫補述:"龜在其中,常巢於芳蓮之上。左脅書文曰:'甲子重光,得我者匹夫爲人君,有土正,諸侯得我爲帝王。'""重光",是歲陽名稱之一。取此解,可能更接近簡文本義。

《睡虎地秦簡〈日書〉甲種疏證》頁 87

【重金】

○**吳蒙**(1982)　"重",《説文》訓爲"厚"。所謂"重金"就是較厚的銅。

《文物》1982-11,頁 13

○**周曉陸**(1988)　重金絡鑪:依重金錍之例爲銅壺的本名。"重",《説文》訓厚,外卒鐸亦有"重金"之謂。"絡",黃盛璋先生認爲是"絡"之繁文,在中山王𨥏鼎銘中,"親"字有加"宀"與不加"宀"的。"重金絡"當指銅壺的網絡狀附套。"鑪"即器名。這是一個關鍵字,我以爲這字下部从缶表意,上部从口爲聲,當爲"鑪"字的異構。

《考古》1988-3,頁 258

○**馮勝君**(1999)　重金:重,有寶貴、美善之意。《禮記·少儀》"不訾重器",鄭注:"重,猶寶也。"《儀禮·覲禮》"重賜無數",鄭注:"重,猶善也。"故重金,猶言吉金,即美善之銅。

《中國古文字研究》1,頁 191

【重泉】

○**王輝**(1990)　重泉爲器之置用地。《史記·秦本紀》:"簡公六年,塹洛,城重泉。"地在今蒲城縣東南。

《秦銅器銘文編年集釋》頁 35

○**李學勤**(1992)　"重泉"二字筆意與十八年銘同,是置用地名。

《綴古集》頁 136,1998;原載《中國社會科學院研究生院學報》1995-2

○**周偉洲**(1997)　重泉丞印　《史記·秦本紀》:簡公六年(公元前 409 年)"城重泉(今陝西蒲城東南)";秦併六國前後,爲秦內史屬縣,丞爲縣令佐官。

《西北大學學報》1997-1,頁 33

【重棠】

○**孫敬明、蘇兆慶**(1990)　重棠,工師姓名。新鄭兵器 144 號之"重"與此形體相同。郝本性先生指出:"古璽也有此字(《徵》8‧3),戰國璽文盡从邑,作鄆,漢印則不加邑。"《侯馬盟書》中重、鄆無別,注謂"通董"。據此,重亦即董。

《文物》1990-7,頁40

△按　《通志‧氏族略‧以名爲氏》:"《風俗通》云:顓帝重黎之後,少昊時,重爲南正,司天之事;黎爲北正,司地之事。"璽印和兵器銘文中的"重"是如字讀還是讀作"董",待考。

量　量

量 包山53　　量 包山73　　量 包山149　　量 上博二‧容成38　　量 上博六‧天甲7

量 睡虎地‧爲吏5伍　　量 睡虎地‧答問195　　量 陶彙5‧394　　量 陶彙5‧398

量 上博五‧競建4　　量 上博六‧競公1

○**睡簡整理小組**(1990)　雖不養主而入量(糧)者 睡虎地‧答問195

糧,《説文》:"穀也。"

《睡虎地秦墓竹簡》頁140

○**高明、葛英會**(1991)　量。

《古陶文字徵》頁249

○**何琳儀**(1998)　量,甲骨文作量(京都七〇一)。从東,易聲。量爲易之準聲(編按:《程訂字典》謂其後脱"首"字)。易與東借用一豎筆。東象橐囊之形,有盛重物而稱重之意。或作量(明1557)、量(京都2289),已有省變,从易不顯。金文作量(量侯簋),下加土繁化。戰國文字承襲金文。《説文》:"量,稱輕重也。从重省,曏省聲。量,古文量。"

廿七年大梁司寇鼎量,量器。《禮記‧仲尼燕居》:"量鼎得其象。"

睡虎地簡量,見《書‧舜典》"同律度量衡",釋文:"量,斗斛也。"

《戰國古文字典》頁671

○**劉信芳**(2003)　量:裁量其大小,稱量其輕重。睡虎地秦簡《爲吏之道》5:"慎度量,來者有稽莫敢忘。"《爾雅‧釋言》:"賦,量也。"郝懿行《疏》:"賦斂、賦税皆爲量入,賦布、賦予即爲量出。"

《包山楚簡解詁》頁58

○**蘇建洲**(2003)　量:字形亦見於《説文》古文作量。《包山》73作量。

《〈上海博物館藏戰國楚竹書(二)〉讀本》頁166

○**曹錦炎**（2007）　（編按：上博六・天甲 7）"量"，簡文構形上不從"日"，同於《說文》古文。《說文》："量，稱輕重也。"計算，估量，《左傳・宣公十一年》："量公命日，分財用，平板榦。"

《上海博物館藏戰國楚竹書》（六）頁 321

臥 臥

睡虎地・封診 73　　睡虎地・日甲 24 背叁　　睡虎地・日甲 64 背壹

○**何琳儀**（1998）　臥，從人從臣（垂目之形），會垂目睡臥之意。《說文》："臥，休也。從人從臣，取其伏也。"

　　秦器臥，見《孟子・公孫丑》下"不應隱几而臥"。寢於牀，臥於几。渾言則通，散言則別。《說文》："寢，臥也。"《廣韻》："臥，寢也。"

《戰國古文字典》頁 858

△**按**　睡虎地秦簡《封診式》73 號"乙獨與妻丙晦臥堂上"、《日書》甲 64 背壹"東北鄉（嚮）如（茹）之乃臥"、《日書》甲 24 背叁"一室中臥者眯也"等之"臥"皆用本義。

監 盟

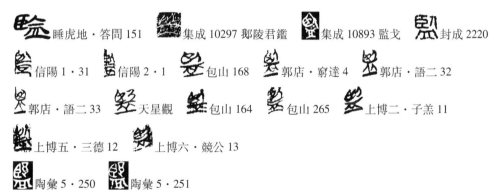

睡虎地・答問 151　　集成 10297 䣁陵君鑑　　集成 10893 監戈　　封成 2220

信陽 1・31　　信陽 2・1　　包山 168　　郭店・窮達 4　　郭店・語二 32

郭店・語二 33　　天星觀　　包山 164　　包山 265　　上博二・子羔 11

上博五・三德 12　　上博六・競公 13

陶彙 5・250　　陶彙 5・251

○**金祥恆**（1965）　監。

《匋文編》頁 61

○**中大楚簡整理小組**（1977）　第六十四簡　☐☐監於此以☐☐神以監。

　　監，同鑑，金文鑑亦多不從金。"監於此"一語，《尚書・無逸、君奭、呂刑》諸篇作"監于茲"，且往往在全文之末，如《無逸》之篇末即爲："周公曰：嗚呼，嗣王其監于茲。"此簡言"監於此、神以監"，語氣句式與《周書》相仿，故疑亦爲全篇之末,最後一簡。

《戰國楚簡研究》2,頁 14

方監、圓監的監字,後世寫作鑑,前室有陶鑒四,一方三圓,與簡文總數符,而分數有出入。

《戰國楚簡研究》2,頁 25

監,同竟,即鏡,大監即大鏡。室,居也。此謂鏡有紅緅之套。出土器物中有鏡。

監,即鑑,殆係陶盆(古大盆亦稱監),與第八簡所稱有"紅緅之室"之"一大監"者字同物異。

《戰國楚簡研究》3,頁 48、56

○**劉雨**(1986)　監(鑑)。

《信陽楚墓》頁 128

○**高明、葛英會**(1991)　監。

《古陶文字徵》頁 167

○**朱德熙、裘錫圭、李家浩**(1995)　此當是鏡鑑之"鑑"。墓中出銅鏡一面。

《望山楚簡》頁 126

○**何琳儀**(1998)　監,甲骨文作（佚九三二）。从皿从見,會人以皿中盛水照影之意。見亦聲。監、見均屬見紐,監爲見之準聲首。鑒之初文。《廣雅‧釋器》:"鑑,謂之鏡。"又《釋詁》三:"鑒,照也。"西周金文作（頌鼎),見旁已演變爲臥旁,皿上短横爲水中人影(非血字)。春秋金文作（攻吳王鑑),又省皿上短横。戰國文字承襲兩周金文。在偏旁中或省皿旁作臥旁。《説文》:"𦣝,臨下也。从臥,㗉省聲。,古文監,从言。"

楚器監,讀鑑。包山簡一二○監,姓氏。衛康叔爲連屬之監,其後氏焉。見《風俗通》。

睡虎地簡監,監管。

《戰國古文字典》頁 1451

○**劉信芳**(2001)　郭店《語叢二》32—33:"瞿生於眚(性),監生於瞿,望生於監。"按"瞿"讀爲"懼","恐也"(《説文》)。"監"讀爲"惂","憂困也"(《説文》),後世"膽寒、寒心"之"寒"與"惂"同。監古音在談部見紐,惂古音在談部見紐,《説文》"監"字从㗉省聲,知二字古讀可通也。

　　“監生於瞿”者,謂膽寒、膽怯生於恐懼。既明乎此,進而可知“望生於監”之“望”,應理解爲“怨”,《史記·盧綰傳》:“欲王盧綰,爲群臣觖望。”集解:“望猶怨也。”又《袁盎傳》:“絳侯望袁盎。”正義:“望,怨也。”“望生於惛”者,謂怨恨生於心寒也。

《簡帛研究二〇〇一》頁 204

○**馬承源**(2002)　(編按:子羔 11)又(有)鬼監(衛)卯。

《上海博物館藏戰國楚竹書》(二)頁 195

○**劉國勝**(2003)　該墓前室出土 1 件方陶方鑒,似即簡文所記“方鑒”,數量少 1 件。

《楚喪葬簡牘集釋》頁 18

○**李零**(2005)　監川之都　臨川的大城。“監”,也可能是“臨”字的誤寫。

《上海博物館藏戰國楚竹書》(五)頁 296

【監者】
○**中國文物研究所、湖北省文物研究所**(2001)　(編按:龍崗 144)監者,監督者。睡虎地秦簡《法律答問》:“空倉中有薦,薦下有稼一石以上,廷行【事】貲一甲,令史、監者一盾。”

《龍崗秦簡》頁 120

臨　𥃣　𥃰

睡虎地·爲吏 37 叁　　睡虎地·爲吏 51 壹　　睡虎地·日乙 136

陶彙 3·689　　陶彙 3·688　　陶彙 5·181　　秦陶 368

包山 79　　包山 185　　包山 53　　郭店·老甲 11

上博五·三德 22　　上博六·天甲 11　　上博六·慎子 6

上博四·柬大 1　　上博五·弟子 9　　上博六·天乙 10

上博五·弟子 9

郭店·五行 48

○**高明、葛英會**(1991)　臨。

《古陶文字徵》頁 198

○**王輝**(1990)　始皇詔書及“臨”字爲第二次所刻,説明始皇統一全國後對商軼方升又重新進行了校量,並置用於臨地。臨地不明所在,也可能是春秋時晉之臨邑,即今河北臨城縣。

《秦銅器銘文編年集釋》頁 36

○**荊門市博物館**(1998)　賢,簡文作⿰,中山王䚋方壺作⿰,與簡文形似。帛書本作"臨"。

《郭店楚墓竹簡》頁 154

○**裘錫圭**(1998)　簡文"上帝"下一字,恐即"臨"字之誤寫。

《郭店楚墓竹簡》頁 154

○**何琳儀**(1998)　臨,金文作⿰(盂鼎)。從見,參聲。臨與參均屬侵部,臨爲參之準聲首。或作⿰(毛公鼎)、⿰(弔臨父簋),見旁脱節作臥旁,參旁訛作三曲筆、三口形。戰國文字參旁省三曲筆存品形,或省一口作叩形。小篆遂因品形爲聲。臨與品均屬侵部,臨爲品之準聲首。茲棄舊説新立臨聲首。《説文》:"⿰,監臨也。從臥,品聲。"

　　包山簡"臨易",地名。包山簡"臨邑",地名。疑即"臨品"(臨爲"臨品"合文)。《左·文十六》:"楚子乘駟,會師于臨品。"在今湖北均縣南。

　　詛楚文臨,見《戰國策·西周策》"道於二周之閒,呂臨韓魏",注:"臨,猶伐也。"

　　廿二年臨汾戈"臨汾",地名。見《漢書·地理志》河東郡,在今山西新絳東北。

　　秦陶"臨菑",讀"臨淄",地名。《戰國策·齊策》:"蘇秦説齊宣王曰,臨淄之中七萬户。"在今山東臨淄。

　　秦陶臨,地名。《左·哀四》:"趙稷奔臨。"在今河北臨城西南。

《戰國古文字典》頁 1414—1415

○**顏世鉉**(2000)　《五行》簡 48 引《詩》云:"上帝⿰女(汝),毋貳爾心。"第三字原《釋文》作"賢",此形與信陽簡 1.02 的"䞐"(賢)字作⿰近似。《説文》:"賢,多財也。""臤,堅也……古文以爲賢字。"楊樹達《釋賢》云:"據此知臤乃堅之初文。人堅則賢,故即以臤爲賢,後乃加形旁之貝爲賢字耳……以臤爲賢,據其德也;加臤以貝,則以財爲義矣。蓋治化漸進,則財富見重於人群,文字之孳生,大可窺群治之進程矣。"楚簡"賢"字下從"子",或從二"子",中山王䚋方壺的"賢"字下半亦從"子",《穀梁傳·宣公十年》:"其曰子,尊之也。"作"䞐、䞐",即"賢能"的"賢"字,從"子"當是取尊其有德才之意。

簡文"嬰",帛書本作"臨",《詩·大雅·大明》:"上帝臨女,無貳爾心。"裘按:"簡文'上帝'下一字,恐即'臨'字之誤寫。"按,鄭箋:"臨,視也。"簡文"嬰"當釋作"賢",讀爲"晚",晚爲元部,臤爲真部,真元旁轉。《説文》:"臤,大目也。""晚,晚臤,目視兒。"《廣雅·釋詁一》:"晚,視也。"《釋訓》:"晚晚,視也。"徐灝《段注箋》云:"晚晚,猶晚臤,聲之異也。"可見从"臤"的"臤"和从"免"的"晚"可通假。"晚、臨"均訓爲"視",相通。

"臨",段注本《説文》:"臨,監也。"別本作"臨,監臨也。"又《説文》:"監,臨下也。"臨、監均有以高視下之意,《詩·大雅·皇矣》:"皇矣上帝,臨下有赫。監觀四方,求民之莫。"簡文"嬰"讀作"晚",楊樹達《釋晚》云:"免聲之字多含低下之義。"疑"晚"亦有以高視下之意。

《郭店楚簡國際學術研討會論文集》頁 103—104

○**陳偉武**(2002) 郭簡云:"上帝嬰女(汝),毋貳爾心。"(6.48)用"嬰"爲"賢"。《字典》有"掔"字,以爲"掔"之俗字,而郭簡已有"掔"字。亦屢見"臤"字,"臤"多用爲"賢",證實《説文》"臤,古文以爲賢字"之説。"臤"爲賢才義之初文,復分化出"賢、掔、**嬰**"諸字,"**嬰**"爲"臤、掔"之繁體。

《中國文字研究》3,頁 125

○**許文獻**(2003) 郭店楚簡《五行》簡 48 與帛本有一處引《詩》之異文:

一、郭店楚簡《五行》簡 48:"上帝嬰汝,毋貳爾心。"

二、帛本:"上帝臨汝,毋貳爾心。"

見於簡文之嬰(郭店楚簡《五行》簡 48),釋文隸作"賢",裘錫圭先生以爲此字可能是"臨"字之誤寫;顏世鉉先生將此字釋爲"賢",讀爲"晚",並疑"晚"具"以高視下"義,而可與"臨"通;劉信芳先生亦隸作"賢",並依《詩經》傳本釋爲"臨"。實則此字隸作"賢",在字形上應無疑義,惟此處簡本"賢"字在帛本之異文爲"臨",疑其可能僅爲通假字之關係而已:"賢"字上古音系屬匣母真部、"臨"字上古音系屬來母侵部,在傳世典籍中,"臨"字亦可見與真部"粦"聲字相通之例證,例如:《史記·貨殖列傳》:"北鄰烏桓、夫餘。"《索隱》:"'鄰'一作'臨'。"故簡文此處以"賢"代"臨",應具相通之條件。

又郭店簡之另一"臨"字:嬰(郭店楚簡《老子甲》簡 11),此字下方之構形疑即"奰"(鄰)之異化構形,楚簡"奰"(鄰)字作奰(郭店楚簡《老子甲》簡 9)、奰(郭店楚簡《六德》簡 3)等形,與郭店楚簡《老子甲》此字下方之構形形近,又據上所引傳世典籍"臨""粦"相通之資料,則可進一步證明楚地"臨"字之讀音有可能與真部某些字相近。

惟需注意的是,楚簡"賢"字之構形特殊,依其結構特徵,大抵可分作幾類:

一、郭店楚簡《五行》簡 24

二、郭店楚簡《六德》簡 12、郭店楚簡《語叢一》簡 54、上博簡《孔子詩論》簡 10

三、郭店楚簡《緇衣》簡 17、上博簡《緇衣》簡 10

四、郭店楚簡《語叢四》簡 12　　　　五、郭店楚簡《窮達以時》簡 2

六、郭店楚簡《語叢三》簡 52

七、郭店楚簡《唐虞之道》簡 2、郭店楚簡《唐虞之道》簡 6

八、郭店楚簡《成之聞之》簡 16　　　九、郭店楚簡《五行》簡 48

關於楚簡"賢"字之構形,陳劍先生以爲"賢"字當與"擎"之表意初文有關,趙彤先生則以爲楚簡"賢"字當从"丁"得聲。惟今得重新審視楚簡"賢"字之構形,頗疑其當从"云"得聲,其理有三:

一、"賢"字所从之、、等構形,疑當爲聲符:先秦古文字之構形尚未完全定型,異體結構或多有繁簡,而形聲結構之聲符,因其具表音與表義之功能,故在古漢字形聲結構發展體系中,呈現出較穩定發展之狀態,亦即形聲字之聲符較形符更不容易省略或脱落,例如:

（一）包山楚簡簡 2←→包山楚簡簡 202 反

（二）包山楚簡簡 134←→包山楚簡簡 137 反

而審視楚簡"賢"字異構,當以、、等構形最爲穩定,故疑此類構形當是楚簡"賢"字所从之聲符。

二、郭店楚簡《緇衣》簡 17 之"賢"字作之形、上博簡《緇衣》簡 10 之"賢"字作之形,其所从之與構形,或與楚系"云"字之構形最近:(包山楚簡簡 51)、(包山楚簡簡 180)。

三、楚簡从"昆"之字,或作(郭店楚簡《六德》簡 28)、(包山楚簡 268)、(信陽楚簡 2.07)、(天星觀遣策簡)、(望山楚簡二號墓遣策簡)、(天星觀遣策簡),黃德寬先生與徐在國先生曾對此系列構形之字作了深入之考釋,此系列字所从之聲符"云",其形或作、、、、、等形,與楚簡"賢"字所从之、、等形或形近,又"云"字上古音系屬匣母文部,而"賢"

字所从之"臥"字聲系與"昆"字聲系,在傳世典籍中,又可見其相通之例證,例如:《周禮·春官·典同》:"高聲硍。"鄭注:"杜子春讀硍爲鏗鎗之鏗。"《史記·酷吏列傳》:"燕趙之閒,有堅盧、范生之屬。"《鹽鐵論·大論》"堅盧"作"昆盧",且在楚方言音系中,真文或可相通。故又頗疑楚簡"賢"字,可能爲受楚方言影響而産生形近聲化之聲符結構。

《第四屆國際中國古文字學研討會論文集》頁 448—449

○濮茅左(2004) 王自臨卜 "臨",涖,臨視。凡國家有大事,宗伯涖卜。

《上海博物館藏戰國楚竹書》(四)頁 195

△按 《郭店·五行》簡之𩔖當是"臨"字訛體。

【臨民】

○濮茅左(2005) "臨",統治、監督。《尚書·大禹謨》:"臨下以簡。"《左傳·宣公七年》:"王叔桓公臨之。""臨民",治民。《國語·魯語上》:"若以邪臨民,陷而不振。"又《楚語下》:"夫神以精明臨民者也,故求備物不求豐大。"在《周易·臨卦》中亦見相關解釋,如胡瑗《周易口義》:"臨,元亨利貞。至於八月,有凶。《象》曰:'澤上有地臨,君子以教思無窮,容保民無疆。'義曰:'夫臨者,居上以臨下也。至高天也,至下地也。今不云"天臨",而曰"澤上有地臨"者,蓋地之勢最附近於澤,而澤又依著於地,是臨之象也。君子法此之象,汲汲然惟恐一物之不被其澤。故夜以思之,晝以行之,焦心極慮,施其教化,以臨於民,而無有窮已也。又能寬容保安之,而無有疆畔也。然則爲君子者,不能思其教化,則不可臨於民者一也;能教而不能寬容之,則不可以臨民者二也;能容而不能保安之,則不可以臨民者三也。須三者之道兼備,而又有元亨利貞之四德,夫然後可以臨於民也。'"這與《禮記·曲禮上》:"毋不敬,儼若思,安定辭,安民哉!"所説相一致。

《上海博物館藏戰國楚竹書》(五)頁 206—207

【臨沅】

○湖南省文物考古研究所、湘西土家族苗族自治州文物處(2003) [8]147:遷陵已計:卅四年餘見弩臂百六十九。凡百六十九。出弩臂四輸益陽。出弩臂三輸臨沅。

臨沅,縣名,今湖南常德。《漢書·地理志》屬武陵郡。

《中國歷史文物》2003-1,頁 12

【臨汾】

○江西省博物館、遂川縣文化館(1978) 值得注意的是,從銅戈內上刻銘和銘文體例、文字風格諸特徵看，都是屬於"秦式"的。銘文中"臨汾"應是郡名。但查戰國時期卻無臨汾的郡名，據《漢書·地理志》臨汾在河東郡，按《史記·陳涉世家》《漢書·陳勝項籍傳》都有"攻陳，陳守令皆不在"的記載，"陳"是地名但非郡名，王先謙《漢書補注》認爲"陳是秦楚郡治，故有守有令"，所以我們也同樣認爲，這裏的臨汾守就是河東郡守，由於當時河東郡郡治設在臨汾，故寫爲臨汾守。戈銘正可與《史記》《漢書》互爲證明。

《考古》1978-1，頁 66

○**彭適凡**（1980）　既然河東郡治從未遷徙至古臨汾，而且以郡治所在地名來代稱郡名的説法也難以成立，那麼，"臨汾守"又作何解釋呢？如果按照現已發現的秦兵器的銘刻慣例，都是郡名和官職結合起來的話，這裏的"臨汾守"應該就是臨汾（郡）守，但根據古文獻，卻不曾有設置臨汾郡的可能，也不見有將河東郡改臨汾郡的記載。

爲此，我們認爲，這裏的"臨汾守"雖然仍是指河東郡，但並非是因郡治在臨汾，而是因爲秦始皇廿二年前後，正處於統一六國的前夜，封建兼併戰爭正在緊張而激烈地進行，作爲河東郡地，在軍事上是控制關中的門户，又是當時秦剿滅六國的前哨基地，而古臨汾雖不是郡治所在，卻是河東郡的所屬重鎮，爲此秦在安邑和汾城等地分別設立製造武器的兵庫是完全可能的，也由於戰爭的頻繁，身爲河東郡長官的"守"，必然經常率兵來往於安邑、汾城，甚至移至於汾城，指揮和監督軍工生産（秦的慣例軍工生産係由郡守直接監督），因而在汾城生産的武器銘刻中才會出現有"臨汾守"的借稱。

《江西歷史文物》1980-3，頁 15

○**王輝**（1990）　此戈從形制及文例看，當是秦物。臨汾《漢書·地理志》爲河東郡屬縣。《考古》1978 年 1 期江西省博物館、遂川縣文化館《記江西遂川出土的幾件秦代銅兵器》一文云，秦代河東郡治所有可能在臨汾。但《史記·秦本紀》云昭襄王二十一年，錯攻魏河内，魏獻安邑，《水經注·涑水》云河東郡治安邑，則河東郡治不在臨汾。且秦器刻銘通例，凡言某守，某皆爲郡名，如"上守、蜀守"是。照此推測，則臨汾也可能是郡名，而爲《史記》《漢書》所漏載，正象陳郡見於《陳涉世家》，而爲《漢書·地理志》所漏載一樣。

《秦銅器銘文編年集釋》頁 104

【臨易】

○**劉信芳**（2003）　臨易：

又見簡 185。文獻所載楚地名無"臨陽"，以聲求之，疑"臨"讀爲"鄙"，臨,鄙皆从㎞聲。西漢長沙國有"鄙縣",東漢在長沙郡,《續漢志》劉昭《注》引《荊州記》:"有鄙湖,周回三里。"《水經注 · 湘水》:"臨承即故鄙縣也。"楊守敬《疏》:"鄙縣在今清泉縣東十二里。"按其地望在今湖南衡陽市東。

《包山楚簡解詁》頁 58

【臨晉】

○袁仲一(1987)　(1)臨晉㢟。臨晉,戰國時爲魏邑,入秦後置縣,故城在今陝西省大荔縣東。㢟爲陶工名。

《秦代陶文》頁 48

○周偉洲(1997)　11.臨晉丞印　《漢書 · 地理志》左馮翊臨晉本注:"故大荔,秦獲之,更名。"《史記 · 秦本紀》屬共公十六年(公元前 461 年),"以兵二萬伐大荔,取其王城"。臨晉設縣,或於此時;其地在今陝西大荔。秦併六國前後,其爲秦内史屬縣;丞爲縣令佐官。

《西北大學學報》1997−1,頁 33

△按　"臨易"又見於上博六 · 鄭壽 3。

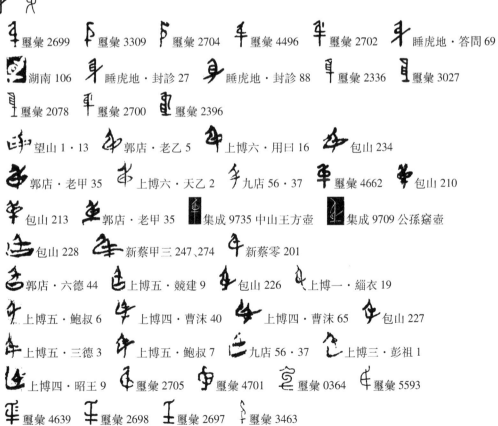

○**羅福頤等**(1981)　　身。

《古璽文編》頁 215—216

○**吳振武**(1983)　　(編按:璽彙 4701)敬**甲**·敬申(神)。

《古文字學論集》(初編)頁 522

○**劉樂賢**(1996)　　6.必毀亓(其)身

　　第 37、38 號簡下部:

　　　　凡五子,不可㠯(以)俊(作)大事,不城(成),必毀亓(其)身,又(有)大咎□亓(其)身,倀(長)子受亓(其)咎。

　　整理者將前一個"身"字釋爲"壬"。九店日書"壬"字數見,皆與此字不類,釋爲壬是没有根據的。細察字形,仍當是"身"字,只是中閒那筆没有穿下。從文義看,釋爲身也很妥貼。

《華學》2,頁 63

○**李東琬**(1997)　　"身"與"信"相通,《周禮·大宗伯》:"侯執信圭,伯執躬圭。"鄭玄注:信當爲身。故箴言璽"中身、中悥"即爲"忠信"。

《北方文物》1997-2,頁 31

○**陳松長**(1997)　　釋"**廷**"

　　此字見於第 37 簡,簡文如下:

　　　　凡五子,不可㠯(以)俊(作)大事,不城(成),必毀亓(其)壬,又(有)大咎□27下亓(其)身,倀(長)子受亓(其)咎。

　　整理者將此字釋爲"壬"字。對此,樂賢兄曾提出過異議,他認爲"九店日書'壬'字數見,皆與此字不類,釋爲壬是没有根據的。細察字形,仍當是'身'字,只是中閒那筆没有穿下。從文義看,釋爲身也很妥帖(編按:當作"貼")"。

　　按,仔細觀察圖版字形,它不僅與其他"壬"字不類,而且與第 38 簡的"身"字亦有差别,且不只中閒那筆没有穿下而已,其字的左側還有一豎筆,因此顯然也不能釋爲"身"字。此字形體較爲少見,但我們在九店簡第 97 號發現了一個字形可與之部分對應的字,該字上部似稍有殘損,作"**廷**",除了下部多一個"**丶**"外,上部分可以説完全對應,整理者將此字釋爲"遉(往)",如果此説可以成立的話,筆者以爲第 37 簡中的這個字亦可類推而釋爲"廷"字,儘管此字下部少一個"**丶**"。包山簡中"廷"字數見,儘管其字形是作"**廷**",右邊多一個構件,但其左邊亦與九店簡中的此字相當接近。此棱(編按:此處疑誤),從文義看,釋爲"廷"既可避免"必毀其身"和"有大咎□其身"的語義重複,亦可使上下文意更有層次,即"必毀其廷,有大咎□其身,長子受其咎”。

《第三屆國際中國古文字學研討會論文集》頁 550—551

○**李守奎**(1997)　　釋“身”

九店 56 號墓 37 號 38 號二支簡後半部内容相貫,《釋文》如下:

凡五子,不可**㠯**(以)俊(作)大事,不城(成),必毀丌(其)壬,又(有)大咎□。　　37

丌(其)身,倀(長)子受丌(其)咎。　　38

釋爲“壬”之字原作“**走**”形,當是“身”字。

楚文字中,“身”字異寫頗多,主要有如下幾種寫法:

1.**爭**包山 210 號簡　　2.**爭**　九店 109 號簡　　**爭**九店 38 號簡

3.**走**　包山 228 號簡　　**走**　包山 230 號簡

九店 37 號簡之“**走**”字顯然與身字第三種形體十分相近,只是下部之“**㠯**”形漶漫成“**乚**”形而已。

“毀其身”意爲毀傷其身。《孝經・開宗明義》:“身體髮膚,受之父母,不敢毀傷。”是反其意而言之。

疑 37 號簡末尾端缺損之字是“於”字,簡文的大意是:凡五子,不可以作大事,即使作了,也不能成功,而且必定毀傷其自身;不僅對其自身有大咎,而且長子也得受其禍咎。

《江漢考古》1997-4,頁 68—69

○**何琳儀**(1998)　　身,甲骨文作**𠂤**(戬四一・三)、**𠂤**(乙六七三三),象人腹隆起有孕之形。人亦聲。俔之初文。《玉篇》:“俔,妊身也。”《詩・大雅・大明》:“大任有身,生此文王。”傳:“身,重也。”箋:“重,謂懷孕也。”西周金文作**𠂤**(戜簋)、**𠂤**(默簋),下加橫筆爲飾。春秋金文作**𠂤**(邾公華鐘)。戰國文字承襲兩周金文,多有變異。燕系文字或作**𠂤**、**𠂤**,晉系文字或作**𠂤**、**𠂤**、**𠂤**、**𠂤**,楚系文字或作**𠂤**、**𠂤**、**𠂤**、**走**,各呈地域特色。《説文》:“**身**,躬也。象人之身。从人,厂聲。”

燕璽身,讀信。《周禮・春官・大宗伯》“侯執信圭”,注:“信當爲身,聲之誤也。”《禮記・儒行》“竟信其志”,注:“信或爲身。”《孔子家語・儒行》信作身。是其佐證。

右朕鼎、身文鼎身,猶容積。

晉璽“中身、言身、土身、長身”之身,讀信。晉璽“身坽”,讀“信璽”,見信字。晉璽“身金”,讀“千金”。見千字。

楚璽身,姓氏。舜友續身之後。見《姓氏考略》。

古璽“中身、言身”之身,讀信。

《戰國古文字典》頁 1138

○**吳振武**(1998)　在戰國文字資料中,“身”或“身”旁是很常見的。一般的寫法,大家都認得。但在燕國璽印中,“身”或“身”旁的寫法稍有點特別。其中若干例,學者尚無一致意見,似有必要再作討論。下面先談兩枚成語璽和兩枚姓名私璽。

　　(a) 《璽彙》5427　　(b) 《璽彙》3463

　　(c) 《璽彙》5685　　(d) 《璽彙》4111

　　(a)和(b)是成語璽,字皆反寫。(c)和(d)是姓名私璽。我們認爲,這四枚燕璽中都有“身”或“身”旁。

　　(a)應釋爲“訷(信)”。璽上一字,《璽彙》和《璽文》均釋爲“信”。看《璽文》注語(52 頁),可知編者已分析爲“從言從身”,釋讀根據是中山王方壺“忠信”之“信”作“訷”。按在戰國銘刻中,“信”作“訷”者屢見,一般都認爲是從“言”“身”聲。對《璽彙》和《璽文》的這一釋讀,學者無異議。此璽從風格上看,是典型的燕國璽印。有學者謂“信”字作“訷”是晉系文字的“獨特形體”,明顯失察。

　　(b)應釋爲“忠身(信)”(璽文反寫,自宜右讀)。此璽二字,《璽彙》皆闕而不釋,《璽文》則全部漏收。十幾年前,筆者曾補釋如此,並指出若按《璽彙》體例,此璽在《璽彙》一書中不應入“姓名私璽”類,而應改歸“吉語璽”類。璽文“忠”字,係裘錫圭先生最早釋出。綜觀所有相關資料,其說確不可移。“身”字比照(a)上“訷”字所從之“身”,亦不難推定。有學者將此璽釋爲“忠千”,“疑當讀爲‘忠信’”,恐不妥當。依筆者之見,讀作“忠信”自無問題,但“忠”後一字實不宜看作“千”。“千”字固然有作 形者(《璽彙》4805、3456等,三晉璽),但與燕璽“身”或“身”旁比較,無論在筆勢上,還是在外廓上,終有不同。平心而論,若能注意到(a)上“身”旁的寫法,此字釋“身”應是不難理解的。此璽爲燕物,裘先生在釋“忠”時即已確定了。

　　(c)應釋爲“王生訷(信)”。右邊“王”是姓氏,“生”可讀作“甥”。這種例子目前只見於燕私璽,我們曾經討論過。左邊“訷(信)”字之釋,參較(a)(b)兩璽,自不難判定。或將此字所從“身”旁視爲“人”旁或“千”旁,亦難信從。此字《璽彙》未釋,《璽文》亦漏收。

(d)可釋爲“軒轅誯(信)”。右邊二奇字是一複姓,僅見於燕璽,當讀作“軒轅”,説詳另文。左邊一字,《璽彙》和《璽文》隸作“㫄”,湯餘惠先生和林素清先生則改釋爲“信”。按細察其左旁,似介於“弓、身”之間,但更近於“身”,故隸釋爲“誯(信)”。

綜觀上揭四璽,可知燕國“身”字若不計中間那可有可無的一點的話,是分四筆寫成的。即如下圖所示:

明白了這一點,下揭燕國官璽中一個舊所不識的疑難字也就可以迎刃而解了。

此璽曾在多種舊譜中著録,今藏北京故宮博物院。全璽照片及精鈐本見羅福頤先生主編的《故宮博物院藏古璽印選》17·91(文物出版社 1982 年)。有人疑是贗品,毫無道理。

璽文第一字是“易”字,第二字是“文”字,第四字是“鍴”字,均易辨識,無需多説。惟第三字相貌奇特,今人多闕而不釋。《璽彙》《璽文》等也不例外(《璽文》列在附録,558 頁第 4 欄)。幾十年前,曾有人釋爲“殳”,顯然不可信。

其實,此字雖然筆畫盤曲誇張,看上去眼花繚亂,但若仔細分析,它的結構和筆勢跟上述燕璽中已知的“身”字並無本質上的差別。所不同者,只在美術化而已。拿同璽“鍴”字(尤其是“金”旁)跟其他燕璽中的“鍴”字相比較(如《璽彙》0126、0361、0362、0363、0365、0366、0367),也同樣能看出明顯的美術化傾向。所以,此字實實在在就是“身”字,無需再作他想。

璽文曰“易文身鍴”。“易文”當是地名,“身”則跟前舉“忠身(信)”成語璽一樣,也要讀作“信”。戰國璽印中借“身”爲“信”之例習見,這裏不能偏舉。《璽彙》5680“鄣綉信璽”之“信”作“身”,是個好例。

衆所周知,燕國銅質長條形官璽多自名爲“鍴”。璽印稱“鍴”,可與古書中所説的“瑞”相印證。《説文·玉部》:“瑞,以玉爲信也。”又《卩部》:“(按通作“節”),瑞信也。”《周禮·春官·敘官》“典瑞”鄭玄注:“瑞,節信也。典瑞,若今符璽郎。”用玉做的信物叫瑞,字從“玉”作;用金屬做的信物叫鍴,字從“金”作。用字雖異,其稱則一。此璽稱“身(信)鍴”,跟常見的“信璽、信節”之稱亦正相類。曾見公家所藏一燕國長條形陽文裏尹用璽,璽文六字,“裏胥”之後所跟也是“身鍴”二字(“身”的寫法與前揭(b)(c)兩璽上的“身”相近)。可知,燕國長條形官璽自稱“身(信)鍴”,並非孤例。

《胡厚宣先生紀念文集》頁 196—198

○**李家浩**（2000）　　"壬"，疑讀爲"庭"。《説文》説"庭"從"廷"聲，"廷"從"壬"聲，故"壬"可以讀爲"庭"。

《九店楚簡》頁 102

○**張富海**（2005）　　《九店楚簡》五十六號墓簡三十七至簡四十的下欄文字講五子、五卯、五亥日的禁忌。其中簡三十七、簡三十八講五子日禁忌的一段，釋文作："凡五子，不可以作大事，不成，必毀其壬，有大咎□其身，長子受其咎。"

有不少學者對這段文字作了考釋，意見有所不同。李守奎釋其中的"壬"字爲"身"，劉樂賢同，李零亦同意釋爲"身"。簡三十七末整理者未釋之字，李守奎釋爲"於"，李零釋"央"，讀爲"殃"。李守奎把這一段讀爲："凡五子，不可以作大事，不成，必毀其身，有大咎於其身，長子受其咎。"但"必毀其身"和"有大咎於其身"語義重複，顯然不是很順當。李零把這段話讀爲："凡五子，不可以作大事，不成必毀，其身有大咎，殃其身，長子受其咎。""其身有大咎"和"殃其身"同樣有重複之嫌。整理者認爲"壬"可能讀爲"庭"。但是古書中的"庭"一般是庭院之義，毀壞庭院的説法多少有點奇怪，把"庭"與"身、長子"並提也不太合適。陳松長釋"壬"字爲"廷"，對這段話的讀法與整理者基本相同。因爲諸説都有不甚圓滿之處，故在此提出一種新的讀法。

李零把"不成"和"必毀"連讀，認爲"成、毀"是對言。古書中確有"成、毀"對言的例子，如：《左傳·昭公十二年》："禮，無毀人以自成也。"《莊子·齊物論》："其分也，成也；其成也，毀也。凡物無成與毀，復通爲一。"但"不成"和"必毀"意思微有重複，而且"事"似不能言"毀"。按《管子·輕重甲》："桓公問於管子曰：'寡人欲藉於室屋。'管子對曰：'不可，是毀成也。'"有"毀成"的説法，所以"不成"和"必毀"當分開讀，而"毀"的受事是"成"，而不是"事"。整理者所釋的"壬"字原形作🔥，與包山二二八簡、二三〇簡的"身"字以及"躬"字所從的"身"基本同形，李守奎等改釋爲"身"應該是正確的。簡三十七末一字從照片看，當是"非"字。這樣，這段話可以讀爲"凡五子，不可以作大事，不成，必毀，其身有大咎；非其身，長子受其咎"。意思是説：凡五子之日不能做大事，（如果做了）不會成功，（如果成了）必定會毀壞所成，其自身有大咎；不是其自身（有大咎），則其長子代受其咎。

《古文字研究》25，頁 358

○**陳佩芬**（2005）　（編按：競建5）"身"，指自身之品節。《漢書·李尋傳》："厲身立名。"《後漢書·周黨傳》："勅身修志。"

《上海博物館藏戰國楚竹書》（五）頁 171

【身免】

○**睡簡整理小組**（1990）　身，《爾雅·釋言》：“親也。”身免，因某種原因親自解除其奴隸身份。《漢書·景武昭宣元成功臣表》載，蒲侯蘇夷吾，“鴻嘉三年，坐婢自贖爲民，後略以爲婢，免”。

《睡虎地秦墓竹簡》頁 154

【身事】

○**睡簡整理小組**（1990）　身，《詩·大明》傳：“重也。”事，《國語·魯語上》注：“職事也。”有身事，即有兼職。

《睡虎地秦墓竹簡》頁 205

○**王子今**（2003）　有身事。整理小組注釋：“身，《詩·大明》傳：‘重也。’事，《國語·魯語上》注：‘職事也。’有身事，即有兼職。”吳小強《集釋》譯文：“將來要身兼數職。”今按：“身”謂經歷、實踐、承擔。《淮南子·繆稱》：“身君子之言，信也。”高誘注：“身君子之言，體行君子之言也。”《史記·項羽本紀》：“身七十一餘戰。”《新唐書·房琯傳》：“李光進將北軍，自奉天入。琯身中軍先鋒。”最後一例尤其與“有身事”類同。“有身事”文義其實與下文“有事”相近，不宜解爲“有兼職”。《樂府詩集》卷二三薛能《長安道》中“汲汲復營營，東西連兩京。關繻古若在，山嶽纍應成。各自有身事，不相知姓名”。其中所謂“有身事”與《日書》中“有身事”涵義自然不能完全等同，但是也有一定聯繫，可以參考。

《睡虎地秦簡〈日書〉甲種疏證》頁 274—275

△**按**　此字《璽彙》4701、0364、5539，《古璽文編》分別置於 427 頁附錄三一、558 頁附錄九六、589 頁附錄一一二，皆應釋爲“身”。《璽彙》4701“敬身”之“身”如字讀，0364“易文身鍴”、5593“身士”之“身”皆讀作“信”。

躬

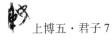

上博五·君子 7

○**張光裕**（2005）　“躬”，从身从安。“安”，簡文多用爲“焉”。因讀“躬”爲“偃”。身宜正直，故云“毋偃毋靜”。

《上海博物館藏戰國楚竹書》（五）頁 259

體

集成 9735 中山王方壺

△按　"體"之異體,詳見卷四骨部"體"字條。

殷 殷 殹

集成 10257 八年匜　　上博二·容成 53

○**何琳儀**(1998)　殷,商代金文作（郘其卣）。從殳從月(身之反文),會婦人臨盆腹痛如擊之意。慇之初文。《説文》:"慇,痛也。從心,殷聲。"金文作（盂鼎）。戰國文字承襲商周金文。《説文》:"殹,作樂之盛稱殷。從月從殳。《易》曰,殷薦之上帝。"

宋公繼臣殷,朝代之名。《孟子·公孫丑》上"由湯至於武丁,賢聖之君六七作,天下歸殷久矣"。《史記·殷本紀》索隱"契始封商,其後裔盤庚遷殷,在鄴南,遂爲天下號"。

秦璽殷,姓氏。系出子姓,契後,武王克紂,子孫分散,以殷爲氏。見《世本》。

《戰國古文字典》頁 1309

△按　《容成氏》"殷"字加"邑"旁爲殷商之"殷"的專用字;清華簡"殷"字或加"邑"旁作"殹"(如殹金縢 1、殹説命上 7),或加"土"旁作(如殹祭公 10)。八年匜之"殷"用作姓氏。《世本》:"系出子姓,契後,武王克紂,子孫分散,以殷爲氏。"

衣 衣 卒 卒

望山 2·49　　　包山 89　　　包山 261　　　郭店·緇衣 1　　　上博一·緇衣 20

新蔡甲三 207　　　上博五·三德 9　　　睡虎地·秦律 78　　　睡虎地·日乙 23 壹

信陽 2·13　　　陶彙 5·141　　　仰天湖 6　　　仰天湖 29

信陽 2·13　　　郭店·窮達 3　　　郭店·緇衣 40　　　上博一·詩論 10

包山竹籤 8　　　上博六·季桓 7　　　上博二·從甲 7

包山竹籤 5

○**中大楚簡整理小組**（1977） （編按：仰天湖 1）此組簡的衣字皆作仚，點表示著衣後束帶的帶結形象。銅器《外卒鐸》的卒字作仚，知衣、卒在戰國時期仍然是通用的。

《戰國楚簡研究》4，頁 2

（編按：楊家灣六號墓）第二十簡：仚。

春秋時代的《□外卒鐸》，其卒字作仚，自古及今，此字的形體無大變動。古代所謂的"走卒"，在他的衣服上施以"題識"，在字形上用／來示意。但在戰國文字中，仚、仚不分，皆用作衣字，如仰天湖二十五號竹簡的衣字就是作仚形的，·表示束帶的結子，在書寫方面可以把"·"引而長之爲／，意思一樣。卒是衣字的借用字和引申字，到了小篆才把它區分開來。

《戰國楚簡研究》4，頁 26—27

○**林清源**（1997） 戈銘"大"下一字作"仚"形，舊皆不識，筆者認爲應該釋爲"衣"。燕銘"衣"字習見作"仚"形，下半往往離析成左右兩部分，如《集成》11224、11227 兩件郾王職戈"萃"字所從即是其例，這是燕國文字的特殊寫法。戈銘"仚"字，與"衣"字形體基本相同，唯一的差別在於左下角少了一道斜筆而已。至於"衣"下之字，殘泐過甚，難以分辨。（中略）

戈銘"大衣□祇卣□"，由於末尾兩行各有一字殘泐，無法識出，嚴重影響全銘通讀。根據上文"鼂生不（丕）自洹來"推敲，此句"大衣□祇卣□"，可能是表示歡迎魏國使者"鼂生不（丕）"來訪的意思。祇，《爾雅·釋詁下》訓作"敬也"。"祇"上一字殘泐，據文義推勘，有可能跟"祇"字意義相近，"□祇"是表示恭敬的疊義複詞，詞義與燕侯庫簋"祇敬"一詞類似。"衣"可以讀作"殷"，"衣"字影紐微部，"殷"字影紐文部，聲母相同，韻母陰陽對轉，《書·康誥》"殪戎殷"，《書·武成》作"一戎衣"。殷，《廣雅·釋詁一》訓作"大也。""大、殷"義同，結合成表示程度的疊義複詞，用以修飾"□祇"。"卣"字，《說文》："讀若攸。"在此可能用作語詞。

《第三屆國際中國古文字學研討會論文集》頁 430—431

○**何琳儀**（1998） 衣，甲骨文作仚（前一·三〇·四），象上衣之形。金文作仚（天亡簋）、仚（袁盤）。戰國文字承襲金文。或加圓點、橫筆、斜筆爲飾，遂分化爲卒。參卒字。《說文》："仚，依也。上曰衣，下曰裳。象覆二人之形。"

　　包山簡"衣裳",見《詩·齊風·東方未明》"顛倒衣裳",傳:"上曰衣,下曰裳。"

　　睡虎地簡"衣食",見《左·莊十》"衣食所安,弗敢專也,必以分人"。

《戰國古文字典》頁 1170

○張光裕(2002)　　見上卒飤(食)

　　卒飤　即"卒食",詞多見於"三禮"。

《上海博物館藏戰國楚竹書》(二)頁 221

△按　"衣"字古文字象上衣之形,或在豎畫斜筆加點、橫爲飾。

【衣備】

○陳佩芬(2001)　(編按:上博一·緇衣9)衣備(服)不改。

《上海博物館藏戰國楚竹書》(一)頁 183

○李零(2005)　(編按:上博五·三德8)衣備(服)迖(過)折(制)。

《上海博物館藏戰國楚竹書》(五)頁 293

○濮茅左(2007)　　衣備此中

　　"衣備",同"衣服",常服。(中略)傳黃帝始垂衣裳,舜觀象作服,禹致美黻冕,衣服爲身份地位的象徵,衣服明尊卑貴賤,諸侯不可與王同服,有革之者視爲無上,《周禮》明衣服車旗之制。《周官總義》:"衣服之制見於司服,車旗之制見於巾車,宮室之制見於典命。皆春官之屬也。"禮樂制度,衣服以正之。孔子注重"衣服",認爲"服"與"容、辭"密切相關,並把"服"列爲"言、德"之先。

《上海博物館藏戰國楚竹書》(六)頁 206

【衣裳】

○賈連敏(2003)　　珥、衣常(裳)。

《新蔡葛陵楚墓》頁 195

袞 衮 褱

侯馬 67:36

○山西省文物工作委員會(1976)　　袞　内室類參盟人名。

《侯馬盟書》頁 324

○何琳儀(1998)　　袞,金文作 (䢼侯鼎)。从衣,公聲。袞、公均屬見紐,袞爲公之準聲首。《説文》："㫛，天子享先王，卷龍繡於下幅，一龍蟠阿上鄉。从衣，公聲。"右下加又旁爲裝飾部件，參袞字。

侯馬盟書𧜀，人名。

《戰國古文字典》頁 1321

褕 褕 鞃

詛楚文

○**姜亮夫**（1980） 鞃字字書所無，周伯琦《六書故》以爲刀鞘，不知所本，姑從之。

《蘭州大學學報》1980-4，頁 63

○**陳世輝**（1985） "鞈（鞈）鞃"之鞃，是褕的異體字。在古漢字中，从衣的字或作从革。如襪同韤，袴同鞀，被同鞁（韋與革同義）。大抵是著眼於衣服則从衣，著眼於質地則从革。因此，褕也可以寫做鞃。《漢書·司馬相如傳》顏注引張揖説："褕，襜褕也。"《玉篇》："襜褕，直裾也。"《史記·魏其武安侯列傳》："武安侯坐衣襜褕入宮不敬。"《正義》："《説文》《字林》並謂之短衣。"由此可見，"襜褕"簡稱"褕"，是一種卑賤人穿的短衣。此物不登大雅之堂。推測其形狀，很像舊時的馬褂。詛文所謂的"鞈鞃（鞈褕）"，就是縫上鞈革的襜褕。

《古文字研究》12，頁 404—405

○**湯餘惠等**（2001） 褕，从革。

《戰國文字編》頁 575

△**按** 宋代王厚之謂"鞃，音俞，刀鞘也。言以革飾刀鞘也"（《古文苑》章樵注引，《叢書集成初編》45—46 頁，中華書局 1985 年）；明代方以智謂"《詛楚文》'鞈鞃棧輿'，釋'鞈軒'，即《詩》之所謂'鞈軶'也。以皮飾車内"（《方以智全集》第一册《通雅》下 1072 頁，上海古籍出版社 1988 年），均不妥。李家浩（《關於〈詛楚文〉"鞈鞃"的釋讀》，《中國語言學》1 輯 182—188 頁，山東教育出版社 2008 年）認爲詛楚文"鞈鞃"即"襜褕"，意爲短衣，可從。

袗 袗

詛楚文

○**楊樹達**（1954）　當讀爲眕，《爾雅·釋言》云："眕,重也。"字或作疹。

《積微居小學述林》頁 285

○**姜亮夫**（1980）　袗者,（中略）禮服中之玄衣,（中略）齋盟而服袗,本秦人之制矣。

《蘭州大學學報》1980-4,頁 58

○**于省吾**（1932）　《儀禮·士冠禮》"兄弟畢袗元",注："袗,同也。"

《雙劍誃吉金文選》附録二

○**陳世輝**（1985）　"袗以齋盟"的袗字,當讀爲眕,《爾雅·釋言》："眕,重也。"眕重現在寫作珍重。《玉篇》："珍,重也。"袗、眕、珍三字,音同義通。

《古文字研究》12,頁 401

○**湯餘惠**（1993）　袗讀爲申。

《戰國銘文選》頁 190

○**何琳儀**（1998）　《説文》："袗,玄服也。从衣,㐱聲。裖,袗或从辰。"
　詛楚文袗,見《儀禮·士冠禮》"兄弟畢袗玄",注："袗,同也。"

《戰國古文字典》頁 1144

△**按**　"袗"也可能讀作"紾"。《論語·鄉黨》："當暑袗絺綌。"《釋文》"袗"作"紾",云："本又作袗。"紾,《廣韻》："轉繩。"又《集韻》："纏繩急也。""紾以齋盟"即以盟誓相纏結、約束。參看高新賀《詛楚文疏證》11—12 頁,中山大學 2010 年碩士學位論文)。

表 𧝳

𧝳 包山 262　　𧝳 九店 56·36　　𧝳 上博二·容成 22
𧝳 睡虎地·爲吏 3 伍　　𧝳 睡虎地·雜抄 36

○**劉信芳**（1997）　包山簡二六二："一瓠青之表,紫裏,繡純,絵純,索絵綉。"《禮記·玉藻》："表裘不入公門。"鄭玄注："表裘,外衣也。"《論語·鄉黨》："必表而出之。"皇疏："謂加上衣也。"《説文》："表,上衣也,从衣、毛,古者衣裘,故以毛爲表。""狐青之表"即狐皮外衣。

《中國文字》新 23,頁 103

○**何琳儀**（1998）　表,从衣从毛,會裘衣毛在外之意。毛亦聲。《説文》："𧝳,上衣也。从衣从毛。古者衣裘以毛爲表。襽,古文表从麃。"表爲毛之準聲首。

　　包山簡表，與裏對文見義。

《戰國古文字典》頁 329

【表紽】

○**李家浩**（2000）　“表紽”，秦簡《日書》甲種楚除秀日占辭作“服帶”，其下還有一“吉”字。“紽”應當分析爲從“糸”從“弋”聲，與《龍龕手鑑》糸部音子廉反的“紽”當非一字。《汗簡》卷下之一糸部引王存乂《切韻》“織”字作𥿭，從“糸”從“式”聲。“式”亦從“弋”聲。頗疑楚簡“紽”即“𥿭”字。若此，“表紽（織）”大概就是古書上説的“表識”。《漢書·王莽傳》：“初，京師聞青、徐賊衆數十萬人，訖無文號旌旗表識，咸怪異之。”字或作“表幟、摽（標）幟”等。《三國志·吳書·周魴傳》：“乞請幢麾數十，以爲表幟，使山兵吏民，目瞻見之。”《後漢書·皇甫嵩傳》：“角等……皆著黄巾爲摽幟，時人謂之‘黄巾’。”或説“表紽”應當讀爲“服飾”。上古音“表”屬幫母宵部，“服”屬並母職部。幫、並二母都是脣音，宵、職二部字音有關。《吕氏春秋·忠廉》“翟人攻衞……及懿公於熒澤，殺之，盡食其肉，獨捨其肝。弘演至……曰：‘臣請爲禠。’因自殺，先出其腹實，内懿公之肝中，故‘臣請爲禠’者也”，高誘注：“禠，表也，納公之肝於其腹中，故‘臣請爲禠’者也。”“禠”從“暴”聲。黄生説“禠”即古“表”字（見《字詁義府合按》120、121 頁，中華書局 1984 年）。楊樹達贊同黄生的説法，並以《説文》“表”字古文作“𧘝”，“暴”字古文作“麃”，皆從“麃”聲之例，證明“表、禠”古音相同（見《積微居讀書記》220 頁，中華書局 1962 年）。按黄、楊二氏所説甚是，《新序·義勇》記弘演曰，“禠”正作“表”。曾侯乙墓竹簡“表”作“𦉙”，從“巿”從“異”聲。“異”即“暴”字的初文（參看裘錫圭、李家浩《曾侯乙墓竹簡釋文與考釋》，《曾侯乙墓》上册 508、509 頁）。古代“暴”有“服”音。《漢書·東方朔傳》“上令倡監榜舍人，舍人不勝痛，呼謈”，顏師古注：“服虔曰：‘謈音暴。’鄧展曰：‘呼音髐箭之髐，謈音瓜瓟之瓟。’師古：‘鄧音是也。謂痛切而叫呼也，與《田蚡傳》‘呼服’音義皆同。’”按顏師古注所説《田蚡傳》原文云“蚡疾，一身盡痛，若擊者，謕服謝罪”，顏師古注引晉灼曰：“服音瓟。關西俗謂得杖及小兒啼呼爲呼瓟。”王先謙《漢書補注》引錢大昕曰：“古音服如匐，聲轉爲謈。《説文》：‘謈，大呼自冤也。’謈，正字；服，通字；瓟，假借字。”此是“表”可以讀爲“服”的例子。“飾”字詛楚文作“餝”（《石刻篆文編》七·二七），曾侯乙墓竹簡作“𢏘、釱”（參看裘錫圭、李家浩《曾侯乙墓竹簡釋文與考釋》，《曾侯乙墓》上册 514 頁），皆從“弋”得聲。“紽”與“𢏘、釱”二字結構、聲旁相同。此是"紕"可以讀爲"飾"的例子。"服飾",衣服的裝飾。《漢書・王莽傳》:"五威將乘《乾》文車,駕《坤》六馬,背負鶩鳥之毛,服飾甚偉。"簡文"表紕"位於"製衣裳"之後,疑"表紕"應當跟"衣裳"同類。若此,在以上兩種説法中,後一種説法似乎更符合原義。

《九店楚簡》頁 98—99

○**劉國勝**(2000)　　"車馬"上一字疑作告文,从告从文,讀爲造。"之日"二字,簡文數見。原釋文釋作"時",陳偉先生認爲是"之日"合文,至確。"裘軒"二字,原釋文釋作"表紕",有誤。前一字从衣、求,當是"裘"字。字形同於曾侯乙墓楚簡"裘"。後一字从系从干,疑爲"軒"字。古文字中系和革用作表意偏旁時可以通用。如楚簡文字的"紳"或从革。《説文》:"軒,乾革也。""裘軒"即指皮革。"裘軒"上一字不識,從字形看,應隸作"繩"字。《集韻》:"繩,一曰縫衣相合。"

《奮發荊楚 探索文明》頁 217

○**劉信芳**(2003)　　(編按:包山 262)表:

《禮記・玉藻》:"表裘不入公門。"鄭玄《注》:"表裘,外衣也。"《論語・鄉黨》:"必表而出之。"皇《疏》:"謂加上衣也。"《説文》:"表,上衣也,从毛、衣。古者衣裘,故以毛爲表。""狐青之表"即狐皮外衣。

《包山楚簡解詁》頁 280

裏　褏　裹

○**顧廷龍**(1936)　　裏,疑叚爲里。

《古匋文香録》卷 8,頁 2

○**金祥恆**(1965)　　裏,衣内也。从衣,里聲。

《匋文編》頁 62

○**中大楚簡整理小組**(1977)　　(編按:信陽 2・19)裵(裏)。

《戰國楚簡研究》2,頁 29

○**郭若愚**(1994)　　屯凋裏

彫即凋，通雕。畫也。見二-〇三簡"一彫鼓"釋文。裏，《説文》："衣内也。"《急就篇》："袍襦表裏曲領帬。"注："襦衣外曰表，内曰裏。"此謂二個方鑑，内有畫飾。

《戰國楚簡文字編》頁 76

〇何琳儀（1998） 《説文》："裏，衣内也。从衣，里聲。"戰國文字裏，或省作𡋹。

楚系簡裏，内。

《戰國古文字典》頁 85

△按 "裏"字从衣，里聲，"衣"旁或省去上部。

襮 襮 幒

幒曾侯乙 8　襮曾侯乙 45　暴曾侯乙 53　襮曾侯乙 4

〇裘錫圭、李家浩（1989） 幒字亦見於 8 號、45 號、53 號、55 號等簡，从"市"从"昇"。"昇"即"暴（曝）"的初文。《説文》有"曓、暴、曝"等字，均从"昇"聲。"幒"亦當从"昇"聲。簡文以"紡幒，紫裏"對言，是"幒"即"襮"字異體，義同"表"。《文選・幽通賦》"單治裏而外凋兮，張修襮而内逼"，李善注引曹大家曰："襮，表也。"古代"襮、表"音近。《説文》"暴"字古文作"麠"，"表"字古文作"襹"，均从"麃"聲，故"襮"可以用爲"表"。

《曾侯乙墓》頁 508—509

〇李守奎（2003） 幒(編按：曾侯乙 4)日旁省形。

《楚文字編》頁 510

衽 衽

衽睡虎地・日甲 68 背貳　衽睡虎地・封診 58　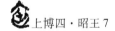上博四・昭王 7

〇睡簡整理小組（1990） (編按：封診 58)衽，衣襟。

(編按：日甲 68 背貳)衽。

《睡虎地秦墓竹簡》頁 158、214

○張守中（1994）　　（編按：日甲 68 背貳）同袵字。

《睡虎地秦簡文字編》頁 133

○陳佩芬（2004）　　"袵"，《廣雅·釋器》："袖也。"《説文通訓定聲》："袵，凡袵皆言兩旁，衣際，裳際，正當手下垂之處，故轉而名袂。"《廣雅·釋器》："袂，袖也。"《儀禮·有司》"以右袂推拂几三"，鄭玄注："衣袖謂之袂。"

《上海博物館藏戰國楚竹書》（四）頁 188

△按　《説文》："袵，衣裣也。从衣，壬聲。""衣裣"即"衣襟"。《封診式》簡 58—59"褕北（背）及中袵□污血"之"袵"意爲衣襟。《集韻》沁韻："袵，衣衿也。或从任。"《周禮·考工記·辀人》："終歲御，衣袵不敝。"鄭玄注："袵謂裳也。"《日甲》68 背貳"乃解衣弗袵"當指不穿衣裳。

裣 衿 裣

上博四·昭王 7

○陳佩芬（2004）　　裣　衣襟也。《説文·衣部》："裣，交袵也。从衣，金聲。"段玉裁注："此則謂掩裳際之袵，當前幅後幅相交之處，故曰交袵。"

《上海博物館藏戰國楚竹書》（四）頁 188

襲 襲 袤

睡虎地·答問 105

上博三·互先 3　　上博三·互先 3

○睡簡整理小組（1990）　　（編按：答問 105）它人有（又）襲其告之。
　　襲，接續。

《睡虎地秦墓竹簡》頁 118

○李零（2003）　　袤生袤　"袤"，原由内外兩衣相包，而與一般从口的"哀"寫法不同。一般寫法的"哀"是从"衣"得聲，此字从雙衣，疑是"哀"字的異體。

《上海博物館藏戰國楚竹書》（三）頁 290

○李守奎、曲冰、孫偉龍（2007）　　疑爲"襲"字。

《上海博物館藏戰國楚竹書(一—五)文字編》頁 412

△按　清華簡因襲之"襲"作"袤"（如楚居 9，繫年 111），襲擊之"襲"作

"褏"(如🔲繫年46)。"袤"爲"襲"表示"重衣"之"襲"的表意字。

袤 褏

褏 睡虎地・封診78　　褏 睡虎地・秦律66

○**睡簡整理小組**(1990)　布袤八尺。

　　袤(音茂),長。

《睡虎地秦墓竹簡》頁36

○**何琳儀**(1998)　《説文》:"褏,衣帶以上。从衣,矛聲。一曰,南北曰袤,東西曰廣。🔲,籒文袤从楙。"

　　青川木牘袤,南北長度。

《戰國古文字典》頁259

襘 襘

襘 璽彙3258　　襘 璽彙3308

○**李家浩**(1983)　襘《古璽文編》496・3258

　　在戰國文字裏,"宀"有時寫作"ヘ",因此 c 可能是"宋"字。但是在字書裏不見有"宋"與"水"旁、"骨"旁、"衣"旁等組成的字,而且根據"宋"的字音也找不出可以把有關的簡文和銘文讀通的詞。很顯然 c 不是"宋"字,而應當是另一個字。《汗簡》卷中之一引石經"牆"字作:𤤴此字右旁與上録 c 相同。此字右旁的上部可以看作是與"爿"旁公用的部分。"牆"字从"爿"从"會"聲,似 c 即古文"會"。我們把 c 釋爲"會",則上録 a、d、e、f 等字應分別釋爲"澮、䕪、䯏、襘"。

《中國語言學報》1,頁190

○**何琳儀**(1998)　裖,从衣,柔聲。疑袤之繁文。見袤字。

　　晉璽裖,人名。

《戰國古文字典》頁258

△**按**　古璽"襘"用作人名。

褻 褻

 睡虎地・封診22

○**睡簡整理小組**(1990) 帛裏莽緣領褱(袖)。

《睡虎地秦墓竹簡》頁 151

○**何琳儀**(1998) 《説文》:"褱,袂也。从衣,采聲。袖,俗褱从由。"采、由均屬定紐,褱由脂部轉入幽部。

睡虎地簡褱,讀袖。

《戰國古文字典》頁 1242

○**白於藍**(1999) 古璽印文字中有一字作如下二形:

a(1) 🔳《古璽彙編》3192 🔳《古璽彙編》3193 (2) 🔳《古璽彙編》3505

戰國文字中又有如下諸例以此字爲偏旁的字:

b 🔳《古璽彙編》3432 c 🔳蚰匕 d 🔳《古璽彙編》3308 🔳《古璽彙編》3258

e 🔳信陽簡 2-08 🔳信陽簡 2-09 🔳🔳信陽簡 2-14 f 🔳《古璽彙編》2624

李家浩先生曾據《汗簡》卷中之一引《石經》"旛"字作"🔳",而將上述從 a 到 e 的諸字分別釋爲會、體、薈、繪和澮。他認爲《汗簡》所引《石經》之"旛"字右旁與上録 a 之(2)形形同,他説:"此字右旁的上部可以看作是與'从'旁公用的部分。"這些字中,"薈"字不見於字書,李先生認爲此字"當從'艸''體'聲是可以肯定的"。至於 f,李先生認爲是一個"從'彳''體'聲的字"。李説極具影響力,到目前爲止,他的觀點已爲大多數學者所接受,如滕壬生先生編撰的《楚系簡帛文字編》和李守奎先生的《楚文字編》中均采納了他的看法,將信陽簡中的"🔳"(即 e 字)釋爲"澮",置於水部。

其實,李先生的説法恐非。理由有二:第一,古文字中原有標準寫法的"會"字(可參看《金文編》364 頁、《古璽文編》114 頁和《楚系簡帛文字編》412 頁),其形體均與《説文》小篆會字形近,而與上述之字字形全不相符。第二,就李先生所據的《汗簡》文字材料來看,遍檢《汗簡》,除"旛"字外,會及其它從會得聲的字作:

🔳(繪 字指) 🔳(會) 🔳(澮 尚書) 🔳(鄶) 🔳(黵 張楫集古文)

🔳(繪 孫强集字)

以上諸字,除"繪"字外又均見於《古文四聲韻》,分別作:

🔳(會 汗簡) 🔳(澮 古尚書) 🔳(鄶 義雲章) 🔳(黵 張楫集) 🔳(繪 孫强集)

兩書中,"會"字形體相同(《汗簡》"繪"字作"🔳",右旁與《説文》"困"字古文形同)。又《古文四聲韻》"旆"(筆者按,即"旆")字引《石經》作"🔳"、《正訂(編按:"正訂"當作"訂正")六書通》引《石經》"旆"字作"🔳"、《六書通摭遺》引《石經》"襤"字作"[字形]",三者形體相同,古音旆、襤同爲月部字,這種現象應是通假關係造成的。但由此我們也可以看出李先生所據以立論的《汗簡》所引《石經》之"[字形]"本是一訛形,當即"[字形]"之訛,所以也就不存在他所分析的"此字右旁的上部可以看作是與'扺'旁公用的部分"這種現象,因此也就不可以將之與前引 a(2)之形相比附。關於"[字形]"字,其原形實可上溯到甲骨文之"[字形]",其與《説文》"困"字古文"[字形]"實爲一字,並即《説文》"[字形]"。這一點,筆者將另有專文詳論,茲不贅述。

既然前引 a 字並非"會"字,自當另有其字。《古文四聲韻》引《籀韻》"柚"字作[字形],按,此字从衣,當非柚字。循音義以推求,此字應即褎(袖)字,袖、柚同从由聲,《籀韻》蓋借袖爲柚。此字與前引 d 字形體一致,故 d 字亦當釋爲褎(袖)。

《説文》褎字云:"袂也。从衣,采聲。袖,俗褎从由。"若此,則上引 d 字衣旁中間所从之"[字形](或[字形])"乃采字。《説文》:"采,禾成秀也,人所以收。从爪、禾。穗,采或从禾,惠聲。"《詩·王風·黍離》:"彼黍離離,彼稷之穗。"毛《傳》:"穗,秀也。"《説文》:"秀,上諱(筆者按,此避光武帝劉秀諱)。"對秀字未作解釋。徐鍇《繫傳》:"禾實也,有實之象,下垂也。"《詩·大雅·生民》:"實發實秀,實堅實好。"朱熹《注》:"秀,始穟也。"《論語·子罕》:"苗而不秀者有矣,秀而不實者有矣夫!"朱熹《注》:"穀之始生曰苗,吐華曰秀,成穀曰實。"《爾雅·釋草》:"木謂之華,草謂之榮,不榮而實者謂之秀。"《詩·豳風·七月》:"四月秀葽,五月鳴蜩。"毛《傳》:"不榮而實曰秀;葽,草也。"《玉篇》:"秀,榮也。"總之,采(穗)和秀之本義是指穀類的花或果實聚生在莖的頂端部分,後遂泛指其它植物的穗狀花實。從"[字形](或[字形])"之字形上看,此字應是一個獨體象形字。其所从之"[字形](或[字形])"與下部之"禾"形總是連爲一體,正象"禾"之上部所生長之穗形。"[字形](或[字形])"應即采(穗)字之原始象形字。至於 e 所从之"[字形]",應即"[字形](或[字形])"之訛省之形,也可能是由於"[字形]"所从之"[字形]"上部一斜筆與"[字形]"左側一斜筆發生借筆關係後造成的。而 a(2)及 c、f 所从的"[字形]"應是進一步訛變。楚簡中有采字作"[字形]、[字形]"(郭店楚墓竹簡《唐虞之道》)、"[字形]"(郭店楚墓竹簡《忠信之道》),睡虎地秦簡有采字作"[字形]"(日乙49),此皆《説文》"[字形]"字所本。此采字字形或是別有所出,但也很可能正是由"[字形](或[字形])"形訛變而來。睡虎地秦簡領袖之"袖"字作"[字形]"(封22)即《説文》"[字形]"字所本,此亦可證《説文》云褎(袖)字从采,原本不謬。

　　以上是對褒及"𥝩（或釆）"字的初步分析,但我們似乎並不能排除"𥝩（或
釆）"字是秀字的可能。前已論及,秀、釆字義相同。段玉裁《說文解字注》釆
字下云:"釆與秀古互訓,如《月令》注:'黍秀舒散。'即謂黍釆也。"如果單從
"𥝩（或釆）"爲獨體象形字的角度來考慮,此字亦適合於秀字。而且褒、秀古音
很近,同爲齒頭音幽部字。故前引 d 字是從秀聲也是完全可能的。

　　《說文》秀字篆文作"秀",段玉裁《說文解字注》將其字形改作"秀"認爲禾
下所從本是人字。睡虎地秦簡秀字作如下之形:

　　　　　　　　　秀 日甲 13　　　　秀 日乙 13　　　　秀 （日甲 32）

秦簡中光字作:

　　　　　　　　　光 日乙 196　　　　光 日甲 32　　　　光 （日甲 29）

可見段《注》認爲秀字下部從人原本不誤。這樣,秀字字形與禿字字形便完全
吻合。《說文》:"禿,無髮也。從人,上象禾粟之形,取其聲。"段《注》:"按粟
當作秀,以避諱改之也。釆下云'禾成秀也',然則秀、釆爲轉注……禿與秀古
音皆在三部。故云禿取秀之聲爲聲也……其實秀與禿古無二字,殆小篆始分
之。今人禿頂亦曰秀頂,是古遺語。凡物老而椎鈍皆曰秀,如鐵生衣曰銹。"
段《注》既云禿從秀聲,又云禿、秀古本一字。若此,豈不是秀字亦從秀聲? 看
上去有些自相矛盾,惜其未作進一步解釋。但他認爲禿從秀聲這一點很值得
注意。

　　《說文》云"褒"字"從衣釆聲",則褒、釆古音必然相近,而秀、褒上古音又
同爲齒頭音幽部字。可見秀、釆古音不會太遠。但是,現有的上古音研究表
明,釆爲邪母質部字,韻部同褒字相隔甚遠。用作褒字之聲符顯然不太合適。
故此我們認爲釆字上古音應同時具有釆（穗）、秀兩種讀音,代表兩個同義詞。
我們的看法還有以下三條證據:

　　1.睡虎地秦簡《日書》甲種"稷辰":"正月二日,子秀,丑戌正陽。"這段話
在《日書》乙種中寫作:"正月二日,子釆,丑戌正陽。"

　　2.江陵九店楚簡《日書》"結陽"十二日值名之"釆日"（簡 36）於睡虎地秦
簡《日書》"結陽"中寫作"秀日"（日甲 13 正貳）、"復秀之日"（日乙 25 壹）。

　　3.郭店楚墓竹簡中"釆"字在如下三處文句中出現:"虜（咸）釆此也"（唐
虞之道）、"君子弗釆也"（忠信之道）、"咎釆内用五型（刑）"（唐虞之道）。其
中兩處之"釆"均應讀爲"由",第三處之"咎釆"即文獻當中的"咎繇",亦即
"皋陶"。而由、繇、陶與秀字上古音極近。

　　由此可見,采字上古確實兼具秀字的讀音,應同時代表采(穗)、秀這兩個同義詞。我們推測後來發秀音的"采"字因爲又引申出了用來表示人的優秀、出衆之義。於是便在其原有字形上追加了人旁,使其演變爲一個从人从采(秀)省聲的形聲字。而"穗"字則是代表"采"字的另一種音的後起形聲字,用於同發秀音的"采"字相區別。從楚簡和秦簡中秀字仍可用采字表示來看,這種演變至遲到戰國中晚期甚至秦代尚未最後完成。《廣雅·釋詁》:"秀,出也。"《國語·齊語》:"秀民之能爲士者,必足賴也。"韋昭《注》:"秀民,民之秀出者。"也可能秀字本義正是指禾之超群、秀出者。因爲"𥝩(或禾)"之字形不但可以表示禾苗之穗之意,也可以用來表示禾苗之超群、秀出之意,所以便同時兼具采(穗)、秀兩字之用。這種現象,林澐先生認爲即"六書"中之"轉注"。後來,發秀音的采字因爲又引申出了用來表示人的超群、出衆之義,於是便追加人旁,使其演變爲从人从采(秀)省聲的形聲字。而"穗"字則是爲了避免同發秀音的"采"字相混淆而産生的後起形聲字。高亨先生編撰的《古字通假會典》"惠字聲系""穗與采"字條下云:"《説文》:'采或作穗。'按采疑秀之重文。"可惜其未作進一步的説明,不知其所按何據。

　　需要説明的是,筆者雖不同意李家浩先生將前引 a 字釋爲"會"的看法,但他據會、沬音近,而將前引信陽簡諸字(即 e 字)讀爲沬應仍是可信的。其實,這與筆者上面的看法並不矛盾,這是因爲信陽簡此字右旁所从之聲符實爲"采(穗)"字,而古代惠(穗所从之聲符)、會音近可通的緣故。如《新序·刺奢·鄒穆公有令》:"且爾知小計,不知大會。"《類説》卷三十引"大會"作"大惠";再如《山海經·中山經》:"祈酒太牢祠,嬰用圭璧十五,五采惠之。"郭璞《注》:"惠,猶飾也,方言也。"郝懿行《箋疏》:"惠,義同藻繪之繪,蓋同聲假借字也。"均其證。此外,《正訂六書通》引《六書統》"繐"字作"𥿈",从歲聲,又《集韻·祭韻》:"繐,《説文》:'細疏布也。'亦从歲。"而典籍中人名"曹劌"又多寫作"曹沬",這是信陽簡此字可讀爲"沬"的直接證據。

　　有必要解釋一下的是,我們雖已認出了前引 a 字和 a 旁,但由於形聲字的聲符常可用同音或音近的字替代,故前引 b、c、e、f 諸字應仍以存疑或隸定爲宜,而沒有必要強行指出其與後世某字的對應關係。

　　後記:

文章完成後,近日再度查閲《古璽彙編》,得如下一方古璽:

璽文之右字與前引 b 字及 c、f 二字所从之聲符無疑當是一 《古璽彙編》
3245

字,唯此字右旁从人从"秀"省,這可爲我們前面關於"秀"字字形演變的討論,提供一條中閒過渡環節的材料。

《中國古文字研究》1,頁 348—352

襄 褱

褱 故宮 475　　鬼 十鐘　　褱 集粹

褱 璽彙 2928　　褱 璽彙 0448　　褱 璽彙 2954

褱 璽彙 1692　　褱 璽彙 1295　　褱 璽彙 1061

褱 璽彙 1528

褱 曾侯乙 117

○**羅福頤等**(1981)　璽文鬼作戲,从女,知此亦爲褱字。

《古璽文編》頁 217

○**裘錫圭、李家浩**(1989)　褱。

《曾侯乙墓》頁 496

○**何琳儀**(1998)　褽,从衣,畏聲。《玉篇》:"褽,垢衣也。"
隨縣簡褽,讀褱。《説文》褱,或訓藏。

《戰國古文字典》頁 1188

(編按:璽彙 1528)褽,从衣,魃聲。《説文》:"魃,老精物也。从鬼、彡。彡,鬼毛。魅,或从未聲。𩲖,古文。𩳉,籀文,从象首、从尾省聲。魃从鬼,鬼亦聲。"晉璽褽,人名。

《戰國古文字典》頁 1186

《説文》:"褱,袖也。从衣,鬼聲。一曰,藏也。"
戰國文字褱,人名。

《戰國古文字典》頁 1186

△**按**　《璽彙》1528 褱是在褱的豎筆兩側加飾筆造成的繁體,故仍應釋"褱"。

褢 褱

褢 集成 2551 褢鼎　　褱 璽彙 1654　　褱 珍秦·戰 113　　褱 上博一·詩論 7

褱 上博三·周易 53　　褱 上博五·三德 4　　褱 上博一·緇衣 21

○**羅福頤等**（1981） 襄。

《古璽文編》頁 217

○**何琳儀**（1998） 襄，西周金文作🗝（牆盤）。从衣从罒，會包藏所及之意。或説，襄，从衣，罒聲。罒本从水聲，音轉入緝部。春秋金文作🗝（襄鼎）。戰國文字承襲兩周金文。《説文》："🗝，俠也。从衣，罒聲。一曰：橐。"或説，襄从衣，泪（淚）聲。見泪字。

晉器襄，人名。

《戰國古文字典》頁 1181

○**蘇建洲**（2003） 襄：即"懷"，有"懷柔安撫"的意思。《孔子家語·哀公問政》："來百工也，柔遠人也，懷諸侯也。"

《〈上海博物館藏戰國楚竹書（二）〉讀本》頁 125

【襄德】

○**周偉洲**（1997） 12.襄（懷）德丞印 《史記》卷五七《周勃世家》記勃從漢王劉邦"還定三秦，至秦，賜食邑懷德"。則懷德爲秦内史所屬縣，地在今陝西朝邑西南。西漢沿置，東漢廢。丞爲縣令佐官。

《西北大學學報》1997-1，頁 33

○**馬承源**（2001） 襄尔㬎惪

此當爲《毛詩·大雅·皇矣》引句，今本云："帝謂文王，予懷明德。"毛亨傳云："懷，歸也。"鄭玄箋："我歸人君有光明之德。"尔、予一字之差，文義有異。第十一章後半章"帝謂文王"詩句，均稱之謂"爾"："詢爾仇方，同爾兄弟，以肅鈎援，與爾臨衝。"此"懷爾明德"正可與之對應。"㬎惪"，"㬎"字《説文》所無，从示从明。讀爲"明德"。

《上海博物館藏戰國楚竹書》（一）頁 135

○**陳佩芬**（2001） 襄惪

《説文》段玉裁注："古文又多叚懷爲襄者。"懷德，經籍常見，《詩·大雅·板》："懷德維寧，宗子維城。"《左傳·僖公五年》所引同上。《論語·里仁》"君子懷德，小人懷土；君子懷刑，小人懷惠"，何晏集解："孔安國曰：懷，安也。"郭店簡作"䣙惪"，今本作"歸德"。

《上海博物館藏戰國楚竹書》（一）頁 196—197

○**李零**（2002） （編按：上博二·容成 7）禾（和）宩（懷）吕逨天下之民。

《上海博物館藏戰國楚竹書》（二）頁 255

○濮茅左（2003）　　“褱”，疑同“裛”，古文“懷”，懷藏，《左傳·桓公十年》：“懷璧其罪。”

　　　　　　　　　　　　　　　　　　《上海博物館藏戰國楚竹書》（三）頁 208

○李零（2005）　（編按：上博五·三德 4）邦豪（家）亓褱（壞）。

　　　　　　　　　　　　　　　　　　《上海博物館藏戰國楚竹書》（五）頁 290

△按　《珍秦》（戰國）113 號古璽“褱”字從田煒釋，他説（《古璽探研》217 頁，華東師範大學出版社 2010 年）：

　　　“褱”字西周金文作（《集成》10175 史牆盤），戰國文字或在“罙”旁豎筆中閒加一短橫爲飾作（《上博（五）·三德》簡 4）。對比之下，我們不難發現字應該釋爲“褱”，只是“罙”旁所從的“目”訛變成了“由”。在戰國文字中，“目、由”二旁相混的例子並不少見，如“畏”字本從由，或訛爲從目作（《郭店·成之聞之》簡 5），“蜀”字本從目，或訛爲從由作（《璽彙》3346“鐲”字所從）等等，皆其例。

袑 ⿰衤召

集粹

○湯餘惠等（2001）　袑。

　　　　　　　　　　　　　　　　　　　　　　《戰國文字編》頁 577

褱 褱 裛

集粹　　上博四·昭王 7

○湯餘惠等（2001）　（編按：集粹）褱。

　　　　　　　　　　　　　　　　　　　　　　《戰國文字編》頁 577

○陳佩芬（2004）　（編按：上博四·昭王 7）“褓”，假爲“襣”，《説文》所無，小兒衣也，即褓裙，俗作“褓”。

　　　　　　　　　　　　　　　　　　《上海博物館藏戰國楚竹書》（四）頁 188

△按　《陶彙》3·1044 待考。

複 ⿰衤复

睡虎地·日甲 117 背　　　睡虎地·日甲 121 背

○劉樂賢（1994）　複衣是有衣裏可套棉絮的衣服。《禮記·喪大記》：“小斂，君、大夫、士皆用複衣、複衾。”

《睡虎地秦簡日書研究》頁 63

△按　《説文》衣部：“複，重衣皃。从衣，复聲。一曰褚衣。”睡虎地簡《日書》甲種 117 背、121 背“五月六月，不可爲複衣”之“複”用其第一義。

褆

林連 108

○湯餘惠等（2001）　褆。

《戰國文字編》頁 577

【褆陽】

○湖南省文物考古研究所、湘西土家族苗族自治州文物處（2003）　[9]6 正：卅三年四月辛丑朔戊申，司空騰敢言之：陽陵褆陽上造徐有貲錢二十六百八十八。

褆陽，鄉里名。

《中國歷史文物》2003-1，頁 17

袳

璽彙 5534

○羅福頤等（1981）　袳。

《古璽文編》頁 217

○何琳儀（1998）　《説文》：“袳，衣張也。从衣，多聲。”

古璽袳，人名。

《戰國古文字典》頁 862

裔 裔

集成 4096 陳逆簋　　十鐘　　輯存 206

○何琳儀（1998）　《説文》：“裔，衣裾也。从衣，冏聲。衮，古文裔。”裔，定紐；

卣,泥紐。定、泥均屬舌音,裔爲卣之準聲首。或據《説文》歸裔入脂部。

　　陳逆器“裔孫”,遠世子孫。《風俗通·六國》:“趙之先與秦同祖,其裔孫曰造父。”

《戰國古文字典》頁 933

袁

璽彙 3602

○**何琳儀**(1998)　袁,甲骨文作🐚(《類纂》1956)。从衣从又,从璧之初文,會衣旁有佩玉帶屬之意。或作🐚(《類纂》1957),省璧。或作🐚、🐚(《類纂》1956),遠之初文,止旁或訛作↓形。袁爲褑之初文。《篇海》:“褑,同援。”《爾雅·釋器》“佩衿謂之褑”,注:“佩玉之帶上屬。”金文作🐚(師遽方彝瑗作🐚)、🐚(袁盤寰作🐚)、🐚(睘簋睘作🐚),其璧形均移衣内。戰國文字承襲金文。止旁訛作↓、↙、↖、↘等形,璧形〇或演變爲⊙、▢、⊞、⊕等形。《説文》:“🐚,長衣皃。从衣,更省聲。”古文字袁及袁旁多作🐚形,與遠之初文相混。或環之初文。

　　廿八宿漆書“袁牛”,讀“牽牛”。《穆天子傳》二“先王所謂縣圃”,注引《淮南子·墬形》縣作玄。而《穀梁·隱元》“寰内諸侯”,釋文:“寰,古縣字。”（中略）“牽牛”,廿八星宿之一。見《吕覽·有始》。

　　古璽袁,姓氏。見《通志·氏族略》。

《戰國古文字典》頁 987

襡 襂 襄 襃

楚帛書　　信陽 2·19

○**李家浩**(1983)　（7）的“繝”字應當讀爲“襡”。《禮記·内則》“斂簟而襡之”,鄭玄注:“襡,韜也。”信陽 219 號簡云:“……袹(茵)若(席),皆緅襡。”亦寫作“襡”,與《禮記》同。字或借“獨”爲之。《周書·器服》:“纁裏桃枝,素獨。簟、蒲席,皆素獨。”簡文“二簀莞,黿光之純,丹緅之襡。二莞筵,黿光之純,丹緅之襡”,與信陽楚簡 219 號和《周書·器服》相似。

《中國語言學報》1,頁 197

○**何琳儀**(1986)　“襡”,原篆作🐚,諸家均釋“褒”。按,《金文編》1158“褒”

作"🔲、🔲"等形,从"罒"。"🔲"則从"🔲",與《汗簡》引《林罕集綴》、王庶子碑"蜀"作"🔲"形體吻合,均从"目"从"虫"。"🔲"加飾筆則成"🔲",故《古璽彙編》3302"🔲"亦應釋"蜀"。帝嚳支子封於蜀,其後以國爲氏,詳《路史》。準是下列从"蜀"之字均可迎刃而解:《古匋文香録》附 20"🔲"即"臅",《禮記·內則》"小切狼臅膏",注:"狼臅膏,臆中膏也。"仰天湖簡"🔲"(羅福頤摹本)即"僵"。《玉篇》:"僵,動頭兒。"信陽簡"🔲"即"燭","🔲"即"褟"(李家浩《信陽楚簡澮字及从𥄫之字》已釋出"燭"和"褟",載《中國語言學報》第一期)。帛書"🔲"與信陽簡"🔲"實乃一字,讀若"屬"。《集韻》:"褟,《説文》短衣也,或作䙅。"《釋名·釋衣服》:"褟,屬也。"均其證。"屬民",見《周禮·地官·黨正》"及四時之孟月吉日,則屬民而讀邦法以糾戒之",注:"彌親民者,於教亦彌數。"《國語·楚語》下"顓頊受之,乃命南正重司天以屬神,火正黎司地以屬民",注:"屬,會也。"《國語》之"火正黎"與帛書之"群神五正"均能"屬民",可謂密合無閒。

《江漢考古》1986-1,頁 56

○**郭若愚**(1994)　皆緅褟

緅,帛青赤色也。褟,《禮記·內則》"斂簟而褟之",注:"褟,韜也。"韜,《詩·小雅·彤弓》:"受言橐之。"傳:"橐,韜也。"橐,《説文》:"車上大橐。"此謂"衶席"皆有紫色橐褟盛之。

《戰國楚簡文字編》頁 88—89

○**何琳儀**(1998)　《説文》:"褟,短衣也。从衣,蜀聲。讀若蜀。"信陽簡蜀與衣借用部分筆畫。

信陽簡褟,見《禮記·內則》"斂簟而褟之",注:"褟,韜也。"亦作韣。《周禮·考工記·輈人》"有衣謂之韣",疏:"韣,韜也。"帛書"褟民",讀"屬民"。《周禮·地官·黨正》"則屬民而讀邦法以糾戒之",注:"彌親民者,於教亦彌數。"《國語·楚語》下"顓頊受之,乃命南正重司天以屬神,火正黎司地以屬民",注:"屬,會也。"

《戰國古文字典》頁 379

○**劉國勝**(2003)　簡文"緅褟"是記上文諸綑、席的斂袋。馬山 M1 出土有 3件竹席。出土時,席捲成筒狀,裝在絹囊內。席囊爲棕色絹質,用絲線縫合,上口用絹帶拴繫。此席囊即是藏席之褟。

《楚喪葬簡牘集釋》頁 43

○**李守奎**（2003）　襡　襄。

《楚文字編》頁 510—511

【襡民】

○**曾憲通**（1993）　此字舊釋爲襄,何琳儀據李家浩楚簡考釋而定爲襡字。至確。何云:"帛書'⬚'與信陽簡'⬚'實乃一字,讀若'屬'。《集韻》:'襡,《説文》短衣也,或作襐。'《釋名·釋衣服》:'襡,屬也。'均其證。""屬民",見《周禮·地官·黨正》:"屬民而讀邦法以糾戒之。"《楚語》:"火正黎司地以屬民。"韋注:"屬,會也。"帛文"襡民"義即"會民"。

《長沙楚帛書文字編》頁 104

○**饒宗頤**（1993）　⬚字从衣从⬚,⬚即蜀,古璽多見。信陽簡⬚即燭,⬚即襡。《説文》:"襡,短衣也,或作襐。"《釋名》:"襡,屬也。"襡民讀爲"屬民"。《周禮·地官·黨正》:"屬民而讀邦法以糾戒之。"《楚語》"火正黎司地以屬民"韋注:"屬,會也。"襡民義即會民(用何琳儀説)。

《楚地出土文獻三種研究》頁 263

○**饒宗頤**（2003）　襡民即屬民,正是火正祝融之職務。帛書乙篇對於群神及民,叮嚀再三,説明神、民之關係,十分懇切。祝融(黎)分别神、民,使其異業,敬而不瀆之事實,帛書祖述先德,可視作充分之佐證。而"是謂德匿,群神乃德"一語,得《曆書》可獲確詁。五正乃明,即指神乃有明德,而德匿之歲亦即"亂德"之季。

《饒宗頤二十世紀學術文集》頁 342

○**劉信芳**（1996）　建死(恆)襡民　"恆",常也,"建恆"謂建立恆常之祀典,依時祀神,使神有所安。"襡"字從何琳儀先生釋,何氏謂字讀如"屬",是也。《國語·楚語下》:"命南正重司天以屬神,命火正黎司地以屬民。"屬謂各有所屬。

《中國文字》新 21,頁 95

襦　襦

⬚睡虎地·封診 68

○**睡簡整理小組**（1990）　襦(音如),《説文》:"短衣也。"

《睡虎地秦墓竹簡》頁 158

△按 《封診式》簡 68"衣絡襌襦、帬各一"及《封診式》簡 58—59"襦北(背)及中袵□污血"之"襦"皆表示短衣。

襌 襌

襌 睡虎地 · 封診 68　　襌 睡虎地 · 封診 58

○睡簡整理小組(1990)　襌(音單),《説文》:"衣不重。"

《睡虎地秦墓竹簡》頁 158

襄 襄　襄 襄

襄 睡虎地 · 秦律 35　　襄 睡虎地 · 日甲 28 正貳　　襄 十鐘　　襄 陶彙 9 · 32

襄 信陽 2 · 9　　襄 信陽 2 · 12　　襄 信陽 2 · 22　　襄 信陽 2 · 29

襄 璽彙 1527　　襄 璽彙 0449

襄 璽彙 2930　　襄 璽彙 1358　　襄 璽彙 0004　　襄 集成 11635 相邦鈹

襄 貨系 1094　　襄 天津 95　　襄 璽彙 0077

襄 璽彙 3134　　襄 三晉 55　　襄 三晉 55　　襄 天津 95

○中大楚簡整理小組(1977)　(編按:信陽 2 · 9)襄即囊字,盛以錦囊。

(編按:信陽 2 · 29、22)襄(囊。

《戰國楚簡研究》2,頁 26、32、33

○金祥恆(1965)　襄,《漢令》:解衣而耕謂之襄。从衣,嚢聲。息良切。襄,古文襄。

《匋文編》頁 62

○羅福頤等(1981)　襄。

《古璽文編》頁 218

○吳振武(1983)　(編按:璽彙)0125 襄平右丞 · 襄平右丞。

0449 王襄 · 王襄。

1358 孟襄 · 孟襄。

1527 孫襄 · 孫襄。

3134 裏(襄)陰・襄陰。

《古文字學論集》(初編)頁 489、493、498、499、512

○曹錦炎(1984)　6.⿱龱 ⿱龱 ⿱龱(19 頁)

《文編》釋爲啻。此字應該釋爲"裏",即襄字的異體。戰國古璽中,"襄平右丞"的襄字即如是作,襄字或省作⿱龱、或作⿱龱,均見古璽。(中略)

21.⿱龱⿱龱(132 頁)

此字前人早就指出,應釋爲"襄",屬三晉文字,已成定論。《文編》仍從《善齋吉金録》説,釋爲"敬"。幣文"襄垣",戰國趙地,因趙襄子所築,故曰"襄垣"。

22.⿱龱⿱龱(147 頁)

《文編》釋爲"濟"。此字也是"襄"字,前人已經指出(見《古錢大辭典》)。古文字襄字或作⿱龱、⿱龱,可證。此字見圓孔圜錢,文曰:"襄陰。"漢曾置有襄陰縣,地失載,或云當在内蒙歸綏境。按此種圜錢形制同於"共、垣"錢,而"垣"字圜錢曾於河南輝縣戰國墓中出土。又傳世古璽有"襄陰司寇",司寇一職一般見於韓、魏兵器刻名,"襄陰"殆爲魏地。(中略)

31.⿱龱⿱龱(306 頁)

《文編》入於附録。此字爲三晉地區"襄"字的又一種形體。[參六]我們知道,戰國時期文字混亂的情況甚爲嚴重,不僅不同地區之間文字異形,即使在同一地區,一個字的寫法也不止一種。所以,襄字的異體甚多,不足爲奇。

《中國錢幣》1984-2,頁 68—70

○曹錦炎(1985)　戰國印文裏有一個从"衣"从"罕"的字:

　　(1)⿱龱平右丞彙 0125　　(2)郲⿱龱君彙 0004　　(3)孟⿱龱彙 1358

　　(4)孫⿱龱彙 1527　　(5)空侗⿱龱彙 3976　　(6)取⿱龱彙 2930　　(7)王⿱龱彙 0449

　　(8)弓⿱龱彙 3139　　(9)⿱龱陰彙 3134　　(10)⿱龱陰司寇彙 0077

《古璽文編》均隸定爲"裏",作爲《説文》所無之字附於卷八衣部。上引各例,(1)—(8)从衣从罕;(9)罕省爲羊;(10)罕變爲羔。按羌本从羊得聲,《説文》:"羌,西戎牧羊人也,从人、羊,羊亦聲。"《説文》乃是據已訛的小篆而言,誤分羌字爲人、羊兩個偏旁。其實,從古文字來看,羌字是"具有部分表音的獨體象形字",表示着以羊省聲爲音讀。所以,上引(10)的"裏"與前幾例的"裏"爲同一字的異體,是可以肯定的,其讀音應當相同。《古璽文編》把"裏"收入"裏"字條下,是正確的。

根據偏旁分析，裹是一個从衣、㫃聲的形聲字，由於（9）將"㫃"省爲羊，可知㫃字乃是从羊得聲。我們認爲，"裹"應該就是"襄"字的或體。

襄字在古印中作下列形體：

㣇彙5294　　　㣇彙0309　　　㣇彙1251　　　㣇彙1459

在金文中作如下之形：㣇穌甫人匜　　　㣇鄂君啟節

在楚簡中作：㣇信陽楚簡

綜觀襄字的各種構形，雖然中閒部分變化較大，但萬變不離其宗，仍不難發現都是由㣇所从的㣇孳乳而來，甲骨文襄字的初文作㣇，正好説明這個問題。關於襄字得聲的緣由，因《説文》已將襄字分成襄、㱙兩字，且形體訛變已甚，許慎已經説不清了。我們推測，襄字初文作㣇，應該和"羌"字的造字本意相同，甚至有可能即是羌字的或體，因用各有别，遂將形體稍加變化，襄字很可能就是从羌得聲。羌从羊聲，羊、羌、襄三字疊韻，從古音上講也是没有問題的。此其一。

其二，戰國貨幣銘文中，襄字作：㣇襄陰　　辭典335　　　㣇襄垣　　辭典336—338
其所从的㣇，即㫃，也是从羌。這對上面討論襄字从羌得聲，乃是一個有力的佐證。

戰國文字中，形聲字濫爲音假的例子甚多，僅就中山王器而言，如哉作㣇、鑄作釙等等，不勝枚舉。所以，襄字的異體寫作"裹"或"裹"，是毫不奇怪的。至於"裹"所从的㫃寫作羊，除了聲符上可以相通之外，從上列各例襄字的變化中，也可窺其大概。

認識了襄字的或體，上引有關璽文便可得到正確的釋讀。

襄平右丞

襄平即襄平，戰國燕地。《史記·匈奴列傳》："燕亦築長城，自造陽至襄平。置上谷、漁陽、右北平、遼西、遼東郡以拒胡。"漢置縣，爲遼東郡治，故城在今遼寧省遼陽縣北七十里。印文稱"丞"，亦爲燕官印之一特徵。

襄陰　襄陰司寇

襄陰、襄陰即襄陰，漢置襄陰縣，地望失載，或云當在内蒙歸綏縣境。按漢之襄陰縣當沿襲戰國時襄陰舊地，戰國貨幣中有"襄陰"方足布，形制和文字風格極似"襄垣"布。襄垣，戰國時屬趙，因趙襄子所築，故名，地在今山西省襄垣縣北。又"司寇"一職常見於三晉兵器銘刻。由此看來，"襄陰"當是三晉地名，至於具體歸屬待考。

鄘襄君

鄘襄君應爲戰國時封君名,從此璽的文字風格來看,當爲三晉印無疑。

最後,附帶談談古印中的“讓”及“諪”字:

(11)讓彙 2781　(12)事諪彙 1799　(13)肖諪彙 0986

(14)王諪彙 0514　(15)諪彙 3151

根據本文的討論,褱爲襄的異體字,所以(11)當釋爲“讓”;(12)—(15)的“呈”當爲“褱”之省,也應該釋爲“讓”。上引各印中的“讓”字,均用作人名。

《考古與文物》1985-4,頁 82

○**何琳儀**(1986)　“襄”,原篆作“”,饒釋“襄”。按,郙陵君豆“”,李零、劉雨《楚郙陵君三器》(《文物》1980 年 8 期)釋“襄”,與帛書近。“襄”,甲骨文作“”,金文作“”或“”(《甲骨文字釋林》132—133),戰國文字則訛形爲音作“、”从“羊”得聲,或作“”从“羌”得聲(均見《古璽文編》8・6)。《爾雅・釋言》:“襄,駕也。”本句“⧄是襄,天㦰是格”爲駢句,故“⧄”下應有合文符號。

《江漢考古》1986-2,頁 79

○**劉雨**(1986)　囊。

《信陽楚墓》頁 130

○**睡簡整理小組**(1990)　(**編按**:秦律 35“别粲、穤[糯]之襄[釀]”)釀,作酒。《一切經音義》九引《三蒼》:“米麴所作曰釀。”一説,襄讀爲穰,《廣雅・釋草》:“稻穰謂之稈。”

(**編按**:日甲 28 正貳“鼠襄户”)襄,《書・堯典》傳:“上也。”

(**編按**:日甲 37 背叁“鬼恒襄[攘]人之畜”)攘,搶奪。

《睡虎地秦墓竹簡》頁 28、187、219

○**郭若愚**(1994)　(**編按**:信陽 2-9)十□絵之衹纕

纕,《字彙補》:“金石録太公碑引周志曰:文王夢天帝服元纕以立於令狐之津。”於此知纕爲外衣。此謂十個絵帛有畫飾的外衣。

《戰國楚簡文字編》頁 76

(**編按**:信陽 2-22)少(小)纕楊四十(合文)又八

纕,當从木作欀。《廣韻》息良切,《集韻》《韻會》思將切,並音襄。木名。

《戰國楚簡文字編》頁 93

○**劉信芳**(1996)　襄諸家多讀如“壤”,非是。按字讀如“纕”,《説文》:“纕,

磔禳,祀除癘殃也。古者燧人禜子所造。”《禮記·月令》季春之月:“命國難,九門磔攘,以畢春氣。”鄭玄注:“此月之中,日行歷昴,昴有大陵積尸之氣,氣佚則癘鬼隨而出行,命方相氏帥百隸索(索)室歐疫以逐之。又磔牲以攘於四方之神,所以畢止其災也。”又季冬之月:“命有司大難旁磔,出土牛以送寒氣。”鄭玄注:“此月之中,日歷虚危,虚危有墳墓四司之氣爲癘鬼,將隨强陰出害人也。旁磔於四方之門,磔攘也。”《史記·天官書》:“太上修德,其次修政,其次修救,其次修禳。”是謂有日、月、星之災變,修德、修政、修救、修禳以避其禍也。帛書此句應是四字爲句,疑“襄”上二殘文中有合文或重文。

《中國文字》新21,頁71—72

○**劉信芳**(1997)　仰天湖簡五:“一齒厄齒,又□□齒,又芏襄。”“襄”讀如“囊”,“芏囊”是用以盛齒梳之囊,用芏草編織而成。《爾雅·釋草》:“芏,夫王。”郭璞注:“芏,草,生海邊,似莞蘭,今南方越人采以爲席。”郝懿行疏:“席即名芏也。今燈草席即芏草席,杜、燈一聲之轉。其草圓細似莞。”仰簡又記有“芏縫”,另見。

信陽簡凡“襄”皆是“囊”之借字,如二·二二:“小襄糗四十又八,一大襄糗。”二·二九:“首善米,紫緻百襄。”即用紫色繡制的一百隻米囊。

信二·一二:“緻與素綌之紎襄二十又一,緻與青綌之紎襄七。”“紎襄”讀如“鞶囊”,《說文》:“鞶,大帶也。”知鞶囊是繫於大帶之香囊。此香囊以緻(繡)爲面,以素錦或青錦爲裏,其製作是比較考究的。《儀禮·士昏禮》:“父送女……庶母及門内施鞶。”鄭玄注:“鞶,鞶囊也。”

《中國文字》新23,頁104

○**何琳儀**(1998)　毇,商代金文作⚎(祖辛爵),象人形突出其足趾及頭上之物凵(凵形待考)。甲骨文作⚎(《類纂》○○三○),省足趾,故亦可隸定兄。西周金文作⚎(散盤),凵作回環狀,又加土、攴會意。疑襄之初文。《說文》:“襄,《漢令》解衣耕謂之襄。从衣,毇聲。”从土、攴有耕作之意。春秋金文作⚎(薛侯盤),其土旁已由兄上移於兄左。或作⚎(樂子毇䵣匠),兄上加日旁,會人於日下耕作之意。戰國文字承襲春秋金文,多有變異。齊系文字或省攴,或與傳抄古文吻合(參齍字)。燕系文字省土、攴,其兄形作⚎、⚎、⚎,已聲化爲从羌。其下或从女形,乃足迹上移(古文字習見)。參上引商代金文兄及《說文》襄之古文⚎。晉系文字兄或作⚎,則聲化爲从羊,且省土、攴。或作⚎、⚎省土,或作⚎省攴,或作⚎、⚎省土从奴。楚系文字或作⚎、⚎上承西周金文。或作𦎧聲化爲从羊，攴省作又。秦系文字或作𤕫从二又，爲小篆从爻所本。或作𤕫亦聲化爲从羌。或作𤕫高度省簡。《説文》：“𤕫，亂也。从爻、工，交吅。一曰，窒𤕫。讀若禳。𤕫，籀文𤕫。”小篆吅由○○訛變，己由儿形訛變，工由土旁訛變，爻由爻形訛變。兄、𤕫、襄一字之孳乳。下从𤕫之字均直接隸定从襄。

趙器“𤕫陰”，讀“襄陰”，地名。見《漢書·地理志》定襄郡，地望不詳。廿三年襄城令矛“𤕫城”，讀“襄城”，見襄字。趙方足布“𤕫垣”，讀“襄垣”，地名。見《漢書·地理志》上黨郡。在今山西襄垣北。

楚璽𤕫，讀喪。《史記·仲尼弟子列傳》“公良孺”，索隱：“鄒誕本作公襄儒。”《爾雅·釋蟲》“蟷蠰”，《禮記·月令》作“螳蜋”。良、喪小篆均从亡聲。是其佐證。“哉𤕫”，疑讀“職喪”，官名。《周禮·春官·職喪》：“掌諸侯之喪，及卿大夫、士凡有爵者之喪。”包山簡“𤕫陵”，讀“襄陵”，地名。見襄字。帛書“堵𤕫”，讀“堵壤”。

《戰國古文字典》頁 688—690

《説文》：“襄，《漢令》解衣耕謂之襄。从衣，𤕫聲。𤕫，古文襄。”

趙尖足布“襄成”、趙陶“襄城”，地名。與廿三年襄城令矛“𤕫城”應是一地，地望待考（魏境有襄城，與尖足布形制不合）。疑與《漢書·地理志》趙國“襄國”有關。趙尖足布“襄洹”，讀“襄垣”，地名。趙方足布作“𤕫垣”。見𤕫字。趙璽“襄陰”，讀“襄陰”，地名。趙器或作“𤕫陰”。見𤕫字。趙璽“襄平”，與燕之“襄平”並非一地，地望待考。魏璽“郎襄”，讀“林鄉”，地名。《左·莊卅二》“鄉者”，《史記·魯周公世家》鄉作曩。《史記·秦始皇本紀》“非及鄉時之士也”，《漢書·陳勝傳》鄉作曩。是其佐證。

鄂君啟節“襄陵”，地名。《史記·楚世家》懷王“六年，楚使柱國昭陽將兵而攻魏，破之於襄陵”。在今河南睢縣。楚璽襄，疑讀喪或葬（參𤕫字）。《左·定十五》：“葬定公，雨不克襄事，禮也。”信陽簡襄，讀囊。《説文》：“囊，橐也。从橐省，襄省聲。”

秦陶“襄陰”，地名。睡虎地簡襄，讀釀。《説文》：“釀，醖也。作酒曰釀。从酉，襄聲。”

《戰國古文字典》頁 690—691

○**周曉陸、陳曉捷**(2002)　1.太尉府禁，北京古陶文明博物館藏。《漢書·百官公卿表》（下簡稱《漢表》）記：“大尉，秦官，金印紫綬，掌武事。”應劭曰：“自上安下曰尉,武官悉以爲稱。”襄有成、助之意,《春秋・定公十五年》“不克襄事”,注:“襄,成也。”由是可知太尉開府,並有襄助之僚屬。

《秦文化論叢》9,頁 263

○**陳偉**(2003)　簡文本作:“襄我二人,毋有合才音。”裘錫圭先生按語指出:“今本《君奭》作‘襄我二人,汝有合哉言’,‘言’字一般屬下讀。‘才’似當讀爲‘在’。‘毋有合在音(或是言之誤)’,其意與今本‘汝有合哉’大不相同。”疑“襄”讀爲“曩”,指昔時。毋,義爲“無”。合,義爲和諧、融洽。“音”有言辭義。《詩・邶風・谷風》:“德音莫違,及爾同死。”鄭箋云:“夫婦之言無相違者,則可與女長相與處至死。”文意大致是説:先前我們二人,在言辭上不相和諧。

《郭店竹書別釋》頁 143

○**李守奎**(2003)　(編按:信陽 2・22、2・29)從衣省形。在簡文中讀曩。

《楚文字編》頁 511

△**按**　“襄”字或省去所從“衣”上部,或省作“襄、襄”,甚或省作與“哀”同形。

【襄二甾】

○**黃錫全**(1998)　近期收到一位錢幣愛好者寄來 1 枚方孔圜錢拓本,面有 3 字,頗感珍貴。後來得悉此錢已爲西安金泉責任有限公司收藏。爲引起泉界注意,特就此錢有關問題發表一點意見,供學術界研究時參考。

　　據説此錢於 1997 年以前出自陝西,圓形方孔,面有外郭,背平素。錢徑 2.6、孔徑 1 釐米,重 6.2 克。錢面有“襄二甾”3 字,旋讀。

　　第一字作襄,比較特別,經仔細分析比較,當爲“襄”字簡省形。三晉小方足布的戴垣、壞陰的戴、壞多作如下之形:

襄垣　　戴戴戴 張頷《古幣文編》240、242 頁

商承祚等編《先秦貨幣文編》録戴字有作如下之形:

戴　戴 132 頁敬下

因此,襄可能就是由襄形演變,即變其中的“V”爲“–”。如商氏等摹寫不誤(或原本不誤),襄也可能就是襄形之省。不論屬於哪一種情況,將第一字釋讀爲“襄”,估計問題不大。

　　第三字即六國古文甾,形同《説文》甾字古文。與秦國文字甾作甾不同。甾即錙。《説文》錙:“六銖也。從金,甾聲。”“二甾”即“兩錙”,爲十二銖,等於半兩。

　　根據三晉圜錢"漆垣一釿、共屯赤金"等例,"襄二甾"之"襄"應爲地名。三晉地名稱襄者,有襄垣、襄陰、襄邑、襄城、襄陵、襄山等。襄垣、襄陰方足布多主張屬趙。根據文字特點,"襄二甾"當屬趙國圜錢。我們懷疑圜錢的襄有可能是《漢書·地理志》趙國屬縣襄國之襄,即古邢國所在地,因漢初地名多沿襲戰國。是否如此,還有待更多材料的證實。

　　圓錢最初出現於魏國,爲圓形圓孔,如面文共、垣等圜錢即是。後來影響到秦、趙(藺)、兩周(東周、西周)等國,甚至楚國("視金一朱"等銅錢牌上的錢樣爲圓形圓孔)。秦最先出現方孔圜錢,後來影響到齊、燕。過去,"兩錙"方孔圜錢僅見於秦國,未見三晉有名"兩錙"錢者。此錢的發現,説明三晉也

有"二(兩)錙"錢。不過,此錢的稱謂與文字風格與秦有別,斷定爲三晉應無問題。其重 6.2 克,是否爲減重"半釿"圜錢,與"半兩"相當,還值得考慮。時代當爲戰國晚期。

　　此錢的發現,尤其是形制和重量,可以引發很多問題,還可以進一步深入研究。

《先秦貨幣研究》頁 329,2001;原載《安徽錢幣》1998-3

【襄平】

○**汪慶正等**(1988)　(編按:貨系 1108-1110) 商平

《中國歷代貨幣大系·先秦貨幣》頁 355

○**何琳儀**(1991)　"襄平"(1109)。"平"字有所省簡,參方足布"平窑"之"平"(《貨系》1113、1120、1154)。"襄平"又見《璽彙》0125,地望不詳。疑與《地理志》趙國之"襄國"有關。

《古幣叢考》頁 116

○**唐友波**(2002)　本銘的"襄平"寫法有點特別,"襄"字的上部及字中所從的"女"都是很引人注目的,"平"字中間的兩點似乎連成一橫筆,有點像燕國文字中一些平字的寫法,但仔細觀察,發現該兩點是分別刻寫的,各自從中筆刻向兩邊。

　　戰國地名"襄平"確知的只有燕國,燕方足布有書作"纕坪"的,《史記·匈奴列傳》:"燕亦築長城,自造陽至襄平。"《漢書·地理志》隸遼東郡,在今遼寧遼陽。只是三晉之地亦有"襄平",據《古璽彙編》0125 所著之璽可知(圖五),從其文字風格特別是"襄"字來看,屬三晉之璽應無大疑問。除此之外,有一種認爲是趙國尖足布的,幣文兩字左右讀互見(圖六),《中國歷代貨幣大系》均釋爲"商平",黃錫全《〈中國歷代貨幣大系·先秦貨幣〉釋文校訂》則均

釋讀作"平襄(鄉)",考其地在"河北平鄉西南"。也有讀這些幣文作"襄平",並指前舉"襄平"璽爲"趙璽"的,但趙之"襄平"未知確切地望。

本銘從銘文特點及容量制度等方面來看,應爲魏所作(下詳),所以本銘的"襄平"爲討論提供了新的材料,似魏國亦應有"襄平",只是其地望仍未能確知。

《上海博物館集刊》9,頁 55—56

【襄官】璽彙 0141

○**湯餘惠**(1986)　楚官璽有:

象官之鉥(0141,見圖版叁 6)

首字宜當釋"襄",字上從"∧"爲"衣"之上半,楚文字衣旁每省寫,信陽簡作
ᐱ(裏、襄等字所從)省略上半,與此省略下半者性質相同。字中所從 ᵅ 爲
"嗀"之古文,魏襄城方肩尖足布此旁作 ⵆ(《古大》440)、ⵆ(《古大》441)等
形,又"襄陰司寇"璽作 ⵆ,此旁的這種寫法應即金文 ⵆ(衞鼎乙鶮字所從)、ⵆ
(鮢甫人匜襄字所從)的變體,字下加"﹕﹕"爲戰國文字所習見的點飾。

璽文"襄官"疑當讀爲"纕官"。《玉篇》:"纕,帶也。"屈原《離騷》:"既替
余以蕙纕兮,又申之以攬茝。"王逸《楚辭章句》:"纕,佩帶。"纕官可能與衣帶
的製作和管理有關。各式各樣的帶是古人日常生活中的必需品,由於用處、
質料的差異,又可細別爲許多名目。古書記載的姑且不論,單是見諸楚簡的
就有"紡紳、緯帶"和"組纕"等不同的名稱。楚王室、貴族崇尚奢華,設專職主
持其事不是沒有可能的。

《古文字研究》15,頁 57

【襄垣】

○**陶正剛等**(2004)　襄垣幣(圖一,6),共 13 枚。幣文大部分爲
右襄左垣,也有個別是左襄右垣的。大部分背面有記載範次的數
目字,有"一、三、四、八、十四、二十"等。襄垣戰國時初屬韓,後入
趙。趙襄子築城,故名爲襄垣。屬趙國貨幣。

6　圖一

《文物世界》2004-1,頁 29

【襄洹】

○**何琳儀**(1991)　"襄洹"(1111)(圖 3),上海博物館所藏,原釋
"商鳥"。經目驗"洹"之筆畫比較清晰,並非"鳥"字。"襄洹"讀
"襄垣",《地理志》隸上黨郡,在今山西襄垣北。方足布"戲垣"
(《貨系》1611)亦讀"襄垣"。《韓世家》:桓惠王"十年,秦擊我於

圖3

太行。我上黨郡守以上黨郡降趙”。可見上黨郡一度屬韓,也一度屬趙。故尖足布“襄洹”爲趙幣,方足布“斁垣”爲韓幣。

《古幣叢考》頁 116

○**黃錫全**(1993)　　刂畬　襄洹(垣),山西襄垣北。

《先秦貨幣研究》頁 353,2001;原載《第二屆國際中國古文字學研討會論文集》

【襄城】

○**汪慶正等**(1988)　(編按:貨系 1086—1107)商成。

《中國歷代貨幣大系·先秦貨幣》頁 351—353

○**何琳儀**(1991)　　“成襄(1094)(圖 2),舊讀“商城”,釋字和讀序均誤。此品正讀、反讀皆有之,今從《辭典》445、446 自左順讀。70 年代,北文已釋貨幣文字爲“襄”(《秦始皇書同文字的歷史作用》,《文物》1973 年第 11 期),今仍有讀“商”者,蓋疏於形體分析,不可不辨。茲列戰國文字“襄”如次:

圖 2

畬璽彙 0004　　　畬璽彙 1358　　　畬陶彙 9·50　　　畬文編 271

值得注意的是,陶文“城襄”與幣文“成襄”均自右讀(何琳儀《古陶雜識》,待刊),辭例吻合。至於貨幣文字“襄”還有若干異體,試比較下列各形:

畬 1094→畬 1093→畬 1099→畬 1090

其嬗變之迹相當明顯。“襄”與“鄉”音近可通。《左傳·莊公三十二年》“鄉者”,《史記·魯世家》引“鄉”作“曩”。《史記·始皇本紀》“非及鄉時之士也”,《漢書·陳勝傳》引“鄉”作“曩”,均其佐證。故“成襄”可讀“城鄉”。《地理志》隸廣平國,確切地望不詳。

《古幣叢考》(增訂本)頁 115,2002;原載《陝西金融·錢幣專刊》16

○**周偉洲**(1997)　　29.襄城丞印　《漢書·地理志》潁川郡本注:“秦置。”屬縣有襄城,當沿秦而置。地在今河南襄城。《史記·秦始皇本紀》云:十七年(公元前 233 年)“内史騰攻韓,得韓王安,盡納其地,以其地爲郡,命曰潁川”。襄城此時爲秦潁川郡屬縣;丞爲縣令佐官。

《西北大學學報》1997-1,頁 35

【襄陵】

○**劉信芳**(2003)　　襄陵:簡 115 作“鄸陵”,漢名襄邑(《漢志》)。《水經注·淮水》:渙水(淮水支流)“又東逕襄邑縣故城南,故宋之承匡襄牛之地,宋襄公所葬,故號襄陵矣”。《竹書紀年》:“梁惠王十七年,宋景敼、衛公孫倉會齊師,圍我襄陵。十八年,惠成王以韓師敗諸侯于襄陵,齊侯使楚景舍來求成,即於此也。西有承匡城,《春秋》會於承匡者也,秦始皇以承匡卑溼,徙縣於襄陵,更爲襄邑也。"其地在今河南睢縣。

《包山楚簡解詁》頁 97

【襄隆】

△按　《貨系》4054、《先秦編》618"襄隆"即襄陰。

【襄陰】

○羅福頤等(1981)　(編按:璽彙 0077)襄陰。

《古璽彙編》頁 13

○吳振武(1983)　0077 襄陰司寇·襄陰司寇。

《古文字學論集》(初編) 頁 488

○曹錦炎(1985)　襄陰。

《考古與文物》1985-4,頁 81—82

○汪慶正(1988)　"帝陰",舊釋"濟陰'或"畢陰"。戰國陶文"壞"作"𩵋"。"帝"或可釋"壞"。"壞陰"係"襄丘"之陰,位於蒲阪之東北,戰國屬魏。其重在 9—13 克之間,以 10—11 克爲多見。所知小型的二枚,重爲 6.5 克和 4.6 克,約爲大型幣的一半。"黍垣一釿"重在 10.5—13.1 克閒,多見爲 11—12 克。這些圜錢主要是魏國的鑄幣,其一釿重在 11—12 克閒,也和魏後期的釿布、趙的大尖足布和魏大方足布的單位重量相近。

《中國歷代貨幣大系·先秦貨幣總論》頁 32

○蔡運章(1995)　【襄陰·圜錢】戰國中晚期青銅鑄幣。鑄行於魏國,流通於三晉、兩周地區。圓形圓孔,背部平素。面文"襄陰",或釋爲濟陰、畢陰等,古地名,戰國屬魏。《史記·封禪書》:"薄山者,衰(襄)山也。"

1　重9.5克

《水經注·河水》:"薄山統目與襄山不殊,在今芮城北。"故襄陰即襄山之北,在今山西芮城北。按形制有大小兩種:大者屬一釿圜錢。一般直徑 3.3—3.9、孔徑 0.7—0.9 釐米,重 10.2 克。小者屬半釿圜錢。一般直徑 2.6—3、孔徑 0.6—0.7 釐米,重 4.65 克。罕見。

2
襄陰·圜錢
面文字形

《中國先秦貨幣大辭典·先秦編》頁 617—618

圖 1

○何琳儀(1996)　　"襄险"(4047),讀"襄陰",見《地理志》定襄郡。在今山西西北長城以北,具體地望不詳。"襄"或釋"畢"(圖1),而"畢陰"似未見文獻。今暫讀"襄陰"。

《古幣叢考》頁 218

被 襄 袞

新郪虎符 　睡虎地·秦律 26 　睡虎地·日乙 189 壹 　包山 199

上博四·昭王 6 　上博四·昭王 7 　上博四·昭王 7 　璽彙 1350

包山 214 　包山 203

○羅福頤等(1981)　　被。

《古璽文編》頁 217

○睡簡整理小組(1990)　　萬石之積及未盈萬石而被(柀)出者

柀,分、散,詳見段玉裁《説文解字注》。

《睡虎地秦墓竹簡》頁 25—26

○何琳儀(1998)　　《説文》:"被,寝衣也。長一身有半。从衣,皮聲。"

新郪虎符"被甲",披甲。《漢書·陳湯傳》:"數百人被甲乘城。"

《戰國古文字典》頁 886—887

○李守奎(2003)　　(編按:包山 203) 𧝒　褱,从衣省形。

《楚文字編》頁 511

○陳佩芬(2004)　　"被",意"披"。《説文通訓定聲》:"被,假借爲披。""披"爲加衣入身而臂不入袖。

《上海博物館藏戰國楚竹書》(四)頁 187

△按　"被"字偏旁可以左右易位,"皮"旁又可移入"衣"内;"衣"可繁化作"卒"字形,又可省去上部。

袞 褱 袞

上博五·三德 9 　上博五·姑成 6 　上博五·姑成 7

○李朝遠(2005)　　"褱",从衣从咸。"袞",从衣从含。二字均不識,待考。

《上海博物館藏戰國楚竹書》(五)頁 246

○**李零**（2005） 毋衿（錦）衣交袒。

《上海博物館藏戰國楚竹書》（五）頁294

△**按** 季旭昇《上博五芻議（下）》（簡帛網2006年2月18日）説：“上字从咸得聲，下字从含得聲，應讀爲‘顲頷’，《離騷》：‘長顲頷亦何傷。’注：‘不飽貌。’引申爲不足、没有成就。這是個聯綿詞，所以楚辭用‘頁’旁，《上博》用‘衣’旁，其意一也。今臺灣地區閩南語猶有‘ham3 ham4’一詞，意爲‘馬馬虎虎、没有出息’，當即古語之‘顲頷’（擬另文專門探討）。‘褒袞（顲頷）以至於今哉’意爲：‘没出息到現在啊！’欒書對苦成家父刺激挑撥的味道非常濃。”

褻 褻 褻

上博四·曹沫11 上博四·相邦3 上博二·容成21

○**李零**（2002） 衣不褻（鮮）娍（美）

褻 即“褻”字，疑讀爲“鮮”（“鮮”是心母元部字，“褻”是心母月部字，讀音相近）。“鮮美”是色彩豔麗之義。

《上海博物館藏戰國楚竹書》（二）頁266

○**張光裕**（2004） 褻（褻）。

《上海博物館藏戰國楚竹書》（四）頁236

○**李零**（2004） 居不褻（設）虗（席）

居不褻虗 讀“居不設席”。“褻”讀“設”，“褻”是心母月部字，“設”是書母月部字，讀音相近。

《上海博物館藏戰國楚竹書》（四）頁250

△**按** 《説文》：“褻，私服。从衣，埶聲。《詩》曰：‘是褻袢也。’”

衷 衷

文博1985-5,頁11 衷輯存203 衷秦代印風82

△**按** 《説文》：“衷，裏褻。从衣，中聲。《春秋傳》曰：‘皆衷袒服。’”

裨 裨 裨

裨包山187

○**何琳儀**（1998）　鞞，从卒，卑聲。疑裨之異文。《説文》：“裨，衣別也。从衣，卑聲。”

　　包山簡鞞，人名。

《戰國古文字典》頁 773

雜 雜

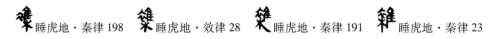
睡虎地·秦律 198　　睡虎地·效律 28　　睡虎地·秦律 191　　睡虎地·秦律 23

○**睡簡整理小組**（1990）　内史雜，關於掌治京師的内史職務的各種法律規定。

《睡虎地秦墓竹簡》頁 61

裕 裕 袞

集成 11351 十六年喜令戈　　集成 11372 二十年鄭令戈

　袞 郭店·六德 10

○**何琳儀**（1998）　《説文》：“裕，衣物饒也。从衣，谷聲。”

　　韓戈裕，人名。

《戰國古文字典》頁 346—347

裕，从衣，容聲。《方言》四：“襜褕，江淮南楚謂之橦裕。”

　　十六年喜令戈裕，人名。

《戰國古文字典》頁 411

○**袁國華**（1998）　“裕”字見簡本《六德》第 10 簡，字形作袞。《釋文注釋》未作隸定，亦無任何説明。拙見認爲此乃从“衣”“八”聲，就是省略聲符的“裕”字。《郭店楚簡》“欲”字多从“心”“谷”聲作“惥”，亦屢見省减聲符“谷”之“口”旁作“忩”者，故“裕”字按道理亦可省聲作“袟”。“袞”字的結構，即由“仒”“八”兩部分組成，因“八”與“仒”共用“八”部分筆畫，故乍看似从“衣”从“八”，其實乃从“衣”“八”聲的“袟”字，也就是省略聲符的“裕”字，其音義仍與“裕”字無別。

　　《六德》第 10 簡云：“夫六位也，以任此［六職也］，六職既分，以裕六德。”此“裕”字的意義與《國語·周語》中“叔父若能光裕大德”句中“裕”字相當，

皆爲“擴大”之義。“以裕六德”,即謂“用以擴大(聖、智、仁、義、忠、信)六種
德行”也。

《中國文字》新24,頁144

○何琳儀(2000)　六戠(職)既分,以礿(攀)六惪(德)。《六德》10

　　“礿”原篆作𧝓,從“衣”,“八”聲。《韻會》:“礿,同襻。”《集韻》:“衣系曰
襻。”本簡“礿”應讀“攀”。《廣雅・釋詁》一“攀,引也”。此字或釋“裕”之
省文。

《文物研究》12,頁203

○李天虹(2000)　7.《六德》一〇號簡釋文:

　　　六戠(職)既分,以𧝓六德。

“𧝓”字整理者未釋。

　　按:傳抄古文別字或作:

　　　　八《汗簡》卷上之一八部引《裴光遠集綴》　　　　八《古文四聲韻》卷五薛韻引《古孝經》

從字形結構來看,“𧝓”字很可能是從衣從八。“八”旁下面的“一”與衣旁下
端的“𠁥”共用筆畫,“𠁥”實際是“𠈌”形的省寫。如果這個推測不誤,簡文
“𧝓”字就應當隸定爲裫,讀作別。別與前文“分”字爲對文。

《郭店楚簡國際學術研討會論文集》頁97

○馮勝君(2000)　《六德》第10號簡云:

　　　六戠(職)既分,以𧝓六德。

其中𧝓字整理者在釋文中作爲不識字原篆摹出。

　　今按,此字應釋爲“裕”。在郭店簡中,“谷”字有兩種寫法,一種寫作𧮫
(《老子》甲第10號簡),爲標準寫法;另一種寫法省去所從之“口”,寫作八。
後一種寫法只出現在偏旁之中,如《語叢二》第10、13、15、17、19等號簡中的
“欲”均從谷從心作𢛳,所從之谷省作八。簡文另有不省者作𢙺(《緇衣》第8
號簡)。

　　𧝓字從衣,中閒所從八(谷)借用“衣”旁下半的上部筆畫,故此字應分析
爲從衣從谷省,釋爲“裕”。簡文中的“以裕六德”與《國語・周語》“叔父若能
光裕大德”中的“光裕大德”相類。古人每言“德行寬裕”,如《韓詩外傳》卷三
“孔子曰:‘德行寬裕者,守之以恭。’”可見,“裕德”爲古人成語,意即“寬裕其
德行”。

《古文字研究》22,頁211

○**劉桓**（2000）　21.同書《六德》：“六哉（職）既分,以**衾**六悳（德）。”

　　衾即卒字,中多“八”兩筆。龐樸先生釋《性自命出》枀字,謂“宜隷定爲
‘撫’,以其‘亡’即‘無’,乃楚文字公例”,“至於‘八’,行話謂之‘羨畫’,起裝
飾作用者”。此處卒字中閒多了“八”,亦屬“羨畫”,可爲龐説添一例證。卒,
此爲成意。

《簡帛研究二○○一》頁 65

○**吕浩**（2001）　《郭簡·六德》簡一○：

　　六哉（職）既分,以**衾**六悳（德）。

　　“以”後一字,整理者摹而未釋。我們認爲該字上部爲“穴”,字形見於包
山簡二四五之“**衾**”（突）字上部。該字的下部是“衣”字形之省減,如信陽楚
簡一九之“**𧞷**”（祖）字下部亦“衣”字之省形。《郭簡》中“衣”字作爲字素與其
他字素嫁接時往往有這類省形,簡文習見,不贅例。

　　因此,“以”後一字疑釋爲“裒”,讀爲“衣”。《尚書·康誥》：“今民將在祗
遹乃文考,紹聞衣德言。”僞孔傳：“令治民將在敬循汝文德之父,繼其所聞,服
行其德言。”孔疏：“文王先有所聞善事,今令康叔繼續其文王所聞善事,被服
而施行德言。”簡文“衣六德”與此處“衣德言”文例雷同,義謂：“被服而施行”
六德。又《尚書·康誥》：“汝惟小子,乃服惟弘。”孫詒讓《尚書駢枝》：“言汝
雖小子,而所當服行之職事則甚廣大。”此處“服”字義與簡文“衣”字義並同。

《中國文字研究》2,頁 288

○**李守奎**（2003）　裒,从谷借筆省聲。

《楚文字編》頁 511

△**按**　“裕”字可將聲旁移入“衣”内,並省去“口”且借筆作“裒”;清華簡从
“欲”聲作“褮”（如**衾**耆夜 7、**衾**琴舞 5）。

衦 衻 衰

𧘇璽彙 3510

信陽 2·15　　**𧙃**璽彙 0493

○**中大楚簡整理小組**（1977）　“一丹緅之衦”是説一件紅色的衦衣。

《戰國楚簡研究》2,頁 21

○**羅福頤等**（1981）　（編按:璽彙 3510）衦。

（編按:璽彙0493）𧘝,《説文》所無,玉篇:衬,衫。

《古璽文編》頁217、219

○**吴振武**(1983)　0493王𧘝·王衦。

《古文字學論集》(初編)頁493

○**裘錫圭、李家浩**(1989)　"衦"字見於上面注⑮提到的長臺關一號墓2-015號簡。長臺關簡"衦"字所从"干"旁寫在"衣"旁的中間,與此"衦"字寫法稍異。"衦"疑讀爲《説文》訓爲"臂鎧"的"釬"。古書或作"扞、捍、靬",見《韓非子·説林下》《禮記·内則》《新書·春秋》等。《漢書·酷吏傳》"被鎧扞持刀兵者",顔師古注:"扞,臂衣也。"

《曾侯乙墓》頁523

○**郭若愚**(1994)　一丹緅之衦

丹,朱色。緅,絺之细者。衦,《説文》:"摩展衣也。"段注:"摩展者摩其襵縐而展之也。"指經摩光之衣。

《戰國楚簡文字編》頁85

○**劉信芳**(1997)　信陽簡二·十五:"一丹繆之衦,□裏,組栗,絵緣。"《説文》:"衦,摩展衣也。"按此説與衣之形制無涉,疑簡文"衦"讀若"汗",《方言》卷四:"汗襦,江淮南楚之閒謂之襘……陳魏宋楚之閒謂之襜襦,或謂之襌襦。"《釋名·釋衣服》:"汗衣,近身受汗垢之衣也。"

《中國文字》新23,頁102

○**何琳儀**(1998)　《説文》:"衦,摩展衣也。从衣,干聲。"

信陽簡衦,多縐之縑帛。見《説文》。隨縣簡衦,疑讀釬,《説文》:"釬,臂鎧也。从衣,干聲。"或作"扞"。《漢書·酷吏傳》"被鎧扞持刀兵者",顔注:"扞,臂衣也。"

古璽衦,姓氏。

《戰國古文字典》頁995

△**按**　古璽"𧘝"即"衦"字,用作人名。

裂 

睡虎地·答問80

○**睡簡整理小組**(1990)　夬(決)裂男若女耳,皆當耐。

撕裂男子或婦女的耳朵,都應處以耐刑。

《睡虎地秦墓竹簡》頁 112

△按　《説文》衣部:"裂,繒餘也。从衣,列聲。"睡虎地簡"夬(決)裂男若女耳,皆當耐"之"裂"意爲撕裂,是其引申義。

祖  晨

上博五·三德 9 　　　郭店·六德 28

○**李守奎**(2003)　　晨　从衣省形。

《楚文字編》頁 511

○**李零**(2005)　　交祖　《禮記·玉藻》"錦衣以裼之","裼"與"祖"同義。

《上海博物館藏戰國楚竹書》(五)頁 294

△按　郭店簡此字可嚴格隸定作"晨",是"祖"的異體"衰"的省形。

補 補

睡虎地·秦律 117 　　　睡虎地·雜抄 40 　　　考古 1990-1,頁 33

△按　《説文》衣部:"補,完衣也。从衣,甫聲。"睡虎地秦簡"補繕、補城"之"補"意爲修補。

裼 裼 裻

中國錢幣 2005-2,頁 8

○**曉沐、晉源**(2005)　　最近見到一枚"裻金"尖足空首布,小型平襠,通高 118、肩距 45、足距 55mm,重 32 克(圖 4)。面部兩個文字清楚,面背均無三分豎線。左面一字爲"金",已見於同類尖足空首布"止金、玄金、茲金"等。右邊一字上从爪,下从衣。此字戰國文字已經多見,本从"衣"形,後又常見多一橫从"卒",多爲人名或其它,未見是地名。三體石經僖公"狄"字古文从爪从卒。或主張此字从爪从衣,會以手脱衣之義,裼之初文,裻、裼、狄一音之轉,均定紐支部。

圖 4

典籍狄、翟常通用。

《中國錢幣》2005-2,頁 8—9

裹 裹

裹 睡虎地・封診 85　　裹 睡虎地・日甲 68 貳

△按　《説文》衣部：“裹,纏也。从衣,果聲。”睡虎地秦簡《封診式》“今甲裹把子來詣自告”、《日書》“裹以桼(漆)器”之“裹”皆用此義。

裛 裛

裛 信陽 2・15　　裛 曾侯乙 25

○中大楚簡整理小組(1977)　　(編按:信陽 2-15) 袒。

《戰國楚簡研究》2,頁 20

○郭若愚(1994)　一絲裛

裛,《説文》:“書囊也。从衣,邑聲。”《廣雅・釋器》:“裛謂之裛。”王念孫疏證:“《説文》:帙,書衣也,或作裛。”此謂一絲質的書囊。

《戰國楚簡文字編》頁 85

○劉信芳(1997)　信陽簡二一五:“一絲裛。”《説文》:“裛,書囊也。从衣,邑聲。”簡文“絲裛”應是盛衣物之絲囊。

《中國文字》23,頁 111

○何琳儀(1998)　信陽簡裛,書囊。

《戰國古文字典》頁 1372

褐 褐

褐 睡虎地・秦律 91　　褐 睡虎地・秦律 90　　 官印 7

【褐衣】

○睡簡整理小組(1990)　褐衣,用枲(音喜)即粗麻編製的衣,《孟子・滕文公上》注:“褐,枲衣也。”是古時貧賤者穿的衣服。

《睡虎地秦墓竹簡》頁 42

△按　《説文》衣部:“褐,編枲韤。一曰:粗衣。从衣,曷聲。”睡虎地簡“褐”用粗衣義。

衰  蓑 繬

睡虎地・爲吏 33 壹　睡虎地・爲吏 49 壹　秦印　秦印

郭店・成之 8　郭店・六德 27　郭店・唐虞 26

上博一・詩論 3　上博一・詩論 8

上博五・競建 4　上博五・鮑叔 2　陶彙 3・756

郭店・語四 22　上博二・容成 32

璽彙 0243

○**張亞初**(1989)　要弄明白這個字的形體,還得從《説文》説起。《説文》保存了衰字戰國時期的形體作,《汗簡》引《義雲章》衰作(假作催)。西周仲㠯父鼎銘文衰字旁作。這證明《説文》《汗簡》所保存的衰字古文字形體是可信的。衰字是蓑字的初文本字,象一個正面直立的人(大)穿戴蓑衣形。兩條腿作,就是用草編成的蓑衣的象形符號。

《慶祝蘇秉琦考古五十五年論文集》頁 341

○**高明、葛英會**(1991)　(編按:陶彙 3・756)匋衰　《説文》:"衰,艸雨衣。从衣,象形。"與此相近。

《古陶文字徵》頁 214

○**葛英會**(1992)　《説文》衣部衰字篆作圖五・1 所録之形,解云"草雨衣。从衣,象形"(衰,今蓑之本字)。許慎《説文》於象形字大都就其形義作出説解,而後以"象形"二字指明其在六書中的歸屬。而此卻在釋義之後曰"从某象形",與常例有別。其實此字應爲象形字外加義符而成的形聲字。《説文》篆文所从衣字之外的部分,即原象形字。今本《説文》的這一部分爲古冉字,《説文》:"冉,毛冉冉也。"與草雨衣風馬牛不相及。今本《説文》衰字篆文恐有誤。《説文》篆文下所附古文衰字作圖五・2 所録之形,與篆文有別,然亦从冉,知《説文》衰字古文亦有訛誤。《汗簡》所録《説文》《義雲章》衰字(圖五・4、5),均與今本《説文》接近而有別,其下垂的兩長筆作剪

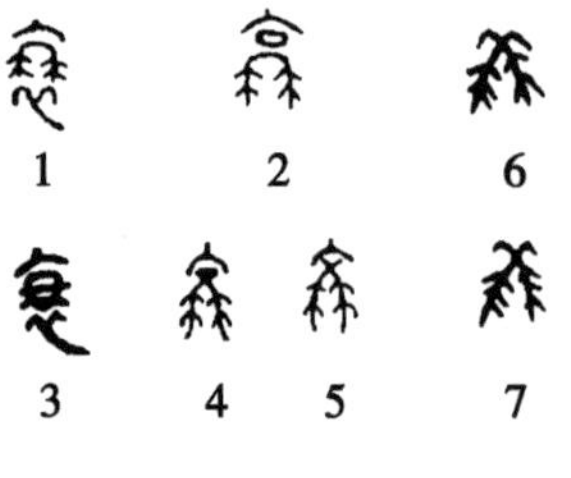

3.《睡虎地秦墓竹簡》爲吏之道
6、7.《古陶文彙編》3.756、3.757

刀交叉之形,可知衰字所从本不是冉字,這一點非常重要。我們知道,蓑衣正是在胸前交疊結緊,故《汗簡》所錄今本《説文》更近於原形、原義。今檢得陶文二品,作圖五·6、7所錄之形,與《汗簡》所錄相比,極近似亦小有差異,即無上部象衣領的筆畫。草雨衣本無領,加之則無異畫蛇添足。我們認爲此陶文當即衰字的原形。《睡虎地秦墓竹簡》有衰字,作圖五·3所錄之形,與今本《説文》衰字同,可知這一體衰字的僞(編按:當作"譌")誤亦不是從《説文》開始的。

《文物季刊》1992-3,頁 49—50

○**荆門市博物館**　蓑,字亦作"衰"。《説文》:"草雨衣也。"《公羊傳·定公元年》:"不蓑城也。"謂以草覆城。

《郭店楚墓竹簡》頁 219

○**何琳儀**(1998)　衰,春秋金文作🔣(庚壺)。从大(參見《説文》大之籀文作🔣),下肢飾毛狀物。借體象形。本義待考。从衰之字多有毛長或下垂之義,應由毛狀物引申。六國文字大旁演變爲文形,與《汗簡》催作🔣(中二·五十二)吻合。秦國文字大旁脱筆作🔣,下加衣之省文,乃蓑之本字。《集韻》:"蓑,《説文》艸雨衣。秦謂之萆。或加艸。"《説文》:"🔣,艸雨衣。秦謂之萆。从衣,象形。🔣,古文衰。"

睡虎地簡衰,衰老。《淮南子·主術訓》"年衰志惽",注:"衰,老也。"

《戰國古文字典》頁 1277

(編按:璽彙 0243)繀,从糸,蓑聲。疑繀之繁文。《説文》:"繀,服衣,長六寸,博四寸,直心。从糸,衰聲。"或説,从艸,繀聲。蓑之繁文。見衰字。

齊璽繀,讀衰,姓氏,趙衰之後。見《萬姓統譜》。

《戰國古文字典》頁 1278

○**何琳儀、黃德寬**(1999)　下面再來分析"衰"字的結構。晚周文字已發現"衰"字,但因時代的不同,出現兩種異體:

🔣庚壺　　🔣陶彙3·756

前者爲春秋文字,比較原始,其主體部分爲🔣。《説文》"大"字除有🔣形作爲部首之外,還非常珍貴地保存"大"字的另一異體:

🔣,籀文"大"改古文,亦象人形(10 下 7)

這是庚壺"衰"字本从"大"的佳證。後者爲戰國文字(做爲偏旁亦見包山簡 87、95、141,璽彙 0242 等),其主體部分已演變成"文"形。傳抄古文中保存這一種變體:

🔣汗簡中 2·52　　🔣古文四聲韻上平 17　　🔣説文古文

(中略)既然庚壺"衰"字構形本从"大",雙脛有倒"毛",那麼這與智𪒠文中所引△亦可作雙脛有倒"毛",豈不是一回事?

"衰"與△(讀若"殺"或"蔡")不僅形體可以溝通,而且音和義也有非常密切的關係。(中略)

最後,本文試推測"衰"字的本義。《説文》:"衰,艸雨衣,秦謂之萆。从衣,象形。,古文衰。"清代小學家多據許慎之説,並參考《集韻》"衰"或作"蓑"(平聲七歌),認爲"衰"是"蓑"之本字,筆者過去也一直相信此説。然而根據上文分析,"衰"本从"大",雙脛有倒"毛"。因此"衰衣"之象形一説恐難成立。今按,小篆"衰"作,其上部應是之小變,其下部則是"衣"旁之省。這類省"衣"旁上半部分的現象,在戰國文字中習見,例不備舉。如是理解,小篆"衰"實乃"𧚄"之初文。《集韻》"縗、衰、𧚄,《説文》服衣六寸,博四寸,直心;或作衰、𧚄"(平聲二灰韻十五)。《左傳・襄公二十三年》"墨縗冒絰",釋文:"縗,本作衰。"凡此説明"衰、縗"爲一字之變。"衰"之本義在典籍中已被"縗"或"𧚄"所替代,"衰"之上半部的本形和本義遂湮没無聞。"衰"的本形,从"大"从倒"毛",會毛下垂之意。如是推衍似乎並不牽强。从"衰"得聲之字的義訓也能映"衰"字本義之一二;

1.《釋名・釋宫室》:"榱,在檼旁下列衰衰然垂也。"

2.《文選・南都賦》"敷華蕊之蓑蓑然",注"下垂貌。"

3.《集韻》:"毸,毛長貌。"

從這些語根資料中不難看出,"衰"字的本義應是毛下垂之貌。這與晚周文字資料中"衰"字的構形从"人"从倒"毛",恰好吻合。

綜上所述,"衰"从"大"从倒"毛",會毛下垂之意。△是"衰"的簡化字。在兩周文字資料中,△多借讀爲"蔡",或借讀爲"殺"。"衰"分化爲△,既有形的省變,也有音的轉化和義的區别。(中略)

新出郭店楚簡《語叢四》22有字,無疑是"蓑"之初文。舊説"衰"是"蓑"之初文,得此反證,不攻自破。"衰"應是"𧚄"之初文。

《東南文化》1999-5,頁106—108

○**李家浩**(2000)　《汗簡》卷中之二冉部引《説文》"衰"字古文作,其下引《義雲章》"催"字作。鄭珍《汗簡箋正》於"催"字下説:"即上'衰'字小别。'衰'本蓑衣字,當是《義雲》以爲'齊衰服'之'衰',讀同'催'。郭徑以爲'催',誤。"按鄭説甚是。簡文"衰"原文作,與《義雲章》"催"字寫法同,據鄭珍所説,徑將此字釋寫作"衰"。

《九店楚簡》頁136

○**馬承源**（2001）　衰矣少矣　指《少夏》，可能是就《小雅》中許多反映社會衰敗、爲政者少德的作品而言。後文在《少夏》編的《十月》《雨亡政》《節南山》等篇評述云："皆言上之衰也，王公恥之。""衰矣少矣"即爲此類詩作。又備用的殘簡中也有一簡是有關《詩》的，其文云："者。《少夏》亦惠之少者也……"所謂"惠之少者"，可以作爲"衰矣少矣"的進一步解釋。但此簡與《詩論》並非爲同一人手筆，今附之以供參考。

《上海博物館藏戰國楚竹書》（一）頁 129

○**陳偉武**（2002）　郭簡云："非其智惠也。"（5.10）以"惠"爲"衰"，"惠"是"衰"之增繁。

《中國文字研究》3，頁 126

○**李零**（2002）　（編按：上博二・容成 32）"襄"讀爲"衰"，或即"衰"字。

《上海博物館藏戰國楚竹書》（二）頁 275

○**李守奎**（2003）　衰，與《説文》古文形近。

《楚文字編》頁 512

○**陳佩芬**（2005）　（編按：競建 4）寖，水名。

《上海博物館藏戰國楚竹書》（五）頁 171

【衰莞】

○**陳佩芬**（2005）　（編按：鮑叔 2）衰莞　讀爲"衰亡"，衰滅之意。《韓非子・愛臣》："是以姦臣蕃息，主道衰亡。"

《上海博物館藏戰國楚竹書》（五）頁 184

△**按**　《陶彙》3・756、3・757 同文："旬衰。""衰"當爲陶工名。睡虎地簡"壯能衰、莫衰衰"之"衰"義爲衰弱。

卒　衾

集成 420 外卒鐸　　郭店・唐虞 18　　睡虎地・雜抄 5　　睡虎地・秦律 117

睡虎地・日甲 120 背　　陶彙 3・501　　陶彙 3・502

上博一・詩論 25　　上博一・緇衣 6　　上博二・昔者 4　　上博三・中弓 23

包山 201　　郭店・緇衣 7　　上博二・容成 13　　上博四・昭王 5

上博四・内豊 8　　上博四・曹沫 28　　上博四・曹沫 46　　新蔡甲一 16

○**金祥恆**（1964）　隸人給事者爲卒，古以染衣體識故从衣、一。

《匋文編》頁 63

○**高明、葛英會**（1991）　卒。

《古陶文字徵》頁 37

○**何琳儀**（1998）　卒，由衣分化，均屬脂部。甲骨文、金文衣或讀卒，戰國文字衣與卒亦往往互用。卒或作𠔏，下加二短橫屬繁化。《説文》："𠄥，隸人給事者衣爲卒。卒，衣有題識者。"

　　燕器卒，讀萃。見萃字。

　　睡虎地簡"卒歲"，終歲。《詩·豳風·七月》："無衣無褐，何以卒歲。"

《戰國古文字典》頁 1171

○**李家浩**（2000）　（編按：九店 56·20 下）秒（利）㠯（以）折（製）衣裳（裳）。

　　"卒"是作爲"衣"字來用的，所以釋文徑寫作"衣"。

《九店楚簡》頁 47、73

○**陳佩芬**（2002）　（編按：昔者 4）君釆　　"釆"，讀爲"卒"。君死稱"卒"，如《春秋·僖公三十二年》"鄭伯捷卒""晉侯重耳卒"。但《禮記·曲禮下》："大夫曰卒。"《公羊傳·隱公三年》："大夫曰卒。"則大夫死亦稱"卒"。

《上海博物館藏戰國楚竹書》（二）頁 246

○**李零**（2002）　（編按：容成 13）而釆（卒）立之。

《上海博物館藏戰國楚竹書》（二）頁 259

○**李守奎**（2003）　楚簡之卒，大多讀衣，當是衣字異體。衣字重見。釆皆讀爲卒，當即楚之卒字。

《楚文字編》頁 512

○**李朝遠**（2003）　（編按：中弓 23）"裻"，从爪从衣，戰國時衣、卒不分。《説文·衣部》："卒，隸人給事者爲卒。"朱駿聲《説文通訓定聲》："本訓當爲衣名，因即命著此衣之人爲卒也。"故从爪从衣，與从爪从卒字同。楚簡中的"卒"字或作"𠔏"，終也，盡也。

《上海博物館藏戰國楚竹書》（三）頁 280

○**陳佩芬**（2004）　（編按：昭王 5）釆　字从爪，《説文》所無。《上海博物館藏戰國楚竹書（一）·紂衣》"釆勞百姓"，"釆"釋"卒"。

《上海博物館藏戰國楚竹書》（四）頁 186

○**李朝遠**（2004）　（編按：昭王 5）不裻（依）立　"裻"，从爪从衣，似爲"依"的異體。《説文・人部》:“依,倚也。”不倚立即要有站相。

《上海博物館藏戰國楚竹書》(四)頁 226—227

○**李零**(2004)　(編按:曹沫28)**采**(卒)**又**(有)**倀**(長)

采　同“卒”,是古代軍隊編制的基礎單位。“卒”以下有“什、伍”(五人爲“伍”,十人爲“什”)。“伍”之長叫“伍長”,“什”之長叫“什長”,“卒”之長叫“卒長”(此外還有二十五人的“兩”和五十人的“隊”或“小戎”),參看《周禮・夏官・序官》、《司馬法》佚文和《管子・小匡》等書。

《上海博物館藏戰國楚竹書》(四)頁 261

(編按:曹沫48)**不采則不亙**(恆)　采　或可讀爲依。

《上海博物館藏戰國楚竹書》(四)頁 275

○**李守奎、曲冰、孫偉龍**(2007)　楚“衣、卒”之别,在於是否有“爪”。

《上海博物館藏戰國楚竹書(一——五)文字編》頁 412

【卒人】秦律 179

○**睡簡整理小組**(1990)　卒人,指某些官的部屬,《論衡・謝短》:“兩郡移書曰‘敢告卒人’,兩縣不言。”但從漢簡看,此語不限於兩郡閒的文書,參看王國維《流沙墜簡》考釋。

《睡虎地秦墓竹簡》頁 60

【裻章】

○**馬承源**(2001)　裻,從爪從衣,《説文》所無,讀爲“卒”。從《大田》篇章句内容,此評語或指末章。

《上海博物館藏戰國楚竹書》(一)頁 156

【卒署】

○**湖南省文物考古研究所、湘西土家族苗族自治州文物處**(2003)　[9]1 背:

卅五年四月己未朔乙丑,洞庭叚(假)尉觸謂遷陵丞、陽陵卒署:遷陵其以律令從事報之。當騰[騰]/嘉手。以洞庭司馬印行事。敬手。

卒署,縣署中負責某一類事務的職官。

《中國歷史文物》2003-1,頁 14、16

△**按**　睡虎地簡“卒歲”之“卒”意爲終盡。

褚 褚

集成 11345 八年新城大令戈

○**何琳儀**（1998）　《説文》：“褚,卒也。从衣,者聲。一曰:製衣。”

八年新城戈褚,人名。

《戰國古文字典》頁 521

製 褧 裚

裚 睡虎地·爲吏 16 貳　　裚 睡虎地·日乙 23 壹　　裚 睡虎地·日乙 129　　裚 睡虎地·日乙 15

裚 上博一·性情 11　　裚 上博二·容成 21　　裚 上博六·競公 7

裚 睡虎地·日乙 129“裚衣”合文

○**睡簡整理小組**（1990）　（編按:爲吏 16 貳“吏有五失……三曰擅裚割”）裚（音霽）,《管子·大匡》注:“斷也。”據秦簡,裚字實際上就是製字。

（編按:日甲 115 背“不可以裚新衣”）裚,所从之折从屮,从斤从屮,斤反書。

《睡虎地秦墓竹簡》頁 169、224

○**吳振武**（2000）　秦簡“裚”可讀作“製”。《日書》乙種一〇二四號簡云:“凡五丑利以裚⧎（裚衣）。丁丑在亢,裚（裚衣）常（裳）,丁巳衣之,必敝。”此簡前一“裚衣”分書,後一“裚衣”作借筆合文。又《日書》乙種九二〇號簡云:“……利以乘車、冠、帶劍、裚⧎（裚衣）常（裳）。”“裚衣”二字亦分書（參李學勤《秦簡的古文字學考察》,《雲夢秦簡研究》）。

《古文字研究》20,頁 316

○**濮茅左**（2001）　堂（當）事因方而裚（制）之。

《上海博物館藏戰國楚竹書》（一）,頁 235

○**李零**（2002）　裚　睡虎地秦簡《日書》用爲“製衣”之“製”,參看陳振裕、劉信芳《睡虎地秦簡文字編》（湖北人民出版社 1993 年）頁 159。

《上海博物館藏戰國楚竹書》（二）頁 267

○**濮茅左**（2007）　“裚”,从衣,折聲,用作“製”。

《上海博物館藏戰國楚竹書》（六）頁 179

褧 褧 褧

褧 上博六·用曰 10　　褧 包山 16　　褧 郭店·緇衣 6　　褧 郭店·緇衣 9

燚 天星觀　　燚 天星觀　　褮 上博四·曹沫 34

○**陳秉新**（1998）　簡 16 云：“新造迅尹不爲僕斷，僕褮倌夏事將法（廢），不樢新迅尹，不敢不告見日。”

字又見 189 簡，爲人名。

考釋 47 將此字隸定爲褮，承舊説釋爲勞，並引《説文》古文勞作燚、金文作褮（鮉鎛）爲證，但於字義無説。

今按：考釋所引金文字形，又見齊叔夷鎛，从衣从焱，中閒的 ∧ 爲兩形共用，不从心，絕非《説文》古文勞字。焱即《説文》訓“屋下燈燭之光”的熒字初文。《廣韻》音户扃切，上古音屬匣紐耕韻，五祀衞鼎用爲營，依古文字形，當隸定爲焱，熒是焱的後起纍增字，營、榮、縈、褮等字均从焱聲。鮉鎛、齊叔夷鎛的褮當隸定作褮，包簡作褮與鎛銘寫法基本相同，亦當隸定作褮。《説文》：“褮，鬼衣。从衣，熒省聲。讀若《詩》曰‘葛藟縈之’。一曰，若‘靜女其袾之袾’。”葉德輝《説文讀若考》謂：“‘靜女其袾之袾’當作‘靜女其袾之靜’，褮靜古音同部。”鮉鎛：“鮑叔有成褮于齊邦。”齊叔夷鎛云：“巩褮朕行師。”又云：“謹褮其政事。”舊誤釋褮爲勞，日本學者高田忠周已指其誤，並謂鎛銘褮字當讀爲營，“《小爾雅·釋詁》：‘營，治也。’《考工記》：‘匠人營國。’《詩·黍苗》：‘召伯營之。’《淮南·主術》：‘執政營事。’注：‘典也。’皆與‘有成營于齊邦’及‘謹營其政事’義相似矣。又《蒼頡篇》：‘營，衞也。’《史記·黃帝紀》：‘以師兵爲營衞。’皆與‘巩營朕行師’同意也”（《古籀篇》六十七第 27 頁）。高田氏的考釋甚是，堪稱不易之論。《包山楚簡》作者據簡文字形隸定作褮，與褮只差一閒，卻不釋褮而仍從舊説釋勞，可謂失之交臂。

據簡 16 文義，褮字當讀爲煢，訓爲憂慮。《玉篇》：“煢，憂思也。或作惸。”《漢書·外戚傳·孝武李夫人》：“神煢煢以遥思兮，精浮游而出疆。”《詩·小雅·正月》：“憂心惸惸，念我無禄。”毛傳：“惸惸，憂意也。”《釋文》：“惸，本又作煢，其營反。”古音褮與煢爲影群鄰紐、耕部疊韻，例可通假。簡 16 記録的是一樁關於奴隸歸屬問題的訴訟案，僕是五師宵倌司敗若的謙稱，以下各倌字指小臣，即在若家供事的奴隸。夏事指夏季的農事。樢字當就樢字古文。考釋讀爲隊，訓陳。按隊訓陳，乃是軍陳之陳，今作陣，與簡文文義不合。當讀爲述，古音樢與述屬神邪鄰紐、微物對轉，金文述與墜、遂通用，故樢可讀爲述。簡文説：五師宵倌司敗若的奴隸（倌）鄧虩、鄧期、鄧僕、鄧壐四人

無故被邵行派手下人捉去,五師宵倌司敗若以告君王,君王將此案交子左尹
審理,子左尹又交給新造迅尹丹,命令他爲若"至典",至讀爲致,訓深審,致典
意爲審查名籍,審查的結果是"若有典而邵行無典",也就是説這四個奴隸本
來隸屬於五師宵倌司敗若,但是新造迅尹遲遲不斷。眼看這四個奴隸擔負的
夏季農事將廢,五師宵倌司敗若不得已又訴諸左尹(見日)。故簡文述若的訴
辭説:新造迅尹不依據名籍將被邵行强行捉去的四名奴隸斷給我,我憂慮這
四名奴隸擔負的夏季農事將要荒廢,所以不向新造迅尹申述,不敢不告訴於
見日。總之,釋裻讀勞,既於字形相適,又於古訓有徵,用以解釋簡文亦暢達
無迕。至於簡189"登(鄧)裻"之裻乃人名,似乎讀營更合適。

《南方文物》1998-3,頁58—59

○**何琳儀**(1998)　　裻,春秋金文作𧝓(齊侯鎛)。从衣,炎聲。疑裋之異文。
《集韻》:"裋,毳衣謂之裋。"

　　天星觀簡裻,疑地名。

《戰國古文字典》頁1443

○**李家浩**(2000)　　"裻"字見於叔弓鎛、鬘叔鎛等。叔弓鎛説"女(汝)娞裻朕
行師","堇(勤)裻其政事"。鬘叔鎛説"鬘弔(叔)又成裻于齊邦"。胡石查、
吳大澂、楊樹達等認爲"裻"是古文"勞"字(參看《金文詁林》第十册5234、
5236、5237頁引),可從。

《九店楚簡》頁143

○**陳佩芬**(2001)　　裻　　即"勞"字。《鎛》銘文"裻于齊邦",即"勞于齊
邦"。《包山楚簡》《長沙仰天湖楚簡》中"勞"亦作"裻"。今本作"勞"。

《上海博物館藏戰國楚竹書》(一)頁179

○**陳美蘭**(2003)　　從命則正不裻:即"從命,則政不勞",意謂:(執政者)遵從
天命則施政就不會太辛勞。張光裕先生考釋(233頁)隸定爲"從命則政不
勞",但是沒有加以解釋。陳偉先生《從政校讀》則認爲"正"字當爲君長之義:

　　《大戴禮記·主言》:"孔子曰:'上敬老則下益孝,上順齒則下益悌,
上樂施則下益諒,上親賢則下擇友,上好德則下不隱,上惡貪則下恥爭,
上强果則下廉恥。民皆有別則貞,則正亦不勞矣。此謂七教。'"王聘珍
解詁云:"正,政也。該篇上文説:"是故内修七教而上不勞,外行三至而
財不費,此之謂明主之道也。"可見"正"當指君上,王説誤。這與簡文可
以參讀。《禮記·緇衣》:"上人疑則百姓惑,下難知則君長勞。故君民
者,章好以示民俗。慎惡以禦民之淫,則民不惑矣。臣儀行,不重辭,不

援其所不及,不煩其所不知,則君不勞矣。"《荀子・君道》云"有司不勞而事治",皆是類似表述。

美蘭按:張氏讀"正"爲"政",與本篇所見的"正"字讀法相同,從文意上看,自是可通。不過,陳氏援引典籍,指出"不勞"者往往指人,如"正"(《大戴禮記・主言》)、"君"(《禮記・緇衣》)、"有司"(《荀子・君道》),尤其是在上者,陳氏引證有據,亦頗爲合理。林慶彰先生在 2003 年 5 月 30 日於臺灣大學哲學系、由郭梨華教授主持的"簡帛道家資料暨上博新出簡研讀會"中發言,以爲此處應該指執政的行爲,所以"從命"應該釋爲"從天命","正不勞"應該釋爲"施政就不會太辛勞"。依照這樣的解釋,本句和下兩句都屬於執政者的行爲,最爲合理。茲從其説。

《〈上海博物館藏戰國楚竹書(二)〉讀本》頁 72

○**蘇建洲**(2003) 裟:即"勞"。此處的"勞"應與《詩・小雅・節南山》"不自爲政,卒'勞'百姓",《正義》訓爲"勞苦"不同。比較接近《呂氏春秋・慎行論・疑似》:"秦襄、晉文之所以勞王而賜地也。"王念孫曰"勞王即勤王",即爲君王辛勞盡力。簡文上句"厚施而薄斂焉",主語是"君上"。而本句讀作"(君上)身力以勞百姓",義爲"(君上)身體力行來爲百姓辛勞盡力"應該是可行的。另外,《從政乙》1"從命則正不勞",陳偉以爲"正"指"君長"。另外亦舉《大戴禮記・主言》:"民皆有別則貞,則正亦不勞矣。"《禮記・緇衣》"下難知則君長勞"來證明"正(君長)不勞"之説(參《從政校讀》)。由陳偉之説,亦可説明本簡釋爲"君上辛勞"是可以的。又陳美蘭學姊指出"身'力'"相當於簡 6"不勸而民'力'"。

《〈上海博物館藏戰國楚竹書(二)〉讀本》頁 118—119

○**劉信芳**(2003) 原簡字形上從二火,下從衣省,字又見簡 189,其字形所從"衣"不省,整理小組隸定爲"裟",拙稿改釋爲"袚"(《包山楚簡解詁試筆十七則》,《中國文字》新 25 期,藝文印書館 1999 年),皆誤。自郭店簡公布之後,據《緇衣》簡 6、7、9,《尊德義》簡 24 之辭例,已知是"勞"字。《論語・爲政》:"有事弟子服其勞。"《爾雅・釋詁》:"勞,勤也。"疑"勞佸"是負責勤務的小臣。

《包山楚簡解詁》頁 26—27

○**李守奎**(2003) 裟。

《楚文字編》頁 512

○**李零**(2004)　君毋懇(憚)自裝(勞)。

《上海博物館藏戰國楚竹書》(四)頁 265

【裝人】

○**張光裕**(2007)　裝(勞)人亡赴(徒)

　　"裝(勞)人",《詩·小雅·巷伯》:"驕人好好,勞人草草,蒼天蒼天,視彼驕人,矜此勞人。""勞人"意指"憂人",簡文意或同。

《上海博物館藏戰國楚竹書》(六)296

△**按**　關於"裝"字構形,李守奎等編《上海博物館藏戰國楚竹書(一—五)文字編》(作家出版社 2007 年)412 頁説:"所从'燚'《説文》失收,似火炬,下从衣。燚下製衣會勞意,與燚下用力(耒屬農具)會勞意構字理據相同。與《説文》之'裝' 蓋爲同形字。"參看卷十三"勞"字條。

褭 褭

十鐘　　包山 72　　郭店·緇衣 41

○**高明、葛英會**(1991)　古巾衣兩偏旁義近通作,此即褭字。

《古陶文字徵》頁 215

○**何琳儀**(1993)　宵被△72

　　△原篆作🔲,應釋"褭"。《説文》:"褭,以組帶馬也。从衣从馬。""宵🔲" 119 反應釋"宵褭","褭"下加"心"爲繁文(參上文"邼"與"國")。🔲 23 應釋"櫋"。見《説文》"櫋,木長弱貌"。"櫋里",地名。

《江漢考古》1993-4,頁 56—57

○**荆門市博物館**(1998)　褭。

《郭店楚墓竹簡》頁 131

○**何琳儀**(1998)　包山簡褭,人名。

《戰國古文字典》頁 315

○**陳高志**(1999)　🔲,簡文隸定作"褭",然而對本字之形構卻不作説明。今本則作"歸"。此字應隸定作"壞",讀作"懷"。《説文·土部》"壞"字籀文作"🔲"古文作"🔲",在《睡虎地秦簡》中,"壞"字有以下諸形:壞、壞、壞、壞。而"懷"字則作"懷"形,此字簡文从馬,在《睡虎地秦簡》中的第三形已見迹象。因此它並不突兀。《説文·衣部》:

襃,褎也。一曰:臧也。（**編按**:"褎"當作"裛","臧"作"藏"。）

段玉裁《注》說:"褎之爲言回也。"又對"臧"字注說:"此義與褎近。"而《玉篇》更直接説:裛爲褎字或體。《説文・衣部》:"褎,俠也。"

段《注》:"俠當作夾,轉寫之誤,亦部曰夾,盜竊裛物也,从亦有所持……俗謂蔽人俾夾是也,腋有所持,裛藏之義也。"

《周禮・秋官》:"群吏再其後,面三槐,三公位焉。"鄭玄《注》:"槐之言懷也,懷來人於此,欲與之謀。"

根據漢儒解經習慣,凡是"某之言某"者,必得音義全通。而《廣韻・皆》:"裛,俠也,苞也,歸也。"

由此看來懷、裛、歸又是音義相近的同源字。所謂"歸德、懷德",對義理的疏解並無不通之處。

《張以仁先生七秩壽慶論文集》頁 372—373

○**何琳儀**（2000） 厶（私）惠不壞（撓）㥁（德）。《緇衣》41

"壞",《釋文》隸定正確,然未解釋。按,"壞"應讀"撓"。《呂氏春秋・離俗》"飛兔要裛",注:"裛字讀如曲撓之撓。"《淮南子・原道》"馳要裛",注:"裛讀撓弱之撓。"是其佐證。《呂氏春秋・知度》"枉辟邪撓之人退矣",注:"撓,曲也。"今本《緇衣》"壞"作"歸",注:"歸,或爲懷。"按,簡本"壞"與"壞"形近,故訛作"懷",又音變作"歸"。

《文物研究》12,頁 198

○**湯餘惠等**（2001） 裛。

《戰國文字編》頁 581

○**李零**（2002） "懷",原从衣从馬从土,疑是"懷"字之誤,（中略）今本作"歸"。

《郭店楚簡校讀記》（增訂本）頁 85

○**裘錫圭**（2003） 郭41"私惠不鑒德",上21作"私惠不裛（懷）德";今本作"私惠不歸德",鄭玄注:"'歸'或爲'懷'。"《郭簡》將"不"下一字隸定爲从"裛"从"土"。陳偉《郭店楚簡別釋》指出此字當是"壞"之訛體,讀爲"懷"（《江漢考古》1998 年第 4 期 68 頁）。上博簡爲其説提供了確證。

《華學》6,頁 50—51

衼　哀

曾侯乙 143

○**何琳儀**（1998）　衼,从衣,句省聲。《玉篇》:"衼,喪服也。"《龍龕手鑒》:
"衼,祭服也。"

隨縣簡衼,人名。

《戰國古文字典》頁 345

○**湯餘惠等**（2001）　衼。

《戰國文字編》頁 581

○**李守奎**（2003）　哀。

《楚文字編》頁 513

衱　衱

陶彙 3·775

○**何琳儀**（1998）　衱,从衣省,及聲。《爾雅·釋器》"衱,謂之裾",注:"衣後
裾也。"

齊陶衱,人名。

《戰國古文字典》頁 1374

祥　表　裴　丰　夆

陶彙 3·496　　陶彙 3·488　　陶彙 3·484　　陶彙 3·486

陶彙 3·495　　陶彙 3·493　　陶彙 3·492

陶彙 3·487　　陶彙 3·489

○**高明、葛英會**（1991）　裵。

《古陶文字徵》頁 215

○**湯餘惠等**（2001）　袿。

《戰國文字編》頁 581

○**何琳儀**（1998）　祥,从衣,丰聲。襜之省文。

齊陶祥,或作禥,人名。

《戰國古文字典》頁 436—437

祥,从衣,夆聲。《廣韻》:"祥,《爾雅》曰,困衼祥。"《集韻》:"祥,艸名。"
齊陶"子祥子",或作"子夆子",人名。

《戰國古文字典》頁 433

△按 《陶彙》3·496 此字从"衣"从"丰"聲,"丰"的豎畫沒有穿過下面的横
畫,故與"生"相近。《陶彙》3·488 可隸定作表,是表的訛體。《陶彙》3·
484、3·486 所从"丰"旁皆有變化。3·487 則省掉"衣"的下部。3·495、3·
493、3·492 从"衣"省,"夆"聲,可隸定作"裛"。"表"和"裛"可分別隸定作
"祥"和"禥",都是"縫"字異體。

祅　裛

![印] 璽彙 3865　![印] 璽彙 3126

○**羅福頤等**(1981)　裛。

《古璽文編》頁 218

○**吳振武**(1983)　(編按:璽彙)3126 弗裛·弗□。
3865 公孫裛·公孫□。

《古文字學論集》(初編)頁 512、519

○**何琳儀**(1998)　裌,从衣,实聲。襖之異文。《正字通》:"襖,俗作祅。"

《戰國古文字典》頁 282

○**湯餘惠等**(2001)　祅。

《戰國文字編》頁 581

犻

![印] 璽彙 4000

○**羅福頤等**(1981)　犻。

《古璽文編》頁 219

○**何琳儀**(1998)　犻,从衣,犬聲。
晉璽犻,人名。

《戰國古文字典》頁 1009

△按　此字右邊斜畫略殘,也可能應釋作"袯"。《方言》卷四:"大袴謂之倒頓,小袴謂之袯衧,楚通語也。"郭璞注:"今襬袴也。"

畬　裒

上博五·三德1　　上博一·性情38　　包山145

△按　上博簡《性情論》和包山簡此字"衣"旁的豎筆穿過"田"旁,與"田"旁的豎畫共用,亦即"田"旁仍在"衣"中,故隸可作"裒"。"畬"和"裒"皆"奮"字異體。

祛　镸

璽彙5626

○何琳儀(1998)　祛,从衣省,丘聲。
　　楚璽祛,人名。

《戰國古文字典》頁36

○李守奎(2003)　(編按:璽彙5626)裒　从衣省形。

《楚文字編》頁513

△按　璽文"镸"爲"裒"字省去"衣"旁上部的形體,在璽文中用作人名。

祢　袤

璽彙3194

○羅福頤等(1981)　袤。

《古璽文編》頁218

○吳振武(1983)　3194 淳于袤·淳于祢。

《古文字學論集》(初編)頁513

○何琳儀(1998)　祢,从衣,尒聲。疑襧之省文,黹之異文。《正字通》:"襧,黹字之訛。"《說文》:"黹,箴縷所紩衣。从㡀,丯省。"
　　晉璽祢,人名。

《戰國古文字典》頁1250

○湯餘惠等（2001） 袮。

《戰國文字編》頁 581

△按 "袤"和"袮"同字,各家釋"袮"可從。

袟

睡虎地・日甲 25 背貳

○睡簡整理小組（1990） 是袟鬼僞爲鼠。

《睡虎地秦墓竹簡》頁 213

○湯餘惠等（2001） 袟。

《戰國文字編》頁 582

△按 睡虎地秦簡"袟"字或可讀作"待"。

袿　袞

郭店・窮達 3

○湯餘惠等（2001） 袿。

《戰國文字編》頁 581

○李鋭（2003） 4.《窮達以時》簡 3：袿

原釋文釋爲"絰",黄人二先生認爲：……冒（帽）袿（絰）,皆喪服也,此以喪服施於刑徒。王志平先生釋爲"紩"。

按：《字彙補・衣部》有"袿"字,指衣裙之折紋,其字當較晚。簡文當從衣至聲,此宜讀爲"襟"或"褙"。《集韻・旨韻》："褙,《說文》：'紩衣也。'或作襟。"古有紩衣,《方言》四："楚謂無緣之衣曰襤,紩衣謂之褸,秦謂之緻。"《說文》："緻,密也。"《方言》之"緻"與《說文》意不同,疑爲"褙"之借字。《晏子春秋・内篇諫下》："且古者嘗有紩衣攣領而王天下者。"

《華學》6,頁 86

○李守奎（2003） 袞 《字彙補・衣部》有袿字。

《楚文字編》頁 513

△按 "袞"爲"袿"字省體,可能是"袿（絰）"字的異體。

裀　裛　裛

 信陽 2·21　　　 信陽 2·21　　　 信陽 2·19

○**郭若愚**（1994）　裀，同茵。重席也。《説文》：“車重席。”《詩·秦風·小戎》：“文茵暢轂。”傳：“文茵虎皮也。”釋文：“以虎皮爲茵；茵，車席也。”

　　裀，《玉篇》：“衣身也。”《廣雅·釋器》：“複襂謂之裀。”王念孫疏證：“此《説文》所謂重衣也。襂與衫同。《方言》注以衫爲禪襦，其有裏者則謂之裀。”“賸裀”謂日常穿用之衣也。

《戰國楚簡文字編》頁 88、92

○**何琳儀**（1998）　裀，从衣，因聲。《玉篇》：“裀，衣身也。”衣服中部。

　　信陽簡“裀筶”，讀“茵席”。《韓非子·十過》：“茵席彫文。”茵，茵縟。隨縣簡作因。

《戰國古文字典》頁 1106

○**湯餘惠等**（2001）　裀。

《戰國文字編》頁 581

○**李守奎**（2003）　裛　《玉篇·衣部》有裀字。

《楚文字編》頁 513

襗　袞

　　 璽彙 2344

○**何琳儀**（1998）　袞，从衣，关聲。疑襗之省文。《集韻》：“襗，襪謂之襗。”
　　晉璽袞，人名。

《戰國古文字典》頁 1005

○**湯餘惠等**（2001）　襗。

《戰國文字編》頁 581

△**按**　璽文“袞”或爲“袥（襗）”之異體，用作人名。

裘

　　 上博三·周易 44

○濮茅左（2003）　　"裗"，《類篇》："裗，袟也。"疑讀爲"敝"，破舊。《論語·子罕》："衣敝縕袍。"或讀爲"筆"。

　　　　　　　　　　　　　　　《上海博物館藏戰國楚竹書》（三）頁 197

○李守奎、曲冰、孫偉龍（2007）　　裗，當是"㡀"字異體，卷七"㡀"部重見，簡文中讀"敝"。

　　　　　　　　　　《上海博物館藏戰國楚竹書（一—五）文字編》頁 412

△按　"裗"當爲"㡀"字異體，簡文中讀爲"敝"，意爲破舊。

褮　褮　㼉

侯馬 3:13　　侯馬 85:12　　侯馬 3:15

侯馬 85:8　　侯馬 85:34　　侯馬 75:1

侯馬 92:23　　侯馬 198:19　　侯馬 88:2

○山西文物工作委員會（1976）　　㼉。

　　　　　　　　　　　　　　　　　　　　《侯馬盟書》頁 323

○何琳儀（1998）　　褮，從衣，㼉聲。

　　侯馬盟書褮，人名。

　　　　　　　　　　　　　　　　　　《戰國古文字典》頁 982

○湯餘惠等（2001）　　褮。

　　　　　　　　　　　　　　　　　　　《戰國文字編》頁 582

△按　"褮"和"㼉"爲"褮"字異體，釋"褮"可從。

褋　褋

璽彙 3160

○羅福頤等（1981）　　褋。

　　　　　　　　　　　　　　　　　　　　《古璽文編》頁 218

○何琳儀（1998）　　褋，從衣，取聲。《篇韻》："褋，衣遊縫也。"

　　晉璽"新褋"，地名。

　　　　　　　　　　　　　　　　　　《戰國古文字典》頁 387

○**湯餘惠等**(2001)　裵。

《戰國文字編》頁 582

△**按**　"裵"當爲"裨"字異體,釋"裨"可從。

裙　裵

天星觀

○**何琳儀**(1998)　裨,从衣,革聲。
　　天星觀簡裨,不詳。

《戰國古文字典》頁 31

○**李家浩**(1999)　第四字當釋爲"裷"。原文把古文"昆"寫在"衣"旁之中,與"衷、裏"等字的結構相同。(**中略**)"裷",跟上面所說的"緄"一樣,也可能是顏色之字,疑也應該讀爲"緼",指"赤黄之閒色"。

《中國文字》新 25,頁 142、147

○**李守奎**(2003)　《類篇·衣部》有裷字。

《楚文字編》頁 513

△**按**　"裵"當爲"裷"字異體,釋"裷"可從。

裊

璽彙 3151　　璽彙 3152

○**何琳儀**(1998)　裖,从衣省,灻聲。《字彙補》:"裖,喪服也。"
　　晉璽裖,讀灻,姓氏。

《戰國古文字典》頁 789

△**按**　此字从"衣"省,"叴(夲)"聲,應該隷作"裊"或"裊"。"叴"與"灻"有別,待考。

裪

曾侯乙 123　　　　曾侯乙 137

○**何琳儀**(1998)　裪,从衣,匋聲。《集韻》:"襦裪,衣袖也。"
　　隨縣簡"氏裪",疑讀"袛裯"。《方言四》:"汗襦,江淮南楚之閒謂之襦,

自關而西或謂之袛裯,自關而東謂之甲襦。"《説文》:"袛,袛裯,短衣也。"

《戰國古文字典》頁 244

○**湯餘惠等**(2001) 裯。

《戰國文字編》頁 582

○**李守奎**(2003) 《方言》卷四有裯字。

《楚文字編》頁 513

裓 感

上博五・姑成 6　上博五・姑成 7

○**李朝遠**(2005) "裓",从衣从咸。"袌",从衣从含。二字均不識,待考。

《上海博物館藏戰國楚竹書(五)》頁 246

△**按** "裓"字从衣省、从咸,可隸作"感"。

【裓袌】

△**按** 參看本卷衣部"衾"字條按語。

褑 襄

曾侯乙 172

○**何琳儀**(1998) 褑,从衣,爰聲。《爾雅・釋器》"佩衿謂之褑",注:"佩玉帶屬。"

隨縣簡褑,人名。

《戰國古文字典》頁 938

○**湯餘惠等**(2001) 褑。

《戰國文字編》頁 582

○**李守奎**(2003) 襄。

《楚文字編》頁 513

△**按** 此字嚴格隸定作"襄",是"褑"的異體,在簡文中用作人名。

隊

璽彙 0516　璽彙 0517　璽彙 1879　璽彙 1936

○何琳儀（1998）　褖，从衣，隊聲。疑襚之省文。《説文》：“襚，衣死人也。从衣，遂聲。《春秋傳》曰，楚使公親襚。”

　　晉璽褖，人名。

　　　　　　　　　　　　　　　　　　　　　　　《戰國古文字典》頁 1224

○吳振武（2000）　（編按：璽彙1936）褖（袖）。

　　　　　　　　　　　　　　　　　　　　　　　《古文字研究》20，頁 323

○湯餘惠等（2001）　褖。

　　　　　　　　　　　　　　　　　　　　　　　《戰國文字編》頁 583

褧

璽彙 1394

○羅福頤等（1981）　褧。

　　　　　　　　　　　　　　　　　　　　　　　《古璽文編》頁 219

○何琳儀（1998）　褧，从衣，綆聲。疑綆之繁文。

　　晉璽褧，人名。

　　　　　　　　　　　　　　　　　　　　　　　《戰國古文字典》頁 12

○湯餘惠等（2001）　褧。

　　　　　　　　　　　　　　　　　　　　　　　《戰國文字編》頁 582

△按　“糸、衣”用作意符意義相通，故“褧”可能是“綆”之繁文。

禂　褭

　上博四·昭王 6“褭衣”合文　　　上博四·昭王 6“褭衣”合文

　上博四·昭王 7“褭衣”合文

○陳佩芬（2004）　（編按：上博四·昭王“被褭衣”）“被”，意“披”。（中略）“禂”，从衣，因聲，《説文》所無，讀爲“裍”。“禂”下有重文符，讀爲“裍衣”。“裍”，衣服之中部，《玉篇》：“衣身也。”

　　　　　　　　　　　　　　　　《上海博物館藏戰國楚竹書》（四）頁 187

△按　簡文“褭（禂）”下兩點乃合文符號，非重文符。“禂”是否可讀爲“裍”，待考。

襂　褧

璽彙 2889

○**羅福頤**(1981)　褧□。

《古璽彙編》頁 274

○**何琳儀**(1998)　褧,从衣省,焱聲。

　　晉璽褧,讀文,姓氏。

《戰國古文字典》頁 1363

△**按**　古璽"褧"字从衣省,是否可讀爲"文",待考。

襱　襄

襱曾侯乙 39　　襱曾侯乙 48　　襱曾侯乙 133

襄曾侯乙 176

○**何琳儀**(1998)　襱,从衣,童聲。《方言》四:"襜褕,江淮南楚謂之襱裕。"
《集韻》:"襱,衣也。"

　　隨縣簡襱,讀幢。參童字。

《戰國古文字典》頁 368

○**湯餘惠等**(2001)　襱。

《戰國文字編》頁 582

○**李守奎**(2003)　襱。

《楚文字編》頁 513

【襱軒】曾侯乙 48

○**裘錫圭、李家浩**(1989)　"襱",疑讀爲《晉書・輿服志》"油幢車"之"幢"。
"幢軒"似是指蒙覆有帷幕的軒。

《曾侯乙墓》頁 516

△**按**　《曾侯乙》176"襄"爲"襱"的異體。簡文"襱"讀作"幢"。

襞

襞上博三・周易 6

○**濮茅左**（2003）　　［冬］朝晶麅之。“冬”爲上簡末一字。“冬朝”讀爲“終朝”，猶“終日”，或以爲旦至食時爲朝，即早晨。“晶麅”即“三表”。“麅”同“麅”，“表”之古文，《集韻》：“麅，同襦。”《説文·衣部》：“襦，古文表，从廘。”“表”，明。本句意爲終朝再三明確此事。今本“麅”作“褫”，褫奪之褫，又爲恥辱之恥，被認爲以訟受服，有終朝三褫之辱，受之爭訟反覆。

　　本句馬王堆漢墓帛書《周易》作“終朝三攄之”；今本《周易》作“終朝三褫之”。

《上海博物館藏戰國楚竹書》（三）頁 144

○**楊澤生**（2005）　　竹書《周易》6 號簡“［終］朝晶麅之”的麅字，整理者濮茅左先生隸定作“麅”。**（中略）**

　　廖名春先生説：

　　　　“麅”，帛書《易經》本作“攄”而王弼本等作“褫”。“褫、攄”皆从“虍”，而“虍”與“鹿”常混，故簡文將“褫”寫成了“麅”。如以爻辭“意爲終朝再三明確此事”，則與《訟》卦卦義不符。又“褫”《經典釋文》引鄭本作“扡”，《周易集解》引虞翻、荀爽説也皆作“扡”。“褫、扡”音近義通。“褫”爲支部透母，“扡”爲歌部透母。《説文》：“褫，讀若池。”“趨，讀若池。”“弛，或作貤。”《韓非子·十過》：“晉平公觴之於施夷之臺。”《太平御覽》五七九引“施夷”作“虒祁”。《説文》：“褫，奪衣也。”《淮南子·人閒》：“扡其衣被。”高誘注：“扡，奪也。”如以簡文“麅”爲本字，則“攄、扡”諸異文都不好解釋。

　　季旭昇先生雖然也主張釋爲“褫”，但其論證有所不同。他説：

　　　　［整理者］釋爲从鹿从衣，讀爲“表”，恐有可商。細審此字作“麅”，隸定可作“麅”，此字上從“鹿”形，下從爪從衣，下所從即“衳”，衳於楚簡多讀爲“衣”，但亦讀“褐、狄”（參何琳儀先生《戰國古文字典》756 頁）。衳所從“爪”形一般均向左，此字“爪”形向右。而且“爪”形簡寫爲“刀”形。“爪”形省爲“刀”形於戰國楚系文字不算太罕見，如“矛”字一般寫成從三個“爪”形，但“爪”形常常簡化成“刀”形，參《楚系簡帛文字編》1015頁。另外，此字剛好在刀形的右下方有一個殘洞，原字是從“刀”形還是“爪”形也許還有待檢視原簡）。衳於此當讀同“褐、狄”，作爲聲符用。“褐、狄”上古音均爲定紐支部。如此，麅可逕通讀爲今本《周易》之“褫（徹紐支部）”。

　　　　另一考慮則可視“麅”爲“麃”之異體字……“麃”字上古音屬澄紐支

部,與"采(裼、狄)"韻同屬支部,聲同爲舌頭音。"麃"又與"襦"音近,"襦"字上古音屬徹紐支部,是《上博三·周易》簡 6 麃字實當讀"襦"。釋義與今本《周易》並無不同。"終朝三襦之"意思是:一個早上被拿掉三次。(季旭昇《〈上博三·周易〉簡六"朝三襦之"説》,簡帛研究網 2004年 4 月 16 日

何琳儀、程燕先生則説:

> △上從"鹿",下從"衣"。其中"鹿"旁下加飾筆,參包山簡 246"熊鹿"讀"熊麗"(參何琳儀《包山竹簡選釋》,《江漢考古》1993 年 4 期。又《楚王熊麗考》,《中國史研究》2000 年 4 期)。依此類推,△可讀"襹"。《廣韻》:"襹,襳襹,毛羽衣貌。""襹",來紐支部;"襦",定紐支部。定、來均屬舌頭音。至於帛書作"攎",亦屬來紐。唯韻部由支部轉入魚部。(何琳儀、程燕《滬簡〈周易〉選釋》,簡帛研究網 2004 年 5 月 16 日。

我們認爲,整理者釋"表"顯然不妥,而釋"襦"諸説雖然切合文義並有傳本依據,但均在字形上仍有瑕疵。對於麃字中閒的 刀,季先生曾提出它是"刀"形還是"爪"形的問題,看來要説它是飾筆是有困難的。楚簡"鹿"字作 㞢、㞢 等形,從"鹿"的"廌"字寫作 㞢,可見此字確實從"鹿"。而參照竹書《周易》常見"初六"(4、7、9、12、14、18、26、28、30、37、40、42、44、50、53、54 等號)、"初九"(2、16、20、22、24、32、35、47 等號)的 初(初)字和 23 號簡 芬(芬)字、37 號簡 繐(繐)字以及《恆先》9 號簡 剛(剛)字所從"刀"旁的寫法,此字中部應爲"刀",故應隸定作"劇"。"劇"字當從"衣"從"刀","鹿"聲。"鹿、録"同爲來母屋部字,古文獻中從"録"之字多與"鹿"或從"鹿"之字相通,如《説文》"睩"字"讀若鹿","麓"字古文作"𥾝","簏"字或作"𥰚","漉"字或作"淥";《周禮·地官·序官》:"每大林麓,下士十有二人。"《釋文》:"麓本亦作𥾝。"《楚辭·九歌》:"棄雞骇於筐簏。"《考異》:"簏,《釋文》作簶。"《爾雅·釋詁下》:"盝,竭也。"郭注:"《月令》曰:'無漉陂池。'邢疏:盝即漉也。"(參看高亨《古字通假會典》355 頁,齊魯書社 1989 年。)因此,"劇"可能就是"剥"的異體。據上引諸説,與簡文"劇"對應之字今本作"襦",鄭本等作"挓",帛書本作"攎",而《説文》:"襦,奪衣也。"《淮南子·人閒》"挓其衣被"高誘注:"挓,奪也。""攎"或可讀作"虜",也有"奪"義,如晉張載《七哀詩》之一:"珠柙離玉體,珍寶見剽虜。""剥"即剥奪,簡文"終朝三劇之"的"劇"與"襦、挓、攎"的意義並無不同。

《經典與解釋 5:古典傳統與自由教育》頁 181—183

○陳惠玲　（2005）濮、廖、何三家均不處理"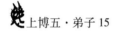"形,楊不處理"衣"形,均有可商。季師旭昇《朝三褫之》認爲可隸定作"襲",讀爲"裒"或"鷹",皆能與今本"褫"相通假。(中略)季師之説,形音義皆可通,可從。"襲"不論讀爲"裒",或作"鷹"之異體,均與今本《周易》"褫"音近相通。(中略)今本上九爻辭的意思是説"即使會賜給他大帶官服,但在一天之内卻遭到三次剥奪!"簡本同。

　　　　　　　　　　　　　《〈上海博物館藏戰國楚竹書〉（三）讀本》頁 17—18

△按　"襲"字當从"刀"从"衣","鹿"聲;"鹿"與"录"同音,而"刀"表示剥取所用工具,"衣"表示剥取的對象,故此字爲"剥"的異體。

褬　　裳

上博五·弟子 15

○張光裕（2005）　褬（絶）。

　　　　　　　　　　　　　《上海博物館藏戰國楚竹書》（五）頁 276、280

○李守奎、曲冰、孫偉龍（2007）　从"絶"之古文,从衣省形。疑爲"絶"字繁體。

　　　　　　　　　　　《上海博物館藏戰國楚竹書(一—五)文字編》頁 413

△按　"裳"（褬）可能是"絶"的異體。

鼗

睡虎地·日乙 130

○睡簡整理小組（1990）　凡製車及寇〈冠〉。

　　　　　　　　　　　　　　　　　　《睡虎地秦墓竹簡》頁 242

○張守中（1994）　製。

　　　　　　　　　　　　　　　　　　《睡虎地秦簡文字編》頁 134

△按　此字疑从"舟"得聲,或爲製造之"造"的異體。

鼗　　鼗

信陽 2·11　　信陽 2·19

○**中大楚簡整理小組**(1977)　饕即繸字,《博雅》:"繸,條也。"《玉篇》:"繸或作䋐。"《儀禮・士虞禮》:"賓長洗繸爵,三獻。"注:"繸爵,口足之閒有篆文彌飾。"這裏指笙和竽皆繫以絲條帶作爲裝飾,帶上有篆紋的圖案。

《戰國楚簡研究》2,頁 23

○**朱德熙、裘錫圭**(1973)　信陽楚簡有一個从衣从繇的字,凡三見:

𧞫203　　𧞫211　　𧞫219

所从之衣省去上端,與簡文裏字情形相同:

𧞫213　　𧞫215

簡文此字从衣,繇聲,古籍所無。211 號與紃字連文,根據這一點,我們認爲這個字應讀爲條。《説文》系部下繇下云:"隨從也,从系,䏌聲。"繇古籍作繇,多與由字通,以下略舉數例。《荀子・禮論》"先王恐其不文也,是以繇其期足之日也",注:"繇讀爲由。"《漢書・文帝紀》"亦無繇教訓其民",注"繇讀與由同",又《元帝紀》"不知所繇",注"繇與由同",《後漢書・班彪傳下》"繇數期而創萬世",注"繇即由也"。《仲尼弟子傳》顏無繇,《家語》作顏無由,《漢書・古今人表》繇余,《韓非子・十過》作由余。按由與攸都是幽部喻母四等字,繇由相通,可證繇攸也相通。《漢書・韋賢傳》"大馬繇繇",注"繇與悠同",更爲繇攸聲通的直接證據。

《説文》系部"條,扁緒也",《急就篇》顏師古注:"條一名偏諸,織絲縷爲之。"《禮記・内則》"織紝組紃"注:"紃,條也。"又《雜記下》"韠……紃以五彩"注:"施諸縫中,若今時條也。"《荀子・富國》"布衣紃屨之士",楊倞注"紃,條也"。條紃同類,所以諸書多以條釋紃,但二者又有區別。《説文》系部"紃,圜采也"。《禮記・内則》"織紝組紃"下《正義》:"似繩者爲紃。"《淮南子・説林》"條可以爲繸,不必以紃"。段玉裁以爲"條其陜者,紃其圜者"。總之,條和紃散言則通,對言則異。211 號簡條紃連稱,可能是兼指二者,也可能是偏指其一。（中略）

信陽 203 號簡(圖四)云:

二笙,一簫竽皆有襲……

按條、韜古同音。211 及 219 號簡之襲當讀條,此簡之襲則當讀爲韜。《説文》韋部"韜,劍衣也",《廣雅・釋器》"韜,弓藏也"。字又作𢎘,作縚。《周書・器服》"矢韋獨",朱右曾《周書集訓校釋》云:"獨當爲韇,韜矢之衣,以韋爲之。"又同篇"樂:鈚鍱參笙一竽,皆素韜",朱云:"皆以素布

圖四

爲韣。笙竽舊作冠竽,據《玉海》訂。"又同篇"纁裏桃枝蒲席素獨,簟蒲席皆素獨……纁裏桃枝皆素獨"。按朱氏讀獨爲韣甚是。《禮記·內則》"斂簟而襡之",鄭玄注:"襡,韜也。"《廣雅·釋器》:"韜,韣,弓藏也。"《周書》之獨,即《內則》之襡,亦即《廣雅》之韣,並當訓爲韜。韜韣可以施之於弓矢、簟席,亦可施之於笙竽。簡文"二笙,一簫竽皆有韜"與《周書》"鉍瑅(朱氏讀爲'琴瑟')參笙一竽,皆素韣"正合。

編按:此簡襡字或仍當讀爲條。馬王堆一號漢墓出土一件竽,竽管上繫有兩束絲織物裝飾,疑即此物。朱先生在收入本集的《說"屯(純)、鎮、衞"》一文中引用此簡時,徑將字襡字釋爲條。(編按:此段文字爲裘錫圭、李家浩1995年所作)

《朱德熙古文字論集》頁64—65,1995;原載《考古學報》1973-1

○郭若愚(1994) 皆有襹(條)

《說文》:"繇,隨從也,从系,𦥑聲。"徐鉉曰:"今俗从䍃。余招切。"簡文从衣繇聲,當是繇字,亦作條。《禮記·內則》:"織紝組訓(編按:當作"紃")。"注:"紃,條也。"疏:"組紃俱爲條,薄闊爲組,似繩者爲紃。"此謂二笙一竽皆有條飾也。

《戰國楚簡文字編》頁67

○何琳儀(1998) 襹,从衣省,繇聲。

信陽簡襹,讀條。《漢書·韋賢傳》"大馬繇繇",注:"繇與悠同。"是其佐證。《急就篇》注:"條一名偏諸,織絲縷爲之。"

《戰國古文字典》頁221

○湯餘惠等(2001) 襹。

《戰國文字編》頁583

○劉信芳(2002) 所謂"襹紃",朱德熙、裘錫圭先生對"襹"字作過專門討論,(中略)按釋樂器之襹爲韜,令人信服。不過"膚"之"襹"因有實物作證,亦應釋"韜",或釋爲"紬"。"襹紃"連言確實有費解之處,但釋"襹"爲包裹物,釋"紃"爲扎束之絲帶,還是說得通的,信陽楚墓所出鏤孔杯用韋包裹,腐朽無存,而望山一號墓所出鏤孔杯用絲織品包裹,因而出土時保存完好。《史記·太史公自序》:"紬石室金匱之書。"索隱引小顏云:"紬謂綴集之也。"(中略)

綜上,信陽簡所記"屯雀韋之襹紃",謂二件膚皆有雀色韋作爲外套(或覆蓋物、或包裹物),並以紃(絲帶)作扎口。

《古文字研究》24,頁376—377

○劉國勝(2003) (編按:信陽2·3)按:"韜"在此指上文"二笙"和"一簫竽"的

斂衣。馬王堆漢墓遣策記有"竽,一越閏錦衣,素緣","越閏錦衣"即指斂"竽"的囊套。

《楚喪葬簡牘集釋》頁 35

○李守奎(2003)　襲。

《楚文字編》頁 514

襦

曾侯乙 8　　曾侯乙 19　　曾侯乙 26　　曾侯乙 36　　曾侯乙 68

睡虎地・日乙 87 壹

○睡簡整理小組(1990)　此(觜)襦(雟),百事兇(凶)。

《睡虎地秦墓竹簡》頁 237

○何琳儀(1998)　襦,从衣,雟聲。(雟原篆作雟,屮訛作人人形。參見曦字。)《集韻》:"襦,一幅巾。"

　　隨縣簡襦,讀畫。《說文》"繪讀若畫""謯讀若畫",是其佐證。《書・顧命》"畫純",傳"彩色爲畫"。《釋名・釋書契》:"畫,繪也,以五色繪物象也。"

《戰國古文字典》頁 736

○湯餘惠等(2001)　襦。

《戰國文字編》頁 583

○李守奎(2003)　襦　襦　　《集韻・齊韻》有"襦"字。

《楚文字編》頁 514

裘 裘 求

曾侯乙 22　　曾侯乙 127　　睡虎地・日乙 189 壹

石鼓文　　郭店・成之 10　　郭店・成之 38

上博一・緇衣 10　　上博二・容成 37　　上博二・從甲 18

上博五・弟子 12　　上博三・周易 16　　包山 63　　睡虎地・雜抄 38

郭店・緇衣 18　　上博三・周易 24　　上博三・亙先 3 正　　上博三・亙先 13

上博六・季桓 27　　上博五・君子 6　　郭店・六德 6　　郭店・尊德 39

睡虎地・封診 25　　睡虎地・封診 55

璽彙 4048

○**馬敍倫**（1935） 朮 文曰：君子之朮。倫按：朮爲裘之初文，从又持裘。請求字以雙聲借爲祈，尋求字當作“述”。《説文》“述”訓“斂聚也”，乃“勺”字義。《説文》：“勺，聚也。”《書·堯典》“方鳩僝功”，今文作“述”。《詩·關雎》“君子好求”，《釋文》“求”本作“仇”，並其例證。此爲“述”省。

《石鼓文疏記》頁 27

○**湯餘惠**（1993） 朮63 原摹未釋，應釋爲求（裘）。簡文从求之字有 𦬇171、𦰩228，求旁寫法相同。

《考古與文物》1993-2，頁 70

○**何琳儀**（1993） 朮△朔 63

△與詛楚文“求”作 朮 形體吻合。包山簡“救”作 𢼸249，所從“求”筆勢稍有不同而已。《姓氏急就篇》注：“裘氏轉爲求。”

《江漢考古》1993-4，頁 56

○**滕壬生**（1995）　(編按：信陽 1·13)勹。

《楚系簡帛文字編》頁 725

○**何琳儀**（1998） 裘，甲骨文作 𧚍（後下八·八），象獸毛在外裘衣之形。金文作 𧚊（次卣），疊加又爲音符。或作 𧚀（𧚀伯簋），省獸毛之形。或作 𧚀（衛盉），其又旁加四筆成 朮，遂聲化爲求聲。（裘，溪紐之部；求，溪紐幽部。同紐之幽旁轉。）春秋金文作 𧚀（庚壺），又旁聲化爲九聲。（裘，溪紐之部；九，見紐幽部。見、溪均屬牙音，之幽旁轉。）戰國文字承襲西周金文。《説文》：“𧚍，皮衣也。从衣，求聲。一曰，象形，與衰同意。朮，古文省衣。”

隨縣簡裘，姓氏。衛大夫食采於裘，後以爲氏。見《姓氏急就篇》。隨縣簡“鼢裘”，讀“豹裘”，豹皮之衣。

《戰國古文字典》頁 37

求，金文作 𧿵（召鼎）、朮（君夫簋）。象多足蟲之形，蟊之初文。《説文》：“蟊，多足蟲也。从蚰，求聲。蚘，蟊或从虫。”或以爲九之分化字。戰國文字承襲金文。

晉璽“犴求”，複姓。韓陶求，姓氏。裘氏轉爲求。見《姓氏急就篇》注。

包山簡求，姓氏。

石鼓求,見《集韻》"求,索也"。詛楚文求,見《爾雅·釋詁》"求,終也"。

《戰國古文字典》頁 177—178

○**李零**(1999)　(編按:信陽 1·13)求。

《出土文獻研究》5,頁 161

○**湯餘惠等**(2001)　古文裘省衣作"求"。

《戰國文字編》頁 583

○**李守奎**(2003)　求,《說文》古文。

《楚文字編》頁 514

○**濮茅左**(2007)　(編按:上博六·季桓 7)觀佞不求

　"不求",不貪。《論語·子罕》子曰:"衣敝縕袍,與衣狐貉者立,而不恥者,其由也與? '不忮不求,何用不臧?'"朱熹注:"求,貪也。"孔子認爲君子欲而不貪,仁而不貪。《論語·堯曰》子曰:"君子惠而不費,勞而不怨,欲而不貪,泰而不驕,威而不猛。"又"因民之所利而利之,斯不亦惠而不費乎? 擇可勞而勞之,又誰怨? 欲仁而得仁,又焉貪? 君子無眾寡,無小大,無敢慢,斯不亦泰而不驕乎? 君子正其衣冠,尊其瞻視,儼然人望而畏之,斯不亦威而不猛乎?"

《上海博物館藏戰國楚竹書》(六)頁 206

　　(編按:上博六·季桓 27)求之於中　"求",字形也見於《古璽彙編》四〇四八,又《包山楚簡》二二八簡"救"作"𢼠","求"旁與本簡字形近。

《上海博物館藏戰國楚竹書》(六)頁 225

【求㬎】

○**李零**(2002)　(編按:容成 10、37)求㬎(賢)。

《上海博物館藏戰國楚竹書》(二)頁 257、279

【求盜】

○**睡簡整理小組**(1990)　(編按:雜抄 38)求盜,亭中專司捕"盜"的人員,《漢書·高帝紀》注引應劭云:"求盜者,亭卒,舊時亭有兩卒,一爲亭父,掌開閉掃除;一爲求盜,掌逐捕盜賊。"

《睡虎地秦墓竹簡》頁 89

○**湖南省文物考古研究所、湘西土家族苗族自治州文物處**(2003)　(編按:里耶簡[16]5 背)求盜,亭中專司捕盜的人員,《漢書·高帝紀》注引應劭云:"求盜者,亭卒,舊時亭有兩卒,一爲亭父,掌開閉掃除;一爲求盜,掌逐捕盜賊。"

《中國歷史文物》2003-1,頁 22

△按　睡虎地簡《日書》乙 189 壹“甲乙夢被黑裘衣寇〈冠〉”之“裘”用本義。

老 [字形]

[字形]睡虎地·秦律 184　[字形]睡虎地·雜抄 32　[字形]睡虎地·爲吏 30 叁

[字形]望山 1·120　[字形]包山 217　[字形]上博四·昭王 3　[字形]上博四·昭王 8　[字形]包山 237

[字形]上博三·彭祖 3　[字形]郭店·老甲 35　[字形]郭店·唐虞 23　[字形]新蔡甲三 188、197

[字形]上博五·鮑叔 3　[字形]上博三·中弓 3　[字形]上博五·弟子 5　[字形]望山 122

[字形]集成 2840 中山王鼎　[字形]上博二·昔者 1　[字形]璽彙 4693　[字形]璽彙 1646

○**李學勤、李零**（1979）　“使其老”，老指周王的大夫，《左傳》昭十三年“天子之老”，注：“老，天子大夫稱。”正與此同。

　　卅六行稱賵爲老，《儀禮·聘禮》注：“大夫曰老。”

《考古學報》1979-2，頁 152、158

○**于豪亮**（1979）　老，《儀禮·聘禮》：“延及二三老。”注：“大夫曰老。”《國語·周語三》“單之老送叔向”，注：“老，家臣室老也。”“是克行之”，是訓爲實。

《考古學報》1979-2，頁 173

○**張政烺**（1979）　古者大臣稱老，此處老指王室卿士之年老者。《左傳》昭公十三年，“天子之老請帥王賦，元戎十乘以先啟行”，注：“天子大夫稱老。”《禮記·王制》“屬於天子之老二人”，注：“老，謂上公。”（中略）

　　老，國老。《禮記·曲禮》有“天子之老、王老、寡君之老”。《史記·趙世家》：“趙武靈王聽政，先問先王貴臣肥義，加其秩國老，年八十，月致其禮。”貫之在中山蓋亦其比。

《古文字研究》1，頁 219、226

○**羅福頤等**（1981）　（編按：璽彙 4693）從止，與齊鎛老字同。

《古璽文編》頁 219

○**睡簡整理小組**（1990）　（編按：雜抄 32）百姓不當老

　　老，即免老，秦制無爵男子年六十免老，不再服封建政府規定的兵役和徭役。

《睡虎地秦墓竹簡》頁 87

○**湯餘惠**（1993）　老，對大臣的尊稱。《左傳·昭公元年》“將不爲寡君老”

杜注：“大臣稱老。”《禮記·曲禮》有“天子之老、王老、寡君之老”。

《戰國銘文選》頁 35

○**何琳儀**（1998）　老，甲骨文作𦒻（後下三五·二），象長髮老人持手杖之形。西周金文作𦒻（夌季良父壺），其手杖訛作匕形。春秋齊系金文作𦒻（夆叔匜）、𦒻（齊侯鎛），其上作屮（疑從由聲），其下匕或訛作止形。戰國文字承襲金文。楚系文字老上或作𠆢形，則承襲金文考作𦒻（師害簋），耆作𦒻（番君匜）。三體石經僖公殽作𦒻，即以孝爲殽（子作𢀪形，參子字）。齊系文字𦒻由春秋文字𦒻演變。《説文》：“𦒻，考也。七十曰老。从人、毛、匕。言須髮變白也。”

　　包山簡老僮，讀“老童”，楚之先祖。《史記·楚世家》：“楚之先祖，出自帝顓頊高陽。高陽者，黃帝之孫，昌意之子也。高陽生稱，稱生卷章（集解引譙周“老童即卷章”），卷章生重黎。”

《戰國古文字典》頁 222—223

○**陳嘉凌**（2003）　昔者君老：從前，國君老病，將要去世的時候。依全篇文義，本篇是敘述國君將去世時太子拜謁、以及囑托大老的儀節。因此本篇的“老”字應該是一種避諱用法，忌諱言死，因而改言老。這種習慣在現在老一輩人的語言習慣中還保留着。本文依容（編按：“容”當作“内容”）應該屬於君喪禮的前段，即國君快要駕崩時太子的禮儀，由於簡文叫“昔者君老”，名從主人，因此我們不妨把這一段禮儀叫做“君老禮”。

《〈上海博物館藏戰國楚竹書（二）〉讀本》頁 89

【老丘】

○**張光裕**（2005）　“老丘”，地名。《左傳·定公十五年》“鄭罕達敗宋師于老丘”，《春秋大事表》開封府條下云：“陳留縣東北四十里有老邱城，爲宋老邱地，定十五年鄭敗宋師于老邱，即此。”

《上海博物館藏戰國楚竹書》（五）頁 279

【老老慈幼】

○**李朝遠**（2003）　老＝慈幼　老＝，重文，讀爲“老老”。《孟子·梁惠王上》“老吾老以及人之老，幼吾幼以及人之幼”，趙岐注：“老，猶敬也；幼，猶愛也。敬吾之老，亦敬人之老；愛吾之幼，亦愛人之幼。”“老老，慈幼”與此同義。《管子·入國》：“行九惠之教，一曰老老，二曰慈幼……”《禮記·祭義》：“先王之所以治天下者五貴，有德、貴貴、貴老、敬長、慈幼。”《論語·子路》：“仲弓爲季氏宰，問政。子曰：‘先有司，赦小過，舉賢才。’”據簡文，《論語》缺記“老老慈幼”條。

《上海博物館藏戰國楚竹書》(三)頁 268

【老臣】

○陳佩芬(2004)　(上博四·昭王 8)老臣爲君王戰(守)。

《上海博物館藏戰國楚竹書》(四)頁 189

【老㝅】

○陳佩芬(2005)　老㝅不型　讀爲“老弱不刑”。“老弱”謂老者與少者,又謂老者與體弱多病者。

《上海博物館藏戰國楚竹書》(五)頁 184

△按　“㝅”可嚴格隸定作“㝅”。

【老童】

△按　懇禱楚先老童、祝䚐(融)、禷(鬻)酓(熊)各兩牂(新蔡甲三 188、197)
　　　□命、老童□(新蔡零 429)

　　“老童”或寫作“老僮、老嬞、老禮”,見後。

【老僮】

○劉信芳(2003)　老僮:

　　楚之先祖。《山海經·大荒西經》:“有榣山,其上有人,號曰太子長琴。顓頊生老童,老童生祝融,祝融生太子長琴,是處榣山,始作樂風。”《史記·楚世家》:“楚之先出自帝顓頊高陽。高陽者,皇帝之孫,昌意之子也。高陽生稱,稱生卷章,卷章生重黎。”《集解》:“徐廣曰:《世本》云老童生重黎及吳回。樵(編按:當作“譙”)周曰:老童即卷章。”按:“卷章”應爲“老童”之形訛,當以楚簡“老僮”爲正。

《包山楚簡解詁》頁 231

【老嬞】

△按　新蔡簡甲三 263“是₌(是日)敦(就)禱楚祧(先)老嬞、祝□”和乙一 22“又(有)敓(祟)見於司命、老嬞、祝䚐(融)、空(穴)酓(熊)”中的“老嬞”即“老僮”,爲楚之先祖。

【老禮】

△按　望山簡 1·120、122“老禮”即“老僮”,爲楚之先祖。

耆 耆

集成 11394 十三年義戈　　耆 睡虎地·爲吏 35 伍　　耆 睡虎地·日甲 144 正伍

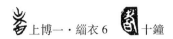 上博一·緇衣 6 十鐘

○**睡簡整理小組**（1990）　（編按:秦律 136“耆弱相當,許之”）耆（音其）,《廣雅·釋詁》:“强也。”

　　（編按:爲吏 35 伍）人各食其所耆（嗜）。

　　（編按:日甲 144 正伍）戊午生子,耆（嗜）酉（酒）及田邁（獵）。

　　　　　　　　　　　　　　　　《睡虎地秦墓竹簡》頁 52、176、204

○**何琳儀**（1998）　《説文》:“耆,老也。从老省,旨聲。”

　　十三年相邦義戈耆,人名。

　　　　　　　　　　　　　　　　　　《戰國古文字典》頁 1289

○**湯餘惠等**（2001）　耆。

　　　　　　　　　　　　　　　　　　《戰國文字編》頁 584

【耆弱】

○**裘錫圭**（1983）　《司空律》:

　　居貲贖責（債）欲代者,耆弱相當,許之。（84—85 頁）

注釋:“耆,老。耆弱,意指年齡。”（86 頁）

　　今按:“耆”字有“强”義。《周書·謚法》:“耆,强也。”《廣雅·釋詁一》:“駊、勁、堅、剛、耆……强也。”《左傳·昭公二十三年》“不懦不耆”,杜預注:“耆,强也。”律文“耆弱相當”,意即强弱相當。“老”雖爲“耆”之通訓,但此處不適用。

　　　　　　　　　　　《古文字論集》頁 537,1992;原載《文史》13

○**黄文傑**（1996）　耆弱相當

　　《睡簡·司空律》簡 203 號:“居貲贖責（債）欲代者,耆弱相當,許之。”1978 年版《睡簡》注釋:“耆,老。耆弱,意指年齡。”裘錫圭先生謂:“‘耆’字有‘强’義。《周書·謚法》:‘耆,强也。’《廣雅·釋詁一》:‘駊、勁、堅、剛、耆……强也。’《左傳·昭公二十三年》‘不懦不耆’,杜預注:‘耆,强也。’律文‘耆弱相當’,意即强弱相當。‘老’雖爲‘耆’之通訓,但此處不適用。”1990 年版《睡簡》接受了裘先生的意見,注釋改爲:“耆,《廣雅·釋詁一》:‘强也。’”

　　我們以爲:“耆”字雖有“强”義,但“耆”字的“强”義是强橫之意,似非强壯、强健之意,而簡文“居貲贖責（債）欲代者”（以勞役抵償貲贖債務而要求

以他人代替服役的），要求的理應是“欲代者”的身體狀況或年齡相當，而非強橫與否。《左傳》“不懦不耆”，杜預注：“耆，彊也。”孔穎達疏：“不彊，不陵人也。”“不陵人”即不欺侮別人，是一種行爲表現。“不懦不耆”指的是人的行爲表現而非人的身體狀況，意即“不膽小軟弱也不強橫”。所以，《辭源》訓“耆”有強橫之義，引用這條材料作爲例證。又《廣雅·釋詁一》：“駋、勁、堅、剛、駃、轞、鬐、劈、軔、莫、憚、憸、搹、鈔、倞、悖、快，强也。”《廣雅疏證》云：“此條强字有二義，一爲剛强之强，《説文》作彊，云：‘弓有力也。’一爲勉强之强，《説文》作勥，云：‘迫也。’《集韻》《類篇》引《廣雅》並作勥。强、勥、彊，古多通用。《爾雅》：‘竟逐彊也。’郭璞《注》云：‘皆自勉彊。’是勉强之强，與剛强之强義本相通也……耆者，《逸周書·謚法解》云：‘耆，彊也。’昭二十三年《左傳》：‘不懦不耆。’杜預注云：‘耆，彊也……’”可見《廣雅·釋詁一》“耆”字也沒有強健之意。《荀子·勸學》：“蟓無爪牙之利，筋骨之强。”《墨子·非樂》：“老與遲者，耳目不聰明，股肱不畢强。”二個“强”字均指強健。《老子》：“强梁者不得其死。”睡簡715號“强良不得”。二個“强梁（良）”均是凶橫之意。所以，雖同是“强”字，意義有別。我們以爲，“耆”字既然難以確定爲強健之意，則《睡簡》“耆弱相當”中的“耆”字還以訓“老”爲妥。“耆”指年老，“弱”指年少。“老”爲“耆”之通訓。“弱”有年少之義。《左傳·文公十年》：“趙有側室曰穿……有寵而弱。”杜預注：“弱，年少也。”《孟子·滕文公下》：“湯使亳衆往爲之耕，老弱饋食。”《漢書·匈奴傳上》：“匈奴聞漢兵大出，老弱奔走。”後二例“老”與“弱”並舉，“弱”即年少之意。簡文“耆弱”意同這裏的“老弱”。“耆弱相當”指老弱相當，含年齡相當之意。

《中山大學學報》1996-3，頁107—108

【耆寒】

○陳佩芬（2001）　（編按：緇衣6）晉各（冬）耆（祁）寒

　　晉各耆寒　耆寒，“耆”，《廣雅·釋詁》：“耆，强也。”“耆寒”猶言極寒、嚴寒。

《上海博物館藏戰國楚竹書》（一）頁180—181

上博五·弟子5

【耇老】

○張光裕（2005）　耇老不退壯　"耇老"一辭見《爾雅·釋詁》："黄髮、齯齒、鮐背、耇老，壽也。"《說文·老部》："耇，老人面凍黎若垢，从老省，句聲。"段玉裁注："《釋詁》曰：'耇老，壽也。'《小雅》毛傳曰：'耇，壽也。'孫炎曰：'耇，面凍黎色如浮垢，老人壽徵也。'《儀禮》注曰：'耇，凍黎也。'《方言》曰：'東齊曰眉，燕代之北郊曰梨，秦晉之郊，陳兗之會曰耇鮐。'"文獻每言"黄耇"者，皆長壽之徵，如《儀禮·士冠禮》加冠祝辭："三加，曰：以歲之正，以月之令……黄耇無疆，受天之慶。"鄭玄注："黄，黄髮也；耇，凍黎也，皆壽徵也。"《詩·商頌·烈祖》："綏我眉壽，黄耇無疆。"又《大雅·行葦》："酌以大斗，以祈黄耇。"《小雅·南山有臺》："樂只君子，遐不黄耇！"又有"壽耇"連言者，如《尚書·召誥》："令沖子嗣，則無遺壽耇。""耇老不復壯"，亟言青春之可貴，凡人皆宜加珍惜。"耇"，審諸原簡字形，亦似爲"耆"字。"耆老"，亦見諸文獻。《禮記·曲禮上》："人生十年曰幼，學……六十曰耆，指使。七十曰老，而傳。八十、九十曰耄……百年曰期、頤。"又《檀弓上》："魯哀公誄孔丘曰：天不遺耆老，莫相予位焉，嗚呼哀哉！尼父。"

《上海博物館藏戰國楚竹書》（五）頁 270—271

壽

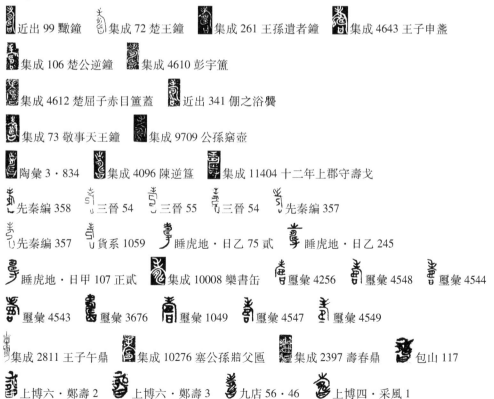

近出 99 鄴鐘　　集成 72 楚王鐘　　集成 261 王孫遺者鐘　　集成 4643 王子申盞

集成 106 楚公逆鐘　　集成 4610 彭宇簠

集成 4612 楚屈子赤目簠蓋　　近出 341 佣之浴缶

集成 73 敬事天王鐘　　集成 9709 公孫竃壺

陶彙 3·834　　集成 4096 陳逆簠　　集成 11404 十二年上郡守壽戈

先秦編 358　　三晉 54　　三晉 55　　三晉 54　　先秦編 357

先秦編 357　　貨系 1059　　睡虎地·日乙 75 貳　　睡虎地·日乙 245

睡虎地·日甲 107 正貳　　集成 10008 欒書缶　　璽彙 4256　　璽彙 4548　　璽彙 4544

璽彙 4543　　璽彙 3676　　璽彙 1049　　璽彙 4547　　璽彙 4549

集成 2811 王子午鼎　　集成 10276 塞公孫𦵩父匜　　集成 2397 壽春鼎　　包山 117

上博六·鄭壽 2　　上博六·鄭壽 3　　九店 56·46　　上博四·采風 1

○顧廷龍（1936）　　壽。

《古匋文香録》卷 8,頁 2

○金祥恆（1964）　　壽,久也。从老省、畱聲。殖酉切

《匋文編》頁 62

○羅福頤等（1981）　　壽。

《古璽文編》頁 219—220

○陳平（1987）　　十二年上郡守壽戈的郡守"壽",可能就是於秦昭王十三年秦兵伐韓取武始的向壽。

《中國考古學研究論集——紀念夏鼐先生考古五十周年》頁 322

○何琳儀（1989）　　"壽",見《國語·楚語》"臣能自壽也",注:"壽,保也。"

《古文字研究》17,頁 152

○王輝（1990）　　"上郡守壽"陳平以爲即"秦昭王十三年秦兵伐韓取武始的向壽",殆是。

《秦銅器銘文編年集釋》頁 52

○睡簡整理小組（1990）　　(編按:日甲 107 貳)毋以巳壽(禱),反受其英(殃)。

《睡虎地秦墓竹簡》頁 197

○張守中（1994）　　壽,通禱。

《睡虎地秦簡文字編》頁 135

○周曉陸、紀達凱（1995）　　"壽"字刻鐫潦草,與戰國壽春鼎的"壽"字極似,與《包山楚簡》26、117"壽"字也較相近。(中略)楚在戰國時冠"壽"字的名邑有壽陵、壽春等。壽陵地望不很明白,有位於今山西、河北、河南諸説,亦有壽陵即壽春説,戰國楚封君有壽陵君(《戰國策·楚策四》),然未見楚於壽陵建都之事。壽春,《史記·楚世家》:"(考烈王)二十二年,與諸侯共伐秦,不利而去。楚東徙都壽春,命曰郢。"《正義》:"壽春在南壽州,壽春縣是也。"即今安徽省壽縣(具體地望有城關、城關西南二説)。

《考古》1995-1,頁 75—76

○施謝捷(1998)　(編按:璽彙 1889)壽。

《容庚先生百年誕辰紀念文集》頁 647

○何琳儀(1998)　壽,金文作🖳(沈子簋),或加口、曰爲飾作🖳(頌簋)、🖳(頌鼎)。戰國文字承襲金文。其中🖳或省簡爲🖳、🖳、🖳、🖳、🖳、🖳、🖳等。《説文》:"壽,久也。从老省,𦔻聲。"

齊金壽,久。

《戰國古文字典》頁 202—203

○王輝、程學華(1999)　"上郡守壽"陳平以爲即《秦本紀》昭襄王十三年"向壽伐韓取武始"之"向壽",當是。據《史記・樗里子廿茂列傳》,向壽爲宣太后外族,與昭王少相長,後頗得任用,曾爲秦守宜陽。又據《史記・穰侯列傳》昭襄王十四年,"魏冉舉白起,使代向壽將而攻韓、魏"。這説明向壽在十三年率兵攻韓只是暫時的,一年後即被白起取代,自昭王十二年至十五年,向壽一直是上郡守。

《秦文字集證》頁 44—45

○李家浩(2000)　(編按:九店 56・45)"居之安壽",越者汈鐘銘文:"女(汝)安乃壽。"

(編按:九店 56・46)"生子,男不疇",秦簡《日書》甲種楚除絶日占辭作"以生子,數孤"。本簡的"疇"當讀爲"壽"。秦簡"數孤",意謂很快就成爲孤兒。《史記・賈生傳》"淹數之度兮,語予其期",裴駰《集解》引徐廣曰:"數,速也。"

《九店楚簡》頁 113、95

○曹錦炎(2002)　壽,此處銘文用簡體,隸定可作🖳,劍銘構形作🖳,是將上部左、右兩"口"旁與鳥形裝飾合爲一體,用爲鳥首和鳥身。中閒借"己"之筆畫聯結鳥首又兼作鳥尾。其構思十分巧妙。戰國文字壽字或作🖳、🖳,更有簡化作🖳、🖳,後者簡體即本銘構形所本。

《文物》2002-2,頁 66

○曹錦炎(2002)　壽,此處銘文用簡體,隸定可作🖳,劍銘構形是將上部左、右兩"口"旁與鳥形裝飾合爲一體,用爲鳥首和鳥身。中閒借"己"之筆畫連結鳥首又兼作鳥尾。其構思十分巧妙。戰國文字壽字或作:

均見包山楚簡,前兩例爲繁構,後兩例爲簡化,後者簡體即本銘構形所本。

《古文字研究》24,頁 240—241

○**馬承源**(2004)　　君壽　曲目。可能是宴壽之樂。

《上海博物館藏戰國楚竹書》(四)頁 165

【壽春賡】

○**黃茂琳**(1973)　　天津市文物局曾收集一個戰國楚鼎,銘爲"壽春倉莧",莧是製造者,所謂"物勒工名",所以倉就是製器作坊所在,與上引"鄭東倉"鼎同。

《考古》1973-6,頁 376

○**郝本性**(1987)　　天津市文化局文物組從外地運津的廢銅中搶救出一件楚式小鼎(《文物》1964 年 9 期 35 頁,圖四)。形制與壽縣楚幽王墓出土的太子

鼎相似。鼎蓋上有銘文(見插圖)。第一字爲壽字,傳世的楚鉛版上"福壽"二字作"㝬壽",壽字正如此作。春字从屯从日,楚帛書的春字作㫗,魏三體石經古文春字作㫗,均可證。第三字是賡字,但因貝與人旁合用一筆,遂被人釋爲倉字(見該報導第 40 頁所引),但此字从貝,以釋賡爲妥。第四字也不是莧字,不是倉官之名。此字爲鼎,古文字中鼎與貞有時混用(如沖子鼎和叔單鼎均以貞爲鼎),壽縣楚器鼎通常作㝬,而此銘作㝬,僅多一斜筆,仍應釋爲鼎字。因此該鼎銘爲"壽春府鼎,署官廎",官讀爲館,署官廎,亦即楚國統治者的離宮別館。在此乃表明是銅器的置用場所。

壽春在戰國時爲楚地。《史記·楚世家》載:"(考烈王)二十二年,與諸侯共伐秦,不利而去。楚東徙都壽春,命曰郢。"此鼎不稱郢而直稱壽春,當鑄於考烈王二十二年(公元前 241 年)遷都以前。當時此地可能沒有楚王的離宮別館,而府則僅有一個,所以僅稱壽春府,當係地方的府庫,而同中央的大府不同。(中略)

府是統治者搜刮和貯藏財富的官僚機構之一,由於楚國統治者貪得無厭,楚國的府是繁多的。由壽縣出土的王句(后)七府鼎銘文可知楚王后至少有七個府。據文獻記載,楚國還有"高府"(《左傳》哀公十六年,《淮南子·泰族訓》和《列女傳·貞順篇》)、"平府"(《呂氏春秋·至忠篇》)、"方府"(戰國策·楚策四)和"三錢之府"(《史記·越世家》)。

《楚文化研究論集》(一)頁 318—320

【壽隂】

○**丁福保**（1942）　壽隂

《古錢滙》曰，地名，無考，惟《左傳》衞侯在平壽注，平壽，衞下邑。《史記·趙世家》，滅中山，遷其王於膚施，起靈壽北地方。《漢書·地理志》，雲中郡縣十，武泉陽壽三邑，皆以壽爲名，或即此邑之北所鑄，陰陽二字，古地名往往有之，如華陰、汝陰、濟陰之類，邑之南爲陽，北爲陰也。

《泉幣》14，頁 26

○**鄭家相**（1958）　文曰壽隂。按壽即平壽，見昭二十年，杜注“衞下邑”，戰國屬趙，此布文曰壽隂者，蓋鑄於平壽之陰地也。

《中國古代貨幣發展史》頁 113

○**湯餘惠**（1986）　“壽隂（陰）”省作“壽金”（《古大》300）。

《古文字研究》15，頁 10

○**何琳儀**（1991）　十八、“壽隂”（1054），即“壽陰”，其地望諸家之説頗有分歧，或謂“平壽之陰”，或謂“山西壽水之南”，均非是。按，“壽”與“周”音近可通。《詩·小雅·吉日》：“既伯既禱。”《説文》作“既禡既禂”。《史記·龜策列傳》：“上有擣蓍。”索隱：“擣，古稠字。”《爾雅·釋訓》：“幬謂之帳。”釋文：“幬本或作惆。”均其佐證。故“壽隂”可讀“雕陰”。檢《魏世家》：襄王“五年，秦敗我龍賈軍四萬五千於雕陰”。正義：“《括地志》云：雕陰故城在鄜州洛交縣北 30 里，雕陰故城是也。”《地理志》隸上郡，在今陝西富縣北。戰國前期，雕陰屬魏。然而據《魏世家》：襄王七年（當是惠王後元七年）“魏盡入上郡於秦”，則雕陰後來屬秦。又檢《趙世家》：惠文王元年，主父“西北略胡地，而欲從雲中、九原直南襲秦，於是詐自入秦”。可見當時趙與秦在河西已有交壤。因此，雕陰屬趙是完全可能的。

《古幣叢考》（增訂本）頁 114—115，2002；原載《陝西金融·錢幣專輯》16

　　十五、“壽金”（《辭典》300），讀“雕陰”。《魏世家》：襄王五年“秦敗我龍賈軍四萬五千於雕陰”。隸《地理志》上郡，在今陝西富縣北。地亦一度屬趙，趙尖足布作“壽隂”。

《古幣叢考》頁 213

○**白光**（1995）　壽陰：1 枚，殘，寬 2.7 釐米。尖足，平襠，直腰。壽陰兩字從右向左讀，爲“𡩋𠂤”，幕文“八”字。

《文物春秋》1995–2，頁 85

○石永士（1995）　【壽陰‧尖足平首布】戰國中晚期青銅鑄幣。鑄造國別待考，流通於燕、趙、中山等地。屬小型布。面文“壽陰”，書體多變。背平素或鑄有數字，有橫書。“壽陰”，古地名，地望待考。一説殆在今山西壽水之南，戰國屬趙，爲趙國鑄幣。1959年以來内蒙古涼城，山西、陽高，河北易縣燕下都遺址、靈壽等地有出土。一般通長4.9—5.1、身長3.7—3.8、肩寬2.4—2.6、足寬2.7—2.8釐米，重5.3克。

1 河北易縣出土 重5.3克　2 面文字形
壽陰‧尖足平首布

《中國錢幣大辭典‧先秦編》頁357

○梁曉景（1995）　【壽陰‧平襠方足平首布】戰國晚期青銅鑄幣。鑄行於趙國，流通於韓、魏、燕等地。用小型布。面文“壽陰”。背無文。“壽陰”，古地名，戰國趙地，在今山西壽陽縣境（參見“壽陰‧尖足平首布”條），因位於壽水或壽山之陰得名。通長3.2、身長2.9、肩寬2.5、足寬2.9釐米。  壽陰‧平襠方足平首布 罕見。

《中國錢幣大辭典‧先秦編》頁267

○何琳儀（1998）　尖足布“壽陰”，讀“雕陰”，地名。《詩‧小雅‧吉日》：“既伯即禱。”《説文》作“既禡既禂”。《史記‧龜策列傳》“上有擣蓍”，索隱：“擣，古禱字。”是其佐證。《史記‧魏世家》：“襄王五年，秦敗我龍賈軍四萬五千於雕陰。”在今陝西富縣北。戰國前期屬魏，後期屬趙。故尖足布“壽陰”爲趙幣，方足布“壽金”則爲魏幣。晉吉語璽壽，久。

壽春鼎“壽春”，楚國晚期都城。《史記‧六國年表》：“王東徙壽春，命曰郢。”在今安徽壽縣。其它壽，多用本義。

《戰國古文字典》頁203

○黃錫全（2001）　1.壽陰

過去，或主張爲“平壽之陰”。據《左傳‧昭公二十年》杜注，“平壽”爲“衛下邑”，戰國屬趙。或主張在“山西壽水之南”。或主張壽與周可通，壽陰即雕陰，在今陝西富縣北。今按，平壽之陰之説不可據。讀壽陰爲雕陰，文字通假方面沒有問題，但是，雕陰屬趙未聞，而且其與趙相距過遠，可能性不大。壽水之南説比較合理。太原與陽泉之間有地名壽陽，在壽水之北。疑壽陰在其南。屬太原郡。尖足空首布有“申”，有可能即“壽”。

《先秦貨幣研究》頁70

△按　睡虎地秦簡日甲 107 貳“毋以巳壽”之“壽”讀“禱”,日甲 75 貳“西鄉
(鄉)壽”、日乙 245“乙卯生,□□壽”之“壽”如字讀。

考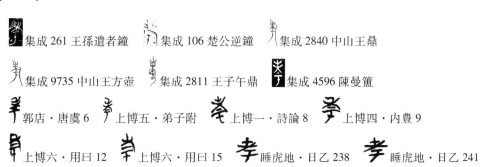

考　金文作 (沈子簋)。從老,丂爲疊加音符(均屬幽部)。

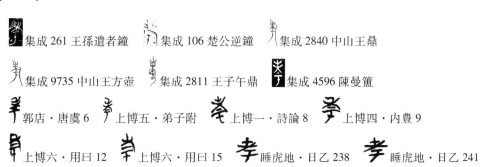

集成 261 王孫遺者鐘　　集成 106 楚公逆鐘　　集成 2840 中山王鼎

集成 9735 中山王方壺　　集成 2811 王子午鼎　　集成 4596 陳曼簠

郭店・唐虞 6　　上博五・弟子附　　上博一・詩論 8　　上博四・内豊 9

上博六・用曰 12　　上博六・用曰 15　　睡虎地・日乙 238　　睡虎地・日乙 241

貨系 632　　貨系 633

○**睡簡整理小組**(1990)　(編按:日乙 238)乙丑生,不武乃工考(巧)。

　　(編按:日乙 241)丁亥生,考(巧)。

《睡虎地秦墓竹簡》頁 251—252

○**何琳儀**(1998)　考,金文作 (沈子簋)。從老,丂爲疊加音符(均屬幽部)。
老、考一字分化。《説文》:“考,老也。從老省,丂聲。”

　　齊金考,見《爾雅・釋親》“父爲考”。

　　中山王鼎“考宅”,讀“考度”。《書・堯典》:“宅西曰昧谷。”《周禮・天
官・縫人》引宅作度。《詩・大雅・皇矣》:“此維與宅。”《潛夫論・禄班》引
宅作度。是其佐證。《漢書・王莽傳》:“司空典致物圖,考度以繩。”

　　其它考,父。

　　其次勾鑃考,讀孝。

《戰國古文字典》頁 175

○**李朝遠**(2004)　(編按:内豊 8)君子已(以)城(成)亓(其)孝。

《上海博物館藏戰國楚竹書》(四)頁 226

△按　所謂“孝”原簡作“考”。

○**張光裕**(2007)　(編按:上博六・用曰 15)而考於左右

　　“考”,讀爲“巧”。《吳越春秋・句踐陰謀外傳第九》:“願王審於左右,何
患群臣之不使也。”

《上海博物館藏戰國楚竹書》(六)頁 302

【考子】

○**李朝遠**（2004）　　（編按：内豊 8、9）孝子。

《上海博物館藏戰國楚竹書》（四）頁 226、227

△**按**　"孝子"原簡作"考子"，金文以"考"爲"孝"常見。

【考厇佳型】

○**李學勤、李零**（1979）　　"考辰惟型"，我們推測應讀爲"糾虔惟刑"。《國語・魯語下》有"糾虔天刑"，注："糾，恭也。虔，敬也。刑，法也。"糾虔惟刑可以理解爲敬法、遵法，與上面一句所説順道語意相聯。

《考古學報》1979-2，頁 158

○**張政烺**（1979）　　《周禮・大司馬》"以待考而賞誅"，鄭玄注："考謂考校其功。"《尚書・堯典》："宅南交。"三體石經古文宅作厈，與此相同。按《書》《詩》古文作宅者，今文皆作度，如《禮記・坊記》《詩》云：考卜惟王，度是鎬京"，鄭玄注："度，謀也。"

《古文字研究》1，頁 226

【考言】

○**馬承源**（2001）　　考言

即《詩・小雅・節南山之什》的《巧言》，"考、巧"聲通。《易・履》："視履考祥，其旋元吉。"《易・蠱》"有子考無咎"，漢馬王堆帛書本均作"巧"。又《尚書・金縢》"予仁若考能"，《史記・魯周公世家》引文"考"作"巧"。

《上海博物館藏戰國楚竹書》（一）頁 136—137

○**濮茅左**（2001）　　簡首殘缺"考"一字，據《郭店楚墓竹簡・性自命出》可補。

　　　　图言利訂（詞）者

訂，即"詞"字，也可通作"辭"。考言，《逸周書・官人》："華廢而誣，巧言令色，皆以無爲有者也，此之謂考言。"巧言、考言見於同句，據此分析二者有區別，但也相似，考言的含義更廣泛些。"考言"一詞在上海博物館藏戰國楚竹書中數見，"巧言"一詞文獻中更屢見不鮮。《韓非子・詭使》："巧言利辭行奸軌以倖偷世者數御。"《尚書・皋陶謨》："何畏乎巧言令色孔壬？"《詩・小雅・巧言》："巧言如簧，顔之厚也。"《論語・學而》"巧言令色，鮮矣仁"，何晏集解引包咸曰："巧言，好其言語。"等等。因"考、巧"音通之故，或有混用。

《上海博物館藏戰國楚竹書》（一）頁 273

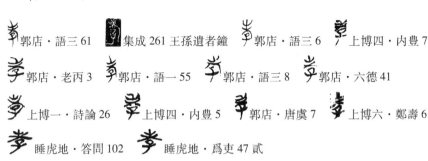

○**黃錫全**(1990)　孝　曾伯霖簠　番君簠。

《華夏考古》1990-3,頁 106

○**何琳儀**(1998)　孝金文作(智鼎)。从子,从老省,老亦聲。戰國齊系文字、楚系文字的地域特點,參老字。《説文》:",善事父母者。从老省,从子。子承老也。"

　　陳侯午錞孝、因資錞"孝武",謚號。

　　鄲孝子鼎"孝子",見《禮記·郊特牲》"祭稱孝孫孝子,以其義稱也"。

　　長沙銅量孝,姓氏。孝氏,姜姓,齊孝公之支孫也。見《通志·氏族略·以謚爲氏》。

《戰國古文字典》頁 223

【孝子】

○**李學勤**(1983)　銀銚另刻有"甘游宰"等字,銀俑也有"甘游宰,公舍"之文。金村所出銀耳杯等刻有"甘游宰"的不止一件。這些器物都曾爲"甘游宰"掌管使用過。

　　關於什麼是"甘游宰",需略作説明。銘中"游宰"二字原作合文,於"斿"下加合文符。有學者釋之爲"孝子",以《十二家吉金圖録》契二一鼎銘"單孝子"爲例。按單氏爲周朝世族,該鼎據《金文分域編》確出於洛陽,但所謂"單孝子"實際當讀爲"單季子"。"游"的意思是離宮,見《周禮·天官》注,《晏子春秋》《説苑》等書都有這種用法。"甘游宰"即甘地離宮掌飲食的職官。黄盛璋先生最近論及此類銘文,所舉例證可讀爲"尹游宰、宜游宰、高游宰"等。"宜"爲宜陽之省,"高"爲高都之省,與尹一樣,都是周地。甘也是周邑,在漢河南縣西12.5公里,並不在東周君的地域以内。

　　　　　　《新出青銅器研究》頁242—243,1990;原載《歐華學報》1983-1

○**李學勤**(1993)　刻銘"樂孝子"(圖9,2)。後兩字合文,可與朱德熙先生所論有"孝子"字樣諸器對照。

　　　　　　《四海尋珍》頁85,1998;原載《文物天地》1993-1

○**湯餘惠**(1986)　斿子🈐(向斿子鼎)。

　　　　　　《古文字研究》15,頁24

○**黄盛璋**(1989)　《殷周金文集成》第四册121頁1947爲滑孝子鼎,原器藏上海博物館,銘文舊未著録,此爲第一次發表。孝子二字作合書"🈐",朱德熙先生在給我信中,第一次讀爲"孝子"二字合文,我已在《公朱鼎及其相關諸器綜考》引其説,並論證凡有"孝子"合文之器,很多皆爲金村東周墓所出,如出土的銀器中好幾件皆有甘"孝子"合文的銘刻,金村出土還有一錯金罍(《金村》圖28),器蓋同銘,銹重舊不能識,仔細分辨,知是高"孝子"合文(同上書21頁拓本)。流傳美國之公朱鼎甲,器銘爲尹"孝子"亦爲合文,此鼎國别已證明屬東周,此外傳世還有一宜"孝子",亦爲合文,今藏歷史博物館,圖像見《尊古齋所見吉金圖録初集》347,素面無紋飾,形制與公朱左官鼎特近,特別是鼎蓋,如出一模,"孝子"二字合文寫法與上引公朱右官鼎甲尹"孝子"合文全同,"宜"字寫法見於新鄭故城出土鄭令宜彊矛,屬三晉、東周寫法,也以宜爲姓;宜陽原爲周地,後入於韓,故韓也有此姓,見長治分水嶺出土"宜□之棗(造)戟",宜孝子鼎自爲東周鼎。

　　傳世還有一鄆孝子鼎:"王四月鄆孝子台(以)庚寅之日命鑄飤(食)鼎兩"(《十二家》契21)。"孝子"兩字並不合書。(中略)

　　以上論證"孝子"合文皆爲東周之器,有人釋爲斿子,從不合文之鄆孝子鼎。釋爲"孝子"是恰當的。

　　　　　　《文博》1989-2,頁30

○**吳振武**(2000)　(8)孝子　🈐　宜孝子鼎

　　此"孝子"合文係朱德熙先生釋(見黄茂琳《新鄭出土戰國兵器中的一些問題》,《考古》1973年6期)。《金文編》漏摹合文符號,收在卷七"游"字條下。與此相同的“孝子”合文亦見於洛陽金村銀器刻銘,皆爲人名。傳世有鄲孝子鼎,“孝子”分書作(《三代吉金文存》3・36下)。

《古文字研究》20,頁316

【孝夫】

○**陳佩芬**(2007)　[辱]於孝夫

“孝”,《説文・老部》:“善事父母者。从老省,从子,子承老也。”“孝夫”,可讀爲“老夫”,是老人自稱。《詩經・大雅・板》:“老夫灌灌,小子蹻蹻。”《禮記・曲禮上》:“大夫七十而致事,若不得謝,則必賜之几杖,行役以婦人,適四方,乘安車,自稱曰老夫。”

《上海博物館藏戰國楚竹書》(六)頁262

【孝志】

○**馬承源**(2001)　又孝志

讀爲“有孝志”。《蓼莪》云:“父兮生我,母兮鞠我。拊我畜我,長我育我。顧我復我,出入腹我。欲報之德,昊天罔極。”最後有不得終養父母之歎,孔子評爲“有孝志”。

《上海博物館藏戰國楚竹書》(一)頁156

【孝里】

○**湖南省文物考古研究所、湘西土家族苗族自治州文物處**(2003)　[9]4正:卅三年四月辛丑朔丙午,司空騰敢言之:陽陵孝里(1)士五(伍)衷有貲錢千三百卌四。衷戍守洞庭郡,不智(知)何縣署。

孝里,鄉里名。

《中國歷史文物》2003-1,頁16—17

【孝武桓公】

○**李零**(1994)　(陳侯因資敦)銘文中的“陳侯”即齊威王嬰齊,“孝武桓公”是他的父親桓公午。

《李零自選集》頁72,1998;原載《學人》5

【孝孫】

○**何琳儀**(1998)　鄘侯簋　孝孫不壬

孝孫,見《詩・小雅・楚茨》:“孝孫有慶。”《禮記・郊特牲》:“祭稱孝孫孝子,以其義稱也。”

《戰國古文字典》頁1480

【孝敚】

○**史樹青**（1955） 孝般。

《長沙仰天湖出土楚簡研究》頁 36

○**郭若愚**（1994） （三十九）楚孝（考）般之秊

孝通考。考般，即《詩·衞風》之"考槃"。《衞風·考槃》贊美賢者隱居澗谷而碩大寬廣，無戚戚之意。然篇首有云："考槃刺莊公也，不能繼先公之業，使賢者退而窮處。"其意有進賢之思。似乎和後世的考試取士制度有關係。此簡記楚考槃之年，是爲當時的紀年方法。《鄂君啟節》的紀年是："大司馬邵陽敗晉師於襄陵之歲。"可以與此參證。

《戰國楚簡文字編》頁 127

○**何琳儀**（1998） 孝般之年。

《戰國古文字典》頁 1517

○**李零**（1999） 第 2 字作𩵦（疑是"斿"字）。

《出土文獻研究》5，頁 148

○**劉國勝**（2003） "楚孝敚之年"是以事紀年之文，朱德熙、裘錫圭、李家浩認爲此簡是遣策的首簡。從已有資料看，戰國中晚期以後的楚以事紀年文字往往顯得比較簡略，如大府鎬銘文"秦客王之齊之歲"、養陵公戈銘文"膚鼎之歲"。簡文"孝敚"似爲人名。

《楚喪葬簡牘集釋》頁 131

【羍悳】

○**李朝遠**（2003） (編按：上博三·中弓 13) 唯又羍悳

"羍"，即孝字。"羍（孝）悳（德）"，《周禮·地官·師氏》"以三德教國子……三曰孝德，以知逆惡"，鄭玄注："孝德，尊祖愛親，守其所以生者也。"

《上海博物館藏戰國楚竹書》（三）頁 273

耂

集成 11078 滕侯耂戈 集成 11077 滕侯耂戈 包山 68 上博五·鮑叔 3

○**何琳儀**（1998） 耂，从老，古聲。

戰國文字耂，人名。

《戰國古文字典》頁 472

○湯餘惠等（2001）　耆。

《戰國文字編》頁 585

○陳佩芬（2005）　（編按：鮑叔 3）女耆伽之已敬　讀爲"如耆加之以敬"。"耆"，从老,古聲。

《上海博物館藏戰國楚竹書》（五）頁 184

○李守奎、曲冰、孫偉龍（2007）　耆,讀爲"故舊"之"故",或即"故"之異體。

《上海博物館藏戰國楚竹書（一—五）文字編》頁 415

△按　《鮑叔》簡 3"如耆"之"耆",可能是"故舊"之"故"的專字。

老

老陶彙 3 · 269

○高明（1990）　旋。

《古陶文彙編》頁 18

○何琳儀（1998）　耆,从老,疋聲。
　　齊陶耆,人名。

《戰國古文字典》頁 584

毛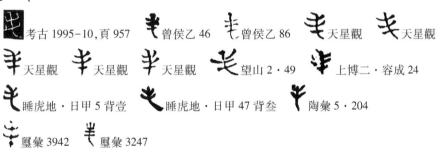

考古 1995-10,頁 957　曾侯乙 46　曾侯乙 86　天星觀　天星觀
天星觀　天星觀　天星觀　望山 2 · 49　上博二 · 容成 24
睡虎地 · 日甲 5 背壹　睡虎地 · 日甲 47 背叁　陶彙 5 · 204
璽彙 3942　璽彙 3247

○羅福頤等（1981）　（編按：璽彙 3942）毛。

《古璽文編》頁 220

○睡簡整理小組（1990）　（編按：日甲 5 背壹）敝毛之士以取妻
　　毛,《國語 · 齊語》注:"髮也。"敝毛,指年長髮衰。

《睡虎地秦墓竹簡》頁 209

○高明、葛英會（1991）　毛。

《古陶文字徵》頁 138

○朱德熙、裘錫圭、李家浩(1995)　（編按：望山 2・49）毛。

（編按：望山 2・13）古代旌旗杆首飾氂牛尾,稱爲旄。疑此文"毛"字當讀爲"旄","冢毛之首"即指旗杆頂上有旄。簡文"堆旌,白旆,翡翠之首"似是記一面羽旌,自"丹关"至"冢毛之首"似是記一面有旄的旌旗。

《望山楚簡》頁 112、121

○何琳儀(1998)　毛,金文作 𡭕(毛公鼎),象毛髮之形。參老、考、孝、壽等字上半部。或作 𡭕(毛公旅鼎),豎筆上附加裝飾點。戰國文字承襲金文,裝飾點多延長爲短橫。《說文》:"𡭕,眉髮之屬及獸毛也。象形。"

燕璽毛,姓氏。毛氏,周文王之子毛伯聃之所封,世爲周卿士,食采於毛,子孫因以爲氏。見《通志・氏族略・以邑爲氏》。

晉璽毛,姓氏。

望山簡、天星觀簡毛,讀旄。

秦璽毛,姓氏。

《戰國古文字典》頁 328

（編按：璽彙 3247）毛。

《戰國古文字典》頁 1522

○劉國勝(2003)　（編按：望山 2・49）屯。

《楚喪葬簡牘集釋》頁 117、123

䵶　𪒠　䵶

䵶天星觀　䵶天星觀　䵶包山 262

○劉信芳(1997)　包山簡二六二:"一白䵶,絵純。""䵶"字从毳从求,"求"之繁形("裘"爲後起字)。《史記・孟嘗君傳》:"此時孟嘗君有一狐白裘,直千金,天下無雙。"

《中國文字》新 23,頁 102

○何琳儀(1998)　䵶,从毛,曇聲。

楚簡䵶,讀獸。

《戰國古文字典》頁 218

○湯餘惠等（2001）　　氊。

《戰國文字編》頁 586

○李守奎（2003）　　氊　嘼、單一字。從單聲。

《楚文字編》頁 517

○劉信芳（2003）　　氀：

　　字從毛，單聲，讀爲“氀”。《詩・周頌・昊天有成命》：“單厥心。”《國語・周語下》作“亶厥心”。是“單”、“亶”作爲聲旁可以互作。《周禮・天官・掌皮》：“共其毳毛爲氀，以待邦事。”又《天官・掌次》：“王大旅上帝，則張氀案。”鄭玄《注》：“以氀爲牀於幄中。”《疏》：“氀案者，案謂牀也，牀上著氀，即謂之氀案。”

《包山楚簡解詁》頁 280

△按　　“氊”爲“氀”異體。古文字“嘼、單”同字，“單”與“亶”音通，故“氊”爲“氀”字異體。

毣

集成 11678 八年相邦劍　　　毣集成 11717 十八年建信君鈹

○何琳儀（1998）　　毣，從毛，云聲。或釋抎。《說文》：“抎，有所失也。從手，云聲。《春秋傳》云，抎，子辱矣。”

　　趙兵毣，人名。

《戰國古文字典》頁 1314

毣

毣包山 25

○劉彬徽、彭浩、胡雅麗、劉祖信（1991）　　毣。

《包山楚簡》頁 18

○湯餘惠等（2001）　　毣。

《戰國文字編》頁 585

○李守奎（2003）　　毣。

《楚文字編》頁 517

△按　包山簡 25 號“司敗黄貴铂受期”之“铂”用作人名。

敄

曾侯乙 9　　曾侯乙 68　　包山 58

○裘錫圭、李家浩（1989）　“白敄之首”亦見於 68 號簡。簡文所記的旃有“墨毛之首、朱毛之首”。“敄”當从“毛”聲。古代旗杆之首或繫牦牛尾。《書‧牧誓》“右秉白旄以麾”，陸德明《釋文》引馬融云：“白旄，旄牛尾。”《文選‧東京賦》“朱旄青屋”，薛綜注：“朱旄，旄牛尾赤色者也。”“毛、旄”古通。《左傳》襄公十四年“羽毛”，定公四年作“羽旄”。《書‧禹貢》“齒革羽毛”，僞孔傳：“毛，旄牛尾。”疑簡文“毛”和“敄”並當讀爲“旄”。

《曾侯乙墓》頁 511

○李守奎（2003）　毭。

《楚文字編》頁 518

△按　“敄”或爲“覭”之異體，《説文》見部：“覭，擇也。从見，毛聲，讀若苗。”簡文“敄”讀作“旄”。

釳

望山 2‧45　　包山 266

○李家浩（1994）　五、瓚

“瓚”字原文作 D：

　　　　D　

此字左邊偏旁是“毛”，右邊偏旁作爲獨體字見於湖南省博物館藏楚國銅量銘文，字形略有不同：

　　　　　E　　《江漢考古》1987 年 2 期封三

E 與金文“斗、升”二字字形相似，但又有明顯的區別，即像器物之口的部分寫法不同。河南省文物研究所的賈連敏同志，根據甲骨文“祼”字，認爲 D 是“瓚”字的異體。甲骨文“祼”字或作如下之形：

　　F1　《甲骨文合集》26899　　　F2　同上 2472

　　F3　同上 38464　　　　　　F4　同上 30960

賈氏指出 F3、F4 是 F1、F2 的簡化,而 F1、F3 是 F2、F4 的繁體,象人兩手持瓚裸祭於神示之前;同時又指出包山簡文 D 所从的右旁"爲瓚之象形",字形與甲骨文之"瓚"相近。這些意見很有道理。但是賈氏將 D 的左旁誤認爲是"言",以爲 D 从"言"聲,則是不可取的。D 應當是一個从"毛"从"瓚"字象形初文得聲的字,在此假借爲"瓚"。爲印刷方便,釋文將其徑寫作"瓚"。

"瓚"字亦見於望山簡和信陽簡。望山簡的寫法與包山簡相同,信陽簡寫作从"木"从"E",大概是木瓚的專字。原文説:

(12)二近,二瓚。(《文物》1966 年 5 期圖版伍第二簡,52 頁圖二四第二簡)

(13)二彫(雕)瓚,一厚奉之近,三彫(雕)近。(《信陽》圖版一二二·2—011)

(12)(13)的"近"與(1)的"祈"是同一個詞,詳下文六。這些"瓚"字所處的位置大致相同,不是位於"祈"或"近"之前,就是位於"近"之後。

包山 266 號簡所記的木器都集中在族墓的東室。在東室出土的漆木器中,有二件所謂的"勺"(2:112、2:178),用整木雕鑿而成,"勺口圓形,淺腹,束腰,平底内凹,斗前端飾鳥嘴形裝飾。長柄寬扁。通體塗墨,勺内塗白粉,勺外及柄上以白粉繪紋……標本 2:178,勺徑 6.4 釐米、柄寬 4.5—6 釐米、通長35.2 釐米"(圖八·1)。

望山楚墓出"B 型木勺"2,其形態與包山2:112、2:178"勺"基本相同。標本 B25,勺徑7.3—7.5釐米、勺身高 5 釐米、柄寬 4.35 釐米、通長30.6 釐米。

信陽楚墓前室也出有類似包山楚墓的"漆勺",三件,報告名爲"窩形漆木器"。勺口橢圓形,淺腹,平底内凹。長扁柄,與柄相對的一方還有一個較短的柄。黑漆地上繪朱色三角形雷紋。勺腹朱漆。勺口長徑 8.8 釐米、短徑 6.8 釐米、深 1.5 釐米、通長41.4 釐米(圖八·2)。

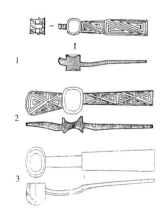

圖八

1 采自《包山》149 頁,2 采自《信陽》41 頁,3 采自《當陽趙家湖楚墓》156 頁

從器物的形態看,上述漆器都不是勺,望山楚墓出土的二件銅勺,竹簡稱爲"金勺",其形態與彼有别可證。如果我們對簡文 D 等的釋讀不誤的話,那麼那幾件漆器

就應當叫作"瓚"。瓚是古代的一種禮器,除了用來盛酒裸祭神祇外,還用來宴饗賓客,屬於勺一類,所以《左傳》昭公十七年杜預注將"瓚"釋爲"勺也"。根據出土實物,瓚一般像安有平折寬柄的杯。過去人們對這種器不認識,往往誤以爲勺,自1976年陝西扶風雲塘西周銅器窖藏中發現二件自名爲"瓚"的銅瓚後,人們才真正地認識它。瓚除了青銅製作的外,還有陶、木製作的,例如輝縣固圍村戰國墓出的陶瓚,隨州市曾侯乙墓出的木瓚。當陽趙家湖楚墓也出有木瓚,共三件,報告分爲二式,Ⅰ式與西周銅瓚相似。Ⅱ式與常見的瓚有所不同,像長柄勺;標本 CM3:7,勺口徑8釐米、深5.1釐米、高7.4釐米、柄長49.6釐米、寬3.4—7.4釐米(圖八·3)。報告將標本 CM3:7那種勺形器定名爲瓚是可取的。包山木瓚與趙家湖Ⅱ式木瓚相似,不同之處主要是包山木瓚瓚勺前方有鳥頭。值得注意的是,戰國時期的瓚往往在瓚勺前方裝飾一隻鳥,例如日本學者林巳奈夫《〈周禮〉の六尊六彝と考古學遺物》一文就收錄三件,輝縣固圍村出的陶瓚是其中之一。包山木瓚大概就是由輝縣固圍村等那種有鳥飾的瓚發展而成。曾侯乙墓出的木瓚也值得注意。在曾侯乙墓出的木瓚中,有三件在瓚勺前方有較寬的"錍"(C.47、C.70、C.146),俯視的形狀與信陽木瓚相似。信陽木瓚瓚勺前方的寬柄,大概就是由曾侯乙墓那種瓚的"錍"發展而成。

　　包山楚墓出的瓚數和望山楚墓出的瓚數,與(1)和(12)所記相合。信陽楚墓出的瓚數比(13)所記多一件。

《國學研究》2,頁538—540

○**劉信芳**(2003)　**毣**:

　　賈連敏釋"瓚"(《釋裸瓚》,中國古文字研究會第九屆學術討論會論文,1992)。李家浩同意賈説,並作有進一步考釋(《包山266號簡所記木器研究》,《國學研究》第二卷)。字又見信陽簡 2-11"二彫毣,一厚奉之旅,二彫旐"。望 2-45"二旅,二毣"。長沙銅量:"鑄廿金剒,以賠□怴。"信芳按:疑該字形从斗,毛聲,所从之"斗"與曾侯乙墓衣箱 E·66 二十八宿之"斗"字同形(參《曾侯乙墓》第356頁),擬另文考釋。

《包山楚簡解詁》頁290—291

○**李守奎**(2003)　**毣**。

《楚文字編》頁517

毭　毶

曾侯乙 21　曾侯乙 35

曾侯乙 98

○**裘錫圭、李家浩**（1989）　"毭"或寫作"鞍"（67 號、83 號），所從"安"旁作圥。按 48 號和 50 號簡"安車"之"安"作圥，圥當是圥的省寫。164 號和 165 號簡"安車"之"安"作圥，可證。這樣省寫的"安"還見於者汈鐘（參看郭沫若《者汈鐘銘考釋》，《文史論集》325 頁）。"毭"或"鞍"從"安"聲，疑並當讀爲"鞍"。字或作"鞌"。《說文·革部》："鞌，馬鞁具也。"

"𤞤毶"即 66 號簡的"𤞤韋之毭"，"安、晏"音近可通，故"毭"可以寫作"毶"。

　　　　　　　　　　　　　　　《曾侯乙墓》頁 507、520

○**何琳儀**（1998）　毭，从毛，安聲。

隨縣簡毭，讀鞍，或鞌。見安字。

　　　　　　　　　　　　　　　《戰國古文字典》頁 965

毶，从毛，晏聲。

隨縣簡毶，亦作毭，讀鞌。《呂覽·期賢》"乃按兵"，《淮南·修務》按作偃。是其證。

　　　　　　　　　　　　　　　《戰國古文字典》頁 970

○**湯餘惠等**（2001）　毭。

　　　　　　　　　　　　　　　《戰國文字編》頁 586

毶。

　　　　　　　　　　　　　　　《戰國文字編》頁 586

○**李守奎**（2003）　毭　簡文中讀爲鞍。

　　　　　　　　　　　　　　　《楚文字編》頁 518

毶　簡文中讀爲鞍。

　　　　　　　　　　　　　　　《楚文字編》頁 518

△**按**　"毭、毶"或寫作"鞍"，皆應爲"鞍"字異體。

毞

包山 269

○**劉信芳**（2003）　毣：

　　牘 1 作“𣬈”,簡 273 作“毫”,字並讀爲“旂”。《詩・小雅・出車》:“建彼旂矣。”《鄘風・干旄》:“孑孑干旄。”毛《傳》:“注旄於干首,大夫之旆也。”

《包山楚簡解詁》頁 308

毦

　　曾侯乙 45　　曾侯乙 51　　曾侯乙 61

○**何琳儀**（1998）　毦,从毛,再聲。再加口爲裝飾部件(上騂字亦加口),參見三體石經《君奭》稱作冎形。

　　隨縣簡毦,讀縢。再、朕音近,見騂字。《儀禮・士喪禮》:“無縢。”注:“縢,緣也。”

《戰國古文字典》頁 142

○**湯餘惠等**（2001）　毦。

《戰國文字編》頁 586

○**李守奎**（2003）　毦　毦。

《楚文字編》頁 518

毿

　　天星觀

○**滕壬生**（1995）　毿　《説文》所無。

《楚系簡帛文字編》頁 694

○**湯餘惠等**（2001）　毿。

《戰國文字編》頁 586

○**李守奎**（2003）　毿。

《楚文字編》頁 518

△**按**　簡文“□銒毿二緯”之“毿”,意義待考。

氁

　　曾侯乙 19　　曾侯乙 65　　曾侯乙 86　　曾侯乙 98　　天星觀

○**裘錫圭、李家浩**（1989）　“貍貘”之“貘”,簡文多寫作“蟇”,36 號簡寫作“莫”。簡文除了“貍蟇”之外,還有“虎蟇、貂蟇、豻蟇”等,據文意似指貍皮、虎皮、貂皮、豻皮。

《曾侯乙墓》頁 503

○**何琳儀**（1998）　毦,從毛,莫聲。《字彙》:“毦,毛段也。”

隨縣簡毦,起花毛織品。

《戰國古文字典》頁 721

○**湯餘惠等**（2001）　蟇　同毛。

《戰國文字編》頁 586

○**李守奎**（2003）　蟇。

《楚文字編》頁 518

毫

包山 273

○**李家浩**（1993）　“毫”字原文從“毛”從“高”聲,以“豪”字《説文》篆文從“豕”從“高”聲例之,當是“毫”字的繁體,故釋文徑寫作“毫”。《玉篇》豕部:“豪,豬毛如笄而端黑也。”《説文》“豪”字正篆作從“希”從“高”聲,説解云“豕鬣如筆管者”。段玉裁注:“按〔豪〕本是豕名,因其鬣如筆管,遂以名其鬣。凡言豪俊、豪毛,又皆引申之義也。俗乃別豪俊字從‘豕’,豪毛字從‘毛’。”疑簡文“毫”指“如笄而端黑”的豪豬之毛,故其字寫作從“毛”。段氏以爲從“毛”的“毫”是後起的俗字,現據包山簡文,其説似不可信。“毫首”猶言“旄首”,指用豪豬毛裝飾的旗杆之首。

《第二屆國際中國古文字學研討會論文集續編》頁 382—383

○**何琳儀**（1998）　毻,從毛,高聲。《玉篇》:“毻,毻毻也。”

包山簡毻,毛健。參《正字通》“毻,毛健也”。毻毻爲聯綿詞。

《戰國古文字典》頁 291

○**湯餘惠等**（2001）　毫　同豪。

《戰國文字編》頁 586

○**李守奎**（2003）　毫。

《楚文字編》頁 518

△按　“毫”當爲“亳”的古文，“亳”爲省聲字。

氃

天星觀

○滕壬生（1995）　氃　《說文》所無。

《楚系簡帛文字編》頁 696

○何琳儀（1998）　氃，从毛，豳聲。疑絕之異文。
　　天星觀簡，讀纂。參纂字。

《戰國古文字典》頁 944

○李守奎（2003）　氃。

《楚文字編》頁 519

毳

包山 95

○陳偉武（1997）　整理者隸作毳，未加說釋。劉釗先生云：“‘雝’字應即‘雜’字，俗寫作‘雜’。字从‘雜’从‘毛’，應爲‘雜’字贅加義符的異構……其義不詳。”李零先生謂毳“讀捽，《說文》釋爲‘持頭髮也’”。

　　今按，整理者隸定正確，劉、李二家之說可商。包山簡有“盡棌歲”語，“棌”，學者或釋裞，或釋卒，曾師經法先生從王國維釋裞（裼）而讀爲易，確不可易。毳字當是从毛、雝聲的形聲字。雝从隹，棌聲，實爲翟字異體。三體石經以裞爲狄之古文，古書翟狄通作之例甚多，如《左傳·莊公二十八年》“狄之廣莫”，《國語·晉語四》狄作翟。《說文》：“翟，山雉尾長者。从羽从隹。”翟本是雉鳥之羽，《詩·邶風·簡兮》：“左手執籥，右手秉翟。”毛傳：“翟，翟羽也。”因此，从毛、雝（翟）聲的毳應相當於後世的氀字，由翟字孳乳而來，專指雉鳥之羽。《集韻》將氀字入於葉韻，音即涉切，以爲睞字異構：“《說文》：‘睞，目旁毛也。’或作睫、氀。”疑此音義別有所受，非氀字初朔用法。

　　翟，古音爲定紐錫部，依聲韻求之，毳字似可讀作“提”（古音定紐支部）。《周禮·夏官·田僕》：“凡田，王提馬而走，諸侯晉，大夫馳。”鄭玄注：“提，舉也。”孫詒讓正義：“提猶控也，勒馬曰提。”“提”有“控持、執持”義，包山簡 95

是說張愆狀告杏、執持其弟芻而,某戀則將芻而殺害。

《第三屆國際中國古文字學研討會論文集》頁 642—643

○何琳儀(1998) 蠹,从毬,(《集韻》:"毛,或作毬。")裘聲。疑犛之異文。《集韻》:"犛,獸毛多曰犛。"或耗之異文。《集韻》:"毛短謂之耗。"

包山簡蠹,疑讀剔。《廣雅・釋詁》三:"剔,罵也。"

《戰國古文字典》頁 757

○劉信芳(2003) 蠿:

劉釗認爲字即"雜",从毛應爲雜字贅加義符的異構,其説是也。《國語・楚語下》:"古者民神不雜。"韋昭《注》:"雜,會也。"《方言》卷三:"襟,集也,東齊曰聚。"《廣雅・釋詁》:"雜,聚也。"該句謂杏邀約芻天相會,梅憬殺之。李零讀爲"捽"。說亦可通。

《包山楚簡解詁》頁 91

○李守奎(2003) 蠿。

《楚文字編》頁 519

毳 毳

上博二・容成 49

○李零(2002) 高下肥毳之利

毳 從文義看,似應讀爲"磽"。按:"毳"有二音,一同"脆",爲月部字;一同"橇",爲宵部字。這裏可能是用後一種讀法。

《上海博物館藏戰國楚竹書》(二)頁 289

○蘇建洲(2003) 按:讀作"肥磽"應該可從。"磽"是宵部:"毛"及从毛的"旄、芼"等字古音均爲明紐宵部(參郭錫良《漢字古音手册》160 頁),故不用改釋。此外,《荀子・王制》"相'高下',視'肥墝',序五種"、《淮南子・修務訓》"宜燥濕'肥墝高下'","墝"即"磽",文句正與簡文相同,亦可證釋爲"肥磽"是對的。

《〈上海博物館藏戰國楚竹書(二)〉讀本》頁 177

尸 尸 尸

睡虎地・日甲 112 正壹　　集成 2840 中山王鼎　　包山 180

上博一·詩論 21　　上博一·詩論 22　　上博二·容成 39

上博三·周易 51　　上博五·鬼神 3　　上博二·民之 8　　上博二·民之 11

璽彙 4508　　璽彙 4507　　璽彙 3292　　璽彙 4879

璽彙 2652“尸易”合文

○**朱德熙、裘錫圭**（1979）　《孟子·告子上》“民之秉夷”，注：“夷，常也。”

《朱德熙古文字論集》頁 103，1998；原載《文物》1979-1

○**李學勤、李零**（1979）　第廿行尼，《説文》仁字古文。

《考古學報》1979-2

○**張政烺**（1979）　《尚書·多士》：“予惟率肆矜爾。”肆《論衡·審虚》引作夷，夷或肆是語詞，無義。率，用也。

《古文字研究》1，頁 225

○**羅福頤等**（1981）　仁。

《古璽文編》頁 207

○**陳邦懷**（1983）　按，《説文·人部》仁字下曰：“尼，古文仁，或從尸。”段注曰：“古文夷亦如此。”周金文夷字皆作尼，知尼從古文夷，非從尸也。《説文》羌字下曰：“夷俗仁。”此爲夷有仁義之證。《説文·辵部》遲字“遲或從尼”。遲從尼（夷）聲。尼，古有仁、夷兩讀。

又按，《説文·火部》：“𤈦，從上按下也，從尼又持火，所以申繒也。”段注曰：“尼，古文仁，尸又猶親手也。”段説誤。當説尼，古文夷，方與𤈦從尼之義合。“所以申繒”，意爲持火斗從上按下使繒平也。《詩·召南·草蟲》“我心則夷”，毛傳曰：“夷，平也。”此爲夷有平義之證。

《一得集》頁 139—140

○**何琳儀**（1998）　甲骨文作𠂤（粹五一九），從人下肢彎曲，象陳尸之形。變體象形。屍之初文。《説文》：“屍，終主。從尸從死。”人亦聲。尸，透紐脂部；人，泥紐真部。透、泥均屬舌音，尸爲人之準聲首。西周金文作𠂤（盂鼎），春秋金文作𠂤（曾孫史夷臣）。戰國文字承襲商周文字。《説文》：“𠂤（尸），陳也。象臥之形。”古文字尸，多讀夷。故或以爲尸象東夷人之蹲踞之形，與中土之人跽坐（參甲骨文𠂤字作𠂤形）相對而言。

魚顛匕“蚰尸”，讀“混夷”，古國名。

睡虎地簡“夏尸”，楚系文字字作“夏层”，代月名。

《戰國古文字典》頁 1227

　　𡰥，从尸，＝爲裝飾部件（或分化符號）。口亦爲裝飾部件。《玉篇》：“𡰥，古文夷。”𡰥、夷雙聲疊韻。《説文》：“𡰥，古文仁，或从尸。”《玉篇》：“𡰥，古文仁。”𡰥，透紐脂部；仁，泥紐真部。透、泥均屬舌音，脂、真爲陰陽對轉。《玉篇》：“𡰦，俗豚字。”𡰥（𡰦），透紐脂部；豚，定紐諄部。透、定均屬舌音，脂、諄爲陰陽對轉。尸、𡰥、𡰦、𡰁實乃一字之變。（中略）

　　古璽𡰥，讀尸，姓氏。

《戰國古文字典》頁 1228

○連劭名（1999）　“□□作尸”，尸、夷古同字，此處讀爲彝。《尚書・湯浩》云：“凡我造邦，無從匪彝。”《詩經・烝民》云：“民之秉彝。”彝指常法，《漢書・王莽傳》上集注：“彝，法也。”

《故宮博物院院刊》1999-3，頁 30

○王人聰（1999）　甲鎛鉦閒首字與乙鎛後鉦閒、後左鼓及正面右鼓之“弤”字構形相同，亦係“弤”。鎛銘“弤”所從之弓旁與新弨戟之“弨”，秦公簋之“引”，工䣁大子劍之“發”，者訷鐘之“彌”等所從之弓旁形同，所從之古旁與之利殘片之古字合，是知此字从弓从古，應釋爲“弤”。《龍龕手鑒》稱：“弤，小弓也。”此係後起之義，鎛銘弤字，其義不詳。

《故宮博物院院刊》1999-3，頁 33

○季旭昇（2003）　𡰥：同尸，戰國有“迟”字，多作“遲”用，參何琳儀先生《戰國古文字典》1228 頁，同頁釋“𡰥”爲：“从尸，＝爲裝飾部件（或分化符號）……《玉篇》：‘𡰥，古文夷。’𡰥、夷雙聲疊韻。”旭昇按：金文“尸”字多見，多讀爲“夷”，夷（以脂切，喻紐脂部）、尸（式脂切，審紐脂部），韻部相同，聲紐上古都屬舌頭，所以可以通。本簡讀爲遲，《詩經・邶風・柏舟》作“棣棣”；《禮記・孔子閒居》《孔子家語・論禮》作“逮逮”，遲（直尼切，澄紐脂部）、逮（徒耐切，定紐脂部），與“尸、夷”都聲近韻同，可以通用。

《〈上海博物館藏戰國楚竹書（二）〉讀本》頁 18

○蘇建洲（2003）　“𡰥”，何琳儀先生釋爲“夷”，陳劍先生《編聯二》釋“仁”。由字形來説，皆有根據。如《説文》：“𡰥，古文仁。”《玉篇》：“𡰥，古文夷。”仁（日真）與夷（余脂）聲紐同爲舌音，韻部則陰陽對轉，聲韻關係還算密切。筆者以爲簡文可能讀爲“年”，泥紐真部，與上述仁（日真）與夷（余脂）聲韻俱近。

《〈上海博物館藏戰國楚竹書（二）〉讀本》頁 168—169

○濮茅左(2003)　　遇尗尸宝　“尸”,同“夷”。《集韻》:“夷,《説文》:‘平也,東方之人也。’或作尸、尼。”

《上海博物館藏戰國楚竹書》(三)頁 206

○曹錦炎(2005)　　鴎尸而死　“尸”,古文“夷”。《玉篇》:“尸,古文夷字。”(《説文》誤以爲古文“仁”字。)《漢書・高帝紀》“司馬尸將兵定楚地”,《地理志》“蘇示,尸江在西北”,顔師古注:“尸,古夷字。”“鴎夷”,革囊。

《上海博物館藏戰國楚竹書》(五)頁 317

【尸氏】

○鄭家相(1958)　　ヒ 月　文曰烏氏。按烏氏,即鄔省邑增氏,鄔亦可讀烏邑,故之曰邑曰氏,皆通稱也。參見空首烏字布。

《中國古代貨幣發展史》頁 98

○黄錫全(1993)　　ヒ 月　烏氏・仁(尸)氏　河南偃師縣西南。

《先秦貨幣研究》頁 354,2001;原載《第二屆國際中國古文字學研討會論文集》

○何琳儀(1996)　　尸氏

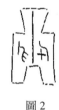
圖 2

《貨系》1952 著録方足布,銘文二字(圖 2),又見《東亞》4・32,舊釋“烏氏”。檢《貨系》1951 方足布“烏”作ヤ1,與上揭方足布左字形體判然有別,決非一字。《文編》289 頁以之入“附録”,比較嚴謹。

　　按,左字應釋“尸”,即“仁”之古文。參見下列戰國文字:

　　尸 中山 13　　ヌ 侯馬 302　　　尸 璽彙 3292　　ヌ 包山 180

《玉篇》:“尸,古文夷。”又:“尸,古文仁。”“夷、仁”一聲之轉。“尸、仁”均“尸”之分化,其中“ = ”爲分化符號。換言之,“尸’加“ = ”分化爲“尸”(音夷),又形變爲“仁”。“尸”,透紐脂部;“尸”,定紐脂部;“仁”,日紐真部。透、定、日均屬舌音,脂、真陰陽對轉,故方足布“尸”可直接讀“尸”。

　　右字舊釋“氏”,甚確。不過此字是反書,《文編》所録“氏”字往往正反無別:

　　下 41　　下 42　　下 43　　下 43　　下 41　　下 289

方足布:“尸氏”即“尸氏”。《左傳・昭公二十六年》:“劉人敗王城之師於尸氏。”注:“尸氏在鞏縣西南偃師城。”即《漢書・地理志》河南郡偃師所轄“尸鄉”。在今河南偃師西,戰國應屬東周國。

《古幣叢考》(增訂本)頁 72—73,2002;原載《舟山錢幣》1996-2

【尼尼】

○濮茅左（2002） （編按:民之8）槐我尼＝。 "尼＝"，重文，讀作"遲遲"。《説文・辵部》:"遲，徐行也，从辵，犀聲。《詩》曰:'行道遲遲。'""遲或从尼。"又《古文四聲韻》引《古尚書》"遲"作"𢔟"，从辵从尼。"遲遲"，《爾雅・釋訓》:"遲遲，徐也。"郭璞注:"皆安徐。"引申爲行禮以和，而又從容不迫。"遲遲"或作"棣棣"。語出《詩・邶風・柏舟》:"威儀棣棣，不可選也。"《禮記・孔子閒居》《孔子家語・論禮》皆作"逮逮"。《禮記・孔子閒居》鄭玄注:"逮逮，安和之貌也，言君之威儀安和逮逮然，則民效之，此非有升降揖讓之禮也。""遲、棣、逮"音可通。

本句《禮記・孔子閒居》《孔子家語・論禮》皆作"威儀逮逮"。

《上海博物館藏戰國楚竹書》（二）頁 167

【尸邦】

○曹錦炎（2000） 銘文中"唯尸邦旨（稽）大"，"尸邦"讀爲"夷邦"，指蠻夷之邦。越國一直被視爲蠻夷，《左傳》哀公二十六年，文子問越臣皋如:"君以蠻夷伐國。"《荀子・儒效篇》説:"居楚而楚，居越而越，居夏而夏。"越國大夫范蠡自己也説:"昔吾先君固周室之不成子也，故濱於東海之陂，黿鼉魚鱉之與處，而蛙黽之與同渚。"所以，越王自稱屬於"夷邦"。

《文物》2000-1，頁 72

【尸易】

○羅福頤（1981） （編按:璽彙 2652）瘍 （編按:璽彙 2548）傷。

《古璽彙編》頁 255、246

○何琳儀（1998） （編按:璽彙 2652）昜。

《戰國古文字典》頁 1540

（編按:璽彙 2548）昜，从尸，易聲。
晉璽，姓氏，疑讀蕩。見傷字。

《戰國古文字典》頁 662

【尼鴶】

○馬承源（2001） （編按:上博一・詩論 21、22）尼鴶 今本《詩・國風・曹風》篇名作《鳲鳩》。鴶，从鳥，咠聲。《越王句踐劍》銘文王名作"鴶淺"，乃同一字的偏旁相換。"咠、九"不同字。

《上海博物館藏戰國楚竹書》（一）頁 151

△按 楚簡"尼"應爲"尸"之繁體（參看李守奎等編《上海博物館藏戰國楚竹

書(一—五)文字編》416 頁）。《璽彙》2652 施謝捷《古璽彙考》(334 頁,安徽大學 2006 年博士學位論文)釋作“屍(尸易-夷陽)子”。劉傑《戰國文字所見姓氏及相關問題研究》(31 頁,中山大學 2009 年博士學位論文)謂施謝捷“以二璽右側爲‘尸易’二字合文,用作複姓,讀作‘夷陽’,此從之。《古今姓氏書辯證》(上平聲三鍾)：‘《左傳》：晉屬公嬖臣夷陽五殺三郤。《傳》曰：五亦嬖于屬公,則五姓夷陽明矣。’”而何琳儀讀作“尸”的古璽,可釋作“仁”,古有仁氏,《姓氏尋源》：“文王之後有虔仁氏,仁姓出於虔仁。”睡虎地秦簡日甲 112 正壹“刑尸作事南方”之“刑尸”爲代月名。

居 居 应

陶彙 4·56　　上博五·季庚 10　　上博四·曹沫 11　　上博一·性情 16

璽彙 2210　　璽彙 4103　　睡虎地·秦律 83　　睡虎地·日甲 130 背

上博二·容成 28　　上博五·君子 1　　上博五·三德 11　　新蔡乙四 85

郭店·老丙 9　　郭店·老丙 6　　郭店·老甲 18　　郭店·老甲 17

集成 12110 鄂君啟車節　　上博六·鄭壽 4　　集成 4688 上官豆

璽彙 0072　　璽彙 4097　　九店 56·35　　陶彙 3·699

○金祥恆(1964)　　居　俗居从足　　考 1962。

《匋文編》頁 63

○張銘新(1981)　　縱觀雲夢出土秦簡,“居”字出現不下四五十次。究其含義,大致可以分爲三種情況。

　　其一,在“居處”意義上使用的“居”。如《秦律十八種》中《田律》裏的“百姓居田舍者毋敢酤酉(酒)”;《倉律》中的“宦者、都官吏、都官人有事上爲將,令縣貸(貸)之,輒移其禀縣,禀縣以減其禀;已禀者;移居縣責之”;《金布律》中的“賈市居列者及官府之吏,毋敢擇行錢、布”;《秦律雜抄》中《游士律》裏面的“游士在,亡符,居縣貲一甲”;《封診式·出子》爰書中的“有(又)訊甲室人甲到室居處及復(腹)痛子出狀”;《爲吏之道》中的“居官善取”,等等,都是與《漢書·燕刺王旦傳》注中所釋的居者“處也”相一致的。

　　其二,在“同居”一詞中使用的“居”。如“戍律日,同居毋並行”;《封診式·經死》爰書中的"自殺者必先有故,問其同居,以合(答)其故";《法律答問》中的"士五(伍)甲毋(無)子,其弟子以爲後,與同居,而擅殺之,當棄市"等等。秦簡在《法律答問》中對"同居"有明確的解釋:"可(何)爲同居?戶爲同居。""同居,獨戶母之謂殹(也)。"這與《漢書·惠帝紀》注中所説的"同居,謂父母妻子之外若兄弟及兄弟之子見與同居業者",也没有什麽大的差異。

其三,做爲一個具有特定含義的法律概念而使用的"居"。這個問題較爲複雜。對於全面理解《秦律》有着重要的關係。《周禮·掌戮》注中引鄭衆對"完"刑的解釋説:"謂但居作三年,不虧體者也。"《睡虎地秦墓竹簡》一書(文物出版社1978年第一版)在注釋中據此認爲"居"即"居作"。我以爲此解失之妥當,值得商榷。

詳閲雲夢出土《秦律》中的有關部分,有獨用"居"者,有使用"居之"者,有與"贖"相連爲"居贖"者,有與"貲贖"及"責"合成爲"居貲贖責"這一專門術語者,卻從未發現與"作"連用成"居作"者。因而,斷定"居"即"居作"在《秦律》本身尚找不到可靠的例證。更重要的是,顯而易見,鄭衆用"居作"解釋的"完"刑是以三年爲期的徒刑,與《史記·淮南王安傳》注中所引蘇林説的"一歲爲罰作"的"罰作"是一年徒刑一樣,都是適用於"罪犯"的有固定勞作期限的刑種。《秦律》中的"居"是否也是如此?它的性質是什麽?它有哪些特定的屬性?我們試據《秦律》本身的規定做一些分析和探討。

《倉律》規定:"隸臣妾其從事公……(嬰兒)雖有母而與其母冗居公者,亦稟之。"《司空律》規定:"公士以下居贖刑罪、死罪者,居於城旦舂。"所謂"冗居公"就是給官府服雜役;所謂"居於城旦舂",係指服城旦或舂一類的勞作,但又不同於服城旦舂的刑罰。從這裏可以看出,"居"在《秦律》中無疑是一種勞役形式。

"居"是一種什麽性質的勞役呢?考察《秦律》的有關內容,"居"大致適用於這樣兩種情況:一種是"有罪以貲贖……其弗能入……以令日居之",即犯罪之後欲納財取贖而又無力按時如數交納的。可以用服"居"的勞役來折抵;謂之"居贖"(《司空律》)。從《法律答問》和《司空律》看,《秦律》中規定由耐、遷至刑罪、死罪都是可以用"貲贖"的。因而又都是可以代之以"居贖"的。另一種是"有責(債)於公……其弗能賞(償),以令日居之"(《司空律》),即欠負官府債務又無力償還,需服"居"的勞役抵償。這種以居償債又大致可以歸納爲這樣幾類:第一,奴隸損傷了官府的器具或牲畜,用扣發口糧、衣服的手段仍不足以全部償清其代價的,即"隸臣妾有亡公器、畜生者,以其日月減其衣食,毋過三分取一;其所亡衆,計之。終歲衣食不踐以稍賞(償)"者,則

“令居之”（《金布律》）。第二，官吏被罷免後，因貧窮而無力償還在職期閒由於犯罪所應交納的罰款及欠負官府的其他債務者。即“官嗇夫免……而坐其故官以貲賞（償）及有它責（債）貧窶毋以賞（償）者”的，“令以律居之”（《金布律》）。第三，奴隸的未成年子女償付“禾月半石”的口糧的價值，而“冗居公”（《倉律》）。上述用服“居”來代替贖貲及償還債務，《秦律》名之爲“居貲贖責（債）”。“居”在《秦律》中是有代價的勞役，它的計值標準是“日居八錢，公食者日居六錢”。與此相連，“居”的期限就以它的纍計代價償清贖貲及債務爲度，而且“其日未備而柀入錢者，許之”（《司空律》）。由此可見，“居”並不是對犯罪的直接懲罰方式。它没有特定的期限，不是一個刑種；它是一種有代價的抵償勞役。

正因爲“居”是一種旨在充抵贖金或償還債數的抵償勞役，《秦律》就明文規定它不必一定由受刑人或債務人單獨或者親身承擔，而有一些變通的辦法。一種是可以用他人或牲畜替代，“欲代者，耆弱相當，許之”；“有一臣若一妾，有一馬若一牛，而欲居者，許”。但基於當時“重農抑商”的社會經濟政策及手工業工人的缺乏，規定了“作務及賈而負責（債）者，不得代”的限制性條文。另一種是爲了保證做爲社會基本細胞的家庭維持起碼的生存條件，從事必須的生產活動，允許一家中有多人需“居”時可以輪流服役，即“一室二人以上居貲贖責而莫見其室者，出其一人，令相爲兼居之”。第三種是允許非受刑人及非債務人協助受刑人或債務人分擔勞役，規定“居貲贖責者，或欲籍人與並居之。許之”。但是，協助他人服“居”的人本身所應承擔的徭役及軍戍不能免除（以上均見《司空律》）。

對於服“居”者的管理，《秦律》在《司空律》中也有專門規定。首先，它規定了嚴格的等級界限，大致分爲三等：一等是葆子以上居贖肉刑、死刑的，“居於官府，皆勿將司”；而且如不加過問、久做拘禁，“大嗇夫、丞及官嗇夫有罪”。第二等是公士以下。“居於城旦舂”，但“毋赤其衣，勿枸櫝欙杕”，與刑徒嚴格區別。第三等是刑徒及奴隸“居贖貲責（債）”，即服“居”償還罰金和債務者，“皆赤其衣，枸櫝欙杕，將司之”；“其或亡之”，負責監管的人有罪。其次，對於服“居”的平民的管理較爲靈活鬆弛，特別表現爲允許到時“歸田農”，在播種及治苗時各有二十天的假期。這一方面説明了統治者不得不考慮保證農田按時耕作的重要性，另一方面也説明了“居貲贖責者”有別於刑徒。

綜合上述對《秦律》中“居”的性質、特點及對服“居”者的管理的簡要分析，可以明確看出，“居”不是刑種，只是一種代價勞役。它與“居作”是完全不同的概念,不能混爲一談。

《考古》1981-1,頁 48—50

○**羅福頤等**(1981) (編按:璽彙 2210)鄂君啓節居字同此。

《古璽文編》頁 220

○**吳振武**(1983) (編按:璽彙 4097)𩵩𦥑·弢葷(菫)。

《古文字學論集》(初編)頁 521

○**睡簡整理小組**(1990) 居,即居作,罰服勞役,《周禮·掌戮》注引鄭衆對
"完"解釋説:"謂但居作三年,不虧體者也。"

《睡虎地秦墓竹簡》頁 33

○**高明**(1990) (編按:《陶彙》3·699)里之王居。

《古陶文彙編》頁 35

○**高明、葛英會**(1991) (編按:《陶彙》3·699)应。

《古陶文字徵》頁 40

○**李家浩**(1991) 現在談 0072 號印右邊的第二字。此字《古璽彙編》釋爲
"弢",也有人釋爲"弢"。其實這一個字是"居",大家不妨跟《古璽文編》220
頁 2210 號印和《金文編》603 頁鄂君啓節的"居"字比較一下就會知道,它們
不同之處主要是 0072 號印將"古"所從的"口"寫作"曰"字形。類似這種寫
法的"古",在戰國文字中屢見,如璽印文字中的"枯、固、貼、罟、沽"等字,即將
"古"所從的"口"寫作"曰"字形,所以 0072 號印將"古"所從的"口"寫作
"曰"字形一點也不奇怪。

《文物研究》7,頁 351

○**陳偉武**(1995) 17.居 《陶彙》3·699"里之王应"。末字《文字徵》著録於
第 40 頁"应"字下,未作進一步説解。今按,此字當從《陶彙》釋居,收入第 81
頁"居"字下。金文居或作应(農卣),與此陶文同形。

《中山大學學報》1995-1,頁 124

○**何琳儀**(1998) 居,從尸,古聲。《説文》:"居,蹲也。從尸,古者居從古。
踞,俗居從足。"

　　晉璽"虐居",地名。

　　鄂君車節"居郲",讀"居巢",地名。《説文》藻或作澡,是其佐證。《史
記·伍子胥傳》:"軍於豫章,取楚之居巢。"在今安徽巢縣東北。包山簡"居
凥",讀"居處"。《吕覽·爲欲》:"宮室居處。"

秦陶“居貲”,以勞役抵償債務者。

《戰國古文字典》頁 471—472

○濮茅左(2001)　(編按:性情 23)蜀居而樂

蜀、居,《郭店楚墓竹簡·性自命出》,分別作“蜀、仉”。

《上海博物館藏戰國楚竹書》(一)頁 254

　　(編按:性情 30)蜀居則習

居,《郭店楚墓竹簡·性自命出》作“仉”。

《上海博物館藏戰國楚竹書》(一)頁 264

　　(編按:性情 16)亓居節也舊　句意較難理解,異説亦多。根據句式分析應與下文二句爲一組:

　　　　亓(其)居節也舊

　　　　亓(其)反善逯(復)司(始)也斳(慎)

　　　　亓(其)出内(入)也訓(順)

　　由此可知,居節、反善逯(復)司(始)、出内(入)是並列的不同概念的詞,根據“反、逯(復)”“出、入”詞,估計居、節二字應互爲反義。舊、斳(慎)、訓(順)是並列的不同概念的字,表示前述行爲的要求。居,疑讀爲“舉”。舊,或讀爲“久”。

《上海博物館藏戰國楚竹書》(一)頁 244

○濮茅左(2003)　利尻貞　“尻”,《説文·几部》:“尻,处也。从尸、几,尸得几而止也。《孝經》曰:‘ 仲尼尻。’尻,謂閒居如此。”《玉篇》:“與居同。”《楚辭·天問》“其尻安在”,《楚辭補注·考異》“尻”作“居”。

《上海博物館藏戰國楚竹書》(三)頁 159

○陳佩芬(2007)　(編按:上博六·鄭壽 4“居逶[路]已[以]須”)“居”,《廣雅·釋言》:“居,據也。”《漢書·鄒陽傳》:“今天子據先帝之遺業,左規山東,右制關中。”(中略)“居逶已須”,意爲守在路上等待。

《上海博物館藏戰國楚竹書》(六)260

【居尻】

○何琳儀(1993)　居△處△名族 32

　　△△原篆作估仉,應釋“估尻”,讀“賈居”。《周禮·天官·大宰》:“六曰商賈,阜通貨賄。”注:“行曰商,處曰賈。”

《江漢考古》1993-4,頁 56

○濮茅左(2001)　(編按:性情 28)居仉,即居處,指日常儀容舉止。

《上海博物館藏戰國楚竹書》(一)頁 261

○**劉信芳**(2003) 居尻名族：

住址、身份(供職處所)、名字、氏族,猶今人所言姓名籍貫之類。"居、尻"二字,古多混用,然簡文有別,簡238:"由左尹𣀈遂復尻。""尻"即"処",後世作"處",乃是另以"虍"爲聲符。所謂"遂復尻"即占有原來的官位。簡250:"命攻解於漸本立,夏徙其尻而椢之。""徙其尻"即徙其神位。凡此"尻"猶今言"位置"。鄂君啟節:"王尻於莪郢之遊宮。""尻"強調楚王現時處所。簡7:"尻郢里。"強調現時正在郢里。凡此"尻"均不可以"居"簡單代之。

《包山楚簡解詁》頁46

【居處】封診87

○**睡簡整理小組**(1990) 居處,指生活情況。

《睡虎地秦墓竹簡》頁162

【居室】

○**王望生**(2000) "居室"(圖一,12、13)秦時少府下轄的機構名,漢少府屬官有居室、甘泉居室,武帝太初元年更名居室爲保宮,甘泉居室爲昆臺。《漢書・百官公卿表上》載,居室的官署有時也用爲繫囚之所。《史記・魏其武安侯列傳》:"灌夫罵坐不敬,繫居室。""居室"類陶文在咸陽出土的瓦上有"口臺居室",證明居室這個官署機構也燒造磚瓦。

12   13

《考古與文物》2000-1,頁7

【居巢】

○**郭沫若**(1958) 居郛即居巢,今安徽巢縣。

《文物參考資料》1958-4,頁5

○**黃盛璋**(1964) 我以爲不論《左傳》之巢或《史記》之居巢都是統一的,它們都是一個地方,和本銘之居巢也是一個地方,都在淮南而不在淮北,今分論如下:

(一)巢爲古國,西周銅器和文獻都見其名,春秋時始爲楚滅,《春秋文十二年經》:"夏,楚人圍巢。"又昭五年《左氏傳》:"楚子伐吳,使沈尹射待命於巢。"此時巢肯定屬楚,郛可能是楚滅巢後所置之邑,或重新改換的名稱。昭二十三年之"太子建母在郛,召吳而啟之",此郛或居巢應即其前十八年楚伐吳時沈尹待命之地,故爲楚邑,許、杜等人以郛爲蔡邑,自屬望文生訓(太子建母蔡女)。"吳國太子繼母之勾引(編按:疑有脫文),於此年伐楚,冬十月吳太子諸樊入郛,取楚夫人(太子建母)與其寶器以歸"(見《昭二十三年傳》),"次年滅巢”（見昭二十四年《春秋經》）。冬，吳滅巢（《史記・楚世家》作“居巢”），再過了八年即定公二年楚伐吳，“吳人見舟於豫章，而潛師於巢”，冬十月“吳軍楚師於豫章敗之，遂圍巢，克之”（《史記・吳世家》作“取楚之居巢而還”）。可見吳、楚在巢或居巢一帶進行幾次拉鋸戰，爭奪目標之一就是巢或居巢，故有時屬吳，有時屬楚，但它們都是同一個地方。譚文將昭二十四年之巢與定二年之巢分爲兩地，這兩個巢《史記》都作居巢，昭二十四年吳所滅之巢顯然是楚屬地，而定二年之巢《史記・吳世家》明確稱爲楚之居巢，同在淮南江北，同名居巢又同爲楚屬邑，分爲兩地是不可能的。

（二）所有吳楚爭奪之巢或居巢，不僅統爲一地，並皆在淮南，不論文獻與考古資料，都可以找到證據。文十二年之巢，杜預已注明在“六縣東居巢城”，至於定二年之巢，譚文以爲即秦漢時代居巢縣，實際上這兩處同樣也是統一的。民國時曾發現漢居巢劉君冢，壽縣三義集出土有窆石及石羊題字，明確載有“居巢劉君冢”，其地正當六安縣之東北，爲社、六交界之區，可見秦漢時代之居巢確是在六縣之東，故轄境及於壽縣之三義集。

（三）就郟論郟，它仍然不能在淮北：一、太子建母爲蔡女，當時蔡都新蔡，後來就是因爲距吳太遠，難於聯繫，故遷都於下蔡，所以遠楚近吳，太子建母所居之郟必在吳、越之間，而於吳爲近，故能與吳聯繫，倘在淮北或在新蔡一帶中閒隔着楚之州來，那就没有聯繫可能了。二、昭二十四年吳滅巢之役，《左傳》有如下記載：“吳人踵楚，而邊人不備，遂滅巢及鍾離而還。”《史記・越世家》正作居巢，前一年取太子建母於此而本年滅之，兩者必爲一地，鍾離爲楚之邊邑，與吳邊邑卑梁相接近，見《史記・越世家》，居巢亦爲楚之邊邑，“邊人不備”云云可以爲證。吳於昭十三年滅州來，“令尹子期請伐吳，王曰……州來在吳猶在楚也，子姑待之”，顯然是因此地遠吳近楚，所以楚平王説出此種非常有把握之話，它不久的確又爲楚所有。昭十九年傳“楚人城州來，沈銀戌謂其挑吳必敗，昭二十三年吳果然來伐州來”，“吳人御諸鍾離”，此時州來既爲楚有，則其邊邑巢、鍾離不可能越州來而與吳接界，鍾離在今鳳陽，確在淮南，那麼巢或居巢也當與鍾離相同，不得例外。

（四）本銘之居巢已屬戰國末葉，後來秦亦有居巢（《史記・項羽本紀》“居巢人范增”可證），必來自楚，而漢之後居巢則又是來自秦，《漢書・地理志》廬江郡在居巢與雩婁兩縣，而《左傳》昭五年“楚子懼吳，使沈尹射待命於巢，薳其疆待命於雩婁”，則此兩縣溯其遠源皆來自楚，地望亦當相去不遠，漢之居巢上文據考古發現證明其管轄境達於壽縣之三義集，傳統謂在六縣東確實有據。楚之下蔡既在鳳臺，本銘之居巢只能在淮南。故與秦漢之居巢應爲一地，以吳楚戰爭之形勢推之，春秋末年之居巢與此亦爲一地。《太平寰宇記》説"古居巢城陷爲巢湖"，以其與漢六縣及巢湖關係推之，故址應在今六安東南巢湖北岸。

《歷史地理論集》頁 281—283，1982；原載《中華文史論叢》5

〇**黃盛璋**（1982）　秦、漢皆有居巢，范增爲居巢人，此秦之居巢，乃得自楚；漢居巢屬廬江郡，則又承秦縣而來。秦漢之居巢既皆來自楚，應即車節之居巢。此城遺址迄今雖未經考古發現，但轄境所及，則有考古資料可據，這就是拙文舉民國年間出土之居巢劉君冢窆石題字，但出土地點没有交代清楚，又疏忽漏舉出處，數勞學術界問詢，殊爲抱歉，今一併補論於此。

居巢劉君冢窆石題字原物未見，我所據的爲《安徽通志稿金石古物考稿》第二册：

漢居巢劉君篆窆石題字（石出壽縣三人集，今藏至德周氏）

附有摹本，原石不知是否尚存，更不詳流落何處，只能根據摹本。窆石爲一圓石，文字環讀，第一句爲："曰：天帝告除居㯱劉居冢惡氣……"，字迹草率，"㯱"爲"巢"字，源流可以溯考。《考古》1965 年 9 期刊載西安張家坡出土之鯀侯獲巢鼎，巢字作"𣏾"，與此字極近，此字即來源於此而變爲隸書時，筆畫稍加簡化，而結構基本相同，同出還有石羊題字三石，小石羊題字四石，注皆云："石出壽縣三人集。"遍查詳細地圖與縣志，壽縣境内外一帶只有三義集，没有三人集，曾訪問壽縣老人，所説亦同，所以拙文就改爲三義集，推測"人"與"义"字形相似，當係抄寫致誤，前文因字數限制，未加説明，應補於此。

根據字體、文例，此居巢劉君冢爲漢墓無疑，居巢自是劉君所屬之縣籍，單獨只寫死者鄉籍，而前不冠縣名，是從無此例的。

但此墓只能證明漢居巢縣轄境達於三義集，居巢縣治則不能在此，而應在此以南，據《漢書·地理志》：居巢屬廬江郡，合肥與壽縣屬九江郡，六縣屬六安國；杜預《春秋經傳集解》於文十二年"楚人圍巢"下注："廬江六縣東有居巢城。"魏晉時没有六安國，六縣併入廬江郡，至杜預所云："六縣東有居巢城。"則居巢仍存有故城，此即楚、秦、漢之居巢，六縣故城在壽州安豐縣南一百三十里（《括地志》），六安"縣北十三里"（《太平寰宇記》），如此居巢城當在今六安東偏北，而三義集也在六安東北，所以居巢轄境及於三義集，居巢劉君墓葬在此，完全合乎事理。杜預"六縣東有居巢城"之注，一則有當時還有居巢故城爲證，再則又有三義集居巢轄境之墓葬可憑，看來可以定論；而無可置疑之處。居巢縣治確址現雖不能確知,但有此兩點,再加上《漢志》居巢與合肥分屬兩郡,居巢必在合肥之西,並應與注入巢湖西岸之河流有關,傳統以爲居巢即在今巢縣附近,志書並以爲在縣東北五里。今巢縣在合肥東南,與"六縣東"及三義集相去甚遠。當屬漢以後所徙,漢居巢不應在此,也不得遠在桐城縣南六十五里,否則轄境都將不能達到三義集。

秦、漢的居巢即鄂君啓節中之居巢,而楚之居巢,來自春秋之巢,上引杜預居巢城就是注在春秋最早出現之巢下,原爲楚附庸之國,爲楚所滅後,成爲楚之一縣,位置未變,故杜預認爲即秦漢之居巢城,這看法是合理的,春秋吳楚戰爭前後數次爭奪巢,《左傳》皆稱巢,最後一次《史記·吳世家》稱爲居巢,而所本就是《左傳》之文,看來司馬遷也是認爲秦漢的居巢即春秋戰國之巢,而用杜預注之居巢城的位置來考察《左傳》中的巢,都可以統一起來,而没有分爲幾個的必要。

《楚史研究專輯》頁 84—85

○**劉和惠**(1982)　自繁陽東行抵下蔡。下蔡是楚東境最大的邑聚,位於淮河中游北岸,當爲江淮之閒的商品集散地。由下蔡東南行達居巢。

居巢位於何地? 我以爲不會距離今之巢縣太遠。《春秋·文公十二年》有巢,杜預注:"廬江六縣東有居巢城。"《大清一統志》和顧棟高《春秋大事年表》謂,居巢故城在巢縣東北五里。二者説法相近,其方位在合肥東南距江不遠。其時江南尚爲越境,該地是兩國交通要道,所以在此設關。"庚居巢",説明鄂君啓可能也從事楚、越之閒的貿易,不然,節文就無需載明此關了。

《考古與文物》1982-5,頁 64

○**李零**(1986)　居巢,古書記載不一,秦所置居巢縣在今安徽桐城南,或即此。

《古文字研究》13,頁 372

○**陳偉**(1989)　車節居巢之在淮南,經過學者切磋,意見已趨一致。但具體地望又分爲數説。按之《左傳》的有關記載和《左傳》文公十二年杜注,今安徽六安市東北一説較爲可靠。

《江漢考古》1989-3,頁 58

○**張中一**(1989)　"庚居鄛(皂)"的"居"不是地名,是"鄛"的定語。"鄛"通"皂",是一種豆類作物,引申作地名。"槑"會意小樹上掛着許多豆果,引申作城鎮名便寫作"鄛"。今石門皂市發現新石器時代至戰國時期的遺址多處,文化遺物極其豐富,證明皂市歷史悠久。鄂君的車隊在"鄛"地結居,等候舟隊聯運,再"庚郢"回鄂。

《求索》1989-3,頁128

○**湯餘惠**(1993) 居巢,又名郳,在今安徽阜陽縣南六十里。此居巢即《史記·楚世家》太子建母所居,春秋爲蔡邑,地處淮北,車隊經繁陽、下蔡束行抵此。淮南亦有居巢,與節銘居巢無涉。

《戰國銘文選》頁50

【居喪】

○**濮茅左**(2001) (編按:性情29)本簡所涉及的内容賓客、祭祀、居喪等,也見於《周禮·地官·保氏》:"乃教之六儀:一曰祭祀之容,二曰賓客之容,三曰朝廷之容,四曰喪紀之容,五曰軍旅之容,六曰車馬之容。"(中略)但與《周禮》所述次序有異,與《禮記·少儀》"賓客主恭,祭祀主敬,喪事主哀"次序同。

《上海博物館藏戰國楚竹書》(一)頁263

【居貲】

○**袁仲一**(1987) 這批墓志瓦文的十九人中有十人的身份爲居貲。居貲一詞在湖北雲夢出土的秦簡中有不少記載,它是以勞役的形式來抵償罰款。在秦簡的法律條文中貲、贖、債往往連稱,其實三者有着不同的含義。秦簡《金布律》:"有責(債)於公及貲、贖者居它縣,輒移居縣責之"(《睡虎地秦墓竹簡》60頁,下引律文均出此書);"官嗇夫免,復爲嗇夫,而坐其故官以貲賞(償)及有它責(債)……"(63頁);《司空律》:"公士以下居贖刑罪、死罪者……"(84頁)另外,律文中還有"贖宫、贖黥、贖耐"等。上述律文清楚地説明了貲是因有罪而被罰令繳納財物;贖,是繳納財物去贖死刑或肉刑;債,是欠政府的公款。如不納財物而以服勞役代替,則稱居。以服勞役來贖死罪或肉刑叫"居贖"(《司空律》84頁);以服勞役來抵償罰貲,稱"居貲"。關於以服勞役來抵償債務的問題,秦簡的律文中有"居貲贖責(債)"(《司空》84、88頁)。此話不能理解爲以居償債,而是包含居貲、居贖和以居償債三層意思。三者有着不同的含義,不能混淆。

服居貲勞役人員的成分問題,根據秦簡來看,約有以下四部分人員構成:

(1)無力償還罰貲的免任官吏

《金布律》記載:"官嗇夫免,復爲嗇夫,而坐其故官以貲賞(償)及有它責(債),貧竇毋(無)以賞(償)者,稍減其秩、月食以賞(償)之,弗得居;其免殹(也),令以律居之(62—63頁)。"這條律文説明服居貲勞役的人員中没有現任的官吏,只有免去職務無力償還罰貲的故吏。

（2）一般平民

《司空》：“居貲贖責（債）者歸田農，種時、治苗時各二旬。”（88頁）

《司空》：“一室二人以上居貸贖責（債）而莫見其室者，出其一人，令相爲兼居之。”（85頁）

《司空》：“居貸贖責（債）者，或欲籍（藉）人與並居之，許之，毋除繇（徭）戍。”（85頁）

上面三條律文所説：自己有田地，一年需要兩次歸田耕種和管理禾苗者；一家中有兩人服居貲勞役，因無人照管家務，需要放出一人照管家務者，以及藉人和其一起服役者，應是一般自耕農或其他平民。這部分人雖有部分財物、田地，但生活貧困，無力償還罰資，必須以勞役抵償。

（3）私家奴隸

《司空》：“人奴妾居贖貲責（債）於城旦……”（84頁）

《司空》：“百姓有貲贖責（債）而有一臣若一妾，有一馬若一牛，而欲居者，許。”（85頁）

“人奴妾”即私家奴隸，其本身不會犯貲罪，應是被地主、貴族用來抵償贖貲債而服城旦勞役的。第二條律文説得更清楚，地主和貴族有貲贖債者可以用臣妾或牛馬代爲居作。

（4）官府的吏臣妾

《金布律》：“……及隸臣妾有亡公器、畜生者，以其日月減其衣食，毋過三分取一，其所亡衆，計之，終歲衣食不踐以稍賞（償），令居之……”（60頁）這是官府奴隸以勞役抵償罰貲。

服居貲勞役的四種人中，一無現任的官吏，二無大地主、貴族，只是免職的貧困小吏、一般平民和被地主、貴族用來代爲居作的奴隸，以及官府的隸臣妾。秦始皇陵西側趙家背户村墓地出土的瓦文記載的十個服居貲勞役者，有九人有爵位，其中公士三人，上造一人，不更五人；另一人爲無爵的平民。秦爵二十等，公士爲一級，上造二級，不更四級。這些人應是免任的下級小吏，公士和上造者中也可能有一般未曾任過職的自由民，與秦律的記載基本相符。

關於服居發勞役的期限：

《司空》：“以令日居之，日居八錢；公食者，日居六錢。”（84頁）

《司空》：“其日未備而被入錢者，許之。”（85頁）

《金布律》：“未賞（償）及居之未備而死，皆出之，毋責妻、同居。”（63頁）

《司空》：“官作居貲贖責（債）而遠其計所官者，盡八月各以其作日及衣

數告其計所官,毋過九月而齎(畢)到其官;官相絾(近)者,盡九月而告其計所官,計之其作年。"(85 頁)

從上律文可知:(1)服役的開始時間,"以令日居之",即以官府判決所規定的日期開始;(2)服役完結的時間,有三種情況:第一,每服役一天抵償八錢,公食的抵償六錢,至抵償清被罰錢財的數額爲止;第二,服役一段時間,其剩下的未抵償完的數額能以現金償者,當不再繼續服役;第三,服役的天數未完而死亡,即免其居作,不再令其家屬代替。(3)最後一條律文說明服居貲勞役者,是由原判地方的官府掌管其服役的期限。在另一官府勞作時,必須在年終前將其勞動天數和領衣數通知原計賬官府。由此可以推知參加修始皇陵的服居貲勞役的人員是受雙重官府管轄,即原籍官府和負責修陵的官府。

關於服居貲勞役者的生活待遇:其衣食情況,有自給和公給兩種形式。飯食自給的"日居八錢","公食者,日居六錢"(《司空律》84 頁)。"居官府公食者,男子參,女子駟(四)",即男子每餐三分之一斗,女子每餐四分之一斗。"凡不能自衣者,公衣之,令居其衣如律然"(《司空律》85 頁)。意即凡由官府供給衣服和飯食的,要以勞役抵償。而以勞役抵償貲贖債被拘繫服和城旦舂一樣勞役的人,則"勿責衣食"。私家奴隸拘繫服城旦舂勞役的,則"貣(貸)衣食公,日未備而死者,出其衣食"(《司空》87 頁)。修始皇陵的這些服居貲勞役的人,從事的是繁重的土方工程,應視爲和城旦舂所從事的相同性質的勞動。但他們不是奴隸,也不是被拘繫勞動。因此,官府供給其衣食要以勞役抵償。

其待遇情況,《司空》記載:"人奴妾居貲贖責(債)於城旦,皆赤其衣,枸櫝欙杕,將司之。"(84 頁)又說:"毋令居貲贖責(債)將城旦舂……居貲贖責(債)當與城旦舂作者,及城旦傅堅,城旦舂當將司者,廿人,城旦司寇一人將。"(89 頁)參加修築始皇陵的服居貲勞役者,在他們的屍骨附近未發現任何刑具遺物或遺迹。可能是因爲他們不是人奴妾,他們不穿紅色囚衣,不施加木械、黑索和鉗鈦。但他們在監管下從事繁重的勞役,其處境也是非常悲慘的。

《秦代陶文》頁 33—36

【居𣏌】

○中大楚簡整理小組(1977)　(編按:信陽 2・27)結緱。

《戰國楚簡研究》2,頁 27

(編按:望山 2・45)"居𣏌"疑即居巢,今謂之笙。《雲笈七籤》卷九十六云:

"秀琰鳴洞簫,小婣云居巢。"注:居巢,"笙也。"簡文云二居桌,即二笙。

《戰國楚簡研究》3,頁 47

○**劉雨**(1986)　結□。

《信陽楚墓》頁 130

○**郭若愚**(1994)　二結□

結,詁縷。草名。釋文見二一二三簡。

《戰國楚簡文字編》頁 99

○**朱德熙、裘錫圭、李家浩**(1995)　《方言》卷五:"甾,……趙、魏之間謂之桌。"《儀禮·有司徹》鄭玄注:"此二匕者(指疏匕、桃匕)皆有淺斗,狀如飯操。"簡文之"桌"疑當是飯操之類。"居"疑當讀爲倨句之"倨",指柄與器身成鈍角。《禮記·樂記》:"倨中矩,勾中鈎。"此墓出土兩件長柄漆圓勺,而未見操一類器物。

《望山楚簡》頁 124

○**劉國勝**(2003)　二居桌

"二"下字二字當釋爲"居桌"。望山遣策 45 號簡記"一雕桱,一房几,二居桌"。該墓前室出土的 2 件漆木長柄"勺"(1-134、1-135),與望山 M2 出土的 2 件"A 型"長柄漆木"勺"形制相似,可能即是所謂的"居桌"。

《楚喪葬簡牘集釋》頁 27—28

眉 𥄂

故宮 416　　集粹

○**商承祚**(1962)　弨字从弓,召聲,召字的匸,與下一字"自"的頂部都增多一筆,就不象口與自字了。尤其是匸的底足與"自"字的寫法完全一樣,與新字的斤旁改爲𣁋,都極容易令人產生疑惑或錯覺,如果不仔細考慮,是不敢確定其爲何字的偏旁的。

《文物》1962-11,頁 58

○**李零**(1989)　四、新弨自敏戟的國別與越國字體的特徵問題

這件戟是 1955 年湖北南漳縣出土,現藏襄陽地區博物館(仲卿《湖北襄陽專區發現的兩件青銅器》,《文物》1962 年 11 期)。其銘文作:

新弨自敏(令)弗(鈇)戈(戟)(胡部)

它的出土地雖屬古代楚國,但從字體特徵看應是越國鑄造。

　　銘文"新弚自敿",容庚、商承祚兩先生以前兩字爲人名,後兩字爲動詞,我們懷疑"弚自"是官署名或地名,"敿"應同曾侯乙墓遣册的"宮廄敿、新官敿"等等,讀爲"令",是新任的"弚自"之令。"弗"即鄦侯脮戈之"鈇",《玉篇》:"鈇,飾也。""我"即"戟"字。

　　上述銘文中的"弚"字,原銘正當斷折處,作𤰺,這個字和它的右半所從在越國銅器中出現很多,如所謂"鄙原鐘"(兩件《三代》1·35—39),按:這個名稱並不正確,也有人稱之爲"奇字鐘"),兩者各出現五次;所謂"支利殘片"(《文物》1961 年 10 期 25 頁),兩者各出現二次;還有所謂"越王者旨於睗"諸器的"旨"字、"越王亓北古劍"的"古"字也同於後者。這個字,容庚、商承祚兩先生釋爲"弨",我們注意到它的右半所從實與所謂"越王者旨於睗"諸器的"者"字(作𦥯)下半所從相同。西周金文"者"字一般下半從𣥂,春秋戰國以來或演變爲𧾷(陳侯午敦)、𠫑(侯馬盟書)等形,並不是"旨、古"或"召"字。《説文》將者字隸於白部(不是白色的白而是自字的別體)下半從白,此從《説文》隸定。

　　上述銘文中的"自"字作𦣻,與越王州勾矛(《書道全集》〈1965〉第一卷104)和自乍用戈(《三代》19·37·2)中"自乍"的"自"字基本相同,這也是越國文字的寫法。

《古文字研究》17,頁 285—286

○**何琳儀**(1998)　　𥄂十鐘三·三五　管眉　𥄂故宮四一六　眉印

　　《説文》:"𥄂,臥息也。從尸、自。"自亦聲。或據大徐本説解、反切,歸眉爲月部。茲據小徐本之"自聲"及《集韻》"虛器切",歸眉爲脂部。

　　秦璽眉,人名。

《戰國古文字典》頁 1272

展　𡱝

𡱝集粹

○**睡簡整理小組**(1990)　　(編按:封診式 2)展,陳述,《左傳》襄公三十一年注:"陳也。"

《睡虎地秦墓竹簡》頁 148

○**何琳儀**(1998) 《説文》:“展,轉也。从尸,㠣省聲。”“㠣,丹縠衣。从衣,㠭聲。”睡虎地簡展,見《左·襄三十一年》“各展其物”,注:“展,陳也。”

《戰國古文字典》頁 1021

○**湯餘惠等**(2001) 展。

《戰國文字編》頁 587

屆 

集粹

○**湯餘惠等**(2001) 屆。

《戰國文字編》頁 587

屖  腓

曾侯乙 13 曾侯乙 22 曾侯乙 124 曾侯乙 127 璽彙 0330

新收 1080 耳盃 貨系 4175 貨系 4176

先秦編 286 先秦編 286 先秦編 286

錢典 249 貨系 4179 貨系 4199 先秦編 273 先秦編 273

中國錢幣 2004-2,頁 39 中國錢幣 2004-2,頁 39

上博四·昭王 6 上博四·昭王 6 上博四·昭王 8

上博四·昭王 9 上博四·昭王 10

○**何琳儀**(1986) 殿  隨縣簡。

《古文字研究》15,頁 124

○**李家浩**(1986) c 幣的背面還有兩個字:

e 七傎。

(中略)“傎”字舊釋爲“貨”。按此字右旁與漢印文字“真”近似,故改釋爲“傎”。這個字亦見於下録耳杯銘文:

f 冢(重)十六傎。(《陶齋吉金録》5·3)

从耳杯銘文來看,“傎”當是一個重量單位。據幣文和實測,c 與 d 的比值是

1:4,釿與賦的比值是 1:7;一釿之重約在 35 克左右,一賦之重約在 5 克左右。

《江漢考古》1986-4,頁 86

○**裘錫圭、李家浩**(1989) "屍",或作"輾"。簡文所記的"屍"有大屍、左屍、右屍,與大旆、左旆、右旆相對,是"屍"或"輾"並當讀爲指殿後的兵車的"殿"。《左傳》襄公二十三年"大殿,商子游御夏之御寇,崔如爲右",杜預注:"大殿,後軍。"《文選・東京賦》"殿未出乎城闕,旆已返乎郊畛",薛綜注:"旆,前軍。殿,後軍。"

《曾侯乙墓》頁 512

○**黃錫全**(1990) 貨 ⿰ 貨幣文(或釋賦)。

《華夏考古》1990-3,頁 106

○**何琳儀**(1998) 屍,金文作 ⿰(師袁簋),从亓从尸,會臀部位置之意。臀之初文。《集韻》:"屍,《説文》髀也。或作臀。"尸亦聲。屍,定紐諄部。尸,透紐脂部。透、定均屬舌音,脂、諄爲陰陽對轉,屍爲尸之準聲首。戰國文字或加爪繁化,或加典爲聲符(秦文字)。《説文》"⿰,髀也。从尸,下丌居几。腗,屍或从肉、隼。臀,屍或从骨,殿聲。"

隨縣簡屍,讀殿,殿後之兵車。《左・襄廿三》:"大殿,商子游御夏之御寇,崔如爲右。"注:"大殿,後軍。"

《戰國古文字典》頁 1232—1233

(編按:璽彙 0330) 昜,从尸,勿聲。疑僪之異文。《方言》:"僪,邈離也。吳越曰僪。"《廣韻》:"僪,離也。"

齊璽昜,不詳。

《戰國古文字典》頁 1306

賦,从人,真聲。顛之異文。《正字通》:"賦,同顛。"

戰國文字賦,不詳。

《戰國古文字典》頁 1115

○**湯餘惠等**(2001) 賦。

《戰國文字編》頁 566

○**陳劍**(2002) 戰國貨幣中有一種面文爲"⿰(原注:此字尚不能確識。目前流行的有"扶、橅、橈"等釋法,采用同一隸定的學者對其含義的解釋也往往不同。以下姑徑釋作"扶")比(幣)堂(當)忻(釿)"的大型布幣(以下簡稱"扶布"),傳世和歷年發掘所得已共有約 300 品。過去一般認爲係戰國中晚期楚國鑄幣。其背文爲如下二字:

　　舊錢幣著録書一般釋爲"十貨"。按首字明明是"七"而非"十",此點經李家浩先生首先指出後,現已爲古文字研究者所普遍接受。第二字(以下用"△"代表)從形體上看明顯與"貨"字差得很遠。吳振武、李家浩二先生較早分別提出釋"傎"之説,得到很多學者的贊同。近年黃錫全、劉宗漢二先生又不約而同地對釋傎之説加以推闡。他們根據漢人"貨"字寫法有時與"傎"混同的情況,認爲△字字形當隸定作"傎",而實應釋讀爲"貨"。

　　把△字直接釋爲"貨"從字形上看顯然是不行的。釋"傎"之説有一定的字形根據,值得認真考慮。按真字金文作□(伯真甗)、□(季真鬲)、□(真盤。以上三形並見《金文編》第 575 頁),本當從貝匕聲。匕即《説文》"殄"之古文□,象倒人形,應是"顛隕"之"顛"的表意初文(原注:此説聞之於裘錫圭先生),真、顛、殄三字並音近。季真鬲真字從鼎,"'貝''鼎'二字形近,在古文字中作爲偏旁時往往混用,故金文'真'字或寫作從'鼎'"。伯真甗真字又加注了"丁"聲,真盤真字加了意符"丌"。戰國文字中的真字形體大致可分爲□和□兩類(看何琳儀先生《戰國古文字典——戰國文字聲系》第 115 頁,中華書局 1998 年),前者改□爲形、音俱近的"貞",後者則當由□下加"丌"的那類形體演變而來。秦漢文字中的真字形體也可大致分爲兩類,一類作□(睡虎地秦墓竹簡《法律答問》簡四九)、□(《漢印文字徵》八·一〇下),由前舉金文真盤真字寫法發展而來;一類作□(馬王堆帛書《周易》四)、□(《漢印文字徵》八·一〇下。以上四形並見《秦漢魏晉篆隸字形表》第 580—581 頁),上部所從當由"匕"繁化(原注:古文字中"匕"形變作"屮"的情況還見於妣、老等字。參看吳振武《戰國貨幣銘文中的"刀"》,《古文字研究》第 10 輯,中華書局 1983 年),與戰國文字中真字第二類形體上半所從相類。而戰國文字中從貞從丌的那類形體則被淘汰。從以上的簡單分析中可以看出,真字形體演變的脈絡是很清晰的。與它相比較,△字右半,特別是右半上部所從的"屮"(原注:這部分形體變化不大,基本特徵是與"中"形相似,而豎筆之頭大多向左彎曲。上注所引吳文將其摹作□、□,故與"真"字上部相似,不確),上不合於金文,下不合於秦漢篆隸,與同期戰國文字中真字的寫法也不相同。如果説"屮"形是由"匕、屮"等形體訛變,又找不到佐證和演變的中間環節。因此可以認爲,把△右半所從隸定爲"真"在文字學上的根據仍嫌不足。

　　再者,△字左半所從其實也並非"人"字。這部分形體有□□□□等寫法(看《大系》第 1048—1052 頁),變化不大。按戰國文字尤其是楚系文字中,人字和作偏旁的人字大多寫作ㄟ、ㄟ、亻等形。前兩形常見於楚系簡帛文字（看滕壬生先生《楚系簡帛文字編》第 648—673 頁），後一形常見於戰國金文（如中山王器人及從人諸字。看《金文編》第 556、558、563、566 等頁）和璽印文字（看《古璽文編》八·一—八·四）。而作偏旁的"尸"字則往往末筆彎曲度減小，作亻、亻等形（看《楚系簡帛文字編》第 691—701 頁），與小篆的"人"字形體頗爲相近。換句話説，本來在早期古文字和後來的秦漢文字中，"人"跟"尸"主要是以末筆的彎曲度來區分的；而在六國文字中，由於尸字末筆寫得越來越直，與人字近似，兩者的區別主要就改由兩筆在字形上部的不同交接形態來體現了。鄂君啓節中㞷、尻所從尸作亻，飤所從人作ㄟ，兩者的區別很清楚。由此可見，△字左半所從從形體上看實應是"尸"字。這一點還可以由齊系金文中的△字得到明確的證實。

《陶齋吉金録》5.3.1 著録一件銅耳杯，其銘文爲"㐅（重）十六[漢]"。末一字李家浩先生首先指出與我們所討論的"△"爲一字，"當是一個重量單位"，這無疑是正確的。近年山東臨淄商王墓地戰國晚期齊國墓葬中又出土兩件銅耳杯，其一左耳刻銘"鈈（杯），大貳益，㐅（重）參（叁）十[漢]"，另一件一耳底部刻銘："厶（私）之十，㐅（重）一益卅八[漢]"（見上圖）。兩銘末一字從形體和用法考察，與我們所討論的"△"無疑也當是一字。以上三形左半所從明顯都是"尸"字。"㐅十六"杯從文字風格看似亦當爲齊器。此三形所從尸字末筆彎曲明顯，與枺布背文△字所從不完全相同，應是齊楚文字地域差異所致。

更爲重要的是，臨淄新出兩件耳杯上的"△"字右旁上半所從作"屮"，與枺布背文"△"字右旁上半所從作"屮"比較，很明顯地前者比後者更爲原始。雖然屮形未必直接由屮形訛變，但在字形演變序列中屮要比屮靠前，而不應該相反，這一點是可以肯定的。循此重要線索，再結合此字左半從"尸"考慮，很容易想到：它應當是"屎"字。

"屎"《説文·尸部》篆形作"屎"，解釋爲"髀也。从尸下丌居几"。或體作胖、臗，西周、春秋金文中屎字作：

A 〔字形〕史密簋，《文物》89 年第 7 期第 65 頁圖三、圖四　B 〔字形〕永盂，《殷周金文集成》16.10322

C 〔字形〕史展壺蓋，《殷周金文集成》15.9718　　　D 〔字形〕内子仲展鼎，《殷周金文集成》4.2517

E 〔字形〕展敖簋，《殷周金文集成》8.4213

臨淄市博物館、齊故城博物館《臨淄商王墓地》（齊魯書社，1997 年）第 175 頁圖五、圖六

　　劉釗先生首先釋出了 A、C、D 三形"屄"字,在史密簋中把它讀爲殿軍之"殿",從字形、文意各方面看都非常合適,其説確不可易。屄字的初形"屄"可以分析爲从尸从𠂤,𠂤亦聲,本意當指人之尻臀,是"臋"(臀)的古字(原注:"𠂤"《説文》訓爲"小阜",是"堆"的古字。殷墟甲骨文中用作師旅之師的"𠂤"字多寫作"",日人加藤常賢《漢字的起源》一書中認爲字本爲横書作形,象人之臀尻[看徐中舒先生主編《甲骨文字典》第1500頁]。此説很有道理,得到不少學者的贊同。"屄"字所从的"𠂤"正位於人之臀部,很可能最初"屄"字就是在人形的臀部處畫出尻臀之形[即"𠂤"]來表意的。不過值得注意的是,甲骨文中還有寫作""或""形,表示殿堂之"殿"的"𠂤"字,在早期卜辭中它和用作師旅之師的""字從不相混。裘錫圭先生認爲它們有可能"本來是兩個字,後來才混而不分"[看《釋殷墟卜辭中與建築有關的兩個詞——"門塾"與"𠂤"》,收入《古文字論集》190—195頁,中華書局1992年],應該是正確的。因此,直接就把"𠂤"字講成"膗"[臀部古稱"膗"]的古字,恐怕是不夠全面的。此外,從語言的角度講"堆"和"膗"這兩個詞無疑具有同源關係[看前引裘先生文],但它們在意義上恐怕也並不存在由誰引申出誰的問題)。前舉 C、D、E 諸形係"屄"字又加注意符"丌"而成,"丌"後來就演變爲小篆所从的"几"(原注:後文將要舉到兩品枔布背文屄字所从之"丌"作""形,已與"几"形近似。又:現有古文字材料中還缺乏由右下从丌的"屄"演變爲小篆""形的中間環節。西周中期的師袁簋屄字作"",所从""意不明。曾侯乙墓竹簡屄字在此類寫法基礎上增加了"丌"作形。小篆""形也可能是由這類形體演變而來的。參看張世超先生《史密簋"屄"字説》,《考古與文物》1995年第4期)。

　　我們知道,古文字中作偏旁的"𠂤"字往往寫作"𦣻"。這種習慣至遲從西周中期的金文開始就已出現,一直延續到戰國時代。以下所舉只是一部分例子:

　　　　F　遺執馭獻盇　　　　G　償厚趠鼎

以上兩器唐蘭先生斷爲西周昭王時器。二字所从的""唐先生釋爲"貴"字別構,分析爲从貝从𠂤聲(歸、貴聲同,歸字本也从𠂤聲)。"償"字還見於近年新出的包山楚簡、晉侯蘇鐘等。

　　　　H 辥毛公鼎

毛公鼎是西周晚期宣王時器。西周早期成王時的何尊辥字尚只作,辥字本从𠂤丂聲,後𠂤演變爲𦣻,丂類化爲辛。《説文·𦣻部》:"𦣻,危高也。从𠂤,中聲。讀若桌。""讀若桌"之"𦣻"應就是從"辥"字中析出"𦣻"並據辥字別構音讀的結果。

　　　　I 追陳貯簋　從"𦣻"的追字又見叔弓鎛、余贎速兒鐘等。

　　　　J 官《曾侯乙墓》圖版二一五,簡143　同墓所出鐘銘所記音階名歸、歸、𥪂都从。

　　以上事實足以證明，⿰⿱形可能也曾經有過從屮作⿰形的異體。這是它演變爲
△形的一個重要中閒環節。

　　"自"字作偏旁還可以橫置，如魏平安君鼎官字作⿰，三體石經古文師字
作⿰，歸字作⿰等。前引 D 内子仲展鼎展字所從的自已經橫置寫作⿰形（C、E
兩形的自字也都橫置，這可能跟因爲下加了"丌"而要避免字體過長有關），如
果從屮的展字也將自字橫置，就很容易變成齊系金文展字所從的"⿰"形了（原
注：現藏山東臨淄齊都博物館的一件石磬上刻有"樂、⿰"二字［吳釗《追尋逝去音樂的踪迹—圖説中國
音樂史》第 89 頁圖上 8.25，東方出版社 1999 年］，末一字所從的"⿰"也可能是"自"字變體）。《説
文》師字古文作⿰（原注：中華書局影印陳昌治一篆一行本作⿰，上部微有訛誤，清人注本尚多不
誤），《汗簡·叩部》作⿰，上半很明顯就是由⿰一類形體訛變而成的。我們知
道，《説文》古文很大部分來自孔壁中經，其字形多與戰國齊系文字相合。古
文師字所從能與齊系金文展字所從相印證，這恐怕也不是偶然的。

　　枎布背文△字所從的"⿰"，也應該是由"⿰"形訛變而成的。追尋其演變
過程，有以下幾點值得注意：前舉 E 展敖簋（西周晚期至春秋早期）中自字已
經寫作⿰形；包山楚簡中償字所從的"屮"或作⿰（簡 55）、⿰（簡 46）；枎布背文
△字或作⿰（《古錢大辭典》上編一.二），或作⿰（《天津市歷史博物館藏中國歷
代貨幣·第一卷先秦貨幣》第 179 頁，天津楊柳青書畫社 1990 年 4 月出版。此
形的特點是⿰尚與⿰相連）。以上事實，已足以勾勒出⿰演變爲⿰的輪廓。

　　總之，雖然可以確定爲"展"而寫作從"屮"的形體至今並未發現，但假設
展字經過這樣一個中閒環節而演變成爲我們所討論的△字，字形上的證據是
比較充分的，釋"△"爲"展"當無可疑。下面我們就在此基礎上來討論△字的
用法。

　　臨淄商王墓地所出銅耳杯之一記自重"叁十展"，經實測重 116.71 克，
則一展約等於 3.89 克；枎布鑄作精好者一般重 35 克左右，據其自記"七
展"，則一展當在 5 克左右。兩個資料不同，可能是當時齊楚衡制不同的反
映。根據"展"表示的大約重量，結合其讀音考慮，我們懷疑它應該讀爲
"錘"。

　　"錘"古音在定母歌部，展古音在定母文部。它們的聲母相同，韻部則有
一定距離。不過應該考慮到如下一些情況：錘在指一種長柄圓頭的兵器時，
與鎚、槌、椎可以通用，可以認爲在這個意義上是異體字；錘常訓爲"權"，而
《廣韻·脂韻》："鎚，金鎚。又權也。《文字音義》云從垂，亦通。"錘可訓爲
"鍛"（見《集韻·紙韻》、《莊子·大宗師》成玄英疏），而《集韻·灰韻》亦云：

"鎚,鍛也。"在這個意義上鎚與錘音近義同。而鎚在定母微部,與展聲母相同,韻部有嚴格的陰陽對轉關係。又前文已經談到,展本爲"臀"之古字;而臀部古又稱"脽",脽與臀、胖當本爲一語之分化。脽字《廣韻》音示佳切,古音在禪母微部。禪母定母古讀相近,歌微二部關係至爲密切,都是大家早已公認的,可見脽與錘讀音亦相近。最後,還應該考慮到方音的因素。楊雄《方言》卷六:"鈂、錘,重也。東齊之閒曰鈂,宋、魯曰錘。"記錄的應該是同一個詞在不同方言區的不同讀音。鈂、展古音極近(睡虎地秦簡展作"屒",殿作"𣪠",就是把所從的"𢏚"或"𢏚"改成形體有聯繫的"典"以充當聲符),鈂與錘的讀音的關係,與我們所討論的"展"與"錘"可以類比。

一錘之重古書中凡有三説:1.八銖,見《説文·金部》錘下、《淮南子·説山》高誘注;2.十二兩,見《淮南子·詮言》高誘注;3.六銖,見慧琳《一切經音義》卷一百引應劭《風俗通義》。十二兩顯然過重,可以不論(原注:戰國時人常常"錙銖殊""錙錘"並提,極言事物之量小和微不足道。《淮南子·詮言》高注原文爲:"六兩曰錙,倍錙曰錘。"戰國時的錙、錘絶不至如此之重)。八銖説和六銖説,分別用來解釋枚布背文和齊耳杯銘文,正好比較合適。

《追尋中華古代文明的踪迹》頁 49—53

○李守奎(2003) 陳劍先生釋展,可從。

《楚文字編》頁 500

○陳佩芬(2004) "𩰫(龔)之脝",人名。青銅器《鄂君啟節》有人名"大攻尹脽"。"脝、脽"形、義相通。然"𩰫(龔)之脝"之名不見於經籍。

《上海博物館藏戰國楚竹書》(四)頁 187

尼 𡰪

陶彙 5·48　 陶彙 5·47　 秦陶 1362

上博三·中弓 8　 上博五·君子 10　 上博五·君子 11

○高明、葛英會(1991) 尼。

《古陶文字徵》頁 81

○何琳儀(1998) 尼,甲骨文作𡰪(乙 3212 秜作𣐙)。從反人,從尸,會二人相背嬉戲親暱之意。典籍通作暱。《説文》:"暱,日近也。從日,匿聲。《春秋傳》曰,私降暱燕。昵,暱或從尼。"尸亦聲。戰國文字承襲甲骨文。《説文》:

"𡰪,從後近之。从尸,匕聲。"許慎所謂"從後近之",參《醫心方》十三"男女相背,以兩手兩腳俱據牀,兩尻相柱"。

秦陶尼,人名。

《戰國古文字典》頁 1229

○李朝遠(2003)　(編按:中弓 8、10、28)中(仲)尼。

《上海博物館藏戰國楚竹書》(三)頁 269、270、282

○張光裕(2005)　"仲屖",即"仲尼"。"屖",原簡書作"",字又有從"辵"者,"屖、遲"説義,詳見《上海博物館藏戰國楚竹書(二)·從政(甲)》第十三簡"不必才近遲樂"條下。

《上海博物館藏戰國楚竹書》(五)頁 260

𡰪 𡰪

陶彙 3·955

○高明、葛英會(1991)　𡰪。

《古陶文字徵》頁 41

○何琳儀(1998)　𡰪,从又从尸,會意不明。尸亦聲。𡰪,泥紐;尸,透紐;均屬舌音。𡰪爲尸之準聲首。或説𡰪从尼省聲。《説文》:"𡰪,柔皮也。从申尸之後。尸或从又。"𡰪之或體从又不从叉,與戰國文字吻合。

齊陶𡰪,人名。

《戰國古文字典》頁 1034

○王恩田(2007)　釋作"𡰪"或"及"(編按:字头"𡰪"下隸作"及")。

《陶文字典》頁 70

△按　此爲單字陶文,當用作人名。

屖 屖

集成 261 王孫遺者鐘　　集成 2811 王子午鼎　　集成 287 曾侯乙鐘

集成 9719 令狐君嗣子壺　新蔡甲三 173　上博一·詩論 2　上博四·曹沫 22

近出 72 王孫誥鐘十三　集成 287 曾侯乙鐘

季木 2·1

○**高明、葛英會**（1991）　　屖。

《古陶文字徵》頁 82

○**何琳儀**（1998）　　令狐壺　　曾樂律鐘 287・5　　293・6

屖，甲骨文作（類纂 2514）。从辛，尸聲。本義不明。屖與辟之初文（粹 1280）相似，但形體有別。西周金文作（五祀衛鼎），春秋金文作（王孫鐘）。後者右下加弧形飾筆。戰國文字承襲兩周文字。辛旁或加一飾筆，或加二飾筆。《説文》：“屖，屖遲也。从尸，辛聲。”或説，屖爲夷傷之夷的初文。

令狐壺“屖屖”，讀“遲遲”。《禮記・孔子閒居》：“威儀遲遲。”《爾雅・釋訓》：“遲遲，徐也。”

曾樂律鐘“屖則”，讀“夷則”。《詩・小雅・四牡》“周道倭遲”，《文選・琴賦》注引《韓詩》遲作夷。《史記・田敬仲完世家》“仲生穉孟夷”，索隱：“《系本》作夷孟思。”是其佐證。“夷則”，十二律之一。《周禮・春官・大司樂》：“鍾舞大夏，以祭山川，乃奏夷則。”注：“夷則，陽聲第五，小吕爲之合。”《國語・周語》下：“五曰夷則，所以詠歌九則，平民無貳也”。

《戰國古文字典》頁 1232

○**馬承源**（2001）　　（編按:詩論 2)丌樂安且屖　屖，从尸从辛，辛左右兩旁有增飾筆道。金文“屖”字或左旁有增飾筆道，左右兩旁皆有增飾的，見於《命瓜君壺》“屖屖康盅”。但《鳳羌鐘銘》“樂辟韓宗”之“辟”，也寫作从尸从辛，但没有增飾筆道。簡文是指樂曲，宜讀如壺銘爲“屖”。“屖”或作“遲”，也通作“遲”，棲遲緩慢之意。辭文説《訟》樂曲節奏安和而緩慢。

《上海博物館藏戰國楚竹書》（一）頁 127—128

○**賈連敏**（2003）　　（編按:新蔡甲三 173)疾屖（遲）瘧（瘥）▢。

《新蔡葛陵楚墓》頁 193

○**李零**（2004）　　（編按:曹沫 22)俤（弟）。

《上海博物館藏戰國楚竹書》（四）頁 257

屠　屚　睹

屠集粹　　屠秦印

內蒙古金融研究・錢幣專輯 2000-1，頁 83

郭店・窮達 5

○**黃錫全**(2001)　“䁺”布考

此布通高 11.9、肩距 4.7、足距 5.6、肩尖與足尖相距 8.2 釐米,重 28.94 克。面部中閒靠近襠處有 1 字,比較清晰(圖 1)。

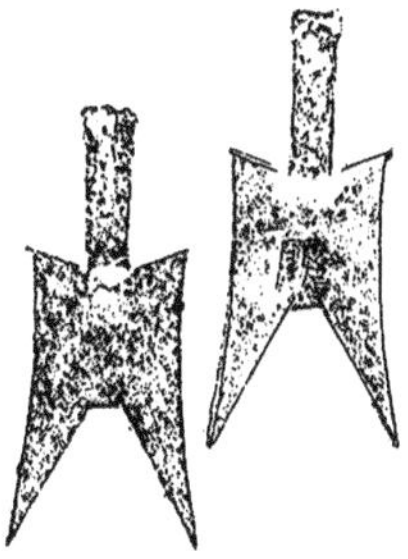

圖 1

布文上部所从當是“户”字。《說文》户下云“半門曰户”。門下云“从二户”。布文“户”上似乎多出一畫,與下列之字類同:

魯氏孚父簠㞋　寧簋庫　师酉簋門　楚簡㡿扂㢓房

“者”形與陳侯因資敦、中山王墓兆域圖等者字類同。从户从者,即䁺字。字書中未見从户从者的𢉖字。我們以爲,此字有可能就是“䁺”字。因户與尸形近,易訛或誤。如不屬這種情況,那就是借𢉖爲䁺,因二字均从者聲。《說文》䁺:“刳也。从尸,者聲。”除布文外,此前在先秦古文字中還未見到“䁺”字,漢印、漢簡䁺字則从尸。先秦時期的䁺字是否从尸,這一疑問只好留待以後發現此字時再作評判。

《詩·韓奕》:“出宿于䁺。”傳:“䁺,地名也。”《說文》鄌:“左馮翊鄌陽亭。”段玉裁《說文解字注》:“謂左馮翊鄌陽有鄌亭也。各本作‘鄌陽亭’,誤。今依《集韻》《類篇》、王伯厚《詩地理考》正。《大雅·韓奕》‘出宿于䁺’,毛曰:‘䁺,地名。’宋濦水李氏謂地在同州鄌谷,是也。按䁺、鄌古今字。顧氏祖禹《讀史方輿紀要》作荼谷渡,云在今陝西同州府郃陽縣東,河西故城南。”胡承珙《毛詩後箋》曰:“周都鎬京在今陝西長安縣西南,同州在今長安縣東北二三百里,郃陽又在同州東北百餘里。鄭箋曰‘阻於國外畢,乃出宿’,則䁺必非郃陽之鄌亭。古字䁺、杜通,當即鄠縣之杜陵耳。”學術界或主前說,或主後說。

尖足空首布多出土於山西侯馬一帶,西離郃陽鄌亭較近,而遠離西安東之杜陵。尖足空首布的“䁺”應是郃陽的䁺亭。由此,亦可佐證《詩》之“䁺”地應當在今之合陽東。譚其驤主編《中國歷史地圖集》定䁺在黃河西岸。以出土實物證《詩》之地名,此乃一佳證。䁺地戰國前期屬魏,春秋屬晉。

𢉖　䁺　《內蒙古金融研究》2000 年增刊 1　《詩·韓奕》“出宿于䁺”。陝西合陽東。

《先秦貨幣研究》頁 40、61

屋 囷

屋 睡虎地·日乙 191 貳　　　屋 睡虎地·日乙 112

圉 璽彙 3143　　　璽彙 0015　　　璽彙 5541　　　璽彙 5546

望山 2·2　　　望山 2·15

○**羅福頤等**（1981）　　（編按：璽彙 3143，原誤作 3134）屋。

《古璽文編》頁 221

○**吳振武**（1983）　　（編按：璽彙 0015）顗（夏）都司徒·顗（夏）屋都司徒。

《古文字學論集》（初編）頁 487

○**朱德熙、裘錫圭、李家浩**（1995）　　《說文》“屋”字古文作囷，與此字相似。
《漢書·陸賈傳》“去黃屋、稱制”，顏師古注：“黃屋，謂車上之蓋也。”

《望山楚簡》頁 116

○**劉信芳**（1997）　　（編按：望山 2·2）“屋”謂車蓋，《漢書·陸賈傳》：“去黃屋稱
制。”師古注：“黃屋，謂車上之蓋也。”

《中國文字》新 22，頁 169

○**何琳儀**（1998）　　屋，金文作屵（儠匜鼄作囷）。从厂从半，會意不明。戰國
文字从室，與从厂均表示可居住之意。燕系文字屋上疑从虍聲。秦系文字由
籀文圉省簡。《說文》：“囷，居也。从尸，尸所主也。一曰，尸象屋形。从至，至
所至止。室、屋皆从至。圉，籀文屋，从厂。囷，古文屋。”

　　燕璽“顗屋”，讀“夏屋”，地名。

　　晉璽屋，姓氏。屋引氏後改爲屋氏，見《魏書·官氏志》。

　　望山簡屋，見《漢書·陸賈傳》“去黃屋稱制”，注：“黃屋，謂車上之
蓋也。”

《戰國古文字典》頁 331

○**李守奎**（2003）　　屋　與《說文》古文形近。

《楚文字編》頁 520

△**按**　　清華簡《赤鵠》中之“屋”字作囷、囷等形，亦與《說文》古文形近。《望
山》2·2“丹組之屋”的“屋”意爲車上之蓋。屋氏之“屋”，《魏書·官氏志》
云：“屋引氏後改爲屋氏。”

屏 屛

屛睡虎地・日乙 190 貳　　屛睡虎地・日甲 157 背　　圛十鐘

○**睡簡整理小組**(1990)　（編按：日甲 14 背陸）屛，廁，見《戰國策・燕策二》："今宋王射天笞地，鑄諸侯之象，使侍屛匽。"字亦作屏。

　　　　　　　　　　　　　　　　　　　　　　　　《睡虎地秦墓竹簡》頁 211

○**湯餘惠等**(2001)　屛。

　　　　　　　　　　　　　　　　　　　　　　　　《戰國文字編》頁 588

△**按**　睡虎地秦簡《日甲》14 背陸"屛居宇後，吉"、日乙 190 貳"凡癸爲屛圛"之"屛"字用同屏，意爲廁。《廣雅・釋宮》："圊、圂、屛，廁也。"

㞜

㞜陶彙 6・113　㞜陶彙 6・114

○**何琳儀**(1998)　㞜，从子从尸，會身孕之意。尸亦聲。（孕，定紐；尸，透紐，均屬舌音）故㞜爲孕之異文。《字彙補》："㞜與孕同。"

　　秦（編按：當作"韓"）陶㞜，人名。

　　　　　　　　　　　　　　　　　　　　　　　　《戰國古文字典》頁 152

屎

屎集成 4649 陳侯因𦑤敦

○**徐中舒**(1933)　俅，《說文》救，或作俅。《書》救字屢見，如：

　　以於救寧（文）武圖功……肆予害敢不越印救寧（文）王大命。——《大誥》

　　亦未克救公功。——《洛誥》

　　亦越武王率惟救功。——《立政》

　　書多以救功、救命連文。《僞孔傳》及《說文》均釋救爲撫，《大誥》"以於救寧武圖功"之救，足利本即作撫，撫功、撫命，義實牽强；《廣韻》釋安，義亦難通。

　　　　　　　　《徐中舒歷史論文選輯》頁 411，1998；原載《史語所集刊》3 本 4 分

○陳漢平（1985）　周金文中有字作：

　　層（史牆盤銘："……申寧天子,天子𣃶層文武長剌……"）

　　禱（豆閉設銘："……王乎內史册命豆閉。王曰：'閉,易女……用禱乃且考事,司爰餘邦君司馬,弓矢。'"）

　　𤔔（禹鼎銘："……命禹𤔔朕且考,政于井邦。"）

　　尚（陳侯因資敦銘："……尚𡭟（嗣）桓文。"

上列四字,史牆盤一體一字,後三字雖字形略異,然爲同字無疑。此四字俱從尸作,在銘文中皆爲繼續之義,且豆閉設銘文文例及禱字用法與前文所釋害設銘文文例及饌字用法相同。在古文獻中與此文例及字義相當者只有纂、纘二字。而"饋""纂"考釋已見前文,知此諸體非饋、纂字。我以爲欲釋此四字,須自纘字及與纘字相關之文字中求之。

　　按史牆盤層字可隸定爲層字,此即饋字古文。故此字當釋爲饋,讀爲纘,於古文獻中亦書作屢。如：《考工記・玉人》："天子用全,上公用龍,侯用瓚,伯用將。"鄭注："瓚讀爲餐屢之屢。"《禮記・內則》："取稻米,舉糔溲之。小切狼臅膏,以與稻米爲酏。"鄭注："狼臅膏,臆中膏也。以煎稻米,則似今膏屢矣。此周禮酏食也。"《集韻》："屢,以膏煎稻爲酏。"屢、屢字後世作饋。《説文》："饋,以羹澆飯也。從食,贊聲。"《古文四聲韻》饋字作𩞶（字出《林罕集》）,字從食從尸,與屢字形同,僅尸形下從三點與四點不同而已。饋字古文字即作屢、屢,故尼、尼二形省去食旁,或爲饋字簡體,或即爲贊字。字中之點狀表示羹湯或飯粒。尼形即金文𤔔形之訛變,而尼、尼二體與金文禱、𤔔、尚形同,僅所從之點畫多少略有不同,又禱字從丰略異。故金文中此三字或當釋爲饋字簡體,或當釋爲贊,在銘文中讀爲纘。

　　由上可知,史牆盤銘之饋字,豆閉設、禹鼎、陳侯因資敦銘之饋（或贊）字,於銅器銘文中俱讀爲纘；而纘字字義與纂字義同。如：僞古文《尚書・君牙》："纘乃舊服,無忝祖考。"注："纘,繼也。"《詩・七月》："載纘武功。"傳："纘,繼也。"《詩・大明》："纘女維莘。"傳："纘,繼也。"《詩・崧高》："王纘之事。"箋："纘,繼也。"《禮記・中庸》："武王纘太王、王季、文王之緒。"注："纘,繼也。"《説文》："纘,繼也。"又《釋名・釋典藝》："倛人之美曰纘。纘,纂也。纂集其美而敘之先。"由是知贊與纂二字義同,據此亦可知此四字讀爲纘無誤。

《人文雜志》1985-3,頁 98—99

○湯餘惠（1993）　佅,從人,米聲,與邇通；邇嗣桓文,近則嗣纘文考桓公之業。

《戰國銘文選》頁 14

○**湯餘惠等**(2001)　屎。

《戰國文字編》頁 588

屔

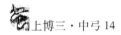上博三・中弓 14

○**李朝遠**(2003)　妥屔　(中略)"屔",从"尸"从它。"尸",《説文・人部》:
"尸,古文仁,或从尸。"此字字義不詳,待考。

《上海博物館藏戰國楚竹書》(三)頁 274

△按　此字李守奎等編《上海博物館藏戰國楚竹書(一—五)文字編》417 頁
認爲是"雙聲符字"。簡文"妥屔"可讀爲"委蛇"。

屗

璽彙 0240

○**何琳儀**(1998)　屗,从述,尸爲疊加音符。疑述之繁文。

　齊璽屗,讀遂(参述字),古國名。《春秋・莊十三》:"齊人滅遂。"在今山
東寧陽西北。遂姓,見《姓源》。

《戰國古文字典》頁 1244

忢

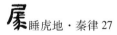集成 9735 中山王方壺

△按　"忢"爲悳之異構,詳見卷十心部"悳"字條。

屪

屪睡虎地・秦律 27

○**睡簡整理小組**(1990)　(編按:秦律 27"見屪之粟積,義積之")屪,疑讀爲蠡(音緣),

《漢書·貨殖列傳》注:"小蟲也。"

　　譯文:如發現有小蟲到了糧堆上,應重加堆積。

《睡虎地秦墓竹簡》頁 26

○**張守中**(1994)　　屪。

《睡虎地秦簡文字編》頁 136

○**湯餘惠等**(2001)　　屪。

《戰國文字編》頁 589

尺 尺

尺 睡虎地·秦律61　尺 睡虎地·答問6

○**何琳儀**(1998)　　尺,構形不明。《說文》:"尺,十寸也。人手卻十分,動脈爲寸口,十寸爲尺。尺所以指尺,規榘事也。从尸从乙。乙,所識也。周制寸、尺、咫、尋、仞,諸度量皆以人之體爲法。"

　　帛書"翟尺",讀"雷澤",地名。《莊子·則陽》"比於大澤",釋文:"澤本亦作宅。"而兆域圖以毛爲尺(見毛字)。《莊子·逍遙遊》"斥鷃笑之",釋文:"司馬云,斥,小澤。斥古本作尺,古字通。"均其佐證。

《戰國古文字典》頁 538

△**按**　　睡虎地秦簡《秦律》61"小高五尺以下"和《答問》6"盜牛時高六尺、高六尺七寸"之"尺"爲量詞。

尾 尾

尾 曾侯乙4　尾 曾侯乙35　尾 曾侯乙41　尾 曾侯乙89　尾 曾侯乙91

尾 上博三·周易30　尾 曾侯乙衣箱

尾 睡虎地·日甲47正壹　尾 睡虎地·日甲53正壹　尾 睡虎地·日甲37背貳

尾 三晉129

尾 集粹"尾石"合文

○**羅福頤等**(1981)　　(編按:璽彙3941)尾。

《古璽文編》頁 221

○**睡簡整理小組**（1990）　（編按：日甲 47）尾，二十八宿之一。《開元占經·東方七宿占》引《石氏星經》曰："尾九星。"

　　　　　　　　　　　　　　　　　　　　　　　　《睡虎地秦墓竹簡》頁 188

○**何琳儀**（1998）　尾，甲骨文作𡰣（乙四二九三）。從尸，倒毛象尾之形。借體象形。尸亦聲。西周金文作𡰣（犀伯鼎犀作𡰣），春秋金文作𡰣（魯伯愈父鬲），則有省變。戰國文字承襲金文。或由𡰣演變爲𡰣、𡰣、𡰣、𡰣，或省變爲𡰣、𡰣、𡰣。《説文》："𡰣，微也。從到毛，在尸後。古人或飾系尾，西南夷亦然。"以微釋尾屬聲訓。

　　趙方足布"北尾"，"北屈"之省，地名。周方足布"尋尾"，地名。

　　廿八宿漆書尾，二十八星宿之一。見《呂覽·有始》。

　　　　　　　　　　　　　　　　　　　　　　　　《戰國古文字典》頁 1230

○**湯餘惠**（2001）　尾石。

　　　　　　　　　　　　　　　　　　　　　　　　《戰國文字編》頁 998

○**濮茅左**（2003）　"尾"，比喻後面、落後。

　　　　　　　　　　　　　　　　《上海博物館藏戰國楚竹書》（三）頁 177

△**按**　"尾"字古文字從尸從倒毛，象尾巴之形；爲複雜象物字，與金文象人腦袋的"元"字和甲骨金文象目上眉毛的"眉"字相類。

屬　屬

𡰣睡虎地·秦律 201　　𡰣睡虎地·秦律 195　　𡰣十鐘　　𡰣集成 11395 八年相邦呂不韋戈

𡰣集成 11332 十四年屬邦戈　　𡰣睡虎地·秦律 157　　𡰣睡虎地·答問 176

𡰣睡虎地·效律 53

○**睡簡整理小組**（1990）　（編按：秦律 157）群官屬，指各官府的屬員。

　（編按：秦律 195"它垣屬焉者"）屬，連接。

　　　　　　　　　　　　　　　　　　　　　　《睡虎地秦墓竹簡》頁 56、64

○**何琳儀**（1998）　《説文》："屬，連也。從尾，蜀聲。"

　　秦兵"屬邦"，即"屬國"（漢避高祖劉邦諱，改邦爲國）。官名。《漢書·百官公卿表》："典屬國，秦官，掌蠻夷降者。武帝元狩三年，昆邪之降，後增屬國，置都尉、丞、侯、千人。"

　　　　　　　　　　　　　　　　　　　　　　　　《戰國古文字典》頁 377

○**湯餘惠等**(2001)　屬。

《戰國文字編》頁 589

【屬邦】

○**李學勤**(1982)　五年、八年兩件吕不韋戈,内背都加刻"屬邦",説明戈係交屬邦使用。秦的屬邦是管理當時少數民族的機構,到漢代因避高祖諱改稱屬國。雲夢睡虎地所出秦律竹簡,有屬邦律。

《文物》1982-9,頁 47

○**李學勤、鄭紹宗**(1982)　屬邦,漢代避漢高祖諱,改稱屬國、典屬國,是管理少數民族的機構。湖北雲夢睡虎地所出秦律竹簡,有《屬邦》律文。

《古文字研究》7,頁 135

○**袁仲一**(1984)　(3)屬邦工[室]

　　廣州東郊羅崗秦墓出土的始皇十四年銅戈,有刻銘"屬邦工[室]茷"。茷爲人名。工下缺一字。根據秦國兵器刻辭的通例,所缺的字有"室"和"師"二字的可能。如"少府工室鄰、寺工師初、雍工師葉"等。前已言之,始皇時代中央督造兵器的刻辭,除了"寺工師初"一例外,其餘諸器刻辭均省去了工師二字。因此工下所缺的字很可能是"室"字。(中略)

　　漢代的典屬國,屬國的下面不設工室,不製作兵器。而秦代的屬邦下設工室製作兵器,這是爲了適應統一戰争的需要,加强了軍工業的生産。屬邦工室造的兵器在廣州出土,當是參加平百越的秦軍攜帶去的。(中略)

　　關於"屬邦"的含義,由於秦簡的出土已比較明確。《秦律十八種》中有關"屬邦"職務的法律:"道官相輸隸臣、妾、收人,必署其已稟年日月,受衣未受,有妻毋(無)有。受者以律續食衣之。屬邦。"可見屬邦是管轄道的中央官署機構。道,是指少數民族聚居區。《漢舊儀》説:"内郡爲縣,三邊爲道。"秦簡《語書》:"廿年四月丙戌朔丁亥,南郡守騰謂縣、道嗇夫……"把道與縣並列。屬邦一詞到了漢代因避高祖劉邦諱,改爲屬國、典屬國。《秦會要訂補》的《秦官考》説:"《續漢書·百官志》注:'承秦有典屬國,別主四方夷狄朝貢侍子。'《通典》設官沿革條以典屬國官始於秦,又云:'秦時又有典屬國官,掌蠻夷降者。'"

《考古與文物》1984-5,頁 106

○**黄盛璋**(1985)　1966 年燕下都北沉村也出土一件少府銅矛,面刻"少府",背也刻"武庫受屬邦"(見《河北省出土文物選集》)。兩件兵器都是少府所造,交給屬邦,後來又由屬邦上交武庫。屬邦即屬國,大多爲少數民族部落酋長,雲夢秦簡秦律有《屬邦律》:"道官相輸臣妾。"只有屬於少數民族的"蠻夷"稱道,等於內地縣,所以秦屬邦大抵皆爲少數民族。

《古文字研究》12,頁 347

○**張占民**(1986) "屬邦"《雲夢秦簡》有屬邦律。秦屬邦是管理少數民族的機構。"屬邦"加刻在兵器上,表明此戈歸屬邦收藏與使用。

《古文字研究》14,頁 65

○**王輝**(1987) 典屬國,《通典》說它"掌蠻夷降者"。屬邦管理武庫。

《中國考古學研究論集》頁 354

○**陳平**(1987) "屬邦",始建置於戰國晚期的秦國。漢承秦制,設屬國。其名稱雖因避高祖劉邦之諱而改邦爲國,其實質卻是相同的。關於屬邦的職能,《漢書·百官公卿表》云:"典屬國,秦置,掌蠻夷降者。"據《睡虎地秦墓竹簡·秦律十八種·屬邦律》可知,屬邦有對各道官府輸送來的隸臣妾或被捕的人登記造册、發放衣食的職責。他很可能是秦中央政府屬下專門管理送來京師的歸降蠻夷、刑徒、罪犯的機構,其管轄對象似並不局限於歸降之蠻夷。

《中國考古學研究論集》頁 325

○**華義武、史潤梅**(1989) "武庫受(授)屬邦"之"屬邦"是從秦代設立的機構。其中"屬"字銘與《三代》二〇、二八、二五年呂不韋戈和 1962 年廣州羅岡四號墓所出"十四年屬邦(師)戠,丞唔□□"銅戈、河北燕下都所出"少府武庫受屬邦"銅戈對照,知爲"屬"字。湖北省雲夢睡虎地所出秦簡《睡虎地秦墓竹簡·秦律十八種·屬邦律》載:"道官相輸隸臣妾,收人,必署其已禀年日月,受衣未受,有妻毋有。受者以律續食衣之。"道官是指屬邦所管的少數民族集居地的官府。漢代避漢高祖諱,改稱屬國、典屬國,是管理少數民族的機構。

《文物》1989-6,頁 74

○**睡簡整理小組**(1990) (編按:秦律 201)屬邦,管理少數民族的機構,見秦兵器銘文。漢代因避高祖劉邦諱,改稱屬國、典屬國,見《漢書·百官表》。

《睡虎地秦墓竹簡》頁 65

○**王輝**(1990) 《漢書·百官公卿表》:"典屬國,秦官,掌蠻夷降者。武帝元狩三年昆邪之降,復增屬國,置都尉、丞、侯、千人。屬官,九譯令。成帝河平元年省併大鴻臚。"典意爲主管,典試、典獄皆用此義,典屬國爲主管屬國(邦)事務的中央機構。它所管理的是歸順的少數民族如匈奴的昆邪王等。

睡虎地秦墓竹簡《語書》提到南郡屬下有縣、道嗇夫。《漢舊儀》:"内郡爲縣,三邊爲道。"可是像南郡這樣有少數民族聚居的地區也有道。屬邦管理少數民族事務,而少數民族有其主長,故其聚居的道有某種自治性質,實行某些特殊政策,同內地並不完全相同。對中央政權而言,道一類少數民族地區只是臣屬而已,所以秦律又稱之爲"臣邦"(睡虎地秦墓竹簡《法律答問》),但道也向中央輸送臣、妾及收捕之人。

《秦銅器銘文編年集釋》頁 169—170

○陳偉武(1996)　屬邦　睡虎地簡《秦律十八種》有《屬邦》律,整理小組注:"屬邦,管理少數民族的機構,見秦兵器銘文。漢代因避漢高祖劉邦諱,改屬國、典屬國,見《漢書·百官表》。"《集成》11332"十四年屬邦"戈,11395.2"八年相邦呂不韋"戈,11396A2、11396B2"五年相邦呂不韋"戈,11532.1 少府矛等秦器均見"屬邦"一詞。11550A2"十三年少府矛"銘作"武庫受(授)屬邦",可知諸器所刻"屬邦"都是置用處所。"屬邦"本應指秦故地以外已歸順的諸侯國和地區,當然也包括少數民族地區在內,後來也指管理這些地區的機構。《集成》11396B2 戈亦見《銘文選》924,釋"屬邦"爲"喬邦",誤。

《華學》2,頁 76

○劉占成(1998)　"寺工、少府、詔事、屬邦"是秦始皇時期中央主管官營冶鑄手工業的官署機構。早期"寺工、少府、詔事"三機構地位平行,十四年後"屬邦"由"詔事"屬下的機構轉升爲與其相當的官署機構。

《周秦文化研究》頁 727

○周曉陸、陳曉捷(2002)　22.屬邦,半通。"屬邦工室、屬邦工丞"見《集》一.二.93,94。

《秦文化論叢》9,頁 266

屈 屬 尾

集成 38 𤔲篙鐘　集成 4612 楚屈子赤目簠蓋　集成 11198 楚屈弔沱戈

集成 10373 郾客問量　包山 4　包山 7　新蔡甲三 324　新蔡乙一 14

新蔡乙一 32、23、1　新蔡乙四 43

新蔡零 414　包山 121　包山 125　郭店·老甲 23　郭店·老乙 15

上博六·競公 4　睡虎地·日甲 51 背叄　睡虎地·日甲 41 背貳　秦陶 374

秦陶 376　三晉 113　三晉 113　貨系 1599　貨系 1603　鐵雲 53

天星觀　天星觀　璽彙 3599

屈 睡虎地・爲吏34壹　屈 睡虎地・日甲120正貳
屎 錢典91

○**陳直**(1981)　咸里屈驕陶印模　文四字,建德周季木舊藏,已印入《季木藏陶》第四册内,陽文反書,打印於陶器之上,則爲陰文正書(此等陶印,皆用橛紐),字體與咸里蒲奇極相似。咸里二字,亦復橫列,但屈驕所造陶器,尚未見有出土者。《漢書・地理志》云:"漢興立都長安,徙齊諸田,楚昭屈景及諸功臣家於長陵。"咸里諸屈氏其先蓋楚人,經漢初徙居長安者,没落貴族,專以治陶爲業。又《穀梁》成二年傳云:"今之屈向之驕也。"屈驕姓名聯貫,當取義於此。

《摹盧叢著七種》頁396

○**李學勤**(1985)　器主爲楚國的屈氏。按屈氏出於楚武王,武王之子瑕食采於屈,見《楚辭》注。屈瑕見於《左傳》桓公十一年。

《古文字研究》12,頁332

○**王學理**(1986)　由陶文理出渭北的諸里如下:

1.屈里——陶文中"屈"字多加邑作"郿"。屈里陶文所見最多,有"咸亭郿里綦器、咸郿里薈、咸郿里跬、咸郿里宦、咸郿里駔(拓2)、咸郿里疆(拓3)、咸郿里射(拓28)、咸郿里新、咸郿里角、咸郿里貝、咸郿里夸、咸郿里舉、咸郿里致、咸郿里專、咸郿里就、咸郿里台、咸郿里長、咸郿里寓、咸郿里壯、咸郿里尻、咸郿里果、咸郿里□"。另見"咸郿小有(拓5)、咸郿小穎、咸郿小□(拓6)也當是屈里的製品。

以上"屈里"陶器均爲灘毛村南一帶(已淪入河底)發掘或采集,這裏並有燒造陶器的窯址出土。可見"屈里"就在這一帶。

《古文字研究》14,頁212

○**睡簡整理小組**(1990)　(編按:日甲39背壹)屈(掘)而去之,則止矣。

《睡虎地秦墓竹簡》頁212

○**高明、葛英會**(1991)　屈。

《古陶文字徵》頁81

○**劉釗**(1991)　(編按:璽彙3599)其中"𧾷"字《古璽彙編》和《古璽文編》皆不識。按字從尾從出,實爲"屈"字。屈爲楚之大姓,璽文應讀作"屈姒(或始)"。

《江漢考古》1991-1,頁74

○**張守中**(1994)　(編按:日甲51背)屈　通掘。

《睡虎地秦簡文字編》頁137

○**何琳儀**(1998)　《説文》:"屈,無尾也。从尾,出聲。"

魏方足布"北屈",地名。

楚器"屈欒",代月名。楚器屈,姓氏。屈氏,楚之公族也,莫敖屈瑕食邑於屈,因以爲氏。見《通志·氏族略·以邑爲氏》。

《戰國古文字典》頁1236

【屈叔沱】

○**何浩**(1985)　王光鎬同志見告:"長江流域出土的春秋中期戈有《周王孫戈》及《季怡戈》(同見《文物》1980年第1期)等,而《楚屈叔沱戈》的各形態特徵無不與此二物相仿,進而可知此戈年代大體屬春秋中期。"

除周王室外,春秋時期大國中僅楚之國君稱王。《楚屈叔沱戈》直鑴"楚王"之銘,明記爲"楚屈叔沱"之戈,此戈又傳出安徽壽縣,戈主無疑爲春秋時期的楚國屈氏某一成員。戈内上的鈎連花紋裝飾精細別致,在同階段上並不習見,表明戈主是當時楚國的一個較有身份的貴族。那麽,時當春秋中期的這個"楚屈叔沱"究竟是誰呢?

先秦及以後的史籍中,均無名"屈叔沱"者。就春秋中期的楚國屈氏家族成員而言,按《左傳》的記載,僖公四年有屈完,僖公二十五年有屈御寇(息公子邊),文公三年有息公子朱(屈子赤角),宣公十二年有屈蕩與屈巫(申公巫臣、子靈),成公七年有屈狐庸,襄公十五年有屈到(子夕)與屈蕩。此八人中,名、字俱全者有屈御寇、屈子赤角、屈巫及屈到四人;有名無字者有屈完、屈蕩、屈狐庸及屈蕩四人。如果"叔沱"爲字,屈叔沱或可從後四人中求之。屈完與屈狐庸的事迹,很難説與屈叔沱有什麽聯繫。排除此二人,剩下的就只有兩個屈蕩了。吳靜安同志在《"帝高陽之苗裔兮,朕皇考曰伯庸"解》一文中提出:"蕩與沱都是蓄水的場所,故可相訓詁。"因謂屈叔沱即屈蕩。此説有一定道理。但這僅僅是從文意上推斷的,畢竟還缺乏相應的佐證。而且,這一時期楚有兩個屈蕩(詳下),究竟應該是哪一個屈蕩,也還須要進一步的論證,不能貿然認定。

與申公巫臣同年出現的屈蕩,僅見於《左傳》宣公十二年。時爲楚莊王十七年,公元前597年。與屈到同時出現的屈蕩,始見於襄公十五年(又見於襄公二十五年),即楚康王二年,前558年。二者前後相距四十年之久(至襄公二十五年則爲五十年),雖然同名,顯然不是一人。

后一屈蕩,楚康王二年爲連尹,康王十二年任莫敖,其餘事迹不詳。看來與屈叔沱對不上號。

前一屈蕩,曾參加楚、晉邲之戰。《左傳》宣公十二年載:

> 楚子(楚莊子)爲乘廣三十乘,分爲左右。右廣雞鳴而駕,日中而説,左則受之,日入而説。許偃御右廣,養由基爲右;彭名御左廣,屈蕩爲右。乙卯,王乘左廣以逐(晉)趙旃。趙旃棄車而走林,屈蕩(下車)搏之,得其甲裳。

"乘廣"即楚王親軍戎車。據《左傳》定公十三年所記,齊侯戰車也稱"乘廣"。"其(楚)君之戎,分爲二廣",左、右二廣各有御(駕駛戰車者)、右(立於戰車右側的力士)。楚莊王右廣車右爲以善射出名的養由基,左廣車右即屈蕩。《左傳》桓公八年載,楚伐隨時,"(楚)鬭丹獲其(隨侯)戎車與其戎右少師"。杜預注:"戎車,君所乘兵車也。戎右,車右也。"車右,《周禮》也稱爲"戎右"。《周禮注疏》卷三十二賈公彦釋曰:"戎右者,與君同車,在車之右,執戈、盾備制非常。"這正是邲之戰中屈蕩所擔當的職事。戎車又稱爲"元戎"(詳下)。《楚屈叔沱戈》銘文有"楚王之元右"語,結合上引《左傳》"屈蕩爲右"的記載,以之對照《周禮注疏》,完全相符。而這一支"屈叔沱戈",也正是這位"元右""與君同車"時"備制非常"的特有武器。《左傳》文公二年有一則記載:晉、秦"戰於殽也,晉梁弘御戎,萊駒爲右。戰之明日,晉襄公縛秦囚,使萊駒以戈斬之。囚呼,萊駒失戈,狼瞫取戈以斬囚,禽之以從公乘,遂以爲右"。晉君戎右持戈,楚王車右也是持戈。這説明楚國戰車之制同於周禮,與中原姬姓國的車制是一致的。楚人稱車右爲"元右",看來也是沿於周人。當楚莊王"乘左廣以逐趙旃",屈蕩下車與趙旃搏鬥之際,楚令尹孫叔敖就曾以《詩·小雅·六月》"元戎十乘,以先啟行"的詩句鼓勵士氣,當機立斷地率楚軍突入敵陣,大破晉軍。對《史記·三王世家》中的"元戎",《集解》引韓嬰《章句》云:"元戎,大戎,謂兵車也。"顯而易見,"元右"實即戎右、車右。而在春秋中期以至整個春秋、戰國時期,見於文獻的楚屈氏家族只有屈蕩擔任過車右之職。由此看來,元右屈叔沱,只能是左廣之右屈蕩。

元右爲楚王指揮車的保衛者,故其職位甚高。證之《左傳》,閔公元年晉獻公"作二軍"時"趙夙御戎,畢萬爲右";閔公二年衛懿公以"渠孔御戎,子伯爲右";僖公十五年晉惠公使"步揚御戎,家僕徒爲右"。御、右均爲大夫一級。不僅如此,元右也是一項榮譽職務。桓公八年隨、楚戰於速杞,隨君戎右爲官居少師的隨侯寵臣,正如杜預所注:"寵之,故以爲右。"僖公十五年秦、晉之戰前,晉惠公爲慎選車右,事先專門爲此占卜,雖然"卜右,慶鄭吉",但因慶鄭曾頂撞過惠公,終於未用慶鄭而改用了爲其寵信的家僕徒。文公二年的晉國狼瞫,以其機智與勇氣"取戈以斬囚,禽之以從公乘,遂以爲右"。後來先軫撤去他的戎右之職,他因此大爲惱火,深以爲恥。戎右一職被人如此重視,這就難怪屈叔沱要將"楚王之元右"鄭重其事地銘之於戈了。一件武器上竟然飾以精細的鈎連花紋,由此也就易於使人理解。因爲這不是一般將士所用的普通的戈,而是一件直接用以保衛楚王的武器,是一件標明榮譽職務的器物。

　　還有一個問題。戈銘中記有"屈□之孫"。屈字後缺一個字,當爲屈某之名,此缺名之屈氏爲誰?

　　宋程公説《春秋分記·世譜》,曾排列了這樣一個世系:"屈瑕生息公子邊,邊生息公子朱,朱生蕩。"依此而言,則屈蕩爲屈氏始祖屈瑕曾孫,屈御寇(子邊)之孫。這有悖於史實,也與"屈□"之單名不符。據《左傳》桓公十三年記載,屈瑕在伐羅戰敗後"縊于荒谷"。此爲楚武王四十二年,即前699年。另據《左傳》僖公二十五年所記,息公子邊於楚成王三十七年(前635年),與申公子儀一起"以申、息之師戍商密",爲秦軍所俘。作爲楚國東北境息縣縣尹遠戍楚西北境商密的子邊,此時應當正在壯年時期,多估一點,充其量也不過是五十出頭。否則,是難於適應軍旅之苦,無法擔負戍邊的任務的。這一年,上距屈瑕之死已六十五年,即使是屈瑕死後的第九年,即《左傳》莊公四年所記屈瑕之子屈重"以王命入盟隨侯"之年,子邊也還未出生,子邊怎麽會是屈瑕之子呢? 按照《左傳》莊公四年和僖公四年的記載分析,屈瑕之子是屈重,屈重之子爲屈完。高士奇《左傳姓名考》曾明確指明"重是瑕子,完是重子"。陳厚耀《春秋世族譜·楚世次·屈氏》排列的順序,也是屈瑕—屈重—屈完。屈完代表楚王與齊桓公等諸侯"盟於召陵",事在楚成王十六年,即前656年,下距子邊"戍商密"二十一年。子邊只會是屈完之子。屈完另一子爲息公子朱(即屈子赤角)。子朱始見於《左傳》文公三年,即前624年。在此之前,子朱已是息縣縣尹。而年齡尚輕、正爲車右的屈蕩投身邲之戰之年,上距前624年已二十八年。從活動時閒上推斷,《春秋分記》謂"(子)朱生蕩",還是合乎情理的。由此可見,車右屈蕩爲屈完之孫,屈瑕的玄孫輩。《楚屈叔沱戈》中所缺之字爲"完","屈□"指的正是屈完。顯然,元右屈叔沱即左廣之右屈蕩。

　　按照《左傳》的慣例,對人單稱而不得冠以氏,如子蕩(蒍罷)、伯棼(鬥椒),或者不冠氏而冠以職稱,如令尹子玉(成得臣)、息公子邊(屈御寇),多半是該人之字;凡是前面冠以氏者,如鬥宜申(子西)、屈建(子木),均爲該人之名。因此,屈蕩是其名,沱爲其字。

綜上所述,依據《楚屈叔沱戈》銘文,對照《左傳》的記載,可以認定:屈叔沱名蕩,字沱,屈完之孫,楚莊王左廣之右。戈爲其執行元右任務時的兵器。

《安徽史學》1985-1,頁 57—59

【屈易】包山7

○**劉信芳**(2003)　屈易:

《戰國策・楚策一》:"威王問於莫敖子華。""華"一本作"章","華、章"二字聲韻不相涉,字形亦不相近,不可以通假、形訛視之。審文意應是"莫敖子華",旁注以"章"字,是莫敖名"章",字"子華",非"華"之異文爲"章"也。古人名與字相映,而華、章同有文采之意,此所以一爲名,一爲字。楚國凡大莫敖均爲屈氏所任,尚未見例外,是"屈易、屈章"爲同一人歟?擬或爲二人歟?若爲同一人,則"易、章"二字音近義通:若非同一人,則"屈易"應是"屈章"之子或孫。

《包山楚簡解詁》頁 15

【屈柰】

○**朱德熙**(1979)　過去一直不知道"劼篱屈柰"四個字的意思。近年出土的文物提供了解決問題的線索。1978 年江陵天星觀一號楚墓所出竹簡説:

齊客繡腾暦(問)王於戔郢之歲,屈柰之月,己卯之日(下略)

由此可知"屈柰"是月名。雲夢睡虎地秦墓竹簡《日書》有秦楚月名對照的材料,今歸納排比如次。秦簡中楚月名不止一見,異文在括弧中注出。

秦月	楚月
十月	冬(中)夕
十一月	屈夕
十二月	援夕
正月	荆夷(尸、屎)
二月	夏屎(夷、尸)
三月	紡月
四月	七月
五月	八月
六月	九月
七月	十月

八月　　　　㷉（爨）月

九月　　　　臔（獻）月

信陽鐘銘和天星觀簡文的"屈柰"顯然就是與秦月十一月相當的楚月名"屈夕"。柰，从示亦聲。《廣韻》昔韻："亦"羊益切，喻母四等；"夕"祥易切，邪母。古音"亦、夕"都在魚部，喻母四等與邪母諧聲、假借均有密切關係。二字古音相近，古籍常互爲異文。《晏子·内篇雜上》第二章"吾亦無死矣"，銀雀山竹簡本《晏子》作"吾夕無死已"。又《内篇雜下》第四章"晏子曰嘻亦善……"，銀雀山竹簡本作"晏子□誒夕善矣"，並假夕爲亦。

《朱德熙古文字論集》頁113—114

○**李零**（1992）　屈柰，據朱德熙先生考證是楚的月名，這個月名曾見於天星觀M1禱祠簡，雲夢睡虎地秦簡《日書》把它寫成"屈夕"，是楚曆的二月，這一句是記年月的。

《古文字研究》19，頁140

△**按**　用作姓氏之"屈"，《通志·氏族略三·以邑爲氏》："芉姓，楚之公族也。莫敖屈瑕食邑於屈，因以爲氏。"

屖

望山2·31　 包山59　 包山61　 包山167　 五里牌18

上博四·柬大9　 上博四·柬大10

○**林澐**（1992）　59號簡有"長𣞤正"名"龔懌"，61號簡有"長𣞤公之軍"。𣞤、𣞤釋文隸定爲屖，以爲即尾字，誤。西周金文習見賜戈而言"彤沙"。師𩒫殷（嘯53）作"彤𣞤"，逆鐘（文物與考古81.1）作"彤𣞤"，可證"長𣞤"即"長沙"。則地名長沙於秦置長沙郡以前先已存在。

《江漢考古》1992-4，頁83

○**湯餘惠**（1993）　59　尾·屖（綏）　字下从少，不得徑釋爲"尾"。西周金文"戈琱威彤沙"之沙字，師𩒫簋作"屖"，日人高田宗周謂"亦沙異文"，郭沫若釋之爲"綏"，謂"綏字本器作屖，乃本字。从尾，沙省聲。戈綏以氂牛尾爲之，故从尾，它器多假沙字爲之"（參見《金文詁林》卷十一，1425沙字條）。今按郭説可從。屖字簡文凡三見：59簡"長屖正"、61簡"長屖公"、79簡"長屖之旦"，"長屖"皆當讀爲"長沙"。"綏"假借爲"沙"與金文用法相同。戰國時長沙屬楚地,又名青陽,始皇二十六年“荊王獻青陽以西”(《秦始皇本紀》),始歸於秦。秦併六國,分天下爲三十六郡,立爲長沙郡。

《考古與文物》1993-2,頁 70

○何琳儀(1993)　　長屖△(尾)59、61

　　△从“尾”,“少”聲,讀“沙”(黄錫全《利用汗簡考釋古文字》,《古文字研究》15 輯 140 頁),“長屖”或作“長鄝”78,均讀“長沙”。長沙戰國已是楚之名城。《史記‧越王句踐世家》:“復讎、龐、長沙,楚之粟也。”

《江漢考古》1993-4,頁 56

○朱德熙、裘錫圭、李家浩(1995)　　(編按:望山 2.31“革屖緅☐”)西周金文“彤沙”之“沙”或作“屖”,从“尾”“沙”省聲。

《望山楚簡》頁 122

○曾憲通(1996)　　釋屖

　　長沙五里牌 406 號墓出土殘簡 37 枚,經拼復爲 18 枚。簡文内容是記載隨葬器物的清單。其制在簡之上半記以名物及數量,下半記存放處所。其中八簡有“在医賑”的記號。医賑當讀爲肤篋。《説文》訓肤爲“亦(腋)下也”,引申而有旁、側及邊之義。篋爲箱篋。可見簡文的“医賑”當指考古學上所謂的邊箱。簡文標記“在医賑”者,是指該隨葬品置放於椁室的邊箱。另三簡下段標有“在長☐”的記號,長下一字分别作:

簡 13　　簡 14　　簡 18

　　過去因此字不識,難以確知簡文的真正意義。最近新出包山楚簡屢見此字,形體分别作:

簡 61　　簡 78　　簡 78

簡文云:

　　十月辛未之日,不行代易廐尹郁之人戜找於長屖公之軍。(簡 61)

　　𦟝月己亥之日,長鄝之旦陽倚受期,甲辰之日,不遅長遅正差郳思以廷。　　(簡 78)

　　將包山簡的屖、鄝和遅與五里牌簡的“長”下一字比較,即可判斷其爲“屖”字。據包山簡簡文,長屖乃邑名,簡 78 一文从邑其義尤顯。而五里牌簡之“長屖”則決非地名。簡文“在長屖”應與“在医賑”相當。其具體涵義由下面一簡可以得到啓示:

　　相遅之器所以行。(簡 256)

　　上文是包山遣策簡簡首的第一句。“相”假爲箱,簡文“箱遲”當指椁室尾部的腳箱。整句的意思是:用於出行的隨葬物品放置在椁室尾部的腳箱。準此,五里牌楚簡的“在長屡”,應與包山簡的“相遲”相當,是指該簡所記的器物,放置於椁室尾部的腳箱,以與置於椁室兩“亦(腋)”即邊箱的“医陬”相區別。

　　長沙楚帛書丙篇“玄”月内也有此字,我們在《楚帛書》附釋文臨寫本中據紅外線照片摹作遖而釋爲“遲”。饒宗頤先生《楚帛書新證》因此字上下文殘缺太甚故未作解釋。李零此字原釋爲逈,後改釋作遲,並據以隸定甲篇𡥈下殘文爲遲字。李解釋説:“此字當是徙的古文,《説文》徙古文作䙴,叔夷鐘、鎛和陳斿簋斁字从之,皆作屡。”今按李釋遲爲徙可從。然楚系文字與齊系文字略有差别。據楚簡遲字,知楚帛書作遲者乃从辵从屡省聲。《説文》古文則借屡爲徙,古文作䙴者乃齊系屡字之訛變。

　　齊系文字除上面提到的陳斿簋作䙴,叔夷鐘作䙴之外,還有著名的“易都邑”璽。璽文“易都邑聖䙴盟之璽”,“聖”下一字他璽或作䚁、䚁,歷來爭議最多,有隸定爲逈或遰的,均有未安。今以楚簡之屡及遲證之,當釋爲屡及遲字。清宋書升爲《續齊魯古印攈》作序時,已釋此字爲徙。宋氏云:“䙴乃徙字,徙屎二字古通。毛詩‘民之方殿屎’,即借屎爲徙。屎尸从尾省,《説文》徙之古文作䙴亦即屎字,中从火者,尾篆从到毛與火近,文字流傳趨變使然。篆書加辵與碧落碑所書徙篆正同。”宋氏所引見毛《詩·大雅·板》篇:“民之方殿屎。”“殿屎”訓爲呻吟。《説文》引《詩》作“民之方唸㕧”(依《五經文字》引當作“唸㕧”,㕧从口伊省聲),可見毛《詩》之“殿屎”乃“唸㕧”之借字。《説文》徙古文作䙴,《汗簡》引碧落碑文作䙴(今碑文作䙴),下俱从米,與齊文尤近。然屎、㕧皆脂部字,徙乃歌部字,聲韻遠隔。而屡徙則同屬歌部。因頗疑齊璽文之屡是屡之變體,流行於齊地,《説文》古文既來源於“壁中書”,故以流行於齊魯之屡作爲徙的古文,自是情理中事。從現有的材料看,它們都源自西周金文的𡰥字。現將屡、屡,以及作爲徙之古文的䙴等相關形體録出,按其嬗變關係列表如下:

以上第一列爲楚系屎字。形體雖略有訛變,然其結構與西周逆鐘、師旂簋之屎字基本相同。第二列爲齊系屎字及其變體,其中尾的形體雖左右向背和繁簡不同,但其共同特點均以米代少(沙),爲下列古文之所本。第三列爲傳抄古文屎字,其中𡰿訛爲𡰱或𡰲,下從米同於齊系文字,《説文》古文借用爲徙。

《古文字與出土文獻叢考》頁 44—46,2005;原載《中山大學學報》1996-3

○何琳儀(1998) 屎,金文作𡰿、𡰿(逆鐘)。從尾,小聲(或少聲)。疑尾稍之初文。梢亦從小聲。據戰國文字辭例屎讀沙。《汗簡》中 1·43 沙作𡰿,知屎讀若沙。茲將屎歸入沙聲首,亦即小之準聲首。

包山簡“長屎”,讀“長沙”,地名。

《戰國古文字典》頁 882—883

○湯餘惠等(2001) 屎。

《戰國文字編》頁 590

○劉信芳(2003) 屎:

“沙”字古文。參黃錫全《汗簡注釋》。簡 78 作“郵、遲”,並讀爲“沙”。長沙作爲戰國時地名,此爲最早記載。

《包山楚簡解詁》頁 62

○李守奎(2003) 屎。

《楚文字編》頁 520

○濮茅左(2004) “屎”,人名,從尾,少聲,西周金文“彤沙”之“沙”多作“屎”,字亦見《江陵望山沙冢楚墓》竹簡,如“革屎”(第三十一簡)。

《上海博物館藏戰國楚竹書》(四)頁 203

𡲠

曾侯乙 1　 曾侯乙 3

○何琳儀(1998) 𡲠,從尾,舌聲。

隨縣簡𡲠,不詳。

《戰國古文字典》頁 930

履履　顥頫

睡虎地·答問 162　 睡虎地·封診 22　 睡虎地·日甲 79 背

　　[包山54]　　[包山57]　　[包山6]　　上博二・子羔12　　璽彙2516

○湯餘惠(1993)　　[圖] 6　　此字又見 54、57、80 及 163 簡,除 163 簡原釋“塦”外,餘均釋“顕(夏)”。細審此字應是从舟从止从頁,顕即古履字,《説文》古文作[圖],寫法相近。西周金文履字作[圖]、[圖]等形,裘錫圭先生已有專文考證(《西周銅器中的“履”》,《甲骨文與商史論叢》第三輯)。

《考古與文物》1993-2,頁 69

○何琳儀(1993)　　婁顕△(夏)犬 6

　　△原篆作[圖],應隸定“顕”,釋“履”。《説文》“履”古文作[圖],左下从“疋”與从“止”相通。△又見 54、57、80、163,均人名。

《江漢考古》1993-4,頁 55

○劉樂賢(1994)　　11.剛履。日書甲種“盜者篇”:“戌,老羊也。盜者赤色,其爲人也剛履,疵在頰。”按:此處之履字當讀復聲,剛履即剛復、剛愎。《孔叢子・敘世》:“業不一定,執志不果,此於剛復,非强者也。”

《文物》1994-10,頁 41

○李天虹(1995)　　[圖]

　　《説文》:“[圖],古文履从頁从足。”

　　按:裘錫圭認爲古文字履作[圖](五年衛鼎)、[圖](九年衛鼎)、[圖](散盤),从眉聲,省略聲符作[圖][圖](大段)、[圖](彙 2516)。《説文》古文變止爲足。

《江漢考古》1995-2,頁 77

○施謝捷(1998)　　(編按:璽彙2516)猏[圖]・猏頯。

《容庚先生百年誕辰紀念文集》頁 648

○何琳儀(1998)　　履,金文作[圖](大鼎),从頁从舟,會人履似舟之意。或作[圖](大鼎),以止易舟。或作[圖](五祀衛鼎),加眉爲音符。戰國文字承襲金文。眉或演化作尸,眉、尸、履均屬脂部。或省作屏。《集韻》:“履,古作屏。”屏與屏均履之省文。《説文》:“[圖],足所依也。从尸从彳从夂,舟象履形。一曰,尸聲。[圖],古文履,从頁从足。”

　　睡虎地簡履,鞋。

《戰國古文字典》頁 1262

○馬承源(2002)　　塦(履)已(以)悆(祈)禱　　踐人武而祈禱。

《上海博物館藏戰國楚竹書》(二)頁 197、198

○李守奎(2003)　　頡　　履。

《楚文字編》頁 521

履　履

履 睡虎地·日甲 61 背貳　　履 睡虎地·日甲 57 背叁

○睡簡整理小組(1990)　（編按：日甲 61 背貳）蕢履，麻鞋。

《睡虎地秦墓竹簡》頁 218

△按　《説文》："履，履也。从履省，婁聲。一曰：鞮也。"睡虎地秦簡日甲 57
背叁"乃投之以履"之"履"亦用鞮鞋義。

舟　月

月 石鼓文·霝雨　　月 集成 12113 鄂君啟舟節　　月 包山 157　　月 包山 168　　月 包山 180

月 上博一·詩論 26　　月 新蔡甲三 321　　月 郭店·成之 35　　月 璽彙 5500

月 璽彙 0342　　月 璽彙 3476　　月 貨系 1220

○強運開(1935)　　月《説文》："船也。古者共鼓、貨狄剡木爲舟，剡木爲楫，以
濟不通。象形。"考父丁卣舟作月，父戊爵作月，均象舟橫水中形。

《石鼓釋文》戊鼓，頁 5

○吳振武(1983)　　（編按：璽彙 5500）月 · 舟。

《古文字學論集》(初編)頁 525

○吳振武(1986)　　《古璽彙編》5500 還著録下列一方單字璽：月

　　此字舊亦不識，《古璽文編》收於附録(562 頁第 2 欄)。跟上揭"愉"單字
吉語璽比較，此字應釋爲"舟"當無疑問。

《古文字研究》14，頁 52

○裘錫圭(1990)　　需要指出的更重要的一點，是簡報把北平皋村所出的"郍
公"陶文也釋爲"邢公"，使這種重要性一點也不低於"邢公"陶文的資料沒有
起應有的作用。我們如果對簡報圖六(《文物》1982 年第 7 期 7 頁)所發表的
北平皋村遺址出土的幾種陶文仔細觀察一下，就可以發現左起上層第一、二
兩種陶文都不能釋爲"邢公"。第一種陶文的首字作月，顯然是从邑舟聲之
字。第二種陶文的首字作月。李家浩同志在《信陽楚簡"澮"字及从"夫"之

字》一文裏已經指出,在戰國文字里“舟”字可以寫作🔲、🔲等形(《中國文字學報》第 1 期 191—192 頁),可知這個字跟第一種陶文的首字是一字的異體。

　　戰國古印所見姓氏字中有 🔲字(王常《集古印譜》6.25“🔲🔲”印)。戰國貨幣中有一種方足大布,面文作“🔲百涅”(《古錢大辭典》197 號);又有一種方足布,面文作🔲(《東亞錢幣》4·37)、🔲(《辭典》259 號)等形(後一形“水”旁移至上方)。我在《戰國貨幣考(十二篇)·榆次布考》中,根據榆次布“榆”字所從的“俞”往往寫作🔲、🔲等形(第 11 頁)的現象,錯誤地推測上舉三字應該分別釋爲“鄃、俞、渝”(《北京大學學報》哲社版 1978 年 2 期 70—71 頁)。李家浩同志很早就告訴我,他認爲這三個字應該釋爲“郍、舟、洀”。他還説“舟、州”音同相通,方足大布的“舟”應該指見於《左傳》等書的先屬於周後屬於晉的州邑,“郍”是州邑、州氏的專字。“郍公”陶文在北平皋村出土,證明李説完全正確。

　　　　　　　　《古文字論集》頁 396—397,1992;原載《徐中舒先生九十壽辰紀念文集》

○**何琳儀**(1998)　舟,甲骨文作🔲(前七·二一·三),象舟船之形。金文作🔲(舟簋)。戰國文字承襲金文。或變橫筆爲豎筆作🔲、🔲、🔲,或穿透筆畫作🔲、🔲,或弧筆上環作🔲、🔲等。《説文》:“🔲,船也。古者共鼓貨狄,刳木爲舟,剡木爲楫,以濟不通。象形。”

　　韓鋭角布舟,地名。見《國語·鄭語》注:“十邑謂虢、鄶、鄢、蔽、補、舟、依、柔、歷、華也。”在今河南新鄭附近。

　　鄂君舟節舟,舟船。包山簡“司舟”,官名。

　　石鼓舟,舟船。

　　　　　　　　　　　　　　　　　　　《戰國古文字典》頁 184

　　(編按:璽彙 0342)舟。

　　　　　　　　　　　　　　　　　　　《戰國古文字典》頁 1515

○**馬承源**(2001)　北白舟　即今本《詩·國風·邶風》篇名之《柏舟》。
　　　　　　　　　　　　　　《上海博物館藏戰國楚竹書》(一)頁 156

【舟百涅】

○**鄭家相**(1942)　(涅洮金)🔲涅全

　　按右布形制大小同前,文曰洮涅金。洮見昭元年,顧棟高曰,《後漢志》,聞喜有洮水,聞喜今屬山西平陽府。《水經注》,洮水東出清野山,西合涑川,然則涑水亦洮水之兼備矣。此布當鑄於洮水之近地者。且盧夕亦近洮水,均屬晉地。春秋末期,在盧夕既改鑄平首布文曰盧夕涅金,在洮水近地亦仿鑄平首布文曰洮涅金,故形同而文亦同也。

《泉幣》14,頁 29

○ **黃錫全**(1993)　涅金夕　俞金匕・舟金涅　或釋舟百涅。河南新鄭附近。
《先秦貨幣研究》頁 353,2001;原載《第二屆國際中國古文字學研討會論文集》

○ **梁曉景**(1995)　【俞金涅・異形空首布】戰國早中期青銅鑄幣。鑄行於韓國,流通於三晉、兩周等地。屬大型布。面文"俞金涅"。背無文。"俞",古地名,地望待考。"金涅",猶言金屬貨幣之義。(參見"盧氏金涅・異形平首布"條)。一般通長 6.9、身長 4.9、肩寬 3.6、足寬 4 釐米。罕見。

《中國錢幣大辭典・先秦編》頁 226

○ **何琳儀**(1996)　"涅"从"水","呈"聲。《廣韻》:"涅,泥也。"

舊釋的讀序也頗有問題,反讀四字銳角布銘文"涅金盧氏"實扞格難通,若順讀"盧氏百涅",則怡然理順。這也可證明所謂"涅金"之說不足爲信。

銳角布"百涅"可以有兩種解釋:

一、《集韻》上聲四十靜:"涅,通流也。"所謂"百涅"即"百通",有無所不通之意,疑是古代貨幣流通中的"吉語"。這類"吉語"亦見齊即墨刀背文"大行"(《貨幣》2531)。"百"與"大"均有"多"義;"涅"與"行"均指貨幣通行,二者的文意頗近。

二、"涅"讀"盈"。《管子・宙合》:"詘信涅濡。"王念孫云:"涅當作逞,濡當作偄,皆字之誤也。逞與盈同,偄與緛同。盈緛猶盈縮也。盈縮與詘伸義相因也。"按,王氏之説甚確,"呈"與"盈"聲系通假例證甚多。銳角布"百涅"若讀"百盈",似與後世"百寶大盈庫"有關。檢《舊唐書・食貨志》:"非正額租庸便入百寶大盈庫,以供人主宴私賞賜之用。"《文獻通考》:"唐既有轉運度支,而復有瓊林在盈;宋既有戶部三司,而復有封椿內藏。"唐代"大盈"可能承襲戰國"百涅(盈)"這一詞彙。(中略)

圖 3

"舟百涅"(圖 3)。"舟",以往多釋"洮",無據。或釋"俞"之省,亦欠精確。筆者在另文中已釋爲"舟",並指出其地見《國語・鄭語》注(原注:何琳儀《古幣文編校釋》,《文物研究》6 輯,黃山書社 1990 年)。近見有文也釋此字爲"舟",然而讀"州"。

檢《路史・後紀》四:"伊、列、舟、駘、淳、戲、怡、向、州、薄、甘、隋、紀,皆姜國也。"又:"州,杞滅之;舟、怡、戲、薄,至周猶在列。"此"舟"與"州"爲兩地之證。關於“舟”的地望雖不能確指,但據《國語·鄭語》:“十邑皆有寄地。”注:“十邑,謂虢、鄶、鄔、蔽、補、舟、依、柔、歷、華也。後桓公之子武公竟取十邑之地而居之,今河南新鄭是也。賈侍中云:寄地,寄止。”知其地應在今河南新鄭附近。因此鋭角布“舟”的地望,不必破讀求之,即《國語》注之“舟”。

《貨系》2286著録一枚方足小布,舊釋“洮”或“渝”,均不可信。筆者在另文中已改釋“洀”,與鋭角布“舟”爲同一地名。近見有文讀“州”。或讀“樊”。

“洀”,殷周文字讀“盤”,見《管子·小問》;戰國文字則讀“舟”,見《集韻》,“洀”讀“之由切”。燕國文字“洀”習見。例如《璽彙》0363“洀汕”即“朝鮮”,見《史紀·朝鮮列傳》集解。《河北》九二矛銘“洀州”即“郮州”,見《水經注·濕水》。燕王職戟(《文物》1982年第8期圖版捌)背銘“洀坓”,顯然也是“洀州”,即“郮州”。“郮”則見邢丘所出陶文“郮公”(《文物》1982年第7期7頁)。或據同地所出陶文“邢丘”,謂“郮”是“州”的同音字。按,“郮”若讀“州”,則上引《水經注》之“郮州”即頗難解釋。至於或讀“郮”爲“樊”,輾轉通假,尤不足信。

筆者以爲方足布“洀”與陶文“郮”均从“舟”得聲,例可讀“舟”,即上文所引《國語》注、《路史》之“舟”國。羅泌舊説應有所本。新鄭距邢丘不遠,均屬韓國(《韓世家》昭侯“六年,伐東周,取陵觀、邢丘”)。因此“邢公”與“郮公”陶文出土同一遺址並不奇怪。至於方足布“洀”與鋭角布“舟”的繁簡之别,參見尖足布“榆即”或作“俞即”、尖足布“壽陰”方足布作“壽金”等。

　　　《古幣叢考》(增訂本)頁84—87,2002;原載《中國錢幣》1996-2

○**黃錫全**(1997)　“舟百涅”的“舟”,過去有釋兆、渝,後或改釋爲舟,甚是。此舟,或主張與州音同相通,故城在沁陽縣東南,屬韓。或主張古邑名舟與舟名稱不同,同時並存,見《路史·後紀》四及《國語·鄭語》“十邑皆有寄地”注。依《國語》韋注,“舟”應在新鄭附近,也屬韓。

　　　《先秦貨幣研究》頁80,2001;原載《中國錢幣》1997-2

【舟此于】

○**王輝**(1995)　徐、楚、吳、越諸國的王名很複雜,同一人既有夷式名,又有華化名。所謂夷式名可能即其自稱之名,華化名則可能是中原對其名的譯音或譯意。顧頡剛先生《楚、吳、越王之名、號、謚》(《史林雜識》)曾指出吳王僚又稱州于、吳王光又稱闔廬;又如吳王諸樊又稱“姑發、胡發”;又越王名“者旨於賜”即《史記·越王句踐世家》之“鼠鼆”。达斯于、舟此于可能也是徐王的夷式名。前人曾説吳楚之人輕淺，"惟輕淺，故多發音，數語合爲一言，猶今之三合聲四合聲。吳爲句吳，謁爲諸樊，皆其徵也"。达斯于、舟此于大概是"三合音"，以音求之，大概就是徐偃王之偃，偃爲華化名，达斯于爲夷式名。

达斯于三字，达從夫得聲。夫上古音魚部並紐，于上古音魚部匣紐，偃與达于魚元通轉。斯在支部心紐，斯與差通，《左傳・襄公十四年》："庾公差。"《孟子・離婁下》作"庾公之斯"。所以，從古音看，达斯于三字讀同偃或差，没有問題。

九里墩鼓座之"舟此于"亦即"达斯于"。此上音支部清紐，與斯疊韻旁紐。斯又訓此，《爾雅・釋詁》："斯，此也。"二字義亦相涵。

《東南文化》1995-1，頁 36

【舟贅】

○劉信芳（2003）　舟贅：

"贅"字可釋爲"賓"，字見《説文》，參簡 28 注。舟賓即州來，州、舟古音同在幽部章紐，《左傳》襄公二十三年紀有齊人"華周"，《説苑》作"華舟"，《漢書・古今人表》作"華州"，知州、舟古得通用。州來本小國，春秋時已屬楚，《左傳》成公七年："吳入州來。"至魯昭公二十三年雞父之戰，楚師大奔，州來淪爲吳地，以封季札，號延州來季子。魯哀公二年，吳遷蔡至此，稱"下蔡"。然楚簡州來、下蔡並見，知戰國時楚未廢州來。《水經注・潁水》："入淮。《春秋》昭公十二年楚子狩於州來，次於潁尾，蓋潁水之會淮也。"該年《左傳》杜預《注》："潁水之尾，在下蔡西。"

《包山楚簡解詁》頁 194

俞　俞

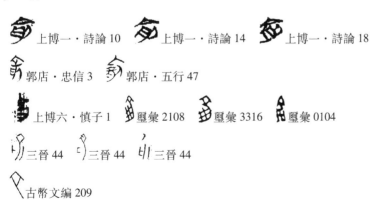

上博一・詩論 10　　上博一・詩論 14　　上博一・詩論 18

郭店・忠信 3　　郭店・五行 47

上博六・慎子 1　　璽彙 2108　　璽彙 3316　　璽彙 0104

三晉 44　　三晉 44　　三晉 44

古幣文編 209

○**羅福頤等**（1981）　俞　貨幣文俞字作🔣與此同。

《古璽文編》頁 221

○**張頷**（1986）　按此種布幣榆字多作🔣、🔣、🔣諸形,皆爲🔣之或體,左旁多與幣紋中之中間欄紋相合作🔣,有的不與中間欄文相合作🔣、🔣諸形,有的省去🔣(🔣之省體)而作🔣、🔣,皆🔣(余)字。

《古幣文編》頁 209

○**張頷**（1992）　以往對“🔣”（左讀）或“🔣”（右讀）釋作“貝丘”的“丘”,實則“榆”字的簡化,“俞”字的再簡化“🔣”字。

《古文字研究》19,頁 300

○**何琳儀**（1998）　俞,西周金文作🔣(豆閉簋)。从舟,余聲。俞,定紐;余,透紐;均屬舌音。俞爲余之準聲首。春秋金文作🔣(魯伯俞父盤),余旁右下加弧筆爲飾。戰國文字承襲春秋金文,舟旁多有省變(參舟聲系)。《説文》:“🔣,空中木爲舟也。从舟从巜。巜,水也。”

侯馬盟書俞,讀踰。《説文》:“踰,越也。从足,俞聲。”晉璽俞,姓氏。古代有俞跗,善醫,爲俞姑之姓。見《通志·氏族略》。趙尖足布“俞即”,讀“榆次”。地名,見榆字。魏璽俞,姓氏,見上。

《戰國古文字典》頁 373—374

○**馬承源**（2001）　丌四章則俞矣　“俞”讀爲“愉”。

俞　按辭義當讀爲“愉”,即厚報以愉薄投者。

閟宫呂色俞於禮　讀作“閟宫以色喻於豊”。“色”謂“窈窕淑女”,在此不用作貶義。《史記·屈原列傳》云“國風好色而不淫”,提法得體。此云“以色喻於禮”,則更爲準確具體。俞,讀爲“喻”,即《論語·里仁》所謂“君子喻於義,小人喻於利”之“喻”,孔子直言“《閟宫》以色”,然而“喻於禮”。若“俞”讀爲“逾”,則與詩意相違。小序的著眼點與此不同,可見小序並非是孔子所論的真傳。

《上海博物館藏戰國楚竹書》（一）頁 143、148、140

○**李守奎**（2003）　(編按:郭店·五行47)俞　讀喻。疑爲訛書。

《楚文字編》頁 521

○**李朝遠**（2007）　“🔣”,似可隸爲“亯”,在楚簡中常用爲“享”,讀爲“敦”。

《上海博物館藏戰國楚竹書》（六）276

【俞即】

○**曹錦炎**(1984) 𣆪𣆪(p.128)

《文編》釋爲"俞"。此爲"榆即"二字的合文,應入合文部分。古文字中的合文,往往省去兩字的某一部分,如"大陰"尖足布合文有時作"阣"(《古錢大辭典》359 號)。"榆即"布面文有時不省,如《東亞錢志》35 號。"榆即"當讀爲"榆次",戰國趙地。

《中國錢幣》1984-2,頁 69

○**黄錫全**(1993) 952—958 𥃝俞 榆半·俞皀半 榆次半。山西榆次北。
《先秦貨幣研究》頁 352,2001;原載《第二屆國際中國古文字學研討會論文集》

○**張頷**(1992) 以往對"𡧌貝"(左讀)或"貝𡧌"(右讀)釋作"貝丘"的"丘",實則"榆"字的簡化,"俞"字的再簡化"个"字。(中略)

"俞皀"就是"榆即"。"榆即"二字以往譜録中多誤釋爲"榆鄉"。裘錫圭先生釋爲"榆即"而且認爲"榆即"就是"榆次",其論證是令人信服的。但對"𡧌貝"二字尚未涉及。榆次的地望在戰國時屬於趙國,趙國的布幣大致有這樣一個演變規律,即早期流行一種大型的尖足布,幣面文字比較正規。就以"榆即"布爲例,如(編按:即《東亞》卷三 5 頁):

到早中期又流行一種折半的尖足布,而文字出現簡化字形,作俞皀半,如(編按:即《東亞》卷三 6 頁):

(中略)到了晚期,趙國除了流行刀布之外便大量流行方足布了,這種方足布相當於尖足"半"布,但幣面上一律省去"半""𡧌"字,只有簡化再簡化"𡧌貝"或"𡧌貝"兩字了,如(編按:即《東亞》卷四、《辭典》):

從以上幣形與文字的圖例看,不但可以看到趙國布幣演變的過程,更可以看到"榆即"二字從繁體到簡體遞嬗的迹象。

《東亞》卷三 5 頁 　　《東亞》卷三 6 頁 　　《東亞》卷四 38、39 頁 　　《辭典》一三九

《古文字研究》19,頁 300—303

○**梁曉景**(1995) 【俞貝·平襠方足平首布】戰國晚期青銅鑄幣。鑄行於趙國,流通於三晉、兩周等地。屬小型布。面文"俞貝",形體多變。背無文。"俞貝",或釋爲榆即,古地名,戰國屬趙,在今山西榆次境内。1957 年以來在

北京,河北靈壽、易縣,内蒙古涼城,山西祁縣、芮城、朔縣、浮山,河南鶴壁、鄭州等地有出土。一般通長 4.3—4.5、身長 2.9—3.2、肩寬 2.4—2.6、足寬 2.6—2.9 釐米,重 3.7—6.9 克。

1.俞旻・平襠方足平首布

河南鄭州出土　重 6.9 克

2.面文字形

《中國錢幣大辭典・先秦編》頁 256—257

○**何琳儀**(1996)　　“榆即”(《辭典》248),讀“榆次”。《水經・洞過水》:“梁惠成王九年,與邯鄲、榆次、陽邑。”隸《地理志》太原郡。在今山西榆次北。“榆即”亦見趙尖足布。

《古幣叢考》頁 209

△**按**　俞氏之“俞”,《通志・氏族略五》云:“古有俞跗,善醫。漢有司徒掾俞連。”

船 舡

舡　睡虎地・日甲 98 背貳　　朎　睡虎地・日甲 128 背　　舡　睡虎地・日乙 44 貳

秦印　　考古與文物 1997-1,頁 46

△**按**　《説文》:“船,舟也。从舟,鉛省聲。”睡虎地秦簡“六壬不可以船行”“丁卯不可以船行”之“船”皆用本義。

朕 縢

上博三・彭祖 1　　上博三・彭祖 3　　上博三・彭祖 8　　上博六・用曰 10

楚帛書　　中國錢幣 1997-2,頁 45　　集成 9735 中山王方壺

集成 4612 楚屈子赤目簠蓋

○**何琳儀**(1998)　　朕,甲骨文作朕(前四・三八・七)。从舟,灷聲。本義爲舟之縫隙,引申爲朕兆。金文作朕(叔上匜)。《説文》:“縢,我也。闕。”許慎

所釋屬假借。

少虞劍朕,賜予。《爾雅·釋詁》:“朕,予也。”中山王器朕,第一人稱物主代詞,相當“我的”。“朕邦”,見《書·盤庚》“嘉績于朕邦”。

帛書“朕遄”,讀“騰傳”。《説文》:“騰,傳也。”者汈鐘“朕立”,讀“朕位”。《書·堯典》:“巽在朕位。”

《戰國古文字典》頁 150

○**裘錫圭**(1998)　如“冉鉦鍼”銘文中被釋作“朕”的那個字,其右旁顯然不是“朕”所從的“关”(這個字也許是“航”字)。

《文教資料》1998-3,頁 127

○**李零**(2003)　(編按:上博三·彭祖 1)從第三簡和第八簡看,“耆老”之名似作“朕孳”(見第三簡注),這裏的“朕”也可能是“朕孳”的省稱。

《上海博物館藏戰國楚竹書》(三)頁 304

○**黃人二**(2005)　“朕身”之“朕”,整理者云“‘耆老’之名似作‘朕孳’(見第三簡注),這裏的‘朕’也可能是‘朕孳’的省稱”,按,整理者說“朕孳”爲“狗(耆)老”之名可從,“朕孳”不僅見於簡三,亦見於簡八,前爲“眊眊余朕孳”,後爲“朕孳不敏”,皆自稱之詞,依本冊《仲弓》篇,自己稱己以“名”,“雍也不敏”適與“朕孳不敏”詞例相同,長者稱少者亦以“名”,而稱他人則以“字”,但此處“朕”字當訓“我的”,即屈原《楚辭·離騷》“朕皇考曰伯庸”之“朕”,是以兩云“乃(你)將多問因由”“乃(你)不失度”,與“朕”相對。

《上海博物館藏戰國楚竹書(三)研究》頁 160

【朕遄】

○**饒宗頤**(1993)　陳邦懷讀“朕遄”,爲騰傳。《洪範五行傳》:“天者轉於下,而運於上。”此意指上下運轉。《釋名·釋天》:“冬曰上天,其氣上騰。故《月令》曰:天氣上騰。”朕讀爲騰,是。

《楚地出土文獻研究三種》頁 138

○**李零**(1985)　朕遄,朕,接縫處,《考工記·函人》:“視其朕,欲其直也。”遄,稍殘,與乙 7-34 爲同一字,即傳字,其字也見於所謂銅龍節,作遄。《説文》:“𢽳,截也。从斤从𢇍。𢇍,古文絶。𢇍,古文斷,从𠧢。𠧢,古文叀字。《周書》曰:詔詔猗無他技。𢇍亦古文。”《説文》所收斷字的古文實際上是一個从刀叀聲的字。這裏遄字从之,應讀爲斷,謂天地隔絶。

《長沙子彈庫戰國楚帛書研究》頁 68

○**劉信芳**(1996)　朕遄陳邦懷先生釋爲“騰傳”,可信。《説文》:“騰,傳也。”

按“朕”析言之,謂以舟、車相通,渾言則無別也。“朕”從舟從灷,《廣雅·釋詁》:“騰,渡也。”《左傳》成公五年:“晉侯以傳召伯宗。”傳謂傳車。《離騷》:“路修遠以多艱兮,騰衆車使徑待,路不周以左轉兮,指西海以爲期。”王逸章句:“騰,過也。”又:“轉,行也。”騰、轉實即帛書“朕”之分用。《漢書·司馬相如傳》錄《上林賦》:“轉騰潎洌。”孟康注:“轉騰,相過也。”“轉騰”即“騰傳”之倒,有如現代漢語“比較”又作“較比”,傳與轉通。後世“轉漕、轉運”應源自“騰傳”。

《中國文字》新 21,頁 75

舫 舫

舫 石鼓文·霝雨

○**強運開**(1935)　舫,《説文》:“船也。《明堂月令》曰舫人:‘舫人習水者。’”段注云:“《月令》:‘六月命漁師伐蛟。’鄭注:今《月令》‘漁師’爲‘榜人’,按,‘榜人’即‘舫人’。‘舫’,正字,‘榜’,假借字。許所據即鄭所謂今《月令》也。”是則舫本訓船,舫人則習水者,此言舫舟西逮者,蓋言舫人駕舟以西行也。

《石鼓釋文》戊鼓,頁 5

○**何琳儀**(1998)　《説文》:“舫,舟師也。《明堂月令》曰,舫人習水者。从舟,方聲。”

石鼓“舫舟”,見《孔子家語·三恕》:“不舫舟,不避風,則不可涉。”注:“郭璞曰,併兩船,舫舟即方舟。”

《戰國古文字典》頁 716

般 般

般 集成 10125 楚季苟盤　　般 集成 9709 公孫竈壺　　般 秦代印風 45　　般 集成 4596 陳曼簠

○**周偉洲**(1997)　34.般□丞印　《漢書·地理志》濟南郡有屬縣“般陽”。封泥“般”字後殘,按秦漢時以“般”爲字頭之郡縣絕少,故疑殘字即“陽”。般(音盤)陽應屬秦始皇二十六年後所置濟北郡屬縣,地在今山東臨淄西南。丞爲縣令佐官。

《西北大學學報》1997-1,頁 36

○**何琳儀**(1998)般,甲骨文作般(後下二七·一三)。从舟从攴,會行舟之意。攴亦聲。般,幫紐;攴,滂紐;幫、滂均脣音,般爲攴之準聲首。西周金文作般

（兮甲盤），春秋金文作𦨶（齊侯盤）。戰國文字承襲兩周金文。或易攴爲殳形。《説文》：“𦨶，辟也。象舟之旋。从舟从殳。殳所以旋也。𦨷，古文般从攴。”

秦璽般，讀盤，姓氏。見盤字。

《戰國古文字典》頁 1058

服 𦩗

𦩗 睡虎地·爲吏 35 肆　　服 睡虎地·秦律 62　　服 睡虎地·日乙 70

○睡簡整理小組（1990）　（編按：睡虎地·秦律 62“女子操殴紅及服者”）服，衣服。

（編按：睡虎地·爲吏 35 肆“罔服必固”）服，車廂。

《睡虎地秦墓竹簡》頁 35、173

○劉樂賢（1994）　（編按：日甲 13 正貳：服帶）服，《吕氏春秋·孟春紀》注：“佩也。”

《睡虎地秦簡日書研究》頁 27

○何琳儀（1998）　𠬝，甲骨文作𦩗（佚三二〇）。从卩从又，會制服之意，又亦聲。金文作𠬝（宗周鐘）。《説文》：“服，用也。一曰，車右騑，所以舟旋。从舟，𠬝聲。𦩗，古文服从人。”

睡虎地簡“服牛”，見《易·繫辭》下“服牛乘馬”。《説文》引“服”作𩎛。牛載物。

《戰國古文字典》頁 15

△按　睡虎地秦簡《日乙》70“可以出入牛，服之”之“服”意爲役使。

航

𦩎 集成 12113 鄂君啟舟節　　𦩎 上博六·莊王 3　　𦩎 上博六·莊王 4 上

○殷滌非、羅長銘（1958）　𦩎，長銘釋舿，滌非以爲是舺字。

《文物參考資料》1958-4，頁 9

○于省吾（1963）　（五）“屯三舟爲一舿，五十舿”　按“舿”字从舟“夸”聲，舿即舸之古文。以聲言之，从“夸”聲與从“可”聲並屬淺喉；以韻言之，跨屬魚部，舸屬歌部，二部古通。例如：古文字的“俎”即“宜”字，《説文》“䋁”爲“駕”之籀文，“奢”之籀文作“奓”，又如“華表”即“和表”（見《漢書·尹賞傳》注），都是魚、歌通諧之證。《方言》九：“南楚江湘，凡船大者謂之舸。”節文作“跨”，从

“夸”聲,“夸”從“于”聲;《方言》作“舸”,從“可”聲,古從“于”與從“可”聲之字多含有大義,説詳王念孫《釋大》。由此可見,跨舸二字音、義並相通。舸爲大船,所以説“屯集三舟以當一舸”,則“五十舸”抵一百五十舟,是以此數爲之限度。

《考古》1963-8,頁 443—444

○**商承祚**(1963)　　舟節:“三舟爲一舿。”唐代劉晏以十船爲一組,編上字號轉運貨物謂之“綱運”。宋朝一團爲十二綱,每綱二十五艘,下至清代,綱數、船數各有增損。舿、綱名異實同。而綱的制度是從舿發展起來的,過去認爲此制創始於唐,今知其説須修正。

《商承祚文集》頁 317,2004;原載《文物菁華》2

○**熊傳新、何光岳**(1982)　　關於“三舟爲一䑩”,郭沫若、商承祚先生在文中,均釋爲“三舟爲一舿”,後來譚其驤先生和黄盛璋同志也均無異議。我們認爲“舿”字,古今皆無此字。從“䑩”字的結構分析,左旁爲“舟”,沒有異議,但它的右旁上首爲“仐”,不是從“大”,而應從“人”部,這從節上的銘文看,是明顯的。下首“禾”,應爲“禾”,不是“亏”,因此“䑩”不應釋爲“舿”,而應釋爲“䑪”爲妥。“舿”,古文獻中無考,而“䑪”,在古文獻中均有記載,“䑪”在古代與“艎”連用,稱爲“䑪艎”。“䑪艎”,實際上是指古代的一種形體較大的舟,是戰國時期吳王闔閭所造,是屬於作戰時當作指揮用的一種戰船,此外,也可作大江河湖中的一種較爲安全的船使用。這種船,形體寬大,首尾高翹,船首繪或裝飾有鷁鳥的頭,據《左傳·僖公十六年》:“六鷁退飛過宋都。”注:“鷁,水鳥。”《淮南子·本經訓》云:“龍舟鷁首,浮吹以樂。”注:“鷁,水鳥也,畫其象著船頭,故曰鷁首。”這種“䑪艎”大船,作爲交通工具,在文獻中也有記載,葛洪《抱樸子·博喻》中載:“䑪艎鷁首,涉川之良器也。”在古代,“䑪艎”亦在各種船隻中,建造得華麗講究,左思《吳都賦》中云:“比鷁首之有裕,遇(編按:當作“邁”)䑪艎於往初。”注:“銑曰,鷁首,䑪艎,皆船之極麗也。”這裏好像把鷁鳥與䑪艎,分成了兩種類型的船,其實,它是説“䑪艎”這種大船,首部雕刻有精緻的鷁鳥的頭而已,象徵着這種船像水鳥一樣飛浮在大風浪中的水面上,能安全無恙。鷁首同時也是古代水行的一種迷信崇拜的標志,“䑪艎”也是用作高官貴人在水上的嬉游工具,張協《七命》載:“乘鷁舟兮爲水嬉,臨芳舟兮拔雲芝。”

《湖南師範學院學報》1982-3,頁 85

○**劉和惠**(1982)　　2、“屯三舟爲一舿,五十舿;歲罷返”。

“舿”于省吾氏云:“舿即舸之古文。”得之。《廣雅》疏證:“舸者,洪大之稱⋯⋯大船謂之舸。”《方言》云“南楚江湘凡船大者謂之舸”;又曰:“小舸謂

之艒,艒謂之鯛艘,小鯛艘謂之艇。"劉熙《釋名》:"船又曰舟,二百斛以下曰
艇。"《方言》爲西漢揚雄所著,距楚時間不遠,船制變化不會太大。節文"屯三
舟爲一舿",既曰舟,其載重量肯定在二百斛以上。如果我們估計每舟載運能
力爲五百斛,那麼一舿的載重量就是一千五百斛。漢代的一斛大約相當於今
天二十公斤。一千五百斛應爲三十噸。如果這個估計大致不差的話,那麼,
鄂君啟擁有的五十舿運輸能力大約在一千五百噸左右。

○**姚漢源**(1983)　**舿**　各家釋舿甚是,惟後世字書無舿字。竊以爲即舸字之
異體。

　　"屯三舟爲一舿。"如舿訓併兩舟而又訓爲舟之一種,則三舟可稱一舿而
舿亦爲舟之一類。且三舟爲一舸,則舿必舟之大者。《方言》:"南楚江湘之間
凡船大者謂之舸。"是南楚稱大船曰舸,與舿義同。而從可從夸之音亦可
通轉。

　　從可從夸之字意義多相通。可夸聲同爲雙聲字,韻則從可者多在歌戈
部,從夸者多在麻部或虞模部。三部字古常通轉。

　　以義言,可如"多可少否",可夸皆訓贊許。夸字從大從于,于亦有大義。
《爾雅·釋詁上》:"……訏、宇……大也。"《廣雅》卷一上:"夸……訏……
芋……大也。"《疏證》:"……夸者,《說文》'夸,奢也,從大于聲',《方言》
'于,大也',夸、訏、芋並從于聲,其義同也……訏與下芋字同,《爾雅》'訏,大
也'。《方言》云:'中齊西楚之間曰訏。'又曰:'芋,大也。'郭璞《注》云:'芋猶
訏耳。'《大雅·生民篇》'寔覃寔訏',《小雅·斯干篇》'君子攸芋',毛傳並
云:'大也。'……芋又音王遇反,其義亦爲大。《說文》云'芋大葉實根駭人,
故謂之芋'是也。"

　　可字亦有大義。水之大者曰河。《廣雅》卷九下:"舽……舸……舟也。"
《疏證》:"……左思《吳都賦》:弘舸連舳。劉逵注引《方言》:'江湘凡大船曰
舸。'《吳志·董襲傳》云:'乘大舸船突入蒙衝裏。"舸者洪大之稱。門大開謂
之閜,大杯謂之閜,大船謂之舸,義相近也。"《釋名》:"河下也。"《說文》:"渮
一曰窊下。"

　　以音言,夸有苦禾切音科一讀,可有孔五切音苦一音。河字,《釋名》"河
下也",《釋名》皆以諧音爲訓,下音古讀如戶,則河字音如湖,如今江南音讀,
湖河易混。此與渮字《集韻》"汪胡切音烏""後五切音戶"俱近。下如讀今北
方音則與夸音近(牙音、喉音常可通轉)。渮有古禾切音科,轉喉音即河音。

從可從夸之字,音義俱同者如:訶,《説文》:“大言而怒也。”誇,《廣韻》:“大言也。”訶通苛,誇可讀苦禾切。袔,《集韻》:“苦瓦切,音舿,同袴,小衫。”袴,《韻會》:“馬韻通舿。”其餘聲義俱近者尚多。

《古文字研究》10,頁 199—200

○**許學仁**(1983)　　舿　舟節 4·10

古匋文中有夲字,顧廷龍氏以爲“從大從羊,疑即夻字(原注:見《古匋文香録》第103頁),蓋審之未諦。夲,從大亏聲,當即夸字。楚文字中大習作ㄥ,節文舿字所從,與古匋夲字一也。舿,于思泊氏自聲義探其字源,謂即“舸字古文”,甚具卓識。以聲求之,夸爲溪母,屬深喉,可爲曉母,屬淺喉,皆舌根音。求之以韻,夸爲魚部,可爲歌部,旁轉通諧。復檢查其字義,揚雄《方言》卷九:“南楚江湘,凡船大者謂之舸。”節文作舿,夸從于聲,方言從可聲,古從夸從于從可得聲之字,均有大義。二字音義密合,知舿即舸也,乃大船之稱。

節文稱“屯三舟爲一舸”,或謂集三舟爲一舿,於義不明。按,屯,皆也(原注:訓屯爲皆,見《考工記·玉人》:“諸侯純九,大夫純五。”鄭注:“純猶皆也。”又《墨子·節用》上:“若純三年而字子。”孫詒讓亦引《周禮》鄭注訓屯爲皆,純從屯聲,古二字通用,屯自宜有皆意)。舿,指三舟組成之船隊單位。屯三舟爲一舸者,言皆以三舟組成一船隊,而名之一“舿”也。

《中國文字》新 7,頁 136—137

○**容庚等**(1985)　　一舿二字合書。

《金文編》頁 613

○**李零**(1986)　　“舿”,是個集合數量,不是船的名稱。集三舟爲一“舿”,“五十舿”是一百五十條船,這是舟節的限定運載額。

《古文字研究》13,頁 370

○**何琳儀**(1993)　　“舿”,楚文字作舿(鄂君啓舟節),或讀“舸”。

《第二屆國際中國古文字學研討會論文集》頁 259

○**吳振武**(1993)　　鄂君啓舟節在規定舟船數量的時候,兩次出現舿字。原文如下:

屯三舟爲一舿(“一舿”原作合文),五十舿,歲罷返。

這個字除極少數學者主張釋“艅”外,一般都隸定成“舿”。釋“艅”因跟字形明顯不合,所以沒有討論的必要。需要討論的是一些隸定成“舿”的釋法。因爲字數和文獻中並沒有從“舟”從“夸”的字,所以儘管大家都隸定成“舿”,但在解釋上卻是有些不同的。

第一種意見認爲“舿”即“舸”之古文，當“大船”講。這是于省吾先生在《“鄂君啟節”考釋》一文中首先提出來的。(中略)

第二種意見認爲“舿”的意思和後世“綱運”之“綱”同。這是商承祚先生提出來的。商先生在《鄂君啟節考》(《文物菁華》第 2 集 49—55 頁) 一文中説：

> 唐代劉晏以十船爲一組，編上字號轉運貨物謂之“綱運”。宋朝一團爲十二綱，每綱二十五艘，下至清代，綱數、船數各有增損。舿、綱名異實同。而綱的制度是從舿發展起來的，過去認爲此制創始於唐，今知其説之不可信。

第三種意見認爲“舿”是一個集合數量詞。這是李零先生在《楚國銅器銘文編年匯釋》一文中提出來的。(中略)

按這三種意見中，第一種意見因從字音入手，並且引了《方言》材料，所以相信的人最多，影響最大。筆者自己過去也曾相信過這個説法。而第二、第三兩種意見卻很少有人注意到，原因大概是因爲這兩種説法只講字義，不談它到底相當於什麼字，所以難以被人接受。

實際上，仔細體會銘文意思，第二、三兩種意見在文義理解上，要比第一種意見更加合理。“屯”字郭沫若先生訓爲“集”，朱德熙、裘錫圭先生訓爲“皆”。從出土的楚系文字資料來看，訓“皆”的理由更充分。但無論“屯”字訓“集”還是訓“皆”，如果把舿字釋成當“大船”講的“舸”的話，那麼“屯三舟爲一舸”只能理解爲“集(或皆)三舟相當於一舸”。可是，鄂君啟節在表示這種數量折合關係時，並不用“屯……爲……”的句式，而是用“屯……以當……”的句式。如車節云：

> 女(如)馬，女(如)牛，女(如)德，屯十台(以)堂(當)一車(“一車”原作合文)；女(如)檐徒，屯二十(“二十”原作合文)檐台(以)堂(當)一車(“一車”原作合文)。

從這一點看，把舿字解釋成“舸”的説法是很值得懷疑的。另外，跟車節銘文相同位置上出現的“車五十乘，歲罷返”一語比較，舿字也確實不像是某種船的名稱。所以，第一種意見是有問題的。

第一種意見既有問題，那麼第二、三兩種意見又如何呢？上面已經講過，在文義理解上，這兩種意見要比第一種意見更加合理。雖然商承祚先生把舿字和後世“綱運”制度聯繫在一起的看法不能説是確切的，但這個意見和李零先生把舿字看成是一個集合量詞的意見一樣，已經暗示出舿字應該當船隊講。

事實上,從銘文上下文看,舿字正是船隊的意思。再要找出一個比"船隊"更恰當的説法來,恐怕是很困難的。現在問題是:落實到字形和字音上,究竟應該怎麽解決?如果舿字只能隸定成"舿"的話,那麽我們也只好遺憾地把它當作一個後世失傳的字來看待了。但實際上,舿字的形、音問題並不是没有希望解決的,只是不能走到分析爲"从舟夸聲"的老路上去,需要另闢途徑。下面我們試重新分析舿字所从的偏旁和它的讀音。

舿字左邊从"舟"是很清楚的,無需討論。關鍵是要確定它右邊所从的夸究竟是個什麽偏旁。要討論這個問題,須先從戰國貨幣銘文中的夸字説起。

戰國時期,魏都大梁曾鑄有四種"㳴(梁)"字打頭,面文比較特殊的圓肩圓胯布。根據它們的面文内容和實測重量,可以分爲兩組。其中份量輕的那一組自名爲"尚(幣)",分大小兩種,大的叫"正(整)尚(幣)",小的叫"(半)尚(幣)",分别相當於魏國的"一釿"布和"半釿"布;份量重的那一組自名爲"釿",也分大小兩種,分别相當於魏國的"二釿"布和"一釿"布。在稱"釿"的那一組梁布上,"釿"字前面有一個寫作夸形的字:

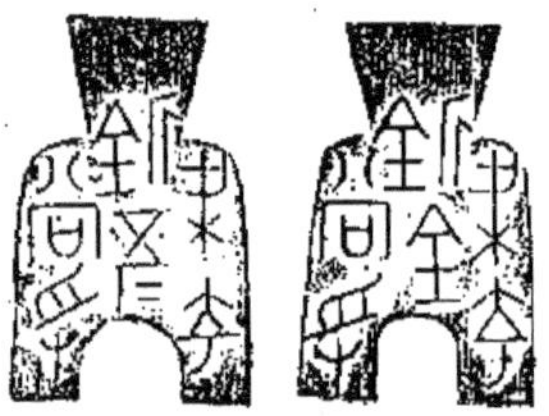

㳴(梁)夸釿五十("五十"原作合文)尚(當)寽(鋝)

㳴(梁)夸釿百尚(當)寽(鋝)

這個字在面文中也寫作夸、夸、夸等形。關於這個字,舊有"㐬、流、亲、充、夸、奇"等十幾種不同的釋法,均難信從。筆者曾在《説梁重釿布》(**原注**:此文完成於1987年暑假,同年10月投寄北京《中國錢幣》編輯部,刊該刊1991年2期21—26頁)一文中,根據戰國時"冢"字可以省成丆(或㇆)的事實,從"借筆"的角度把夸字分析爲从"土"(土)从"冢"省(丆);認爲字應釋爲"塚"(即冢),讀作"重"。這個看法也曾作爲"借筆"角度考釋古文字的一個例子,寫入筆者提交中國古文字研究會成立十周年學術研討會(1988年7月,長春)的一篇題爲《古文字中的借筆字》的論文中(第二部分第十節)。但這兩篇文章完成後不久,因林澐先生的提醒,我開始注意到這個字在上引梁布背文中出現的一些不同於面文的寫法,結果發現原先從"借筆"角度分析此字是錯誤的。因此,當1991年春北京中華書局《古文字研究》編輯部來函徵用《古文字中的借筆字》一文時,我特意就此問題寫了一段"附記"("附記"第三段),以修正自己的看法。文章和"附記"大概短期内還印不出來。爲便於討論,現在我把這段"附記"抄録在下面(方括號中的文字是這次抄録時加進去的):

（三）關於梁布中的李字。筆者後來發現，這個字常在稱"李釿"的那一組梁布和"安邑二釿、安邑一釿"布的背面單獨出現（均後刻），字或作李、李形（《中國歷代貨幣大系·[1]·先秦貨幣》1339—1342、1349、1279—1283、1303—1305，《考古》1987 年 2 期 184 頁。可注意的是，在稱"幣"的那一組梁布和"安邑半釿"布的背面，似未見有單刻此字的情況）。在河南登封陽城遺址出土的韓刻劃陶文中，此字則作李（《古文字研究》第七輯[中華書局 1982 年，北京]230 頁圖三五·4，單字）。從這些寫法看，李字不應分析爲从"土"（圡）从"豕"省（丁），而應分析爲从"大"从"豕"省。也就是說，這個字不存在借筆的問題。但是，字仍應釋爲"豕"（在布銘中皆讀作"重"）。"豕"古有大義。《爾雅·釋詁》："豕，大也。"《尚書·舜典》孔疏引舍人注："豕，封之大也。"《周禮·天官·敍官》鄭注："豕，大之上也。"故字或从"大"作。齊[系]私璽中有名"敖（犳）奓"者（《上海博物館藏印選》[上海書畫出版社 1979 年]21·2"王敖奓信鉨"，《古璽彙編》[羅福頤主編，文物出版社 1981 年]0643"王敖奓"、3725"命[令]魚[狐]敖犰"，"敖"字舊誤釋爲"牧"），"敖"下一字亦从"大"从"豕"省（刃即"豕"字所从的聲符"豕"，參拙作《試說齊國陶文中的"鐘"和"溢"》，《考古與文物》[西安]1991 年 1 期），也應釋爲"豕"。古从"敖"得聲之字多有高大義（參《廣雅·釋詁》"驁，大也""巁巁，高也"王氏疏證），可知名"敖奓（豕）"者，是取高大之意。筆者對李字的釋讀，最初是從借筆中得到啟發的，今看法雖變，但結論未變，所以正文第貳部分第十節仍予保留，算是留下一點認識的曲折痕迹。

高明先生《古陶文彙編》（中華書局 1990 年）329 頁 3·1285—3·1287 著錄的三件齊系單字陶文作李或李，過去大家（包括筆者在内）多把作李者釋爲"夸"。其實，這幾個字跟梁布上的李也是同一個字。這種从"大"从"豕"省的"豕"字，可以隸定成"夸"。如果不求精確的話，也可以隸作"奓"。

把李字釋爲"奓（豕）"，從字形上說，關鍵是要找出準確的例子來證明"豕"字可以省成丁、丁、丁、丁等形。在《說梁重釿布》一文中，我們曾舉過一些"豕"字省寫的例子。其中最重要的三個是：

（1）"之豕（重）"合文作豕。魏二十八年平安君鼎蓋"一益（鎰）十釿圡（半）釿四分（"四分"原作合文）釿之豕（重）"、器"六益（鎰）圡（半）釿之豕（重）"，《文物》（北京）1980 年 9 期 18 頁圖七·1、3；魏三十二年平安君鼎

器"五益(鎰)六釿伞(半)釿四分（"四分"原作合文）釿之冡(重)"，《文物》
1972 年 6 期 23 頁圖八。李學勤先生釋。

（2）"塚(冢)子"合文作𩰚。魏梁上官鼎器"宜詥(信)塚(冢)子"，《三代吉金文存》2·53 下。李家浩先生釋。

（3）"塚(冢)子"合文作𩰚。古璽"栖塚(冢)子"，《古璽彙編》292·3102。李家浩先生釋。

這裏還可以再補充兩個例子：

（4）"賕"字作𩰚。楚邥陵君豆(一)豆盤外底"郢□寳(府)所敚(造)，賕(重)十𡧤四𡧤夆朱；□毀賕(重)三朱二夆朱四□"，《文物》1980 年 8 期 30 頁、《商周青銅器銘文選》第二卷 438 頁 680(2)號。

（5）"𡑭(冢)"字作𡑭。韓十八年戈"十八年，𡑭(冢)子敊(韓)繒(?)，邦軍(庫)嗇夫犬湯，冶舒敚(造)戈"，《湖南考古輯刊》第 1 集（嶽麓書社 1982 年，長沙）88 頁圖一·5、《古文字研究》第 10 輯（中華書局 1983 年，北京）274 頁圖三十。

這兩個例子需要作一點説明。（4）中的𩰚字出現在記重銘文中，李家浩先生和李學勤先生都釋爲"冢"，讀作"重"。這個説法無疑是正確的，但細審拓本，把這個字所從的𠂆看成是"冢"字所從的"豕"，恐怕是有問題的。比較同銘"寳"字"貝"旁的寫法，可知最早研究此器的李零、劉雨兩位先生把這個偏旁看作"貝"是不錯的。"賕"字不見於字書。趙國銘刻中有一個寫作𧴪形的字（《文物》1980 年 7 期 2 頁圖二·2—7），湯餘惠先生認爲"字殆從貝省冢聲"，可資參校。（5）中的"𡑭(冢)"字係李家浩先生釋。這是一種從"卜"的"塚(冢)"字。魏六年寧鼎中的"塚(冢)子"之"塚(冢)"作𩰚（《三代吉金文存》3·24 下），與此同例。

上面這些例子都足以證明戰國時期"冢"字可以省寫成𠂆、𠂇、丁、丆等形。因此，把梁布中的𡑭字看作是一個從"大"的"冢"字，並不是一種猜想，而是有相當根據的。

"豢"字也作爲偏旁出現在包山楚簡中：

𣏾《包山楚簡》（湖北省荆沙鐵路考古隊編，文物出版社 1991 年）圖版七五·163、八一·180

𡑭同上圖版三八·86　　　𨏹同上圖版三七·85

這三個從"豢"的字在簡文中都用作人名或地名，讀法不易確定。如果可以根據梁布以"豢"爲"重"的情況推測一下的話，也許它們分別是"動"（《説文·

力部》："動,作也。从力,重聲。")、"陸"(《玉篇・阜部》:"陸,音重,地名。")、"鍾"(《集韻・平聲鍾韻》:"鍾,量名。六斛四斗曰鍾……通作鍾。")的異體。《包山楚簡》一書的作者把這三個字隸釋成"挎、陓、銙"肯定是有問題的。因爲只要看看同批簡中的"于"及从"于"的"竽、雩、玕、邘"等字即可知道,上揭三字的右旁決不會是"从大于聲"的"夸"。

現在我們可以回到䑦字上來了。在已發現的兩枚舟節中,䑦字總共出現四次。其右旁都作㣇,沒有很大的變化。如果光看這個形體的話,把它説成"夸"似也無可厚非。但是拿它跟下揭楚璽中的"勧"字比較:

勧《古璽彙編》145・1331　　　　䑦同上 246・2552

可以知道這個偏旁並不是非看成"夸"不可的,完全有可能是上面費了許多筆墨討論過的"㣇"。這個看法如果不錯,那麼䑦字應該隸定成"艭"(嚴格一點的話當隸定成"舿"),分析爲:从"舟""㣇(冢)"聲。

中古以後,文獻中出現過一個當"船隊"講的"艐"字。舉例如下:

1.《雲笈七籤》(四部叢刊本)卷一一九《嘉州開元觀飛天神王像捍賊驗》:"又嘗有人下峽之時曾詣飛天求乞保護。至瞿唐,水方汎溢,波濤甚惡,同艐三船,一已損失,二皆危懼……"

2.《明史》卷九一《兵志三》:"……且宜修飭海舟,大小相比,或百或五十聯爲一艐。"

3. 張煌言《北征得失紀略》(章太炎印本):"余叱舟人鼓棹,逆入金山,同艐數百艘,得入者僅十七舟。"

4. 魏源《聖武記》卷十四《武事餘記・水守篇》:"編什五舟爲一艐,哨官轄之;兩哨爲一司,分總轄之。"

這個字不見於舊字書。不過按照漢字構形的一般規律,可以知道它必定是从"宗"得聲的。所以現代字書給"艐"字標的音都如同"宗"。"冢"和"宗"古音不同(冢,端母東部;宗,精母冬部),但後來卻變得非常接近了。這一點在今天南方的許多方言裏表現得尤爲突出。上引文獻的作者,張煌言(1620—1664)是浙江鄞縣人,魏源(1794—1857)是湖南邵陽人。據方言工作者調查,這兩處方言中的"冢"和"宗"就都只在調上有差別,而聲母和韻母並無不同。因此,根據"艭、艐"二字的用法和讀音,我們完全有理由認爲它們記録的是同一個詞。換句話説,"艭"字很可能是"艐"的古寫,而"艐"則是"艭"的後起字。漢字中"椶"字後作"棕","蹤"字後作"踪",情形與此相似。另外值得一提的是,在傳世文獻中,既从"舟"作,又能當"船隊"講的字,也只有一個"艐"

字。舟節艀字能和這個"腙"字聯繫起來,恐怕不能説是偶然的巧合吧。

綜上所説,鄂君啟舟節中的艀字應該隸定成"艫"(或"舿"),可以看作是"腙"字的古寫。節銘謂"屯三舟爲一艫(=腙),五十艫",意思是説:全都是三條船組成一隊,共五十隊。

《第二屆國際中國古文字學研討會論文集》頁 273—285

○**湯餘惠**(1993)　舿,同舸,大船。《方言》卷九:"南楚江湘,凡船大者謂之舸。"舟,從銘文看,當指小船;舟節規定,三舟相當於一舸。

《戰國銘文選》頁 46

○**何琳儀**(1998)　舿,從舟,夸聲。鄂君舟節舿,讀艫。雩通虖、鄂通郻,見虍字。是其佐證。《説文》:"艫,舳艫也。一曰,船頭。從舟,盧聲。""舳,艫也。從舟,由聲。漢律名船方長爲舳艫。一曰,舟尾。"段注:"長,當作丈。《史》《漢》貨殖傳皆曰,船長千丈。注者謂總積其丈數。蓋漢時計船以丈,每方丈爲一舳艫也。節銘正謂總三舟爲一艫(舳艫)。

《戰國古文字典》頁 462

○**湯餘惠等**(2001)　艫。

《戰國文字編》頁 591

○**李守奎**(2003)　舽。

《楚文字編》頁 522

○**陳佩芬**(2007)　殹四舿已[逾虖]

"舿","舸"之古文。"舿"韻在魚部,"舸"在歌部,魚、歌二部古通。"舸",《方言》九:"南楚江湘,凡船大者謂之舸。"楚國青銅器《鄂君啟節·舟節》:"屯三舟爲一舿,五十舿歲能返。"

《上海博物館藏戰國楚竹書》(六)頁 245

△**按**　戰國文字"航"的右旁比較複雜,陳劍《試説戰國文字中寫法特殊的"兀"和從"兀"諸字》論之甚詳,此略作摘録:

對"夲"的考釋,舊有説法中影響最大的是釋爲"夸"和"豪"或"奎"(按後二者没有實質性差别)兩種。釋"夸"從字形上看決不可信,吳振武、李守奎二先生論之已詳,此不贅述。(**中略**)

我們根據上博楚竹書中可以幫助確定"夲"的讀音的押韻、異文資料,從董珊先生將鄂君啟舟節從"舟"從"夲"之字釋讀爲"航"得到啟發,將"夲"跟"兀"聯繫起來,最終達成了一個新的認識。(**中略**)

董珊先生認爲:

　　鄂君啟舟節(《集成》12113、《中國青銅器全集》第十卷98頁左)："屯三舟爲一舿,五十舿歲一返",此"舿"應當讀爲"航"。《説文》:"航,方舟也。从方,亢聲。《禮》:天子造舟,諸侯維舟,大夫方舟,士特舟。(小徐本"大夫方舟"作"大夫航舟"。)(臣鉉等曰:今俗別作航,非是。)"其所謂"《禮》",見《春秋公羊傳》宣公十二年何休《解詁》引以及《爾雅·釋水》,李巡注:"並兩船曰方舟也。"又《説文》"方,併船也。象兩舟省總頭形。"《方言》卷九:"舟,自關而西謂之舟,自關而東或謂之舟,或謂之航。"郭璞《音義》:"航,行伍。"可見,"航"既爲兩船相併之稱,再轉爲量詞,指三舟爲一組,是容易理解的詞義引申。舟鉦鍼銘(00428):"自作鉦鍼,以□其船其航,□□□大川,以□其陰其陽。"其"航"字原作:

从"亢"聲。舟鉦鍼銘文有韻,主要是魚、陽合韻,"航"字押韻的情況也可以證明釋讀不誤。可見"航"字也是早已有之,並非俗別字。

　　裘錫圭先生在爲施謝捷先生《吳越文字彙編》所作的《序》中,已曾指出上舉舟鉦鍼"這個字也許是'航'字"。

　　釋鄂君啟舟節从"舟"从"夲"之字爲"航",是很精辟的意見,已經得到了不止一位研究者的贊同。也就是説,在从"舟"从"夲"之字中,偏旁"夲"就跟"亢"相當。(中略)

　　根據我們已有的對戰國文字中同類常見變化的認識,首先可以推知,"夲"下半的所謂"主"形,其原始形體應該就作一橫筆下加一豎筆或斜筆之形。其橫筆上方加短橫,以及豎筆中間加點(或用勾廓方式寫出)、點再變作短橫等,都係出自後來的變化。本文開頭所舉字形中那些没有在橫筆上方添加短橫的,有不少還將長橫筆寫在"大"形下半的中間、同時其兩側跟"大"形中表示兩腿形的筆畫相接。如據以上分析,將文首所舉字形中的一部分加以處理,可以拆分出如下諸形:

這部分形體顯然正是"亢"字。其個別的中間一筆還作一斜筆形,仍然保留着"亢"字較原始的特徵。也就是説,在"夲"較原始的字形中,實際上就包含有"亢"字。這個成問題而形體又並不複雜的"夲"旁,字形上除了一般的分析爲“大”跟“于”或“主”兩部分,還能另外再找到拆分辦法,恐怕不是偶然的。這也大大堅定了我們的信心。當然,“夲”後來的變化,則反映出在書寫者心目中確實已經被拆分爲“大”和“主”上下兩個部分了,“充”形已經遭到破壞。

　　“夲”與“充”的字形關係問題,一種可能想到的辦法,是借鑒吳振武先生最初考釋梁釿布時將“夲”分析爲從“立(土)”從“豕省聲”、二者共用中間一橫筆的“借筆”的思路,將字形解釋爲從“主”或“丂”從“充聲”,二者共用一橫筆。這樣想的好處是,避開了“充”形何以會出現比較罕見的變化(見下文)的麻煩。但其弱點也是極爲明顯的。首先,從“主”或“丂”從“充聲”之字到底是什麽字、它是爲哪個詞所造的這個問題無法回答;其次,如果確實應該這樣分析,則何以其分開書寫而不借筆的字形從未出現過呢? 因此,這個設想大概不會有成立的可能。

　　另一種辦法,是認爲“夲”就是“充”的寫法特殊的異體、繁體。古文字中已經確認的“充”形體變化不大,我們在考慮由“充”變爲“夲”時,也曾設想過多種複雜的可能,也許不是完全没有道理,但終究缺乏字形演變的中間環節,近於無謂的懸想猜測,此不必贅述。我們看“𡗕”一類字形,較“充”只多出一筆,最直接的辦法還是就應該看作“充”形下面憑空多加了一筆。古文字中在橫筆下方加一長斜筆或豎筆作飾筆的情況較爲罕見,一時還難以找到完全相同、可以跟“𡗕”相印證的例子。但我們可以推想,這種飾筆跟古文字中可在豎筆中間加點(或又變作短横)、或其左右兩邊加小斜筆、或長横筆上下加短横之類較爲普遍的裝飾性筆畫不同,最初應該是比較偶然的變化。但這類變化如被繼承下來,或又有演變,就讓人覺得難以解釋了。同類的例子可以舉出“直”字和“兵”字。“直”本從“目”上一直筆形,西周金文中已經開始出現在“目”形左邊添加一曲筆的寫法(《説文》分析爲“從乚”),春秋戰國文字中“直”以及從“直”的“惪”字、“植”字等,從“乚”和不從“乚”的寫法都同樣多見。秦文字“兵”字常在所從的“斤”旁下面多加一長横筆(《説文》籀文同),這種寫法並爲後代隸楷所繼承。齊系文字如庚壺、叔弓鎛等還在長横下又加一短横。這類憑空多出來的筆畫,同樣並非習見的添加飾筆的類型;添加筆畫之形跟原字也完全是一字異體,用法没有分別,所加筆畫看不出有什麽表意的意圖。以上所説“横筆下偶加一長斜筆或豎筆作爲飾筆”跟“添加飾筆的形體流行”兩方面的情況集中到一個字上的,就會造成由

“亢”到“夲”的變化了。(**中略**)

　　綜上所論,我們認爲“夲”在構字時其功能跟“亢”相當這一點是可以肯定的。在其字形解釋上則傾向於認爲“夲”就是六國文字中添加飾筆而形成的特殊寫法的“亢”字(《出土文獻與古文字研究》3 輯 152—182 頁,復旦大學出版社 2010 年)。

　　上引陳文認爲寫法特殊的“亢”是因爲添加飾筆而形成的看法應該是對的,而“古文字中在橫筆下方加一長斜筆或豎筆作飾筆的情況”在清華簡中也可以找到不少同類的例子,如:

　　(1)少:🖋清華伍·厚父 2

　　(2)令:🖋清華伍·厚父 2　　🖋清華伍·厚父 3　　🖋清華伍·厚父 6

　　(3)迺:🖋清華伍·厚父 3　　🖋清華伍·厚父 5　　🖋清華伍·厚父 6　　🖋清華伍·厚父 7

　　　　　🖋清華伍·厚父 8　　🖋清華伍·厚父 10　　🖋清華伍·厚父 11　　🖋清華伍·厚父 12

　　(4)今:🖋清華伍·厚父 10　　🖋清華肆·筮法 11　　🖋清華肆·筮法 14

　　(5)夕:🖋清華伍·厚父 3

　　(6)寺:🖋清華叁·良臣 6

　　(7)周:🖋清華壹·程寤 1　　🖋清華伍·封許 7　　🖋清華伍·封許 8

　　(8)夜:🖋清華伍·湯丘 4　　🖋清華伍·湯丘 5

當然,(3)中的“迺”字橫筆下的斜畫具有和其右邊斜畫相襯托的作用,(2)中的“令”字、(4)中的“今”字、(5)中的“夕”字和(8)中的“夜”字所從“夕”旁橫筆下的斜畫具有填補空隙的作用,(6)中的“寺”字橫筆下的斜畫具有和右邊“又”旁相對稱的作用,情況並不相同。“亢”字金文作🖋、🖋、🖋等形(參見董蓮池《新金文編》1463 頁,作家出版社 2011 年),其下部爲豎向的“夕”形,戰國文字在其橫筆下加斜畫飾筆以填補空隙便出現了🖋這樣的形體,實在是很自然的;至於戰國文字還有在該斜畫上加點、橫等飾筆的寫法,這是飾筆上的飾筆了。

舠

🖋秦陶 1007　　🖋秦陶 1010

○**袁仲一**（1987）　　船。

《秦代陶文》頁 113

○**高明、葛英會**（1991）　（編按：秦陶 1007、1010）船。

《古陶文字徵》頁 200

○**湯餘惠等**（2001）　　舠。

《戰國文字編》頁 591

艁

集成 11125 羣于公戈　　集成 11609 陰平劍

△**按**　"艁"爲"造"字古文異體,詳見卷二辵部"造"字條。

䑤

集成 290 曾侯乙鐘　集成 287 曾侯乙鐘　集成 294 曾侯乙鐘

○**何琳儀**（1998）　　䑤,從舨,采爲疊加音符。舨之繁文。
　　曾樂律鐘"䑤鐘",樂律名。

《戰國古文字典》頁 1059

○**李守奎**（2003）　　䑤　　䑤。

《楚文字編》頁 521

艑

璽彙 3200　　璽彙 3201

○**李零**（1997）　　《古璽彙編》3200 和 3201 有兩方小璽,印文俱作"艑~",（中略）上述印文中的"艑流",兩印同文,雖然印比較小,但不一定是私璽,而是與船舶通行有關的官印;如作私璽,恐怕得從左向右讀,讀爲"流（游）艑"（"游"是古代常見的姓氏）,也不大可能讀爲"艑流"。

《第三屆國際中國古文字學研討會論文集》頁 757—759

○**何琳儀**（1998）　　艑,從舟,峗聲。（《集韻》:"峗,嵬峗,山峻。"嶏之省文。《説文》:"嶏,九嶏山,在馮翊谷口。從山,隓聲。"）疑艖之異文。《説文》:

"艘,船著不行也。从舟,叟聲。"

　　古璽艐,讀䑴,姓氏。古䑴夷氏之後。見《通志·氏族略·以名爲氏》。

《戰國古文字典》頁 406

○**湯餘惠等**(2001)　艐。

《戰國文字編》頁 591

○**李守奎**(2003)　舳。

《楚文字編》頁 522

△**按**　此字右上角█爲省變的"鬼",右下角爲"山",故應隸作"艐"或"䑹"。"䑹"用作姓氏,劉傑(《戰國文字姓氏用字疏釋六則》,《中山大學學報》2011年 4 期 63—65 頁)認爲讀作"嵬"姓的"嵬"或魏姓的"魏";蘇建洲(《〈清華大學藏戰國竹簡〉貳·系年》考釋七則),《中國文字研究》19 輯 67—68 頁)曾釋作"艅(畏)",後來改釋"魏"。

方

方　石鼓文·霝雨　　集成 2840 中山王鼎　　集成 10478 中山兆域圖

　曾侯乙衣箱　　郭店·太一 12

　上博一·緇衣 22　　楚帛書　　陶彙 4·48　　陶彙 9·9

　睡虎地·秦律 131　　睡虎地·答問 88

　信陽 2·1　　郭店·性自 40　　上博六·用曰 7　　新蔡甲三 336

　新蔡乙四 14　　九店 56·31　　包山 231　　睡虎地·日乙 170

　璽彙 3959　　璽彙 3961　　璽彙 1577　　上博一·詩論 17

　郭店·五行 41　　上博五·競建 7　　上博六·季桓 11

　楚帛書　　新收 1379 悍距末乙

　上博六·慎子 4

○**強運開**(1935)　█,《說文》:併船也,象兩舟省總頭形;或从水作█。運開按,方之本義爲併船,引申之義爲比方,爲方圓,文方正,爲方向,此言于水一方,正作方向訓也。此下有闕文。

《石鼓釋文》戉鼓,頁 10

○**鄭家相**(1958)　文曰方,取方正之義。

《中國古代貨幣發展史》頁 155

○**中大楚簡整理小組**(1977)　(信陽 2·01)方亦作鈁。壺之圓形者稱壺,方形者名方,前室有陶方蓋,盜坑擾土中有陶方殘片,即簡文之"青方"。

《戰國楚簡研究》2,頁 24

○**羅福頤等**(1981)　方。

《古璽文編》頁 221

○**李學勤**(1982)　(編按:楚帛書𡗜)四興𡗜(堯)羊(祥)。

《湖南考古輯刊》1,頁 70

○**饒宗頤**(1985)　"其"字之下,必無缺文,細審絹本,便可知之。星家恆言,如甘氏《歲星法》:"日有亂民,將有兵作於其旁。""其方"猶言"其旁"。

　　(編按:楚帛書𡗜)李學勤注𡗜爲"堯"字,而無説明。今按𡗜字上从土,與"土事"之土字形相同,故知必是从土。《説文》:"堯,高也。𡎐,古文堯。"即从兩先。《古文四聲韻》引《汗簡》亦作𡎐,與古文同,殷契𡎐,从二土、儿。帛書只从一土。

《楚帛書》頁 44—45、62

○**何琳儀**(1986)　"𡗜"與《説文》古文"𡎐"單複無別。《甲骨文編》1598"堯"作𡎐,亦只从一"人"形。楚幣文"𣏟比"(《古錢大辭典》249),據帛書自當釋爲"橈幣"。"橈"亦見《古璽彙編》5362 作"𣏟"。"橈"有長曲之義,與該類燕尾足布呈束腰狹長形吻合。

《江漢考古》1986-1,頁 56

○**劉雨**(1986)　二圓缶,二青方(鈁)。

《信陽楚墓》頁 128

○**李仲操**(1987)　《禮·曲禮》:"三十曰壯。""方壯"當是剛三十歲。

《中國考古學研究論集》頁 344

○**睡簡整理小組**(1990)　(編按:秦律 131)方之以書

　　方,動詞,製成書寫用的方。《史記·酷吏列傳》集解引《漢書音義》:"觚,方。"王國維《流沙墜簡》考釋認爲"併則爲方,析則爲觚,本是一物"。

（編按：日乙 99 壹）方（房）、取婦、家（嫁）女、出入貨，吉。

《睡虎地秦墓竹簡》頁 50、238

○**高明、葛英會**（1991）　方。

《古陶文字徵》頁 116

○**曾憲通**（1993）　（編按：楚帛書 才）此字或釋爲元，或釋爲失，李學勤首釋作先，讀作堯，選堂先生從之，謂 才 即堯之古文。《説文》：“堯，高也。 赫，古文堯。”《汗簡》引作 赫，與古文同。帛文作 才 乃上從土，下從儿，即古文 赫 之省半。堯羊讀爲饒祥，言祥異滋多。

《長沙楚帛書文字編》頁 69—70

○**郭若愚**（1994）　二青方

方，物形正直者，此用作鈁，量器名。青，五色之一。《荀子·勸學》：“青取於藍而青於藍。”

二方監　方，正直形之器物曰方。監通鑑。《説文》：“鑑，大盆也。”方鑑即方形大盆。一號墓前室出土方鑑一件（一一三九）高 31.3 釐米，短頸、鼓腹，圜底下附四足。口沿上及頸部壓印帶狀圓圈紋，腹壁左右側各留一獸面浮雕。

《戰國楚簡文字編》頁 63

○**張守中**（1994）　方　通房。

《睡虎地秦簡文字編》頁 138

○**劉信芳**（1997）　青方

信陽簡二·一：“二青方。”“方”讀如“鈁”，《説文》：“方，方鐘也。”“鐘”讀爲“鍾”。出土實物有陶方壺一件（標本一：八〇六），殘高 60.9，口長寬皆爲 10.83 釐米。木方壺一件（標本一：二四五），非實用器。

《中國文字》新 22，頁 199

○**黃錫全**（1998）　五、方刀

有“口”字的刀，藁城、盂縣等地有出土。藁城出土的 1 枚，通長 16.8、最寬 2.3 釐米，重 16.5 克。盂縣出土者，有 1 枚通長 17.1、最寬 2.3 釐米，重 17 克；另 1 枚通長 16.8、最寬 2.4 釐米，重 19 克。此字過去或釋爲“城”（圖 11）。

此字比甲骨文所謂的“丁”作“口”形者大，是一個與“丁”形近而字別的另一字，爲方圓之“方”。早期金文和甲骨文有此形之字，過去

或釋爲“方”無疑是正確的。甲骨文的“方”，或假借爲“祊”。刀銘多較古樸，方形竟與金文、甲骨文類同，頗令人深思，其中很可能包含有迄今尚未被人們認識的重大歷史問題，還有待學人去探索。根據這種刀的分布，文字同音通假的關係，刀銘之“方”當即地名“房”。房本从方聲。如《荀子·禮論》“方皇周挾”之“方皇”，《史記·禮書》作“房皇”。房當即房子，戰國屬趙，春秋屬晉，一度當屬白狄或鮮虞中山。《史記·趙世家》：敬侯“十年，與中山戰於房子”。《正義》：“趙州房子縣是。”其地在今河北高邑縣西南，隸《漢書·地理志》常山郡。

　　　　　　　　　《先秦貨幣研究》頁 259，2001；原載《徐中舒先生百年誕辰紀念文集》

○**何琳儀**（1998）　　方，甲骨文作才（後下一三·五）。从刀，施一橫於刀身，表示以刀分物。指事。《國語·楚語》下“不可方物”，注：“方，猶別也。”西周金文作才（禹鼎），春秋金文作才（曾伯簠）。戰國文字承襲商周文字。《説文》：“方，併船也。象兩舟省總頭形。汸，方或从水。”

　　齊陶“東方”，複姓。

　　燕器“方城”，地名。《史記·趙世家》悼襄王“二年，李牧攻燕，拔武遂、方城”。

　　燕璽“東方”，複姓。

　　晉璽“西方”，複姓。中山王鼎“四方”之方，方位。中山王鼎“方壯”，相當“當壯”。《管子·揆度》：“老者譙之，當壯者遣之邊戍。”中山王鼎“方數百里”，讀“方數百里”。《淮南子·本經訓》“戴圓履方”，注：“方，地也。”兆域圖方，邊。《史記·扁鵲倉公傳》“視見垣一方人”，索隱：“方，猶邊也。”（或説“方數百里”之方爲四方。）

　　楚璽“方正”，行爲嚴正不偏者。《史記·平準書》：“招尊方正賢良文學之士。”爲漢代選舉科目之名。疑始於戰國。信陽簡 2·01 方，讀鈁，方形酒器。《説文》：“鈁，方鐘也。从金，方聲。”信陽簡“方監”，讀“方鑑”，方形之鑑。楚簡“南方”，方位。帛書方，讀旁。甘氏《歲星法》：“日有亂民，將有兵作於其旁。”廿八星宿漆書方，讀房，廿八星宿之一。見《吕覽·有始》。

　　石鼓方，讀旁。《詩·秦風·蒹葭》：“所謂伊人，在水一方。”

　　　　　　　　　　　　　　　　　　　　《戰國古文字典》頁 713—714

　　（編按：錢典 548）方。

　　　　　　　　　　　　　　　　　　　　　《戰國古文字典》頁 1538

○**劉信芳**（1999）　　簡乙 12：“大方亡禺（偶）。”諸家多釋“方”爲“方圓”

之方,誤也。《詩・邶風・谷風》:"方之舟之。"鄭箋:"方,泭也。"泭謂木筏、竹筏之類,今稱木排、竹排。凡沿江運送竹木,扎排順流而下,此"方"之謂。"大方"乃不可比並之"方",此所以"亡偶"也。偶者,配也,對也,匹也。

《中國古文字研究》1,頁 108—109

○**李零**(1999)   "並",原作"方",馬甲、馬乙本作"旁",王弼本作"方",整理者讀"旁",按"方、旁"都是"並"字的假借字。

《郭店楚簡校讀記》(增訂本)頁 8,2002;原載《道家文化研究》17

○**李零**(1999)   這裏提到的量制單位,似可分爲兩類:(1)"方、麇"和"方审笘、方顔",從"方"字看,也許是方量;(2)"削、赤、篃",從燕客量看,也許是圓量。

《考古學報》1999-2,頁 142

○**陳斯鵬**(1999)   《老子》甲簡 24:"萬勿(物)方(旁)复(作)。居以須復也。"注:"居,各本作'吾'。"

今按:整理者於方字後括弧内注"旁"字,依《郭簡》"凡例",則以"方"爲借字,"旁"爲本字;實誤。帛書甲乙本同作:"萬物旁(並)作,吾以觀其復也。"整理者以"旁"爲借字,"並"爲本字,是也。傳世諸本也用本字。簡本作"方",實際也是"並"的假借;當在其後括弧内加注"並"字,而不應以借字注借字。並、方古音聲韻俱同,故可相假。《書・微子》:"小民方興。"《史記・宋微子世家》作:"小民乃並興。"可證。又簡文"居"字,帛書本及今本都作"吾",玩文意,作"吾"者是也,簡文"居"當爲"吾"之假。整理者不作假借字處理,未妥。

《中山大學學報論叢》1999-6,頁 145

○**濮茅左**(2001)   (編按:性情11)堂事因方而裂之   方,《韓非子・解老》:"所謂方者,内外相應也,言行相稱也。"故先王制禮,因之而致其宜。

(編按:性情25)同方而交   同方,志行同,法則同。方,嚮,志之所嚮。

(編按:性情33)方,或多解釋爲"方法、常規、準則"等。

《上海博物館藏戰國楚竹書》(一)頁 236、257、267

○**邴尚白**(2002)   有簡文詞例推測,"方、麇"可能也是器名或容量單位。

《中國文學研究》16,頁 21

○**陳松長**(2002)   (編按:悍距末乙 🖉)"堯"字在楚帛書中寫作"🖉",與此形近,《說文》堯字的古文作"🖉",故此字隸定爲堯字。堯,《說文》:"高也。从垚在兀上。高遠也。""四堯"當與四方意思相近。

○**張光裕**(2002)　方(防)亦坂(反)是。

《上海博物館藏戰國楚竹書》(二)頁 218

○**劉國勝**(2003)　該墓前室及擾土中出土彩繪帶方框陶"方壺" 2 件(據發掘報告,僅存 2 框 1 壺),疑即簡文所記"二青鈁"。《説文》:"鈁,方鐘也。"朱駿聲《説文通訓定聲》:"鐘當爲鍾,酒器之方者。"方壺的方形特徵與鈁有類似之處,惟裝飾較繁複,如帶蓋冠(即方套框)。飾十字背帶紋、附獸形耳等。出土陶方壺還見於長臺關 M2、長臺關 M7。

《楚喪葬簡牘集釋》頁 18

○**陳美蘭**(2003)　方亦坂是:即"謗亦反是",意謂:毀謗也隨之反於己身。張光裕先生考釋(218 頁)讀爲"防亦反是"。劉樂賢先生《民札》讀"方"爲"謗",謂"失賢士一人則謗亦隨之而來",可備一説。

《〈上海博物館藏戰國楚竹書(二)〉讀本》頁 63

○**劉信芳**(2003)　方:

副詞,表時間,謂正好,正當。《詩·小雅·正月》:"民今方殆。"

《包山楚簡解詁》頁 161

○**李守奎**(2003)　汸　《説文》或體。

《楚文字編》頁 523

○**陳佩芬**(2005)　(編按:競建簡 7)"不方",猶言"不正"。《管子·侈靡》:"不方之政,不可以爲國。"

《上海博物館藏戰國楚竹書》(五)頁 173

○**張光裕**(2005)　不曲方以达人　"曲方",宜讀爲"曲防"。《孟子·告子下》:"五命曰:無曲防,無遏糴,無有封而不告。"

《上海博物館藏戰國楚竹書》(五)頁 275

○**濮茅左**(2007)　(編按:上博六·季桓 11"求亓[其]述[術]多方安[焉])"多方",多端。

《上海博物館藏戰國楚竹書》(六)頁 210

○**李朝遠**(2007)　(編按:上博六·慎子 4"時[時]悳[德]而方[方]義")"方義"之"方",恐爲"方"的或體。"方"一般作方,而郭店簡《尊德義》(第二八簡)和《性自命出》(第十九簡)均作方,橫上多了一小豎,如將這一小豎移至橫下,則與本處的方字形相近。"方",《廣雅·釋詁三》:"爲也。"

（編按：上博六·慎子 4 "氐（是）已[以]㝅[君子]皆[向]方"）"方"，義理，道理。《禮記·樂記》"樂行而民鄉方"，孔穎達疏："方，猶道也，而民歸鄉仁義之道也。"《禮記·緇衣》："君子之朋友有鄉，其惡有方。"（郭店簡《緇衣》四二、四三和上博簡《緇衣》二二均作"故君子之友也有向，其惡有方"）這裏的"向"指善的方嚮，"方"指惡的方嚮。"向方"並論，即嚮方，歸於正道，遵循正確的方嚮。

《上海博物館藏戰國楚竹書（六）》頁 280、282

△按　李守奎《釋㫁距末與楚帛書的"方"字》（安徽大學漢字發展與應用研究中心編《漢語言文字研究》1 輯 119—124 頁，上海古籍出版社 2015 年）據待公布的清華簡新資料和有關文例，釋楚帛書和距末爲方，可從。

【方羊】

○饒宗頤（1985）　（編按：帛書乙"四□堯羊"）此處堯羊讀爲饒祥，言四處祥異滋多。高誘《呂覽》注："祥，徵應也。"

《楚帛書》頁 62

○何琳儀（1986）　（編按：帛書乙"四□堯羊"）帛書"堯羊"應讀"敖翔"或"翱翔"。"堯、敖"音近可通。《左傳》襄公四年"生澆及豷"，《説文》"豷"下引"澆"作"敖"。《爾雅·釋丘》"多小石磝"，釋文或作"磽"。《釋名·釋山》："磽，堯也。"均可資佐證。"羊"讀"翔"。《詩·齊風·載驅》"齊子翱翔"，阜陽漢簡作"皋羊"，是其證。

《江漢考古》1986-1，頁 56

○湯餘惠（1989）　堯字的省體又見於帛書。長沙帛書甲篇第九行有

　　群神五正，四□方羊。

一句話，字舊或釋"夫"，或釋"元"均不得其解，惟李學勤先生釋"堯"，確不可易，但讀"堯羊"爲"堯祥"，和我們的看法還有分歧。斟酌文意，"堯羊"似爲聯綿詞，這裏似乎應該讀爲"擾攘"（又作"擾穰"），堯羊、擾攘、擾穰三者文字不盡相同，詞義則一，均有紛擾、混亂的意思。《後漢書·仲長統傳》"中國擾攘，四夷侵叛"，漢李翊夫人碑"時益都擾穰"均用其義。帛書這句話所表述的大約是天地閒神祇的某種混亂不正常的狀況。

《古文字研究》15，頁 19

○劉信芳（1996）　（編按：帛書乙"四□堯羊"）讀如"相羊"，連語也。《離騷》："聊逍遥以相羊。"洪興祖補注："相羊，猶徘徊也。"帛書謂諸神"堯羊"，即《楚語》

之“群神頻行”也。

《中國文字》新 21,頁 95

△按　李守奎《釋兲距末與楚帛書的“方”字》(安徽大學漢字發展與應用研究中心編《漢語言文字研究》1 輯 119—124 頁,上海古籍出版社 2015 年)認爲“方羊”讀作聯綿詞“彷徉”,可從。

【方城】

○郭沫若(1958)　邡壄即方城,在湖北竹山縣東南三十里,《左傳·文公十六年》“楚廬戢黎侵庸,及庸方城”,即其地。

《文物參考資料》1958-4,頁 5

○黃盛璋(1964)　方城,譚文考方城中爲苦菜、于東之間的小城,我們認爲楚實有方城一地,《史記·秦本紀》:“(秦昭王八年)共攻楚方城取唐眛。”此所指自非長達數百里之方城,《史記·楚世家》記此次戰役還多“取我重丘而去”,重丘在方城附近,或者就是本銘之方城之前的陽丘,此方城,後代名方城關,盛宏之《荆州記》:“襄陽舊楚之北津,從襄陽渡江,經南陽出方關,是周鄭晉衛之道。”

　　習鑿齒《襄陽記》:“楚有二津,謂從襄陽渡沔,自南陽界出方城關是也。通周鄭晉衛之道。”

　　方城有關,除縮轂交通之外,關史自負有收稅之責,故節銘之方城非此莫屬。至於譚文所考訂之苦菜、于東之間的方城,乃屬小城,兩者未必爲一地。

《歷史地理論集》頁 277,1982;原載《中華文史論叢》5

○劉和惠(1982)　方城,譚氏考證在苦菜、于東二山之間,楚長城所經伏牛山隘口的一個小城,得之。這是楚國一個邊陲關隘,爲通往西、北諸國的要道。鄂君出入此關,無疑與韓、秦等國進行貿易。

《考古與文物》1982-5,頁 64

○李零(1986)　方城,據譚其驤先生考證,應是具體城邑名,位置大約在今河南葉縣西南保安鎮(在今方城縣東北),正當伏牛山隘口。

《古文字研究》13,頁 371

○張中一(1989)　第二站是“庚邡城”,“左、右”爲“方”,“方城”即古驛道兩邊的城鎮,其位置在“陽丘”之南。考城陵磯之南有春秋麇子國城,由東、西兩城組成。戰國時期,這裏比較繁榮,屈原南征《涉江》時,“步余馬兮山皋,邸余車兮方林”,就是走的這條路線。

《求索》1989–3,頁 128

○**湯餘惠**(1993)　邡,同方;方城,城邑名,在今河南省葉縣南。節銘通例,凡所“庚”之地必爲城邑。楚北方長城亦名“方城”,非節銘所指。

《戰國銘文選》頁 49

○**崔恆升**(2002)　21.方城

方城睘小器:“方城。”戰國燕邑,在今河北固安縣西南。《史記·燕召公世家》:“孝王六年,趙使李牧攻燕,拔武遂、方城。”

《古文字研究》23,頁 221

△按　曾侯乙墓漆箱“方”是二十八宿名稱。

旍

旍 曾侯乙 11

○**何琳儀**(1998)　旍,从方,良聲。

隨縣簡旍,不詳。

《戰國古文字典》頁 695

○**湯餘惠等**(2001)　旍。

《戰國文字編》頁 592

○**李守奎**(2003)　旍。

《楚文字編》頁 523

兒

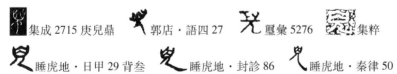

集成 2715 庚兒鼎　　郭店·語四 27　　璽彙 5276　　集粹

睡虎地·日甲 29 背叁　　睡虎地·封診 86　　睡虎地·秦律 50

○**羅福頤等**(1981)　(編按:璽彙 5276)兒。

《古璽文編》頁 221

○**何琳儀**(1998)　兒,甲骨文作(前七·四〇·二)。从儿,上象小兒頭囟未合。附體象形。西周金文作(小臣兒卣),春秋金文作(儌兒鐘)。戰國文字承襲春秋金文。燕系文字作,其下加止旁(作女形)爲飾。晉系文字作

🔆、🔆，其下加土旁爲飾。《説文》：“🔆，孺子也。从儿，象小兒頭囟未合。”

　　吳金兒，人名後綴。

《戰國古文字典》頁 762

△按　　“兒”字本象小兒初長一兩顆牙齒之形（參看駢宇騫《中華字源》62 頁，萬卷出版公司 2007 年；楊澤生《上博簡〈凡物流形〉中的“一”字試解》，《古文字論壇第一輯：曾憲通教授八十壽慶專號》149 頁，中山大學出版社 2015 年）。睡虎地秦簡“兒”字皆表示嬰兒。

允 🔆

🔆 石鼓文·鑾車　　🔆 郭店·成之 25　　🔆 郭店·成之 36　　🔆 九店 56·114

🔆 集成 9735 中山王方壺　　🔆 郭店·緇衣 36　　🔆 上博一·緇衣 18

🔆 楚帛書　　🔆 楚帛書　　🔆 上博一·緇衣 3

🔆 集成 10407 鳥書箴銘帶鉤

○强運開（1935）　🔆　《説文》：“信也。从儿，吕聲。”張德容云：“按，儿古文奇字人也，象形，孔子曰：‘人在下，故詰屈。’此允字亦古文無疑。”按，不𡠹敦𣪘允作🔆，與此微異。

《石鼓釋文》丁鼓，頁 13

○商承祚（1964）　《山海經·大荒南經》有帝俊之妻羲和生十日，及《大荒西經》：又“生月十有二”的神話傳説。“日月𡥈生”，即“𡥈生日月”。

《文物》1964-9，頁 16

○張政烺（1979）　𡥈，讀爲允。古文字中人旁在下部常變爲🔆，故此字仍當讀允。《爾雅·釋詁》：“允，信也。”又：“允，誠也。”

《古文字研究》1，頁 221

○趙誠（1979）　妟即允，古文字从女、从儿通。

《古文字研究》1，頁 253

○徐中舒、伍仕謙（1979）　𡥈、允同。金文不𡠹𣪘，玁允之允作🔆，與此同，从女。

《中國史研究》1979-4，頁 88

○李零（1983）　（四）銘末“允”字。此字側書，應當正過來看，是個單字箴語，不連上文讀。允是允當即恰如其分的意思。古人説“允執厥中”，“允”與

"折中"是意義關聯的詞,正好與銘文第一句呼應。

《古文字研究》8,頁 61

○**何琳儀**(1986) "𠈌",原篆作"𠈌",與下文"帝𠈌"均从𠃞从身。後者缺一筆,猶金文"𠃞"或作"𠃞"。"𠈌"本應从"人",帛書从"身"。其實人、身一字之分化。戰國文字"信"或作"誩",是其證。商謂"日月𠈌生,即𠈌生日月"。按,𠈌讀"允",亦可通。

《江漢考古》1986-2,頁 81

○**李學勤**(1984) "日月允生","允"是假設之詞,意同如果。古代神話認爲日月由一定的山或海生出,帛書是説,那時日月如果生出,礙於九州不平,山陵也都傾側,致使四神(即四時)相代運轉遇到困難。

《楚史論叢》(初集)頁 148

○**周曉陸、張敏**(1987) 允,馬道闊先生的(編按:"的"字衍)釋以(台),細審銘文,其下不从口,可確認爲允,金文以作𠃌,允作𠀘,字形略近。此允與《班簋》《遳邖鐘》上的允字一致。《説文》"允,信也",允至,即果然到來,一定到來,肯定能達到的意思。

《東南文化》1987-3,頁 73

○**何琳儀**(1988) (編按:吳王光劍"逗[桓]余允至")允(以)。

《文物研究》3,頁 119

○**石曉**(1989) "允",語中助詞(《詞詮》603 頁),簡訊誤釋"以"。

《文物》1989-7,頁 81

○**劉信芳**(1996) 𠈌 嚴一萍先生謂"𠈌"即帝俊,其説與神話傳説相合。《山海經・大荒南經》:"羲和者,帝俊之妻,生十日。"又《大荒西經》:"帝俊妻常羲,生月十有二,此始浴之。"按:《書・堯典》:"乃命羲和,欽若昊天,曆象日月星辰,敬授人時。"又云:"朞三百有六旬有六日,以閏月定四時成歲。"《國語・楚語下》:"顓頊受之,乃命南正重司天以屬神,命火正黎司地以屬民,使復舊常,無相侵瀆,是謂絕地天通。"《史記・天官書》:"昔之傳天數者,於唐虞,羲和。"《漢書・成帝紀》陽朔二年詔曰:"昔在帝堯,立羲和之官,命以四時之事,令不失其序。"《百官公卿表》:"《書》載唐虞之際,命羲和四子,順天文,授民時。"是古史傳説多以堯時方有觀象授時曆法。至於"授時"之官,或謂"羲和"或謂"重黎",或謂"帝俊之妻",此乃傳説與神話之異,不可以史實考之也。於"𠈌"之本義,實乃"逡"之本字,《説文》:"𠈌,行𠈌𠈌也。"《方言》卷十二：“躔、逡，循也。躔，曆行也。日運爲躔，月運爲逡。”是“日月夋生”若以神話理解，則爲“日月乃帝夋所生”；若以實際内涵理解，則爲“始有日月運行”。

《中國文字》新 21，頁 79

○**何琳儀**（1998）　允，甲骨文作𠤎（甲三一二一）。从人，吕聲。允、吕均屬定紐，允爲吕之準聲首。西周金文作𠔃（班簋），春秋金文作𠔃（秦公鎛）。戰國文字承襲兩周金文。《説文》：“𠑫，信也。从儿，吕聲。”

　　石鼓允，見《爾雅・釋詁》：“允，信也。”“允，誠也。”

《戰國古文字典》頁 1341

○**李家浩**（2000）　允字原文作𠔃，上部从“吕”，下部與鄂君啓節𩓣（顋）、𠈃（見）等字所从“儿”旁相同（《金文編》385、619 頁），故將此字釋爲“允”。《説文》説“允”“从儿，吕聲”。

《九店楚簡》頁 135—136

○**陳佩芬**（2001）　（編按：緇衣簡 3）尹夋　即“伊尹”。郭店簡作“尹𦎍”，今本作“尹躬”。

　　（編按：緇衣簡 18）夋也君子。

《上海博物館藏戰國楚竹書》（一）頁 177、194

○**劉信芳**（2005）　尹允　今本作“尹躬”，字形之誤也。按“允”字簡文字形从吕从身，字又見中山王壺銘文。楚帛書甲五“日月允（夋）生”，甲六“帝允（夋）乃爲日月之行”。古文字从人从身不甚别。疑“尹允”讀爲“伊尹”。此二字之隸定、釋讀，《郭店》、裘按俱有説，文繁不引。

《郭店楚簡國際學術研討會論文集》頁 167

【允戈】

○**黄錫全**（1993）　第七字應是“允”字，即銑，《説文》：“銑，侍臣所執兵也。从金，允聲。《周書》曰，一人冕執銑。讀若允。”今《書・顧命》銑作鋭。孫星衍《尚書今古文注疏》：“鋭，訛字也，當從《説文》作銑。”楚王熊璋戈稱“轄（轄）”，或以爲即副車上用的戈。那麽，“允（銑）戈”就當是侍臣所執之戈。“鄴子詠臣”有可能就是王之侍臣。

《江漢考古》1993-4，頁 66—67

○**徐在國**（2005）　《集成》17・11253 爲鄴子戈，銘文如下：

　　鄴子謡臣之元允戈

第七字黃錫全先生釋爲“允”，是正確的。他認爲“允”即“銳”字，“允（銳）戈”當是侍臣所執之戈。

我們認爲戈銘中“允”字不必改讀。“允”字或訓爲用。清王引之《經傳釋詞》卷一“允”字條下：“案：大人曰：允，猶‘用’也。《書·堯典》曰：‘允釐百工。’言用釐百工也。《皋陶謨》曰：‘允迪厥德。’言用迪厥德也。又曰：‘庶尹允諧。’言庶尹用諧也。《大誥》曰：‘允蠢鰥寡。’言用動鰥寡也。《論語·堯典》引堯曰：‘允執其中。’言用執其中也……”因此，戈銘中“元允”應訓爲“元用”，與東周兵器銘文中常見的“元用”義同。“元用”見於下列兵器銘文中：

徐王之子□之元用戈（《集成》17·11282）

楚屈叔佗之元用（同上　17·11198）

周王叚之元用戈（同上　17·11212）

子孔擇厥吉金鑄其元用（同上　17·11290）

周王孫季怡……元用戈（同上　17·11309）

工吾王夫差自作其元用（同上　18·11638）

吉日壬午作爲元用（同上　18·11696）

關於“元用”，郭沫若先生説：“‘元用’這兩個字在兵器銘文裏面多見，普通的彝器作‘寶用’，武器則多作‘元用’。元者善之長也，是頂好的意思，‘元用’大約就是説頂好的武器吧。”王人聰先生曾提出新解，他説：“我們認爲‘元用’一詞中的‘元’字應解釋爲‘寶’……‘元’訓‘寶’，‘用’與‘寶’義近，是知‘元用’係由兩個近義的詞素構成的同義並列複合詞，與‘元寶、寶用’一樣，都是表示‘寶’或寶重的意思。”可備一説。

《古漢語研究》2005-1，頁 66—67

【允至】

○李家浩（1990）　其次説“允至”。

“允至”二字頗費解，不過根據𪊨羌鐘和曾伯𠨍瑚銘文還是可以推知其含義的。𪊨羌鐘銘：“𪊨羌……武佴寺力，奪敓楚京。”曾伯𠨍瑚銘：“曾白（伯）𠨍哲聖元武，元武孔黹，克狄淮夷，卬（抑）燮繁湯（陽）。”

“佴、黹”上古音同屬脂部，聲母亦近，疑瑚銘“武、黹”即鐘銘“武佴”的異文，區別是前者在“武、黹’二字之前分別加有修飾語“元、孔”。又“佴、黹”與“壯武”義近。“寺力”之“寺”疑讀爲“時”，訓爲“有”。“武佴寺力”猶《詩·鄭風·羔裘》“孔武有力”。周王孫季怡戈銘文曰：“周王孫季怡孔臧（壯）元武元用戈。"以鐘銘中常見"元鳴孔皇"語例之,戈銘"孔壯元武"即"元武孔壯"的倒文,與瑚銘"元武孔㸚"用語相似,意當相近。于省吾先生曾對鐘銘"武㑶"作過考證,他據《後漢書・吳漢傳》"其人勇鷙有智謀"注"凡鳥之勇銳,獸之猛悍者,皆名'鷙'也",認爲"㑶"與"鷙"同聲相假,"武㑶"猶"武鷙",即武勇的意思。若此,瑚銘"元武孔㸚"之"㸚"也應該讀爲"鷙"。

劍銘"允至"之"允"可能是一個虛詞。"至"大概與"㑶"和"㸚"同義,也應當讀爲"鷙",即武勇的意思。

《著名中年語言學家自選集・李家浩卷》頁 57,2002;原載《文物》1990-2

○唐鈺明(1996)　　(三)㠯其伯子妟父盨(集 4443)　"㠯白子妟父乍其延盨,其陰其陽,以延以行,割(匃)釁壽無疆,慶其🔆臧",🔆或釋爲"以",但"慶其以臧"理解起來頗有困難。查🔆在盨二(集 4444)作🔆,故該句宜改釋爲"慶其允臧"。《詩經・定之方中》"卜云其吉,終然允臧",毛傳:"允,信;臧,善也。"🔆字亦見於攻敔王光劍"趄余🔆至,克㪥多攻",報導者原釋"趄余以至,克肇多攻",由㠯伯子妟父盨看來,劍銘的🔆亦當釋"允",修飾動詞"至"。"至"即屬羌鐘"武㑶寺力"的"㑶",與"武"同義。

《中山大學學報》1996-3,頁 87

兌 🔆

○金祥恆(1964)　　兌。

《匋文編》頁 63

○睡簡整理小組(1990)　(編按:日甲五正貳)兌(說)不羊(祥)。
　　　　說,《國語・魯語下》注:"猶除也。"

《睡虎地秦墓竹簡》頁 181—182

　　(編按:日甲 69 背)盜者兌(銳)口。

《睡虎地秦墓竹簡》頁 219

○劉樂賢(1994)　(編按:日甲五正貳)兌(說)不羊(祥)。

説,《國語·魯語下》注:"猶除也。"

《睡虎地秦簡日書研究》頁 25

○張守中(1994)　兌　通説　兌不羊。　　通鋭　盜者兌口。

《睡虎地秦簡文字編》頁 138

○蔡運章(1995)　【兌·平肩空首布】春秋中晚期青銅鑄幣。鑄行於周王畿。屬大型空首布。面文"兌"。背無文。1970 年河南伊川曾有出土。一般通長 10、身長 6、肩寬 5.1、足寬 5.2 釐米,重 30.1 克。極罕見。

3.面文字形

《中國錢幣大辭典·先秦編》頁 119

○陳偉(1999)　16.同兌(説)而交,以德者也。不同兌(説)而交,以猷者也。性自命出 58

兌,原讀爲"悦",似不確。應讀爲"説",指學説,與上文"方"(道理)對應。猷,原無説。《爾雅·釋詁》:"猷,謀也。"簡文是説學説相同而交往,是基於道德;學説不同而交往,是出於謀略。

《武漢大學學報》1999-5,頁 31

○何琳儀(1998)　兌,甲骨文作𠑿(粹 1154)。从人,台聲。兌,定紐月部;台,定紐元部。月、元爲入陽對轉。兌爲台之準聲首。金文作𠑿(師兌簋)。戰國文字承襲金文。《説文》:"𠑿,説也。从儿,台聲。"

齊陶兌,人名。

《戰國古文字典》頁 1032

○濮茅左(2001)　寺兌而句行　兌,讀爲"悦",古"兌、説、悦"通。第六簡"忘(囂)於丌(其)者之胃(謂)兌(悦)",對"兌"作了説明。

逆𦣹者,兌也　對於"兌(悦)"字,第六簡釋爲"忘(囂)於其者之胃(謂)兌(悦)"。

兌丌斈,是吕敬安　兌(悦)其斈,《孟子·盡心上》:"孟子曰:仁言不如仁聲之入人深也,善政不如善教之得民也。善政,民畏之;善教,民愛之。善政得民財,善教得民心。"這個政、教比較,明確地提出:善教能得民,善教能使民愛,善教能得民心,這也就是提倡悦教的原因所在。

凡人情爲可兌也　人情,《荀子·王霸》:"夫人之情,目欲綦色,耳欲綦聲,口欲綦味,鼻欲綦臭,心欲綦佚。此五綦者,人情之所必不免也。"即追求感官目、耳、口、鼻、心等的愉悦。

《上海博物館藏戰國楚竹書》(一)頁 221、228、237、252

○**王子今**（2003）　兌不羊。　整理小組釋文作“兌（説）不羊（祥）”。又注釋：“説，《國語・魯語下》注：‘猶除也。’”吳小強《集釋》：“説，除的意思。”今按：“兌”，當作“挩”的簡字。《説文・手部》：“挩，解挩也。從手，兌聲。”段玉裁注：“今人多用‘脱’。古則用‘挩’。是則古今字之異也。今‘脱’行‘挩’廢矣。”字又作“税”。《集韻・末韻》：“挩，《説文》：‘解挩也。’或作‘税’。”朱駿聲《説文通訓定聲・泰部》：“挩，解挩也，從手，兌聲。經傳皆以‘説’以‘税’以‘脱’爲之。”又説：“税，段借爲‘脱’。”《左傳・襄公二十八年》“税服”，《史記・文王世子》“税冠帶”，《少儀》“税綏”，《孟子・告子下》“税冕”，《漢書・敍傳下》“税介免胄”，“税”都作“脱”解。桂馥《説文解字義證》卷三八：“挩，解挩也。”“‘解挩也’者……通作‘脱’。《老子》：‘善抱者不挩。’范應元注：‘挩，一作脱。’”今本《老子》五十四章“善抱者不脱”，湖北荊門郭店楚簡則寫作“善伓者不兌”。裘錫圭先生釋作：“善伓者不兌（脱）。”可見，睡虎地《日書》甲種“兌不羊”之“兌”或亦可理解爲“脱”的俗寫簡字。“兌不羊”即“脱不祥”。而“脱不祥”文義甚明。“祥”寫作“羊”，如陳直先生所説，“此爲漢代最普遍的簡字”，《日書》甲種中的同例，有“歲在東方以北大羊”（六四正壹）等。

《睡虎地秦簡〈日書〉甲種疏證》頁 26—27

兄　倪　踓　覩　隹

包山 138 反　　郭店・六德 13　　上博五・季庚 15　　郭店・性自 61

睡虎地・封診 93　　睡虎地・日乙 170

侯馬 156:21　　郭店・語一 70　　上博三・彭祖 5　　璽彙 2400　　貨系 190

上博四・内豊 4　　上博四・内豊 4　　上博四・内豊 5

集成 4695 鄴陵君王子申豆

集成 10297 鄴陵君鑑　　集成 261 王孫遺者鐘　　集成 74 敬事天王鐘

包山 63　　包山 96　　磚瓦廠 M370・3

上博四・曹沫 35　　上博四・曹沫 42　　上博五・三德 11

近出 73 王孫誥鐘　　包山 135　　包山 135　　上博六·天甲 3

上博四·逸詩·多薪 1　　上博六·天乙 2

郭店·五行 33"兄弟"合文

○羅福頤等（1981）　（編按：璽彙 2400）此與齊鎛兄字書法同。

《古璽文編》頁 222

○何琳儀（1998）　兄，甲骨文作𠯗（前一·三九·六）。从儿从口，會意不明。或説祭祀之時由兄長禱祝。西周金文作𠯗（刺卣），春秋金文作𠯗（齊侯鎛）。戰國文字承襲兩周金文。燕系文字或形變作𠯗、𠯗、𠯗、𠯗。《説文》："𠯗，長也。从儿从口。"

　　侯馬盟書"兄弟"，見《詩·王風·葛藟》"終遠兄弟，謂他人父"。
　　望山簡"古兄"，讀"故兄"。包山簡"兄弟"，見上。

《戰國古文字典》頁 622

　　𡥈，从兄，𡉩爲疊加音符。兄指繁文。
　　楚系文字𡥈，讀兄。包山簡"𡥈俤"，讀"兄弟"，見兄字。

《戰國古文字典》頁 623

○馬承源（2004）　𡥈（兄）。

《上海博物館藏戰國楚竹書》（四）頁 178

○李朝遠（2004）　倪（兄）。

《上海博物館藏戰國楚竹書》（四）頁 223

○李零（2004）　𡥈（兄）。

《上海博物館藏戰國楚竹書》（四）頁 266、270

○曹錦炎（2007）　（編按：上博六·天甲 3）豊者，義之𡥈也
　　"𡥈"，兄字繁構，加注"𡉩"聲。也見於金文。

《上海博物館藏戰國楚竹書》（六）頁 314

△按　"倪、𡥈、𡥈、𠈉"均爲"兄"之異體，其中"倪、𠈉"又重見於本卷人部。

【兄弟】

○荊門市博物館（1998）　簡文"兄弟"係合文。

《郭店楚墓竹簡》頁 153

競 競

十鐘　　十鐘　　集粹　　珍秦 124

○**何琳儀**（1998）　競,金文作（嗣比盨）,構形不明。或説競字之分化。競,
見紐;競,溪紐。見、溪均屬牙音。《説文》:"競,競也。从二兄,二兄競意。从
丯聲。讀若矜。一曰,競,敬也。"

七年相邦吕不韋戟競,人名。

《戰國古文字典》頁 137

○**湯餘惠等**（2001）　競。

《戰國文字編》頁 593

曶

包山 121

○**何琳儀**（1998）　曶△（并）殺舍罩 121

△應釋"昆"。《正字通》:"昆同昆。"《説文》:"昆,同也。从日从比。"

《江漢考古》1993-4,頁 58

靘

璽彙 3615

○**何琳儀**（1998）　靘璽彙 3615

龐,春秋金文作（王孫鐘）。从兄,龍聲。龍指繁文。甲骨文鳳作（類
纂 1769）,亦从兄,可資比照。《廣雅·釋詁》:"兄,大也。"龍、鳳爲鳥獸指首,
故二字均从兄以見大義。

古璽龐,讀龍,姓氏。見龍字。

《戰國古文字典》頁 427

△**按**　此字嚴格隸定作"靘",當是从龍省、从兄,故也可以隸定作"覾"。

皃 兒 佼

璽彙 3364

郭店·五行 32

○**何琳儀**(1998)　兒,从儿从白(表示面部),會人面貌之意。白亦聲。兒,明紐;白,並紐;均屬脣音。兒爲白之準聲首。《説文》:"皃,頌儀也。从人、白象人面形。皃兒或从頁、豹省聲。貌,籒文皃,从豹省。"

　　古璽兒,人名。

《戰國古文字典》頁 330

△**按**　郭店簡"佼"字重見本卷人部"佼"字條。

皃 兒 夐

夐 郭店·性自 43　　夐 包山 240　　夐 包山 245　　夐 郭店·五行 32　　夐 上博五·三德 10

夐 郭店·五行 32　　夐 上博一·詩論 8　　夐 上博四·柬大 6

夐 上博二·從甲 17　　夐 侯馬 77:4　　夐 璽彙 1523

○**中大楚簡整理小組**(1977)　(編按:信陽 2-07)　　專績,義未明。"組緣"與"專績"各自爲句,則"專績"應是物名。

《戰國楚簡研究》2,頁 19

○**黃翔鵬**(1979)　有些中、外學者,認爲我國在戰國時代尚無七聲音階,每持戰國無"變宮"之説。曾侯乙鐘田野號下二 1 鐘鉦部樂律銘文中確有"訤宮"(變宮)一辭出現。此外,下二 3 鐘鉦部樂律銘文中又有"訤峯"(變峯)一詞。可以解決這個問題。還應注意全部樂律銘文在應用階名時卻幾乎並不采用變宮、變峯來作説明,而每逢變宮之位,則必采用"峯角"或"峯頻"二辭,每逢變峯之位則必采用"商角"一辭。可以認爲,變宮、變峯二辭屬於周文化的舊音階系統,而曾侯乙鐘采用的"楚聲"與此有些不相同,曾制是否爲新音階?我們可從曾侯乙鐘進行分析。

　　由於,曾侯乙鐘以割肆(姑洗)宮爲主,整套甬鐘的音階作七聲時每每不用"商角"而用"羿曾"(羿曾低於商角一個半音而相當於舊稱"清角"的位置,其正式的階名在中三 4 鐘上作"穌"字)。全部用鐘的標音銘文,低半音的第四級㼌曾凡出現十一次,而高半音的第四級商角只出現三次。説明曾制取七聲新音階爲其基本音列。下層大甬鐘的"商角"雖處於隧音的重要地位,但按姑洗宫標音,而以濁獸鐘之宫爲主;仍然是采用了新音階爲基本音列。

《文物》1979-7,頁36

○**李家浩**(1979)　侯馬盟書云:

　　"……而敢或𢼸改助及𠬟(夬),卑不守二宫者……盧(吾)君亓(其)明亟(殛)現之,麻𡎦(夷)非(彼)是(氏)。(《侯馬盟書》238頁)

"改"上一字有許多種寫法,大致可以歸納爲以下幾組:

　　A組:1.𢼸 𢼸　2.𢼸 𢼸　3.𢼸 𢼸

　　B組:𢼸 𢼸　　C組:𢼸　　D組:𢼸 𢼸　　E組:𢼸 𢼸

E組是獨體字,A、B、C、D都是合體字。A$_1$從"又",A$_2$在"又"下加兩短横,乃是飾筆,戰國文字多有此例,如盟書"助"或作𢼸(《侯馬盟書》310頁),古璽"相"或作𢼸(《古璽文字徵》4.1)、"和"或作𢼸《古璽文字徵》2.2),即其例。A$_3$從"寸",戰國文字從"又"從"寸"往往無别。B、C二組從"攴",D組從"心"。在這五組寫法裏,A組最常見,其它寫法都比較少見。

　　1978年湖北江陵天星觀發現的戰國楚簡中,有一個從竹的字:𥲤朱德熙先生認爲此字下方所從象人戴冠冕之形,即《説文》訓爲"冠也"的兑字,或體作"弁"。"𥲤"當即"䇷"字(簡文此字似借爲鞭策之"鞭")。我們認爲侯馬盟書C所從左旁就是"兑",而𢼸和𢼸則是"兑"字簡省的寫法。《説文》"兑"字籀文作𢼸,或體作𢼸,即"弁"字。我們知道,古文字中作爲偏旁的"廾"可以省作"又",因此盟書A組的寫法應與"弁"字相當。如果我們把B、D、E各組中的𢼸或𢼸看成是𢼸、𢼸之省,那麽B、D、E三組應分别隸定爲:敿、忞、弁。不過我們也可以把𢼸和𢼸分析成從"又"從"兑"省,采取這種看法,A、B、D、E四組則應分别隸定爲:叔、敊、恖、兑。在以下的討論中,我們暫時采取前一種分析法。魏三體石經古文"變"字作:

𢼸　《石刻篆文編》卷三33頁

《汗簡》卷中之二作:

𢼸 𢼸

石經與《汗簡》古文變可分别隸定爲"敿"和"𢼸",不過無論是石經還是《汗簡》,"兑"字的寫法都有訛誤。"敿"和"𢼸"應從"兑"聲,兑、變古音相近可通。盟書C與石經古文變是一個字,B有可能是C的省寫。D組從"心"從

"弁"省,疑是"戀"字異文。

從盟書文義看,把"改"上一字釋爲"弁、敊、敚、恋"等字,讀爲"變",也是很合適的。"而敢或弁改助及奂,卑不守二宫者"的意思是說:如有人敢於改變助和奂這兩個人守護二宫的職位……我君就要誅滅他的族氏。

1978年湖北隨縣曾侯乙墓出土編鐘的銘文中,有一個从"音"从"弁"或"敊"的字:

這個字在鐘銘裏總是在宫、商、徵等音名前出現。以下略舉數例:

> 妥(綏)賓之翠(羽),爲穆音翠(羽)角,爲剌音辭商,爲獸鐘之徵頗下角。

> 犀(夷)則之翠(羽)曾,鑈(應)鐘之辭宫。

> 犀(夷)則之商,爲剌音辭徵。

> 鑈(應)音之角,穆音之商,新鐘之龡徵,冑音之龡翠(羽)。

我國古代的音階除了宫、商、角、徵、羽五音外,還有變音。很顯然"辭"或"龡"都應讀爲"變",字从音作,當是變音的專字。

信陽長臺關楚簡亦有"弁"字:

> 一繡緙(緅)衣、絵(錦)紌之夾、純恵、組緣、弁繢。(《文物參考資料》1957年第9期31頁207)

簡文自"純恵"以下都是記的"繡緅衣"上的裝飾。信陽楚簡222號有"組繢",此簡"弁繢"與"組緣"平例,"弁"與"組"的意思相近,疑簡文"弁"讀爲"辮"。《說文·系部》:"辮,交織也。"

同樣寫法的"弁"字又見於長沙馬王堆帛書"雜占":

> ☒多弁爲閒☒   ☒日其弁必☒

上録文字雖然殘缺得很利害,但此文義看二弁字釋爲"弁",讀爲"變"似無多大問題。

江陵天星觀楚簡裏有人名:"弁丑",上一字或作弁,或省作占。弁可省作占,與盟書弁可以省作弁是平行的現象,疑亦是"弁"字。古有弁氏,字或作卞。獻"和氏璧"的卞和是楚國人,可見楚國確有卞(弁)姓。

楚簡裏還有兩個从"弁"的字,一個是从"竹"从"弁"的字,見於下列信陽楚簡:

> 一弁,元(其)實:一溗帽,有沫帽,一□臭之帽。(《文物參考資料》1957

年第 9 期 31 頁 209）

　　　　一隆☒緯紝、一少（小）隆☒。

上録从"竹"从"☒"之字疑是笲字。《儀禮·士昏禮》"婦執笲棗自門入"，鄭玄注："笲，竹器而衣者，其形蓋如今之筥、筥簾矣。"

　　　另一個是从"弁"从"次"的字：

　　　　☒吕（以）不能飲飤（食），吕（以）心☒，吕（以）☒，脑（胸）☒疾，尚☒。（江陵望山一號墓楚簡 37）

　　　　☒☒豹吕（以）保（寶）☒爲恕固貞：既心☒，吕（以）☒，善☒☒。（同上 17）

　　　　☒吕（以）心☒，不能飤（食），吕（以）聚☒，足骨疾☒。（同上 38）

　　　　☒聚☒，足骨疾，尚毋死，占之，死（恆）貞吉、不☒。（同上 39）

上録簡文"既"和"吕"下都是説的病情。☒字右旁从彡，即"次"字，古"次、欠"二字用爲偏旁往往不分，故此字可隸定爲"欼"。《説文·欠部》："𣢟，欠皃，从欠，絲聲。"疑"欼"即"𣢟"字的異體。38 號、39 號二簡"聚"字當讀爲"驟"。《左傳》文公十四年："公子商人驟施於國。"杜預注："驟，數也。"馬王堆漢墓出土醫書有"善申（伸）、數吹（欠）""不能食、不能臥，強吹（欠）"語；《皇帝内經太素》卷二有"喜噫、喜欠、名曰風厥"語，卷八有"黃癉，不能臥，強欠"語。簡文"善欼（𣢟）、聚欼（𣢟）"，與"喜欠、數欠、強欠"義近。

　　　　　　　　　　　　　　　　　　　　《古文字研究》1，頁 391—395

○**李純一**（1981）　階名對應説明中的宫、商、峇、㸚都有龢音。此龢字也爲金文所首見及《説文》所無。它从音，表意；从弁，形聲。其義與楚國的濁字相當，也是表示降低一律（半音），當即文獻上的變字。《尚書·堯典》"黎民于變時雍"的變字，漢《孔宙碑》引作弁，可見龢、變音近，可以通假。鐘銘所見，曾、楚、周都有龢商，楚、周有龢峇，曾有龢㸚，周有龢宫。曾、楚十二律俱備，而僅僅見二龢，周僅見二律名，卻出現三個龢音，看來龢音可能來源於周。宫、商、峇、㸚有龢音而角獨無，這與惟獨角無角（顤）、曾（顤角）的情況似相平行，説不定周曾音階構成法有相同或相通之處。順便指出，這四龢中的龢顤於早期文獻中無徵。

　　　　　　　　　　　　　　　　　　　　　《音樂研究》1981-1，頁 64

○**馮時**（1986）　侯馬盟書中有一個字，按其形體的差異可歸見爲下録五組：

　　b ☒1:21 ☒85:10 ☒92:4 ☒156:1　　☒1:82 ☒1:64　　　c ☒92:3 ☒98:13 ☒85:2

d 料1:77   e 專92:26   耋154:1   f 坣77:4

比察字形,這五組字與曾侯乙鐘銘的所謂"變"字完全相同,其中 a 例(編按:指前文出現之 耋耋)與 b 例字的關係尤爲清楚,顯然兩者是同一個字。a、b 兩例字是基本構形,侯馬盟書的其他四組字都是這個基本字形的省體或變體。

過去,有的學者曾把侯馬盟書的這五組字釋爲"差"或"貶",都值得商榷。郭沫若先生認爲,上録侯馬盟書的五組字就是"抵"的本字,很有見地。他説:"耋字當是秉字之異,附有重文符。此字象兩缶相抵,本是抵之初文。金文《召伯虎毀》'有秉有成',即是'有抵有成'。三體石經《君奭篇》及金文《燕侯載毀》以爲'祇敬'的祇字。字或作耋,象兩缶之間有物墊之,《石鼓文·作原石》以爲'祁祁'之祁。此字於坣下加又,由象形文變爲會意字,示缶下又有一缶。此猶如炎字簡化作爻,轟字作轟,聶字作聶,可見古人已有先例。附有重文符,則當讀爲祁祁,祁祁即徐徐或遲遲。"郭老的這番話基本上是正確的,但還需稍做修正:

(一)上録 b(156:1)字所從的"="符並不是重文符號。上録 b(85:10)字從"-"符,"-"或"="符都表示缶器下的墊物。《召伯虎毀》《石鼓文》和《中山王方壺》的"祇"字分別作:

g 秉 耋 耋

都可與 b 例字形一一對應。

(二)既然"="符不是重文符號,那麼上録侯馬盟書的五組字在盟書中就不能讀爲"祁祁"。關於這個問題,下面再做詳考。

金文中還有一個與上録 f 字相同的字,作:

h 耋

見於春秋齊國的銅器《齊大宰盤》。郭沫若先生也釋此爲"抵",是正確的。總之。我們主張把在字形上與上録 g、h 兩例字相同的 a、b、c、d、e、f 諸例字都釋爲"抵"字。

上録 a 例"抵"字的寫法並非特例,在戰國的文字資料中還可以找到一些佐證,李家浩同志在他的《釋"弁"》一文中,已將這方面材料搜集得比較集中,下面我們就依此做一番認真的釋考。

侯馬盟書中有一句參盟人表示對盟主忠誠不二的約辭。文云:

　　……而敢或抵改助及奐卑不守二宮者…吾君其明殛視之,靡夷非氏。

("主盟"1:51)

“抵”字的五種形體已録於前。郭老以爲應讀作“祁祁”，意思是徐徐或遲遲，這樣解釋於文義恐怕很難講通。我主張，“抵”當讀作三體石經《尚書·君奭》“衹若兹”，《燕侯載毁》“衹敬橋祀”和《蔡侯盤》“衹盟嘗禘”的“衹”字。《説文》：“衹，敬也。”《尚書·大禹謨》：“衹承于帝。”孔安國《傳》：“内則敬承堯舜。”《詩·商頌·長發》：“上帝是衹。”《注》：“衹，敬。”所以，侯馬盟書的“衹”訓敬。（中略）

現在把上句約辭釋寫如下：

……而敢惑衹改但及換俾不守二宫者…吾君其明殛視之，靡夷非氏。

“惑衹”的意思是惑亂敬祀，“改但”的意思是改變誠信，“換”意引申爲對誠信的違背。這三組詞是並列的關係，“及”是連詞。全句解作：如有敢惑亂敬祀，背叛和改變對先祖的誠信，從而使親廟、祖廟失守的人……我君將夷滅這些背盟者的族氏。

把上録侯馬盟書的五組字識爲“抵”，讀如“衹”，能够很圓滿地釋通全句。

江陵天星觀楚簡中也有“抵”字，見有下録三種寫法：

k 卓₁　卓₂　占₃

上録 k(3) 爲 k(2) 字的省寫，猶如侯馬盟書的 f 爲 b(92：4) 字的省寫。簡文中“抵”與“醜”字構成人名“抵醜”，“抵”用作姓氏，就是“祁”字。金文以“抵”爲姓氏的見於《杜伯鬲》，字作：𤔔，就是“祁”的本字。字從“女”表示用爲姓氏的專字。祁氏見於《國語·晉語》，文云：“凡黄帝之子，二十五宗，其得姓者十四人，爲十二姓。姬、酉、祁、己、滕、箴、任、荀、僖、姞、儇、衣是也。”

信陽長臺關楚簡中也有“抵”字，作：卓，與上録 a 例字相同。簡文云：

一纁緅衣。紟紬之夾，純意，組緣，抵績。（簡 207）

信陽楚簡 223 號以“組績”代替“抵績”，知“抵”和“組”的義訓相近，“抵”當讀如“織”。“抵”從“氏”聲，爲端紐脂部字，“織”爲端紐之部字。段玉裁主張脂之兩部分異，但據先秦古文字材料分析，脂之合韻的韻例比比皆是，因此，兩部的關係非常密切。“抵”“織”雙聲，韻亦可通。《説文》：“組，綬屬也。”段《注》：“屬，當作織。組可以爲綬，但非綬類也，綬織猶冠織。織成之綬，梁謂之纚，織成之綬，材謂之組。”《詩·邶風·簡兮》：“執轡如組。”《注》：“組，織組也。”又《説文》：“織，作布帛之總名也。”段《注》：“布者，麻縷所成，帛者，絲所成，作之，皆謂之織。”《廣韻》：“織，組織。”“織”和“組”的義訓相近，在文獻中也常連用。《詩·鄘風·干旄》:"素絲紕之。"《傳》:"紕所以織組也。"《文選·劉陵〈廣絶交論〉》:"組織仁義。"《注》:"翰曰:織,謂編之以成也。"所以,"抵"假爲"織"於文義十分合宜。

《考古》1986-7,頁633—635

○**曾宪通**(1986)　又如變宫、變商、變徵、變羽分别是比宫、商、徵、羽低半音的變化音名,"變"在這裏是低半音即一律的意思,也没有高低八度的變化。但這些不受八度位置影響的音名幾乎都是變化音名,由此可以得出一條規律,即變化音名除個别的音(如"羽曾"在第五個八度出現一個叫"𪛖"的别名)外,絶大多數都没有八度位置的變化。這是很明顯的一種現象。

《曾憲通學術文集》頁39—40,2002;原載《古文字研究》14

○**高明、葛英會**(1991)　(陶彙4.146)兑。

《古陶文字徵》頁80

○**何琳儀**(1993)　"玫","扗"之異文。《集韻》:"扗,穿也。"望山簡"黄𫟨(玫)組","玫"讀"黇"。《集韻》:"黇,黄色。"

《第二届國際中國古文字學研討會論文集》頁253

○**郭若愚**(1994)　(編按:信陽2·7)　甘　《説文》:"甘,美也。"

《戰國楚簡文字編》頁73

○**李家浩**(1996)　(編按:信陽2·7)弁(辮)繢。

《簡帛研究》2,頁5

○**何琳儀**(1998)　弁,甲骨文作𠭥(續五·五·三)。从収持弁冕之形。借體象形。金文作𠬝(牧弁簋)。秦系文字承襲商周文字。籀文𦥔所从弁冕形内加紋飾。六國文字弁冕形訛作𫟧、𫟨、𫟩、占、古、占等形。與屮、占易混。収均省作又旁,加=、-表示省略又、収旁。或作𫟪、𫟫,以人易又或収旁。楚系文字或作𫟬、𫟭、𫟮,弁冕形加飾筆。三體石經《無逸》變作辡,《汗簡》中二·四八變作𫟯、𫟰,《古文四聲韻》去聲二四弁作𫟱,《漢徵》八·二〇弁作𫟲、𫟳,其弁冕形訛變尤烈。《説文》:"𫟴,冕也。周曰兑,殷曰吁,夏曰收。从兒,象形。𦥔,籀文兑。从収,上象形。𠬝,或兑字。"兑爲六國文字,弁爲秦系文字,古文字囗、〇往往隸定爲厶,如公作𠫲,參作𠫼,鄉作𨛗,厸(鄰)作口口等。依此類推,上揭商周文字𠭥、𠬝,非弁字而莫屬,舊或釋共,殊誤。弁,典籍亦作卞,構形不明。

侯馬盟書"弁改",讀"變改"。三體石經《無逸》變作㪯。《書·堯典》"於變時雍",漢孔宙碑變作卞(弁)。是其佐證。《史記·禮書》:"自天子至佐僚及宮室官名,少所變改。”六年安平守鈹弁,姓氏。弁糾,見《左·成十八》。亦作卞。周曹叔振鐸之後,支庶食采於卞,因以爲氏。見《元和姓纂》。

　　楚簡弁,姓氏。見上。包山簡“弁衆”,驚懼衆人。《漢書·王莽傳》下“予甚弁焉”,注:“師古曰,弁,疾也。一曰,弁,撫手也,言驚懼也。”包山簡一五八、一三八弁,官名,疑與後世弁目、武弁有關。《公羊·宣元》“己練可以弁冕”,注:“皮弁,武冠。”弁爲低級軍官,似源於其著皮弁。包山簡二四〇弁,見《禮記·玉藻》“弁行”,釋文:“弁,急也。”

　　秦璽弁,姓氏。見上。

《戰國古文字典》頁 1065

○**陳偉**(1998)　　二一、用身之弁者　《性自命出》四三

　　注[四二]:“弁,疑當讀爲‘變’。”“弁”有急、疾之意。《禮記·玉藻》“弁行”,《釋文》云:“弁,急也。”《漢書·王莽傳下》“余甚弁焉”,顏師古注云:“弁,疾也。”包山簡 239—241 號“疾弁”,即指病情緊急。簡書於此用了五個排比句。另外四句是:用心之躁者,用智之疾者,用情之至者,用力之盡者。把“弁”解作“急”,正好與之相應。

《江漢考古》1998-4,頁 70

○**陳偉**(1999)　　12.用身之弁者　性自命出 43

　　弁,注釋云:“疑當讀爲‘變’。”似不確。《禮記·玉藻》:“弁行,剡剡起屨。”鄭注云:“弁,急也。”卞亦有此義。《左傳》定公三年“莊公卞急而好潔”,杜注云:“卞,躁急也。”“弁”在此當按本字讀,與“用心之躁”的“躁”、“用智之疾”的“疾”意義相近。

《武漢大學學報》1999-5,頁 30—31

○**馬承源**(2001)　(編按:詩論8)少叟　即《詩·小雅·節南山之什·小弁》,(中略)“弁”通“叟”字,《曾侯乙編鐘》音變之字作“𩇩”,從音,叟聲,通作“變”。“弁、變”音同。

　　(編按:詩論22)四矢叟,已御圈　今本《詩·國風·齊風·猗嗟》句云:“四矢反兮,以禦亂兮。”叟,《説文》所無。《曾侯乙編鐘》銘“變商、變徵”之“變”作“韻”,從音,以叟爲聲符。

《上海博物館藏戰國楚竹書》(一)頁 136、152

○**濮茅左**(2001)　(編按:性情20)亓(其)聖(聲)叟(變),則心 坒(從)之矣。亓(其)心叟(變),則亓(其)聖(聲)亦肰(然)。

（編按:性情36）甬（用）身之叏（弁）者,悦爲甚。　叏（弁）,疾、急。《禮記·玉藻》:“弁行,剡剡起屨。”鄭玄注:“此疾趨也。”孔穎達疏:“弁,急也。”

《上海博物館藏戰國楚竹書》（一）頁 249—250、271

○陳偉（2003）　21 號簡原釋文作:“不弁（變）不悦,不悦不戚,不戚不親,不親不愛,不愛不仁。”注釋針對第二字説:“即‘弁’字,讀作‘變’。帛書本作‘臂’,但解説部分解釋經部此句時則作‘變’（見帛書第 233 行）。”

帛書中,所謂“變”字原本作“䜌”,原釋文釋爲“變”。圍繞簡書的“弁”以及帛書的“䜌”,研究者有不同看法。如龐朴先生認爲:“定《説》文䜌爲變,於義無解;宜定作戀、孌、攣之省,思慕也,温順也,眷念也。”劉信芳先生認爲:“按‘變’與‘行’相比較而言,義之外顯爲行,而仁之外顯爲‘變’,爲動。”

應該注意的是,弁、般以及由從得聲之字有喜樂之義。《説文》:“昪,喜樂貌。”段注指出:“《小雅》‘弁彼鸒斯’,傳曰:‘弁,樂也。’此昪之假借也。古三字同音盤。故相假借如此。昪其正字而𣎴用之者。”《詩·考槃》:“考槃在澗,碩人之寬。”王先謙《詩三家義集疏》云:“三家‘槃’作‘盤’……《釋詁》:‘般,樂也。’毛傳本之,訓‘槃’爲‘樂’。按,《文選》《東都賦》、《鵩鵙賦》李注引《爾雅》,並云:‘盤,樂也。’無作‘槃’者。三家詩‘槃’作‘盤’者,郭注《爾雅》云:‘見《詩》。’是郭所見此詩及《爾雅》本必作‘盤’,與李注同。《爾雅》魯《詩》之學,知魯作‘盤’也。《釋訓》:‘諼,忘也。’郭注:‘義見《考槃》。’《釋文》:‘槃,本又作盤。’按,此郭注當爲‘盤’,其作‘槃’者,傳寫之誤。《漢書·敘傳》:‘竇后違意,考盤於代。’顔注:‘《詩·衛風》考盤在澗,考,成也;盤,樂也。言竇姬初欲適趙而向代,違其本意,卒以成樂也。’班用齊詩,亦作‘考盤’而訓爲‘成樂’,據下文引《文選》注,《韓詩》亦作‘盤’,毛字異義同,或因毛作‘盤’而創爲別解,非也。《御覽》六十九引作‘盤’,用三家文。《文選》四十六李注兩引《毛詩》二、三章,皆作‘盤’,疑毛亦有作‘盤’者,而《釋文》未之及。《説文》:‘昪,喜樂貌。’省作‘弁’。《小弁》傳:‘弁,樂也。’《詩》本字當爲‘昪’,般、盤、槃皆同音假借。”清儒的這些分析啟示我們,簡書中的“弁”可如字讀,或者看作“昪”之省,訓喜樂貌。帛書本中的“臂、䜌”則是其假借字。帛書本《説》文云:“‘不䜌不悦’。䜌也者,勉也,仁氣也。䜌而後能悦。”在上古音中,勉、弁二字爲元部疊韻,明、並旁紐,音近可通。帛書本《五行》説解部分的勉可以讀爲“弁”或“昪”,是在指出《經》文部分“䜌”的本字。魏啟鵬先生認爲此處的“勉”當作“勉勉”,即“勉勉”,引《禮記·禮器》訓爲“勸樂之貌”。在這種情形下,將“弁”訓爲喜樂,也極允當。

又 32 號簡記云："顏色容貌函（从忄），弁也。"帛書本《經》文云："顏色容貌【溫，繼】也。"《説》文云："【顏色容貌溫】，繼也。繼者，竅竅也，孫孫也，能行繼者也。能行繼者【然後】心悦，心【悦】然後顏色容貌溫，以悦繼也。"魏啟鵬先生指出："孫孫讀爲遜遜，遜與恂同爲心母字，其韻文真旁轉，故得通假。《論語·鄉黨》：'孔子於鄉黨，恂恂如也。'《劉修碑》云：'其於鄉黨，遜遜如也。'恂恂正通遜遜。龍晦教授曰：'是恂恂、遜遜均溫恭之貌，與《禮器》疏之釋勉勉爲勸樂之貌相合，三者之釋亦正與佚書下文 249 行顏色容貌溫以悦相應。'"這裏的"弁、繼"解作喜樂，顯然也是適合的。

《郭店竹書別釋》頁 53—56

○**劉國勝**（2003）　(編按：信陽 2·7)弁繢　李家浩："弁"，釋爲"辮"。按："辮、編"相通。《廣雅·釋器》："編，條也。"

《楚喪葬簡牘集釋》頁 47

○**陳偉武**（2003）　則堂（樊）敔之。

　　《説文》以"兒"爲"弁"之正篆，而缺釋之字當是"兒"之變體。李家浩先生首先於戰國文字之"弁"及从"弁"之字有詳考；張桂光先生對楚簡中"弁"與"史（吏、事、使）"字之別繢有考辨。李學勤和裘錫圭兩位先生曾經同時考釋一件流落海外之戰國箴銘玉璜，銘中"兒"字作亭，下體从人，李先生指出："至於單體的'兒'，則頗少見。"而上揭楚簡"兒"字下體从"壬"（音挺）非从土，古文字形旁从人與从壬每互作，此簡"兒"字異體爲楚系文字首見。在簡文中或可讀爲"樊"。上古音"弁"爲並母元部，"樊"爲明母元部，同韻而鄰紐雙聲，例可通假。"樊"本指籬落、籬笆，亦指關禁鳥獸之檻籠，如《莊子·養生主》："澤雉十步一啄，百步一飲，不蘄畜乎樊中。"用作動詞，指築籬圍繞，如《詩·齊風·東方未明》："折柳樊圃。"此義與"敔"字相近。《説文》："敔，禁也……从攴，吾聲。"段玉裁注："敔爲禁禦本字，禦行而敔廢矣。""敔"之同源字作"圄"指監獄，亦與"樊"之名詞義相近。"兒（樊）敔"義指阻礙禁錮，簡文意謂小人領先他人時就會阻礙壓制人家，而與君子領先他人時啟發引導人家之行爲截然相反。

《第四屆國際中國古文字學研討會論文集》頁 202—203

○**楊澤生**（2003）《從政》甲篇 17、18 號簡云：

　　[君子先]人則啟道之，後人則奉相之，是以曰君子難得而易事也，其使人，器之。小人先人則弁敔之，[後人]則陷（?）毀之，是以曰小人易得而難事也，其使人，必求備焉。聞之曰：行在己而名在人，名難爭也。

方括號之内的文字據陳劍等先生所補；"先人"原爲合文，此從陳劍先生和周

鳳五等先生釋。（中略）

　　“弁”字原文像立人戴弁形，許多學者已正確釋出，其中周鳳五先生讀作“絆”，何琳儀先生讀作“並”。這兩種讀法都可以再作研究，下面我們提供兩種參考意見。

　　第一種，“弁”讀作“反”。衆所周知，“弁”或作“卞”，古書從“反”的“飯”字與“飰”相通，故“弁”與“反”可通。古文獻中頗多“……則反……”這樣的句式，如《儀禮·大射》：“若有餘筭，則反委之。”《禮記·曲禮下》：“若兄弟宗族猶存，則反告于宗後。”《孟子·離婁上》：“教者必以正，以正不行，繼之以怒。繼之以怒，則反夷矣。”“弁”後的“敔”字，陳劍先生和周鳳五先生皆引《說文》訓作“禁”；陳先生還說“君子先人則啟道之，後人則奉相之”與“小人先人則……毀之”相對，意思是說“君子處於他人之前則爲他人開路、引導他人，處於他人之後則奉承而輔助他人。小人則反是，處於他人之前則禁敔他人的前進，處於他人之後則憎毀他人”。這樣解釋可謂文從字順。

　　第二種，“弁”讀作“慢”。上引簡文除了如整理者指出可與《論語·子路》所載“子曰：‘君子易事而難說也：說之不以道，不說也；及其使人也，器之。小人難事而易說也；說之雖不以道，說也；及其使人也，求備焉’”對讀之外，還可以跟《荀子·不苟篇》對讀：

　　　　君子易知而難狎……君子能亦好，不能亦好；小人能亦醜，不能亦醜。君子能則寬容易直以開道人，不能則恭敬繜絀以畏事人；小人能則倨傲僻違以驕溢人，不能則妬嫉怨誹以傾覆人。故曰：君子能則人榮學焉，不能則人樂告之；小人能則人賤學焉，不能則人羞告之。是君子小人之分也……君子寬而不慢……君子，小人之反也。

簡文中的“先人、後人”與《荀子》中的“能”和“不能”相當，“啟道之”與“開道人”相當，“奉相之”與“恭敬繜絀以畏事人”相當，“陷毀之”與“妬嫉怨誹以傾覆人”相當，因此“弁敔之”應該與“倨傲僻違以驕溢人”相當。由此，“弁敔”的“弁”應該讀作“慢”。衆所周知，“弁”即“冕”，而“冕”從“免”聲，古書“慢”字所從的聲旁“曼”與從“免”之字相通，所以“弁”可讀爲“慢”。“慢”爲驕傲、怠慢，如《易·繫辭上》：“上慢下暴，盜思伐之矣。”孔穎達《疏》：“小人居上位必驕慢，而在下必暴虐。”《史記·淮陰侯列傳》：“王素慢無禮，今拜大將如呼小兒耳，此乃信所以去之也。”“敔”字古音屬疑母魚部，我們曾懷疑應該讀作曉母魚部的“訏”，意義爲誇大、誇耀。顔世鉉先生說“敔”讀作“侮”，“慢侮”和“侮慢”屢見於古文獻，似可從。

上面兩種情況中，第二種可能更爲接近原意。

《第四屆國際中國古文字學研討會論文集》頁 282—284

○濮茅左（2004）　　"叟"，讀爲"變"。

《上海博物館藏戰國楚竹書》（四）頁 200、214

"叟"，讀爲"變"。

《上海博物館藏戰國楚竹書》（四）頁 226

○陳佩芬（2005）　　（編按：競建 1 正"星叟"）星變。

《上海博物館藏戰國楚竹書》（五）頁 166

○李零（2005）　　（編按：三德 5）叟（變）棠（常）惖（易）豊（禮）。

（編按：三德 10）毋叟（編按：當作"叟"）　簡文"叟"與"叟"形近易混，前者是"變"，後者是"吏"（多作"使"用）。

《上海博物館藏戰國楚竹書》（五）頁 291、295

先 选

集成 158 屬羌鐘　郭店·唐虞 6　郭店·唐虞 5　郭店·成之 3

上博三·互先 3（背）　包山 237　郭店·緇衣 11　上博六·平王 3

郭店·六德 40　郭店·語一 70　新蔡甲三 99　新蔡甲三 188、197

璽彙 2845　信陽 1·7　望山 1·90　郭店·成之 20

集成 2840 中山王鼎　上博五·競建 2　上博一·緇衣 6

睡虎地·日甲 125 背　睡虎地·效律 25　睡虎地·秦律 87

上博三·周易 18　新蔡甲三 142-1　新蔡零 337

上博二·從甲 17"先人"合文　新蔡甲三 13"先人"合文

上博五·季庚 14"先人"合文　上博五·季庚 15"先人"合文

新蔡零 217"先人"合文　郭店·尊德 16"先之"合文

○羅福頤等（1981）　　（編按：璽彙 2845）先。

《古璽文編》頁 222

○何琳儀（1998）　　先，甲骨文作 （乙三七九八）。從人從之，會人前進之意。

西周金文作𢪃（㝬鐘），春秋金文作𢪃（秦公鎛）。戰國文字承襲兩周金文。《説文》：“𤯍，前進也。从儿从之。”

姑洗磬“古先”，讀“姑洗”，樂律名。

鳳羌鐘“先會”，參《春秋·桓十五》：“公會宋公、衛侯于袤，伐鄭。”注：“先行會禮而後伐也。”侯馬盟書先，姓氏。晉隰叔初封於先，故以爲氏。見《通志·氏族略》。中山王鼎“先考”，亡父。《爾雅·釋親》：“父曰考，母曰妣。”中山王鼎“先祖”，宗祖。《詩·小雅·采茨》：“先祖是皇。”中山王方壺、圓壺“先王”，諸侯之先君。《書·梓材》：“先王既勤用明德。”

信陽簡“先王”，見上。望山簡“先君”，亡父。《左·隱三》：“先君舍與夷立寡人。”包山簡“楚先”，楚國先公先王。包山簡疑讀“先”，疑讀“撰”。《説文》毻“讀若選”。是其佐證。《集韻》：“算，《説文》數也。或作撰。”《易·繫辭》下“以體天地之撰”，釋文：“撰，數也。”律管“姑先”，讀“姑洗”，樂律名。配兒鈎鑃“先人”，見《書·多士》“惟殷先人有典有册”。

詛楚文“先君”，見上。睡虎地簡“先行”，見《漢書·宣帝紀》“道單于先行”。

《戰國古文字典》頁 1349

○**賈連敏**（2003）　（編按：新蔡甲三 142-1）☐选（先）之一璧☐。

《新蔡葛陵楚墓》頁 192

○**濮茅左**（2003）　选甲晶日，遂甲晶日　“选”，“先”之繁文。“选甲三日，遂（後）甲三日”，知“选”即爲“先後”之“先”。

《上海博物館藏戰國楚竹書》（三）頁 162

△**按**　上博簡和新蔡簡“选”爲“先”字繁體，與“選”字簡體“选”同形。

【先人】

○**陳偉武**（2003）　（編按：上博二·從政甲 17“少［小］人先＝”）原書將“先＝”釋爲“先之”合文；陳劍和周鳳五等先生釋爲“先人”合文，周先生且以缺釋之字从“弁”聲而讀爲“絆”。今按，釋“先人”合文可從，此簡“君子”與“小人”對文，“先人”與“後人”對文，“先人”指先於人，先秦古書頗多相似用例，如《莊子·寓言》：“人而無以先人，無人道也。”《荀子·修身》：“以善先人者謂之教。”又：“以不善先人者謂之諂。”

《第四屆國際中國古文字學研討會論文集》頁 202

【先王】

○**中大楚簡整理小組**（1977）　（編按：信陽 1·7）先王。

《戰國楚簡研究》2，頁 6

○**朱德熙、裘錫圭**（1979）　（編按:昔者先王）"先王"指妤蚉之父中山王譽。

　　（編按:饗祀先王）此"先王"及下"德行盛旺,隱佚先王"句中之"先王"皆泛指先祖。

　　（編按:先王之德）此句及下文"永祠先王""以追庸先王之功烈"兩句之"先王"仍指王譽。

《朱德熙古文字論集》頁105,1995;原載《文物》1979-2

○**陳佩芬**（2007）　（編按:鄭壽2"先王亡所遲"）"先王",即"前王",指楚靈王圍。

《上海博物館藏戰國楚竹書》（六）頁258

【先考】

○**張政烺**（1979）　先考,指死去的父親。譽壺稱成考。

《古文字研究》1,頁224

○**湯餘惠**（1993）　先考,指死去的父親。王譽之父成王。

《戰國銘文選》頁34

【先行】

○**劉樂賢**（2003）　"先行"一詞雖然不難理解,但用爲占測吉凶的術語卻實屬罕見。我們懷疑,"先行"可能是"无行"的錯寫。大家知道,先、无二字的形狀在秦漢文字中十分接近,很容易抄錯或誤認（原注:比較陳松長《馬王堆簡帛文字編》[文物出版社2001年]第361—362頁"先"字條和第512頁"元"字條所收字形可知,這兩字的寫法有時甚至完全一樣,只能靠文例區別）。例如,睡虎地秦簡《日書》甲種"生子篇"的"庚午生子,貧,有力,先冬（終）"（第一四六簡正陸）,在乙種作"庚午生子,貧,有力,毋（無）終"（第二三九簡）。睡虎地秦簡整理小組在注釋中已經指出,"先冬（終）"是"无冬（終）"之訛。又如,今本《周易》遯卦上九"肥遯,無不利"的"無不利",馬王堆漢墓帛書整理小組的釋文作"先不利"（原注:馬王堆漢墓帛書整理小組《馬王堆帛書〈六十四卦〉釋文》,《文物》1984年第3期。按,從傅舉有、陳松長《馬王堆漢墓文物》[湖南出版社1992年]第106—117頁所刊帛書《周易》照片看,被帛書整理小組釋爲"先"的這個字其實也可以釋爲"无"[參看陳松長《馬王堆簡帛文字編》第512頁"无"字條]。這說明,秦漢文字中的"先、无"二字有時因字形過於接近而容易造[編按:當脫"成"字]誤認）。"无冬"訛作"先終","无不利"被釋作"先不利",與帛書《出行占》的"无行"訛作"先行"正是同樣的情形。

《華學》6,頁116—117

【先君】

○**劉信芳**（1998）　6 先君

望1·90:"乙丑之日,賽禱先☒。"簡132:"☒君㱡牛。"此二簡可拼合爲一簡,其依據有三:其一,望山簡之"先"只有兩種構詞之例,即"先君"和"楚先",簡90"先"之後無疑接"君"字。且該組簡以"先"字起首之殘簡僅有132簡。其二,簡90與132寬度相合,闕口亦相合。其三,簡112:"**罷禱先君東邸公㱡牛**。"一爲"**罷禱**",一爲"**賽禱**",用牲皆爲"**㱡牛**",前後相呼應。"**罷禱**"後有"**賽禱**",此乃楚簡疾病祈禱之固定格式。

《簡帛研究》3,頁36

○陳佩芬(2005)　昔先君[祭]　指對前代祖先的祭祀。

《上海博物館藏戰國楚竹書》(五)頁169

○濮茅左(2007)　(**編按:**上博六·競公1"虐[吾]幣帛甚媺[嫩]於虐[吾]先君之量矣")"先君",根據《晏子春秋·內篇諫上·景公病久不愈欲誅祝史以謝晏子諫》"數其常多先君桓公"句可知"先君"當指"齊桓公"。齊景公之時,常與齊桓公比盛,晏子常以齊桓公爲例勸説,如齊景公愛嬖妾隨其所欲時,晏子説:"昔者先君桓公之地狹於今,修法治,廣政教,以霸諸侯。今君,一諸侯無能親也,歲凶年饑,道途死者相望也。君不此憂恥,而惟圖耳目之樂,不修先君之功烈,而惟飾駕御之伎,則公不顧民而忘國甚矣。"(《晏子春秋·內篇諫上·景公愛嬖妾隨其所欲晏子諫》)

《上海博物館藏戰國楚竹書》(六)頁165

○陳佩芬(2007)　(**編按:**上博六·平王2"虐[吾]先君")按下簡,先君指楚莊王。

《上海博物館藏戰國楚竹書》(六)頁269

【先牧】

○劉信芳(1991)　先牧:《周禮·夏官·校人》:"夏祭先牧,頒馬攻特。"鄭氏注:"先牧,始養馬者,其人未聞。"又:《周禮·夏官·校人》:瘦人"祭馬祖,祭閑之先牧"。是知馬謀之祭主爲先牧。

《文博》1991-4,頁66

○劉樂賢(1994)　《周禮·校人》:"夏祭先牧。"注:"先牧,始養馬者。"按:劉信芳還列舉了一條關於先牧的資料,《周禮·校人》:瘦人"祭馬祖,祭閑之先牧"。鄭注云:"閑之先牧,先牧制閑者。"

《睡虎地秦簡日書研究》頁309

【先逡】

○濮茅左(2001)　先逡(後),事理始終。

《上海博物館藏戰國楚竹書》(一)頁233

【先聖】

○**周鳳五**(1999)　《孟子·離婁下》:"舜生於馮諸,遷於負夏,卒於鳴條,東夷之人也。文王生於岐周,卒於畢郢,西夷之人也。地之相去千有餘里;世之相後也,千有餘歲。得志行乎中國,若合符節,先聖後聖,其揆一也。"先秦文獻以"先聖"與"後聖"並舉者並不多見,此句透露的先秦儒家的門派特徵值得注意。郭簡《老子》三種爲儒家改定與節選的本子,《太一生水》爲儒家學者雜采楚國太一信仰與稷下道家思想對《老子》的宇宙論所作的新詮釋,二者雖然出於道家,但已經受到儒家學者的改造,其餘儒家典籍自《緇衣》以下均與子思或孟子有關。

《史語所集刊》70 本 3 分,頁 745

肂

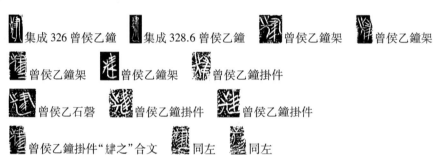

集成 326 曾侯乙鐘　　集成 328.6 曾侯乙鐘　　曾侯乙鐘架　　曾侯乙鐘架　　曾侯乙鐘架　　曾侯乙鐘架　　曾侯乙鐘掛件　　曾侯乙石磬　　曾侯乙鐘掛件　　曾侯乙鐘掛件　　曾侯乙鐘掛件"肂之"合文　　同左　　同左

○**裘錫圭、李家浩**(1989)　"姑洗"這一律名在鐘磬銘文裏的寫法種類繁多,(中略)下一字作"肂"或"殔"(如下層各鐘以及上 2.5 等)。爲了書寫方便,釋文一律作"姑洗"。(中略)

　　"肂"字應從"先"聲,可以與"洗"相通。"聿"當即"津"字所從得聲的"聿"的省體。"先"屬文部,"聿"屬真部,二部古音相近。"肂"大概也是"替、𤲬"一類兩半皆聲的字。"殔"應即"殔"字異體。"殔"與"洗"古音微、文對轉,可以通假。

《曾侯乙墓》頁 554—555

○**湯餘惠等**(2001)　肂。

《戰國文字編》頁 594

積 積

故宮 414　　珍秦 163　　集粹　　陶彙 5·202

○**劉彬徽**（1986）　2　印章　一枚　在宜昌前坪 M 二三内出土一枚印章，長 1.1、寬 0.9 釐米。印文：頹。此即頹字，字體同於秦相邦義戟銘中的頹字，同出有秦國式釜、罐等陶器，也有楚、巴之器，秦於公元前 278 年攻占宜昌，印之年代約爲此年前後。

《古文字研究》13，頁 272

○**何琳儀**（1998）　《説文》："頹，禿皃。从禿，貴聲。"

秦璽頹，人名。

《戰國古文字典》頁 1193

見

　　集成 12110 鄂君啟車節　　　集成 12113 鄂君啟舟節　　　上博一·詩論 16

　　上博二·子羔 12　　天星觀

　　天星觀　　包山 223　　上博三·周易 4　　上博三·周易 35　　上博二·從甲 16

　　郭店·性自 12　　上博六·鄭壽 4　　郭店·性自 38　　郭店·五行 12

　　郭店·五行 12　　新蔡甲三 3　　楚帛書　　郭店·緇衣 19　　上博四·昭王 10

　　新蔡零 198、203　　新蔡乙四 111　　上博一·緇衣 10　　上博一·緇衣 11

　　上博一·緇衣 21　　上博二·民之 7

　　睡虎地·秦律 22　　睡虎地·秦律 97　　睡虎地·秦律 176

　　睡虎地·封診 18　　睡虎地·日乙 21 壹

　　郭店·五行 23　　郭店·五行 24　　郭店·五行 27　　郭店·五行 29

　　郭店·五行 25　　郭店·五行 27

○**睡簡整理小組**（1990）　（編按：秦律 22）見雜封者。

見，義同視，驗看。

《睡虎地秦墓竹簡》頁 25—26

（編按：效律 11）縣料而不備其見（現）數五分一以上。

《睡虎地秦墓竹簡》頁 71

（編按：日甲 94 正壹）生子，男爲見（睍）。

《睡虎地秦墓竹簡》頁 192

○**張守中**（1994）　見　通睍　男爲睍女爲巫。

通現　縣料而不備其見數五分一以上。

《睡虎地秦簡文字編》頁 138

○**何琳儀**（1998）　甲骨文作𦣻（存下四五）。从人从目，會觀看之意。金文作𦣻（見鱓）、𦣻（沈子它簋）、𦣻（𦰩伯簋）。戰國文字承襲金文。《説文》：“見，視也。从儿从目。”

楚銅牌“見金”，見《唐書・姚璹傳》“見金不足”。即後世之“現金”。

《戰國古文字典》頁 996

○**濮茅左**（2001）　及丌見於外　見，或讀爲“現”。

《上海博物館藏戰國楚竹書》（一）頁 222

○**陳佩芬**（2002）　不見於外　“見”，讀爲“顯”，意爲顯露。《集韻・去霰》：“見，顯也。”《荀子・賦》“不見賢良”，楊倞注：“見猶顯也。”《漢書・韓信傳》“情見力屈”，顏師古注：“見，顯露也。”

《上海博物館藏戰國楚竹書》（二）頁 245

○**李家浩**（2000）　“見”，出現。這種用法的“見”，後世作“現”。“以入，見疾”，意思是説這一天如果入門，會出現疾病。《周易・復》有“出入無疾”之語，可以參看。

《九店楚簡》頁 120

○**李守奎**（2003）　見　與視字形近。

《楚文字編》頁 527

○**李零**（2004）　思忘亓死而見亓生　見　似乎是獻的意思。

《上海博物館藏戰國楚竹書》（四）頁 279

【見事】

○**睡簡整理小組**（1990）　（編按：秦律 159）所不當除而敢先見事

見事，據簡文應與視事同義。

《睡虎地秦墓竹簡》頁 56

【見智】

○**睡簡整理小組**（1990）　（編按：答問 10）其見智（知）之而弗捕

見知，知情。見知也見於《史記・秦始皇本紀》：“吏見知不舉者，與同罪。”

《睡虎地秦墓竹簡》頁 96

【見粲】

○**郭若愚**(1994)　(編按:信陽 2.13)七見𥛒之衣

　　見,《説文》:"視也。"《周禮·春官》:"大宗伯以賓禮親邦國。春見曰朝,夏見曰宗,秋見曰覲,冬見曰遇;時見曰會,殷見曰同。"注:"此六禮者,以諸侯見王爲義。"

《戰國楚簡文字編》頁 81

△按　劉國勝《楚喪葬簡牘集釋》(37 頁,科學出版社 2011 年)説"見鬼之衣""似是衣服上的某類紋飾名"。

視　視

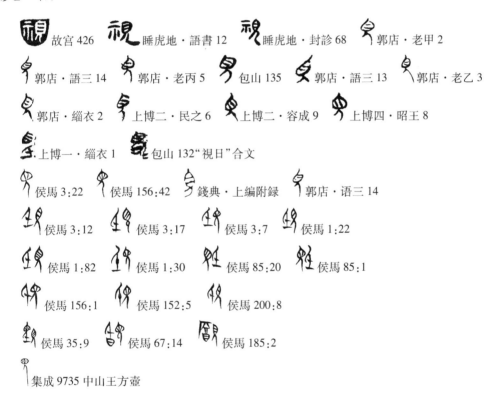

○**山西省文物工作委員會**(1976)　見。

《侯馬盟書》頁 309

○**睡簡整理小組**(1990)　(編按:語書 12)視,通"示"字,《漢書·高帝紀》注:"《漢書》多以視爲示,古通用字。"

《睡虎地秦墓竹簡》頁 16

○**何琳儀**(1998)　《説文》:"視,瞻也。从見、示。𥄂,古文視。𥄑,亦古文視。"

示亦聲。

　　秦璽視，人名。

《戰國古文字典》頁 1245

　　覜，从見，眠聲。（眠見《説文》視之古文𥄵）睨之繁文。

　　侯馬盟書覜，或作睨，讀視。

《戰國古文字典》頁 1211

　　睨，从見，氏聲。或氏聲。眠之異文，亦作視。《説文》：“眠，眠兒。从目，氏聲。”“視，瞻也。从見、示。𥄵，古文視。㮤，亦古文視。”又《集韻》：“睨，或作睨。”《説文》：“睨，病人視也。从見，民聲。讀若迷。”睨作睨乃形訛，並非一字。至於盟書睨或作𥄵，左下加日旁爲飾，亦並非从昏。

　　侯馬盟書睨，讀視。

《戰國古文字典》頁 1210—1211

　　覿，从見，厬（庮）聲。視之異文。侯馬盟書“明亟睨（視）之”習見，偶作“明亟覿之”，是其確證。酋、氏、示均屬定紐，覿、睨、視音符互換，侯馬盟書覿，讀視。

《戰國古文字典》頁 213

○**裘錫圭**（2000）　𥄵（視）　乙三“長生舊（久）△之道也”，今本五十九章作“長生久視之道”。丙五“△之不足𥄵（見）”，今本三十五章作“視之不足見”。郭店楚簡的整理者指出，簡文“見”字“目”下一般爲跪坐人形，下部爲立“人”的則是“視”字（《郭店楚墓竹簡》114 頁注六），其説可信。△應是“視”的表意初文。在過去發現的楚文字資料裏，“見”字的下部都作跪坐人形。包山楚簡屢見官名“△日”（《楚系》706 頁），以前釋作“見日”，其實應該釋爲“視日”。《史記·陳涉世家》：“周文，陳之賢人也，嘗爲項燕軍視日。”此視日也是楚官職名，不知與簡文的視日是否有關。明白了楚簡“見”“△”二字的區別，再去看較早的古文字，就可以發現在殷墟甲骨文、周原甲骨文和西周金文裏也存在這種區別。在這些古文字中過去釋作“見”的那些字裏，凡下部作立人形的，也都應該改釋爲“視”（參看拙文《甲骨文中的見與視》，《甲骨文發現一百周年學術研討會論文集》，文史哲出版社 1998 年）。應該指出，郭店簡《五行》篇中的“見”字，有一些下部已作立人形，與“視”無别（見二十三、二十九等號簡）。可見用“目”下人形的寫法來區別“見”和“視”的辦法，在當時已經出現了將被放棄的趨勢（“視”的形聲字在古文字中早已出現，如何尊的“睨”，參見《金文編》619 頁）。（中略）

　　上面所舉的都是簡本與今本的文字彼此相合的例子。簡本中也有一些字，從字形方面看跟今本中與之相應的那個字對不上。這樣的字,如果在句子裏根本無法講通,就有可能是一個錯字。如果講得通,則說明簡本跟今本有異文。簡本最有價值的地方就在這裏。例如今本十九章的“見素抱樸”,甲二作“🔣(視,在此當讀爲“示”)素保朴”,從文義上看似乎比今本好(“示素”的説法比“見素”合理。“保”“抱”音近可通,但“保樸”比“抱樸”好理解),很可能是《老子》的原貌。

《中國哲學》21,頁 183、185

○陳佩芬(2001)　眂　《説文》:“眂,視皃也,從目,氏聲。”是“視”之古字,《廣韻》:“眂,古文視。”郭店簡作“視”,今本作“示”。

《上海博物館藏戰國楚竹書》(一)頁 175

○濮茅左(2002)　(編按:民之6—7)明目而見之,不可旻而見也　“旻而見也”四字屬下簡。“明目而見”意同“戴目而視、聚目而視”。清明之目雖不能見,則所見入之内心。

《上海博物館藏戰國楚竹書》(二)頁 164

○李零(2002)　(編按:容成9)是已視叚(賢)　視　下部作立人,與“見”字有別。下文同。這裏是考察之義。下面所述是其選用的標準。

《上海博物館藏戰國楚竹書》(二)頁 257

○季旭昇等(2003)　明目而視:張大眼睛看。《禮記・孔子閒居》及《孔子家語・論禮》都作“正明目而視之”,前代學者都以爲“明”字衍,如衞湜《禮記集説》引藍田呂氏云:“聽欲傾耳,視欲正目,‘明’字衍。”(漢京版《通志堂經解》32 册 18277 頁),《上博(二)》出來,我們才知道是多了一個“正”字。

“視”,濮茅左先生原考釋隸定作“見”。旭昇按:“視、見”不同字,從甲骨文起就有區別。其區別是:上面一個“目”形,其下作“跪人”者爲“見”;作“立人”者爲“視”(參裘錫圭先生《甲骨文中的見與視》)。本句《禮記・孔子閒居》《孔子家語・論禮》都作“是故正明目而視之”,用的也是“視”字。

《〈上海博物館藏戰國楚竹書(二)〉讀本》頁 10—11

○李守奎(2003)　視　見。

《楚文字編》頁 528

○濮茅左(2003)　虎見(視)　見,《説文》:“視也。”或釋“視”。

《上海博物館藏戰國楚竹書》(三)頁 170—171

○曹錦炎(2007)　楚簡“視”字與“見”字構形有區別,兩字上部均從“目”,“視”字下部作立人;“見”字下部作跪人,偶有混淆。《説文》:“視,瞻也。”

《上海博物館藏戰國楚竹書》(六)頁 321

【視日】

○**陳偉**（1994）　簡 132—135 爲舒慶致“見日”的訴狀。如簡文所示，這實際是舒慶繼起訴之後的一次上訴。簡 135 反記“左尹以王命告湯公”，顯示楚王已看過訴狀作出指示，左尹則是在傳達王命。隨後的簡 137 反正與 135 反相對應，而將“王命”稱爲“見日命”，由此可見，訴辭中的見日實指楚王。《左傳》哀公六年紀云：“是歲也，有雲如衆赤鳥，夾日以飛三日。楚子使問諸周大史。周大史曰：‘其當王身乎（杜注：日爲人君）。若縈之，可移於令尹、司馬。’”

　　這表明春秋時已有用日比擬楚王的説法。見、現古今字。《史記・項羽本紀》“軍無見糧”，《漢書・王莽傳下》“倉無見穀”，見均爲現在、現存之意。合而觀之，見日應是對當世楚王的尊稱。

《江漢考古》1994-4，頁 68

○**賈繼東**（1995）　“見日”多次出現於《包山楚簡》記載的兩個案例中：一是《簡・15—17》所記五師宵倌之司敗若與邵行大夫盤阿之閒的僕人糾紛案，二是《簡 131—139》所載舒慶殺人案。《包山楚簡》整理者認爲：“從簡文内容看，（‘見日’）指左尹。簡・133 反有：‘左尹以王命告湯公’……命一執事人以致命於郢。’簡・135 反有：‘以致命於子左尹。僕軍造言之，見日……’湯公向左尹復命時，稱左尹爲‘見日’。”此説雖有某種合理成分，但將有關文獻記載與簡文相互參驗，似有進一步探討的餘地。

　　簡文整理者將“見日”理解爲特定人的代稱不無道理，我們尚可從語法上進一步證明。《簡・15》記：“僕五師宵倌之司敗若敢告見日。”《簡・132》記：“秦競夫人之人舒慶……敢告於見日。”兩句簡文中都有一個“敢”字，“敢”前有主語，其後是動賓結構，這種語法結構爲漢代以前的文獻所習見。如《左傳・昭公十三年》記鄭人與楚使對話，有“敢請命”句，《新序》卷六有“敢問王爲有臣乎”等句，“敢”後引出的那是動賓結構。這裏的“敢”是謙詞，自言冒昧，如敬請、敢煩、敢問、敢告等。《儀禮・士虞禮》云：“敢用潔牲剛鬣。”鄭玄注曰：“敢，昧冒之辭。”賈公彥疏曰：“凡言‘敢’者，皆是以卑觸尊不自明之意，故云‘敢，冒昧之辭’。”《簡・15》和《簡・132》中“敢”的語法意義同此，都是“以卑觸尊”——下級稟告上級（某事）。準此，前引簡文中的“見日”是比“五師宵倌之司敗若”和“秦競夫人之人”的地位高得多的特定人的代稱。

　　然而，“見日”並非指代“左尹”。“見”宜作“現”解，即現在的意思；“日”，顧名思義，應與太陽有關。故“見日”可直譯爲“現在的太陽”。先秦時期的人們有拜日情結,視日爲天之主宰,常以太陽喻人世主宰君王。楚人尤甚。楚人的原始信仰是日神炎帝和始祖兼火神祝融。《左傳·僖公二十六年》記,楚國別封之君夔子不祀祝融與鬻熊,楚人以爲大逆不道,舉兵攻滅了夔國,可見祝融在楚人心目中地位之高。相形之下,日神炎帝的地位則較祝融更高。《禮記·月令》《呂氏春秋·孟夏記》《淮南子·天文訓》都説祝融是從屬於炎帝的神。《史記·司馬相如列傳》張守節《正義》説:"祝融,南方炎帝之佐也。"湖南長沙子彈庫楚墓出土的帛書有"炎帝乃命祝融以四神降"。《白虎通德論·五行》云:"其帝炎帝者,太陽也。其神祝融,祝融者屬續。"可證炎帝是日神;而祝融本來就是與日神同位的,其後人爲占日之官,負司天之責,實爲一脈相傳。楚人確信自己是日神的遠裔,故簡文中的"見日"即"現在的太陽",借指時下之楚王。(中略)

　　上文已論及,在五師宵倌之司敗若與邵行大夫盤阿之閒的爭奪僕人案中,"見日"乃"楚王"而非"左尹",同樣"見日"在舒慶殺人案中的涵義並無二致。與爭奪僕人案相類,在記録舒慶殺人案的簡文中,也是先有"敢告於見日"(《簡·132》)、"僕不敢不告於見日"(《簡·135》),接着便有"左尹以王命告湯公"(《簡·135反》)。舒慶也是剛一控告到"見日"那裏,"王"就讓左尹傳達"王命",指示法官迅速審理此案。若非"見日"即"楚王",哪得楚王如此關注?凡此,足可印證上文所論"見日"與"楚王"之關係。又《簡·135反》記:"君命遼爲之斷……命一執事人以致命於鄂。"而《簡·13反》則説:"見日……命遼爲之斷……見日命一執事人致命。"準此以論,在"見日"與"楚王"之閒存在一種對應關係。若從《包山楚簡》整理者之説,則有悖文意;而若釋"見日"爲楚王,則入情合理。

　　爭奪僕人案與舒慶殺人案都不是全國性的大案要案,類似案件在楚國屢見不鮮,若不是原告控訴到楚王那裏,楚王是没有時閒和精力也不會有興趣親自過問的,恰好"見日"一接到訴狀,楚王即令下屬"遼爲之斷",這無疑從行文邏輯上提供了"見日"即"楚王"的佐證。

《江漢考古》1995-4,頁 54、55

○**陳煒湛**(1998)　簡文"僕"爲言者謙稱,與表示尊稱之"見日"相對,見於同一組竹簡。試觀以下文例:

　　(1)僕五師宵倌之司敗若敢告見日:邵行大夫呌夵執僕之倌登虜……而無古(故)。僕以告君王,君王詎僕於子左尹……不敢不告見日。(15—17)

　　(2)秦競夫人之人余慶坦尻陰偰之東窮之里,敢告於見日:陰人苛冒、

趕卯以宋客盛公釁之歲習屑之月癸巳之日並殺僕之兄昢,僕以誥告子郞
公……僕不敢告於見日。(132—135)

　　(3)僕軍造言之,見日以陰人余慶之告誣僕,命遱爲之剒(斷)……見日
命一執事人至(致)命,以行古澈上恆,僕徛之以至(致)命。(137反)

　　例(1)僕與五師宵佲之司敗若爲同位語,司敗爲官名,若爲人名。例(3)
僕與軍亦爲同位語,軍即他簡之湯公競軍。若、余慶、軍均稱僕。此三例皆見
於文書簡(例[1]爲集箸言,[2][3]爲刑事)。目下所見各類語文工具書,如
《辭源》《辭海》《漢語大字典》以及日人所編《大漢和辭典》,僕字條下均有"謙
稱"或"謙詞"這一義項,所引書證,莫不以《漢書・司馬遷傳》所録《報任安
書》諸"僕"爲源。但《史記・太史公自序》則自稱太史公而不稱僕,與《漢書》
異。與司馬遷有關的是,其外孫楊惲(字子幼)《報孫會宗書》:"故道不同,不
相爲謀,今子尚安得以卿大夫之制而責僕哉!"(《文選》卷四十)是從文獻言,
漢武帝以後,"僕"方用爲謙稱。今得新出土之包山楚簡,則知此謙稱之用,實
由來已久,可上溯至戰國矣。

　　"見日"一語,不見典籍,亦不見於其他出土文獻。以簡文文義度之,乃是
"僕"所謁見告狀,可與君王相見、地位頗爲顯赫者。編者云:"從簡文内容看,
指左尹。"可信。左尹既可傳王命,王也直接向左尹交代需辦之事,當關係楚
之大臣。日,古可喻帝王。《禮・昏義》:"故天子之與后,猶日之與月。"《史
記・魏其武安侯列傳》:"魏其之舉以吳楚,武安之貴在日月之際。"皆以日、月
分喻皇帝皇后。後世又有"日兄"一詞,爲帝王之弟妹稱呼帝王之語,又以日
君喻君主,以日轂喻帝王車駕,以日邊喻帝王左右或京都附近,以日下喻京
師,以日月相(肩胛紅痣)爲極貴之相,以日重光喻太子,以天無二日喻國無二
主,土無二王等等,都説明自漢以來,日可指君王。見日,意即可經常見到君
王的人,實即指君王左右之大臣。左尹被尊稱爲見日,也從另一側面反映其
地位之高。按理此語不應爲包山楚簡所獨有,相信在今後新出土的古文字資
料中還會有所發現。

《容庚先生百年誕辰紀念文集》頁 582—583

○何琳儀(1998)　(編按:包山 132"敢告於見日")見日,疑官吏之尊稱。參《説文》
"睍,日見也。從日從見,見亦聲。《詩》曰,見睍曰消"。

《戰國古文字典》頁 1494

○劉信芳(2003)　視日:

　　代指楚王。《禮記・玉藻》:"君日出而視之。退適路寢聽政。"是"視日"

猶"視朝",故得以之爲"君王"之尊稱。"視日"舊隸作"見日",裘錫圭依據郭店簡"見、視"二字字形有別,始對此二字分別隸定。並引《史記・陳涉世家》:"周文,陳之賢人,常爲項燕軍視日。"認爲包簡之"視日"與項燕軍中之"視日",性質當相類(《甲骨文中的見與視》,《甲骨文發現一百周年學術討論會論文集》,文史哲出版社 1998 年)。周鳳五認爲"視"當訓"視同、比照"或"相當",猶楚錢幣文字"視金二朱、視金四朱"例,楚人尊敬楚王,比擬爲日,等同於太陽,"視日"一詞正是楚人對當世楚王的尊稱(《楚簡文字瑣記[三則]》,第一屆簡帛學術討論會論文,中國文化大學歷史系 1999 年 12 月)。按包簡"視日"謂楚王,大致可以確定下來。惟如何解釋,學者尚存在不同意見。

《包山楚簡解詁》頁 24—25

○陳佩芬(2004)　"見日"即"日中"。《公羊傳・宣公八年》:"冬,十月,己丑,葬我小君頃熊,雨,不克葬。庚寅,日中而克葬。"何休注:"別朝莫者,明見日乃葬也。"

《上海博物館藏戰國楚竹書》(四)頁 184

【視事】

○睡簡整理小組(1990)　(編按:秦律 159)乃令視事及遣之

　　視事,到任行使職權。《漢書・王尊傳》:"今太守視事已一月矣。"

《睡虎地秦墓竹簡》頁 56

【視金】

○曲毅(1993)　錢牌,右旋讀之,一朱錢牌標明一朱,自重卻有 34 克(陽新),錢文與自重不附(編按:當作"符"),當屬計值貨幣。所計值乃指貨幣本位,非金即銀。前人對此也多有考釋:"𥝌"字方藥雨《言錢別録》釋"白",白金指銀。王獻唐釋"艮","艮爲銀首,民金即銀金也……不指本幣質量,乃指貨幣價值,言此牌當銀四朱或銀一朱也"。近年出的《古錢幣圖解》中"另有銀金四朱、銀金一朱的長方形雲紋錢牌,一般認爲是使用白金三品時的輔幣",亦從王説。影響最大的屬劉燕庭以降多從"良"説,良金在漢代有善金佳銅意,我們認爲,錢牌中的"𥝌"字當釋"見"字,見與現通,錢牌應讀作現金四朱或現金一朱。鄂君啟節車節、舟節"見其金節則毋征,不見其金節則征"之"𥝌"字,張征、于省吾釋"得",郭沫若、殷滌非釋"見",當以"見"爲是。按現金意解,楚國當時實行的黃金與銅幣同時流通的貨幣制度,是一種初級的黃金本位制,一朱錢牌

當指與一朱黃金等值，較良金説更爲妥當。（中略）

　　1957 年湖南長沙左皮 M20 中出土銘文泥質版“□金十兩折作見金大”。“見”字周世榮釋“黃”，我們認爲也當釋“見”，見與現通，全句大意是：折作現金大額黃金十兩，折作大額現金黃金十兩。此釋不誤，可證“見金一朱”牌乃指折作現金黃金一朱。泥版銘文與錢牌文體大致相類可通，表明泥版地府冥幣是仿效世閒錢牌而行。

《中國錢幣》1993-2，頁 34

○黃錫全（1994）　　根據字形及有關問題，第一字應該釋爲“見”，如下舉“見”形：

銅牌　　　　　包山楚簡　　　　　鄂君啟舟節　　　侯馬盟書

　　“見”即古“現”字。如《史記・項羽本紀》：“軍無見糧。”《正義》引顏監云：“無見在之糧。”《漢書・王莽傳》：“倉無見穀。”師古曰：“見謂見在也。”《後漢書・章帝紀》：“以見穀賑給貧人。”《漢書・王嘉傳》：“是時，外戚貲千萬者少耳，故少府水衡見錢多也。”師古曰：“見在之錢也。”因此，“見金”即“現全”。“見金”一詞，見於《新唐書・姚璹傳》：

　　　　（武則天時）明堂火，后（武后）欲避正殿，應天變……后乃更御端門，大酺，燕群臣，與相娛樂，遂造天樞著己功德，命璹爲使，董督之。功費浩廣，見金不足，乃斂天下農器並鑄……

“在整個唐代，經常感到流通中銅錢的不足”。所以，“見金不足”，應是指當時現存的銅錢不充足。

　　“見金”銅牌，有一朱、二朱、四朱三等制，其重量在 34—137.5 克之間。如“朱”是指重量“銖”，楚 1 銖之重才 0.69 克，與銅牌之重不成比例。所以，這裏的“朱”不是指銅牌的重量。楚國金版上的銘文爲“某稱”，不稱“某金”，包山楚簡中稱金爲“黃金”或“金”，還有“鍒（砂）金”。如“見金”之金是指黃金，則“見金一朱”當是指銅牌可兑現黃金一銖，“朱”指黃金之重，銅錢牌只是起到價值符號或憑證的作用。如“金”是指“銅”，則“見金”之義就是指“現在的銅錢牌”，可值一朱、二朱、四朱。則“朱”就不是重量，而只能解爲銅錢牌價值的名稱。這就好比今天的硬幣一分、二分、五分，“分”不是重量。那麼，“見金一朱”就是“現在的銅錢牌值一朱”。或者簡稱爲“現錢一朱”，可能是當時因爲某種原因發行的一組大額面值的貨幣。根據目前的材料，上述兩種解釋的可能性均存在。問題的最終解決,還有待新材料的補充和對其深入的研究。

《先秦貨幣研究》頁 208,2001;原載《中國錢幣》1994-2

○**蔡運章**(1998) 錢牌上的文字,以往多釋爲"良金",或釋爲"白金、艮金"。然因錢牌上頭一字的構形與"良、白、艮"判然有別,故皆不足信。唯黃錫全先生依其形體釋爲"見金",是正確的。見金錢牌有一朱、二朱、四朱三等制,朱(同銖)是金屬稱量貨幣的單位,一朱、二朱、四朱在這裏應是指黃金的數量而言。故"見金"的含義可有三種解釋:

1."見"通作觀或錬,見金即錬金。見、錬古音同在元部,可以通用。《漢書·敘傳》注引應劭曰:"觀,見也。"《易·略例》"尋象以觀意",《釋文》:"觀本作見。"是見可通作觀。《禮記·雜記》"公館復",《釋文》:"館本作觀。"是觀可通作館。館、錧、輨皆讀官聲,可以通用。《儀禮·聘禮》鄭玄注:"管,猶館也。"《後漢書·竇憲傳》"内干機密",李賢注:"干古管字也。"《周禮·考工記·輪人》鄭玄注"謂覆輨石",《釋文》:"輨本作干。"祝睦碑:"七政錧轄。"輨作錧,是其佳證。《廣雅·釋器》:"錬,錧也。"《方言》卷九:"輨、軑、錬、鐗,關之東西曰輨,南楚曰軑,趙魏之閒曰錬、鐗。"凡此皆爲見、錬可通之確證。錬,《淮南子·地形訓》"錬土生木",高誘注:"錬,冶也。"《韓非子·說林下》:"荆王大悦,以錬金百鎰遺之晉。"《華嚴經音義》下引《珠叢》說:"鎔金使精曰錬。"《漢書·禮樂志》:"錬,選也。"《詩·猗嗟》鄭氏箋:"選者謂其倫等最上。"因此,"見金"即錬金,是指上等黃金而言。則"見金一朱"是指這枚銅錢牌可兑換上等黃金一銖之義。

2."見金"即顯金。《荀子·賦》:"功業甚博,不見賢良。"楊倞注:"見,猶顯也。"《漢書·鄒陽傳》"鄉使濟北見情實",師古注:"見謂顯也。"《爾雅·釋詁》:"顯,代也。"故"見金"即代金,謂代替黃金之義。則"見金一朱"是說這枚銅錢牌可代替黃金一銖之義。

3."見金"讀如現金,即現錢。《漢書·王嘉傳》:"是時,外戚訾千萬者少耳,故少府水衡見錢多也。"師古曰:"見在之錢也。"《新唐書·姚璹傳》說:武則天時"功費浩廣,見金不足,乃斂天下農器並鑄",故"見金"就是今天所謂的"現錢",是指現有的銅錢牌講的。則"見金一朱"是說現有的銅錢牌值黃金一銖之義。

上述三種含義,在這裏都可講通。楚國是大量使用黃金稱量貨幣的地區。因此,這些銅錢牌應是楚國鑄行的與黃金相兑換的等值貨幣。錢牌上的"見金一朱、見金二朱、見金四朱"錢文,是說這些錢牌分別可兑換一銖、二銖和四銖黃金的意思。

《中國錢幣論文集》3,頁 159

○**何琳儀**(2001)　　五、見金

　　所謂"良金四朱、良金一朱"(圖五)錢牌,最早由清道光年閒劉燕庭所得,收入《長安獲石編》和《古泉苑》。本世紀 80 年代,湖北大冶、陽新、蘄春、鄂州相繼發表錢牌又獲新品"良金二銖"。

圖五

　　　　所謂"良",原篆作,筆者舊疑"見"字(原注:1992 年,筆者致函黄錫全信函中提及"見"字的釋讀)。近見有文已釋"見",讀"見",並引長沙出土泥版銘文"見金"爲證,確不可易。兹略補苴三事:

　　(一)楚系文字"見"及從"見"之字甚多,兹選取其中與錢牌形體相同或相近者數例:

見　 包山 17　　　馸　 隨縣 147　　　梘　 信陽 2.03

筧　 望山 2.2　　　鋧　 包山 276

看來錢牌銘文所謂"良"字應改釋"見",是沒有問題的。

　　(二)"見"或讀"現",在文獻中習見。例如《史記·項羽本紀》"軍無見糧",正義:"無現在之糧。"《漢書·王莽傳》下"食無見穀",注:"見,謂見在也。"《廣韻》"見"除有"古甸切"本音外,尚有"胡甸切"變音。後者正讀"現"。南宋關子鈔版銘文有"金銀見錢關子",其中"見錢"無疑應讀"現錢"。

　　(三)"見金"一詞,見《新唐書·姚璹傳》"功費浩廣,見金不足"。這裏的"見金"可能是文獻中最早的出處。"見金"錢牌的重新釋讀,使這一辭彙上溯至戰國晚期。換言之,今天通常所說的"現金",早在戰國時期已是商業中習見的術語。這在經濟學史方面的意義是不言而喻的。

　　郭店簡材料發表以後,學者根據其中《老子·丙》5 與今本三十五章互相比勘,謂上從"目"下從"人"者爲"視",上從"目"下從"卩"者爲"見",無疑非常正確。於是有學者進而釋錢牌銘文爲"視金"。從字形分析,古文字"見"與"視"確有區別,但也並非没有例外。楊方鼎"楊視事於彭車"與燕侯旨鼎"燕侯旨初視事於宗周"相互比較,詞例全同。從字形分析,"視"字前者從"人",後者從"卩"。有鑒於"見"和"視"偶有混淆的現象,再以詞例權衡,所謂"視金"似不如"見金"直接了當(況且"見金"有文獻爲證),所以筆者仍暫以"見金"説爲優。

《古幣叢考》(增訂本)頁 235—237,2002;原載《安徽錢幣》2001-2

△按　民之簡6所謂"明目而見之"的"見"其實是"視"字。錢牌所謂"良金一朱、良金四朱"黃錫全後釋爲"視金一銖、視金四銖",説較可信。

觀　觀

集成 9735 中山王方壺　睡虎地・爲吏 34 肆　上博六・季桓 12

郭店・緇衣 37　郭店・老乙 18　包山 185　包山 249　包山 230

望山 1・174　上博二・子羔 11　新蔡零 326　上博六・天乙 11

上博六・競公 9　上博四・内豊 10

○何琳儀(1993)　玃蠱 185

△原篆作,又見 249,應釋"觀"。《萬姓統譜》:"觀,姒姓。夏有觀扈。"《國語・楚語》下有"觀射父"。"觀"之繁文作259,從"心"。又《五音集韻》"懇同空"。不知何據。"蠱"應釋"蠱"。《集韻》:"蠱,《説文》毒蟲也,象形,或從蚰。"

《江漢考古》1993-4,頁 62

○劉信芳(1995)　九、觀氏

《包山楚簡》觀氏有"觀綳、觀義",均爲貞人,見 230、231、242、244、249 諸簡。《左傳》襄公二十二年有"觀起",昭公十三年有"觀從",均爲楚人。《國語・楚語下》載楚昭王問及觀射父祭祀先祖之事,知觀射父作神職,是主祭祀的官員。結合《包山楚簡》觀氏之人貞卜的記載,可以斷言觀氏世主神職。

《通志・氏族略五》謂觀氏爲芊姓,此説可信。僅以觀射父而論,其職相當於《周禮》之"大宗伯",既是主祭祀之官,則應與楚王同姓。楚另有一觀氏之人"觀丁父",《左傳》哀公十七年:"觀丁父,鄀俘也,武王以爲軍率。"此"觀丁父"與"觀射父"恐非同族。

《江漢論壇》1995-1,頁 60—61

○朱德熙、裘錫圭、李家浩(1995)　(編按:望山 1・109)"矔□"亦見一七四號簡,似是人名。"矔"疑即"觀"字。此簡簡首"聖逗"二字殘片,照片原缺,圖版上的文字是湖北省考古工作者摹寫的。

《望山楚簡》頁 99

○何琳儀(1998)　觀,從見,雚聲。

包山簡觀,讀觀,姓氏。夏有觀扈。見《萬姓統譜》。

《戰國古文字典》頁 984

○**濮茅左**(2001)　　𥁞丌先逡　𥁞,即"曈"。《字彙》:"曈,古觀字。"《説文》古文"觀"作"𥁞",這裏是指觀察、分析。

《上海博物館藏戰國楚竹書》(一)頁 233

○**李守奎**(2003)　　𥅿　觀。

《楚文字編》頁 528

○**李朝遠**(2004)　　從人觀　"觀",通作"勸"。

《上海博物館藏戰國楚竹書》(四)頁 228

○**濮茅左**(2007)　　(編按:上博六·季桓 24"君子流亓觀安[焉]")"觀",觀察,明察。《説文·見部》:"觀,諦視也。""流亓觀",即"流觀",四方遠望。《楚辭·九章·哀郢》:"曼余目以流觀。"孔子認爲要觀其志,觀其道,觀其行,觀其過,視其所以,觀其所由,察其所安,觀之以禮樂,以觀治亂,改過知仁。

《上海博物館藏戰國楚竹書》(六)頁 222

【觀行】

○**濮茅左**(2007)　　(編按:上博六·競公 9"明悳觀行")"觀行",觀行其道,看實際行動。《論語·公冶長》:"子曰:'始吾於人也,聽其言而信其行;今吾於人也,聽其言而觀其行。於予與改是。'"

《上海博物館藏戰國楚竹書》(六)頁 183—184

【觀邦】

○**曹錦炎**(2007)　　(編按:上博六·天甲"觀邦不言喪")"觀",觀察,《説文》:"觀,諦視也。"《易·繫辭下》:"仰則觀象於天,俯則觀法於地。"《論語·爲政》:"視其所以,觀其所由,察其所安。""邦",國。"觀邦",猶言"觀國",《易·觀》:"觀國之光,利用賓于王。"

《上海博物館藏戰國楚竹書》(六)頁 331

【觀頤】

○**濮茅左**(2003)　　"觀頤",觀其所養,觀察養賢與不肖。

《上海博物館藏戰國楚竹書》(三)頁 169

△**按**　《説文》:"觀,諦視也。从見,雚聲。𮢑,古文觀从囧。"簡文所謂"𥅿、觀"嚴格而言从"視"不从"見",是"觀"的異體。睡虎地秦簡《爲吏之道》34 肆"觀民之詐"之"觀"是觀察、分析之意。

尋　尋　尋　尋

集成 9735 中山王方壺　　山東 157　　璽彙 0291　　陶彙 3・25

貨系 3790　　貨系 3791　　玉印

包山 6　　包山 94　　包山 183　　郭店・成之 11　　上博二・從甲 17

守丘石刻　　貨系 3792

△按　《説文・見部》："尋,取也。从見从寸。寸度之,亦手也。"所从"見"實
爲"貝"之譌,"尋"即"得"字簡體"尋"字的變形,詳見卷二"得"字條。

覺　覺　瞽

覺 睡虎地・答問 10　　覺 睡虎地・日乙 194

瞽 睡虎地・日甲 44 背貳

○睡簡整理小組(1990)　(編按:睡虎地・日甲 13 背)人有惡瞢(夢),瞽(覺),乃繹
(釋)髮西北面坐。

(編按:睡虎地・日甲 44 背)鬼恆爲人惡瞢(夢),瞽(覺)弗占。

《睡虎地秦墓竹簡》頁 210、213

△按　《説文》:"覺,寤也。从見,學省聲。一曰:發也。""覺"或从目,見卷四
"瞽"字條。睡虎地秦簡《答問》10"弗覺"之"覺"意爲發覺,《日乙》194"凡人
有惡夢,覺而擇(釋)之"之"覺"意爲醒覺。

親　親　親　曅　斳

親 睡虎地・爲吏 24 貳　　親 睡虎地・秦律 155　　親 睡虎地・日乙 148　　詛楚文

親 睡虎地・日甲 73 背　　上博四・曹沫 33　　包山 51　　上博二・容成 24

郭店・語一 77　　郭店・語一 81　　郭店・語三 40　　上博一・緇衣 13　　上博一・緇衣 10

上博一・緇衣 19　　上博一・緇衣 11　　郭店・語三 30　　郭店・唐虞 6　　郭店・忠信 1

璽彙 3521　　陶彙 3・917

集成 2840 中山王鼎

○趙誠（1979）　又親字也有兩體，一、作🔲，如鼎銘“親率三軍”；二作🔲，鼎銘
“隣邦難親”、壺銘“至愛深則賢人親”即如此。

《古文字研究》1，頁 255—256

○湯餘惠（1986）　（5）戰國陶文有🔲（《季木》20.7）字，舊不識。按此字上從
目，與魏石經古文“衆、釋”二字所從目旁寫法相同，字下從辛，實即親字省文。
《古文四聲韻》上平聲“真”部引《古孝經》作🔲又引《古老子》作🔲，《訂正六書
通》上“真”部引《六書統》作🔲。中山王鼎“親逹三軍之衆”字作🔲，從目即
“見”之省，從新聲實與小篆從親聲、陶文從辛聲爲一事，三者自可互證。

《古文字研究》15，頁 13

○何琳儀（1998）　《説文》：“親，至也。從見，亲聲。”
　　詛楚文親，躬親，《禮記·文王世子》“世子親齊玄而養”，注：“親，猶自
也。”《戰國策·秦策》：“不能親國事也。”

《戰國古文字典》頁 1160

　　親，從見，辛聲。疑親之省文。
　　包山簡親，人名。

《戰國古文字典》頁 1159

○陳佩芬（2001）　睪　與“親”通。《包山楚簡》“親”字從見從辛，此從罒，辛
聲，與《汗簡》同。郭店簡作“新”，今本作“親”。

《上海博物館藏戰國楚竹書》（一）頁 185

○陳佩芬（2002）　能事亓慭　能恭事其父母。“慭”，讀爲“親”。《字彙補·
攴部》：“敫，古文親字。”

《上海博物館藏戰國楚竹書》（二）頁 244

△按　此字應隸定作“㤪”。

○陳嘉凌（2003）　慭：當即“親”之異體字。陳佩芬先生謂：“慭，讀爲親。
《字彙補·攴部》：‘敫，古文親字。’”（《上博（二）》244 頁）嘉凌按：陳説可從。
字當從心、從㲎（編按：疑不精確）聲，即“親”之異體字。楚系簡帛文字“親”字或
從“見”從“辛”作🔲（《包山簡》2.51）。

《〈上海博物館藏戰國楚竹書（二）〉讀本》頁 95

△按　“亲”本從“辛”聲，而“目”與“見”意義相關而相通，故陶文和簡文“睪”
是“親”的異體。包山簡 51“𤕦”與“親”聲旁和位置結構均有不同。

覜 覜

覜 郭店·老甲 1　　覜 郭店·老甲 31　　覜 磚瓦廠 370·3

○**黄德寬、徐在國**（1998）　①老甲 1 有字作覜，原書釋作“覜”，裘錫圭先生認爲借爲“盜”（113 頁注②）甚是。覜字見於《説文·見部》，古音屬透紐宵部，盜屬定紐宵部，音近可通。老甲 31“覜（盜）惻（賊）多又（有）”，也借爲“盜”。江陵磚瓦廠三七〇號墓出土楚簡“覜殺僕之兄”（《簡帛編》708 頁），疑此“覜”亦借爲“盜”，即“盜殺僕之兄”。

　　　　　　　　　《吉林大學古籍整理研究所建所十五周年紀念文集》頁 99

○**裘錫圭**（2000）　6.覜（下文以“△a”代之）　覜（甲三十一作覜。下文以“△b”代之）　甲一“△a△b 亡又”，今本十九章作“盜賊無有”。甲三十一“△a△b 多又”，今本五十七章作“盜賊多有”。“亡”通“無”，“又”通“有”，是古書和古文字資料中常見的現象。但簡文中與今本“盜賊”二字相應的△a△b 則很特殊，需加解釋。△a 應是一個形聲字。其右旁爲“兆”（參看《楚系》145—146 頁“逃”字。甲二十五借作“兆”的“菲”字的“兆”旁也是這樣寫的），應是聲旁，左旁即“視”的表意初文，在用作形旁時其作用跟“見”應該没有什麽區別。所以這個字應該就是見於《説文》的“覜”字。“覜”是透母宵部字，“盜”是定母宵部字，古音很接近，所以簡文借“覜”爲“盜”。△b 應是一個從“心”的形聲字。郭店簡往往把原作覜、覜（《楚系》350 頁）、覜（郭店《老子》丙十二）等形的“則”字簡寫作覜（《性自命出》二、十九、二十……等號簡）、覜（同上二十五號簡）、覜（《緇衣》二、四、五……等號簡）、覜（甲三十六、乙二、《緇衣》三十一等號簡）等形。可知△b 就是從“心”“則”聲的“惻”字。“賊”本作賊，從“戈”“則”聲（見《説文·十二下·戈部》）。“惻、賊”都從“則”聲，古音很接近，所以簡文借“惻”爲“賊”。

　　　　　　　　　　　　　　《中國哲學》21，頁 183—184

○**李守奎**（2003）　覜　覜　皆讀爲盜。

　　　　　　　　　　　　　　《楚文字編》頁 529

覜 覜

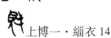
上博一·緇衣 14

○陳佩芬（2001）　　毻　即“覒”字。《説文》：“覒，擇也。从見，毛聲，讀若苗。”《廣韻》：“覒，邪視也，亦作毻。”今本作“苗”。

　　　　　　　　　　　　　　　　　　《上海博物館藏戰國楚竹書》（一）頁190

覾 覾

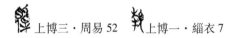
覾 上博三·周易52　　覾 上博一·緇衣7

○陳佩芬（2001）　　“頼”字《説文》未見。郭店簡作“道”，今本作“遂”。

　　　　　　　　　　　　　　　　　　《上海博物館藏戰國楚竹書》（一）頁182

○濮茅左（2003）　　“覾”，見，顯示，出現，《説文·見部（新附）》：“覾，見也。”《國語·周語中》：“武不可覾，文不可匿。”

　　　　　　　　　　　　　　　　　　《上海博物館藏戰國楚竹書》（三）頁207

△按　《周易》簡52此字也可能从牛，覾聲，讀爲“覾”。《緇衣》簡7此字李守奎等編《上海博物館藏戰國楚竹書（一—五）文字編》425頁釋作“覾”，“疑‘頁’爲‘旲’之訛。也可能是變形音化。‘覾’郭店簡作‘道’，今本作‘遂’”。

寛

寛 九店56·114　　寛 九店56·117　　寛 九店56·115

○陳偉武（1997）　　九店簡114：“☐☐生含（陰）膓（陽），叏生於丑，☐生於寅，衰生於卯叏，寛於辰，即☐☐☐。”簡115：“☐☐巳，衰寛於午☐。”簡116：“☐☐☐☐☐凡寛日☐☐少日必尋（得），日少辰☐☐☐。”簡117：“☐女目（以）行，必寛☐又☐。”簡118：“☐迎寛☐☐。”上揭數簡由李家浩先生釋文。劉樂賢先生將114、115兩簡綴接，並對釋文有所訂補：“☐☐生含（陰）膓（陽），夬生於丑，即生於寅，衰生於卯，夬寛（亡）於辰，即寛（亡）於巳，衰寛（亡）於午☐。”指出：“簡文寛當讀亡，與生相對爲文。”

　　　今按，“寛”字不見於字書，劉氏讀爲“亡”甚是，而未言“寛”原本究爲何字。此字从亡从見，亡，無也，無所見即爲“盲”，亡亦聲，故簡文可讀爲“亡”而與“生”相對。古文字中義近形符“目”與“見”互換數見不一見。如“視”字，甲骨文、《説文》古文均从目，示聲，睡虎地秦簡从見，示聲。睡虎地秦簡《日書》甲種〈夢〉篇“覺”字，乙種作“覺”。《説文》睹與覩、睍與覵、睒與覢，音義並同。《説文》：“萌，翌也，从明，亡聲。”王筠句讀：“此以翌釋萌，謂明月之明。”《集韻·庚韻》：“盲，《説文》：‘目無牟子。’或作萌。”萌同於盲、寬，視爲會意兼形聲亦無不可。盲字最早見於古璽，作(《古璽彙編》1647)，與楚簡寬字時代大致相近，後世盲行而寬廢。

《第三屆國際中國古文字學研討會論文集》頁 649—650

○**李家浩**(1999)　(編按:九店 56·96)“寬”字當从“見”从“亡”聲。在古文字中，“見、目”二字作爲形旁可以通用(參看高明《中國古文字學通論》150、151頁)。疑“寬”即“盲”字的異體。簡文“寬(盲)”與“生”對言，大概應當讀爲死亡之“亡”。

《九店楚簡》頁 136

△**按**　“寬”可能是“盲”的異體，爲亡失、逃亡之“亡”繁文的可能性也不能排除。

貼

新蔡甲三 29

○**賈連敏**(2003)　鹽(鹽)貼。

《新蔡葛陵楚墓》頁 189

△**按**　葛陵簡“貼”用作人名。宋華强説“《龍龕手鑒·見部》《字彙補·見部》有‘覘’字，不知與‘貼’字是否有關”(《新蔡葛陵楚簡初探》382 頁)。

厬

上博一·緇衣 23

○**陳佩芬**(2001)　厬　字待考。从尾从見，尾、宅通爲字之聲紐。《説文》所無。郭店簡作“紙”，今本作“著”。

《上海博物館藏戰國楚竹書》(一)頁 198

屄

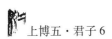上博五·君子 6

○張光裕（2005）　正見毋吴（側）閧（視）　"毋側視、目毋遊"皆視容清明必具之修養。《禮記・玉藻》"目容端"，鄭玄注："不睇視也。"

《上海博物館藏戰國楚竹書》（五）頁 258

○李守奎、曲冰、孫偉龍（2007）　睇　睨。

《上海博物館藏戰國楚竹書（一—五）文字編》頁 184

○何有祖（2007）　睇，圖版作 ，原釋文隸作閧，讀作"視"，可商。據上段所釋，"毋"前已有"正視"一詞，再言"視"不免重複，且右部的尸，實際上是"夷"字。香港中文大學文物館藏 5 號簡有"夷"字即如此作。我們以爲字可分析爲從目從夷，爲"睇"之異體。典籍之"睇、睇"字同。《玉篇》："睇，目小視也。"《説文》有"睇"字，段注曰："按睇亦睇。"《禮記・内則》"不敢……睇視"，鄭曰："睇，傾視也。"《易・明夷》"夷于左股"，陸德明釋文："夷，子夏作睇，鄭、陸同，云：旁視曰睇。亦作睇。"

《簡帛》2，頁 351

△按　"睨"當以"尸"爲基本聲符，古音"尸"屬書母脂部，讀作古音屬禪母脂部的"視"或定母脂部的"睇"均可。《説文》目部："睇，目小視也。從目，弟聲。南楚謂眄曰睇。"

覞

覞　陶彙 3・786

○何琳儀（1998）　（編按：陶彙 3・786）覞。

《戰國古文字典》頁 1521

△按　此字也可能是"貽"或"覘"的異體，用作人名。

覘

覘　陶彙 9・14

○何琳儀（1998）　覘，從見，台聲。《廣韻》："覘，誘覘。"古陶覘，人名。

《戰國古文字典》頁 57

覠

覠　上博六・季桓 15　　覠　上博二・容成 10

○李零(2002)　　穴規　疑讀"穴窺",指鑿孔於牆,令試用者入其内,自外觀察之。

《上海博物館藏戰國楚竹書》(二)頁 258

○蘇建洲(2003)　　規:李零先生讀作"窺"。字可分析爲从見圭聲。窺,溪紐支部;圭,見紐支部,聲韻俱近。

《〈上海博物館藏戰國楚竹書(二)〉讀本》頁 126

○濮茅左(2007)　　(編按:上博六·季桓 15"君子陀之,己亓所陀規之")"規",从見,圭聲,疑同"睚"字。《集韻》:"睚,或作眭。"《説文·目部》:"睚,仰目也。"《集韻》:"睚,恣睚暴戾。一曰自得兒。"又《附釋文互注禮部韻略》:"睚,楚詞意恣睚以担矯兮,縱恣也。恣睚暴戾。"

《上海博物館藏戰國楚竹書》(六)213—214

△按　"規"應即窺探之"窺"之異體。

䀠

包山 28

○劉彬徽、彭浩、胡雅麗、劉祖信(1991)　　睍。

《包山楚簡》頁 18

○李守奎(2003)　　䀠。

《楚文字編》頁 529

△按　簡文"䀠"用作人名。

覞

包山 175　包山 186　包山 167　包山 46　包山 64

○白於藍(1996)　　簡(28)有字作"![]",字表隸作"睍"。按此字右旁不是"臣",而是"亘"。簡(46)有字作"![]",字表隸作"覝",劉釗師釋作"覩",可信(劉釗《包山楚簡文字考釋》,中國古文字研究會第九届學術研討會論文)。此字在簡中用作人名,在相同辭例和相同人名的簡(64)中,此字又寫作"![]",與上引簡(28)之字相同,故簡(28)之字應隸作"覝",釋爲"覩"字,"覩"在簡文中也用作人名。

在此有必要排列一下"亘"字作偏旁時在包山簡中的幾種構形,以供大家在研究中參考。

①簡(46)陁異之司敗番錫受期　　簡(55)陁異之司敗番錫受期
　簡(64)陁異之司敗番錫受期

②簡(132)嬰卯(人名)　　　　簡(134)嬰卯
　簡(134)嬰卯　　　　　　簡(135)嬰卯
　簡(136)柜卯　　　　　　簡(136)柜卯
　簡(136)柜卯　　　　　　簡(137)柜卯
　簡(135反)弇卯

③簡(167)邸易君之人番錫　　簡(175)邸易君之人番錫
　簡(186)邸易君之人番錫

④簡(167)郊人喪錫　　　　簡(58)臽王之窀州人苛腰
　簡(58)臽王之窀市之客苛迨　　簡(191)全王之窀市客苛腰

　　通過以上比較,知包山簡中"亘"字最常見的寫法是呂,另外有呂、
呂、呂、呂、呂等幾種變形。

《簡帛研究》2,頁 36—37

○**何琳儀**(1998)　　覞,從見,亘聲。疑眶之繁文。《集韻》:"眶,目起皃。"又
疑覞之省文。《集韻》:"覞,見也。"
　　戰國文字覞,人名。

《戰國古文字典》頁 1051

○**湯餘惠等**(2001)　　眶。

《戰國文字編》頁 597

○**李守奎**(2003)　　與官之省形相近。　亘、官聲近。

《楚文字編》頁 530

○**劉信芳**(2003)　　字從見(視),亘聲,劉釗謂字即《集韻》之"覞",可信。或
隸作"眄",誤,從"臣"之字可參簡176"姬"。

《包山楚簡解詁》頁 43

△**按**　　此字嚴格隸定作"眶",但根據"見"旁的字多作左形右聲的情況,故也
可隸定作"覞"。"覞"即"覞"的異體。

覓

璽彙 3459

○何琳儀(1998)　覓，从見，网聲。《字彙補》：“覓，覓也。”覓爲覓之訛變。
晉璽覓，人名。

《戰國古文字典》頁 1469

覜

 上博二·容成 6　　覜 郭店·老甲 1　　覜 郭店·老甲 31

○裘錫圭(1998)　“覜”，借爲“盜”。

《郭店楚墓竹簡》頁 113

【覜惻】
○李零(2002)　不型(刑)殺而無頪(編按：當作“覜”)(盜)惻(賊)。

《上海博物館藏戰國楚竹書》(二) 頁 254

△按　《容成氏》簡 6 讀爲“盜”之字原文作“覜”，“覜惻”即“盜賊”。郭店簡
《老子》用法同。

覗

 上博一·緇衣 21

○陳佩芬(2001)　覗　从見，旨聲。郭店簡作“旨”，今本作“示”。此詩引文
爲《小雅·鹿鳴》。

《上海博物館藏戰國楚竹書(一)》頁 197

△按　此字或爲指示、指向之“指”的異體。

覜

 集成 2840 中山王鼎　　覜 上博五·季庚 15　　覜 上博六·用曰 17

△按　“覜”字所从偏旁可左可右，爲“迷”字異體，參看卷二辵部“迷”字條。

睚

覜 郭店·緇衣 3

○**湯餘惠等**(2001)　　胜。

　　　　　　　　　　　　　　　　　　　　　《戰國文字編》頁 597

○**李守奎**(2003)　　䏙　望字異體。

　　　　　　　　　　　　　　　　　　　　　《楚文字編》頁 530

△**按**　重見本卷"望"字條。

睄

上博四·采風 4

○**馬承源**(2004)　　"賤",从貝从三戈,讀爲"賤",或隸定爲"賊"。

　　　　　　　　　　　　《上海博物館藏戰國楚竹書》(四)頁 168

△**按**　此字李守奎等編《上海博物館藏戰國楚竹書(一—五)文字編》425 頁隸定作"睄","疑爲'睇'字"。

賦

郭店·緇衣 5　　　郭店·緇衣 6　　　郭店·緇衣 43　　　上博五·弟子 16

○**湯餘惠等**(2001)　　賦。

　　　　　　　　　　　　　　　　　　　　　《戰國文字編》頁 597

○**李守奎**(2003)　　賦　皆讀爲惑。疑爲惑之異體。

　　　　　　　　　　　　　　　　　　　　　《楚文字編》頁 530

○**張光裕**(2005)　　覷(惑)。

　　　　　　　　　　　　《上海博物館藏戰國楚竹書》(五)頁 277

△**按**　"賦"爲迷惑之"惑"的異體,參看卷十"惑"字條。

賏

集成 4575 楚子賏匜

○**李守奎**(2003)　　賏。

　　　　　　　　　　　　　　　　　　　　　《楚文字編》頁 530

覢

集成 12113 鄂君啟舟節　　（字形圖）包山 138　　（字形圖）包山 164　　（字形圖）包山 175
（字形圖）上博四·曹沫 31

○**郭沫若**（1958）　覢殆今之城陵磯。

《文物參考資料》1958-4，頁 4

○**殷滌非、羅長銘**（1958）　賆字不可識。長銘以爲《説文》有覢字，讀阿其所好之阿，不知是此字否。滌非以爲此字應寫作賆。

《文物參考資料》1958-4，頁 10

○**孫劍鳴**（1982）　郭曰："賆殆即今之城陵磯，郲陽殆即岳陽。"按節銘"入湘、庚賆、庚郲陽"，可見賆與郲陽皆在湘水沿岸。而城陵磯與岳陽則均在洞庭湖北，尚未"入湘"，便庚兩地，顯然不合。我疑賆是長沙（春秋時名"青陽"）。

《安徽考古學會會刊》6，頁 30

○**熊傳新、何光岳**（1982）　關於"賆"的地望，譚其驤先生考證它是位於湘江的"錫口戍（編按：當作"戍"，後徑改，不再出按），在今湘陰縣湘水西岸，濠河口與喬口之閒"，這裏我們認爲譚先生把"錫口戍"，説成是在濠河口與喬口之閒，是明顯有誤的。據光緒年閒編的《湘陰圖志》卷五輿圖，附臨沚局的圖上，繪有錫江口，一名掃帚口，錫水流入錫浦，即在古錫口戍之旁邊。《讀史方輿紀要》卷八十湘陰縣："錫江砦在縣西北，湘江西岸，宋置砦於此，江畔有歧，平起如岡，州島之民，聚而居之，以漁爲業，亦曰錫浦。"光緒年閒的《湖南全省輿圖》湘陰縣圖，圖上繪有掃竹口塘，當地方言，竹與帚音同，即掃帚口，在錫福圍之東，橫嶺湖之南，東臨湘江西支的西岸，位於湘陰縣湘臨公社湘臨大隊的對河，南距濠河四十里，又距望城縣的喬口七十里。如依譚先生之説，"賆"在錫口戍的話，也不應在濠河與喬口之閒。

　按"賆"字，應與"渫"音同，但它的讀音不讀"蝶"，應讀爲"仙"。今湖南石門縣澧水支流的"渫水"，至今當地人讀"渫"爲仙音，又湖南、廣東一帶的方言稱銅元爲銅仙，爰的荊楚方言爲圜或元，因此，"賆"讀爲"蝶"音是不對的，而應爲"仙"音爲準。迄今湖南產銅礦和有色金屬之山丘，多叫爲"仙"者，如今湘潭市東有"苦株仙、河東仙"，汝城縣有"白雲仙"，資興縣有"瑤岡仙"，茶陵縣有"鄧埠仙"等等。"仙"字地名在湘南、湘東的山區中很多,都爲産貴重金屬而得名,因而"仙",顯然是古代"賵"字演變而來。考"賵",本由"貝"和"枼"合成,"貝"字爲古代以貝作貨幣,故貝字在古文字上表示財寶之意。"枼"字《唐韻》作"與涉切",《集韻》作"弋涉切"。《説文解字》:"枼,楄也,一曰簿也。"《玉篇》説是"牖",《類編》説是"簀"。總之,不論是户牖或牀簀,它們都是由薄木板製成。《説文通訓定聲》云:"會意,凡截木片者鋸曳之。"可見木片是薄的,並與簿之意相通,爲古代會(編按:此字衍)之假借字。"枼"字既訓爲薄木片,那麼在其上加"艹",便是"葉",旁加"言",則爲"諜",旁加"片",則爲"牒",旁若加"肉",則爲"腺",旁若加"韋",則爲"韃",若上加"尸",則爲"屟",若旁加"女",則爲"媟",若旁加"人",則爲"倢",旁若加"土",則爲"堞"……從上述與"枼"(編按:疑漏字)的漢字造型規律,顯然"賵"是訓意爲薄的貨幣,應與"鍱"字相通,古代的貨幣是自用"貝"爲貨幣,逐漸發展到以金屬代替"貝",因而在文字上也用"鍱"代替了"賵","賵"以後就不通用了。

　　"賵"在舟節中,作爲地名,一定有其始名的主要意義,既是湘水之江邊的地名,而且根據上述之意,這個地方應是當時以鑄造金屬貨幣而聞名,由此興起成爲楚國的重要城邑。只有這樣,它才可能具備商業城市的雛形。這個地方我們認爲就是今湘江下游,距現長沙只有幾十里的望城縣的銅官鎮。銅官鎮西濱湘江,交通方便,對岸十五里是喬口,而且據記載,它是楚國在江南鑄造銅器之地。(中略)正由於銅官在古代産銅,是楚在江南鑄銅器之地,因而它必然是戰國時期楚國在湘江流域的一個重要城邑,故鄂君在進行商業貿易時,也是必停留之地,故"賵"與銅官有關,很可能就是指該地。

《湖南師範學院學報》1982-3,頁 87—89

○**張中一**(1989)　　"庚賵",據譚其驤先生考證,疑即《水經・湘水》中的錫口戍,在今湘陰縣南湘水西岸濠河口與喬口之間,其説可信。

《求索》1989-3,頁 127

○**湯餘惠**(1993)　　賵,邑聚名,不能確考,其地在湘水之濱,譚其驤、商承祚疑即《水經注・湘水》中的錫口戍,地在今湖南省湘陰縣南。

《戰國銘文選》頁 48

○**何琳儀**(2000)　　逆(上)江,内(入)湘,就賵(誓),就郴(洮)易(陽)。

　　以上屬舟節交通路線西南路之一線:"溯長江而上,進入湘江;首先至賵,然後至洮陽。"洮陽即今廣西全州,早有定論,因此賵之地望必在洮陽之北的湘江流域。

“䁵”,以往學者也有四種隸定:

1.商承祚、譚其驤等隸定“䁵”,熊傳新、何光岳隸定“䁷”。

2.殷滌非隸定“䁳”。

3.郭沫若、于省吾、孫劍鳴等隸定“䁺”。

4.朱德熙、李家浩等隸定“䁳”。

關於其地望:郭以爲在今湖南城陵磯。譚以爲在《水經注・湘水》“錫口戍”,在今湘陰南湘水西岸濠河口與喬口之閒。熊、何認爲在今湖南長沙望城縣銅官鎮。孫疑即今湖南長沙。

按,舟節,“䁵”可與包山竹簡“䁵”相互比較:

䁵 鄂君啟舟節   **䁵** 包山 164   **䁵** 包山 138   **䁵** 包山 175

因此上揭四種隸定,只有第一種隸定最爲可信。

“䁵”,從“見”,“枼”聲,字書未見,疑“眜”之繁文。《玉篇》:“眜,閉一目。”

舟節“䁵”之地望,諸家多在今湖南省長沙市附近覓求,思路正確。然而均未能指明“䁵”與文獻直接對應關係的佐證。

今按,“䁵”從“世”得聲(均屬舌音,由月部轉入盍部),與“折”聲系可通。《漢書・禮樂志》“體容與,迣萬里”,注:“孟康曰,迣音逝。如淳曰,迣,超逾也。晉灼曰,古迾字。師古曰,孟音非也。迣讀與厲同,言能厲渡萬里也。”錢大昕曰“晉讀迣爲迾,雖據《説文》,卻於文義未協。迣當讀如遰鴻雁之遰。言去之遠也。孟、如二説近之”。其實錢氏所謂“遰”亦“逝”之異文。《集韻》:“逝,往也。或作遰。”總之,“迣、逝、遰”均屬月部,自可通假,與從“世”得聲之“䁵”例亦音近。故舟節“䁵”疑讀“誓”。

檢《水經注・湘水》:“又右逕臨湘縣故城西……湘水左合誓口,又北得石樁口,並湘浦也。”其中“誓”在今湖南長沙西北六十五里湘江東岸(疑即“誓港市”)。古代此地乃舟船由長江進入湘江將近長沙的重要港口,故設關卡以徵過往船隻之税。

舟節“䁵”讀“誓”,是西南路湘江之濱的城邑。

《古文字研究》22,頁 143—144

○**湯餘惠等**(2001)   䁵。

《戰國文字編》頁 597

○**劉信芳**(2003)   䁵:

字從視,枼聲,讀爲“貰”,《説文》:“貰,貸也,從貝,世聲。”疑“大貰尹”是管理貰貸的官員。《周禮·地官·司市》:“以泉府同貨而斂賒。”《史記·高祖本紀》:“常從王媼、武負貰酒。”《集解》引韋昭阿《注》:“貰,賒也。”簡 164、175 有“賖尹”。

《包山楚簡解詁》頁 135

○李守奎(2003)　　賖。

《楚文字編》頁 530

○李零(2004)　　覩　疑同“睹”(見《玉篇》《廣韻》等書),這裏疑讀爲“閒諜”之“諜”。

《上海博物館藏戰國楚竹書》(四)頁 263

瞆

包山 177　　包山 167

○湯餘惠等(2001)　　瞆。

《戰國文字編》頁 597

○劉信芳(2003)　　瞆:

字又見簡 167、173、177,均用作人名。或隸定做“瞆”,非是。該字从視,瞢聲,瞢字上部即《説文》“屮”(音乖)字,就字形結構而言。應是“瞢”字異構。《説文》:“瞢,目不明也。”參簡 165“歓”字注。

《包山楚簡解詁》頁 80

○李守奎(2003)　　瞆字異體。詳見卷四。

《楚文字編》頁 530

覲

璽彙 3534

○何琳儀(1998)　　覲。

《戰國古文字典》頁 1544

賑

郭店·五行 22　　新蔡甲三 42

○**荊門市博物館**(1998) 不臩(遠)不敬,不敬不嚴。

《郭店楚墓竹簡》頁 150

○**李守奎**(2003) 臩 睘字異體。

《楚文字編》頁 530

△**按** 距離之遠近往往可見,故"臩"可能就是遠近之"遠"的異體,新蔡簡甲三 42"覩鯊之月",甲三 34 作"遠鯊之月",可見新蔡簡"覩"也是用作"遠"的。

覝

郭店·緇衣 34 上博五·弟子 8

△**按** "覝"爲"顧"字異體,簡文"君子覝言而行"即"君子顧言而行"。參看卷九頁部"顧"字條。

見戚

上博一·性情 19

○**濮茅左**(2001) 戚狀(然)㠯(以)冬(終)

戚,當爲"戚"之異體。《說文》:"戚,戉也。从戉,尗聲。"戚,又作"規"。《爾雅·釋訓》:"戚施,面柔也。"陸德明釋文:"字書作規頎同。"由此可知,戚,以"戉、尗"與"見"又分別組成規、戚二字形。戚,有"憂"義。《說文通訓定聲》:"戚,叚借爲慽。"《詩·小雅·小明》"自貽伊戚",毛亨傳:"戚,憂也。"但"戚"作"憂"解似難順文意。戚,有"親"意。《詩·大雅·行葦》"戚戚兄弟",毛亨傳:"戚戚內相親也。"孔穎達疏:"戚戚猶親親。"《禮記·大傳》"戚單於下",孔穎達疏:"戚,親也。"《郭店楚墓竹簡·五行》:"仁之思也精,精則察,察則安,安則溫,溫則悅,悅則戚,戚則新(親),新(親)則愛,愛則玉色,玉色則形,形則仁。"戚,作"親"意可更通順些。

《上海博物館藏戰國楚竹書》(一)頁 248—249

△**按** 見戚當爲表示親戚之"戚"的本字。

覷

上博五·季庚 4

○濮茅左（2005）　　“矖”，从見，望聲，字書所無，疑“看望”之“望”形聲字。

　　　　　　　　　　　　　《上海博物館藏戰國楚竹書》（五）頁 207

△按　“矖”字爲望見之“望”的繁體，重見本卷壬部“望”字條。

睯

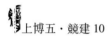上博五・競建 10

○陳佩芬（2005）　　靚　讀作“諍”。《集韻》：“諍，諍語。”是諫諍、救正意。

　　　　　　　　　　　　　《上海博物館藏戰國楚竹書》（五）頁 177

△按　此字也可隸定作“睯”，字義待考。

鵙

新蔡甲三 233、190

△按　簡文“□鄿（葉）少（小）司馬陳鵙惥以白鼄（鼉）爲君坪夜君貞”（“惥”字整理者釋作“志”，見賈連敏《新蔡葛陵楚墓出土竹簡釋文》196 頁，河南省文物考古研究所編著《新蔡葛陵楚墓》；此從沈培釋，見《〈上博六〉字詞淺釋〔七則〕》，簡帛網 2007 年 7 月 20 日），“鵙”用作人名。

覭

包山 170　　　包山 181

○何琳儀（1998）　　覭，从見，蜀聲。

　　包山簡覭，人名。

　　　　　　　　　　　　　《戰國古文字典》頁 377

睠

郭店・緇衣 16

○荊門市博物館（1998）　　睠，簡文从“視”，右旁同《鄂君啟節》“擔”字的右旁。“睠”即“瞻”之異體，从“視”與从“目”同。

　　　　　　　　　　　　　《郭店楚墓竹簡》頁 133

○**李守奎**（2003）　贍　賧　瞻字異體。

《楚文字編》頁 530

△**按**　賧（贍）爲"瞻"之異體，簡文"民具尔贍"即"民具尔瞻"。

㝵

郭店·老甲 9

○**荊門市博物館**（1998）　觏，从"遠"聲，讀作"渙"。

《郭店楚墓竹簡》頁 114

○**劉信芳**（1999）　字从袁聲，字形可參同出《五行》簡 22"遠"字。《漢書·劉向傳》："黜遠外戚。"師古注："遠謂疏而離之也。"

《荊門郭店竹簡老子解詁》頁 11

○**湯餘惠等**（2001）　㝵。

《戰國文字編》頁 597

○**廖名春**（2003）　"觏"字从"袁"得聲，當爲"遠"字之借。"遠、渙"古音同屬元部，一屬匣母，一屬曉母，同爲喉音；"渙"有散義，"遠"有離義。《廣韻·願韻》："遠，離也。"《論語·顏淵》："舜有天下，選於衆，舉皋陶，不仁者遠矣。湯有天下，選於衆，舉伊尹，不仁者遠矣。"皇侃《疏》引蔡謨曰："何謂不仁者遠？遠，去也。"是兩字義也相近。音義皆近，故可通用。故書當作"遠"，後人以音義相近之"渙"字取代，更晚者又用同義詞"散"代"渙"。

《郭店楚簡老子校釋》頁 92

△**按**　"㝵"當爲"賧"字繁文，疑是"遠"字異體。簡文"㝵乎其如釋"之"㝵"讀作對應於今本的"渙"。義爲散失。《易·説卦》："兑者，説也。説而後散之，故受之以《渙》。渙者，離也。物不可以終離，故受之以《節》。"《荀子·議兵篇》："是事小敵毳則偷可用也，事大敵堅則渙焉離耳。"《詩·周頌·訪落》："將予就之，繼猶判渙。"朱熹《詩集傳》："渙，散。"

觏

集成 2840 中山王鼎

○**朱德熙、裘錫圭**（1979）　（編按：中山王鼎）觏弃夫猪，疑當讀爲"睿恰博悟"。

《文物》1979-1，頁 49

○**李學勤、李零**（1979）　（編按：中山王鼎）第七行，睿和弇都有深的意思。

《考古學報》1979-2，頁 155

○**于豪亮**（1979）　（編按：中山王鼎）覩即叡字，《說文·叔部》："叡，深明也。"《廣雅·釋詁三》："叡，智也。"

《考古學報》1979-2，頁 172

○**張政烺**（1979）　（編按：中山王鼎）覩，從見，睿聲。古書皆以叡爲之。《說文》"叡，深明也。"《廣雅·釋詁》："叡，智也。"

《古文字研究》1，頁 222

○**趙誠**（1979）　（編按：中山王鼎）額即《說文》叡字，聖哲通明之義。

《古文字研究》1，頁 254

○**張克忠**（1979）　（編按：中山王鼎）"覩弇夫訶"，覩即睿字。《說文》："叡，深明也，通也，從叔從目從谷省。睿，古文叡。"從見，增成深明之義。弇即弇字，此鼎今字作含，念字作忿，復字作復，都從口；又戰國文字，常於口內加一點或一横，以此鼎爲例，告字作告，否字作否。《說文》："弇，蓋也，從廾從合。穽，古文弇。"《呂覽·仲冬》："處必弇。"注："深邃也。"夫，語助詞，訶，假借爲悟。此句意爲深明深悟。

《故宮博物院院刊》1979-1，頁 40

○**徐中舒、伍仕謙**（1979）　（編按：中山王鼎）"覩弇夫訶。"覩與睿同，智也。

《徐中舒歷史論文選輯》頁 1334，1998；原載《中國史研究》1979-4

○**商承祚**（1982）　（編按：中山王鼎）睿又作叡、𥈤，有通深明見義，故銘文從見作覩。弇即弇，義爲宏大弇深。

《古文字研究》7，頁 47

○**湯餘惠**（1993）　（編按：中山王鼎）叡弇，聰明而富有遠見。

《戰國銘文選》頁 33

○**何琳儀**（1998）　叡，從目從叡（𥈤）省，會眼睛深邃洞察一切之意。或據叡之古文睿，以爲睿從目從谷省，屵聲。睿、屵均屬月部，則睿爲屵之準聲首。茲仍從舊說，以叡爲聲首。《說文》："叡，深明也，通也。從叔從目從谷省。睿，古文叡。𡤥，籀文叡從土。"

覩，從見，睿聲。疑睿之繁文（目與見形義相關）。中山王鼎"覩弇"，讀"叡感"。李嶠《進山鵲表》："睿感潛通，禎符顯應。"疑源自中山王鼎。

《戰國古文字典》頁 930—931

覞

曾侯乙 53　　 曾侯乙 59　　 曾侯乙 67　　 曾侯乙 75　　 曾侯乙 115

○**李守奎**（2003）　　覞。

《楚文字編》頁 530

欽 鈙

集成 980 魚鼎匕　 包山 143　 包山 143　 上博二·子羔 12　 上博三·周易 26

上博六·競公 8　 上博三·周易 26　 上博三·周易 27　 上博三·周易 27

睡虎地·效律 11　 楚帛書　 郭店·尊德 2　 上博二·容成 37

上博五·季庚 19　 上博五·君子 6

○**睡簡整理小組**（1990）　（編按：效律 11）縣料而不備者，欽書其縣料殹（也）之數。

欽，讀爲咸。長沙馬王堆漢墓帛書《周易》“咸”卦均寫作“欽”。咸書，一律記明。

《睡虎地秦墓竹簡》頁 71

○**何琳儀**（1998）　《説文》：“欽，欠皃。从欠，金聲。”

魚顛匕“欽哉”，見《書·堯典》“帝曰欽哉”。《爾雅·釋詁》：“欽，敬也。”帛書欽，敬，見上。

《戰國古文字典》頁 1393

○**李守奎**（2003）　（編按：郭店·尊德 2）欽。

《楚文字編》頁 531

○**濮茅左**（2003）　“欽”，卦名，《周易》第三十一卦，艮下兌上，音與“咸”近，可通，借爲“感”，或讀爲“傷、緘”。阜陽漢簡《周易》作“咸”。（中略）此字馬王堆漢墓帛書《周易》作“欽”；今本《周易》作“咸”。

《上海博物館藏戰國楚竹書》（三）頁 172

○**濮茅左**（2005）　毋欽遠　“欽”，恭敬、謹慎。《尚書·胤征》：“欽承天子威名。”《尚書·舜典》：“帝曰：俞，往，欽哉！”“欽”或通“咸”。“咸”，和睦同心。

《左傳·僖公二十四年》:"昔周公弔二叔之不咸。"

《上海博物館藏戰國楚竹書》(五)頁 229

○ **濮茅左**(2007)　(編按:上博六·競公 8"嬰邦爲欽")"欽",《集韻》:"吟,或从音从言,亦作欽。"《戰國策·楚一》:"晝吟宵哭。"據文意"欽"似讀爲"斂"。"斂",斂民財,徵收賦稅。

《上海博物館藏戰國楚竹書》(六)182

△ **按**　簡帛"欽"或繁作"欽"。《競公瘧》篇 8 號簡"欽"字當讀作"禁",原簡文説:

> 詛爲無傷,祝亦無益。今薪蒸使虞守之;澤梁使斂守之;山林使衡守之。舉邦爲欽,約挾諸關,縛應諸市。

"欽"應該讀"禁","舉邦爲欽"就是舉邦爲禁,這跟上下文義切合。《晏子春秋·外篇第七·景公有疾梁丘據裔款請誅祝史晏子諫》講到景公聽從晏子勸諫而"毀關去禁"的事情:"公曰:'然則若之何?'對曰:'不可爲也。山林之木,衡鹿守之;澤之萑蒲,舟鮫守之;藪之薪蒸,虞候守之;海之鹽蜃,祈望守之……君若欲誅於祝史,脩德而後可。'公説,使有司寬政,毀關去禁,薄斂已責。"

所説"山林之木,衡鹿守之"等,即相當於簡文所説的"舉邦爲禁"。大概這種做法影響了百姓的生計,所以要"去禁"。而原來所設之禁或與管仲有關。《管子·地數》説:"桓公問於管子曰:'請問天財所出? 地利所在?'管子對曰:'山上有赭者,其下有鐵。上有鉛者,其下有銀。一曰上有鉛者,其下有鉒銀。上有丹沙者,其下有鉒金。上有慈石者,其下有銅金。此山之見榮者也。苟山之見榮者,謹封而爲禁,有動封山者,罪死而不赦。有犯令者,左足入,左足斷;右足入,右足斷,然則其與犯之遠矣。此天財地利之所在也。'"看來,景公的"舉邦爲禁"與管仲主張的"謹封而爲禁"一脈相承,只是有點過猶不及罷了。

上面是從文義來説的。從字音來説,"欽"讀爲"禁"完全没有問題。李家浩先生在討論包山簡的"鈦"字時説:

> "鈦"字應當分析爲从"木"从"金"聲,古代"金、禁"都是見母侵部字,音近可通。《説文》手部"捡"字重文作"撍",《玉篇》衣部"裣"字重文作"襟"。此是諧聲字的例子。《戰國策·趙策一》第九章:"韓乃西師以禁秦國。"馬王堆漢墓帛書《戰國縱橫家書》第二一章與此句相當的文字"禁"作"唫"。此是異文的例子。疑簡文"鈦"應當讀爲"禁"。

因此,簡文从"金"得聲的"欽"自可讀作"禁"。

楚帛書乙篇 11 行"山川漍浴(穀),不欽□行",此"欽"亦可讀爲"禁"。《韓非子・詭使》:"夫卑名危位者,必下之不從法令,有二心無私學,反逆世者也,而不禁其行,不破其群,以散其黨,又從而尊之,用事者過矣。"帛書"不禁□行"與"不禁其行"相當。至於郭店楚墓竹簡《尊德義》2 號簡"正欽,所以㲋"之"欽"是否也可以讀作"禁"有待進一步研究。

又《容成氏》簡 37"伊尹既已受命,乃執兵欽暴",沈培也認爲應讀作"禁",甚是。從楚地出土簡帛常用"欽"爲"禁"的情況來看,這可能是楚人的一個用字習慣。可參看楊澤生《〈上博六〉字詞零釋》(472—473 頁,《古文字研究》27 輯,中華書局 2008 年)。

欨 𣤆

　包山 85　　　璽彙 2744

○**何琳儀**(1998)　《說文》:"欨,吹也。一曰,笑意。从欠,句聲。"
　　戰國文字欨,人名。

　　　　　　　　　　　　　　　　　　　　　　《戰國古文字典》頁 341

○**吳振武**(1983)　(編按:璽彙 2744)章欨・章欨。

　　　　　　　　　　　　　　　　　　　《古文字學論集》(初編)頁 509

○**李守奎**(2003)　欨　欨。

　　　　　　　　　　　　　　　　　　　　　　　《楚文字編》頁 531

歇 𣤴

歇　秦文字集證 212・189　　璽彙 1883　　璽彙 1884　　璽彙 1900

○**羅福頤等**(1981)　汗簡碣作𥈪,渴作𥏼,所從偏旁形近,是知此是歇字。

　　　　　　　　　　　　　　　　　　　　　　　《古璽文編》頁 222

○**何琳儀**(1998)　《說文》:"歇,息也。一曰,气越泄。从欠,曷聲。"
　　晉璽歇,人名。

　　　　　　　　　　　　　　　　　　　　　　《戰國古文字典》頁 901

歡 歡

歡 璽彙 2467

○**羅福頤等**（1981）　歡。

《古璽文編》頁 222

○**何琳儀**（1998）　《説文》：“歡，喜樂也。从欠，雚聲。”

晉璽歡，人名。

《戰國古文字典》頁 222

欣 欣

欣 文博 1998-1，頁 43　　欣 陶彙 5·89　　陵 故宮 421　　欣 新收 815 高陵君鼎

欣 珍秦 84

○**高明、葛英會**（1991）　欣。

《古陶文字徵》頁 134

○**吳鎮烽**（1993）　第十三字原篆作“欣”，似从人从只，暫隸定爲“伿”，是爲
工匠之名。

《第二屆國際中國古文字學研討會論文集》頁 239

○**何琳儀**（1998）　《説文》：“欣，笑喜也。从欠，斤聲。”

秦陶欣，人名。

《戰國古文字典》頁 1316

△**按**　關於高陵君鼎工名“欣”字郭永秉《商周金文所見人名補釋五則》（古
文字網 2009 年 4 月 2 日）論之甚詳。郭文説：

　　吳鎮烽先生《高陵君鼎考》發表了一件秦昭王十五年（公元前 292 年）
高陵君鼎（《第二屆國際中國古文字學研討會論文集》第 236 頁），釋文將此
器工名釋爲“伿”（參看《金文人名彙編》[修訂本]第 150 頁）。張懋鎔先生
等隸定爲“欣”（張懋鎔、肖琦《秦昭王十五年高陵君鼎考論》，《考古》1993
年 3 期第 269 頁）。《新收》和王輝先生等闕釋此字（鍾柏生、陳昭容、黄銘
崇、袁國華《新收殷周青銅器銘文暨器影彙編》，第 599 頁；王輝、程學華《秦

文字集證》第 41 頁，藝文印書館 1999 年）。我們把《商周金文資料通鑑》课題組《商周金文資料通鑑》2154 號所收銘文的照片、拓本附於下方：

從拓片和照片都可以清晰看出，工名應釋爲"欣"，其所從"斤"旁和"欠"旁粘連在一起，所以右側看起來有點像"只"（秦文字常常把位於字形右半的"欠"旁和左半的字形粘連在一起，因此有時不易辨認，如睡虎地秦簡《日書》甲種 157 背 字，過去誤釋爲"兇"，實應釋爲"次"，鼎銘"欣"字的"欠"旁與此寫法類似）。此字所從"斤"旁上端不作折筆的特徵，是頗爲典型的隸書寫法（參看許雄志《秦印文字彙編》，河南美術出版社 2001 年，第 169 頁"王欣"之"欣"，第 268 頁"新城義渠"、"新城邦"之"新"）。秦人喜以"欣"爲名（《秦印文字彙編》"欣"字下所收有"任欣、臣欣（2 例）、王欣、秦欣、司馬欣、執欣、史欣"等）。吳鎮烽先生指出高陵君鼎的"伿"（即我們所說的"欣"）是秦人（《金文人名彙編》[修訂本]第 6 頁），看來是可信的。

款　款

十鐘

○何琳儀（1998）　款，从柰从欠，會卜問吉凶意有所欲之意。欠亦聲。款、欠均屬溪紐，款爲欠之準聲首。《説文》："款，意有所欲也。从欠。宷省。款，款或从柰。"

秦璽款，人名。

《戰國古文字典》頁 1010

欲　欲　欲

欲 睡虎地·秦律 48　　欲 睡虎地·秦律 31　　欲 睡虎地·答問 30

欲 睡虎地·秦律 30　　欲 睡虎地·日乙 176　　欲 上博二·魯邦 5　　欲 詛楚文

欲 九店 56·43　　欲 天星觀　　欲 天星觀　　欲 信陽 1·26　　欲 郭店·老甲 2

欲 郭店·老甲 5　　欲 郭店·老丙 13　　欲 郭店·老丙 13　　欲 上博二·容成 17

上博五・爲禮 3　　上博四・曹沫 13　　璽彙 3098

上博三・互先 5

○**羅福頤等**(1981)　欲。

《古璽文編》頁 222

○**何琳儀**(1998)　《説文》:"欲,貪欲也。从欠,谷聲。"

晉璽欲,姓氏。見《姓苑》。

楚簡欲,願。

詛楚文欲,將。

《戰國古文字典》頁 346

○**李家浩**(2000)　"欲"字原文作𣪊,从"次"从"谷"。古文字"次、欠"二字形近,作爲偏旁往往混用(參看李家浩《楚國官印考釋》[四篇],《江漢考古》1984 年 2 期 44 頁)。此字當是"欲"的異體。

《九店楚簡》頁 106

○**李守奎**(2003)　欲　欲。

《楚文字編》頁 531

○**李零**(2003)　返(復)亓所慾(欲)。

《上海博物館藏戰國楚竹書》(三)頁 292

歌 歌　訶 謌

睡虎地・日乙 132　　睡虎地・日甲 32 正　　睡虎地・日甲 155 背

新收 508 伵子受鐘　　上博一・詩論 2　　上博一・性情 14　　上博五・弟子 20

璽彙 2741　　新收 482 𩵦鐘

○**何琳儀**(1998)　《説文》:"歌,詠也。从欠,哥聲。"

朝歌鼎"朝歌",地名。

《戰國古文字典》頁 855

○**馬承源**(2001)　(編按:詩論 2)訶,通作"歌"。《詩・國風・魏風・園有桃》:"心之憂矣,我歌且謡。"毛亨傳云:"曲合樂曰歌,徒歌曰謡。"

（編按:詩論16）訶,讀爲"歌",大約是就此篇詩的歌曲而言。

《上海博物館藏戰國楚竹書》（一）頁 128、146

○濮茅左（2001）　訶,用作"歌",金文。《餘義鍾》"飲釲訶舞" 即"飲釲歌舞",《蔡侯鍾》"自作訶鍾" 即"自作歌鍾",《朝訶右庫戈》"朝訶" 即"朝歌"。

《上海博物館藏戰國楚竹書》（一）頁 240

○李守奎（2003）　歌　謌　《説文》或體。省形。

《楚文字編》頁 531

○張光裕（2005）　"訶" 即"歌"字,金文中屢見。

《上海博物館藏戰國楚竹書》（五）頁 279

○李零（2005）　（編按:三德1）明毋訶（歌）。

（編按:三德12）丘毋訶（歌）。

《上海博物館藏戰國楚竹書》（五）頁 288、296

△按　"謌" 爲"歌"字異體,又或作"訶",參看卷三言部"訶"字條。

歍

集成 11331 二十二年臨汾守戈　　集粹　　故宫 460

○江西省博物館、遂川縣文化館（1978）　"工"字後面的"歍"當是人名,是此戈的真正鑄造者。把"造"字刻在直接生産者後面,這在秦器銘例中也是不多見的。

《考古》1978-1,頁 66

○何琳儀（1998）　《説文》:"歍,心有所惡若吐也。从欠,烏聲。一曰,口相就。"
　秦器歍,人名。

《戰國古文字典》頁 440

㰟

睡虎地·日甲 56 背壹

○睡簡整理小組（1990）　㰟,《廣雅·釋詁一》:"欲也。"

《睡虎地秦墓竹簡》頁 217

○劉樂賢（1994）　㰟,《廣雅·釋詁一》:"欲也。"按:鄭剛云:"㰟鬼疑即飲鬼,其意不明。"我們注意到上段有陽鬼,則此段理應接着講陰鬼。欤从今得聲,陰从侌得聲,而侌乃霒的古文,《説文》:"霒,雲覆日也,从雲,今聲。"然則欤、陰皆从今得聲,故欤可通陰。

《睡虎地秦簡日書研究》頁 239

歊　歊

印典

○湯餘惠等(2001)　歊。

《戰國文字編》頁 599

歖　歖

集粹　　吉大 154　　郭店·唐虞 3　　郭店·唐虞 15　　郭店·唐虞 22

○荆門市博物館(1998)　歖(嬉)。

《郭店楚墓竹簡》頁 157—158

○裘錫圭(1998)　"歖"當讀爲"矣",下同。

《郭店楚墓竹簡》頁 159

○何琳儀(1998)　歖,从欠,喜聲。喜之繁文。與喜之古文吻合。
　　秦璽歖,人名。

《戰國古文字典》頁 3

○李守奎(2003)　歖　歖,《説文》喜之古文。

《楚文字編》頁 531—532

歐　歐

十鐘　　陶彙 5·179　　秦陶 1017　　璽彙 1132　　璽彙 3148

○羅福頤等(1981)　歐。

《古璽文編》頁 223

○高明、葛英會(1991)　歐。

《古陶文字徵》頁 135

○**何琳儀**(1998)　《説文》:"歐,吐也。从欠,區聲。"

晉璽歐,人名。

《戰國古文字典》頁 349—350

○**湯餘惠等**(2001)　歐。

《戰國文字編》頁 599

△**按**　《璽彙》1132"高歐"、3148"复歐"和《陶彙》5・179"□東□歐"、《秦陶》1017"都歐"之"歐"皆用作人名。

歇

湖南 83　　集粹　　陶彙 5・384

○**高明、葛英會**(1991)　歇。

《古陶文字徵》頁 135

○**何琳儀**(1998)　《説文》:"歇,盛气怒也。从欠,蜀聲。"

秦陶歇,秦相壽燭。見《史記・穰侯傳》昭王五十五年。

《戰國古文字典》頁 377

歉

集成 10372 商鞅量　　秦陶 1593　　陶彙 5・398

○**高明、葛英會**(1991)　歉。

《古陶文字徵》頁 135

○**湯餘惠**(1993)　歉,通嫌;不壹嫌疑者,指未經校驗不合標準的度量衡器。

《戰國銘文選》頁 26

○**何琳儀**(1998)　《説文》:"歉,歉食不滿。从欠,兼聲。"

商鞅方升"歉疑",讀嫌疑。《禮記・曲禮》上:"夫禮者所以定親疏,決嫌疑,別同異,明是非也。"

《戰國古文字典》頁 1445

○**吳振武、于闐儀、劉爽**(2004)　五、秦代陶文(5 件)

(17)廿六年皇帝盡(室藏編號:1-535.1)

(18)帝盡并兼天下諸侯(室藏編號:1-535.2)

（19）天下諸侯黔首大安立號□皇（室藏編號：1-533）

（20）諸侯黔首大安立（室藏編號：1-532）

（21）壹歉疑者皆明壹之（室藏編號：1-534）

　　這五片都是泥質灰陶，並且都是陶量之殘片。（17）（18）（20）（21）號殘片是陶量之口部連腹部；（19）是陶量之口部連底部。其中（17）與（18）原係一片之折，折斷處恰巧在“帝盡”二字中閒，“帝盡”二字由此一分爲二。這五片陶文的内容爲秦始皇二十六年詔書，且皆爲四字印聯戳式（陰文）。舊均未見著録，同文者見《陶彙》5.386—5.392、5.394、5.395、5.399、5.400 等（均爲四字印聯戳式，陰文）。詔書的全文是：“廿六年皇帝盡并兼天下諸侯，黔首大安，立號爲皇帝。乃詔丞相狀、綰，法度量則，不壹歉疑者，皆明壹之。”共 40字。本室所藏，去其重複，得 26 字，缺“爲皇（此字尚存一半）帝乃詔丞相狀綰法度量則不”一段，計 14 字。此詔乃秦始皇二十六年（公元前 221 年），秦統一中國後爲統一全國度量衡而發布的，故傳世及出土的秦代量器和衡器上，常見此詔書。從陶量用 10 枚四字印聯戳成文看，中國人能率先發明活字印刷術，恐怕不是偶然的。

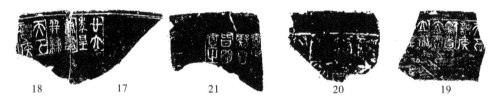

　　18　　　　17　　　　　21　　　　　　　　20　　　　　　19

《史學集刊》2004-4，頁 97

【歉疑】

○王輝（1990）　“歉疑”的“歉”字，今所見傳世拓本皆作“歉”，陝西省博物館收藏的一件陶權詔版（1958 年徵集）省作“兼”，宋人所見詔版拓本作“嗛”，今已不復得見；王利器所藏詔版作“嗛”亦無由得見，所以我們無法判斷歉、嗛何者爲正字。今所見秦以前文字無嗛字，漢印始有嗛字（《漢印文字徵》補遺 12・5 有王嗛印），但亦未見嗛疑解。至後世嗛疑字始作慊作嫌。《説文》：“慊，疑也。”“嫌，不平於心也，一曰疑也。”段注：“不平於心爲嫌之正義，則嫌字作慊爲正，今則嫌行而慊廢，且用慊爲歉，非是。”嗛疑，即有疑問，“不壹”則是明確知道其不符合標準，這兩種情況都是需要加以糾正的。

《秦銅器銘文編年集釋》頁 112

欬 㱾

㱾 珍秦 91　　㱾 珍秦 104　　㱾 珍秦 147　　㱾 十鐘　　㱾 陶彙 5·203

㱾 陶彙 5·218　　㱾 陶彙 5·219　　㱾 秦陶 296

○ **高明、葛英會**(1991)　　欬。

《古陶文字徵》頁 134

○ **何琳儀**(1998)　　《説文》："欬,屰气也。从欠,亥聲。"

秦器欬,人名。

《戰國古文字典》頁 7

○ **湯餘惠等**(2001)　　欬。

《戰國文字編》頁 600

歆 歆

歆 珍秦 111

○ **湯餘惠等**(2001)　　歆。

《戰國文字編》頁 600

次 㳄

㳄 集成 10386 王子嬰次爐　　㳄 睡虎地·封診 49　　㳄 睡虎地·答問 57

㳄 睡虎地·語書 8

㳄 鐵雲

○ **睡簡整理小組**(1990)　　(編按:語書 8)以次傳,指本文書在郡中各縣、道依次傳送。漢簡多云"以次傳",見《流沙墜簡》烽燧類。

《睡虎地秦墓竹簡》頁 15

○**張守中**（1994）　次。

《睡虎地秦簡文字編》頁 140

○**何琳儀**（1998）　次，春秋金文作𣎆（王子嬰次鏞）。从欠从二，會欠缺次等之意。二亦聲。戰國文字承襲春秋金文。楚系文字欠字或作𣎆形，與次同形，則屬繁化。次在偏旁中或省＝作欠形，與欠或作次形，交相繁省，惟據偏旁組合關係、相關辭例予以區別。參欠聲首諸字。《說文》：“𣎆，不前不精也。从欠，二聲。𣎆，古文次。”

《戰國古文字典》頁 1255

○**湯餘惠等**（2001）　次。

《戰國文字編》頁 600

歍　𣉻

𣉻集成 980 魚鼎匕

○**容庚等**（1985）　歍　《說文》所無。

《金文編》頁 623

○**何琳儀**（1998）　歍，从欠，庚聲。疑歉之省文。《說文》：“歉，飢虛也。从欠，康聲。”

　　魚顛匕歍，讀羹。《爾雅·釋艸》“蕧盜庚”，釋文庚亦作羹。是其佐證。

《戰國古文字典》頁 641

○**湯餘惠等**（2001）　歍。

《戰國文字編》頁 602

欺　𣉻

𣉻璽彙 2526　　𣉻珍秦 80　　𣉻十鐘

○**羅福頤等**（1981）　（編按：璽彙 2526）欺。

《古璽文編》頁 223

○**何琳儀**（1998）　《說文》：“欺，詐欺也。从欠，其聲。”

　　秦璽欺，人名。

《戰國古文字典》頁 27

○湯餘惠等（2001）　欺。

《戰國文字編》頁 600

㹥

集成 11207 王子㹥戈

○張頜（1962）　但最有可能的莫過於吳王僚。《左傳·昭公二十年》"員如吳，言伐楚之利於州于"，杜預注："州于，吳子僚。"州于的"于"字與"王子于戈"上的"于"字形音皆同。所以"王子于之用戈"，當即吳王僚爲王子時之器。至於"州于"本爲兩個字，而戈上只稱"于"，這種例子在有關資料上是屢見不鮮的。如銅器"陳賊敫"稱陳敬仲爲"陳仲"，《史記·吳太伯世家》説：太伯十五世爲"轉"，索隱引譙周《古史考》作"柯轉"，《楚辭·天問》稱吳王壽夢爲"夢"。因之"州于"單稱爲"于"是完全可能的。

《文物》1962-4、5，頁 36

○曹錦炎（1989）　此戈背銘一字不識。銘稱"王子"，其父必曾爲王。張頜指出，此戈"之"字寫法與"吳季子之子劍"的"之"字完全一致，背面一字與"攻敔王光戈"背面之字爲同一字。因此"王子于戈"可能是吳國器。由於吳王僚的名字或作"州于"，而州于的于字與王子于戈的于字形音皆同；戈銘自稱"州于"爲"于"，這種例子在有關資料上是屢見不鮮的。所以，"王子于之戈當即吳王僚爲王子時之器"（《萬榮出土錯金鳥書戈銘文考釋》，《文物》1962 年 4、5 期）。按見於此戈的之字構形並不限於吳器，如"宋公繺戈"及"繁湯之劍"的之字均如是作，不能光憑此點就遽然定爲吳劍。但此戈背面一字與"攻敔王光戈"背面字同，爲一正一反，這是值得重視的，目前還没見諸它器。張頜以此戈屬吳王僚未即位時所作，大致可信。

　　《左傳》昭公二十年"員如吳，言伐楚之利於州于"，杜注："州于，吳子僚。"僚之世系有兩説，《史記》及《吳越春秋》以僚爲餘昧子；《公羊傳》則以爲是壽夢庶子。商承祚曾據《公羊傳》爲説，以僚爲"壽夢長庶，季札之兄，光之叔父"（《"王子㹥戈"考及其它》，《學術研究》1962 年 3 期）。按《公羊傳》所言，見昭公二十九年季札所言，並無他證，不足爲據。《史記·吳太伯世家》："四年，王餘昧卒，欲傳弟季札。季札讓，逃去。於是吳人曰：先王有命，兄卒弟代立，必致季子。季子今逃位,則王餘眛後立。今卒,其子當代。乃立王餘眛之子僚爲王。"（**編按:**此段見《孟子注疏》。今《史記·吳太伯世家》作"四年,王餘眛卒,乃立王餘眛之子僚爲王"）《吳越春秋·吳王壽夢傳》:"餘眛立,四年卒。欲授位季札,季札讓逃去……吳人立餘眛子州于,號爲吳王僚也。"兩説相同,當以此爲是。

《古文字研究》17,頁 74

○**董楚平**(1994)　　認爲"王子扐"爲王僚的根據,是人名的字面聲韻近同。吳王僚又名州于,張頷先生説"扐"是"州于"的省文,商承祚先生説"扐"是"州于"的合音。二説皆可通。相比之下,商説較長。因爲吳越口語流行多音節的越族粘著語,書寫時用中原單音節的華夏文字,往往將前者進行拼寫,後者即爲前者的合音。例如"諸樊"是"始發晉反"的合音。

　　考證器主,應從多方面入手。人名的字面聲韻近同是重要根據,卻不是唯一根據。如果僅從人名的字面聲韻考慮,"州于"也不是唯一的人選。餘祭、餘眛、勾餘、掩餘、蓋餘等,都是吳國"王子",名字中都有一個"餘"字,與"扐"古同魚部,都有資格作"王子扐"的候選人,我們未可獨鍾於"州于"一人。勾餘的勾,古屬侯部。侯魚是鄰韻,可以相通。"吳"爲"勾吳"合音,即其證。如果説"扐"是"勾餘"的合音,不但音理完全可通,且有吳即勾吳的顯例作證。這比"扐"即"州于"似乎更加有力。此外,"扐"是"夫差"的更爲直接的合音,詳見下文。

　　可見,僅以人名聲韻來推斷器主爲王僚,是很不可靠的。下面試從工藝水平、字體特點、人名聲韻、名字禮俗四個方面來考證"王子扐"即爲夫差。

　　(一)吳國國力到闔閭時期才達到鼎盛,吳國兵器鑄造水平也是在闔閭——夫差時期才臻成熟。現在可以確認的吳國具銘兵器,屬於王僚以前漫長歲月的,只有寥寥幾件:壽夢戈,工𤩲太子姑發劍,工盧王(諸樊)劍等。壽夢與諸樊都是吳王中的煊赫人物,他們這幾件具銘兵器工藝水平都不高。其他諸王,尤其是他們的兒子,特別是非爲太子的一般"王子",其兵器的工藝水平也就可想而知了。《越絕書》等文獻,記載吳國鑄劍的神話故事,未有早過闔閭時代。傳説中的干將、莫邪、歐冶子等名匠,都是闔閭、夫差時人。吳國現有具銘兵器,絕大部分集中於這短暫的 42 年之間。根據吳國的國力和兵器發展過程,根據《王子扐戈》卓越的工藝水平以及器主的"王子"身份,《王子扐戈》作於闔閭、夫差時代的可能性較大。如果作於闔廬時期,也應該是它的後期。

　　(二)戈銘的"扐"究竟是闔閭的"王子"還是夫差的"王子"呢? 答曰:闔閭的王子。這可以從字體特點、戈銘符號方面找到證據。此戈的字體很有特點，整體構形皆修長，筆畫多曲線，肥瘦互變，有飄逸婀娜之感。雖與"宋公䜌戈、繁湯之劍、從金劍"等極少數淮河流域的非吳兵器字體有相似之處，然最爲相似的莫過於"吳季子之子逞之劍"以及其他幾件闔廬時代的兵器。"王子孜戈"的"用"字寫法很特殊，與它最爲相似的是"吳季子之子逞之劍"，其次是"吳王光趄戈"。"王子孜戈"的"王"字與"吳季子之子逞之劍"的"季"字布局相同，都在字的頂部與兩旁布置兩個鳥形，而且鳥形本身也很相似，這種布局與鳥形爲別處所罕見。尤其是"王子孜戈"背面胡上一字，與"攻歑王光戈"背面胡上一字相同，僅裝飾部分左右互換。此字爲別處所未見。商承祚先生推測它是匠師名字，甚有道理。而且，"王子孜戈"與"攻歑王光戈"的形制也完全相同。根據上述對比分析，"王子孜戈"與"攻歑王光戈、吳季子之子逞之劍、吳王光趄戈"，都可能是同一個匠師所作，至少是同一個時期的同一個工廠所作。"攻歑王光戈"與"吳王光趄戈"作於闔閭稱"王"期間（公元前514—前496年），"王子孜戈"與"吳季子之子逞之劍"當也作於這段時間。吳王光是壽夢的長子，吳季子之子逞是壽夢的季孫。前者年齡應大於後者，後者成年作劍的時間應在前者稱王以後。字體與"吳季子之子逞之劍"似出一人之手的"王子孜戈"，也應作於闔閭稱王時代。

（三）孜是闔閭的哪一位兒子呢？有關闔閭兒子名字，見諸史書者有四：1.子山；2.終纍；3.波；4.夫差。前面三個名字都與"孜"字的音韻無關，只有"夫差"與"孜"有關。

"孜"古"吁"字，商承祚先生已作了很好的論證。此字與"夫"上古音皆在魚部。"差"在歌部。歌魚古爲鄰韻，通轉之例甚多，不煩徵引。因此，從音理上說，"孜"可爲"夫差"的合音。再看音例。《周禮·春官宗伯·女巫》疏引鄭答林頓難曰："董仲舒曰：雩，求雨之術，呼嗟之歌。"《禮記·月令》"大雩帝"，鄭玄注曰："雩，吁嗟求雨之祭也。"雩與吁古音相同，皆屬曉母魚部。它是雨祭名，因求雨時的"呼嗟"聲而得名，屬形聲字。是知雩（吁）是"呼嗟"的合音。"夫差"音同"呼嗟"。然則"夫差"快讀即爲"孜"。這是孜爲夫差合音的音例。而説孜爲"州于"合音的例證，商承祚與張頷先生皆未舉出，我也想不出它的音例。這樣，不論就言（編按：當作"音"）理而言，還是就音例而言，説"孜"是"夫差"的合音，都比説孜是"州于"的合音，理由更爲充分。

（四）"孜"與"夫差"之間存在名、字相配關係。周禮規定，貴族生即取名，成年取字。名與字在意義上有聯繫，或同義或反義。吳國也有此俗，例如闔閭者，指黄昏以後關閉里門。猶楚公子啟，字子閭（《左傳·哀公六年》）。

王引之引《説文》曰：“閶，里門也。名啟字閶，取啟門之義。”(《經義述問》卷二三)闔閭或作闔廬，爲黃昏後關閉家門，義也與“光”反。《吳太伯世家》寫闔閭稱王以前皆稱“光”，即位以後稱“闔閭”。光當是本名，闔閭是後取的字。他身邊的大臣如伍員，字子胥(《左傳・昭公二十年》注)；伯嚭，字子餘(《左傳・哀公八年》)。他們都是楚人，把華夏禮俗帶到吳國。《史記・仲尼弟子列傳》記載，孔子弟子中，有一個“吳人言偃，字子游”。《索隱》：“今吳郡有言偃冢。”根據這些情況，闔閭的兒子也應該有字。但是，史學界迄今尚不知闔閭的兒子名何字啥。下面試想在文獻與金文中作一番考稽鉤沈的工作。(中略)

　　上引《左傳》“子山”，是闔閭另一個兒子的字，本名無可考。周禮規定，貴族男子之字，全稱有三個字，第一個字是長幼行輩的稱呼，如伯、仲、叔、季之類；第二個字和“名”的字義有聯繫；第三個字都用“父”。“父”是男子的意思，常音假爲“甫”。春秋時期，第三個字一般皆省略，第一個字常換作“子”。古籍中春秋人物稱“子某”者常是字，不是名。《史記・仲尼弟子傳》七十七名弟子的字，絶大多數稱“子弟”。如子貢、子路、子夏、子游等。《左傳・成公十五年》宋人蕩澤，字子山。闔閭兒子中有稱“子山”者，説明闔閭曾給兒子取字。“夫差”也是字，不是本名。因爲吳人有字曰“夫某”的例證，如《史記・鄒陽列傳》“故吳人莊忌夫子”，《索隱》：“忌，會稽人，姓莊氏，字夫子。”“子”讀作“慈”。全文無慈字，以“子”或“字”字爲慈。如《多父盤》的“孝子”即“孝慈”；《儔兒鐘》的“字父”即“慈父”。“忌”字有怨、惡、恨等義，與“慈”反義。夫差是字，玖是本名，兩者也有語義聯繫。上面説過，“玖”即“吁”字，“夫差”是“呼嗟”的音假。古人取字常用音假法。如曾參，字子輿。參讀爲驂。“名驂，字子輿者，駕馬所以引車也”(王引之《經義述聞》卷二三)。再如《仲尼弟子傳》中的鄭國，字子徒，徒讀爲都，謂國都也。《左傳》襄公二十六年的孫襄，字伯國，襄讀爲壤，謂國土。玖(吁)與“呼嗟”(夫差)皆爲呼號的意思。

《國際百越文化研究》頁 235—237、241—242

○**湯餘惠等**(2001)　玖。

《戰國文字編》頁 600

玖

 包山 183

○劉彬徽、彭浩、胡雅麗、劉祖信（1991）　氒。

○何琳儀（1996）　[字]（包山簡 183），原釋氒。今改釋扻，讀次，姓氏。《路史》：“楚公族有次氏。”

欶

[字] 石鼓文・鑾車

○強運開（1935）　[字]　薛尚功、趙古則均作敕，楊升庵作速，潘云即策字，或音速，吳東發以爲欶字，張德容云，《説文》：“敕，擊馬也。”左旁作束，“欶，吮也”。左旁作束，不但訓不可通，形亦迥異，且右旁並非从欠，吳氏誤也。運開按，諸家所釋均誤。石本右旁作[字]，古欠字實係如此，此篆作[字]，中有二小横，與重文之在右側下方者不同，當是左从束，右从次，然欶字字書亦無所考。羅振玉云，此殆師所止爲次之次，商人卜辭作[字][字][字]，从自，束聲，兮甲般作[字]，南宫中鼎作[字]，與卜文同，鼓文从束从次，殆由[字]而變。竊謂《説文》有趀字，倉卒也。錢大昕云，《易》夬卦九四：“其行次且。”鄭作趀，《論語》“造次必於是”，馬云“急遽也”，鄭云“倉卒也”，然則“次”者，趀之叚借字。《説文》次字訓爲“不前不精”，初無急遽意，蓋造次之次即欶之婚文，欶乃趀之籀文耳。今北人土語謂“倏忽不見”爲“忽刺不見”，疑莽欶即忽刺之本文也。

○湯餘惠等（2001）　欶。

欸

[字] 秦代印風 47

○湯餘惠等（2001）　欸。

欿

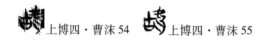
上博三·周易 14　　　　上博三·周易 55

○濮茅左(2003)　"欿",音通"盍"。"盍",《爾雅注疏》邢昺疏:"盍者,衆合也。"

　　　　　　　　　　　　　　　　　《上海博物館藏戰國楚竹書》(三)頁 157

故欠

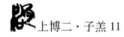
上博四·曹沫 54　　　　上博四·曹沫 55

△按　曹沫簡 54"返(復)故戰(戰)又(有)道虜"和簡 55"此返(復)故戰(戰)之道","故"字待考,但可讀爲"苦","故(苦)戰"在簡文中與"甘戰"相對而言。

軟欠

上博二·子羔 11

○馬承源(2002)　"軟",從申從欠,《説文》所無,讀作"吞"。《戰國策·趙策一》"欲亡韓吞兩周之地",《馬王堆漢墓帛書》"吞"作"呻",從口,申聲。簡文作"軟",皆從申聲。

　　　　　　　　　　　　　　　　　《上海博物館藏戰國楚竹書》(二)頁 196

○季旭昇(2003)　軟:原考釋以爲從欠,申聲,讀"吞"。

　　　　　　　　　　　　　《〈上海博物館藏戰國楚竹書(二)〉讀本》頁 38

欸

曾侯乙 137

○李守奎(1998)　③　曾侯乙 137

　　③形《曾侯乙墓竹簡釋文與考釋》釋爲"歕",似有未安。"歕"字見於包山楚簡,作(包山 162),也見於侯馬盟書,作、等形,均與此形不類。而

且"紫歟之縢"不易讀通。

　　曾侯乙墓竹簡所載馬甲之縢,除此"紫𣤪之縢"外,還有"紫組之縢、黃紡之縢、紫纚之縢、玄巿之縢"等等,"縢"前的修飾語均是指製作此"縢"的紡織品名稱及其顏色。"紫𣤪"也當是紫色的某種紡織品。"𣤪"字當是從欠疋聲,字可隸作"歟",讀仰天湖簡"綖衣"之"綖"是很暢順的。漢字形聲字雖然以左形右聲爲主,但有些形旁卻慣於居右,"欠"旁即是其例。

《簡帛研究》3,頁 24

歂

包山 189　　 楚帛書　　 包山 184　　 包山 186　　 包山 189

包山 189　　 集成 11621 越王句踐劍

○饒宗頤(1968)　歂字從欠,臿聲,或釋妸,細察之,字非從女,乃從𠂔,即欠字,故應釋歂。爲五月月名,《爾雅》作皋,釋文作高,而繒書作歂。歂從欠臿聲,實即臿字。《說文・口部》:"臿,高氣也,從口九聲,巨鳩切。"繒書益欠旁,欠亦氣也。臿與高皋並音同通假。依月令仲夏之月,其神祝融,則歂月所代表之神,應是祝融。(中略)《山海經・中山經》,苦山、少室、太室一系列之山,其神狀皆人面而三首。《周語》言:"夏之興也,融降於崇山。"融即祝融,其神話流傳區域,本在河南一帶;故降於崇山,與太室、少室正相通。是知三首之神,即爲祝融。《鄭語》:"夫黎爲高辛氏火正,以淳燿惇大,天明地德,光昭四海,故命之曰融。"韋注:"祝,始也;融,明也。"今繒書言"歂出睹",睹字從日從者,即睹字。《說文》:"睹,旦明也。"睹即曙字,睹亦取昭明之義。

《史語所集刊》40 上,頁 24

○饒宗頤(1985)　五月　歂

《爾雅・釋天》:"五月爲皋。"敦煌唐寫本《月令》亦作皋。《周禮》賈疏同作皋。《釋文》或作高。東漢注家所見本,字又寫作睾。《玉燭寶典》卷五云:

　　《爾雅》五月爲睾。李巡曰:"五月萬物盛壯,故曰睾,大也。"

又引魏孫炎曰:

　　睾,物長之貌(尊經閣文庫藏抄本)。

兩家遺說,爲向來所未徵引,斷璣碎璧,十分可貴。李巡,汝南人。事迹見《後漢書·宦者傳》。熹平石經之刻,彼實發其端。《經典釋文》稱:"劉歆注《爾雅》三卷,與李巡注正同。"則劉歆注本亦必相同。孫炎則受學鄭玄之門(見《魏志·王肅傳》),鄭説諒其所本。

皋字作睾。史游《急就篇》"皋陶",皋作𦍋,又《急就》"呼獂"之偏旁亦作𦍋,上半作血。《詩》:"鶴鳴於九皋。"晉《爨寶子碑》作九睾,《千字文》"林皋幸即",貞觀時蔣善進臨智永書《千文》(編按:"千文"當作"千字文")寫作睾。舊抄本《玉燭寶典》皋月正作睾,是也。日本新美寬編《輯佚資料集成》於李巡、孫炎二家注輯本引《玉燭》均作"睪",上無一撇,誤(京大印本頁 59 與 66)。《説文》分睪與皋爲二字,睪訓目視,羊益切。與皋實非一字。按皋字《説文》大徐本作皋。《大唐刊謬補闕切韻》卅五豪,臯聲旁字形殊不一致,如"嶩"偏旁是。《廣韻·六豪》"李"字下一作㚜。皋字不見於金文他器,而俗寫頗繁。東漢馬援上書論:"成皋令印,皋字爲白下羊,丞印四下羊、尉印白下人、人下羊。"(《後漢書·馬援傳》注引《東觀記》)漢《韓勑禮器碑陰》"成皋"作成睾(《隸釋》二);《范鎮碑》作睪,下正从羊。古璽有睪字,而無皋,人名"睪之"即"釋之",與皋字異。而不見馬援所舉之白下羊。惟《孔霄碑》皋作皋。《古文四聲韻·七豪》引《古尚書》皋字作𦥞。抄本《玉燭寶典》卷四諸澤皆作潠。以上諸例均从白,可證馬説。惠棟《後漢書補注》:"熊朋來《鐘鼎大韻序》云:'皋以諧聲,丰字非羊也。'"郭忠恕《佩觿》引注云:"丰,工九反。"宋本《後漢書》亦省作丰者。可見此字自來異寫之多。今按熊序寫於元延祐元年,實爲序楊鉤之《增廣鐘鼎篆韻》,今有《宛委別藏》本。其言曰:"皋,非从羊,是乃諧聲之字。"惠氏所引乃檃括其語,非原文,熊序實謂皋字非从羊也。

皋、高同訓。《廣韻·六豪》:"皋,高也。"《集韻》高之同音字有三十四文,皋列於其次。高與皋分明同音、同訓,故《釋文》《爾雅》注皋月又作高月。

帛書云:"欿出晧。"則字作欿,晧即曙,宋杜從古《集篆古文韻海·九御》晧字下注云"曙"。欿字不見於字書,从欠咎聲。《説文》:"欠,象氣从儿上出形。"而訓咎爲"高氣也。从口,九聲"。《廣韻》在十八尤,咎下引《説文》:"氣高也。"《集韻》引《説文》:"高氣也。"或書作叴。欿當即咎或叴之繁形,增益欠旁以足義,咎訓高氣,與皋之訓高正同,聲與訓兼同,故得通用。

郝疏云:"皋者,皋韜在下也(本《釋名·釋親屬》),高者,上也。五月陰生,欲自下而上。又物皆結實纍韜下垂也。"以皋字下从夲,讀夲爲韜,取作聲訓。

四川涪陵小田溪，1972 年出土一柄銅戈，文云：“武二十六年皋月武造，東工師宦，丞業，工篋。”此爲《文物考古工作三十年》頁 352 所記録。但據《文物》1974 年第 5 期頁 68 簡報，該銅戈釋文作“武，廿六年蜀月武造”。原辭是否可定爲皋月，以未睹原器，附存其説。

《楚帛書》頁 108—112

○**何琳儀**（1986）　“欦”，郭釋“好”，嚴釋“敢”。此字又見越王欦潛劍和越王之子欦替劍，“欦”舊釋“鳩”，于省吾先生改釋“欦”（曹錦炎見告）。按，“欦”乃“叴”之繁文，《説文》：“叴，高气也。从口，九聲。”“口”“欠”義近可通，故“叴”从口復从欠作“欦”。此猶“喜”本从口，古文則復从欠作“歔”。帛書“欦”，即“皋月”，見《爾雅·釋天》“五月爲皋”。釋文“或作高”。按，“欦、皋、高”均一音之轉。

《江漢考古》1986-2，頁 84—85

○**王志平**（1998）　五月　欦

五月日躔於東井，於十二次當鶉首，於十二辰爲建午之月。而歲星申年五月則宿於東井、輿鬼。

五月之“欦”當分析爲从欠，叴（編按：“叴”原文亂碼作“糎”）聲。《説文·口部》：“叴，高氣也，从口，九聲，巨鳩切。”“九”字讀音與“鬼”字相近。《史記·殷本紀》“以西伯昌、九侯、鄂侯爲三公”，《集解》引徐廣曰：“一作鬼侯。”是其證。所以“欦”可以讀爲“鬼”。此與星象之“輿鬼”恰好相當。所以我們認爲從天象上看，“欦月”的天文學含義當爲“輿鬼”之意。

《華學》3，頁 185

○**何琳儀**（1998）　欦，从欠，叴聲，叴之繁文。《説文》：“叴，高气也。从口，九聲。”

帛書欦，典籍作皋，月名。《爾雅·釋天》：“五月爲皋。”邨王欦淺劍“欦淺”，讀“句踐”。《淮南子·墜形》“句嬰民”，高注：“句嬰讀爲九嬰。”是其佐證。“句踐”，越王名，見《史記·越世家》。

《戰國古文字典》頁 165

○**湯餘惠等**（2001）　欦。

《戰國文字編》頁 601

○**李守奎**（2003）　欦　欦　欦。

《楚文字編》頁 532

欥

望山 1·17　　 望山 1·37　　 望山 1·38　　 望山 1·39

○**馮時**（1986）　　江陵望山一號墓楚簡中有一個從“次”從“抵”的字,作:

m

左旁與上録 a 例字相同。在古文字中,“次”與“欠”用作偏旁時往往不分,所以,m 字應當是從“欠”從“抵”聲的字。爲印刷方便,我們把它簡單隸定作“欥”。簡文云:（中略）

　　簡文“既、以”字下都記的是病情。推敲文義,可以確認“欥”就是“喘”字。《集韻》:“喘,或從欠。”知“喘”“歂”字通。“喘”從“耑”聲,本屬端紐,“抵”“喘”雙聲,“喘”在元部,與脂部音近可通。《説文》:“喘,疾息也。”《素問·五常政大論》:“其發咳喘。”《注》:“師古曰:喘,肺藏氣也。”李家浩同志讀簡 38、39 號的“聚”字爲“驟”,訓數,很對。因此,簡文“善喘、聚喘”意即不停地咳喘。《史記·倉公傳》:“令人喘,逆氣,不能食。”《素問·平人氣象論》:“病心脈來,喘喘連屬,其中微曲,曰心疾。”《隋書·劉炫傳》:“殆及餘喘,薄言胸臆。”文獻所記氣喘病的病情正與簡文相符。馬王堆漢墓出土醫書有“善伸,數欠”“不能食,不能臥,强欠”語,《黃帝内經·太素》卷二有“喜噫、喜欠,名曰風厥”語。“噫”是“欸”字,《集韻》:“噫,或作欸。”“喘”“欠”同意。《太素》説:不停地咳嗽、氣喘,就是傷風感冒。所以,信陽楚簡的“善喘、聚喘”在義訓上又可與文獻和醫書中的“喜欠、數欠”相互印證。

《考古》1986-7,頁 636

○**朱德熙、裘錫圭、李家浩**（1995）　　此字右旁與簡文“既”字右旁相同。古“次、欠”二字作爲偏旁往往不分,釋文暫且隸定爲“欠”旁。此字左旁似從古“弁”字。三體石經《無逸》篇“變”字古文作 ,侯馬盟書“變改”之“變”作 、 等形（《侯馬盟書》328 頁,此字原書未釋）,1978 年隨縣曾侯乙墓新出編鐘銘文“變商、變徵”之“變”作“”,“弁、變”音近,“、”應爲“弁”字古體。《説文》“弁”字籀文作 ,似與此形有關。簡文此字所從之 ,應亦“弁”字（看《古文字研究》第一輯李家浩《釋弁》）。簡文“欥”字指一種症狀,疑當讀爲“纐”。《説文·欠部》:“纐,欠貌。”

《望山楚簡》頁 91—92

○**何琳儀**（1998）　　欥,從欠,弁聲。疑纐之異文。

望山簡欯,疑讀纜。《説文》:"纜,欠貌。从欠,緣聲。"

《戰國古文字典》頁 1065

○劉信芳(1998)　8　歒

望 1・17:"既心孚目癢(賽),善歒☐。"37:"目不能飲,目心孚,目歒,肖(胸)臚(脅)疾。"38:"目心惡,不能飲,目聚歒,足骨疾。"39:"聚歒,足骨疾,尚毋死。"按"歒"讀如"便",有如包山簡 256"糗四笘飲","笘"即《説文》"筱",信陽簡 2・9"笘箕"即"筱箕"。"便"謂大便,《漢書・韋賢傳》:"臥便利。""便利"謂大小便。簡文"善歒(便)"謂腹泄,"聚(驟)歒(便)"謂腹泄之重症。卓固應死於因腹泄脱水而引起的尿毒症,我們可以將尿毒症的主要症狀與卓固的病症對比如下:

食欲減退。簡 38"不能飲",簡 9"不内(入)飲"。

進而惡心,嘔吐。簡文屢見"惡心、心惡"。

足麻木和麻痹,大腿和小腿肌肉痙攣。簡 38、39 均記有"足骨疾"。

頑固性嗝逆。簡 17"心惡以塞",中醫"塞"謂壅塞不通。簡文"塞"應指胸悶嗝逆。簡 37"胸脅疾",句意尤爲明白。

晚期有失眠、疲勞、驚厥。簡 13"不可以遑(動)",簡 41、42"首疾",應屬此類症狀。

從卓固的病程分析,釋"歒"爲"便"也是合理的。

《簡帛研究》3,頁 37

○湯餘惠等(2001)　欯。

《戰國文字編》頁 601

○李守奎(2003)　欯　歒,或即纜字異體。

《楚文字編》頁 532

㰦　𣲚

𣲚 貨系 239　　𣲚 璽彙 2650

𣲚 璽彙 1838　　𣲚 貨系 238　　𣲚 侯馬 1:66

○羅福頤等(1981)　𣲚。

《古璽文編》頁 223

○裘錫圭(1978)　此字从"邑","丁"聲。"丁"象笄形,應即"笄"字初文。

（中略）“丁”和“开”的關係，應與“屮”（古文“艸”字）和“艸”的關係一樣，是一字的繁簡兩體。所以盤銘此字應釋爲“刑”，可以看作地名字“汧、岍”的異體。六國古印有“伋”字，疑當釋“訮”。

《古文字論集》頁 383，1992；原載《文物》1978-3

○**何琳儀**（1993）　　“玞”，疑“註”之異體。《貨系》作 𣨾 238、𥏨 239，地名，疑讀“注”，見《魏世家》。《侯馬》作 𥏨、𥏨 317，《璽彙》作 𥏨 1838、𥏨 2650，均人名。

《第二屆國際中國古文字學研討會論文集》頁 253

○**何琳儀**（1996）　　𥏨 238　　　　　𥏨 239

原釋“礿”。晚周文字“示”作 示、示，無一例外。而上揭空首布銘文左旁作 示、丁，顯然與“示”有別。

按，此字應隸定“玞”。其中“主”旁參見《侯馬》“𡨄”作：

宁 314　　宁 314

晚周文字“主”的形體頗多變化，作 丁、宁、宁、宁、宁等形。今據空首布：“玞”所從“主”作 宁、丁形，知 丁 實乃“主”之初形，與甲骨文“示”形體吻合。由此可見，“主、示”爲一字分化。不過晚周以後二字形體已有區別，即“主”作 丁、宁、宁等形，而“示”作 示、示等形，有關這一問題及从“主”的字，已在另文中討論，茲不贅述。

“玞”，又見《侯馬》317，《璽彙》1838、2650 等。字書所無，疑“吒”之異體。《玉篇》：“吒，口不正也。”

空首布“玞”疑讀“注”。《史記·魏世家》文侯“三十三年，伐鄭，城酸棗，敗於注”。地在今河南臨汝西北。另外，韓國方足布“𨥛”（2270），應釋“鑄”，亦讀“注”。二者雖爲一地，但空首布和方足布的時代和國別均不同，銘文當然可以有不同的寫法。

《古幣叢考》（增訂本）頁 58—59

○**何琳儀**（1998）　　玞，从欠，主聲。疑吒之異體。《玉篇》：“吒，口不正也。”《集韻》：“吒，呼鷄聲。”

侯馬盟書、晉璽玞，人名。

《戰國古文字典》頁 357

○**湯餘惠等**（2001）　　玞。

《戰國文字編》頁 601

△**按**　　“伋”从欠，开省聲，當釋“訮（訮）”。

猷

包山 168

○湯餘惠等（2001）　猷。

《戰國文字編》頁 601

○李守奎（2003）　猷。

《楚文字編》頁 532

欪

欪璽彙 1690

○何琳儀（1998）　改，从欠，己聲。《廣雅・釋詁》："改，笑也。"

楚璽改，人名。

《戰國古文字典》頁 28

○湯餘惠等（2001）　欪。

《戰國文字編》頁 601

○李守奎（2003）　欪。

《楚文字編》頁 532

△按　作爲意符，"口、欠"相近，"欪"或爲"改"之繁文。

欯

欯侯馬 75:3　　欯侯馬 92:5

○何琳儀（1998）　欯，从欠，克聲。

侯馬盟書欯，人名。

《戰國古文字典》頁 38

○湯餘惠等（2001）　欯。

《戰國文字編》頁 603

趹

侯馬 156:19　　 侯馬 156:26　　 侯馬 3:21

侯馬 156:22　　 侯馬 156:20　　 侯馬 156:21

包山 162　　 曾侯乙 137　　 新蔡零 193

集成 10478 中山兆域圖

○**山西省文物工作委員會**(1976)　　趹。

《侯馬盟書》頁 601

○**朱德熙、裘錫圭**(1979)　　(編按:兆域圖)此字从欠,足聲,銘文中當讀爲“足”。
兆域圖銘文除此字外,還有“坡”“隄”“踷”等字也是把聲旁寫在左邊的。侯
馬盟書亦有“趹”字,用爲人名,不知是否也从欠足聲。

《朱德熙古文字論集》頁 107,1995;原載《文物》1979-1

○**黄盛璋**(1982)　　(編按:兆域圖)趹(坎):朱、裘謂“从欠,足聲”,讀“足”,《侯馬
盟書》亦有此字,爲被誅伐人名(也加“欠”旁,則不得爲“足”字),凡八九見,
左皆从“足”,而右从“欠”,或下加“女”。“足”爲形旁,“欠”爲聲旁,較爲明
顯。若爲“足”字,則不應右旁皆加“欠”旁,它不得是“足”,似可斷定。我以
爲當从足,欠聲,讀“坎”,“丘坎”即丘下陷至平地處,此處爲坎,圖中“丘坎”
僅用細線在内宫垣内與垣平行,但没有門,所以不能是垣,僅表丘之下限之
界。張文亦釋“坎”與鄙見同,但無解説。

《古文字研究》7,頁 81—82

○**何琳儀**(1996)　　(侯馬盟書三二六),應釋趹,人名。

(包山簡一六二),應隸定趹,釋趹,人名。趹或作趹,與其讀“側私切”
正合。

(隨縣簡一三七),舊隸定趹而闕釋。今試讀緁。以《説文》“緁,緝所緁
也”讀簡文“紫趹之縢”,似亦可通。

(兆域圖),舊多釋坎,非是。今改釋趹,讀聖。《書·康誥》“義刑義殺勿
庸以次”,《荀子·致士》引次作即。《説文》坒古文作聖。是其佐證。《禮記·
檀弓》上“有虞氏瓦棺,夏后氏聖周,殷人棺椁,周人牆置翣”,注:“火熟曰聖,燒
土治以周於棺也。”兆域圖“丘趹(聖)”,應指靈堂四周丘坡是用磚(燒土)所砌。

《于省吾教授百年誕辰紀念文集》頁 225—226

○**陳秉新**(1998)　(編按:包山)簡 162 有􀀀字,爲人名,《字表》《釋文》隸定作
趺,無説。今按:此隸不確,當隸作趽,此字右旁是次字省寫,嬰次爐次字作􀀀,
可資比較。趽字乃趑字異體。《集韻·脂韻》:"趑,《説文》:'趑趄,行不進
也。'或作趽。"《篇海·足部》:"趽,同趑。"

《南方文物》1998-3,頁 59

○**李守奎**(1998)　③􀀀曾侯乙 137

③形《曾侯乙墓竹簡釋文與考釋》釋爲"趺",似有未安。"趺"字見於包
山楚簡,作􀀀(包山 162),也見於侯馬盟書,作􀀀、􀀀等形,均與此形不類。而
且"紫趺之縢"不易讀通。

曾侯乙墓竹簡所載馬甲之縢,除此"紫􀀀之縢"外,還有"紫組之縢、黄紡
之縢、紫緣之縢、玄市之縢"等等,"縢"前的修飾語均是指製作此"縢"的紡織
品名稱及其顏色。"紫􀀀"也當是紫色的某種紡織品。"􀀀"字當是从欠疋聲,
字可隸作"歫",讀仰天湖簡"綖衣"之"綖"是很順暢的。漢字形聲字雖然以
左形右聲爲主,但有些形旁卻慣於居右,"欠"旁字即是其例。

《簡帛研究》3,頁 24

○**白於藍**(1999)　(編按:包山 162)144 頁"趺"字條,"􀀀"(162),即《説文》趑
字。《集韻·脂韻》:"趑,《説文》:'趑趄,行不進也。'或作趽。"《篇海類編·
身體類·足部》:"趽,同趑。"

《中國文字》新 25,頁 192

○**湯餘惠等**(2001)　趺。

《戰國文字編》頁 601

○**李守奎**(2003)　(編按:包山 162)趺　趑字異體。

(編按:曾侯乙 137)歫。

《楚文字編》頁 129、130

△**按**　"趺"字宋華强曾做過梳理,他説(《新蔡葛陵楚簡初探》100—
101 頁):

"趺"字還見於侯馬盟書等古文字材料。傳世字書也有"趺"字,是
"趽"字異體("趽"是"趑"字異體),當分析爲从"足","次"省聲。出土
材料中"趺"字見於包山簡 162 號,白於藍認爲即"趑"字異體。古文字
"欠、次"作爲偏旁可以通用,包山簡"趺"字可能是"趺"字異體。不過
"趺"是人名,音義難辨,和字書中作爲"趑"字異體的"趺"字未必是同一

個字,如此簡文"趹"字和傳世字書中的"趹"字也未必是同一個字。古書常見"……不足,取於……"這種句式,如《禮記·曾子問》"士祭不足,則取於兄弟大功以上者",《左傳》襄公二十九年"公臣不足,取於家臣",可以參照。簡文"趹"字也有可能是一個從"欠""足"聲之字,跟字書中作爲"趹"字異體的"趹"只是同形而已。如此"趹"可讀爲"足"。簡文(5)大概是説由於祭祀所需犧牲之不足,於是求取於戠與羧。此言"取",而(1)言"求",(4)言"徵","徵"可訓"求","求"可訓"取",彼此詞義相關。

欨

侯馬 16:38　　 侯馬 198:3　　 侯馬 75:5　　 侯馬 179:6

璽彙 0825　　 璽彙 2157

○羅福頤等(1981)　欨。

《古璽文編》頁 223

○何琳儀(1998)　欨,從欠,呈聲。或加止旁繁化,或省口旁,或於口旁內加橫筆爲飾作日,口旁或作廿形。
　　晉器欨,人名。

《戰國古文字典》頁 803

○湯餘惠等(2001)　(編按:侯馬)欨。
　　(編按:璽彙 0825、2157)欨。

《戰國文字編》頁 602

△按　璽文"欨"也可能用作"逞"。

歚

包山 163

○何琳儀(1998)　歚,從欠,者聲。
　　包山簡歚,人名。

《戰國古文字典》頁 517

○湯餘惠等(2001)　歚。

《戰國文字編》頁 602

○**李守奎**（2003）　歕。

《楚文字編》頁 533

欹

曾侯乙 57

○**李守奎**（2003）　歕，見《一切經音義》。

《楚文字編》頁 532

歕

上博五·弟子 18　　上博五·弟子 11

○**張光裕**（2005）　歕（矣）。

《上海博物館藏戰國楚竹書》（五）頁 274、277、278
△**按**　此"歕"和郭店簡"歕"皆用作"矣"。

歕

集成 320 曾侯乙鐘

○**李守奎**（2003）　歕。

《楚文字編》頁 533

歓

包山 87

○**何琳儀**（1998）　歓，从欠，衰聲。疑嗺之異文。《玉篇》："嗺，撮口也。"
　　包山簡歓，人名。

《戰國古文字典》頁 1277

○**湯餘惠等**（2001）　歓。

《戰國文字編》頁 602

○**李守奎**（2003）　　歠。

《楚文字編》頁 533

歝

曾侯乙 43　　 曾侯乙 126　　 曾侯乙 130　　 上博五·季庚 19

○**裘錫圭、李家浩**（1989）　　“歝”字常見於下面 B 類簡，字或寫作“靽、贛”等形。161 號簡有一個從“歝”的字作“贛”，與天星觀一號墓竹簡的“贛”當是一字。在古文字裏，“欠、次”二字作爲偏旁時可以混用，如長沙楚帛書有“欿”字，越王欿淺劍將此字寫作从“次”。在古陶文裏有一個從“歝”旁的“鑿”字。吳大澂認爲是“贛”字（見丁佛言《説文古籀補補》附錄 19 頁上），其説甚有見地。不過此字實際上是一個從“鹵”從“鞾”的字，而簡文“贛”和“贛”才是“贛”字。按漢印文字“贛”字或作鞾、鞾二形（《漢印文字徵》6·17），前者即由“贛”演變而成，後者即由“贛”演變而成。《説文》篆文贛、贛、醫等字所從聲符“歝”則是漢印鞾這種形體的訛變。“欠、贛”古音相近，“贛”的聲符“歝”當從“欠”聲（參看《楚國官印考釋》，《江漢考古》1984 年 2 期 44、45 頁）。簡文“靽”應當是“歝”的變體。

《曾侯乙墓》頁 515

○**陳劍**（1999）　　值得注意的是，在曾侯乙墓竹簡中，還有一個“靽”字和兩個從“靽”的字：

9. 靽: 曾侯乙墓 126 簡　　　曾侯乙墓 138 簡

10. 鑿: 曾侯乙墓 122 簡　　　曾侯乙墓 137 簡

11. 贇: 曾侯乙墓 67 簡

從文例看，“靽”没有問題就是前舉 1.“贛”的異體。“鑿”的用法也與“贛”完全相同，應是這種用法的“靽（贛）”的添加意符的區别字。“贇”則應該就是“贛”的異體。“贛”可以寫作從“章”從“乩”，與我們所討論的西周金文的“△”（**編按**：即“靽”）字結構完全相同，説明“△”很可能也是“贛”字。

　　從字形上看，“乩”很容易訛變成“次”。西周春秋金文中作偏旁的“乩”常常在人形上部加上張着的口形，例如：

A. 叔趯父卣“斯”所从　　B. 訇伯簋“斯”所从　　C. 秦公鎛“斯”所从

D. 秦公簋“斯”所从　　E. 諫簋“覲”所从　　F. 師兌簋“覲”所从

上舉後四例下部又附加了止形。如果去掉止形,則“”就和“次”的形體相當接近了。

“”中的人形有時候上部貫穿口形,與“欠”有“”和“”兩種寫法情況相同(看《金文編》第621—623頁从欠諸字)。例如:

G.師克盨“”字所从

如果去掉它下部附加的止形,試與前文所舉贛及从贛字中的“”形比較,除去筆法的不同,其區別就僅僅在於下部一豎的有無了。因此,“△”字經過一個中閒環節“”而演變爲戰國文字中从“次”一類寫法的“贛”字的可能是完全存在的,其演變過程也是合乎情理的。而且,前文指出的戰國文字中作爲偏旁的“欠、次”往往混用和“贛”讀音與“欠”相近這兩個事實,恐怕也在一定程度上促進了“”演變爲形近的“次”。因爲“”是一個表意字(詳後文),字形中沒有標音的偏旁,把“”改作形近的“次(欠)”起表音的作用,正合乎漢字演變的規律。這可能也正是雖然“”有與“次”形近的寫法,但从的字中只有“”演變爲了从“次”的原因所在。

《説文》“贛”字篆形右半从上下相疊的倒、反三止形,與“次”和“欠”形體上都有一定距離。從漢代簡帛文字、璽印文字从贛的字中也找不到由“次”或“欠”演變爲“夅”的中閒環節,因此可能“贛”所从的“夅”另有來源。聯繫睡虎地秦簡中同樣从“夅”的“踐”和“餞”字,可看出“夅”正是由“”訛變而來的。

《北京大學古文獻研究所集刊》1,頁372—374

○**湯餘惠等**(2001)　　歕　同贛。

《戰國文字編》頁602

○**李守奎**(2003)　　歕　贛之聲符。

《楚文字編》頁533

○**濮茅左**(2005)　　亞人勿歕　“歕”,不見於字書,讀爲“戕”。“戕”,殺害,傷害,毀壞。

《上海博物館藏戰國楚竹書》(五)頁230

歔

陶彙3・749　　璽彙1823

○**羅福頤等**（1981）　歌。

《古璽文編》頁 223

○**何琳儀**（1998）　歌，从欠，番聲。疑嶓之異文。《集韻》：“嶓，聲也。”
　　戰國文字歌，人名。

《戰國古文字典》頁 1061

○**湯餘惠等**（2001）　歌。

《戰國文字編》頁 602

歜

上博三·周易 33

○**濮茅左**（2003）　“歜”，字見於《包山楚簡》，待考，或隸定爲“歜”，據帛書、
今本可讀爲“笽（噬）”或“齧”。“歜肤”，噬齧肌膚。

《上海博物館藏戰國楚竹書》（三）頁 181

△**按**　此字嚴格隸定應作“歜”，“次”所从左旁與“臼”公用筆畫。考慮到楚
地出土戰國文字“欠”旁常寫作“次”，故字頭隸作“歜”。

歙　歙　酓　飲

集成 9735 中山王方壺　　睡虎地·封診 93　　睡虎地·日甲 159 背

睡虎地·日甲 36 背壹　　睡虎地·日乙 146　　睡虎地·答問 15　　上博五·三德 12

上博五·鬼神 6　　天星觀　　上博二·容成 3

上博六·用曰 8　　璽彙 2100

璽彙 0808　　璽彙 5317

上博四·昭王 1“飲酉”合文　　上博四·昭王 5“飲酉”合文

上博四·曹沫 11“飲酉”合文

○**張政烺**（1979）　飤即飼，乃以食食人，疑此處飲字亦是以酒飲人，皆言王出
遊時餉民以酒食。

《古文字研究》1，頁 214

○**羅福頤等**（1981）　（編按：璽彙 0808）歙。

（編按:璽彙 2100）或从西,金文余義鐘作▨與此形近,璽文省今。

《古璽文編》頁 223

○**何琳儀**(1998)　歙,甲骨文作▨(菁四・一)。从人从倒舌从西,會以舌歙酒之意。飲之初文。西周金文作▨(員中壺),倒舌省變爲∧形,已有聲化趨勢。春秋金文作▨(余義鐘),已聲化爲从今得聲。戰國文字承襲春秋金文。《説文》:"歙,歠也。从欠,酓聲。▨,古文歙,从今、水。▨,古文歙,从今、食。"

中山王方壺"歙飤",讀"飲食"。《易・需》:"君子以飲食宴樂。"

《戰國古文字典》頁 1390

○**湯餘惠等**(2001)　歙　《説文》作"歙","歙""飲"古今字。

（編按:璽彙 2100）猷。

《戰國文字編》頁 600、602

○**李守奎**(2003)　歙　歙。

《楚文字編》頁 533

○**蘇建洲**(2003)　歙而飤之:即"飲而食之"。《説文》:"歙,歠也。""歙"是"飲"的古體。"飲食"合言,亦見於出土文字材料,如余義鐘"樂我父兄,飲食歌舞"、中山王壺"是以遊夕飲食",意爲"以酒飲人,以食食人"。簡文句式似同《墨子・尚賢中》:"賢者……富而貴之:不肖者……貧而賤之。"意即"賢者",使之富且貴;"不肖者",使之貧且窮,所以簡文意謂使俾敨的人民飲且食。《吕氏春秋・季秋紀・順民》:"越王苦會稽之恥,欲深得民心,以致必死於吴……時出行路,以車載食,以視孤寡老弱之漬病、困窮、顔色愁悴、不贍者,必身自食之。"可與簡文參看。而上下簡文的句式,一動賓,一使賓動,如同《孟子・萬章上》:"仁人之於弟也,不藏怒焉,不宿怨焉,親愛之而已矣。親之欲其貴也,愛之欲其富也。封之有庫,富貴之也。""親愛之"即"親而愛之",表示動賓;"富貴之"即"(使其)富而貴之",表示使動。與簡文可互證。

《〈上海博物館藏戰國楚竹書(二)〉讀本》頁 116

【飲水】

○**睡簡整理小組**(1990)　飲水,當與測驗漆的質量有關,參看《吕覽・別類》。

《睡虎地秦墓竹簡》頁 74

○**彭浩**(2001)　秦簡《效律》"飲水"釋義

睡虎地秦墓竹簡《效律》有如下一條律文:

工稟漆它縣,到官試之,飲水,水減二百斗以上,貲工及吏將者各二甲;

不盈二百斗以下到百斗，貲各一甲；不盈百斗以下到十斗，貲各一盾；不盈十斗以下及槀絫縣中而負者，負之如故。

對律文中"飲水"一詞，整理小組云："當與測驗漆的品質有關，參看《吕覽·別類》。"注釋的前半是正確的，後半所指參看《吕覽·別類》則與前半没有關係。《吕覽·別類》的有關文字是："漆淖水淖，合兩淖則爲蹇，溼之則爲乾。"高誘注："水漆相得則堅而强也。"它們是説，施於器物上的生漆，在潮溼的環境中會變得乾燥、堅硬。從古至今，剛髹生漆的器物都是置於密封、潮溼的室内陰乾，這種設施稱作"蔭室"。《史記·滑稽列傳》："二世立，又欲漆其城。優旃曰：'……顧難爲蔭室。'"《髹飾録》："津横，即蔭室中之棧。"王世襄解説："〔蔭室〕器物上漆之後須放在潮溼而温暖的空氣中，才容易乾。"又引沈福文《漆器工藝技術資料簡要》："在室内保持攝氏 25—30 度，溼度 75—85度。"《別類》所説的"合兩淖則爲蹇，溼之則爲乾"就是這種工藝的原理。

《效律》中"飲水"一詞是指檢驗生漆質、量的方法。采用這種方法與生漆的特性有關。生漆是漆樹的樹汁，呈黏稠的流動狀，並含有一定量的水分。如果過量失去其中的水分，生漆便會乾固，並且不能再化解而失去效用。因此，生漆多盛儲在木桶或甕中，表面蓋上油紙，外加蓋，以防水分揮發。由於氣候的原因，漆樹多生長在長江中游的山區，戰國秦漢時期的分布範圍要廣一些。隨着漆器的普遍使用，對生漆的需求大增，官府在産地設立漆園，派官吏管理，並對他們進行考核。《秦律雜抄》："·絫園殿，貲嗇夫一甲，令、丞及佐各一盾……"就是這類法律規定。各地需用生漆皆須從産地調運。據《效律》規定，生漆運達各地後，需測驗質、量的變化。常用的方法是"飲水"，也即往盛漆的容器中注水，直至容器中生漆留下的最高痕迹，注入的水量即生漆在儲運過程中失去的水量。依此可判斷生漆質的變化和量的減少。注入的水並不與生漆相混而影響其品質。江陵張家山 247 號漢墓竹簡《算數書》有"歙（飲）桼（漆）"題，與計算生漆"飲水"量的方法有密切的關係。由《效律》可知，秦代的倉庫管理者必須掌握"飲水"的計算方法，不允許生漆在儲運時發生損耗，否則有關人員將受處罰。

　　　　　　　　　　　　　　　　　　　　　《文物》2001-12，頁 65

【歙食】

○張光裕（2007）　（編按：上博六·用曰 8）非稷之糧（種），而可歙（飲）飤（食）。

　　　　　　　　　　　　《上海博物館藏戰國楚竹書》（六）頁 294

次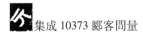

上博三·周易 53

○濮茅左（2003）　褱（懷）丌（其）次（資）

　　"次"，从欠从水，亦作"㳄"，《説文·次部》："次，慕欲口液也。"

　　　　　　　　　　　　　　　　《上海博物館藏戰國楚竹書》（三）頁 207、208

盗 盬

㴇 睡虎地·答問 3　　　盬 睡虎地·效律 35　　　㴇 睡虎地·秦律 119

㴇 睡虎地·答問 5　　　盬 睡虎地·答問 141　　　㴇 睡虎地·日乙 253

㴇 睡虎地·封診 17

○何琳儀（1998）　　盗，春秋金文作㴇（秦公鎛）。从皿从次（籀文从二水作
㴇），會對皿中食物流涎之意。从火，待考。次亦聲。盗，定紐；次，邪紐，古讀
定紐。盗爲次之準聲首。戰國文字承襲春秋金文，或省一水旁。《説文》：
"盬，私利物也。从次，次欲皿者。"

　　睡虎地簡盗，强盗。

　　　　　　　　　　　　　　　　　　　　　　　《戰國古文字典》頁 311

旡 㒫

㝆 集成 10373 郾客問量

○何琳儀（1998）　㝆 長沙銅量　臧旡

　　旡，甲骨文作㝆（前四·三三·五）。从卩从側口，會食气不暢之意。金文
作㝆（偏旁中習見）。戰國文字承襲金文。或側口之筆畫有斷作㒫，與三體石
經《君奭》旣作㝆所从旡旁、《汗簡》中二·四七旡作㝆，形體吻合。《説文》：
"㒫，歃食气屰不得息曰旡。从反欠。㝆，古文旡。"

　　長沙銅量旡，人名。

　　　　　　　　　　　　　　　　　　　　　　　《戰國古文字典》頁 1195

矵

矵 璽彙 1304

○**何琳儀**（1998）　（編按：璽彙 1304）矵。

　　　　　　　　　　　　　　　　　　《戰國古文字典》頁 1533

△按　此字璽文用作人名。

㝔　絲　亮　塄

集成 11424 亮矛　　璽彙 1692　　璽彙 1693　　璽彙 1695

璽彙 1696　　璽彙 1694

○**何琳儀**（1996）　髙

　　《集成》11424 著録矛銘，僅一字：髙，此字筆畫清晰，其上從“高”，其下從“人”。易爲左右結構，自應隸定“髙”。《篇海》：“髙，北方地名。”根據“北方”這一線索，“髙”應讀“鄗”。《左・哀四》：“國夏伐晉，取邢、任、欒、鄗、逆畤、陰人、盂、壺口。”《史記・趙世家》武靈王“三年，城鄗”。在今河北柏鄉北二十二里。

　　“髙”，春秋屬晉，戰國屬趙。銘文頗工秀，應是春秋之際手筆。

　　説明兩點：一、《左・哀四》之“鄗”與《左・宣十二》“晉師在敖、鄗之間”，《公羊・桓十五》“公會齊侯于鄗”均無關。二、《璽彙》1693 髙雖與矛銘甚近（僅少口旁）然並非一字，應釋“亮”。

　　　　　　　　　　　　　　　　　《考古與文物》1996-6，頁 71

○**何琳儀**（1998）　亮，從儿，京省聲。儿與京借用丨、十、ㄣ。《爾雅・釋詁》：“亮，信也。”又《六書故》引唐本《説文》：“亮，明也。從儿，高省。”亮與倞可通，然形義有別，並非一字。

　　晉璽亮，姓氏。顓頊師柏夷亮父。見《漢書・古今人表》。

　　　　　　　　　　　　　　　　　《戰國古文字典》頁 640

　　髙，從人，高聲。《篇海》：“髙，北方地名。”

　　髙矛髙，讀鄗，地名。《左・哀四年》“齊國夏伐晉，取鄗。”在今河北柏鄉北。

　　　　　　　　　　　　　　　　　《戰國古文字典》頁 290

○**施謝捷**（1998）　　1692 ▯裹·亮裹。

　　1693 ▯疽（瘵）·亮瘵。

　　1695 ▯亡塊·亮亡（無）塊（畏）。

《容庚先生百年誕辰紀念文集》頁 647

○**湯餘惠等**（2001）　　亮。

《戰國文字編》頁 593

△**按**　《説文》旡部：“凉，事有不善言凉也。《爾雅》：凉，薄也。从旡，京聲。”徐鉉等以爲“亮”是其俗字。《六書故》引唐本《説文》：“亮，明也。从儿，高省。”“亮”字从“人”从“高”省，可會明亮之意，故“亮”或與“凉”無關。